Gault&Millau

ÖSTERREICH

HERAUSGEBER & CHEFREDAKTION

Martina & Karl Hohenlohe

2022

www.gaultmillau.at

INHALT

VORWORT

Die Gastronomie wurde von der Pandemie arg geschüttelt. 2022 braucht es umso mehr Kraft, Konzepte und Kreativität. Die Krise als Chance? Ein Blick zurück, ins Jetzt und nach vorne – was ging, was kommt, was bleibt?

Lockdown ja, Lockdown nein, Maske auf oder ab, Zutritt nur für 2G oder doch auch 3G? Wir alle stehen nach wie vor großen Fragezeichen gegenüber, am allermeisten die Gastronomen, denn die Corona-Krise macht eine längerfristige Planung so gut wie unmöglich. Während mancherorts allgemeines Zähneklappern durch geschlossene Restaurants und Existenzängsten einsetzt, sehen so manche Gastronomen die große Chance in der Herausforderung, im Umbruch, der sich ihnen gerade stellt.

The New Normal – Corona als Wendepunkt für die Gastronomie

Frische Lebensmittel online einkaufen und binnen weniger Stunden zustellen lassen, vor dem Restaurantbesuch bereits die Bestellung aufgeben, Homecooking-Menüs vom Lieblingslokal zuhause den letzten Schliff geben – während der Corona-Krise ist vieles, was früher undenkbar schien, zur Normalität geworden. Wir haben uns mit diesen Novitäten nicht nur einfach arrangiert, sondern wir haben vor allem die Vorteile für uns entdeckt: Restaurant-Qualität zu Hause und dafür mehr Zeit, mehr Flexibilität und mehr Genuss auf der Habenseite. Wir möchten diese liebgewonnen Gewohnheiten auch über die Pandemie hinaus nicht aufgeben – die Gastronomie darf also nicht in alte Muster verfallen, sondern muss sich den Bedürfnissen des „New Normal" anpassen. Das bedeutet, Konzepte wie Ghost Kitchens oder Lieferdienste werden langfristig Bestand haben, auch in der Post-Corona-Zeit.

Die Lockdowns haben trotz staatlicher Hilfen die Gastronomielandschaft nachhaltig verändert: Während manche aufgegeben mussten, haben andere Vollgas gegeben. Fallweise gab es ein Downgrading von Fine dining auf – auch wirtschaftlich – entspanntere Konzepte. Es herrschte ein reger Kochwechsel. Überhaupt stellt die Personalfindung eine der größten Herausforderungen des Augenblicks dar. Gute Köch:innen und Servicemitarbeiter:innen sind im Moment kaum in Gold aufzuwiegen. Die am höchsten bewerteten Betriebe des Landes suchen händeringend nach Personal. Früher gehörte es für junge Köch:innen dazu, für den Lebenslauf ein paar Monate gratis am Herd eines Top-Betriebs zu arbeiten. Davon kann heute keine Rede mehr sein. Auch die Politik ist hier am Zug, um das Arbeiten in der Gastronomie attraktiver zu machen, denn sonst werden viele weitere Küchen in unserem Land kalt bleiben.

Nun aber zu etwas sehr Erfreulichem: Wie gesagt, es gibt in diesen schwierigen Zeiten auch Küchenchefs, die das Gaspedal durchtreten und mit Kreativität und Mut beeindrucken. Max Natmessnig aus dem „Schualhus" in der Roten Wand in Zug ist so jemand. Die Küche ist zentral inszeniert, der Aufwand ist hoch und alles ist durchdacht. Er selbst ist zurückhaltend und wirkt ruhig, dirigiert sein Team routiniert durch den Spannungsbogen des Menüs, Gang für Gang ein Abenteuer mit Happy End. Regionale Zutaten spielen natürlich eine wichtige Rolle, Überraschungen auch. Kurz gesagt: **Max Natmessnig** ist unser „Koch des Jahres 2022". Wir gratulieren. (Näheres dazu ab Seite 25.)

Gratulieren wollen wir auch **Martin Klein** und seinem Team vom Restaurant Ikarus in Salzburg, das im Salzburger Hangar-7 seit Jahren kulinarische Ausrufezeichen setzt. Dass dort rein technisch betrachtet auf höchstem Niveau gekocht wird, wissen wir schon lange. Monat für Monat wird das Menü eines internationalen Gastkochs authentisch umgesetzt. Gleichzeitig gibt es dort jeden Monat aber auch ein neues Ikarus-Menü, dessen Gerichte sich so gut wie nie wiederholen. Wie kann man ein Restaurant bewerten, dass jedes Monat die Gerichte eines anderen Kochs „nachkocht", wurden wir immer wieder gefragt. Das tun wir nicht. Wir bewerten ein Restaurant, in dem man an fast jedem Tag des Jahres Herausragendes erleben kann – entweder ein spannendes internationales Menü oder eben jenes der Heimmannschaft. Wir überlegen uns gut, bevor wir ein Restaurant mit der Höchstwertung in Form von **fünf Hauben** auszeichnen. Doch wir sind überzeugt: Martin Klein und sein Team liefern regelmäßig Sensationen ab und haben sich diese Auszeichnung redlich verdient.

Trends 2022

Was dürfen wir vom Jahr 2022, das noch stark unter den Eindrücken und Auswirkungen der Pandemie stehen wird, erwarten?

Local Exotics

Mehr denn je sind regional angebaute und produzierte Nahrungsmittel unabdingbar. Zudem sind kurze Transportwege mit einem geringen CO_2-Aufwand verbunden. Gleichzeitig führt das verstärkte Interesse an Kochen und Backen zu einer **Sehnsucht nach außergewöhnlichen Produkten und Neuentdeckungen**. Zahlreiche Bauern wagen sich auch hierzulande an den Anbau von Obst- und Gemüsesorten, die ihren Ursprung in weit entfernten Teilen der Welt haben. Feigen aus dem Burgenland, Zitronen aus Kärnten, Oliven aus der Wachau – dank innovativer Anbaumethoden sind diese Vorhaben keine Ausnahme mehr.

Die Städte ziehen nach – unter dem Schlagwort **Urban Gardening** wird mitten in der Stadt Obst und Gemüse im großen Stil gezüchtet. Eines der bekanntesten Projekte ist die Rooftop-Farm auf dem Dach eines Pariser Messegebäudes. Auf fast 15.000 m² werden hier Salat, Mangold, Pfefferminze und Thymian in vertikalen Säulen angebaut – alles in Bio-Qualität. Abnehmer sind vor allem Gastronomie-Betriebe aus dem Großraum Paris.

Real Omnivore – Rundumgenuss mit Verantwortung

Wörtlich übersetzt bedeutet **Real Omnivore „wahre Allesfresser"**. Auch hier kommt der Nachhaltigkeitsgrundsatz zum Tragen – denn klimarelevante Aspekte spielen bei der Ernährung der Real Omnivores eine bedeutende Rolle. Sie sind die Gegenströmung zu Veganern, Vegetariern und Flexitariern und üben sich nicht in Verzicht, sondern sind **offen für alles**, vorausgesetzt, die Auswirkungen auf Tier und Umwelt sind vertretbar. Mit „From nose to tail" bis zu „from leaf to root" lässt sich die Bandbreite der echten Omnivoren ungefähr beschreiben.

Zero waste – keine Lebensmittelverschwendung, kein Abfall

Nach wie vor ein wichtiges Thema in der Gastronomie, wo man gefordert ist, umsetzbare Lösungen zu entwickeln, mit denen es gelingt, **Müll zu vermeiden**. Gerade das Wegwerfen von Lebensmitteln und fertig zubereiteten Speisen bringt nicht nur ökologische Nachteile mit sich, sondern ist langfristig auch wirtschaftlich und sozial mit negativen Auswirkungen verbunden. **Gebackenes Euter, geschnittene Stierhoden, geschmortes Ochsenherz** – „Nose to tail" klingt manchmal wie eine Mutprobe, ist aber ein mehr als sinnvolles Konzept, das in die richtige Richtung arbeitet.

Umso erstaunlicher finden wir es, dass Kalbfleisch in vielen Top-Betrieben heuer ein Revival erfahren hat. Wir haben während der diesjährigen Testsaison zahlreiche **Vitello-Tonnato-Interpretation** erlebt – zunehmend auch mit Süßwasserfisch. Wir wollen keine Spielverderber oder scheinheilige Moralapostel sein und darauf verweisen, dass Kälber schon per Definition kein langes Leben haben. Aber ein artgerechtes sollte es schon sein.

Plattformen und Apps wie **„Foodsharing"** und **„Too good to go"** widmen sich mittlerweile erfolgreich der Zero-Waste-Problematik: Hersteller sowie Gastro- und Einzelhandelsbetriebe (Bäckereien, Supermärkte...) können übrig gebliebenes Essen zu einem kleinen Preis bzw. kostenlos anbieten, das die Konsumenten sich abholen und vor dem Müll retten können. Zudem beschäftigen sich zahlreiche Start-ups damit, Lebensmittelreste auf innovative Art und Weise wiederzuverwenden bzw. einzukochen und so einen neuen Nutzungszyklus zu schaffen.

Vegourmet

In ist, was drin ist: Der Trend, dass man gesund und bekömmlich essen möchte, hat mit Covid wenig bis nichts zu tun, er begann schon viel früher. Auch die Gastronomie stellt sich dem **Wellness-Trend in der Küche** – der Wunsch, gesund und gleichzeitig umweltfreundlich zu essen, lässt sich am besten durch den Konsum von pflanzlichen Nahrungsmitteln realisieren. Der Trend hin zum Plant-Based Food ist längst in der Mitte der Gesellschaft angekommen. Die Küchen weltweit werden deshalb gemüsereicher als je zuvor. Einer der wichtigsten Future Food-Trends für 2022 ist deshalb das Konzept „Vegourmet", der auch die Gastronomie unter Zugzwang setzen wird.

Ein weiterer Trend, den wir quer durch alle Regionen und Preisklassen beobachten konnten, ist **Ceviche in allen möglichen Interpretationen** – vom original peruanischen mit Leche de Tigre bis zu See-Viche mit Fischen aus heimischen Gewässern. Gut gemacht kann das durchaus eine Bereicherung des kulinarischen Spektrums darstellen. Doch wie es bei Trends oft so ist, gelingt die Übung nicht überall gleichermaßen.

Gegentrend „Jetzt oder nie!"

Interessanterweise konnten wir heuer einen Gegentrend zur gastronomischen Gesundheitsbewegung bemerken, die unserer Meinung doch etwas mit den Auswirkungen der Pandemie zu tun hat. In den Achtzigern des vergangenen Jahrhunderts waren mindestens achtgängige Menüs fast die Regel. Was kostet die Welt. Doch **irgendwann ging die Völlerei zu Ende**, und viele Lokale reduzierten die Anzahl der Gänge und das zeitliche Investment der Gäste. Doch inzwischen scheint sich der Wind gedreht zu haben. Nicht dass überall wieder das große Fressen ausgerufen würde, doch viele Gäste scheinen den Restaurantbesuch nach der langen Durststrecke so zu schätzen, dass man nicht unbedingt auf Linie, Blutwerte und Portemonnaie achten möchte.

Social signature dish

Wir hätten ungläubig den Zeigefinger an die Stirn getippt, wenn man uns vor zehn Jahren diese Zahl genannt hätte: **70% der Millennials** (jene Generation die in den 1980-1990er Jahren geboren wurde) **fotografieren ihr Essen**, bevor sie es der eigentliche Bestimmung zuführen. Weil dieser Trend einfach nicht aufzuhalten ist, sind heute jene Gastronomen Gewinner, die Kunden mit Smartphones nicht aus dem Restaurant jagen, sondern sie für sich nutzen – und sogenannte „Social Signature Dishes" in ihre Speisekarte aufnehmen. Gemeint ist damit ein besonders fotogenes oder spektakuläres Gericht.

Wir haben für Sie heuer 887 Restaurants besucht und bewertet. Es war eine besonders spannende Saison und wir freuen uns, Ihnen auf den folgenden 626 Seiten das Ergebnis zu präsentieren.

Viel Spaß beim Lesen und Nachkosten!

Herzlichst,

Martina & Karl Hohenlohe

FÜNF HAUBEN FÜR ÖSTERREICH

Im Jahr 2019 hat Gault&Millau Österreich sein Haubenspektrum nach oben erweitert und vergibt seitdem erstmals fünf Hauben.

Mit der neuen Bewertungsskala folgt Gault&Millau Österreich dem französischen Vorbild und trägt zu einer besseren internationalen Vergleichbarkeit bei.

Die neue Bewertung von Gault&Millau:

Bewertet werden:

- Frische (Saison) und Qualität der verwendeten Produkte
- Kreativität (zeitgemäße Zubereitung der Landesküche) bzw. Einfallsreichtum in Bezug auf neue Gerichte
- Harmonie der Zubereitung (Erhaltung des Eigengeschmacks)
- Beschaffenheit der Suppen und Saucen, Exaktheit der Garung

Alles unter Berücksichtigung unseres persönlichen Geschmacks.

Die Benotung erfolgt nach dem Gault&Millau-Punktesystem: 20 von 20 Idealnote, bis dato noch nie vergeben. Die Noten beziehen sich nur auf die Küche, nicht aber auf Ausstattung und Service.

19 BIS 19,5 VON 20 PUNKTEN

Höchstnote für die weltbesten Restaurants.

17 BIS 18,5 VON 20 PUNKTEN

Prägende Küche, führend in Kreativität, Qualität und Zubereitung.

15 BIS 16,5 VON 20 PUNKTEN

Hoher Grad an Kochkunst, Kreativität und Qualität.

13 BIS 14,5 VON 20 PUNKTEN

Sehr gute Küche, die mehr als das Alltägliche bietet.

11 BIS 12,5 VON 20 PUNKTEN

Ambitionierte Küche.

10 BIS 10,5 VON 20 PUNKTEN

Gute Küche, wie man sie in jedem gutbürgerlichen Haus voraussetzen kann.

Mein
BERGER
Schinken
NEU
Verpackung
recyclingfähig
Handwerk
vielfach ausgezeichnet
Ohne Zusatz von Geschmacksverstärkern
Gluten
ohne
Laktose
Serviervorschlag
Mein
BERGER
Schinken
Traditions
Beinschinken
Verpackung recyclingfähig
Fleisch
zu 100%
aus Österreich
Da
schmeckt
mehr dahinter.
Wir vertrauen
auf Handarbeit.
Fleisch
zu 100%
aus Österreich

DIE BESTEN

KONSTANTIN FILIPPOU
Konstantin Filippou, Wien

SILVIO NICKOL
Silvio Nickol Gourmet Restaurant, Wien

MARTIN KLEIN
Ikarus, Salzburg

KARL & RUDOLF OBAUER
Obauer, Werfen

HEINZ REITBAUER
Steirereck im Stadtpark, Wien

JUAN AMADOR
Amador, Wien

ANDREAS DÖLLERER
Döllerer, Golling

Fotos: © Gerhard Wasserbauer. Palais Coburg/Felicitas Matern, Helge Kirchberger Photography/Red Bull Hangar-7, Thomas Apolt, Marija Kanizaj, Markus Gmeiner, Jörg Lehmann

THOMAS DORFER
Landhaus Bacher, Mautern

HARALD IRKA
Am Pfarrhof, Sankt Andrä

MARKUS & LUKAS MRAZ
Mraz & Sohn, Wien

LUKAS NAGL
Bootshaus, Traunkirchen

MAX NATMESSNIG
Rote Wand Chef's Table im Schualhus, Lech

BENJAMIN PARTH
Stüva, Ischgl

PHILIPP RACHINGER
OIS im Mühltalhof, Neufelden

ANDREAS SENN & CHRISTIAN GEISLER
SENNS.Restaurant, Salzburg

ALAIN WEISSGERBER
Taubenkobel, Schützen am Gebirge

DIE BESTEN ÖSTERREICHS

von 🍳🍳🍳 bis 🍳🍳🍳🍳🍳

MIT 19 VON 20 PUNKTEN

IKARUS
Salzburg (S)

KONSTANTIN FILIPPOU
Wien

OBAUER
Werfen (S)

SILVIO NICKOL GOURMET RESTAURANT
Wien

STEIRERECK IM STADTPARK
Wien

MIT 18,5 VON 20 PUNKTEN

AM PFARRHOF
Sankt Andrä im Sausal (ST)

AMADOR
Wien

BOOTSHAUS
Traunkirchen (OÖ)

DÖLLERER
Golling (S)

LANDHAUS BACHER
Mautern (NÖ)

MRAZ & SOHN
Wien

OIS
Neufelden (OÖ)

ROTE WAND CHEF'S TABLE
Lech am Arlberg (V)

SENNS.RESTAURANT
Salzburg (S)

STÜVA
Ischgl (T)

TAUBENKOBEL
Schützen am Gebirge (B)

MIT 18 VON 20 PUNKTEN

AEND
Wien

AURELIO'S
Lech am Arlberg(V)

DIE FORELLE
Weissensee (K)

DIE WEINBANK RESTAURANT
Ehrenhausen (ST)

GESCHWISTER RAUCH-RESTAURANT
Bad Gleichenberg (ST)

GOURMET RESTAURANT HUBERT WALLNER
Dellach – Maria Wörth (K)

GRIGGELER STUBA
Lech am Arlberg (V)

MIT 17,5 VON 20 PUNKTEN

GLASS GARDEN
Salzburg (S)

INTERALPEN-CHEF'S TABLE
Telfs-Buchen/Seefeld (T)

KILIAN STUBA
Hirschegg/Kleinwalsertal (V)

MÖRWALD „TONI M."
Feuersbrunn (NÖ)

PRAMERL & THE WOLF
Wien

SICHER RESTAURANT
Tainach (K)

SONNHOF
St. Veit im Pongau (S)

STIAR
Ischgl (T)

MIT 17 VON 20 PUNKTEN

APRON
Wien

CARAMÉ
Velden am Wörthersee (K)

DER GANNERHOF
Innervillgraten (T)

DER HOLZPOLDL
Lichtenberg (OÖ)

EDVARD
Wien

GUT PURBACH
Purbach (B)

HUBERTUS STUBE
Neustift im Stubaital (T)

MESNERHAUS
Mauterndorf (S)

ONIRIQ
Innsbruck (T)

SCHLOSSHERRNSTUBE
Ischgl (T)

TIAN RESTAURANT WIEN
Wien

MIT 16,5 VON 20 PUNKTEN

DAS LILIENBERG
Tainach (K)

DER LUIS
Anger (ST)

DIDI DORNER IM MAGNOLIA
Graz (ST)

DOLCE VITA
Klagenfurt (K)

ESSLOKAL
Hadersdorf am Kamp (NÖ)

ESSZIMMER
Salzburg (S)

FLOH
Langenlebarn (NÖ)

FRIERSS FEINES HAUS
Villach (K)

GENIESSERHOTEL KRAINER
Langenwang (ST)

HOFMEISTEREI HIRTZBERGER
Wösendorf (NÖ)

LIEPERT'S KULINARIUM
Leutschach (ST)

MAYER'S RESTAURANT
Zell am See (S)

MORITZ
Grafenstein (K)

PFEFFERSCHIFF ZU SÖLLHEIM
Hallwang/Salzburg(S)

RESTAURANT STEIRERSCHLÖSSL
Zeltweg (ST)

ROSSBARTH
Linz an der Donau (OÖ)

SCHLOSS-TAVERNE
Zeltweg (ST)

SHIKI JAPANESE FINE DINING
Wien

SIGWART'S TIROLER WEINSTUBEN
Brixlegg (T)

TANGLBERG
Vorchdorf (OÖ)

UMAR FISCH BAR
Wien

WEYRINGER WALLERSEE
Henndorf am Wallersee (S)

AUFSTEIGER

DES JAHRES 2022

AUFWERTUNG UM 2,5 PUNKTE

BURG DEUTSCHLANDSBERG
Deutschlandsberg (ST), 13,5/20

AUFWERTUNG UM 1,5 PUNKTE

DUSPARA
Wien, 12,5/20

LABSTELLE
Wien, 15/20

SACHER – RESTAURANT „ROTE BAR“
Wien, 14,5/20

WALSERSTUBE-JÄGERSTUBE
Lech am Arlberg (V), 14,5/20

AUFWERTUNG UM 1 PUNKT

BY PRESLMAYER
Linz an der Donau (OÖ), 13/20

DAS KAPPEL
Kitzeck im Sausal (ST), 12/20

DAS SCHINDLER
Innsbruck (T), 12/20

ECHT JAN AIGNER.
Gleisdorf (ST), 14/20

ESSLOKAL
Hadersdorf (NÖ), 16,5/20

FISCHRESTAURANT KULMER
Birkfeld (ST), 12/20

© Shutterstock / BorisK9

© Shutterstock / Semen Kuzmin

FORTHUBER
Munderfing (OÖ), 14/20

GASTHAUS ADLER
Golling (S), 12/20

GUT MARIENDOL
Litzelsdorf (B), 15/20

HAUS AM HANG
St. Gilgen (S), 15/20

IGLHAUSER SCHLOSSBRÄU
Mattsee (S), 12/20

KIRCHENWIRT
Diersbach (OÖ), 12,5/20

LAUFKE
Graz (ST), 12,5/20

LINGENHEL
Wien, 14,5/20

MAGNOTHEK & WIRTSHAUS AM ZIEREGG
Ehrenhausen (ST), 13/20

MONTAFONER HOF
Tschagguns (V), 15/20

SCHILLER
Sommerein (NÖ), 16/20

SCHWAIGERLEHEN – BERNGARTEN
Stuhlfelden (S), 12/20

SEENSUCHT
Zell am See (S), 12,5/20

VITALQUELLE MONTAFON
Schruns (V), 12,5/20

WEINDOMIZIL HAGN
Mailberg (NÖ), 12,5/20

WEINGUT NIGL
Senftenberg (NÖ), 13,5/20

WEINSTUBE
Ischgl (T), 13/20

WINTERGARTEN ZUR LINDE
Mistelbach an der Zaya (NÖ), 15/20

ZUR KANNE
Lech am Arlberg (V), 12,5/20

NEUE HAUBENLOKALE

Das Lilienberg, Tainach

MIT 18 VON 20 PUNKTEN Ⓝ

GOURMET RESTAURANT HUBERT WALLNER
Dellach – Maria Wörth (K)

MIT 17 VON 20 PUNKTEN Ⓝ

ONIRIQ
Innsbruck (T)

MIT 16,5 VON 20 PUNKTEN Ⓝ

DAS LILIENBERG
Tainach (K)

UMAR FISCH BAR
Wien

MIT 15,5 VON 20 PUNKTEN Ⓝ

DER KNAPPENHOF
Reichenau an der Rax (NÖ)

SCHMIDHOFER IM PALAIS
Graz (ST)

MIT 15 VON 20 PUNKTEN Ⓝ

DAHOAM
Leogang (S)

DAS VOGELHAUS
Klagenfurt (K)

GUATZESSEN
Stumm im Zillertal(T)

HEUER AM KARLSPLATZ
Wien

LILLI FEHRING
Fehring (ST)

LUDWIG VAN
Wien

MIT 14,5 VON 20 PUNKTEN Ⓝ

BERGFRIED CHEF'S TABLE
Tux (T)

BIOHOTEL GRALHOF
Weissensee (K)

DIE SATTLEREI
Wien

GOURMETSTUBE ALT JUFFING
Thiersee (T)

ZUR HOFSTUBN
Pischelsdorf (ST)

MIT 14 VON 20 PUNKTEN Ⓝ

DAS MÜLLERS
Grän (T)

GEIGER ALM
Altaussee (ST)

GESCHWISTER RAUCH WIRTSHAUS
Bad Gleichenberg (ST)

LIEBSTEINSKY
Wien

MAYER
St. Martin am Grimming (ST)

RAUTERSTUBE
Matrei in Osttirol (T)

MIT 13,5 VON 20 PUNKTEN Ⓝ

BUXBAUM
Wien

MAYREI
Altaussee (ST)

R35 BY PATRICK LANDERER
Landis (T)

TANNBERGERHOF
Lech am Arlberg (V)

MIT 13 VON 20 PUNKTEN Ⓝ

BIBERS
Warth (V)

DAS KÖHLE
Serfaus (T)

GUFER 55
Brand (V)

WEINHAUS
Kirchberg am Wagram(NÖ)

MIT 12,5 VON 20 PUNKTEN Ⓝ

AD VINUM
Sölden (T)

BRASSERIE ZÖGERNITZ
Wien

CAFE KANDL
Wien

DER GRIECHE
Wien

DER HOFERWIRT
Neustift im Stubaital (T)

GAIA CUISINE
Innsbruck (T)

LENZ SOCIAL DINING
Wien

ONYX RESTAURANT
Wien

Weinhaus, Kirchberg am Wagram

© Leonhard Hilzensauer

KURZ & BÜNDIG

RESTAURANT ÆLIUM

Die niederösterreichische Landeshauptstadt ist um einen Gourmethotspot reicher. Inmitten barocker Bürgerhäuser haben die drei Kulinarikexperten Elena Rameder, Christoph Essl und Jungkoch Christoph Vogler ihre Zelte neu aufgeschlagen und ein Fine Dining-Restaurant mit dem – an die römische Geschichte St. Pöltens erinnernden – Namen Aelium eröffnet. Die Küchenlinie zeigt sich saisonal und weltumspannend. Man hat die Wahl zwischen zwei Vier- bis Sechs-Gänge-Menüs, die Auswahl an heimischen und internationalen Weinen sieht ebenfalls vielversprechend aus.

Fuhrmanngasse 1, 3100 Sankt Pölten

ALEXANDER MAYER

Das Edelbistro Mayer & Freunde, mit dem sich Alexander Mayer einen Traum verwirklichte, ist nach zwei Jahren Geschichte. Doch der umtriebige Spitzenkoch, der sein Können im Blue Mustard und Vincent unter Beweis stellte, hat bereits ein neues heißes Eisen im Feuer. Nach einem Buschenschankprojekt bei Erich Polz jun. in der Südsteiermark möchte Mayer das nächste Kapitel aufschlagen. Geplant ist etwas Ähnliches wie sein ehemaliger Nobel-Imbiss in der Wiener Innenstadt. Ob 2022 in Wien oder außerhalb aufgesperrt wird, ist noch nicht fix.

© Markus Marouschek

© Nathalie Le Reun

SCHANK KUCHL IM STEIRERECK AM POGUSCH

Feuer, Asche, Rauch – man mag meinen, diese Dinge haben sich in Österreichs Top-Küchen gar inflationär verbreitet, ein neuer Trend hat sich aufgetan. Oft gehört, immer wieder gesehen, aber selten so erlebt wie hier. Im noch relativ frischen Restaurantkonzept der Familie Reitbauer am steirischen Pogusch wird diese Kochkunst auf höchstem Niveau und ausgeklügelt betrieben. Ja, man kennt das ja bereits von Kochlegende Heinz Reitbauer: Wenn er sich einer Thematik widmet, dann nicht nur halb, sondern voll und ganz. Hier aber lässt das Multitalent bewusst seinen Mitarbeitern die Bühne, die sich mit höhenverstellbaren Rosten (per Fußpedal), Steinöfen, wedelnden Bambusfächern und glühenden Kohlen kreativ ausleben können. Das derzeit aktive Zweiergespann aus Manuel Weißenböck und Rene Skala begeistert mit ambitioniertem Feuer-Aromenspiel. Dank des langen Gemeinschaftstisches und der offenen Schaukuchl kann man den beiden bei ihren Experimenten zusehen, der entstehende Dialog zwischen Koch und Gast ist Teil des Konzeptes. Reservierungen werden für dieses Spektakel keine entgegengenommen – „first come, first serve" lautet die Devise: Wir sind Feuer und Flamme.

Pogusch 21, 8625 Turnau

ZEITRAUM

Ein recht außergewöhnliches Konzept hat sich Haubenkoch Stefan Eder für das neue Fine-Dining-Restaurant ZeitRAUM im Vier-Sterne-Hotel Der WILDe EDER überlegt, das im Oktober 2021 seine Pforten geöffnet hat. Serviert werden Überraschungen, der Gast wählt das Besteck selbst aus einer Lade direkt beim Tisch und bezahlt zum Schluss pauschal für die verbrachte Zeit. Regionalität und hochwertige Zutaten spielen weiterhin eine Hauptrolle, schwebende Pralinen von Eveline Wild sorgen für einen effektvollen Abschluss.

Dorf 3, 8171 St. Kathrein am Offenegg

WEINZIRL RESTAURANT IM KONZERTHAUS

Mit viel Freude und Leidenschaft führten Hermann und Bernadette Weinzirl das gleichnamige Restaurant im Konzerthaus in Wien, das zuletzt mit zwei Gault&Millau-Hauben ausgezeichnet wurde. Nach 17 erfolgreichen Jahren war mit Ende Juni 2021 Schluss – die beiden verabschiedeten sich in den wohlverdienten Ruhestand. Unter dem Namen „EssDur – Restaurant im Konzert", mit Christian Wallner als neuem Küchenchef und dem bewährten Weinzirl-Team hat der Betrieb im September 2021 wieder aufgesperrt und soll die gewohnt hohe Qualität fortführen.

Am Heumarkt 6, 1030 Wien

IMPRESSUM

Herausgeber	Karl Hohenlohe, Mag. Martina Hohenlohe
Chefredakteurin	Mag. Martina Hohenlohe
Produktionsleitung	Paul Golger, *paul.golger@gaultmillau.at*
Mitarbeiter der Redaktion	Mag. Tamara Schramek, BA, *tamara.schramek@gaultmillau.at* Mag. Wolfgang Schedelberger, *wolfgang.schedelberger@gaultmillau.at* Franziska Ettmeier, BSc., *franziska.ettmeier@gaultmillau.at* Astrid Panowetz, BA, *astrid.panowetz@gaultmillau.at* Kathrin Biffl, BA, *kathrin.biffl@gaultmillau.at*
Technische Umsetzung	i-security, 1050 Wien Blacksheep Productions
Lektorat	Mag. Daniela Illich, Franziska Ettmeier, BSc.
Landkarten	ARGE KARTO, Mag. Herwig Moser, 3152 St. Georgen, *arge.karto@aon.at*
Leserservice Österreich	leserservice@gaultmillau.at Gault&Millau, Strohgasse 21A, A-1030 Wien, Tel.: +43 (0)1/7124384-25,
Internet	www.gaultmillau.at
Vertrieb A	Mohr-Morawa, Wien, Tel.: +43 (0)1/680140, Fax: +43 (0)1/6887130
Vertrieb D/CH	Libri GmbH, Friedensallee 273, 22763 Hamburg, Tel.: +49 (0)40 85 39 80, *libri@libri.de*
Leitung Marketing & Sales	Josef Jungmann, *josef.jungmann@gaultmillau.at*
Marketing & Sales	Oliver Gattringer, MA, *oliver.gattringer@gaultmillau.at* Stefanie Haring, BA, *stefanie.haring@gaultmillau.at* Jennifer Rahberger, B.Ed., *jennifer.rahberger@gaultmillau.at*
Layout & Satz	Sophie Wurnig, BA, *sophie.wurnig@gaultmillau.at*
Herstellung/Herstellungsort	Druck Styria GmbH & Co KG, A-8042 Graz, www.printgroupstyria.com
Verlag	KMH Media-Consulting GesmbH, Strohgasse 21A, A-1030 Wien, Tel: +43/(0)1/7124384-29 © by GaultMillau S. A. © by KMH Media Consulting GesmbH Registered Trademark
ISBN	978-3-9504812-7-3

Koch des Jahres 2022
Max Natmessnig
Rote Wand Chef's Table im Schualhus, Lech

klima KOLUMNE
tele-klimainitiative.at
Regelmäßige Kolumnen zum Thema Klima in Ihrem tele
saintstephens | Foto: Monika Saulich
WENN WIR UNSERE RESSOURCEN WEITERHIN SO VERSCHWENDEN, HABEN WIR BALD ALLE EIN PROBLEM!
Leo Hillinger
BIO-Winzer, Puls4-Investor, Business Angel und Klimaaktivist
tele

Hoch hinaus wollte **Max Natmessnig** schon immer. Während die meisten seiner jugendlichen Kollegen im Sommer 2007 irgendwo in Österreich ihr Praktikum erledigten, landete er ein Internship im berühmten *L'Auberge de l'Ill* im Elsass. Das erleichterte ihm den Weg in das Wiener *Steirereck*, wo er sich von 2008 bis 2010 als Chef de Partie beweisen konnte.

Doch Natmessnig wollte mehr. Ihm war bewusst, dass es für eine große Karriere auch internationale Erfahrung braucht. Also heuerte er bei bei Sergio Herman im *Oud Sluis* an – dem damals mit Abstand besten Restaurant der Niederlande. Der Sprung über den großen Teich war schon vorbereitet. Erstmals als Souschef begann er 2013 im Restaurant des neu eröffneten New Yorker Luxushotels *The Nomad*. Dass er dort nur ein Jahr blieb, lag daran, dass er von César Ramirez abgeworben wurde. Dessen Restaurant *Chef's Table at Brooklyn Fare* war das angesagteste und höchst dekorierte Restaurant der Stadt.

Mit Bekah Roberts hatte der gebürtige Niederösterreicher in New York auch privat sein Glück gefunden. Und doch wurde den beiden der Stress der Stadt auf Dauer zu viel. Als der Arlberger Hotelier Josef Walch bei einem Besuch im *Brooklyn Fare* fragte, ob sich Natmessnig nicht irgendwann eine Rückkehr nach Österreich vorstellen könne, bekam er er ein überraschendes „Ja" zu hören. So ist das Paar – die beiden sind mittlerweile verheiratet – vor vier Jahren in Walchs *Rote Wand* in Zug am Arlberg übersiedelt. Dort angekommen hat uns der Küchenchef mit seiner exakten Küchenlinie vom ersten Tag an begeistert.

Von Jahr zu Jahr ist er noch besser geworden, weil er Schritt für Schritt die kulinarischen Schätze der Alpinen Küche entdeckt hat.

Zwar beschränkt er sich nicht ausschließlich auf regionale Produkte, doch diese bieten das Rückgrat seiner saisonal wechselnden Menüs. Seine Frau Bekah hat die Ausildung zur Sommlière absolviert und begleitet die Menüs ihres Mannes mit außergewöhnlichen Weinen. Der Vier-Haubenkoch ist mittlerweile also ganz oben angekommen: sowohl was die Lage des Arbeitsplatzes (1.510 Meter über dem Meer) als auch die berufliche Anerkennung betrifft.

2022 MAX NATMESSNIG
„Rote Wand Chef's Table Im Schualhus", Lech

2021 MAX STIEGL
„Gut Purbach", Purbach

2020 HUBERT WALLNER
„See Restaurant Saag", Techelsberg am Wörthersee

2019 BENJAMIN PARTH
„Restaurant Stüva", Ischgl

2018 MARKUS MRAZ
„Mraz & Sohn", Wien

2006–2016 KOCH DES JAHRZEHNTS
Heinz Reitbauer, „Restaurant Steirereck", Wien

2016 KONSTANTIN FILIPPOU
„Restaurant Konstantin Filippou", Wien

2015 RICHARD RAUCH
„Steira-Wirt", Trautmannsdorf

2014 SILVIO NICKOL
„Silvio Nickol Gourmet Restaurant", Wien

2004–2014 KÖCHE DES JAHRZEHNTS
Karl und Rudi Obauer, „Obauer", Werfen

2012 BOBBY BRÄUER
„Petit Tirolia", Kitzbühel

2010 ANDREAS DÖLLERER
„Döllerer's Genusswelten", Golling

2009 THOMAS DORFER
„Landhaus Bacher", Mautern

2008 THORSTEN PROBOST
„Griggeler Stuba", Lech

2007 JOACHIM GRADWOHL
„Meinl am Graben", Wien

2006 LEONARD CERNKO
„Mörwald Kloster UND", Krems

2005 ALEXANDER FANKHAUSER
„Alexander" (Hotel Lamark), Hochfügen

2004 GERHARD FUCHS
„Saziani Stub'n", Straden

2003 JOSEF TRIPPOLT SEN. (†) UND JUN.
„Zum Bären", Bad St. Leonhard

2002 CHRISTIAN PETZ
„Meinl am Graben", Wien

Patronanz: LOHBERGER

seit 2018 Verleihung durch: Lohberger Küchen Competence Center GmbH

2001 KLAUS FLEISCHHAKER
„Pfefferschiff", Salzburg-Söllheim

2000 KOCH DES JAHRZEHNTS
Helmut Österreicher, „Steirereck", Wien

2000 MARTIN SIEBERER
„Trofana Royal", Ischgl

1999 JÖRG WÖRTHER (†)
„Schloss Prielau", Zell am See

1998 HEINO HUBER
„Deuring-Schlössle", Bregenz

1997 HEINZ V. HANNER
„Kronprinz", Mayerling

1996 JOHANNA MAIER
„Hubertus", Filzmoos

1995 WALTER ESELBÖCK
„Taubenkobel", Schützen

1994 FRANZ FUIKO
„Mesnerhaus", Mauterndorf

1993 REINHARD GERER
„Korso" (Bristol), Wien

1992 HARALD FRITZER
„Ex-À la Carte", Klagenfurt

1991 EWALD PLACHUTTA
„Zu den 3 Husaren", Wien

1990 SISSY SONNLEITNER
„Kellerwand", Kötschach-Mauthen

1980–1990 KOCH DES JAHRZEHNTS
Jörg Wörther (†), „Villa Hiss", Badgastein

1989 KARL UND RUDI OBAUER
„Obauer", Werfen

1988 HELMUT ÖSTERREICHER
„Steirereck", Wien

1987 HASI UNTERBERGER (†)
„Unterberger Stuben", Kitzbühel

1986 ALFRED SÜSSENBACHER (†)
„Bleibergerhof", Bad Bleiberg

1985 WERNER MATT
„Hilton", Wien

1984 ERNST HUBER (†)
„Ex-Zoll", Bregenz

1983 LISL WAGNER
„Bacher", Mautern

© Ivana Dzoic

Pâtissière des Jahres 2022

Noemi Krondorfer

Benny Parth hat neben kulinarischem Talent offenbar auch eine sichere Hand bei der Auswahl seiner Mitarbeiter. Das hat er bereits mit Suvad Zlatic, dem regierenden Sommelier-Staatsmeister bewiesen. Und auch mit Noemi Krondorfer, der bisherigen Chef-Pâtissière im Stüva (im Hotel Yscla, Ischgl). Sie war verantwortlich für die zauberhaften Kreationen, die seine Menüs stets abschließen. Und wer diese Menüs kennt, weiß, dass es dabei nicht einfach nur um „eine Nachspeise" geht.

Der süße Schlussakkord umfasst vom Pre-Dessert bis zu den Petits Fours eine Handvoll Gänge. Für Krondorfer also Raum genug, sich richtig auszutoben.

Ihre Kreationen im Yscla waren dramaturgisch aufwändig: Manche Desserts wurden in zwei Gängen serviert, stets anspruchsvoll und von schlichter Eleganz. Nach Überraschungen wie der eleganten Blüte im Dessert „Marille" (mit Lavendel und Honig) kommt Schokolade in verschiedenen Aggregatzuständen und Temperaturen. Ein Bissen ist besser als der andere. Noemi Krondorfer ist jung, ihre Vita kurz und knackig. Schwarzes Kameel, Artner auf der Wieden, erste Schritte als Pâtissière im Volée – alles in Wien. Jetzt verlässt Noemi Ischgl. Ab Herbst wird sie wieder öfter in Wien sein. Zum Beispiel im Noble Savage, in dem sie auch bisher immer wieder bei Pop Ups zu erleben war. Und wo man auch künftig immer wieder Noemi's herrliche Tartelettes in handgefertigter Verpackung erstehen kann.

© Werner Krug

Service Award 2022 Caramé

Was stellt einen guten Service eigentlich dar? Fachkenntnis ist zweifellos gefragt, besonders wenn es um Weinempfehlungen geht. Ein freundliches Wesen hilft zweifellos auch. Den Unterschied zwischen einem aufgesetzten Lächeln und ehrlicher Herzlichkeit erkennt man als Gast intuitiv. Doch es geht um mehr.

Das Wesen und Können der Mitarbeiter ist das Eine. Die Art und Weise, wie sie sich bei ihrer Arbeit geben (dürfen), etwas Anderes. In manchen Luxusrestaurants hat man mitunter das Gefühl, dass junge Menschen in Uniformen versuchen, ihre Rolle möglichst perfekt und fehlerfrei zu absolvieren. Im *Caramé* hat man dahingegen stets das Gefühl, es mit Menschen zu tun zu haben, die tatsächlich eine Freude an ihrer Arbeit haben. Dass ein Gutteil der Mitarbeiter aus der Region stammt – wie man am charmanten Dialekt klar erkennen kann – ist zwar keine Voraussetzung für das Wohlbefinden der Gäste. In einer ausgesprochenen Tourismusregion ist es dennoch ein Indiz dafür, dass das Betriebsklima stimmt. Der Dresscode der Servicebrigade ist hell, dezent-modisch und gibt dem Team einen sympathischen Look, der das professionelle Erscheinungsbild noch unterstreicht.

Wie auf einem gut geführten Segelschiff, tritt der Kapitän selbst nur selten in Erscheinung. Ein Kapitän gibt die Richhtung vor und schaut darauf, dass sein Schiff stets auf Kurs bleibt. Viele Worte braucht es dafür nicht. Schließlich kann er sich auf seine Mannschaft verlassen. Eigentümer und Serviceleiter Günter Faderl hat zwar wortwörtlich gedacht keine Mannschaft zu kommandieren, sondern ist für ein gemischtes Team verantwortlich. Und das Thema Führung ist bei ihm auch nicht von strengen Kommandos sondern einen väterlich-freundlichen Ton bestimmt. Dass alle Mitarbeiter trotzdem genau wissen, worum es geht, zeigt sich vor allem in der Form, wie sie miteinander umgehen.

Geht es bei vollem Haus einmal hoch her, hilft man einander ohne viele Worte, weil es primär um die Zufriedenheit der Gäste geht. Der gemeinsame Erfolg ist allen Mitarbeitern wichtiger, als zeigen zu wollen, dass man besser sei, als der Kollege.

So fühlten wir uns im *Caramé* auch dieses Mal wieder bestens umsorgt und verfolgten mit Freude, wie ein Serviceteam an einem stressigen Samstagabend in der Hochsaison gut gelaunt und beschwingt durch den Abend „tanzt", während man in anderen Restaurants am See zur gleichen Zeit „schwitzt" und „schwimmt".

Caramé **17/20**
Am Corso 10, 9220 Velden am Wörthersee

SYMBOLE

H4	Koordinaten: siehe Klapp-Landkarte auf der nächsten Seite
Tipp	Empfehlungen außerhalb der Haubenwelt
pop	Szenelokale (Restaurants, Bars, Kaffehäuser)
?	Bewertung ausgesetzt
N	Neu im Guide
	Carte blanche
	Rollstuhlgerecht
	Hütten, die mit dem Rad/Mountainbike erreichbar sind

Bewertungen:

11 bis 12,5 Punkte von 20 Punkten: 1 Haube

13 bis 14,5 Punkte von 20 Punkten: 2 Hauben

15 bis 16,5 Punkte von 20 Punkten: 3 Hauben

17 bis 18,5 Punkte von 20 Punkten: 4 Hauben

19 bis 19,5 Punkte von 20 Punkten: 5 Hauben

LANDKARTE ÖSTERREICH

LEGENDE

- Orte allgemein
- Orte mit
- Orte mit
- Orte mit
- Orte mit
- Orte mit

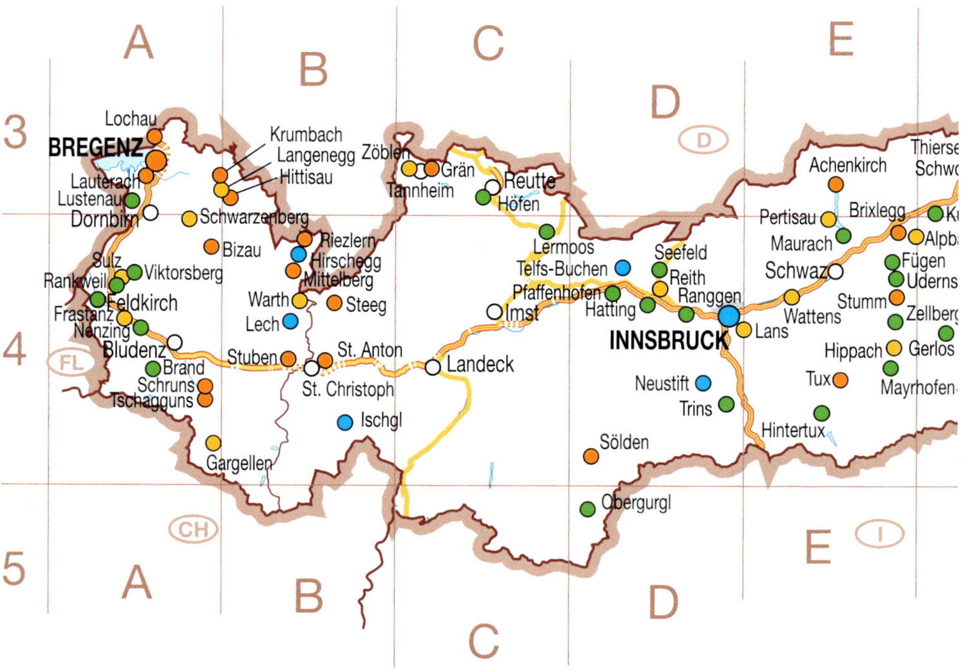

Die 53 TOP-Ausflugsziele

Burgen & Schlösser

01 Renaissanceschloss Rosenburg, Tel. 02982/29 11
02 Liechtenstein Schloss Wilfersdorf, Tel. 02573/33561
03 Schloss Artstetten, Tel. 07413/ 8006
04 Ruine Aggstein, Tel. 02753/82 28-1
05 Renaissanceschloss Schallaburg, Tel. 02754/63 17-0
06 Schlosspark Laxenburg, Tel. 02236/712260

Stifte & Klöster

07 Stift Altenburg, Tel. 02982/3451
08 Stift Zwettl, Tel. 02822/20 20 217
09 Benediktinerstift Göttweig, Tel. 02732/85581 0
10 Benediktinerstift Melk, Tel. 02752/55 50
11 Stift Seitenstetten, Tel. 07477/423 00
12 Stift Klosterneuburg, Tel. 02243/411212
13 Zisterzienserabtei Stift Heiligenkreuz, Tel. 02258/87 03
14 Stift Dürnstein, Tel. 02711/375

Naturparks & Erlebniswelten

15 Kittenberger Erlebnisgärten, Tel. 02734/8228
16 LOISIUM Langenlois, Tel. 02734/ 322400
17 Whisky-Erlebniswelt, Tel. 02874/7496
18 Amethystwelt Maissau, Tel. 02958/848 40
19 Fossilienwelt Weinviertel, Tel. 02262/62409
20 Nationalpark Thayatal, Tel. 02949/7005-0
21 Retzer Erlebniskeller, Tel. 02942/27 00
22 Der Heldenberg, Tel. 02956/81240
23 Römerstadt Carnuntum, Tel. 02163/33 77-0
24 schlossORTH Nationalpark-Zentrum, Tel. 02212/3555
25 Die Garten Tulln, Tel. 02272/68188
26 Weinerlebnis „Sandgrube 13 wein.sinn" Winzer Krems, Tel. 02732/85511-33 27
27 Eibl Jet, Tel. 02769/82 45
28 Erlebnis Mendlingtal „Auf dem Holzweg", Tel. 07484/26060
29 HAUBIVERSUM „Die Brot-Erlebniswelt", Tel. 07416/503499
30 Naturpark Buchenberg, Tel. 0676/844991444
31 Tierpark Stadt Haag, Tel. 07434/ 454081
32 Naturpark Hohe Wand, Tel. 02638/88 545
33 Römertherme Baden, Tel. 02252/450 30
34 Naturpark Sparbach, Tel. 02237/7625
35 VINO VERSUM Poysdorf, Tel. 02552/20371
36 DIE KÄSEMACHERWELT, Tel. 02862/525280
37 Sonnenwelt Grossschönau, Tel. 02815/77270-50
38 Unterwasserreich Schrems, Tel. 02853/76334
39 Bärenwald Arbesbach, Tel. 02813/7604-0
40 Therme Laa Hotel & Spa, Tel. 02522/84700570
41 World of STYX, Tel. 02747/3250
42 SONNENTOR Erlebnis, Tel. 2875/7256-100
43 Sole Felsen Welt Gmünd, Tel. 02852/202031300

Bergbahnen & Schifffahrt

44 BRANDNER Schiffahrt GmbH, Tel. 07433/25 90-21
45 Schneebergbahn, Tel. 02742/360 990 1000
46 Rax-Seilbahn, Tel. 02666/524 97
47 Gemeindealpe Mitterbach, Tel. 03882/417 20
48 Mariazellerbahn, Tel. 02742/360 990 1000

Museen & Ausstellungen

49 Kunstmeile Krems, Tel. 02732/908010
50 Museumsdorf Niedersulz, Tel. 02534/333
51 MAMUZ Schloss Asparn/Zaya und Museum Mistelbach, Tel. 02572/20719
52 Museum Niederösterreich, Tel 02742/908090
53 Landesgalerie Niederösterreich, Tel. 02732/908010

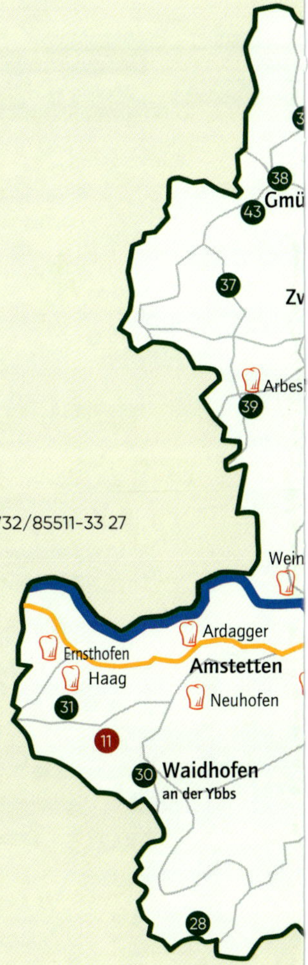

Gault&Millau
Österreich
Aufwachen und
genießen
staunen
entdecken
In Österreichs
besten Hotels 2022
Gault&Millau Hotelguide erhältlich für € 9,90
www.gm-hotels.at
Gault Millau Oesterreich
gaultmillau_austria

Sommelier des Jahres 2022

© Andreas Balon

Frischer Wind in der heimischen Sommellerie. Daniel Schicker, aufgewachsen in Tirol, ist ausgebildeter Diplomsommelier und Certified Sommelier beim Court of Master Sommeliers – so viel zur Theorie. Sein praktisches Handwerk hat er im *Kaiserhof* in Ellmau gelernt, danach war er stellvertretender Sommelier im *Landhaus Bacher*. Von der Wachau wechselte er zu Philip Rachinger in den *Mühltalhof* – ein perfekter Coup für beide Seiten, die Chemie zwischen Küchenchef und Sommelier stimmt. Rachinger kocht eine unheimlich innovative, freche Küche, die selbst den erfahrensten Weinkenner so richtig herausfordert. Daniel Schicker kommt da locker mit. Von seiner Empathie profitieren die Gäste in der Beratung. Schicker bleibt dabei immer auf Augenhöhe, ist herrlich bodenständig, sympathisch und kompetent. Seine persönliche Vorliebe ist der Naturwein, aber nicht nur. Von Dogmen hält der bescheidene, junge Sommelier wenig. Das, was er einschenkt, soll Spaß machen und muss richtig gut sein. Seine Weinkarte ist spannungsreich und mit viel Verstand zusammengestellt – von der ersten bis zur letzten Seite. Bravo.

Er findet zum kreativsten Gang den richtigen Partner im Glas. Das geht nur mit viel Geschmack und noch mehr Gefühl.

OIS im Mühltalhof **18,5/20**
Unternberg 6, 4120 Neufelden

ACQUA PANNA S.PELLEGRINO
THE FINE DINING WATERS

Patronanz: San Pellegrino

2021 Christian Zach, Die Weinbank Restaurant, Ehrenhausen
2020 Simon Schubert, Restaurant Aend, Wien
2019 René Antrag, Restaurant Steirereck, Wien
2018 Josef Neulinger, Almhof Schneider, Lech am Arlberg
2017 Steve Breitzke, Das Loft, Wien
2016 Hermann Botolen, Dombeisl, Wien
2015 Alexander Koblinger, Restaurant Obauer, Werfen

WENN GUTES IMMER GANZ REGIONAH IST.
METRO Regionah: Gutes aus der Region.
Wir fördern mit dem Regionah-Label österreichische Produzent*innen:
• Produktion im Umkreis von 100 km um den jeweiligen Großmarkt
• Kleinstbetriebe mit weniger als 50 Mitarbeiter*innen
• Ursprung, Herkunft und Lieferung zu 100 % aus Österreich
metro.at/regionah
Regionah
DAS KANN NUR HEIMAT
METRO
IHR ERFOLG IST UNSER BUSINESS

Wirtshaus des Jahres 2022

Wirtshaus Gallbrunner

Genau so stellt man sich ein Wirtshaus vor: Die Stube ist gemütlich eingerichtet, das Knarzen des Holzbodens spielt das Lied einer langen Tradition, die hier im idyllischen Waisenegg bei Birkfeld gepflegt und gehegt wird.

Der Tischherd in der Küche der Wirtsfamilie Rennhofer hat schon einige hundert Jahre auf den Kacheln. Als das Gasthaus in den 1940er-Jahren abbrannte, blieb er unversehrt.

Um ihn herum wurde alles neu aufgebaut, die Liebe zur bodenständigen Küche und zum Handwerk mit den Produkten aus dem Umland bildet noch heute die Seele dieses Hauses. Im Holzofen brutzelt knusprig der Schweinsbraten, auch das Brot wird darin frisch gebacken. Für Klassiker wie Grubenkraut oder Nudeltascherl ist Wirtin Elisabeth Rennhofer persönlich zuständig. Ihr zur Seite steht Tochter Corinna in der Küche, eine wahre Meisterin der süßen Speisen.

Zum „Wirtshaus des Jahres 2022" braucht es natürlich mehr. Aber auch das alles finden wir: selbstgebrautes Bier von Tochter Andrea und Schwiegersohn Robert, der Hausherr, Karl Rennhofer, als herzlicher Gastgeber und die Gewissheit, hier immer wieder einkehren zu wollen.

Wirtshaus Gallbrunner **11,5/20**
Waisenegg 78, 8190 Birkfeld

Hotel des Jahres 2022
Waldklause

Naturbelassenheit und Nachhaltigkeit – das sind Werte, die in unserer schnelllebigen Welt mehr denn je zählen. In der Waldklause begegnet man der Natur an jedem Fleck. Dies beginnt bereits bei der zauberhaften Lage mitten in einem des Ötztaler Wald an – absolute Ruhe ist garantiert.

Familie Auer übernimmt mit ihrem Öko-Hotel Waldklause eine Vorreiterrolle.

Die eleganten, weich geschwungenen Gebäude aus Holz sehen nämlich nicht nur äußerst stilvoll aus, sie benötigen zudem nur wenig Energie.

Außerdem gibt es ein eigenes Abfallkonzept, der Wasserverbrauch wird optimiert. In der Einrichtung und Küche des Hauses wird selbstverständlich auf heimische Rohstoffe gesetzt. Urlaub mit gutem Gewissen macht doch gleich noch mehr Spaß.

Von der Lobby bis zu den großzügigen Zimmern – die Liebe zum Detail ist überall zu spüren. Durch die angenehme Atmosphäre im ganzen Hotel entspannt man ab dem Moment der Ankunft automatisch.

Am besten findet man Ruhe und Kraft beim Waldbaden (dem bewussten Verweilen im Wald) sowie im Natur-Spa.

Holz, Stein und Lehm bilden die Basis für das moderne Design und das wohltuende Raumklima des 1.800 m² großen Wellnessbereichs, in dem man auf Augenhöhe mit den Baumwipfeln entspannt. Sei es in der Baumsauna oder im Sole-Whirlpool mit Bergblick, bei einer Massage oder Anwendung mit der hauseigenen Naturkosmetik, einer Yoga- oder Pilates-Einheit im Fitnessraum mit großer Fensterfront – hier findet jeder das richtige Entspannungsmittel. Auch einen separaten Men-Spa gibt es.

Kulinarisch hat die Waldklause ebenfalls einiges zu bieten. So startet man in den Tag mit hausgemachtem Frischkäse, Eiern vom Bauernhof aus der Region und Müsli nach Waldklause-Rezept, stärkt sich bei der Nachmittagsjause mit kleinen Köstlichkeiten und genießt abends ein innovatives Fünf-Gänge-Menü aus der Naturküche von Chefkoch Markus Wanner. Ein Highlight: das wöchentliche Gala-Dinner.

Waldklause
Unterlängenfeld 190
6444 Unterlängenfeld
www.waldklause.at

Schlosshotels
& Herrenhäuser
Experience
Character.
In einer standardisierten Welt
gewinnt das Außerordentliche an Bedeutung.
experiencecharacter.com
A collection of
historic hotels +
creative minds

Ambiente Award 2022
Kreuzgang-Keller Schloss Gobelsburg

Das Weingut Schloss Gobelsburg blickt auf eine gewaltige Vergangenheit zurück – und hört dennoch nicht auf, Geschichte zu schreiben.

Nach dreijähriger Bauzeit wurde rechtzeitig zum 850-jährigen Jubiläum der weltweit einzigartige Kreuzgang-Keller eröffnet.

Normalerweise bildet ein Kreuzgang das Herzstück eines Klosters – der überdachte Gang zieht sich um einen offenen Innenhof und bietet Zugang zu den verschiedenen Räumen des Gebäudes. Als Zentrum eines Kellers ist dies jedoch gänzlich neu und etwas höchst Besonderes. Da Schloss Gobelsburg seit jeher ein klösterliches Weingut ist, entstand die Idee zu diesem außergewöhnlichen Bauwerk. Bei der Planung orientierte man sich an der Architektur und Symbolik der Zisterzienser und auch die verwendeten Materialien – wie Ziegel und Stein – sind ausschließlich historische. Ein zusätzlicher Lichtschacht sorgt für eine helle, angenehme Atmosphäre.

Der Anspruch von Michael und Eva Moosbrugger (Leitung des Weinguts Schloss Gobelsburg): „Der Kreuzgang-Keller soll mindestens 500 Jahre überdauern."

Genügend Zeit also, um dem Monument einen Besuch abzustatten. Es gibt vieles zu erkunden – und selbstverständlich auch zu verkosten.

Kreuzgang-Keller Schloss Gobelsburg
Schloss Straße 16, 3550 Gobelsburg

© Schloss Gobelsburg

© Moosbrugger

© Schloss Gobelsburg

© Moosbrugger

WIEN

DIE BESTEN

A BARRACA

12/20

Café-Restaurant-Pastelaria

Koch: Kurt Aberl

Portugiesisches Lebensgefühl zeigt sich hier am Teller und nicht in Form von touristischen Symbolen an der Wand. Dort hängen stattdessen Landschaftsbilder, die trotz aller Lässigkeit für eine gewisse Eleganz sorgen. Bei den Gerichten hält man sich streng an landestypische Originale, die allerdings in einer zeitgemäßen Form zu Tisch kommen. Besonders stolz ist man auf den selbst importierten Stockfisch, dieser wird etwa zu köstlichen, frittierten Bällchen weiter verarbeitet. Am Freitag ist übrigens Stockfischtag – da gibt es Klassiker aus dem Buch „1000 und 1 Stockfischrezepte". Mittags wird ein preiswertes Menü serviert, am Abend kann man sich bei einer Flasche portugiesischem Wein mit ausgezeichneten Fischgerichten verwöhnen lassen.

à la carte: 16,50–26,50 €

Tel.: 0660 346 5737

1010 Wien
Hohenstaufengasse 7

www.abarraca.at
schoeneressen@abarraca.at

Mo 11.30–16, Di–Fr 11.30–15 und 18–22.30, Sa 18–22.30 Uhr
Fei, variabel

AEND

18/20

Koch: Fabian Günzel

Die Speisekarte im aend, fast am Ende des 6. Bezirks in Gürtelnähe in der Mollardgasse gelegen, besteht aus 13 Speisen, die in Form von einem kleinen oder großen Menü genossen werden können. Bei den Speisen selbst stehen zwei Zutaten im Vordergrund, die dritte – der passende Wein – rundet ab, aber wie. Fabian Günzel, zuvor im Palais Coburg, dazwischen im Le Loft tätig, hat hier nämlich einen kongenialen Partner – den Sommelier Simon Schubert, zuvor gemeinsam mit Günzel im Coburg, danach Chefsommelier im Mraz & Sohn. Diese zwei nehmen ihre Gäste auf eine geschmackliche Weltreise mit, die ihresgleichen sucht. Deren Zutaten sind naturgemäß nicht nur zwei ... Beispiel Spargel-Arganöl: ein weißer Spargel im grünen Spargel mit Arganöl-Tropfen umhüllt und einer Hollandaise mit Krabbenfleisch, dazu ein Grand Cru Pinot Gris aus dem Elsass – noch immer läuft uns das Wasser im Mund zusammen. Oder Jakobsmuschel-Topinambur, die Muschel glasig, der Topinambur als Chip und gedünstet, dazu eine Arietta Cuvée aus Sauvignon Blanc und Semillon aus Kalifornien: ein Gedicht von zart und knusprig, Meer und Boden, Sonne und Wind. Zum Lamm-Steinpilz auf Saucespiegel kehrten wir nach Österreich zum Cabernet Sauvignon aus dem Burgenland, allerdings 1999 zurück. Dieses Feingefühl für die exquisiten Zutaten und die passenden Weine war gerade nach sieben Monaten coronabedingter Gourmetabstinenz ein wahres Freudenfeuerwerk. Offenbar wurde die Zeit des Lockdowns intensiv und kreativ genützt, denn auf diesem Niveau haben wir Günzel und Schubert zuvor noch nicht erlebt. Wir wünschen uns keine erneuten Schließungen, aber sehr wohl diese grandiose Entwicklung. Ein unvergessliches kulinarisches Erlebnis.

Tel.: 01 5953416

1060 Wien
Mollardgasse 76

www.aend.at
hello@aend.at

Mo–Fr 12–13.30 und 19–20.30 Uhr

ALBERT

14,5/20

Koch: Mario Bernatovic

Nach einigen baulichen Schwierigkeiten konnte Mario Bernatovic sein wunderbares Bar-Bistro im Herbst 2021 endlich wieder eröffnen. Und: Das Comeback ist gelungen, das Albert in Hochform. Dass es ganz dezidiert als Bar deklariert ist, macht sich auf der Speisekarte deutlich bemerkbar. Es gibt Barfood im ganz klassischen Sinn, Edelburger natürlich, Beef Tatar, aber auch marinierte Steinpilze im Pilzdashi oder noch Gefinkelteres wie frittierten Tintenfisch mit Erbsen-Speck-Püree und Sepiamayonnaise sowie ein kunstvoll arrangiertes Miesmuschel-Smørrebrød mit Trüffel, eingelegter roter Zwiebel und frittierter Petersilie.

Tel.: 01 9567114

1080 Wien
Albertgasse 39/16

www.albert.bar
reservierung@albert.bar

Mo–Fr 11.30–14.30 und 18–22.30, Sa 17–22.30 Uhr

Einige gute Bekannte aus dem Kussmaul hat Bernatovic auch im Gepäck, das Stundenei mit Trüffel, Spinat und Erdäpfelschaum zum Beispiel, aber warum soll man das auch nicht mehr machen, wenn es einen halt immer noch so glücklich macht? Die Wein-, Craftbier- und Cocktailkarte ist für jeden Anlass gut gewappnet – die Pâtisserie präsentiert sich solide exotisch (Matcha-Cheesecake mit roten Beeren). Das Albert ist endlich wieder da, wo es sein muss: nämlich vorne mit dabei.

à la carte: 4–45 €

ALMA GASTROTHÈQUE

12,5/20

Köchin: Christina Nasr

Die Küche von Christina Nasr erfährt nicht ohne Grund große Beliebtheit. Mitten im vierten Bezirk gelingt es der Küchenchefin gemeinsam mit ihrem Lebensgefährten Andreas Schwarz, einen Zufluchtsort für Liebhaber von Naturweinen und feiner Bistroküche zu schaffen. Das Gebotene wechselt wöchentlich und geht quasi Hand in Hand mit der Saison – ein Punkt, der in der Alma-Küche keinesfalls außer Acht gelassen wird, denn im Fokus stehen frische Grundprodukte ohne viel Chichi, dafür mit gekonntem Feingefühl und Raffinesse zubereitet. Hinter „Paradise now" versteckt sich eine fulminante Paradeiservielfalt, die mit Pfirsich, Schafkäse und Sumach eine grandios stimmige Kreation, ja ein kleines Paradies ergibt. Der „Görtschitztaler Kaviar" entpuppt sich als Hommage an den Kärntner Bröseltopfen, der unkompliziert, aber überzeugend mit brauner Butter und frischen Kräutern gereicht wird. Fleischanhänger erfahren beim Pastrami-Sandwich, dass eine gute Küche eben nicht zig Komponenten am Teller benötigt. Dazu wählt man aus einem erlesenen Weinangebot und genießt legeren Service. Der lässt auch schnell das zwar hausgemachte, aber leider etwas zu fest geratene Focaccia vergessen. Bistroküche at its best.

à la carte: 10–69 €

Tel.: 01 9974446
1040 Wien
Große Neugasse 31
www.alma-gastrotheque.at
alma@alma-gastrotheque.at
Di–Fr 17–21.30 Uhr

AMADOR

18,5/20

Koch: Juan Amador

NEWCOMER DES JAHRES 2017

Ein mittäglicher Sommerlunch im mittlerweile etablierten Grinzinger Nobelhotspot beginnt im Entree mit lauter Loungemusik und einem etwas schmuckarmen Freiluftbereich. Mit großem Eifer werden wir begrüßt und studieren die kulinarischen Notizen Juan Amadors. Die ausgedehnten und lapidar als „Tapas & Snacks" bezeichneten Küchengrüße offerieren Altbekanntes, wie das hervorragende Tatar mit Beeftea und Ingwereiswürfel, den unvergleichlichen Waldspaziergang, aber auch den für uns unangenehm kalt servierten Signature-Macaron mit N25-Kaviar sowie eine wenig verständliche Pastrami-Senfgurken-Kombination. Danach konnte der feine Thunfisch auf seiner Haut keinen Stich mehr machen. Optisch alles top und aufwendig angerichtet, wie es in Wien nicht oft wiederzufinden ist. Dann ging es mit Amadors „Momentaufnahmen" weiter. Hier spielte der Maestro gekonnt mit Gegensätzen, wie beispielsweise der Languste und Joselito-Schinken oder dem Steinbutt und Kalbsbries. Unvermittelt versteht man die Herkunft Amadors mit „Mar y tierra" auf dem Teller. Eine Reminiszenz an die österreichische Küche in Form eines Lammbeuschels war ebenfalls fein, aber nicht ganz so aufregend wie das zuvor Gezeigte. Ein Wort zu den Saucen: Diese zeugen von besonderer Feinheit und Raffinesse, nicht nur einmal hätten wir uns einfach noch mehr davon gewünscht. Wir kamen zu den „kleinen Verrücktheiten", die eine Reihe von süßen Naschereien und Grüße zur Verabschiedung beinhalteten.Die glasweise Weinbegleitung war reizvoll und ließ die Partnerschaft mit Wiens Paradewinzer Fritz Wieninger erkennen. Ja, dies ist zweifellos eines der besten Restaurants der Stadt, das auch international große Anerkennung erfährt.

à la carte: 25–95 €

Tel.: 0660 907 0500
1190 Wien
Grinzinger Straße 86
www.restaurant-amador.com
reservation@
restaurant-amador.com
Mi–Sa 18–21.30 Uhr

APRON

17/20

im Hotel am Konzerthaus

Koch: Stefan Speiser

Tel.: 01 9074747
1030 Wien
Am Heumarkt 35-37
www.restaurant-apron.at
welcome@restaurant-apron.at

Di–Sa 12–13.30 und 17.30–20.30 Uhr

SERVICE AWARD 2020

Wie wird Essen zum Erlebnis? Dafür gibt es zahlreiche Antworten. Eine davon kennt Küchenchef Stefan Speiser, der den Gästen gemeinsam mit seiner Crew im Apron einen unvergesslichen Abend bereitet. Schon der Einstieg in das Menü lässt aufhorchen: Eine aus geklärter Butter geformte Kerze tropft in den Schweinsbratensaft und formt so eine Emulsion, die man mit warmem Brot auftunkt – himmlischer Genuss. Dünngeschnittener Rettich vermählt sich anschließend mit Brennnesselöl und Holunderbiskuit. Es folgt ein auf Salzstein geflämmter Langostino mit Chorizoöl und Olivenöleis. Nicht nur geschmacklich, sondern auch optisch sind beide Vorspeisen ein Hit. Dazu gibt es einen, vom Sommelier empfohlenen Rosé, der sich preislich im Rahmen bewegt. Generell sind die Preise für glasweise angebotene Weine doch ziemlich stolz. Die Eierschwammerl mit Gulaschsaft und confiertem Eigelb schmecken, danach erfreuen wir uns am Waller mit fermentierter Yacónwurzel sowie Tamarillosalsa. Bei der Taube, die aus dem Burgenland stammt, gefallen besonders die mit Assam-Pfeffer eingelegten Kirschen und auch die glasierte Rote Rübe macht Spaß. Zwei Desserts? Warum nicht, wenn in Estragon eingelegte Krause Glucke mit rosa Pfeffereis auf den Tisch kommt sowie Sauerrahm-Zitronengras-Eis mit Marillen-Essig-Kombucha zum Finale noch einmal die Geschmacksnerven auf das positivste fordert. Zum Kaffee gibt es dann Pralinen und andere Süßigkeiten, mit der Rechnung eine kleine Tafel Schokolade, die an einen formidablen Besuch erinnern soll.

© Sophie Vesely

ARTNER

12,5/20

Das Artner in der Floragasse ist ein sicherer Hafen, wenn es um eine bunt gemischte Küche mit zahlreichen Wiener Traditionsgerichten geht. Lauwarmes Züngerl mit Staudenzeller und Kren, Wiener Schnitzel von der Fledermaus, Weinbergschnecken aus Wien oder – Tante Jolesch lässt grüßen – karamellisierte Krautfleckerl. Richtig gut, und dafür, dass es das überhaupt gibt, muss man der Artnerküche unglaublich dankbar sein – ist das Alt-Wiener Backfleisch von der Kalbin aus der Butterschmalzpfanne mit Petersilerdäpfeln. Ebenfalls großartig: der Presskopf mit Krebs-Schaum. Und nachdem Höflein, wo die Artners zu Hause sind, ein großes Jagdgebiet ist, kann man auch beim Höfleiner Maibock aus dem Schmortopf nichts falsch machen. Die Desserts sind entweder klassisch und gut (Palatschinken mit Erdbeermarmelade, hausgemachte Marillenknödel mit Butterbrösel) oder extravagant und etwas gewöhnungsbedürftig, so wie der gecrashte Rhabarberstrudel mit Salzkaramell. Die offenen Weine kommen zumeist vom Weingut des Bruders.

à la carte: 12–32 €

Tel.: 01 503 50 33
1040 Wien
Floragasse 6
www.artner.co.at
wieden@artner.co.at
Mo–Fr 12–22.30, Sa 18–22.30 Uhr
Fei

ARTNER
am Franziskanerplatz

12,5/20

Wir hatten Glück und konnten den pittoresken Franziskanerplatz im Freien genießen. Und die gebotene Kulinarik zeigt sich von letztem Jahr her stabil. Zum Auftakt gab es Bachsaibling, sehr zart und stimmig, die passende Begleitung dazu war ein fruchtiger Muskateller. Eine tolle Cuvée vom Weingut Artner – der Bruder des Wirts ist der bekannte Winzer aus dem Carnuntum – begleitete den auf den Punkt gebratenen Maibock mit Sterz, final noch ein abschließendes Schokoladesoufflé – alles gut und solide zubereitet. Wir schätzen es, wenn es Innenstadtrestaurants gelingt, ihr Niveau trotz des Ausbleibens internationaler Gäste zu halten. Schließlich wollen auch wir als Einheimische etwas von unserer Stadt haben und dazu gehören derartige Restaurants auf verlässlich hohem Niveau.

Tel.: 01 503 50 34
1010 Wien
Franziskanerplatz 5
www.artner.co.at
franziskanerplatz@artner.co.at
Mo–Sa 12–22.30 Uhr

BACCHUS

12,5/20

In Zeiten, in welchen Reisen nur eingeschränkt möglich sind, ist man um derartig authentische Anlaufstellen wie die Trattoria Bacchus mehr als froh. Denn, wer ist schon kein Freund und Anhänger der italienischen – scusarmi – toskanischen Küche, noch dazu, wenn sie derartig solide und echt auf die Teller drapiert wird wie hier. Speisekarte? Gibt es keine, denn gegessen wird das, was gerade Saison und das Küchenteam für den heutigen Tag vorbereitet hat. Das garantiert nicht nur Frische und Abwechslung, sondern vor allem auch Speisenqualität und in Folge pures Essvergnügen zu fairen Preisen. Eigens produzierte Antipasti, gebackene Zucchiniblüten, hausgemachte Raviolo, Bistecca alla Fiorentina und eine Panna cotta zum Niederknien. Wer will da nicht den Empfehlungen des Teams Folge leisten. Anzuraten ist besonders auch die Einkehr rund um die Trüffelzeit ab Oktober. Dazu erfreut eine Weinauswahl, die einen ebenfalls in den Süden versetzt. Urlaubsgefühle garantiert – und das direkt an der Wiener Margaretenstraße.

Tel.: 01 585 66 92
0699 121 688 46
1040 Wien
Margaretenstraße 36
www.bacchusco.at
office@bacchusco.at

BAUER

16/20

Koch: Mike Feierabend

Wenn etwas klassisch ist, was ist es dann eigentlich? Im Idealfall ist es etwas, auf das man sich verlassen kann, das einem vertraut ist und das einen trotzdem nicht langweilt, weil es in der Bekanntheit seine Besonderheit bewahrt. In diesem Sinn ist das Restaurant Bauer ein durch und durch klassischer Ort. Chefkoch Mike Feierabend zeigt seine Meisterschaft schon bei der kräftigen, nuancierten Tafelspitzbouillon, die wie ein großer Wein mit den Geschmacksnerven spielt und in der das platonische Ideal eines Grießnockerls liegt. Er steigert sich in der Folge über eine famose Variation zum Sellerie (mit Haselnüssen und Madeira-Schaum) und eine am Punkt gebratene Heilbuttschnitte mit Schlangenbohnen, Muscheln und Beurre blanc hin zu einer schlichtweg atemberaubenden Tafelspitzvariante: rosa gebratenes Fleisch, dichtes Semmelkrenpüree, geschmorte Purple Haze-Karotten, Croûtons – ein Ensemble ohne jeden Fehl und Tadel. Die Weinauswahl ist – ganz im beschriebenen Sinne – konsequent klassisch und auf allerhöchstem Niveau. Der Scheiterhaufen zum Abschluss erfüllt jeden süßen Traum.

à la carte: 6,50–36 €

Tel.: 01 512 98 71
1010 Wien
Sonnenfelsgasse 17
restaurant.walter.bauer@aon.at
Mo 18–22, Di–Fr 12–14 und 18–22 Uhr
✱ 25. Juli–19. August 2022

BEAULIEU

11/20

Für eine kulinarische Frankreich-Reise muss man nicht zwingend die Stadt verlassen. Schließlich hat man mitten in Wien die Möglichkeit, in die Aromenvielfalt der Grande Nation einzutauchen. Von Steak Tatar über Entenleberpastete, Quiches, Bœuf Bourguignon bis zu Croques kann man hier auf einfachem, aber stets verlässlichem Niveau genießen. Für den süßen Hunger warten Köstlichkeiten wie Éclairs, Crème brûlée und Tartes in der Vitrine. Hier weiß auch das Käseangebot zu überzeugen. Neben dem Freisitz in der Ferstelpassage gibt es auch eine hübsche Terrasse, im kleinen Innenbereich ist es aber besonders gemütlich. Noch keine Lust, die Reise zu beenden? Dank der dazugehörigen Épicerie muss man das auch nicht, denn dort kann man diverse Frankreich-Spezialitäten für zu Hause erwerben.

Tel.: 01 532 11 03
1010 Wien
Herrengasse 14, Palais Ferstel
www.beaulieu-wien.at
office@beaulieu-wien.at
Mo–Sa 11.30–21.30 Uhr
✱ Fei

BEEF & GLORY

12/20

Koch: Oliver Geyer

Tel.: 01 997 41 55
0664 912 10 49

1080 Wien
Florianigasse 35

www.beefandglory.at
steak@beefandglory.at

Mo–Sa 17–24, So 11–24 Uhr

Sich inmitten der Vielzahl an Steakrestaurants einen Namen zu machen, ist gar nicht so einfach. Mittlerweile hat sich herumgesprochen, dass man im Beef & Glory in der Wiener Josefstadt an der richtigen Adresse ist, wenn einem der Kopf nach feinen Edelteilen vom Rind steht. In den Reifeschränken hängen beeindruckende Dry-Aged-Stücke, die man sich in verschiedensten Cuts – von Porterhouse über T-Bone oder aktuelle Specials – servieren lassen kann. Durch die Zubereitung im Southbend-Broiler entsteht eine knusprige Kruste, während das Fleisch innen saftig bleibt. Immer wieder ein Genuss ist auch das zarte Wagyu. Dazu schmecken die vielfältigen Beilagen, wie Süßkartoffelpommes oder Pimientos de Padrón. Einziger Wermutstropfen sind die doch sehr stolzen Preise.

à la carte: 8–120 €

BENKEI

12,5/20

Köchin: Yu Lin Chang

Taiwanesische Betreiber und höchst authentische japanische Küche müssen kein Widerspruch sein, wie wir im spartanisch eingerichteten Benkei an neuer Location an diesem Abend erfahren konnten. Wir genossen ein wunderbar leichtes und belebendes Omakase-Menü, das es nach Vorbestellung auch in einer extended version gibt. Voller Frische, Klarheit und überragender Fischqualität begeisterte uns der Heilbutt in Miso. Für den charmanten Service sorgen hier Chefin und Chef höchstpersönlich. Die Weinauswahl ist relativ klein, die Sake-Auswahl sehr interessant.

à la carte: 4,90–70 €

Tel.: 01 718 18 88
1030 Wien
Ungargasse 65
benkei@aon.at
Mo–Fr 11.30–14.30 und 18–20, Sa 18–20 Uhr
Fei

BISTRO PORTO

12/20

im Hotel Das Triest

Koch: Josef Neuherz

Als informelles Zweitlokal des Hotels Das Triest konzipiert, avancierte das Bistro Porto zuletzt zum Hauptrestaurant. Das verwinkelte Ambiente mit Baumarktfeeling ist nicht jedermanns Sache, doch der niederschwellige Zugang direkt vom Rilkeplatz sorgt stets für ein volles House. Küchenchef Josef Neuherz, unterstützt von einer aufmerksamen, den Laden im Griff habenden Brigade in Schwarz, bietet eine abwechslungsreiche Auswahl, darunter eigenständige Kreationen wie Wolfsbarsch-Carpaccio oder eine simple, aber schmackhaft geschmorte Entenkeule. Tolle Weine, einschließlich Hochpreisiges glasweise („Sommelier's Choice") und überkomplettes Barangebot.

à la carte: 12–29 €

Tel.: 01 589 181 38
1040 Wien
Rilkeplatz 4
www.dastriest.at
office@dastriest.at
Di–Sa 11.30–22 Uhr

BOLENA

11,5/20

Restaurant & Weinbar

Koch: Domenic Rief

Tel.: 01 405 03 70
0664 210 85 18

1080 Wien
Langegasse 61

www.bolena.at
bolena@bolena.at

Di–Sa 17.30–22.30 Uhr

Mögen Sie die Atmosphäre einer städtischen Weinbar (Hochtische, Weinflaschendeko, schummrige Beleuchtung ...) und wollen gleichzeitig auf Haubenniveau essen? Dann empfiehlt sich ein Besuch im Bolena in der Josefstadt. Neben dem kleinen, aber feinen Angebot an Flüssigem sorgt – nach einem kreativen Amuse bouche – eine köstliche Burrata gefolgt von Lachs, Rindsbackerl oder Entenbrust für eine angenehme Sättigung. Die fast ausnahmslose Verwendung von tiefen Tellern erklärt sich durch die köstlichen Saucen (Paradeiseressenz, Dashi-Beurre blanc). Auf das hausgemachte Trüffeleis passt perfekt der Averna Sour.

à la carte: 11–25 €

BOXWOOD®

12/20

Koch: Florian Götz

Als jugendlich urbaner, international angehauchter Ableger des Restaurants Buxbaum konzipiert, lässt das Boxwood kaum etwas aus, was im Rahmen dieses Konzeptes möglich erscheint: Edelburger und Steak, Brunch und Bowls, aufgemotzte Klassiker (getrüffelte Eiernockerl, Burrata mit Basilikumsorbet) und Exotisches (Stör-Tataki mit Passionsfrucht, confierter Saibling auf Lassi). Erfreulicherweise wird das Ganze mit Esprit und erkennbarer Lust an der Variation aufgeladen. Die Kreativität der Küche erschöpft sich nicht in technischen Gags, sondern kommt sinn- und geschmacksstiftend am Teller an.

à la carte: 7–32 €

Tel.: 01 295 88 99
1010 Wien
Grashofgasse 1
www.boxwood.at
reservierung@boxwood.at
Mo–Fr ab 12, Sa, So ab 10 Uhr
♿

BRASSERIE ZÖGERNITZ®

12,5/20

Koch: Marian Link

Es ist immer erfreulich, wenn ein jahrelang vernachlässigtes Gemäuer wieder zum Leben erweckt wird. So geschah es kürzlich mit dem ehemaligen Casino Zögernitz: Patron Marco Simonis und Küchenchef Marian Link eröffneten hier eine farbenfroh eingerichtete, sympathische Brasserie mit ausgesprochen freundlichem Service und einem nicht zu großen Angebot an attraktiven Gerichten. Besonders die sehr hübsch angerichteten Vorspeisen (Burratina mit Zerbinati-Melone und Ribisel sowie roh marinierte Reinanke mit Zitronencreme und Pfirsich) bereiten Freude. Die Hauptgerichte, vor allem Lamm und Steak, schmecken gut, während bei den Desserts quantitativ und qualitativ noch Aufholbedarf besteht. Insgesamt jedenfalls eine Bereicherung für Döbling.

Tel.: 01 934 61 90
1190 Wien
Döblinger Hauptstraße 76
www.brasserie-zoegernitz.com
reservation@brasserie-zoegernitz.com

BRISTOL LOUNGE

13/20

im Hotel Bristol

Koch: René Molnar

Wer unter Bristol Lounge die erweiterte Lobby dieses noblen Ringstraßenhotels vermutet, liegt definitiv falsch. Vielmehr handelt es sich um ein hochelegantes Restaurant, eine Oase der Ruhe und Kultiviertheit in der Wiener Innenstadt. Nur die informell gedeckten Tische gemahnen daran, dass die glanzvollen Zeiten des Gerer'schen „Korso" doch unwiederbringlich vorbei sind. René Molnar setzt in Reminiszenz an den vielleicht besten Koch der neuen Wiener Küche auf eben diese und versucht

Tel.: 01 515 165 53
1010 Wien
Kärntner Ring 1
www.bristol-lounge.at
restaurant.bristol@luxurycollection.com
tgl. 6.30–22.30 Uhr
Fei variabel
♿

diese in einem vier- bis sechsgängigen Degustationsmenü darzusstellen. Das gelingt einmal besser, einmal weniger gut. Unverkennbar ist sein Spiel mit der süßen Komponente, ob beim Birnenchutney zur Forellenmousse als Amuse bouche oder beim Erdbeerchutney zur Lachsforelle. Stilvoll die vom Maître im Frack mit Champagner aufgegossene Heidelbeersorbet-Erfrischung, die es vor den unglaublich zart-mürben Kalbsbackerln mit sehr dominantem Erbsenpüree gibt. Wein, Desserts, Kaffee, etc. entsprechen der Erwartung an ein erstklassiges Hotelrestaurant in prominenter Lage.

BRÖSL

12/20

Köchin: Aleksandra Szwarc

Der Vorgartenmarkt befindet sich bereits in kulinarischem Aufschwung, jetzt zieht das Stuwerviertel nach. Im alteingesessenen ehemaligen Wohlmutstüberl weht nun ein neuer, zeitgemäßer Wind. Das Ambiente der alten Gaststube wurde bewahrt und um moderne Akzente erweitert, die Küche von Aleksandra Szwarc präsentiert sich abwechslungsreich, aromatisch und lässig. Saisonalität und Regionalität werden auf der klein gehaltenen, sich stetig verändernden Speisekarte hochgehalten und so durften wir uns an diesem Abend an erfrischendem Laban mit confierten Paradeisern, Bachsaibling mit Fregola und Safranaioli, einem Salat aus Fenchel, breiten Bohnen und Marillen sowie einem Flank Steak vom XO Beef erfreuen. Gedacht ist das Ganze als hippes Sharingkonzept mit fairen Preisen. Spannende Auswahl an Bieren, das Weinangebot ist noch ausbaufähig.

Tel.: 0676 394 9105

1020 Wien
Wohlmutstraße 23

www.broesl.at
hallo@broesl.at

BRUDER

14/20

Küche & Bar

Koch: Felix Haiderer

Angesichts der vielen gastronomischen Verlockungen rund um die Mariahilfer Straße fällt die Wahl mitunter schwer. Das Bruder unterscheidet sich weder im einfach gehaltenen Studentenlokal-ambiente noch bei den beiden Gast- und Schanigärten von den meisten anderen. Das kulinarische Angebot und vor allem die geniale Umsetzung am Teller macht es hingegen zum Primus inter Pares. Mögen die halblustigen Bezeichnungen der Gerichte („Kuh macht Muh", „Arme Leute Essen", ...) etwas befremdlich klingen – die Qualität überzeugt: bunt-erfrischender Paradeiser-Pfirsich-Salat mit Weichkäse zum Einstieg, dann Wallerspieß mit Sellerie in traumhafter, an französische Klassiker erinnernde Sauce oder Rindfleisch (saftig-zart) begeistern auch alle jene, die nur wegen des Essens kommen. Oder eben wegen des Trinkens. Hubert Peter aus Vorarlberg empfiehlt die passenden (Natur-)Weine oft von weitgehend unbekannten Winzern. Die Desserts (etwa Kirsche-Schokolade-Ziegenkäse) machen ebenso Spaß wie die Cocktails (Geheimtipp: Ferment des Tages).

Tel.: 0664 135 1320

1060 Wien
Windmühlgasse 20

www.bruder.xyz
hallo@bruder.xyz

BUCHECKER & SOHN IM GUSSHAUS

12,5/20

Köche: Christopher & Franz Buchecker

Das Gasthaus Buchecker bietet seinen Gästen Alt-Wiener Küche in allen Varianten. So gibt es täglich wechselnde Menüs mit saisonalen Angeboten und spezielle Empfehlungen des Küchenchefs. Wir entschieden uns diesmal zum Beginn für eine kräftige Leberknödelsuppe und Wiener Schnecken mit Knoblauch und Kräuterbutter. Auch die Steinpilzcreme mit Serviettenknödel und ein Eierschwammerlrisotto mit überbackenem Schafkäse und Salat dazu schmeckte vorzüglich. Zum Abschluss gab es dann noch einen Marillenknödel mit Butterbröseln und Marillenröster. Wer mehrere Gerichte probieren möchte, sollte die kleinen Portionen, Tapas, bestellen. Eine vernünftig kalkulierte Getränkeauswahl rundet das sympathische Angebot ab.

à la carte: 10–23 €

Tel.: 01 929 56 74

1040 Wien
Gußhausstraße 23

www.gasthaus-bucheckerundsohn.at
franzbuchecker.wien@gmail.com

Mo–Fr 11.30–22, Sa 16–22 Uhr

BUXBAUM Ⓝ

13,5/20

Im Heiligenkreuzerhof

Koch: Martin Zeißl

Das Buxbaum in der innerstädtischen Oase Heiligenkreuzerhof ist ja schon seit einiger Zeit eine empfehlenswerte Adresse für gutes Essen. Nach längerer Renovierungsphase und Neuaufstellung in der Küche macht es noch mehr Freude, hier einzukehren. Kompositionen wie die Schafsmilchterrine auf Kirschen mit Basilikumöl oder Ochsenschwanztaschen – eine grandiose Mischung der typischen (Rinds-) Üppigkeit mit neuen, leichten Noten von Karottenjus und Majoran – lassen einen vor Begeisterung fast demütig werden. Andererseits könnte die subtile Seezunge in Beurre blanc mit Vogelmiere, dem (Un-)Kraut des Jahres, sowie Fenchel und Brombeere etwas weniger süß ausfallen. Witzig die Dessertidee einer Nashi-Birne mit Joghurt und Brombeeren, die Ausführung war noch nicht ganz perfekt. Grandiose Weinbegleitung und sehr aufmerksamer Service.

à la carte: 9–38 €

Tel.: 01 276 82 26

1010 Wien
Grashofgasse 3

www.buxbaumrestaurant.at
reservierung@buxbaumrestaurant.at

Mo–Sa 12–15 und 17–22 Uhr

CAFE KANDL®

12,5/20

Koch: Julian Lechner

Nein, der erste Eindruck ist falsch. Es handelt sich nicht um eine weitere x-beliebige Café-Bar im Wiener Neubau. Beim zweiten Eindruck erkennt man, dass die Einrichtung unspektakulär, aber gelungen-stimmig ausgefallen ist. Und der dritte Eindruck, das (abendliche) kleine kulinarische Angebot, bestätigt endgültig: Hier entsprechen nur der laute Musik- und Geräuschpegel, das durchwegs recht junge Publikum und der joviale Per-du-Service dem vermuteten Klischee, während das knusprig-warme Schwarzbrot mit feinem Butterabtrieb, die frische Bratwurst und der Duroc-Schinken mit köstlichen Haselnüssen wahre Gourmeterlebnisse bieten. Küchenchef Julian Lechner, zuvor unter anderem im aend tätig, läuft vor allem bei den Hauptgerichten zur Höchstform auf: Ausgelöste Wildgarnelen mit Kirchererbsengnocchi und Sesam werden von fleischig-milden, vollreifen Paradeiserscheiben bedeckt und wunderbar ergänzt. Die dezenten Karfiolwaffeln begleiten Miesmuscheln und eine mollige Salzzitronen-Remoulade. Dazu Naturweine mit einer überraschend versierten Beratung und natürlich auch diverse Cocktails – warum auch nicht?

Tel.: 01 890 893 815
1070 Wien
Kandlgasse 12/2
cafekandl.at
mail@cafekandl.at

CANTINETTA ANTINORI

14/20

Koch: Lorenzo Dimartino

Ein wenig toskanische Heimat haben die Betreiber der Cantinetta nach Wien gebracht. Die überaus delikaten Weine aus dem Hause Antinori werden hier in ansprechendem und durchaus luxuriösem Rahmen kredenzt. Die Küchenleistung ist gut, eine Ansammlung von italienischen Standards mit Schwerpunkt Toskana, von wo die Familie Antinori stammt. Hervorragend schmeckte uns das Vitello tonnato, der Meeresfrüchtesalat war diesmal hingegen etwas grob geraten. Die Linguine Mancini waren mustergültig, das Bistecca Fiorentina zumindest für österreichische Verhältnisse sehr gut. Die Weine stammen fast durchgehend von Antinori, was ob der Breite des Angebots keine wirkliche Einschränkung bedeutet. Schließlich betreibt die berühmte Familie mittlerweile in ganz Italien Weingüter. Der Service war wie gewohnt flott, freundlich und aufmerksam.

à la carte: 8–99 €

Tel.: 01 533 77 22
1010 Wien
Jasomirgottstraße 3–5
www.cantinettaantinori-vienna.at
office@cantinetta-antinori.at
tgl. 11.30–23 Uhr

CLEMENTINE IM GLASHAUS

14/20

im Palais Coburg

Abends sitzend im Garten der Clementine lässt es sich am besten die vielfältige Karte genießen: Diese wirkt offenbar auf viele – auch junge – Gourmets anziehend. Uns erfreuten Jakobsmuscheln mit Radicchio, Karfiol und Melone, ein am Punkt gegarter Wolfsbarsch mit erstem Kürbis der Saison, gefolgt von einer gebratenen Perlhuhnbrust mit dunkler, vollmundigen Sauce. Lediglich der Grießschmarren zum Abschluss geriet die Spur zu fest. Die Weinbegleitung wusste zu überzeugen.

Tel.: 01 518 181 30
1010 Wien
Coburgbastei 4
www.palais-coburg.com
reservierung@palais-coburg.com

CUCINA CIPRIANO

13/20

Kurz-Urlaub in Italien ... und das mitten in Wiens 6. Gemeindebezirk? Das geht ganz leicht, wenn man sich vertrauensvoll in die Hände von Carmela und Andrea in der Cucina Cipriano begibt. Der aus Grado stammende Andrea Cipriano zauberte in der Küche, während uns Carmela mit ihrem neapolitanischen Charme und tollen Weinen aus der interessanten Weinkarte versorgte. Ein fangfrisches Tagesangebot wurde präsentiert. Ob eingelegte Sardellen, frische Austern, kurz gebratene Thunfischwürfel oder Garnelen auf erfrischendem Salat – alles war von großer Meisterschaft und ein gelungenes Vorspiel zum folgenden, gar wunderbaren Drachenkopf im Ganzen, der von Gemüse und Erdäpfeln begleitet wurde. Das Cucina Cipriano war „die Reise" mehr als wert und fand ein würdiges Ende mit einem erfrischenden Obstsalat samt Eis.

Tel.: 0660 164 76 08
1060 Wien
Aegidigasse 15
www.cucinacipriano.at
info@cucinacipriano.at

CUISINO WIEN

12,5/20

das Restaurant im Casino Wien

Koch: Lukas Olbrich

Ausgesprochen höflich der Service, elegant und der Casino-Atmosphäre angepasst die in Rot und Grau eingerichteten Räumlichkeiten, schön eingedeckt die Tische. Zwei jeweils viergängige Menüs werden durch einige Steak-Varianten ergänzt. Es ist schon verständlich, dass man an einem Ort, wo die meisten Gäste nicht primär wegen des Essens kommen, mehrheitstaugliche Gerichte offeriert. Ein bisschen mehr Mut und Esprit würde dem Cuisino dennoch gut tun. Der sous-vide- gegarte Kalbstafelspitz war sein fein, die Beilagen jedoch ein bisschen enttäuschend. Wir schlossen versöhnlich mit einem erfrischenden Joghurteis mit weißer Schokolade und reifen Himbeeren unser Dinner ab, bevor wir mit dem Roulette-Jeton als Give-away unser Glück beim Spiel versuchten.

Tel.: 01 512 483 621 500

1010 Wien
Kärntner Straße 41

wien.casinos.at
cuisino.wien@casinos.at

tgl. 17–23.30 Uhr
✱ 24. Dez. 2021

♿

DA MORITZ

12/20

Koch: Thomas Bös

Ein großes Plus des Da Moritz ist die persönliche Ansprache, die man in diesem sympathischen Innenstadtlokal erfährt. Die Antipastiselektion ist solide, das allgegenwärtige Beef Tatar wird hier besonders gekonnt gewürzt. Die Casarecce mit Trüffelcreme und gehobeltem Trüffel waren geschmacksintensiv und mollig. Der (etwas zu lange gegarte) Branzino mit Ofenparadeisern und Aioli war geschmacklich sehr ansprechend, wie auch die Calamari all'arrabbiata. Das Da Moritz ist ein stets gut besuchter Italiener mit einem breiten Speisenangebot und guter Stimmung.

à la carte: 9,90–29,90 €

Tel.: 01 512 44 44
0699 116 903 53

1010 Wien
Schellinggasse 6

www.zum-huth.at
tisch@damoritz.at

tgl.12–23 Uhr

♿

©Huth/Philipp Lipiarski

Bei der Zusammenstellung dieses Führers ließen wir größtmögliche Sorgfalt walten, trotzdem können Daten falsch oder überholt sein. Eine Haftung können wir auf keinen Fall übernehmen.

DAS KLEINE PARADIES

12/20

Koch: Tomaz Fink

Das gemütliche und vom Stil her nicht wirklich leicht einschätzbare Kleine Paradies hat uns sehr wohlwollend aufgenommen. Als kulinarischer „Sünder" fühlt man sich hier natürlich wohl, auch ohne Eva. Wir waren zu Mittag dort und konnten einen frischen, saftigen Melanzanisalat als Entree genießen. Das gebratene Forellenfilet mit Gnocchi konnte damit mithalten und eine Joghurtmousse mit Sauerkirschen bildete den frühsommerlichen Abschluss, samt sehr gutem Espresso. Insgesamt war es ein entspannter und positiver Besuch in einem Lokal, das durchaus noch das Prädikat „Geheimtipp" verdient hat.

à la carte: 7,50–21 €

Tel.: 0664 388 23 87
1080 Wien
Blindengasse 3
www.daskleineparadies.at
office@daskleineparadies.at
♿

DAS LOKAL IM HOF Ⓝ

11/20

Koch: Gerald Rose

Erneuter Pächterwechsel im versteckten Lokal, das im Innenhof der Alpenmilchzentrale liegt. Hat man es einmal gefunden, will man es nicht mehr missen. Das, was die beiden Gastronomen Andreas Lux (Sommelier) und Gerald Rose (Küche) gemeinsam mit ihrem Team den Gästen hier bieten, ist Wohlfühlküche und legere Atmosphäre und könnte auch ein Besuch bei guten Freunden sein. Nun aber zur Kulinarik: Dem Speisenangebot gelingt der Spagat zwischen Heimatküche und Weitblick souverän. Während mittags ein preiswertes und bodenständiges Menü zur Auswahl steht, darf man sich abends doch Ambitionierteres erwarten. So gibt es beispielsweise Dashi-Brühe mit hausgemachten Pilztaschen, Wiener Welsfilet mit Erbsen-Wurzel-Ragout und Hollerschaum. Zum Abschluss darf es auch mal wieder klassisch werden: Topfenmarillenknödel sind aber nie verkehrt. Alle Gerichte sind durchaus solide zubereitet, das Handwerk ist erkennbar, hier und da könnte man aber noch etwas mutiger und feiner agieren. Auch der Service war noch etwas unsicher, wenngleich sehr charmant. Die Wein- und Getränkeauswahl ist klein, aber top – Spannendes und auch nicht so Bekanntes ist dabei.

à la carte: 4,20–26,90 €

Tel.: 01 971 9141
1040 Wien
Weyringergasse 36
daslokal.at
office@daslokal.at
Mo–Fr 11.30–22 Uhr
♿

DAS SCHICK

15/20

im Hotel Am Parkring

Koch: Gerasimos Kavalieris

Gerasimos Kavalieris verfügt in Wien über ein echtes Alleinstellungsmerkmal: Er hat im entzückenden Oberstübchen des Hotels Am Parkring einen griechisch-österreichischen Stil entwickelt, was tatsächlich genauso gewagt ist, wie es klingt. Allerdings kommen sich beide Sphären in Kavalieris' Küche nie in die Quere, sondern schmiegen sich vielmehr aneinander, einmal im Menü „Eindrücke" mit lokaler Anbindung, einmal bei den „Ausdrücken" mit mediterranem Fokus – wobei auch die eine oder andere Mischkulanz erlaubt ist. Beides hat ihren Reiz, weil der Haubenkoch sehr fokussiert arbeitet und kunstvoll komponierte Gerichte wie das gebratene Kalbsbries mit Erbsencreme, Schoten und griechischen Tarhana kreiert oder ein wirklich bemerkenswertes Störfilet auf Räucherpilz-Klachlfond. Bisweilen geht die Technik durch, dann verwirren aber zu viele Komponenten den Gesamteindruck (wie bei der etwas sterilen Gänseleberpraline mit Apfel- und Hibiskus-Elementen). Aber das Positive überwiegt doch bei Weitem – und der Ausblick ist wirklich sehr, sehr schön.

Tel.: 01 514 804 17
1010 Wien
Parkring 12
www.das-schick.at
restaurant-das-schick@
schick-hotels.com
Di–Sa 18–23 Uhr
Fei, variabel

DAS SPITTELBERG

15,5/20

Brunners Juwel

Koch: Harald Brunner

Tel.: 01 587 76 28

1070 Wien
Spittelberggasse 12

www.das-spittelberg.at
reservierung@das-spittelberg.at

Di–Sa ab 17 Uhr

Eigentlich sollte man hier viel öfter vorbeikommen, denn bei einem einzigen Besuch kann man das gesamte kulinarische Spektrum von Harald Brunner gar nicht ausloten. Ja, man könnte sich auch einmal ein großes Stück vom acht Wochen lang gereiften Simmentaler Rind geben lassen. Ebenfalls aus der Rotisserie kommt die berühmte Ente, der der Haubenkoch zu Recht das Attribut „unwiderstehlich" verleiht. Aber auch das sechsgängige Degustationsmenü ist immer eine lohnende Option. Ganz toll schon die knackigen Grüße aus der Küche, gefolgt vom Trendgericht dieses Jahres: Ceviche. Hier gelingt es jedoch besonders gut. Als Basis dient ein Filet von der Gebirgsforelle, das mit Dill und einer zarten Vinaigrette gekonnt veredelt wird. Ein weiteres Gericht, das wir schon viel zu oft in mittelmäßiger Interpretation vorgesetzt bekommen haben, ist das Carpaccio. Chefkoch Harald Brunner zeigt, wie es richtig geht. Relativ dick geschnitten, mit fantastischer Sauce, dazu ein paar gebratene Steinpilze – was will man mehr? Das Gericht des Abends war aber zweifellos der Rochen mit geschmortem Fenchel und Kapern. Ein besseres Fischgericht ist in Wien nur schwer zu finden. Witzig dann die Desserts: Der Pfirsich, der in unglaublich leichtem Schaum versteckt war, entpuppte sich als wahre Fruchtbombe. Die Weinkarte bietet neben populären Standards auch richtige Geheimtipps und ist obendrein auch relativ gästefreundlich kalkuliert.

à la carte: 12–35 €

DER GRIECHE®

12,5/20

Koch: Thomas Papas

Es wurde aber auch Zeit. Endlich kann man in Wien moderne griechische Küche in entsprechendem Ambiente fernab der üblichen Nostalgielokale genießen. Nach Neuübernahme und umfassender, gelungener Renovierung bietet Der Grieche in der Barnabitengasse unter Küchenchef Thomas Papas überwiegend Erfreuliches, wie säuerlich-erfrischend marinierten Seebarsch, feines Rindertatar mit knusprigen Weinblätterchips oder ein butterzart gegartes Lamm – alles wunderhübsch angerichtet. Die stolz bepreiste kleine Portion vom krossen Hahn mit eher unspektakulären Beilagen bereitete verhaltene Freude. Dafür gelangen die Creme von weißer Schokolade mit typisch griechischem Mastix aus Chios ebenso wie eine mit Kaffee aromatisierte Schokoladenganache bestens. Dass hier gerne auch viele Auslandsgriechen in fröhlich-ausgelassenen Runden einkehren, spricht ebenso wie der freundliche Service und die ordentlichen Weine (primär aus Griechenland und Österreich) für das stets gut besuchte Restaurant.

Tel.: 01 890 69 40
1060 Wien
Barnabitengasse 5
www.dergrieche.wien
reservierung@
dergrieche.wien

DER RINGSMUTH

11,5/20

Koch: René Ringsmuth

Durch die Eröffnung des Wiener Hauptbahnhofs hat das Ringsmuth an Prominenz gewonnen. Zugreisende, die sich vor der Abfahrt oder nach der Ankunft mit guten österreichischen Traditionsgerichten stärken wollen, finden hier ein echtes Stück Wien abseits der sterilen Bahnhofsgastronomie. Am Abend sind es dann vor allem Gäste aus der Nachbarschaft, die das unaufgeregte Ambiente samt traditioneller Gerichte schätzen. Bei unserem Besuch zeigte sich die Küche leider ein bisschen unambitioniert. Dass es neben der klassischen Rindsuppe auch eine exotische Currysuppe mit Hühner-Kokos-Bällchen gab, finden wir prinzipiell begrüßenswert, aber dann darf man schon ein bisschen akzentuierter abschmecken und sich nicht alleine auf die mollige Wirkung von Obers und Süße verlassen. Sehr gut das Rindsgulasch und der Zwiebelrostbraten, den wir bei einem anderen Besuch bestellten. Dass ausgerechnet das Wiener Schnitzel mit lieblos zubereiteten Petersilerdäpfeln enttäuschte, finden wir allerdings befremdlich. Routiniert, aber irgendwie gelangweilt agierte der Service.

à la carte: 8–25 €

Tel.: 01 603 18 35
1100 Wien
Johannitergasse 1
www.der-ringsmuth.at
restaurant@der-ringsmuth.at
Di–Sa 11–23 Uhr
♿

DEVAL

14/20

Koch: Daan de Val

Was gibt es Schöneres, als in seinem Beruf die wahre Berufung zu finden? Das österreichisch-niederländische Ehepaar de Val – sie im Service, er in der Küche – kann seine Begeisterung, die Gäste mit einem vier- oder sechsgängigen Menü in der gemütlichen Atmosphäre seines kleinen Restaurants zu verwöhnen, nicht verleugnen. Evelyn Schranz liebt es, sich mit ihren Gästen zu unterhalten und feine Weine zum Essen zu präsentieren. Küchenchef Daan de Val erklärt stolz seine oft komplexen, akribisch komponierten Gerichte. Der neuerdings auch bei uns Fuß fassende Begriff „Autorenküche" ist hier goldrichtig. Von Kalbshoden als Amuse gueule über Steinbock-tatar mit Ei und Kürbiskernen – das gelungenste Gericht des Abends – bis zur geschmacklichen Vielfalt der Herbst-Teigtaschen-Variation: Diese fantasievolle Zubereitung sorgt für Staunen. Insgesamt eine willkommene Bereicherung der Wiener Gastronomielandschaft.

Tel.: 01 890 87 97
1010 Wien
Doblhoffgasse 5
www.devalrestaurant.at
info@devalrestaurant.at
Di–Sa 18–23 Uhr

DIE SATTLEREI ®

14,5/20

Koch: Lewis Emerson

Ein ehemaliges Rotlichtlokal in der Nähe des Pratersterns beherbergt eine der spannendsten Neueröffnungen des Jahres. Ein imposanter Eingangsbereich, luftige Räumlichkeiten und zeitloses Dunkelgrau sorgen für eine lässig-elegante Atmosphäre. Ex-Banker Jürgen Sattler hat mit der Sattlerei eine gelungene Kombination aus Restaurant, Weinbar, Greißlerei und Vinothek geschaffen. In der offenen Küche kann man Küchenchef Lewis Emerson und seinem Team beim konzentrierten Werken zusehen. Jeder Handgriff sitzt, exzellente heimische Produkte stehen im Fokus. Unter Sepiagelee versteckt sich geräucherter Aal, dezent begleitet von Sellerie und knackigen Trauben als Frischekick – einfach ein Genuss. Zart und perfekt rosa gelingt der Dry-Aged-Tafelspitz mit Süßkartoffelpüree, Kräuterseitling und einem hervorragenden reduzierten Jus. Eine kreative Surf & Turf-Umsetzung finden wir im Huchen mit Speck vom Strohschweinebauch wieder. Keine Neuerfindung, trotzdem nicht minder köstlich war die Verbindung von Süßem mit Ziegenfrischkäse, diesmal in Form von Valrhona- Ivoire-Schokolade und Feige. Weil man ja gleichzeitig eine Weinbar ist, kann sich das Angebot an erlesenen, europäischen Tropfen mit Fokus auf biodynamischen Weinen mehr als nur sehen lassen. Das Serviceteam agiert freundlich und professionell.

à la carte: 8–35 €

Tel.: 0676 774 12 34
1020 Wien
Heinestraße 25/2
www.diesattlerei.at
office@diesattlerei.at
Di–Fr 7.30–24, Sa 9–24 Uhr

DINGELSTEDT 3

12,5/20

Koch: Andreas Döcler

Auf der „falschen" – sprich stadtauswärtigen – Gürtelseite bei der mächtigen, einstmals katholischen und nun koptisch-orthodoxen Kirche Maria vom Siege kann man im Dingelstedt 3 unerwartet gut essen. Als Nachbarschaftslokal fungierend, aber auch eine weitere Anfahrt durchaus lohnend, gibt es hier nicht nur klassische Wiener Küche in ansprechender Güte, sondern so manch kreative Trouvaille, wie etwa knusprige Blutwurst – Wan Tan mit Paprika-Zwiebel-Kraut, feinem Sauerrahmschaum und frischem Kren –, zu entdecken. Übrigens auch getränkemäßig wird hier etwas geboten: Die Weinkarte ist fair bepreist und ansprechend.

Tel.: 01 890 87 32
1150 Wien
Dingelstedtgasse 3
www.dingelstedt3.at
restaurant@dingelstedt3.at
Mo–Fr 17–24 Uhr

DININGRUHM

14,5/20

Koch: Marcel Ruhm

Das von den Brüdern Ruhm geführte Restaurant überzeugt nicht nur mit seiner geschmacksdichten Nikkei-Küche, sondern außerdem mit seiner wunderbaren Getränkevielfalt, die auch eine schöne Auswahl an Sake bereithält. Sehr sympathisch der Service, der mit Augenzwinkern nah am Gast agiert. Zuerst konnten wir es nicht lassen, unsere Favoriten frische Auster mit Passionsfrucht-Ceviche-Dressing, gegrillte Gänseleber auf knusprigem Sushireis mit Teriyakisauce oder die Mini-Hummer-Tacos zu ordern, bevor wir uns dann beim viergängigen „Family-Style-Menü" – es werden zumindest zwei Speisen pro Gang in der Mitte des Tisches eingestellt – in die bewährten Hände von Küchenchef Marcel Ruhm begaben. Alles gelang hervorragend und machte Vorfreude auf den nächsten so lässigen wie gemütlichen Abend im DiningRuhm.

à la carte: 9–35 €

Tel.: 01 945 22 24
1040 Wien
Lambrechtgasse 9
www.diningruhm.at
office@diningruhm.at
Di–Sa 11–14 und 17–22 Uhr
variabel

DO & CO ALBERTINA

12/20

SERVICE AWARD 2016

An einem sonnigen Tag ist die Terrasse des Do & Co Albertina, verbunden mit einem Museumsbesuch, einer der schönsten Plätze Wiens. Die Gäste dürfen die futuristischen Dachausbauten des Goethehofs von unten und den Burggarten von oben bewundern, während sie die kleinen Gerichte – von denen pro Person zwei bis drei empfohlen werden – genießen. Diese sind ansprechend und trotz der überschaubaren Auswahl findet sich für jeden Geschmack etwas, kein leichtes Spiel heutzutage. So geht es beispielsweise für einen kulinarischen Kurzausflug mit Gnocchi an Büffelmozzarella nach Italien, mit Gambas al ajillo nach Spanien und orientalisch wird es beim Shakshuka. Auch der Innenbereich des Lokals ist stilvoll eingerichtet. Die Kellner sind zurückhaltend und professionell – passend zum gehobenen Ambiente.

Tel.: 01 532 96 69
1010 Wien
Albertinaplatz 1
www.doco.com
albertina@doco.com
tgl. 9–15 und 18–24 Uhr

DO & CO STEPHANSPLATZ

13/20

Der fantastische Blick von der Terrasse auf die umgebenden Häuser und teilweise auch auf den Stephansdom fasziniert immer wieder. Bei unserem abendlichen Besuch wurden wir routiniert betreut und mit einem ansprechenden, glasweisen Weinangebot verwöhnt. Wir starteten mit köstlichen Crispy Prawns, das Thunfisch-Mango-Tatar überzeugte etwas weniger. Ein perfekter Tafelspitz hätte wienweit einen Spitzenplatz erreicht, aber das Highlight waren eindeutig die servierten Kalbsbäckchen. Da konnte der etwas langweilige „Classic Wok" nicht ganz mithalten. Sehr gut die Variation der Desserts.

Tel.: 01 535 39 69

1010 Wien
Stephansplatz 12 (Haas-Haus)

www.doco.com
stephansplatz@doco.com

DOOR NO. 8

12/20

Koch: Philipp Herndl

In diesem stilvollen Steakhouse mit moderner Einrichtung und hübscher Gartenoase erlebt man beste Fleischqualität und hohe Serviceorientierung zugleich. Aus der Steakkarte wählt man unterschiedliche Cuts (Chateaubriand, Flat Iron, Tomahawk). Ein besonderes Erlebnis bietet das „Steak Inferno", das direkt am Tisch flambiert wird. Dazu ordert man klassische Sides, wie French Fries, Ofenerdäpfel oder eine spezielle Salsa aus Jalapenos, Trüffeln und Avocado: außergewöhnlich, aber durchaus reizvoll. Neben Steaks findet man auch Burger sowie ein paar saisonale Gerichte (Pasta mit Eierschwammerln, Melanzani mit Miso und Fregola Sarda) auf der Karte. Das Weinangebot ist auch glasweise erstaunlich breit. Alternativ kann man aus einer spannenden Craftbierkarte wählen – auch das passt gut zum Steak.

à la carte: 15,50–75 €

Tel.: 01 522 03 92

1070 Wien
Neubaugasse 8

www.door8.at
contact@door8.at

Mo–Sa 17–23 Uhr

DOTS ESTABLISHMENT ⊘ 11,5/20

Koch: Demir Babali

Das It-Lokal Dots erinnert sehr an die TV-Serie „Sex and the City": Die Schönen, Jungen und Reichen der Stadt trinken hier Champagner aus der Magnum und – unbeeindruckt von der Diskussion um kurze Transportwege – Mineralwasser von den Fidschi-Inseln. Bei so viel Schickimicki ist es erstaunlich, dass man sich bemüht, auch wirklich gut zu kochen. Sushi, Sashimi und Maki werden in guter Qualität serviert, die Dim-Sums schmecken gut und auch an den Hühnerspießchen mit Erdnusssauce gibt es nichts auszusetzen. Die Desserts spielen hier eher eine Nebenrolle, dafür werden zahlreiche Cocktails angeboten.

Tel.: 01 92099 80
1060 Wien
Mariahilfer Straße 36
www.dots1060.at
info@dotsgroup.eu
tgl. ab 11.30 Uhr

DSTRIKT ⊘ 13,5/20

im Hotel The Ritz-Carlton

Koch: Lukas Wieser

Überraschungen findet man hier keine. Zumindest dachten wir das. Schließlich handelt es sich ja um ein Steakhouse, allerdings eines der Oberklasse. Also probierten wir einen Oktopus, der perfekt gebraten war, mit Mojo – eine gelungene Überraschung. Das Dry-Aged-Steak vom Steakboard war so gebraten, wie wir es uns gewünscht hatten, die Beilagen und Chimichurri-Sauce passend. Auch die Haselnussroulade entspricht nicht dem üblichen Steakhouse-Level – sie war wirklich ausgezeichnet. Die Weinauswahl ist abwechslungsreich, auch beim glasweise ausgeschenkten Angebot. Und die Tischkultur entspricht dem noblen Haus und hat mit rustikalem Steakhouse-Charme wirklich nichts zu tun. Der Service war nicht nur aufmerksam, sondern auch außergewöhnlich freundlich.

à la carte: 15–45 €

Tel.: 01 311 886 16
1010 Wien
Schubertring 5–7
www.dstrikt.com
vienna.restaurant@ritzcarlton.com
Mo–Sa 7–14.30 und 18–22.30, So 7–11 und 12.30–16 Uhr

DUSPARA ⊘ 12,5/20

Obwohl in der dichtbefahrenen Wiedner Hauptstraße gelegen schafft es der Gastgarten des Duspara ohne viel Aufwand, große Gemütlichkeit zu verbreiten. Einen nicht unwesentlichen Anteil daran hatten der junge, hoch motivierte schupfende Kellner, eine kleine, aber feine Weinkarte sowie die ausgewählte, täglich wechselnde und inspirierende Speisekarte. Als Start blieben uns besonders der rosa gebratene Kalbstafelspitz mit Sardellen-mayonnaise sowie das äußerst cremige Entenleberparfait mit hausgemachter Brioche in Erinnerung. Nach beispielhaften Grammelknödeln mit Jungkraut ging es weiter mit einem butterweichen, geschmorten Oktopus auf Topinamburpüree und einem geschmacksreichen Ochsenschlepperagout mit Steinpilzlinguine. Bevor das Fest mit einer hübschen Cheesecake-Variation sein Ende fand.

à la carte: 5–28,80 €

Tel.: 01 945 71 20
1050 Wien
Wiedner Hauptstraße 115
www.duspara.at
info@duspara.at

ECKEL 14/20

Köchin: Maria Zarl-Eckel

Der Eckel ist ein Hort der Tradition und des Bewährten. Hier, am Grüngürtel der Stadt, trifft sich eine treue Schar von Stammgästen, die besonders die familiäre Atmosphäre schätzt. Die Kellner sind livriert, die Restauranträume gediegen und der Gastgarten als schattiger Platz beliebt. Die Speisekarte ist aufgeteilt in saisonale Tagesgerichte und Klassiker, wie Hummer Thermidor oder Backhendl mit Salat. Wir kosteten eine erfrischende Rindfleischsulz, herrlich am Punkt gegarten Spargel und saftiges Saiblingsfilet mit Safrantagliolini. Weiteres Plus: die klug aufgebaute und überraschend fair kalkulierte Weinkarte.

à la carte: 5,80–39,90 €

Tel.: 01 320 32 18
1190 Wien
Sieveringer Straße 46
www.restauranteckel.at
gast@restauranteckel.at
Di–Sa 11.30–14.30 und 18–22 Uhr

EDVARD

17/20

im Palais Hansen Kempinski

Koch: Thomas Pedevilla

Tel.: 01 236 10 00
1010 Wien
Schottenring 24
www.kempinski.com/wien
edvard.vienna@kempinski.com
Di–Sa 12–14 und 18–21 Uhr
1.–9. Jän. 2022, variabel

Hoch herrschaftlich geht es in den geschmackvoll eingerichteten Räumen des Restaurants Edvard zur Sache. Es ist Teil des Kempinski-Hotels Vienna im Palais Hansen. Zuerst gibt es eine Reihe von gar freundlichen Grüßen aus der Küche, die schon erahnen ließen, wohin die raffinierte Reise gehen soll: perfektes Pairing jenseits der Komponentenfülle, mehr als gekonntes Abschmecken und hochwertige Zutaten aus aller Herren Länder. Schon die frischen Gillardeau-Austern kombiniert mit crunchigem Buchweizen und süße Säure beisteuernden Zwetschken machten uns froh. Es folgte ein fein geschnittener, butterzarter Tintenfisch unter Eigelb und Kartoffel-Espuma: grandiose Idee, formidable Umsetzung. Dann die als Signature Dish angekündigte knusprige bretonische Sardine mit geschmolzener Melanzani und Zucchini – einfach nur wunderbar. Sehr gelungen auch das Zusammenspiel von gebratenem Zander und Kalbsbries, begleitet von einer Bohnenvariation. Ein wenig trocken geriet das qualitativ tadellose Schwarzfederhuhn Mieral, mit Trüffel und aromatisch süßer roter Zwiebel, aber das ist – zugegeben – Kritik auf sehr hohem Niveau. Trostspender dann ad hoc das Predessert Erdnuss, Orange, Apfel, das sehr erfrischend zum vermeintlichen Schluss des Abends überleitete und mit der genialen Kombination von reifen Himbeeren, Sauerrahm und ordentlich viel rosa Pfeffer ein weiteres Mal zu begeistern wusste. Es folgten kleine Süßigkeiten zur Verabschiedung und so endete ein inspirierter Abend, den wir in Begleitung dreier charmanter, junger, ihr Handwerk aus dem Effeff beherrschenden Damen im Service und einer die Weinwelt abbildenden Weinkarte (eher gastgeberfreundlich kalkuliert) wohl umhegt verbrachten.

à la carte: 20–35 €

EL GAUCHO

11,5/20

im Design Tower

Koch: Christian Hermann

Tel.: 01 2121210
1020 Wien
Praterstraße 1
www.elgaucho.at
designtower@elgaucho.at
Mo–Sa, Fei ab 11.30 Uhr

Steakhäuser sind in Wien keine Seltenheit mehr. Die Kunst ist nur, auch ein wirklich gutes zu finden. Die hohe Qualität schmeckt man schon beim ersten Bissen. Zart und selbstverständlich mit exakt getroffenem Gargrad wird das Steak, das man vorher im Schaukasten beäugen kann, vom freundlichen Kellner serviert. So schwer wie die Wahl des Cuts fällt auch die Entscheidung bei den Beilagen. Grüne Bohnen mit Speck passen immer, Trüffelgnocchi oder Eierschwammerl mit Jungzwiebeln sind nicht minder überzeugend. Wir schaffen zum Abschluss nur noch ein fruchtiges Sorbet, obwohl uns der Cheesecake und das Schokomousse genauso angelacht haben. Gute Weinkarte mit Schwerpunkt Rotwein – eh klar.

EL GAUCHO AM ROCHUSMARKT

11,5/20

Zusätzlich zur Dependance im Design Tower findet sich in Wien auch beim Rochusmarkt ein Ableger der beliebten Steakmarke. Auf zwei urban und modern gestalteten Etagen kann man sich voll und ganz dem Fleischgenuss hingeben. Das Gesamtkonzept bleibt das gleiche: Man wählt zwischen unterschiedlichen Cuts des Black Angus-Rinds aus Argentinien oder bleibt mit steirischem Dry aged Beef lieber in der Heimat. Egal, wie man sich entscheidet, die Qualität und der Gargrad stimmen immer. Beilagen wie die unbedingt empfehlenswerten Steak Fries oder Trüffelgnocchi und Saucen sind vorzüglich. Der Service agiert auch bei vollem Haus aufmerksam. Allerdings sollte man die (derzeitige) zeitliche Platzbelegung von zwei Stunden im Hinterkopf behalten.

Tel.: 01 381 000
1030 Wien
Rochusplatz 1 (Zugang über Erdbergstraße 4)
www.elgaucho.at
rochusmarkt@elgaucho.at
♿

ELLA'S BAR. RESTAURANT

11,5/20

Im nebst dem Jüdischen Museum gelegenen Gastgarten des jenseits jeder Tavernennostalgie agierenden Griechen gelingt es mit einer Leichtigkeit, den Tag beschaulich ausklingen zu lassen. Wir starteten mit einem Klassiker des Hauses, dem – in der Mitte des Tisches positionierten – Mezze Mix, der einen schmackhaften Überblick über die Vorspeisen des Hauses gab. Ein guter Start, der an Schwung nicht verlor: Ziegenkäseravioli mit Eierschwammerln und Feigen, gegrillter Oktopus mit Fava und Zucchini sowie erfrischendes Bergamotteeis mit Wassermelone. Die Weinkarte hat einige sehr interessante griechische Etiketten gelistet, die es lohnen, probiert zu werden – rot wie weiß. Griechische Winzer haben mittlerweile wesentlich mehr zu bieten als geharzten Wein.

Tel.: 01 535 15 77
0676 599 66 55
1010 Wien
Judenplatz 9
www.ellas.at
office@ellas.at
Mo–Sa 11–22 Uhr

ÉMILE

11/20

im Hotel Hilton Vienna Plaza

Koch: Stefan Wödl

Einst eine Heimstatt, an der die österreichische Küche weiterentwickelt wurde, findet man heute in dem schicken Bistro eine pragmatische Küchenlinie vor, die aber mit einer gewissen Verve vorgetragen wird. Eine gute Basis an Hotel-Standards umfasst Schnitzel, Pizza, Pastagerichte, Tatar und Burger – das erwarten sich die Reisenden, mögen aber auch Einheimische von Zeit zu Zeit. Das Avocado-Lachs-Tatar mit Dotter und die amerikanischen Short Ribs vom Rind sind gefällige Neuerungen auf der Karte. Die regionalen Weine werden vom freundlichen Personal passend zum Bestellten empfohlen.

à la carte: 8,50–32 €

Tel.: 01 313 900 224 03
0664 857 22 39
1010 Wien
Schottenring 11
www.emile-plaza.at
viepw.emile@hilton.com
tgl. 7–23 Uhr

Bewertungen:

11 bis 12,5 Punkte von 20 Punkten: 1 Haube

13 bis 14,5 Punkte von 20 Punkten: 2 Hauben

15 bis 16,5 Punkte von 20 Punkten: 3 Hauben

17 bis 18,5 Punkte von 20 Punkten: 4 Hauben

19 bis 19,5 Punkte von 20 Punkten: 5 Hauben

GASTHAUS WOLF

12,5/20

Köchin: Dani Huber

Im traditionellen Eckwirtshaus Wolf fühlt man sich angenehm nostalgisch in die gute alte Zeit zurückversetzt. Zumindest was das Ambiente und Speisenangebot betrifft, denn das Publikum ist jung, lustig und bunt gemischt. Glücklicherweise werden hier beliebte Klassiker (Kalbsleber, Schnitzel & Co.) serviert, aber es darf auch einmal eine fein gebeizte Lachsforelle oder/und ein zartbitteres Schokomousse sein. Dass 30 Weine glasweise erhältlich sind, ist wohl dem Zeitgeist geschuldet. Nicht alles Neue ist eben schlecht.

à la carte: 5,80–25,80 €

Tel.: 01 5811544
1040 Wien
Große Neugasse 20
www.gasthauswolf.at
tisch@gasthauswolf.at
Mo–Fr 17–22 Uhr

GESCHMACKS-TEMPEL

12,5/20

Koch: Thomas Edlinger

Die Mutation des legendären „Tempel" in einem versteckten Hof der Praterstraße zum „Geschmackstempel" unter Küchenchef Thomas Edlinger scheint nun endgültig abgeschlossen. Einrichtungsmäßig seit vielen Jahren weitgehend unverändert, vermag die Küche heuer allerdings nur teilweise zu begeistern. Die österreichisch-italienische Auswahl zu gehobenen Preisen bietet solide Gerichte, aber keine wirklichen Höhepunkte: ein lieblos angerichtetes „Vitello Austriaco" (mit Kalbfleisch und Räucherforellencreme), eine allzu paprikalastige pannonische Fischsuppe, ein Saiblingsfilet ohne knusprige Haut. Atout: der schöne Innenhof-Gastgarten.

à la carte: 4,50–28 €

Tel.: 01 2140179
1020 Wien
Praterstraße 56/12
www.geschmacks-tempel.at
office@geschmacks-tempel.at
Di–Fr, So 11–15 und 18–23, Sa 18–23 Uhr

GMOAKELLER

11/20

Koch: Roland Wondrak

Schon Kronprinz Rudolf und Mary Vetsera sollen einander heimlich im heutigen Gmoakeller getroffen haben. Ob damals hier schon so gut gekocht wurde? Das kann man nur vermuten, heute garantiert die Adresse Am Heumarkt 25 auf jeden Fall feinste Wiener Wirtshauskultur. Daher dürfen Wiener Schnitzel, gebratenes Mark mit Schwarzbrottoast oder Marillenknödel mit brauner Butter nicht fehlen. Doch nicht nur die Wirtshausklassiker gelingen: Das beweisen unter anderem die kalte Gurken-Avocado-Suppe mit Lachscrostini und der Oktopus mit knusprigem Schweinebauch.

à la carte: 9,80–34 €

Tel.: 01 7125310
1030 Wien
Am Heumarkt 25
www.gmoakeller.at
reservierung@gmoakeller.at
Mo–Sa 11–23.30, So 11–14.30 Uhr

GOLDENE ZEITEN 13/20

Koch: Jian Zhao

Beste traditionelle, chinesische Koch- und Würzkunst – dafür steht dieses elegante Restaurant in der Wiener City. Erfrischend der Glasnudelsalat, dann eine feine Dim Sum-Variation mit Garnelen, Wasserkastanien und saftigem Schweinefleisch. Auch das Hühnerfleisch mit Ingwer schmeckte sehr gut. Ein weiteres Highlight ist die scharfe Tofuvariation in duftend gewürztem Chili-Knoblauch-Öl. Frischen Tagesfisch gibt es in unterschiedlichen Zubereitungsarten: gedämpft mit Sojasauce, Ingwer und Knoblauch nach Kanton-Art, gebraten mit Chili nach Sichuan-Art oder geschmort mit Shaoxing-Reiswein und Honig nach Shanghai-Art, dazu empfiehlt sich natürlich Jasminreis. Wir kommen aus dem Schwärmen nicht heraus, ob der großen geschmacklichen Vielfalt, mit der hier der Küche Chinas gehuldigt wird.

à la carte: 4,90–29,90 €

Tel.: 01 5134747
0664 915 4903
1010 Wien
Dr.-Karl-Lueger-Platz 5
www.goldenezeiten.at
office@goldenezeiten.at
tgl. 12–15 und 18–23 Uhr
♿

GOLDFISCH Ⓝ 12/20

Köchin: Iram Akram

Nachdem es den ehemaligen Küchenchef Sebastian Slavicek nach Niederösterreich getrieben hat, ist im Goldfisch jetzt eine geballte Ladung Womanpower angesagt: Iram Akram ist seit diesem Frühjahr für das leibliche Wohl der Gäste verantwortlich und sorgt wie gewohnt für Contenance bei Frische und Qualität der Ausgangsprodukte. So gibt es zur Begrüßung Sardinen im Ganzen, daraufhin erhascht man dank des Schlürfens von Austern und prickelndem Crémant eine salzige Meeresbrise und geht über zu gebratenem Schwertfisch und Rießengarnelen. Ja, das im skandinavischen Stil eingerichtete Lokal ist und bleibt ein Paradies für Fischliebhaber. Hier versteht man es, mit schwimmenden Tieren umzugehen. Die Portionsgrößen sind allerdings zum Teil doch recht klein. Kleine Unstimmigkeiten bei den servierten Beilagen ließen uns nur kurz verstummen, bei der Dessertvariation mit Holler, Mandeln und Ribiseln zeigte sich Akram nämlich wieder beständig. Die wöchentlich wechselnde Speisekarte sorgt für Vielfalt, die glasweise angebotene Weinempfehlung ist besonders anzuraten.

à la carte: 8–36 €

Tel.: 0664 254 9596
1080 Wien
Lerchenfelder Straße 16
www.goldfisch.wien
ahoi@goldfisch.wien
Di, Sa 12–14.30 Mi–Fr 12–14.30 und 18–21 Uhr

GOURMET GASTHAUS FREYENSTEIN ↗ 15/20

Koch: Jakob Kaineder

Es gibt in der Top-Gastronomie Erfolgsrezepte, bei denen man sich wundert, warum sie nicht von anderen kopiert werden. Im Falle des Freyenstein-Prinzips „Stereo-Gourmetmenü zum Freundschaftspreis" liegt es vielleicht daran, dass es in diesem sympathischen Gasthaus einfach so perfekt umgesetzt wird, dass mögliche Epigonen es erst gar nicht versuchen wollen. Das von Kochlegende Meinrad Neunkirchner eingeführte Prinzip mit fünf, aus je zwei kleinen Gerichten bestehenden Gängen setzt Jakob Kaineder auch weiterhin hervorragend um. Ein kleiner Bachsalat mit Eierschwammerln und Zucchini wird mit einer grandios intensiven Entenleberpraline serviert, die auch einer anderen Kochlegende, nämlich Rudi Kellner, Freude gemacht hätte. Zwischen Pot-au-feu mit Jakobsmuschel und Hummerravioli sowie der gebratenen Dorade mit Safranrisotto ist man hin- und hergerissen. Sie eignen sich ebenso zum Parallelessen wie das geschmorte Kaninchen und das Hendl mit Leberragout. Netterweise müssen wir uns auch nicht zwischen Käse und Dessert entscheiden – wir bekommen beides. Und das zu einem Preis, der für diese Qualität nach wie vor einzigartig ist.

Tel.: 0664 439 0837
1180 Wien
Thimiggasse 11
www.freyenstein.at
info@freyenstein.at
Di–So ab 18 Uhr
je 1 Woche im Feb. und Sept. 2022

GRACE

16/20

Koch: Oliver Lucas

Wie modernes Fine Dining in ungezwungener Atmosphäre aussehen kann, erlebt man bei einem Besuch im Grace. Küchenchef Oliver Lucas, ehemals Souschef im Steirereck, versteht sein Handwerk und schafft es, mit nur wenigen Komponenten scheinbar mühelos ein eindrucksvolles Zusammenspiel der Aromen auf den Teller zu bringen. Wunderbar knackig und mit leichten Röstaromen der Grünspargel mit Mandel, Orange und Bohnenkraut, bei dem kein Geschmack zu aufdringlich daherkommt. Der Saibling mit Karfiol, Curry und Rosinen, die dem Gericht eine unerwartete und zugleich willkommene Süße verleihen, ist natürlich am Punkt gebraten. Ein weiteres Highlight erleben wir beim Maibock mit weißem Spargel – perfekt zart und rosa, begleitet von dichtem Jus und Maiwipfeln, die den Wald schmeckbar machen. Auch die Desserts Mispel, Milch und Mispelkern oder Kirsche, Haselnuss und Mascarpone gefallen. Das kompetente Personal berät bei der Auswahl aus der überschaubaren, jedoch umso spannenderen Weinkarte.

à la carte: 11–31 €

Tel.: 01 503 10 22
1040 Wien
Danhausergasse 3
www.grace-restaurant.at
office@grace-restaurant.at
Di–Sa 18.30–23 Uhr

GRÜNAUER

14/20

Der Grünauer ist eine nicht mehr wegzudenkende Wiener Gasthaus-Institution. Was hier auf die Teller gelangt, ist stets sorgsam zubereitet und überzeugend. Ohne viel Chichi drapiert das Küchenteam Klassiker wie Beuschel, Saftgulasch oder Krautfleckerln auf die Teller. Und die schmecken. Auch vermeintlich simple Gerichte können ordentlich Power haben. Das Ambiente ist dank Holzvertäfelung, offener Schank und rustikalem Interieur besonders gemütlich. Ja, so macht Wiener Gasthauskultur Freude und wird nicht langweilig. Und was ist mit dem Wein? Am besten bespricht man das mit Patron Christian Grünauer persönlich, dann kommen oft noch Schätze zum Vorschein, die auf der regulären Karte nicht zu finden sind.

Tel.: 01 526 40 80
1070 Wien
Hermanngasse 32
www.gasthaus-gruenauer.com
Mo–Fr 18–24 Uhr
Fei

HANSEN

13,5/20

Das Restaurant im Börsegebäude

Koch: Daniel Fischer

Das etwas versteckt liegende Restaurant hat sich im Laufe der Jahre eine richtige Fangemeinde an Stammgästen aufgebaut. Manche treffen sich hier regelmäßig zu einem genussvollen Frühstück, andere nutzen das Hansen für ein gemütliches Mittagessen und wieder andere schätzen es, am Abend in aller Ruhe und bei einem guten Glas Wein die bewährte Küche zu genießen. Doch egal zu welcher Uhrzeit man das Lokal besucht, stets hat man das Gefühl, sich eine Auszeit von der Welt da draußen zu nehmen. Das Speisenangebot wechselt alle zwei Wochen und folgt somit dem saisonalen Warenangebot. Neben klassisch-österreichischen Gerichten (Tafelspitzsulz, gebratene Hühnerbrust) sorgt Küchenchef Daniel Fischer mit einer bunten Mischung an internationalen Tellern für die gewünschte Abwechslung. Etwas Orientalisches (Hummus, Falafel) findet sich genauso darunter wie Fernöstliches (Asiatische Hühnersuppe) und Mediterranes (Risotto, Pasta). So werden hier alle Gäste glücklich, ganz egal, wann sie auch kommen.

à la carte: 8–28 €

Tel.: 01 532 05 42
0676 750 17 53
1010 Wien
Wipplingerstraße 34
www.hansen.co.at
restaurant@hansen.co.at
Mo–Fr 9–23, Sa 9–16 Uhr

HAUSBAR

15/20

Eigentlich hätte dies ja eine Late-Night-Cocktailbar werden sollen, aber die Coronareinschränkungen im Frühjahr 2020 haben die Betreiber zum Umdenken gezwungen. Also wurde das Konzept kurzerhand adaptiert und die Hausbar zu einem Restaurant umgewandelt. Wie das geht, ist rasch erklärt. Man engagiert einen talentierten Küchenchef, besorgt ausreichend Geschirr und serviert zu verschiedenen Cocktails jeweils passende Speisen. Man kennt das ja von Lokalen wie dem legendären Tippling Club in Singapur. In der Praxis ist das jedoch nicht ganz so einfach. Nach sieben oder acht normalen Cocktails hätten die meisten Gäste nicht nur einen Zuckerschock, sondern auch einen Alkoholpegel, der bedenklich wäre. Es galt also, nicht nur eine neue, passende Küchenlinie zu finden, sondern auch einen gänzlich neuen Zugang zum Thema „Cocktails als Speisebegleitung" zu entwickeln. Beides ist hier hervorragend gelungen. Zur sommerlichen Vorspeise von Vorarlberger Ziegenkäse mit Sauerampfer und Erdbeere gibt es ein fruchtiges Getränk mit Mohn, Feige und Minze – keine Spur von zu viel Alkohol. Fruchtig-leicht geht es mit einer Kombination aus Paradeiser und Kirsche weiter (dazu ein Drink aus weißem Paradeisersaft mit Haselnuss und Thymian), zum „falschen" Fischgang kommt eine witzige Sangria – also Wein mit einem Aromatwist. Bis zum Schweinebauch verzichtet die Küche komplett auf tierische Produkte, ohne dass Langeweile aufkommt – und auch hier stünde eine vegetarische Alternative zur Wahl. So ist die Hausbar auch eine empfehlenswerte Adresse für all jene, die ein abwechslungsreiches Menü in fleischloser Form genießen wollen. Zum Dessert wird die Musik dann schon ein wenig lauter. Ein erstes Anzeichen, dass es so langsam mit dem regulären Barbetrieb losgeht. Wer Lust hat, bleibt also ein bisschen, um auch gleich noch einen Digestif einzunehmen. Oder zwei.

Tel.: 0664 750 104 17

1010 Wien
Karlsplatz 5

www.hausbar-wien.at
reservierung@
hausbar-wien.at

HERZIG

16/20

Koch: Sören Herzig

Ein Glas Champagner oder ein Birnenschaumwein aus der Normandie zur Begrüßung, die man nach der Fahrt mit dem Lift auf der Terrasse des Hauses mit Blick auf die Gloriette im Schlossgarten von Schönbrunn genießt. Wow. So kann ein Abend im Restaurant Herzig, in dem der gebürtige Hamburger Sören Herzig die Küche leitet, beginnen. Die dadurch geweckten hohen Erwartungen werden im Laufe des Abends auch erfüllt. Nach den Grüßen aus der Küche – etwa einem Bloody Mary Shot – startet das Menü möglicherweise mit Kaviar auf Wachtelei oder einem exakt gebratenen Kaisergranat mit Mais in verschiedensten Texturen. Möglicherweise? Ja, denn Herzig wechselt die Zusammenstellung des Menüs nach Lust und Laune alle zwei bis drei Monate. Daher kann es durchaus sein, dass man bei seinem Besuch gewagte Geschmackskombinationen – wir denken da an die geflämmte Makrele mit Rindfleischsalat oder den Seehecht mit Stachelbeeren – verkosten darf. Oder es bei soufflierter Wachtel mit Eierschwammerln und Nussbutter eher konservativer zur Sache geht. Ein Cheesecake mit Erdbeeren oder eine Kombination aus Pekannuss und Herzkirschen, die kunstvoll zu roten Lippen geformt werden, könnte den süßen und krönenden Abschluss bilden. Was gibt es noch zu sagen: tolles Ambiente, gutes Weinangebot und ein wirklich netter Service.

Tel.: 0664 115 03 00

1150 Wien
Schanzstraße 14

www.restaurant-herzig.at
servus@restaurant-herzig.at

Di–Sa 18.30–22 Uhr

♿

HEUER AM KARLSPLATZ Ⓝ

15/20

Koch: Markus Höller

Das neue Heuer hat mehrere Gesichter, die auf der großen Terrasse irgendwie ineinanderfließen. Auf der rechten Seite sind Bar und DJ, auf der linken der neue Fine Dining-Bereich und in der Mitte das – nennen wir es einmal – Bistro. In den ersten Wochen nach dem Lockdown war der Andrang derart groß, dass irgendwie alles miteinander verschwommen ist. Seit sich das Geschehen in den Innenbereich verlegt hat, ist vieles klarer geworden, auch wenn der Barbereich noch nach einer neuen Identität sucht. Im Fine Dining gibt es fünf bis sechsgängige Menüs, die es in sich haben. Küchenchef Markus Höller schickt dort außergewöhnliche Gerichte, die stets witzig, originell und überraschend sind. Gleichzeitig überfordern sie jedoch auch „normale" Genießer nie. Beispiele gefällig? Der Croque Madame gefüllt mit zart-cremiger Blutwurst und Saiblingskaviar – eine richtige Umami-Bombe. Oder die geflämmte Makrele mit Thai- Gurken – außen crispy Röstaromen, innen noch roh. Regelmäßig am Menü befindet sich eine marinierte Rinderrolle mit Räucheraal und altem Gouda. Auch dies ist ein mehrheitsfähiger Gang, der immer Spaß macht. In irgendeiner Form kommt auch stets der konzentrierte Geschmack von Krustentieren zum Einsatz. Etwa als mollige Sauce zu einem knusprigen Saiblingsfilet – klingt schräg, passt aber grandios. Am besten hat er uns bisher als klare Essenz geschmeckt, die bei Tisch über klein gehackte geräucherte Garnelen, Karfiol und Pfirsichstücke gegossen wurde – da wird sogar der Suppenkaspar schwach. Ein bisschen Luft nach oben gibt es noch bei den Desserts. Auch hier sprüht Höller vor Kreativität (Rotes Rübensorbet, ...), aber das Niveau liegt doch einen Tick unter den pikanten Gängen. Die Weinkarte ist abwechslungsreich gestaltet, aber noch ausbaufähig, sowohl in der Breite wie auch in der Tiefe.

à la carte: 16–32 €

Tel.: 01 890 05 90

1040 Wien
Treitlstraße 2

www.heuer-amkarlsplatz.com
info@heuer-amkarlsplatz.com

tgl. 17.30–32 Uhr

♿

HEUNISCH & ERBEN

16/20

Koch: Michael Gubik

Berichte über dieses Lokal beginnen gerne mit der Weinkarte. Dabei ist das, was hier zu diesem Thema geboten wird, keine Karte, sondern ein Buch. Das Angebot ist atemberaubend vielfältig, genauso modern wie klassisch und voll von Fundstücken für Fans. Eine Karte gibt es dazu auch noch. Sie bietet das wahrscheinlich beste Angebot des Landes an glasweise ausgeschenkten Weinen. Angesichts dieser Attraktionen sollte aber auf folgende Tatsache explizit hingewiesen werden: Hier kann man auch fantastisch essen. Dattelparadeiser mit gepufftem Quinoa und Haselnuss eröffnen ein an Höhepunkten reiches Menü. Ein perfekter Saibling in Buttermilch mit Safran und gelber Rübe, Schwertmuschel mit Blattkohl im Topinambursud sowie Eierschwammerln mit Lauch-Asche und einem köstlichen Kalbszungenragout geben die Linie vor: Leichtigkeit, Überraschungsmomente, gekonntes Handwerk. Der Steinbutt mit Sellerie, Liebstöckel und knusprigen Schalotten hält das Niveau ebenso wie das weiße Scherzl vom Kalb und der grandiose Käsegang, bei dem die Kombination von warmem Grana Padano mit Ananas verblüfft. Eine Spitzenleistung der Küche, auf die man trinken sollte: À votre santé!

à la carte: 8,70–29 €

Tel.: 01 286 85 63

1030 Wien
Landstraßer Hauptstraße 17, Seidlgasse 36

www.heunisch.at
erben@heunisch.at

Mo–Sa 18–22 Uhr

HUTH GASTWIRTSCHAFT

11,5/20

Koch: Karl Spenger

Das Stammhaus des Huth-Imperiums erstrahlt zum 20-jährigen Jubiläum in neuem Glanz. Moderner und heller präsentiert sich der Gastraum, der Schankbereich wurde durch grüne Fliesen aufgewertet. Von seiner Gemütlichkeit hat das Restaurant dadurch erfreulicherweise nichts eingebüßt. Und von der Qualität der Gerichte erst recht nicht. Auch viele Wiener Stammgäste schätzen die gehobene österreichische Küche, die zu – für Wiener Innenstadt-Verhältnisse – moderaten Preisen angeboten wird. Des Kaisers liebste Speis', der gekochte Tafelspitz mit seinen klassischen Beilagen, passt immer. Mit goldgelber und knuspriger Panier wird das Wiener Schnitzel serviert. Und wenn wir schon beim Kaiser sind, darf als süßer Abschluss natürlich ein luftiger Kaiserschmarren nicht fehlen. Feine Weinauswahl mit Österreich-Schwerpunkt.

à la carte: 6,90–19,90 €

Tel.: 01 513 56 44
0699 116 903 53

1010 Wien
Schellinggasse 5/3

www.zum-huth.at
tisch@zum-huth.at

tgl. 12–23 Uhr

IL MELOGRANO

14/20

Das Il Melograno hat eindeutig die Tendenz zur großen Show. Die Aufforderung, in Abendgarderobe zu erscheinen, ist ernst gemeint, das Regal am Restaurant-WC macht einer Drogerie Konkurrenz: Bei Bedarf nach Mundwasser, Nagellack oder – originellerweise – Nachtcreme wird die feine Dame (oder der feine Herr) hier fündig. Die Zurückhaltung der distinguierten Damen im Service dahingegen grenzt haarscharf an Arroganz. Das Interieur entspricht allem oben Genannten und dem Preisniveau. Dem gegenüber steht ein kulinarisches Angebot, das da erfreulicherweise mithalten kann. Einfach, aber auch einfach gut: Burrata, hausgemachte Pasta, Fisch in Salzkruste, Steaks vom Chianina. Köstlich das Tiramisu, das mit bestem Espresso bei Tisch vollendet wird. Die Weinkarte korreliert mit den Speisen und dem Ambiente. Einem gediegenen italienischen Abend mit einem umtriebigen Padrone und Live-Klaviermusik steht hier nichts im Wege. Wenn man das möchte: Nichts wie hin!

Tel.: 01 512 77 84

1010 Wien
Blumenstockgasse 5

www.ilmelograno.at
office@ilmelograno.at

KANZLERAMT Ⓝ

11/20 🍴

Ein Amt für hedonistische Freuden? Unweit des echten Kanzleramtes, wo man dem Vernehmen nach eher rasch und gestresst das Essen zu sich nimmt, wird in diesem Amt für entspannte Genießer gekocht. Neben traditionellen heimischen Gerichten schwingt sich die Küche auch zu Gerichten wie einer herrlich knusprigen Lachsforelle auf. Oder einem in Mohn gebratenen Welsfilet. Mittags lockt ein günstig kalkuliertes, tägliches Menü, das zumindest für die normalen Mitarbeiter der umliegenden Ämter ein attraktives Angebot darstellt.

Tel.: 01 533 13 09

1010 Wien
Schauflergasse 6

www.kanzleramt.wien
office@kanzleramt.wien

KIKKO BA

12/20 🍴

Koch: Simon Kotvojs

Im pulsierenden Gastroviertel der Schleifmühlgasse hat sich das anfangs nur als Pop-up gedachte Kikko Ba mittlerweile etabliert. Die kleine, in vielerlei Hinsicht optimierte Tapas Bar bietet frisch zubereitete Fusionsküche mit einem Hauch von Japan. Auch wenn es neben der Küche oft heiß hergeht und Hockersitzen nicht jedermanns Sache ist, präsentieren sich die nicht immer ganz ausgereiften Kreationen sehr trendig. So treffen schon mal Pulpo auf Schweinehaut und Schweinsripperl auf Miso. Die reduzierte Auswahl an Speisen und Getränken macht es einfach (sympathisch). „Klasse statt Masse" lautet die Devise.

1040 Wien
Schleifmühlgasse 8

www.kikko.at
manager@kikko.at

Di–Fr 11.30–14 und 17.30–22,
Sa 11.30–22 Uhr
✱ Fei

KIM KOCHT

16/20 🍴🍴🍴

Restaurant/Shop

Köchin: Sohyi Kim

Sohyi Kim kann mittlerweile wohl mit Fug und Recht trotz ihres scheinbar zeitlosen Alters als Legende der feinen asiatischen Küche in Wien bezeichnet werden. Schon sieben Jahre ist es her, dass sie ihr kleines Lokal von der Volksoper einige 100 Meter stadteinwärts verlegte. Maximal 20 Gäste kommen in den Genuss eines fixen Sieben-Gänge-Menüs, das sich bei vielen Kompositionen durch eine perfekte Melange koreanischer Speisen und Produkte aus der europäisch-österreichischen Welt auszeichnet. Einen ersten Querschnitt geben die vielen kleinen Schalen mit unterschiedlichem Gemüse, aber auch einem formidablen Faschierten mit würziger Sauce. Der vor den Augen der Gäste – sofern man im vorderen Raum an Hochtischen platziert wird – von Meisterin Kim sorgfältig angerichtete Thunfisch mit Eierschwammerln und Reisbällchen in Nori kann es optisch in seiner Buntheit am Teller mit den an Daniel Spoerri angelehnten Kunstinstallationen an der Wand locker aufnehmen. Dazu bringt der höflich-aufmerksame Service den passenden Wein oder Saft (glasweise). Der Schwerpunkt liegt bei der Haubenköchin natürlich neben Gemüse auf Fisch: edler Kabeljau mit gegrillten Salatherzen, kräftiger Oktopus mit Belugalinsen sowie Ceviche von Wildgarnelen mit einer fast zu intensiven Mangocreme. Genial der Abschluss: intensive Schokolade als Mousse und Terrine mit dezent-fernöstlichem Touch – eben das Beste aus zwei Welten.

à la carte: 4,50–100 €

Tel.: 0664 425 88 66

1090 Wien
Währinger Straße 46

www.kimkocht.at
restaurant@kimkocht.at

♿

KLEE AM HANSLTEICH

11/20

Koch: Alexander Pochlatko

Am Rande von Wien taucht man in eine eigene, idyllisch gelegene Welt ein. Voll gefüllt am Samstagabend wird hier Opas 80er, die letzte Maturaprüfung oder das erste Date zelebriert. In der Karte ist für jeden etwas dabei. Tuna oder Beef Tatar, Salate, klassische Suppen, Diverses vom Grill und eine gute vegetarische Auswahl. Geschmacklich ist das Meiste leider allzu sehr am Mainstream orientiert – sprich es fehlt an Finesse und Spannung. Der guten Stimmung tut dies keinen Abbruch. All jene Gäste, für die das Essen nicht der Hauptgrund des Besuches darstellt, sind offensichtlich glücklich. Und wir wollen ja auch nicht zu viel nörgeln und genießen die fröhliche Stimmung im Lokal und auf der Terrasse.

Tel.: 01 480 51 50
1170 Wien
Amundsenstraße 10
www.klee.wien
office@klee.wien
Mo–Sa 11.30–22.30,
So 11.30–21.30 Uhr
♿

KOMMOD

14,5/20

Koch: Stephan Stahl

Über die bezaubernde Schmuckkästchenhaftigkeit des Restaurants Kommod besteht kein Zweifel, sie ist einfach allzu offensichtlich. Nun kommt es bei den meisten Schmuckschatullen aber schon auch auf den Inhalt an. Im Fall des Kommods neigt dieser zum Glück zum Funkeln. Küchenchef Stephan Stahl schickt im vier- bis sechsgängigen Menü geschliffene Pretiosen zwischen Klassik und Zeitgeist, Saison und Inspiration – zum Beispiel: knackigen weißen Spargel mit Passionsfruchtgelee und Jakobsmuscheln oder eine luxuriöse Erdäpfelterrine mit knallgrüner Sauce. Seine Frau Christina sorgt im Service mit ausgesuchter Herzlichkeit und geschmackssicherer Weinbegleitung für die finale Zufriedenheit.

Tel.: 01 402 13 98
1080 Wien
Strozzigasse 40
www.kommod-essen.at
anfrage@kommod-essen.at
Di–Sa 18–23 Uhr

KONSTANTIN FILIPPOU

19/20

Koch: Konstantin Filippou

Tel.: 01 512 22 29
1010 Wien
Dominikanerbastei 17
www.konstantinfilippou.com
reservation@
konstantinfilippou.com

KONSTANTIN FILIPPOU, KOCH DES JAHRES 2016

„Wiedersehen macht Freude." Wer schon einmal das Vergnügen hatte, in Konstantin Filippous wunderbarem Restaurant Gast zu sein, den wird dieses Gefühl ziemlich sicher bereits beim Betreten des dezent, stilsicher eingerichteten Lokals und dem herzlichen Empfang durch Filippous Ehefrau Manuela überkommen. Etwas überraschend hingegen, dass sich die positive Wiedersehenserfahrung auch beim Blick auf die Menükarte einstellt. Dort werden nämlich lauter Gerichte angekündigt, an denen man sich auch schon im Vorjahr erfreuen konnte. Unserer leichten Verwunderung darüber wird aber gleich mit dem ersten Amuse gueule entgegengewirkt. Seesaibling mit Rettich und Senfkörnern in einem unglaublich raffinierten Escabeche-Fischfond-Gelee. Eine neue, fantastisch schmeckende Kreation, auf die gleich der nächste Höhepunkt folgt. Gillardeau-Auster mit Tapiokaperlen in Liebstöckelcreme. Hier treffen zwei intensive Geschmäcker aufeinander und der Küche gelingt es, nicht nur beide gleichermaßen zur Geltung zu bringen, sondern auch eine verblüffende Harmonie zwischen ihnen zu erzielen. Ganz ähnlich beim Tatar von der „Wiener Auster" mit Roggenbrotcreme, Herzmuscheln und Artischocken: eine auch optisch faszinierende, wie von Baudelaires „Blumen des Bösen" inspirierte Version einer Sonnenblume, zu der es ein paar Missverständnisse aufzuklären gilt. Anders als auch in diesem Guide schon irrtümlich geschrieben, handelt es sich bei der „Wiener Auster" nicht um eine heimische Abart der Muschel. Auch die offizielle Wikipedia-Definition, wonach der Begriff die Fachbezeichnung für eine spezielle Stellung beim Geschlechtsverkehr darstellt, führt kulinarisch in die Irre, ist doch in Wahrheit eine Weinbergschnecke damit gemeint, wie sie Andreas Gugumuck am Wienerberg züchtet. Auch geklärt. Beim Menü geht es mit bewährten greatest Hits weiter. Brandade mit Amurkarpfen und Kaviar ist schon die längste Zeit ein Signature Dish, der Krustentierflan mit Flusskrebsen, Ingwer und Erbsen ein Musterbeispiel für kochtechnisch feinste Klingen und der Zander mit Wacholder, Trüffel, Markscheiben und Haselnuss verblüfft angesichts der Geschmacksintensität der einzelnen Komponenten durch Subtilität. Höhepunkt ist die Lachsforelle mit Dill und Kohlrabi, die in einem Café de Paris-Saucenbad thront, das man zur Gänze ausschlürfen möchte. In der gleichen Liga spielt nach wie vor die Kombination aus Aal und Mangalitza, der ein Hauch Entenleber den Extrakick verleiht. Bei den Desserts gibt es dann doch wieder was Neues, nämlich eine Ziegenmilch-Panna cotta mit Erdbeeressig und Buttereis. Die ist so gut, dass wir uns durchaus über ein Wiedersehen freuen würden.

© Gerhard Wasserbauer

L'ORIENT

11/20

Koch: Mustapha Khattat

Die Leopoldau ist einer der buntesten Bezirke Wiens. Dazu trägt auch die marokkanische Küche im Lokal L'Orient bei. Der Name ist zumindest für geographisch versierte Gäste verwirrend – liegt doch Marokko weit im Westen am Atlantik und nicht im Osten. Doch man weiß, was gemeint ist. Hier gibt es in ganz entspannter Atmosphäre authentische Gerichte der marokkanischen Küche, die für Laien zumindest an die orientalische erinnert. Am besten startet man mit Teigröllchen namens Briouats. Bekannter sind Gerichte wie Harira (Festtagssuppe), Hummus, verschiedene Couscousvariationen oder das Tajine Fassi-Lamm im Lehmtopf gegart mit Zwetschken, Marillen und gerösteten Mandeln. Dass alle Gerichte auch in originalem Geschirr serviert werden, versteht sich von selbst. Schließlich ist das L'Orient außerdem ein Geschäft für Delikatessen und Einrichtung. Am Sonntag kann man ab zehn Uhr auch zu einem orientalischen, pardon, marokkanischen Frühstück kommen.

à la carte: 6–25 €

Tel.: 01 890 39 22
0676 302 12 30

1020 Wien
Rotensterngasse 22

www.lorient.at
office@lorient.at

Di–Sa 12–23, So 10.30–23 Uhr

♿

LABSTELLE

15/20

Koch: Matthias Hausburg

Unlängst hat sich der langjährige Küchenchef Kristijan Bacvanin in den Lehrerdienst verabschiedet und Souschef Matthias Hausburg ist in seine Fußstapfen getreten. Fließend war dieser Übergang, ist Hausburg doch bereits seit einigen Jahren in der Labstelle tätig. Mitten in der Wiener Innenstadt gelegen und doch noch immer ein Geheimtipp – das kann man über dieses Restaurant getrost sagen. Die Farm to table-Philosophie ist hier nicht nur bloßes Gerede, sondern wird aktiv am Teller umgesetzt: morgens beim Frühstück, mittags bei kleiner Karte sowie abends beim Fine Dining mit Fünf-Gänge-Menü und À-la-carte-Gerichten. Schon vorab begeistert ein lauwarmes Sauerteigbrot mit Hummus (Kichererbsen aus dem Waldviertel) und verweist auf das, was kommen mag. Nämlich Gutes. Wildfangreinanke mit Dillöl, Gurken, Gerstenmiso und Puffreis – Komponenten, die man vermeintlich schon oft gelesen hat, werden akkurat kombiniert, die Konsistenz des Fisches: wow. Auch die vegane Variante (dünn geschlungene Kohlrabischeiben mit Topinamburblüten, Kren, Tofu und salzigen Äpfeln) wusste zu überzeugen, die darauffolgende Pilz-Pho war pures Waldglück. Die Essenz aus Schwammerln perfekt gewürzt, die darin servierte Teigtasche mit Pilzen sowie der gebratene Kräuterseitling zeigten beherrschtes Handwerk. Dass es nicht immer Fleisch sein muss, bewies der vegetarische Hauptgang mit Bravour. Mediterran angehauchte Zucchiniblüten mit Mangold und Zitronenbasilikum, serviert in köstlichem Paradeisersud ließen an warme Sommertage erinnern. Die Krautravioli mit Lauch und Roter Rübe konnten optional durch gebackenes Kalbsbries ergänzt werden. Gelesen, getan, nicht bereut. Süß und gelungen war auch das Ende, das durch eine kreative Umsetzung eines Reispuddings mit Haselnuss-granola und cremigem Earl Grey-Sorbet zum Ausdruck gebracht wurde. Sommelier Daniel Gahler agiert selbstbewusst und wird kompetent vom Serviceteam unterstützt. Es lohnt sich aber durchaus, sich auf spannende Empfehlungen der Brigade einzulassen. Auch interessante Biere, Drinks und alkoholfreie Alternativen befinden sich im Repertoire. Das Ambiente ist casual-chic.

à la carte: 8–35 €

Tel.: 01 236 21 22

1010 Wien
Lugeck 6

www.labstelle.at
office@labstelle.at

Mo–Sa ab 12 Uhr

♿

LE SALZGRIES PARIS 13,5/20

Im gemütlichen Interieur des französischen Restaurants erstaunten uns zunächst Fundstücke italienischer Provenienz auf der Karte. Der aufmerksame Garçon empfahl zuerst eine weiße Paradeisersuppe mit Basilikumnockerl, danach die gefüllten und gratinierten Sardinen. Wirklich begeistert haben uns dann die Bouchot-Muscheln in fantastischem Sud mit Pommes frites. Auch in roher Form kann man hier bei Meeresfrüchten praktisch keinen Fehler machen. In Normalfall erfreut man sich an ein paar frischen Austern, hat man etwas zu feiern, lässt man sich stattdessen ein Platte mit Meeresfrüchten oder – noch besser – mit Krustentieren kommen. Lammkrone und Entrecôte gibt es hier auch in ordentlicher Qualität, aber wenn man schon einmal die Chance hat, wirklich guten Fisch zu genießen, wie – ganz klassisch Seezunge Müllerin mit Salzerdäpfeln und Babyspinat – sollte man das tun. Zu Mittag empfiehlt sich ein fair kalkuliertes Menü in drei Gängen.

à la carte: 9,50–32 €

Tel.: 01 533 40 30
1010 Wien
Marc-Aurel-Straße 6
www.le-salzgries.at
reservierungt@
le-salzgries.at
Di–Sa 12–22.20 Uhr

LEBENBAUER 12,5/20

Koch: Marko Ljevak

Wie spannend Vollwertküche sein kann, beweist das Restaurant Lebenbauer seinen Gästen schon vom ersten Tag an. Denn auch Gemüse, Tofu und Quinoa haben es verdient, einmal die Hauptdarsteller auf dem Teller zu sein, wenn sie so souverän in Szene gesetzt werden wie hier. Höchst erfreulich stimmte uns das Abendmenü mit violetter Karottensuppe und akzentuiert mariniertem Tofu samt Avocadopüree und Wokgemüse. Wer nicht rein pflanzlich dinieren möchte, für den hält die Speisekarte eine kleine Auswahl an Fischgerichten bereit. Dass man von der Chefin des Hauses persönlich begrüßt und verabschiedet wird, trägt ebenfalls zur sympathischen Atmosphäre bei.

à la carte: 11–29 €

Tel.: 01 533 55 56
1010 Wien
Teinfaltstraße 3
www.lebenbauer.eu
lebenbauer.restaurant@
gmail.com
Mo–Fr 12–15 und 18–22 Uhr

LENZ SOCIAL DINING Ⓝ 12,5/20

David Kindler

Gefühlt alle paar Jahre ändert sich im Hilton Vienna Park, Wiens größtem Hotel, das kulinarische Konzept. Seit der jüngsten Renovierung – überall viel helles Holz à la Skandinavien – kann man sich im etwas sperrig benannten „LENZ Social Dining"-Hotelrestaurant stärken. Küchenchef David Kindler bietet eine, sich aus heimischen Produkten zusammensetzende kluge Auswahl an durchaus reizvollen Gerichten: leicht geflämmter Ziegenkäse mit knusprigen Buchweizenkörnern, Zander mit Karfiol in verschiedenen Texturen, Kürbis-Crème brûlée mit Kernöleis. Wenn die einnehmende Musik noch etwas gebändigt und der Service aufgestockt werden, steht einem wirklich entspannten Besuch nichts mehr entgegen.

1030 Wien
Am Stadtpark 1
www.lenz-socialdining.at
Di–Sa 18–22 Uhr

LÉONTINE 15/20

Koch: Nicolas Scandella

Ein Glücksfall französischer Gastlichkeit in Wien. Das irgendwo zwischen Bistro und Restaurant auftretende Léontine im noblen Botschafterviertel des 3. Bezirks erfreut alle frankophilen Genießer. Chefkoch Nicolas Scandella, ausgebildet und tätig an diversen renommierten Adressen der großen klassischen französischen Küche, beherrscht Letztere aus dem Effeff. Doch es gibt hier nicht nur typisch Traditionelles, wie eine Taube (mit Mais und Polenta), sondern auch Modern-Leichtes, wie eine –auch das Auge erfreuende – Kombination von Bio-Zucchini, Eierschwammerln und Ziegenkäsemousse, oder Mutiges, wie eine ziemlich herbe Himbeer-Paprika-Suppe mit bayerischer Ricottacreme als Dessertoption. Patronne Ninon Roux schupft effizient und mit französischem Charme den Service einschließlich der kundigen Weinberatung, wobei häufigere, personelle Unterstützung wohl nicht ungelegen käme. Tipp an jene, denen das Preisniveau zu gehoben erscheint: Zu Mittag gibt es ein günstiges Menü, das wir ebenfalls wärmstens empfehlen können.

Tel.: 01 712 54 30
1030 Wien
Reisnerstraße 39
www.leontine.at
reservierung@leontine.at

LIEBSTEINSKY ⓝ

14/20

Koch: Felix Albiez

Während der Pandemie ist es in der Gastronomie zu zahlreichen Personalrochaden gekommen. Küchenchef Felix Albiez hat das Drei-Hauben-Restaurant Das Schick im Wiener Parkhotel verlassen und ein paar Querstraßen ringaufwärts im Liebsteinsky angeheuert. Das dortige À-la-carte-Konzept hat Patron Andreas Mikulits beibehalten, mit der „Liebsteinsky Rallye" gibt es jetzt jedoch so etwas wie ein Gourmetmenü, das bei vier kleinen Gängen beginnt und beliebig verlängert werden kann. Wir starteten mit einem originellen Ceviche von der Jakobsmuschel, fuhren dann eine Station weiter zum Tuna Tataki mit Misoeis, machten Zwischenstation bei Ei mit Trüffel und Beef Tatar auf Misoblatt (eine sehr gute Idee), bevor wir mit der gebratenen Gänseleber mit Birne und Walnüssen (ganz ausgezeichnet) die letzte genussvolle Hürde vor dem Ziel – gebratener Steinbutt mit geschmortem Oktopus auf Rotweinbutter – nahmen. Was für ein Parcours. Dann noch ein kleines Dessert im Zielgelände: Mohnnudeln oder Feigentarte wären wohl zu üppig gewesen, die Schoko-Kokos-Passionsfrucht-Kombo mit einem Schuss Rum war genau richtig. Überschaubare, aber sehr fair kalkulierte Weinkarte. Der freundliche und flotte Service agierte auch in Abwesenheit des Patrons in Top-Form.

Tel.: 01 208 89 76
1010 Wien
Schubertring 6
www.liebsteinsky.at
reservierung@liebsteinsky.at
Mo–Fr 12–15 und 18–24 Uhr

LINGENHEL

14,5/20

Koch: Roman Wurzer

Die Feinkostvitrine, die man auf dem Weg in den Restaurantbereich von Johannes Lingenhels Käsekompetenzzentrum passiert, macht Appetit auf das Kommende. Und dann kommt es noch besser. Allerdings nicht in Form einer Charcuterie-Platte, sondern als Madeleine mit Blunzenfüllung, was als Verheißung auch keine kleine Ansage ist. Es beginnt mit einer raffinierten Variation über das Thema Gurkenkaltschale, geht weiter mit in Molke mariniertem Seesaibling aus der Teichwirtschaft Radlberg, den Chefkoch Roman Wurzer mit Paradeisern, eingelegter Zitrone und Saiblingskaviar gekonnt begleitet. Die hausgemachten Fagottini mit geschmortem Spargel, eingelegten und sautierten Eierschwammerln haben ohnehin das Zeug zum Visitenkartengericht. Lammrücken und Bries mit Perlzwiebeln, Saubohnen und gebratenem Topfen halten gut mit, der Stör mit Zwiebelgranolakruste, Lauchcreme und Spitzkohl bringt seine geballte Aromenpower dagegen nicht ganz auf die Straße. Zum Dessert gibt es weiße Schokoladencreme, Sauerkleeeis und marinierten Rhabarber, davor aber kommt, was kommen muss: eine herausragende Käseauswahl. Say cheese!

Tel.: 01 710 15 66
1030 Wien
Landstraßer Hauptstraße 74
www.lingenhel.com
reservierung@lingenhel.com
Mo–Sa 9–22 Uhr

LIVINGSTONE

13/20

Koch: Benjamin Moritz

Der Außenbereich im Livingstone kann tatsächlich etwas von der ansprechenden Atmosphäre des Innenraums übernehmen. Das aufmerksame Servicepersonal beriet uns bei der Wahl der Speisen und den richtigen Cuts. Das glasweise Angebot an Weinen ist sehr eingeschränkt. Erfreulich jedoch die Erzeugnisse der Küche: Sei es die Gänseleber-Wagyu-Gyoza oder der Oktopus mit Pimientos, das perfekt, nach unseren Wünschen gebratene Tender Steak sowie das Filetsteak von der Boa-Farm. Der mit Pekannüssen gespickte Schokokuchen war ein würdiger, vorzüglicher Abschluss. Danach spaziert man am besten in den benachbarten Planters Club zu einem Digestif. Oder zwei.

à la carte: 12–90 €

Tel.: 01 533 339 30
1010 Wien
Zelinkagasse 4
www.livingstone.at
office@livingstone.at
Mo–Sa 17–22.30 Uhr
Fei

LOBO Y LUNA

11/20

Koch: Felix Becker

Wer taucht nicht gerne in das spanische Lebensgefühl ein, insbesondere dann, wenn er dafür nicht einmal einen Länderwechsel vornehmen muss? Das im Neubauviertel gelegene Tapaslokal macht dies glücklicherweise möglich und sorgt mitten in Wien seit vielen Jahren für qualitätsorientierte Küche, gute Weinauswahl und sympathisches Ambiente. Tapasklassiker wie hauchdünner, luftgetrockneter Schinken, Oliven oder gegrillte Garnelen sind immer eine Bank, dazu kreiert Küchenchef Felix Becker zeitgemäße Variationen, welchen souverän der Twist zur heimischen Länderküche gelingt. Schön, wenn das Gebotene nicht nur bei Geschmack und Qualität überzeugt, sondern auch noch für das Auge hübsch anzusehen ist. Die ansprechenden Cocktails laden ebenso zum baldigen Hasta luego ein.

à la carte: 6–30 €

Tel.: 01 944 99 66
0699 194 100 66

1070 Wien
Mondscheingasse 2

www.loboyluna.at
office@loboyluna.at

Di–Sa 18–23 Uhr
variabel

LUDWIG VAN Ⓝ

15/20

Koch: Andreas Spindler

„Jetzt ist schon wieder was passiert" ließ Patron Oliver Jauk die treuen Fans seines Gourmetbeisls per Mail wissen. Kein Grund zur Beunruhigung, der gemeinte Wasserschaden wurde schnell wieder behoben und sogleich von einem erfreulichen Ereignis überstrahlt: Andreas Spindler, der sein Handwerk bei Christian Petz und Joachim Gradwohl gelernt hat, ist neuer Küchenchef im Ludwig van und legt vielversprechend los: Der Kalbskopf mit Eierschwammerln und Estragon-Aioli schmeckt hervorragend, Makrele mit Paprika, Kraut und Grammeln klingt deftig, ist aber subtil und zurückhaltend gewürzt. Das gilt generell für Spindlers Linie. Kräuterseitling mit Apfel, Milzravioli mit Schwarzwurzel, Kürbis mit Selchkäs und Trüffel sowie Saibling mit Griesnockerl und Totentrompete – alles sehr fein, manches würde auch ein bisschen weniger Dezenz, mehr Mut vertragen. Absoluter Höhepunkt sind die perfekten Kaninchennieren mit Weichseln. Intensität pur, die auch beim Lamm mit Melanzani und den gelungenen Desserts gegeben ist. Ein erfolgreicher Start für den neuen Chefkoch. Was den Einfluss seiner Lehrmeister betrifft, wünschen wir uns für die Zukunft noch einen Hauch mehr Petz.

à la carte: 6–29 €

Tel.: 01 58713 20
0676 551 4143

1060 Wien
Laimgrubengasse 22

www.ludwigvan.wien
info@ludwigvan.wien

Mo 11.30–14.30, Di–Fr 11.30–14.30 und 18–24 Uhr

LUGECK

12/20

Wiener Wirtshauskultur at its best kann man im traditionsreichen Regensburgerhof und dem darin platzierten Lugeck erleben. Und natürlich gehört das weltbekannte Wiener Schnitzel der Familie Figlmüller darin als Hauptakteur dazu. Doch das kulinarisch Gebotene geht durchaus über die Tradition hinaus: Neben Klassikern, wie Tafelspitz, Backhendl und Krautfleckerl, erfreuen zeitgemäße, urbane Interpretationen, die je nach Jahreszeit umgesetzt werden. So kann man beispielsweise auch auf eine Bowl mit Bulgur, Spargel und Avocado, ein Waldpilzgulasch mit Briocheknödel oder Brokkoli-Cheddar-Taschen zurückgreifen. Vom Grill gibt es Dry-Aged-Beiried, Rib-Eye oder Ripperl, dazu wählt man unterschiedliche Beilagen und Saucen. Final erfreuen Eiskaffee gerührt und flaumige Topfenknödel. Ansprechende Weine auch glasweise, bemerkenswert das Angebot an Craftbieren. Das Interieur des Gasthauses ist modern gehalten und gemütlich, besonders hübsch sitzt man natürlich im Schanigarten, während man das rege Innenstadttreiben beobachtet.

Tel.: 01 512 50 60

1010 Wien
Lugeck 4

www.lugeck.com
info@lugeck.com

tgl. 11.30–22 Uhr

MAST WEINBISTRO 15,5/20

Koch: Lukas Lacina

Mit ihrem sehr zeitgemäßen Weinkompetenzzentrum in der Porzellangasse haben Steve Breitzke und Matthias Pitra Standards gesetzt: Die Weinkarte verlässt den eingetretenen Pfad schon ab der ersten Zeile, es spielt die Avantgarde der weltweiten Natural Wines-Szene. Tagelang könnte man sich allein mit diesen Juwelen beschäftigen. Dann würde man allerdings einiges verpassen, nämlich das, was Lukas Lacina aus der Küche schickt: firlefanzbefreite Kleinigkeiten, die sich zu echten Großartigkeiten entwickeln. Das geht beim Paradeisersalat los, der mit Ricotta, Mole und Süßkartoffel-garnitur zu hocharomatischer Spätsommerlichkeit hochgezwirbelt wird, lässt beim marinierten Kohlrabi mit gebeizter Lachsforelle und Hanfsamen nicht nach und steigert sich noch weiter: Saiblingstatar mit Gurke und Himbeeren in kühler Eleganz, Fregola Sarda mit geschmorter und gefüllter roter Paprika – eine Art Krautfleckerl-meets-Ungarn – , danach noch Störfilet mit Salsa Verde, Maiscreme und – weil es halt einfach passt – Grammeln. Haben wir schon erwähnt, dass die Weinbegleitung hier immer eine Reise wert ist?

à la carte: 6–20 €

Tel.: 01 922 66 79
1090 Wien
Porzellangasse 53
www.mast.wine
contact@mast.wine
Mi–Fr 12–14 und 18–22, Sa, So 18–22 Uhr

MATERIA 13/20

Koch: Stefano Patelli

Die Geräusche der Straßenbahn, die durch die nahegelegene Josefstädter Straße braust, rücken schnell in den Hintergrund, sobald man im kleinen Schanigarten Platz genommen hat. Mit italienischer Herzlichkeit empfangen zieht sich die pure Italianità durch den ganzen Abend. Man hat die Wahl zwischen zwei, wöchentlich wechselnden Menüs: „Mare“ für Fischfreunde, „Terra“ für die Fleischtiger. Schon bei den Mazaro de Vallo-Garnelen mit grünem Apfel wird uns die hohe Qualität der Produkte bewusst – in ihrer rohen Form bringen sie den besten Geschmack des Meeres an den Gaumen. Warum zum marinierten Carpaccio auch ein Löffel serviert wurde, machte die dazu gereichte Pilzconsommé sofort klar. Auch nur einen Tropfen dieser Umami-Bombe übrig zu lassen, wäre schade gewesen. Die weiteren Gerichte bestechen ebenfalls durch handwerkliches Können und große Klasse. Zart und saftig sowohl der Parmigiana-Branzino als auch das gebratene Lendenstück. Vom Dessert – Krokant-Cannolo mit Schokoladeneis, Büffelricotta und Orangengranita – hätten wir glatt noch eine zweite Portion vertragen. Die gut sortierte Weinkarte hält ausschließlich italienische Tropfen bereit. Ein Lob geht auch an den aufmerksamen und überaus freundlichen Service.

à la carte: 38–70 €

Tel.: 01 402 69 16
0681 842 06 401
1080 Wien
Tigergasse 31
www.materia.restaurant
info@materia.restaurant
Di–Sa 18–23.30 Uhr

MEIEREI IM STADTPARK 15/20

Koch: Heinz Reitbauer

Die Konzeption eines Zweitlokals ist eine schmale Gratwanderung. Einerseits gilt es, dem guten Namen des Hauptrestaurants gerecht zu werden. Andererseits darf dieses auch nicht zu stark konkurrenziert werden. Der Meierei gelingt dieser Spagat vortrefflich. Der junge Kohlrabi mit karamellisierten Haselnüssen und Bergamotte sowie der gegrillte Stör mit Zucchinipüree, Roter Rübe und Erdnuss befinden sich ganz auf Heinz Reitbauers Steirereck-Linie und würden auch dort gute Figur machen. Milchkalbbutterschnitzel mit Steinpilzen und Zuckererbsenschoten, gegrilltes Karree vom Pogusch-Hausschwein mit Paradeisern und Erdäpfeln sowie Waller mit Paprikaspitzkraut und Gewürzmandeln sind herzhafte, aber nicht routinehaft wirkende Gerichte der zeitgemäßen Wiener Küche. Schnitzel, Beef Tatar und Fischstäbchen gibt es ebenfalls – alles in außergewöhnlicher Qualität. Beide Welten auch bei den Desserts: Der eingelegte und geeiste Pfirsich mit gebratenem Hirseherz, Erdnuss und Salbei überzeugt genauso wie der Apfelstrudel. Und die Tatsache, dass man dazu aus der kompletten, durchwegs großartigen Weinkarte von René Antrag bestellen kann, macht die Freude noch größer.

à la carte: 6,90–24 €

Tel.: 01 713 316 810
1030 Wien
Am Heumarkt 2a
www.steirereck.at
wien@steirereck.at
Mo–Fr 8–22, Sa 9–18 Uhr
Fei

MEISSL & SCHADN

11,5/20

Koch: Jürgen Gschwendtner

Das Beste aus Österreichs Rezeptbüchern – damit will man nicht nur internationale Gäste begeistern, sondern auch Einheimische gewinnen. Umso wichtiger in einem Jahr, wo Gäste aus dem Ausland noch sehr zögerlich nach Wien kommen. Schwellenangst hat hier niemand, das Restaurant verfügt über einen eigenen Eingang direkt am Ring. Stets ordentlich gelingt das Wiener Schnitzel. Eher für Experten ist die Option der Zubereitung – herausgebacken in Butterschmalz, Schweineschmalz oder Pflanzenöl. So verlockend wie sich die Speisekarte liest, gestaltete sich das Gewählte am Teller dann leider nur zum Teil. Alles war zwar ok, aber wir haben noch Besuche vor Corona in Erinnerung, bei welchen uns die meisten Gerichte – vom Rahmherz bis zum Paprikahendl – begeistert haben. Wir hoffen, dass es sich nur um ein kurzzeitiges Zwischentief gehandelt hat.

Tel.: 01 902 12
1010 Wien
Schubertring 10–12
www.schnitzellove.com
wien@schnitzellove.com
Mo–So 12–23 Uhr

MEIXNER'S GASTWIRTSCHAFT

13,5/20

Köchin: Berta Meixner

Sollte irgendjemand irgendwann einmal ein Bilderbuch über die Wiener Küche zeichnen wollen, er fände seine Beispiele in Favoriten, in der Nähe des Reumannplatzes. Über die Frittatensuppe der Berta Meixner wurden schon Hymnen gesungen, über ihre Grammelknödel auch, und wir singen gerne mit. Die überwiegend aus Fleisch, nicht zu wenig Butter und Rindsuppe gefeilten Kunstwerke der großen Köchin von Favoriten haben in dieser Disziplin tatsächlich „Urmetercharakter". Das Reisfleisch zum Beispiel: pikant papriziert, perfekte Struktur, dick eingekochter Saft. Oder das Naturschnitzel vom Kalb: die reinste, auch historisch wertvolle Wonne, inklusive buttrigem Langkornreis. Der Esterházy-Rindsbraten bekommt dagegen Spiralnudeln beigestellt, was zum Genuss seiner schlicht herrlichen Sauce unumgänglich und ohnehin immer eine gute Idee ist. Und als würde das alles noch nicht reichen, pflegt Karl Meixner eine ambitionierte, zeitgemäße Bierkultur und hat allerhand österreichische Weine abseits der Hauptstraßen in petto. Service, Gastgarten und Ambiente besorgen den Rest. Wir sagen es gern und immer wieder: Bilderbuch-Wirtshaus.

à la carte: 9,80–32,80 €

Tel.: 01 604 2710
1100 Wien
Buchengasse 64
www.meixners-gastwirtschaft.at
k.meixner@aon.at
Mo–Fr 11.30–14.30 und 17.30–21.30 Uhr

MOCHI

13,5/20

Koch: Manuel Reisinger

SERVICE AWARD 2017

Es ist eine Challenge, hier einen Tisch zu ergattern. Klar, denn die Küche ist erfreulich anders. Ob Spinat mit Trüffel-Yuzu-Dressing oder Kohlrabisalat mit knusprig frittierten Schalotten und Erdnüssen – jeder einzelne Teller ist ein vegetarischer Hochgenuss. Aber nicht nur das, auch die Kombinationen mit Fisch und Fleisch überzeugen durch die Bank. So zum Beispiel die ausgelösten Hendelhaxen im Backteig und der filetierte Wolfsbarsch mit genial abgestimmtem Nuoc Cham aus Fischsauce – ein spannendes Spiel von Kontrast und Harmonie. Der neu entworfene aus Lehm gestampfte Küchentresen erzeugt ein erdiges Ambiente. Die Weinkarte listet zum Essen kongeniale Naturalweine, teilweise in Spezialabfüllungen.

Tel.: 01 925 13 80

1020 Wien
Praterstraße 15

www.mochi.at
reservation@mochi.at

Mo–Sa 11.30–22 Uhr

MODERN KOREAN

14/20

Koch: Danny Kim

Wir sind zu einem mittäglichen Besuch bei Danny Kim im ein wenig versteckten, hinter der Volksoper gelegenen und daher überraschend ruhigen Schanigarten eingekehrt. Man sollte das Lokal wegen der gelungenen Kreationen aufsuchen, die auf der ansprechend übersichtlichen Karte zu finden sind. Küchenchef Kim hat seine Laufbahn bei „Kim kocht" begonnen – ohne einer uns bekannten, verwandtschaftlichen Verbindung, wohl aber mit einer Verbundenheit zu seinem Heimatland. Vorneweg gesagt, empfanden wir die meisten Gerichte als gelungen, handwerklich wie auch von der Präsentation her. Nachdem das Weinangebot überschaubar ist, haben wir die Limonaden probiert, dem heißen Wetter entsprechend. Wir erfreuten uns besonders am Lachs-Avocado-Tataki sowie am Shrimps-Kohlrabi-Salat. Das Meeresfrüchtecurry war von mollig-cremiger Sauce umgeben, deliziös im Geschmack. Die Dosirak-Box mit Teriyaki-Lachs kam leider mit den typischen Lunchbox-Beigaben etwas übergart an den Tisch. Als Empfehlung würden wir einen Besuch am frühen Abend vorschlagen, da sich leichte Kost und die Einkehr gut mit einem Besuch in der Volksoper verbinden lassen.

à la carte: 8–28 €

Tel.: 0664 196 7972

1090 Wien
Lustkandlgasse 4

www.modernkorean.at
restaurant@
modernkorean.at

Mo–Sa 12–22 Uhr

MOTTO AM FLUSS

12,5/20

Koch: Andy Piesche

AMBIENTE AWARD 2010

Ambiente und Blick auf den Donaukanal begeistern uns immer wieder, die flinken Kellner kennen sich gut aus und führen einen charmant durch den Abend. Die Weinkarte ist wohlsortiert, die abendliche Speisekarte ebenso. Bei der Küche scheint jedoch ein bisschen der Spirit vergangener Jahre abhanden gekommen zu sein. Ja, alles war gut, aber nicht mehr so exzellent, wie wir es in Erinnerung hatten. Die Vorspeisenvariation war ein schöner Querschnitt, aber etwas lieblos in der Würzung. Der gebratene Pulpo mit Oliven brav. Das Störfilet war so ausgezeichnet, wie wir es vom Motto immer gewohnt waren. Das Kaffeemousse auf Brownie war gut, doch auch hier drängt sich der Vergleich mit den Vorjahren auf, wo die Süßspeisen stets ein finales Ausrufezeichen gesetzt haben. Wir erklären uns die schwankende Performance mit Anlaufschwierigkeiten nach dem Lockdown und hoffen darauf, dass es hier bald wieder so wie früher schmeckt.

à la carte: 15–40 €

Tel.: 01 252 55

1010 Wien
Franz-Josefs-Kai 2

www.mottoamfluss.at
office@mottoamfluss.at

Mo–Fr, So 12–14 und ab 18,
Sa ab 18 Uhr

MRAZ & SOHN

18,5/20

Koch: Markus & Lukas Mraz

NEWCOMER DES JAHRES 2019
LEBENSWERK FÜR MARKUS MRAZ, KOCH DES JAHRES 2018

Verglichen mit kulinarischen Trendsetter-Regionen wie Skandinavien, dem Baskenland oder Berlin ist die Verschmelzung von Hipstertum und Haute Cuisine in Österreich noch eher ein Nischen-Phänomen. Umso schöner, dass nun ein Betrieb als diesbezügliche Speerspitze des Landes gilt, der schon seit über zwanzig Jahren den meisten anderen um ein paar Schritte voraus ist. Markus Mraz hat bereits Ende der 1990er-Jahre gezeigt, dass sich Weltoffenheit, Unkonventionalität, spielerische Lässigkeit und höchste Ansprüche an die Küche vereinen lassen. Damals war er der Sohn im Lokalnamen, jetzt gibt es deren zwei: Den für den unprätentiösen Service und die gepflegte Vinyl-Sound-Begleitung zuständigen Manuel. Und Lukas in der Küche, der gemeinsam mit dem Papa in jüngster Zeit dafür sorgt, dass auch der letzte, von der manchmal überbordenden Mraz'schen Kreativität überforderte Skeptiker zum Fan wurde. Das Geheimnis dieses Erfolges könnte man auch mit einem Wort zusammenfassen: Geschmack. Und das in der elementarsten, sinnlichen Bedeutung des Wortes. Was hier aus der Küche kommt, schmeckt nach mehr. Kaum ein Gang ist dabei, von dem man nicht Nachschlag haben möchte. Thai-Ei, Hühnercurry mit Leber und Ketchup, Häuptelsalat mit Erdbeeren und Mandelmilch. Bitte mehr davon. Hummer, zunächst mit Maiwipfeln und Haselnüssen, dann die Schere in Tempura mit Chili und Mayonnaisesalat. Das schmeckt wie der ultimative Gourmet-Kindergeburtstag. Das Tapioka-Raviolo mit Eierschwammerln kommt in einem Emmentaler-Wasser, die Hendlhaxe mit Trüffel hingegen klassisch straight – Hipness ist für Familie Mraz kein Dogma. Käse und Desserts erreichen uns gewohnt perfekt. Man kann hierzulande vielerorts anders essen. Besser könnte allerdings schwierig werden.

Tel.: 01 330 45 94
1200 Wien
Wallensteinstraße 59
www.mrazundsohn.at
restaurant@mrazundsohn.at
Mo–Fr ab 19 Uhr

NIHONBASHI

11,5/20

Koch: Masaaki Shinazawa

Hiyayakko, Toritatsuta, Agedashi Tofu und Rogen vom fliegenden Fisch! Das klingt doch spannend. Leider können diese japanischen Traditionsgerichte dann bei Tisch nicht mit dem Klang der Speisen mithalten. Große Portionen, liebevoll angerichtet, aber der Esprit vergangener Jahre ist – hoffentlich nur vorübergehend – etwas verloren gegangen. Vielleicht sollte man über eine Straffung des Speisenangebots nachdenken. Bei dieser Breite ist auch die engagierteste Küche bald einmal überfordert. Die Haube wurde durch Izakaya-Tapas wie Seidentofu, Gyoza, Tempuragemüse und Yomogi Daifuku (Mochi) gerade noch verteidigt. Wir hoffen auf Verbesserung.

à la carte: 10–40 €

Tel.: 01 890 78 56
1010 Wien
Kärntner Straße 44
www.nihonbashi.at
reservation@nihonbashi.at
tgl. 12–15 und 18–23 Uhr

NOBLE SAVAGE

15,5/20

Koch: Igor Kuznetsov

Fein ist es hier nicht wirklich, spannend aber allemal. Anspruchsvolle Haubenküche findet in Wien erfreulicherweise nicht nur in eleganten City-Restaurants statt, sondern auch in lässigen Kleinstlokalen, wo es sehr persönlich und recht informell zur Sache geht. Die Bestellung ist recht einfach, sie beschränkt sich eigentlich auf die Frage, ob man die glasweise Weinbegleitung möchte, oder nicht. Das Menü gestaltet sich in Form eines Lebenskreises, der mit dem Säuglingsalter beginnt und zum Schluss in der Ewigkeit aufgeht. Dazwischen gibt es erste Verabredungen, Rebellionen, eine verrückte Blütezeit sowie Reife und Weisheit. Zuviel Theorie? Nicht wirklich, denn diese Inszenierung ist nur der spielerische Rahmen eines unterhaltsamen kulinarischen Abends, durch den Küchenchef und Alleinunterhalter Igor Kuznetsov führt. Einzelne Gerichte verändern sich je nach Saison und Marktlage laufend. Immer dabei ist jedoch ein Pithivier (das ist eine französische Pastete), der bei unserem Besuch mit Liebstöckel-omelette und Karpfenbeuschel gefüllt war. Irgendeine „Pizzaschnitte" (bei uns mit Gruyère und einer großartigen Sardelle belegt) gibt es auch fast immer. Pinzette oder Tupfer gehören nicht zu den bevorzugten Werkzeugen des Patrons. Er kocht relativ schnörkellos, wie wenn er bei sich zu Hause Gäste empfangen würde. Ihre Raffinesse bekommen die Gerichte durch die Komposition und die Güte der Grundprodukte – Rhabarber (mit Blatt) in Buttermilch war so eine außergewöhnliche Speise. Auch das gereifte Reh mit Karotte – beides noch heiß vom Robata-Grill kommend – bleibt in freudiger Erinnerung. Das Gleiche gilt übrigens für die Weinbegleitung, die einen spannenden Streifzug durch die Welt der internationalen Bio-Szene darstellt. Wer bereit ist, sich auf einen Abend bei Igor Kuznetsov einzulassen, wird auf unterhaltsame Art und Weise belohnt.

Tel.: 0664 994 983 89

1010 Wien
Salzgries 15

www.noblesavage.at
eat@noblesavage.at

O BOUFÉS

15,5/20

Natural Wine Bistro

Koch: Konstantin Filippou

Konstantin Filippou, der umtriebige Grazer Grieche in Wien, hat ein wenig an den Konzeptschrauben seiner niederschwelligen Weinbar mit der so wunderbar schmackhaften wie unkomplizierten Küche gedreht. Denn wie im Fine Dining-Tempel, der seinen Namen trägt, ist der Fokus nun auch hier ganz klar auf Fisch und Fleischloses gerichtet, auch wenn jeden Abend eine Hauptspeise die Ausnahme von der Regel sein darf. Bei Goldbrasse mariniert mit Miso, Orange und Koriander (unserem Favoriten des Abends) sowie dem pikanten Chinakohl mit Chili, Liebstöckel und Suchtfaktor oder dem panierten Seeteufel an Spargel und Remoulade waren wir einfach nur im Glück. Gleiches lässt sich auch von der butterweichen Lachsforelle mit Fenchel und Café de Paris-Butter und den beiden Desserts – Trahanas mit eingelegten Trauben und knuspriger Schokolade sowie dem hoch erfrischenden Rhabarber in Begleitung von Nussbuttereis und Verjus unter Filoteig –bestätigen. All diese unprätentiösen und doch präzise gefertigten Köstlichkeiten in Verbindung mit dem jungen, charmanten Team und einer schon legendären Natural Wine-Karte ließen den Abend zum unvergessenen Erlebnis reifen.

à la carte: 9–31 €

Tel.: 01 512 222 910

1010 Wien
Dominkanerbastei 17

konstantinfilippou.com/oboufes
reservation@konstantinfilippou.com

Mo–Sa 18–24 Uhr

ON

12/20

Ein quirliges Restaurant mit einem netten Außenbereich und überbordender Speisekarte. Allerdings befinden sich darauf durchaus spannende, modern interpretierte China-Gerichte, die wir am liebsten alle probieren wollten. So haben wir – so wie viele Stammgäste – einfach mehrere Vorspeisen gewählt, um möglichst viel kosten zu können. Besonders gut hat uns die sautierte Lammleber geschmeckt. Wieso bekommt man dieses Produkt in Restaurants eigentlich so selten? Eine „Bank" ist das Gan Bian-Rindfleisch, etwas weniger hat uns diesmal hingegen das Mangalitzaschwein mit Oktopus gefallen. Die Ambitionen sind hoch, die geschmackliche Umsetzung meist stimmig und die Preise erfreulich günstig. Das breite Weinangebot ist vorbildlich und fair kalkuliert. Vor allem in größerer Runde ist es besonders attraktiv, mehrere unterschiedliche Flaschen passend zu den Gerichten zu bestellen. Ein bisschen mehr Beratungskompetenz würde dabei allerdings helfen.

à la carte: 10–19 €

Tel.: 01 585 49 00
1050 Wien
Wehrgasse 8
www.restaurant-on.at
office@restaurant-on.at
tgl. 11.30–23.30 Uhr

ONE NIGHT IN BEIJING

11,5/20

Köchin: Peiling Chen

Neben Heurigen und herrlichem Wiener Wein ist das One Night in Beijing ein weiterer Grund, warum man ab und an den Weg an den Stadtrand, genauer gesagt nach Nussdorf, auf sich nehmen sollte. Hauptdarsteller und der Grund, weshalb sich dieses Restaurant bereits einen Namen gemacht hat, ist die Peking Ente. Geschmacklich fein und dicht die Entenbrühe mit Gojibeeren, quasi eine Einleitung auf das Bevorstehende: eine gleichermaßen knusprige wie saftige Ente, die mit gedämpften Reisfladen und Gemüse serviert wird. Danach ist klar, warum hier oft von einer der besten Adressen für Peking Ente die Rede ist. Aber auch die China Pork Ribs, gut gewürzt, saftig und vom Knochen fallend, sind nicht zu verachten. Solides Weinangebot, bei dem jeder fündig wird.

à la carte: 20–50 €

Tel.: 01 318 53 03
1190 Wien
Nussdorfer Platz 8
www.onib.at
office@onib.at
tgl. von 12–21 Uhr
♿

ONE OF ONE – 101

13/20

Koch: Demir Babali

Möchte man das Peking Enten-Menü genießen, muss man zumindest zu zweit sein – irgendwie schade, aber auch nachvollziehbar der aufwendigen Zubereitung wegen. Die Speisekarte bietet einen kleinen Streifzug durch die chinesische Küche. Wer es sich leisten kann und will, bekommt hier auch Gerichte mit Kaviar oder Trüffel. Zu empfehlen sind jedenfalls die Frühlingsrollen, die hausgemachten Dim-Sum oder der Kai-Lan (Chinesischer Brokkoli) mit Chili-Oyster-Sauce. Sorbets und Profiteroles gibt es als Nachspeise. Interessante Sake- und Weinauswahl.

Tel.: 01 512 34 88
1010 Wien
Seilerstätte 16
www.oneofone.at
reservierung@oneofone.at

ONYX RESTAURANT ⓝ

12,5/20

Mit dem Lift geht es in den 6. Stock des Haas Hauses – immer wieder eine beeindruckende Aussicht durch die Glasfassade. Dieser Meinung sind auch die Touristen, die sich mitten im Lokal fotografieren lassen, der Stephansdom grüßt im Hintergrund als begehrtes Motiv. Dabei gäbe auch der Blick auf die offene Küche einiges her. Hier wird eine spannende asiatische Kulinarik zelebriert. Wir starten mit einem etwas zu unterkühlten Tuna Tatar als Vorspeise. Es folgt der „Miso Glazed Black Cod" – ein Kohlenfisch mit Miso-Glasur: Dick aufgetragen und damit nicht einmal unpassend für die Location.

Tel.: 01 535 39 69
1010 Wien
Stephansplatz 12, 6. Stock
www.docohotel.com/vienna/de/onyx-restaurant/
onyx@doco.com

OPUS

16/20

im Hotel Imperial Wien

Koch: Werner Pichlmaier

AUFSTEIGER DES JAHRES 2017

Die Fassade des legendären Ringstraßenhotels wurde im vergangenen Jahr aufwendig renoviert – jetzt erstrahlt das erste Haus am Platz wieder in noblem Weiß. Im Inneren blieb alles wie gewohnt – auch im Restaurant Opus, das im September 2021 nach eineinhalb Jahren Zwangspause wieder aufsperren konnte. Ein paar Renovierungsschritte würden jedoch sowohl der Speise- wie auch der Weinkarte gut tun. Old School kann charmant sein, doch es gibt Grenzen. Zur Wahl stehen zwei Speisefolgen mit jeweils elf Gerichten – einmal klassisch, einmal vegetarisch. Entweder man bestellt das große Menü mit allen elf Gängen oder verkürzt je nach Lust und Laune auf fünf beziehungsweise sieben Gänge. Da es vorab ein halbes Dutzend kleiner Amuse gueules gibt, ist auch bei halber Menüfolge für reichlich kulinarische Abwechslung gesorgt. In freudiger Erinnerung bleibt die Germknödelminiatur mit Mohn und Entenragout gefüllt. Was folgt, sind aufwendig zubereitete und schön komponierte Gerichte, doch der Funken will nicht so recht überspringen. Ja, mit Fermentation kann man Marchfelder Spargel, auf den der gebratene Seeteufel gebettet war, in den Herbst retten, aber soll man das auch? Sehr gut war die gebratene Taubenbrust, eine gute Idee der „Erfrischungsgang" mit Forono-Rübe und Brombeeren. Nicht ganz so fein das Steak von der alten Kuh mit Kaviar und Karotte. Sowohl die Karotte als auch das Fleisch waren doch sehr bissfest. Von ihrer Schokoladenseite zeigte sich die Küche dann wieder bei den beiden Desserts – hier sieht man, dass man in diesem Haus der Pâtisserie eine hohe Wertschätzung entgegenbringt. Bemerkenswert auch der Service, der auf geradezu idealtypische Art und Weise stets den richtigen Ton trifft, egal welche Sprachen an den einzelnen Tischen gesprochen werden.

à la carte: 25–155 €

Tel.: 01 501 103 89
1015 Wien
Kärntner Ring 16
www.restaurant-opus.at
opus.restaurant@luxurycollection.com
Di–So 18–22.30 Uhr

OSTERIA D'ATRI

13/20

In der Osteria d'Atri fühlt man sich um Jahre zurückversetzt. Das hat Vor- aber auch Nachteile. In den 1990er Jahren waren so genannte „Nobelitaliener" echte Hotspots, man konnte nur schwer einen Platz ergattern. Diese Zeiten sind vorbei. Und auch die scheinbar authentische Präsentation des tagesfrischen Angebots in Form einer mündlich mit sympathischen Akzent vorgetragenen Speisekarte wirkt heutzutage etwas anachronistisch. Ein Fleisch, ein Fischgericht, Vitello tonnato als Vorspeise, zwei Pastavariationen, gegrillter Fisch oder ein Steak. Was das alles kostet, wird erst bei der Rechnung ersichtlich. Es tut uns leid, aber das ist wirklich mehr als grenzwertig. Ja, die Qualität der Speisen ist immer noch sehr gut, so wie man es sich in einem anspruchsvollen italienischen Lokal erwarten darf. Die Weinkarte ist wirklich umfangreich und bietet einige der exklusivsten Etiketten Italiens, allerdings aus scheinbar bunt zusammen gewürfelten Jahrgängen. Die Handschrift eines engagierten Sommeliers ist dabei aber nicht zu erkennen.

à la carte: 14–42 €

Tel.: 01 535 48 04

1010 Wien
Schauflergasse 4

www.datri.at
office@osteria-datri.at

Mo–Fr 12–15 und 18–23,
Sa 18–23 Uhr
✱ 1.–10. Jän und August 2022

PACO

11,5/20

Im quirligen Lokal am Beginn der Nussdorfer Straße haben wir in der übersichtlichen Karte die Tapas und ihre doch recht hohen Preise studiert. Der herrschende Lärmpegel war ebenfalls hoch, fast so, als wäre man in Spanien. Man kann sich hier der iberischen Kulinarik hingeben, was bei den Tapas auch sehr gut funktioniert: Da haben uns die eingelegten Sardinen, das Ceviche vom Wolfsbarsch, die Selektion vom Jamón Ibérico gefallen. Der Oktopus hätte uns besser geputzt und ohne Häutchen noch mehr erfreut, auch mit mehr Röstaromen und Biss. Die schwarze Paella war nicht ganz so aufregend, wie sie auf der Karte geklungen hat. Da loben wir uns die Crema catalana – die gelingt und schmeckt hier immer.

Tel.: 01 890 37 85

1090 Wien
Nußdorfer Straße 7

www.pacorestaurant.at
info@pacorestaurant.at

PASTAMARA

14/20

im The Ritz Carlton Vienna

Koch: Francesco Milicia

Einem alten Klischee zufolge sollte man an der italienischen Küche ja möglichst wenig verändern, weil es genau so, wie es die Nonna immer schon gemacht hat, auch am besten war – und basta. Wahr ist vielmehr: Es schadet auch der italienischen Küche nicht, hin und wieder mal ein bisschen entstaubt zu werden. Man muss natürlich wissen, wie. Im Pastamara, dem entspannten Hybrid aus Tagesbar und Spitzenrestaurant, das sich das Hotel Ritz Carlton Vienna für seine verlängerte Lobby gegönnt hat, weiß man es. Immerhin war der sizilianische Spitzenkoch Ciccio Sultano hier beratend tätig. Allora, fangen wir an mit einem Schuss bestem Olivenöl und purer Focaccia, womit die italienische Küche jetzt noch nicht wahnsinnig weiterentwickelt wäre, aber dann kommts: glacierter Thunfischbauch mit Zwiebelcreme und Kalbsjus, mit Ricotta und Ragusano gefüllte Zucchiniblüte mit Saubohnen. Und ja, es macht einen Unterschied, ob man seine Carbonara mit Wangenspeck vom Nebrodi-Schwein zubereitet oder eben nicht. Und wenn dann das Kotelett vom Maialino-Schwein mit einem Püree von der Cantaloupe-Melone und ein paar Dachziegeln schwarzem Trüffel anrauscht, weiß man, wo Italien wirklich anfängt: Wien, 1. Bezirk, Schubertring 5–7.

à la carte: 13–39 €

Tel.: 01 311 886 18

1010 Wien
Schubertring 5–7

www.pastamara.com
vienna.restaurant@
ritzcarlton.com

Mo–So 11–23 Uhr

PATARA

13/20

Authentische Thai-Restaurants an wenig noblen Adressen boomen in Wien seit Jahren. Wieso also nicht auch in der City? So günstig wie in den Randbezirken kann es hier alleine schon aufgrund der Mietpreise nicht sein, aber in puncto Authentizität muss man auch im Patara keine Abstriche machen. Kein Wunder, der Patron kommt aus Thailand und betreibt von Singapur über Peking bis Genf und London in internationalen Metropolen elegante Thai-Restaurants. Anders als in Vorstadtlokalen kann man hier auch gepflegte Weine glasweise bestellen und den Abend mit einem Glas Champagner beginnen. Zu Mittag empfiehlt sich der wöchentlich wechselnde Thai-Set-Lunch, am Abend bestellt man entweder à la carte oder wählt – noch besser – eines von zwei zehngängigen Menüs, die einen Streifzug durch die abwechslungsreiche Länderküche bieten. Wem das zu scharf wird, der kann auch um eine mildere Interpretation bitten – dabei geht aber natürlich ein Bisschen vom Feuer Thailands verloren.

Tel.: 01 997 193 80
1010 Wien
Petersplatz 1
www.patara-wien.at
email@patara.at
Mo–Sa 12–15 und 17.30–22,
So 17.30–21 Uhr

PAUL & VITOS®

11,5/20

Lässigkeit gepaart mit Gemütlichkeit hat sich die Neueröffnung am Petersplatz auf die Fahnen geheftet. Und so gelingt es bei unserem Besuch ganz hervorragend, sich umhegt vom jungen Personal wie zu Hause zu fühlen. Bei den in der Tischmitte, zum gemeinsamen Probieren angerichteten Speisen, wie der Ziegenkäse-praline mit Fenchel und Granny Smith, dem spicy Beef Mint-Salat und Korean Fried Chicken oder dem Duck Bao mit Karotten und fermentierter Chili-Haselnuss, kommt Zufriedenheit auf. Ebenso bei der abschließenden Moccamousse mit Himbeerröster sowie dem feinen Getränkeangebot.

Tel.: 01 532 37 66
1010 Wien
Petersplatz 11
paulundvitos.wien
office@paulundvitos.wien
Mo–Sa ab 11 Uhr

PFARRWIRT

12/20

Wien, nur du allein – die geballte Ladung davon bekommt man im ältesten Wirtshaus Wiens zu spüren, das sich hochplatziert im 19. Gemeindebezirk befindet: Wiener Küche, Wiener Wein (aus dem dazugehörigen Weingut Mayer am Pfarrplatz), Wiener Schmäh und Wiener Gasthauskultur. So befinden sich auf der Speisekarte erwartungsgemäß eher bodenständige Gerichte, wie Tafelspitz und Schnitzel. Daneben gibt es am Saisonmenü aber einige zeitgemäße Interpretationen, wie das Pfarrwirtsche Vitello tonnato oder die hausgemachten Kürbistaschen. Das Ambiente in den Innenräumen ist gemütlich-elegant, im Sommer sitzt man unter Kastanienbäumen im hübschen Garten. Mehr Wien geht wohl nicht. Oder doch? Da geht noch was, denken wir uns und bestellen uns noch ein Achterl und flaumige Zwetschkenknödel.

Tel.: 01 370 73 73
1190 Wien
Pfarrplatz 5
www.pfarrwirt.com
info@pfarrplatz.at
tgl. ab 12 Uhr
♿

PICHLMAIERS ZUM HERKNER

13,5/20

Koch: Roman Artner

Der Herkner in Dornbach, mit seinem herrlichen Garten nahe des Wienerwaldes, ist immer eine Bank, wenn es um gelebte Gastfreundschaft und Qualität geht. Küchenchef Roman Artner setzt dabei nicht nur auf die Klassiker der Wiener Küche, wie etwa Kalbshirn oder Beuschel, sondern überrascht auch mit kreativen Gerichten. Erfrischend leicht der Oktopus-Spargel-Salat mit Avocado und Chilimayo, zart und butterweich das Kaninchen mit Karotte, Erbse und Erdäpfel-Estragon-Püree. Unverzichtbar: die hausgemachten Marillenknödel mit Nussbutterbröseln.

à la carte: 6,90–32 €

Tel.: 01 480 12 28
1170 Wien
Dornbacher Straße 123
www.zumherkner.at
pichlmaiers@zumherkner.at
Mo, Mi, Do 18–21.30,
Fr–So 11.30–21.30 Uhr
♿

PLACHUTTA HIETZING

12/20

Auf das Stammhaus Plachutta in Hietzing ist immer Verlass, wenn es sich um die österreichische, traditionelle Rindfleischküche handelt. Heuer haben wir uns dazu auch die Gerichte abseits der Kasserollen angesehen und können auch diesen ein gutes bis sehr gutes Niveau attestieren. So war das Vorspeisentrio mit Gänseleber, Tafelspitzsulz und Tatar gefällig, die geröstete Kalbsleber mit Reis geschmackvoll. Auch die Desserts sind empfehlenswert: Wir haben die Variation genossen und wollen dabei die Waldmeister-Mousse als nicht alltägliche Kreation hervorheben.

à la carte: 5,50–27,90 €

Tel.: 01 877 70 87
1130 Wien
Auhofstraße 1
www.plachutta-hietzing.at
hietzing@plachutta.at
Mo–Fr 11.30–15 und 18–23.30, Sa, So, 11.30–23.30 Uhr
♿

PLACHUTTA NUSSDORF

12/20

Über die Vorzüge gekochten Rindfleischs sind schon Bibliotheken gefüllt worden, am klarsten werden sie aber immer noch am konkreten Beispiel, also beim Plachutta. Hier wird das Rindfleisch eben nach allen Regeln der Kunst gesotten und zwar ziemlich genau nach dem Muster, das Ewald Plachutta einst selig vorgegeben hat. Mehr braucht es nicht. Sehr viel mehr gibt es auch nicht. Der Kochsalat mit Erbsen wäre unter den Sonderbeilagen hervorzuheben, das Butterschnitzel aus den raren Hauptspeisen-Alternativen. Unter den Plachutta-Zweigstellen ist jene in Nussdorf tendenziell die volkstümlichste, aber das kann man in diesem Fall ruhig positiv sehen.

à la carte: 5,50–27,90 €

Tel.: 01 370 41 25
1190 Wien
Heiligenstädter Straße 179
www.plachutta.at
nussdorf@plachutta.at
tgl. 11.30–22 Uhr

PLACHUTTA WOLLZEILE

12/20

Die Plachutta Dependance auf der Wollzeile ist eine Institution für Tafelspitz & Co. Gesottenes ist hier das Grundprinzip und das aus allen geeigneten Teilen des Weideochsen und in gewohnter, guter, bodenständiger Qualität. Die üblichen Beilagen dürfen nicht fehlen: Rösterdäpfel, Apfelkren, Schnittlauchsauce. Gebratenes in Form von Kalbsbutterschnitzel oder das Original Schnitzel finden sich ebenso auf der Karte. Die Belegschaft ist offenbar auf Wien-Besucher ausgerichtet und informiert ausführlich über österreichische Rebsorten, anstatt sich auf den Service zu konzentrieren. Etwas weniger Gewürz in der Suppe wäre auch fein gewesen.

à la carte: 5,50–27,90 €

Tel.: 01 512 15 77
1010 Wien
Wollzeile 38
www.plachutta.at
wollzeile@plachutta.at
tgl. 11.30–23.15 Uhr

PLACHUTTAS GASTHAUS ZUR OPER

12,5/20

Mario Plachutta ist ein Vollblutgastronom, der weiß, wie man auch große Lokale auf jene Art und Weise führt, dass auf die Qualität der Küche Verlass ist und der Service anstandslos funktioniert. Er vertraut dabei nicht nur auf die zentrale Lage, in der sich in normalen Jahren tausende von internationalen Touristen tummeln. Und das lohnt sich, denn so ist sein Gasthaus auch ohne Touristenmassen bestens besucht. Das Preisniveau ist gar nicht so hoch, wie man es an einer derart zentralen Lage erwarten würde. Das gilt übrigens auch für die Weinkarte. Wir haben uns in größerer Runde quer durch die Karte gekostet und konnten keine Schwächen erkennen. Die Crème brûlée von der Gänseleber war gut wie immer, so auch das Beef Tatar oder die Tafelspitzsulz zum Auftakt. Ebenso zeugen natürlich der Tafelspitz mit Suppe und klassischen Beilagen, die gebackene Kalbsleber, der Zwiebelrostbraten und das Wiener Schnitzel mit idealtypischem Erdäpfelsalat von einer souveränen Küchenleistung. Was will man mehr? Bei uns durfte es noch ein Kaiserschmarren zum Dessert sein.

à la carte: 4,70–24,90 €

Tel.: 01 512 22 51
1010 Wien
Walfischgasse 5
www.plachutta-oper.at
oper@plachutta.at
tgl. ab 11 Uhr
♿

PRAMERL & THE WOLF

17,5/20

Koch: Wolfgang Zankl-Sertl

Im Wirtshausambiente so zu essen, dass man sich wie daheim fühlt und trotzdem im Gourmethimmel wähnt, das kann schon was. Weil die Kombination von Küche auf höchstem Niveau und Bodenständigkeit unglaublich entspannt und fröhlich macht. Denn was gibt es Lässigeres, als vom Kellner zu hören, dass es hier durchaus erlaubt wäre, sofern man das wolle, den Teller abzuschlecken? Tut man am Ende doch nicht, obwohl die Verlockung natürlich sehr groß wäre – angesichts diverser Geschmacksexplosionen und kreativer Wunderwerke, die das mehrgängige Überraschungsmenü zu bieten hat. Auskosten muss man Momente wie diese, geradezu schlürfen, gleich zu Beginn etwa, diese frische Auster mit Verveine und Salat. Und dann den Maibock mit Eigelb, Buchweizen und Maiwipfel oder die Calamari mit Räucheraal und Parmesan. Spannende und erstaunliche Verbindung. Und wenn dann einer, der Erbsen so gar nicht mag, beim „Erbsengang" (Erbse, knusprige Hühnerhaut, Sake) frohlockt, dass das das Beste ist, was er seit Langem gegessen hat: na dann ... Mahlzeit. Und Prost. Denn auch die Weinbegleitung ist hier etwas anders, nämlich mit Weinen ausschließlich von biodynamischen Winzern, wobei es am Gast liegt, wie „verrückt" und ausgefallen (Stichwort: Orange Weine) es sein darf. Und der Sake, der hier zum Dessert (Sauerrahm, Erdbeere, Rhabarber sowie Schokolade, Kirsche, Shiso) als Alternative zu Süßweinen serviert wird, kommt tatsächlich aus Österreich. Die Bier- und Sprudelauswahl ist ebenfalls nicht ohne. „Reduktion auf das Wesentliche" lautet das Mantra von Wolfgang Zankl-Sertl. Schön, wenn Wesentliches so bemerkenswert ist, dass man am Ende des Abends das Gefühl hat, wesentlich bereichert und unwesentlich beschwipst nach Hause zu kommen.

Tel.: 01 946 41 39
1090 Wien
Pramergasse 21
www.pramerlandthewolf.com
office@pramerlandthewolf.com
Mi–Sa ab 18 Uhr

Q'ERO

12,5/20

Koch: Christian Melzer

Die peruanische Küche ist an sich schon spannend, ist sie doch eine Mixtur aus zahlreichen Kulturen und Einflüssen. Umso besser, dass es Lokale wie dieses gibt, denen es gelingt, eine authentische Anlaufstelle für Peru-Aromen mitten in Wien zu bieten. Erwarten darf man tadellos zubereitete und zeitgeistig angerichtete, bunte Gerichte, wie frisches Ceviche aus Garnelen mit Mais-Chulpi und Koriander, köstliches Aji de Gallina (gezupftes Hühnerfleisch in einer sämigen Sauce aus Walnüssen und Parmesan) oder am Punkt gebratenes Angus-rind mit Sides wie frittierten Kochbananen und Salsa. Selbstverständlich stehen auch einige vegetarische Speisen zur Auswahl und für süße Freuden sorgen innovative Desserts wie hausgemachtes Quinoa-eis oder luftiges Dulce de Leche-Soufflé mit Tamarinde und Pfirsich. Zu Mittag gibt es ein preiswertes Menü. Ebenso lohnt es sich, zur Afterhour auf einen Pisco oder Cocktail einzukehren, da die Barkarte einige Schätze bereithält.

Tel.: 01 532 03 95
1010 Wien
Börsegasse 9/16
www.qero-viena.at
office@qero-viena.at
Mo–Fr ab 11, Sa, Fei ab 17 Uhr

RUDIS BEISL

12,5/20

Koch: Christian Wanek

Über Rudis Beisl lässt es sich leicht in Superlativen schwelgen, ist dieses Wirtshaus doch bereits seit vielen Jahren eine verlässliche Adresse für österreichische Hausmannskost par excellence. Die Rindsbouillon mit Markscheiben könnte kaum besser – und heißer – sein. Mit viel Vorfreude blicken wir stets einem saftigen Rostbraten mit ordentlich frittierten Zwiebeln und Braterdäpfeln entgegen. Das Wiener Schnitzel vom Kalb weiß Küchenchef Christian Wanek ebenso gekonnt zuzubereiten wie saisonale Köstlichkeiten. So lieben wir in der Schwammerlzeit die gebratenen Steinpilze mit hausgemachten Nudeln. Auf handgewuzelte Mohnnudeln oder herrlich flaumige Palatschinken sollte man zum Abschluss keinesfalls verzichten. Der eher kurz gehaltenen Weinkarte täte eine kleine Auffrischung gut.

à la carte: 7,90–28,90 €

Tel.: 01 544 51 02
1050 Wien
Wiedner Hauptstraße 88
www.rudisbeisl.at
info@rudisbeisl.at
Mo–Fr 12–14.30 und 18–22 Uhr

SACHER – RESTAURANT „ROTE BAR“ 14,5/20

im Hotel Sacher Wien

Koch: Dominik Stolzer

Zweimal wundern, fünfmal freuen: die Kurzzusammenfassung unseres Rote Bar-Besuches. Für unangebracht halten wir es einerseits, Time Slots von nur knapp zwei Stunden zu vergeben – zumal wir uns ans fünfgängige Menü wagen wollten und das Lokal sich als leer erwies –, und andererseits, dass der wahre Preis eines Gerichts beziehungsweise dessen Aufpreis (wie schon letztens) erst bei der Bestellung und nicht schon auf der Karte offenbart wird. Man wundert sich … Aber, ab jetzt, nur mehr große Freude: Freude über fünf Sommergerichte, die sich so gar nichts schuldig blieben und aus denen wir aus Platzgründen drei offenbaren, so ungerecht es auch gegenüber dem Wolfsbarsch in der Salzkruste und dem Dessert-Trio, Schwarzbier, Pumpernickel und Schokolade, auch sein mag. Los ging das Feuerwerk mit einer rohen Forelle mit halbgetrockneten Paradeisern, Schalotten und einer zauberhaften Mandelcreme, gefolgt von einer kalten Zucchinisuppe mit Fisolen, Frischkäse und Minze. Es fand seinen Höhepunkt in Fregola sarda mit Dotter und Steinpilz. Der Vollständigkeit halber: Der Service agiert souverän und nach reservierten Anfangsminuten mit Augenzwinkern. Momentan scheinen sich die Küchen-Ambitionen des Hauses auf die Rote Bar zu fokussieren, was sich auch in einer deutlich höheren Bewertung unsererseits niederschlägt. Wir sind gespannt, wie und vor allem auch in welchen Räumen es in diesem Traditionshaus kulinarisch weiter gehen wird, wenn das Hotel wieder über eine Belegung wie „damals“ verfügt.

à la carte: 26–36 €

Tel.: 01 514 561 555
1010 Wien
Philharmonikerstraße 4
www.sacher.com/de/restaurants/restaurant-rote-bar/
culinary.wien@sacher.com
tgl. 12–15 und 17–24 Uhr
♿

SAKAI 13/20

Koch: Hiroshi Sakai

Manche kommen ausschließlich wegen des rohen Fisches. Das verstehen wir. Die Sushi- und Sashimi-Spezialitäten, die hier zubereitet werden, zählen zu den besten der Stadt. Und doch wäre es ein Fehler, dieses Restaurant lediglich als empfehlenswerte Sushi-Bar zu betrachten. Schließlich schmecken frische Austern auch in Sake gedämpft. Oder Austernpilze in Tempurateig gebacken, dazu Shrimps in Reiskekspapier. Besonders gut zeigt sich die japanische Küche gerade bei der Zubereitung von Gemüse, aber auch den Umgang mit Fleisch beherrscht ein Meister wie Hiroshi Sakai aus dem Effeff. Die beste Art und Weise hier zu genießen, ist in Form eines mehrgängigen Menüs, wobei man die Länge zwischen fünf und neun Gängen selbst bestimmt. Die Weinkarte bietet reichlich Abwechslung und ist auch mit ein paar außergewöhnlichen Protagonisten bestückt. Und doch würden wir Neugierigen dringend ans Herz legen, die glasweise (oder besser gesagt kännchenweise) Sakebegleitung zu wählen. Es ist jedes Mal aufs Neue beeindruckend, wie vielfältig guter Reiswein aus Japan schmecken kann. Doch was sollen jene Gäste machen, die trotzdem unbedingt Sushi wollen? Keine Sorge, das gibt es natürlich auch im Rahmen des Menüs.

à la carte: 3–35 €

Tel.: 01 729 65 41
1080 Wien
Florianigasse 36
www.sakai.co.at
restaurant@sakai.co.at
Mi–Sa 18–22 Uhr

SCHLAWIENER

11,5/20

Wiener Wirtshausklassiker meets Asia meets Cocktailbar. Im urban-gemütlichen Schlawiener ist wirklich jeder willkommen. Ob auf großartige, originelle Drinks und kleine Snacks wie ein Schnitzelsemmerl oder zum richtigen Abendessen – das Personal agiert locker und freundlich, egal, was und wie viel bestellt wird. Die Küchenlinie mutet etwas ungewöhnlich an, auch konnten nicht alle Speisen komplett überzeugen. Perfekt mariniert das Beef Tatar Japan-Style, die Dim-Sum mit Grammeln und Schweinefleisch deutlich gelungener als die Version mit Shii-take und Tofu. Sehr gut gefielen uns die vom Knochen fallenden, zarten Ripperl vom Schweinebauch. Von den geschmorten Melanzani hätten wir uns jedoch etwas mehr Biss erhofft. Interessant ist die klein gehaltene Weinkarte, die mit weniger bekannten Namen punktet.

à la carte: 5–50 €

Tel.: 0677 629 538 54

1040 Wien
Preßgasse 29

www.schlawiener.wtf
reservierung@schlawiener.wtf

Di–Sa 17–22 Uhr

SCHNATTL

13,5/20

Koch: Wilhelm Schnattl

Die hohe Kunst des nachmittagsfüllenden Mittagessens wird außerhalb Frankreichs ja leider kaum noch zelebriert – mit einer bedeutenden Ausnahme: Bei Wilhelm Schnattl, der vor einigen Jahren beschlossen hat, sich die Abende freizuhalten und nur noch mittags zu kochen (wichtige Ausnahme: Freitag), lässt sich der Tag ganz hervorragend versitzen. Das liegt nicht nur am gutbürgerlich behaglichen Ambiente, sondern insbesondere an dem, was da aus Küche und Keller kommt: große Weine (wenn man möchte), große Gerichte (immer). Schon das Mittagsmenü hat Klasse, auf ein erfrischendes Avocadotatar folgt ein süffiges, aber nicht zu fülliges Eierschwammerl-Herbsttrompeten-Ragout mit gebratener Erdäpfelterrine. À la carte spielt die Musik knackig sautierte Steinpilze, Bachforellenfilets vom Gut Dornau mit Süßerdäpfelstampf und Erbsenschoten, rosa gebratenes Reh mit Walnuss-Serviettenknödel und Hagebuttenkraut. Das will man, und man will auch die exzellente, französisch dominierte Käseauswahl. Und dann will man auch noch ein Mascarponeeis mit Rotweinfeigen – und außerdem, dass dieser Nachmittag nie enden möge.

à la carte: 6,50–38 €

Tel.: 01 405 34 00
0664 141 91 21

1080 Wien
Lange Gasse 40

www.schnattl.com
schnattl@aon.at

Mo–Do 11.30–15, Fr 11.30–15 und 18–24 Uhr
❄ 2 Wochen im April, 3 Wochen im August 2022

SCHREINERS GASTWIRTSCHAFT

11,5/20

Ob im idyllischen Gastgarten oder in den kuscheligen Gaststuben – Schreiners Gastwirtschaft ist ein Hort der Gemütlichkeit, der auch mit einer wohldurchdachten, Überraschungen bergenden Weinkarte und charmanter Bedienung punktet. Die Speisekarte ist ein bunter Mix gelungener Kreationen und bereitete uns beim heurigen Besuch mit bestens abgeschmeckten Gerichten Freude. So gab es neben sautierten Steinpilzen geschmackvolle Grammelknödel, sämige Kürbiscremesuppe, ein Thunfischsteak im Asiastyle sowie eine geschmorte Rinderrippe (beste Fleischqualität) mit Erdäpfel-Kürbis-Lasagne.

Tel.: 0676 475 40 60

1070 Wien
Westbahnstraße 42

www.schreiners.cc
wohnen@schreiners.cc

Mi–Fr 18–21 Uhr

SCHUBERT

15/20

Koch: Sascha Hoffmann

Eine Zeitreise, die ist lustig: Vor etwas mehr als einem Jahr wurde ein mit mehreren Ebenen und etlichen Ecken gesegnetes Gewölbe auf der Mölkerbastei aus dem gutbürgerlichen Biedermeier in die gastronomische Gegenwart überstellt. Mit Küchenchef Sascha Hoffmann hielt im ehemaligen Schubertstüberl sogar so etwas wie Zukunft Einzug: Farm-to-table-Küche, Gemüselastigkeit, kulinarische Frischluft. Hier spielt die Musik: Resch angegrillter weißer und grüner Spargel wird mit frischesten Radieschen und einer fabelhaften Emmerkorn-Vinaigrette hochgejazzt, die möglicherweise unvermeidliche Rübenvielfalt mit gebratenem Forellenschluss-Salat, Rote-Rüben-Saft und Hanfsamen drastisch modernisiert. Es folgt eine roh marinierte Seeforelle mit eingelegtem Rhabarber und Buttermilchschaum – ja, man wird hier immer ziemlich genau wissen, in welcher Jahreszeit man sich gerade befindet. Entsprechend werden die Pofesen auch mit Erdbeeren und Maiwipferln ausgarniert (sowie einem stattlichen Batzen Mascarponecreme), was andererseits auch überhaupt kein Fehler ist. Die Zukunft kann kommen – gern auch in Form von Sommer, Herbst und Winter.

Tel.: 01 533 19 97
0681 848 880 94

1010 Wien
Schreyvogelgasse 4–6

www.schubert-restaurant.at
info@restaurant-schubert.at

Mo–Fr 11.30–14 und 18–22 Uhr

SERVITENWIRT

11,5/20

Koch: Daniel Leca

Im Gastgarten nebst der Pfarrkirche Serviten, der den gemütlichen Gastzimmern locker Paroli bieten kann, waren wir von der Küchenleistung heuer leider nicht ganz so überzeugt wie in den letzten Jahren. Ein wenig Leichtigkeit vermissten wir bei den doch sehr teiglastigen Enten-Wan Tan mit Pilzschaum und Lauch sowie dem confierten Kabeljau mit Fregola Sarda, Selleriecreme und Krustentierschaum. Gelungen wie immer war hingegen der gebackene Ziegenkäse mit Marillen-Chili-Marmelade und Amaranth, ebenso wie die weiße Schokoschnitte mit Erdbeeren, Yuzu und Kokos. Der fröhlich agierende Service und eine feine Weinkarte sollen nicht unerwähnt bleiben.

à la carte: 4–69 €

Tel.: 01 315 23 87

1090 Wien
Servitengasse 7

www.servitenwirt.at
office@servitenwirt.at

tgl. 10–23 Uhr

SETTIMO CIELO

12/20

Koch: Jonathan Meinharter

Hoch über den Dächern Wiens befindet sich in Top-Lage vis-à-vis vom Stephansdom das italienische Ristorante, das seit vielen Jahren für verlässliche mediterrane Küche und besonderes Ambiente sorgt. So schmückt die Speisekarte eine Vielzahl an landestypischen Gerichten, welchen man nur unschwer widerstehen kann: frische Burrata, Tagliolini mit Miesmuscheln, Branzino in der Salzkruste oder Lammhüfte mit Polenta. Oh, Italo-Herz was willst du mehr? Eventuell un caffè und gefüllte Brandteigkrapfen mit Vanillecreme zum Abschluss? Kann man haben. Die gut aufgestellte Weinkarte bietet die passende Begleitung und beinhaltet einige Schätze. Zu Mittag wird zusätzlich ein täglich wechselndes Zwei-gänge-Menü serviert. Die Preise befinden sich trotz des Lagezuschlags und der gebotenen Qualität auf vertretbarem Niveau.

Tel.: 01 512 38 75

1010 Wien
Singerstraße 3, 10. Stock

www.settimocielo.at
restaurant@settimocielo.at

Mo–Sa 12–14.30 und
18–22.30 Uhr

♿

SHIKI BRASSERIE & BAR

15,5/20

Koch: Alois Traint

Im Shiki setzt man auf ein internationales Publikum, daher die überdurchschnittlichen Preise. Die dortige Inszenierung schätzen aber auch die Einheimischen, wobei zwischen der lauteren Brasserie und dem Fine Dining-Bereich unterschieden wird. Das Sommermenü ist attraktiv durchkomponiert, es empfiehlt sich die Weinbegleitung oder zumindest die Konsultation des freundlichen Sommeliers. Das Menü selbst überraschte uns mit einem feinen, etwas zarten Ceviche, gefolgt von einem tollen Hummer mit Garnelen-Gyoza. Das „Contemporary Sushi" war mit seinem Grenzgang durch die Einbindung von unerwarteten Aromen wie Trüffel interessant und ansprechend, Puristen bleiben bei der klassischen Variante. Der Seesaibling überzeugte mit perfekter Zubereitung, ebenso wie das nachfolgende Filetsteak des Weiderinds, das lediglich von einer zu rauchigen Sauce geschmacklich unnötig belästigt wurde. Es entstand mehrfach der Eindruck, dass zum Teil zu sehr mit unterschiedlichen Saucen hantiert wurde, die oft zu stark mit- oder eigentlich untereinander stritten. Das abschließende Dessert mit Mochi und Melone war ausgezeichnet, der Espresso hervorragend.

à la carte: 8–110 €

Tel.: 01 512 73 97

1010 Wien
Krugerstraße 3

www.shiki.at
info@shiki.at

Di–Sa 12–23 Uhr

SHIKI JAPANESE FINE DINING

16,5/20

Gourmetrestaurant

Koch: Alois Traint

Das Shiki war von Beginn an ein Restaurant mit vier „Welten". Es gab zum einen die Brasserie und den Chef's Table, zum anderen den Gastgarten, die Bar und schließlich den Fine Dining-Raum. Zwischen diesen Bereichen herrschte eine klare und strikte Trennung. Angetreten ist Joji Hattori, feinsinniger Künstler und Genießer, mit dem Anspruch, die japanische Gastronomie in ein – für Österreich – neues Licht zu rücken. Mission gelungen. Auch wenn den klaren Grenzen im Lokal ein – pandemiebedingter – Strich durch die Rechnung gemacht wurde. Das Fine Dining ist zurzeit in einer Art Warteschleife. Allerdings gibt es hin und wieder die Möglichkeit, Signature Dishes zu bestellen. Die"Contemporary Sushi" sind natürlich ständig verfügbar. Mit welcher Philosophie und Idee das Shiki die Kulinarik Nippons angeht, erkennt man bereits mit einem kurzen Blick auf das Menü. Es startet mit Sashimi vom Hamachi. Wobei hier die Gelbschwanzmakrele zwar außerordentlich gut, aber eigentlich nur die Bühne für eine Degustation von Hon Wasabi ist, der – einzigartig in Österreich – erstens frisch ist und zweitens gekonnt über einen Hobel mit rauer Haut vom Hai geraspelt wird. Der Steinbutt wird auf drei Arten zubereitet: als Usuzukuri (die Hommage an Japan), dann klassisch als gebratenes Filet vom Rücken und schließlich als Nori-glasierter Kamm. Begleitet von Kombu (Algen)-Salat. Wesentlicher Bestandteil des Menüs ist, wie gesagt, stets die Avantgardeselektion der Nigiri. Die gibt es, (falls verfügbar) mit grandiosem Otoro, dem fetten Bauchlappentraum vom Thunfisch, ebenso wie mit einer hauchdünnen Schnitte vom Kobe-Rind. Entweder roh oder geflämmt. Wobei es eine spannende Option ist, nach beidem zu fragen. Also Fisch und Rind, auf beide Arten zubereitet. Unbedingt erwähnenswert ist jedenfalls das Sakeangebot des Restaurants. Die Flaschen kommen von den besten „Brauereien" Japans, die Auswahl ist einzigartig. Bleibt zu hoffen, dass das Fine Dining bald wieder regulär verfügbar ist.

Tel.: 01 512 73 97
1010 Wien
Krugerstraße 3
www.shiki.at
info@shiki.at
Di–Sa 12–14.30 und 18–23 Uhr
variabel

SHOKUDO KUISHIMBO

13/20

Japanische Küche ist so viel mehr als bloß Sushi und Misosuppe. Darum freuen wir uns jedes Mal auf einen Besuch im Shokudo Kuishimbo. Kuishimbo ist übrigens der japanische Begriff für „Nimmersatt" und es wäre durchaus empfehlenswert, sich an der erstaunlich umfangreichen Speisekarte satt zu essen (wenn man es nur schaffen würde). In ihrer Präsentation schlicht und dennoch hocharomatisch: kleine Tapasvarianten, wie der Spinat mit Sesam, die gebackenen Oktopusbällchen oder der auf der Zunge zergehende Agedashi-Tofu. Ein Teller köstlicher als der andere. Großartig sind auch die Suppentöpfe mit Udon- oder Sobanudeln, die noch heiß brutzelnd an den Tisch gebracht werden. Die Getränkeauswahl bleibt sehr überschaubar, was irgendwie schade ist.

Tel.: 0676 553 07 27
1060 Wien
Esterházygasse 12
www.shokudokuishimbo.com
info@shokudokuishimbo.com

SILVIO NICKOL GOURMET RESTAURANT

19/20

im Palais Coburg

Koch: Silvio Nickol

Willkommen im exklusivsten und wohl auch elegantesten Restaurant von Wien. An acht runden Tischen findet sich allabendlich eine illustre und ziemlich internationale Gästeschar ein, um sich ein paar Stunden lang auf höchstem Niveau kulinarisch unterhalten zu lassen. Wie hoch – und wie kostspielig dies geschieht – gilt es gleich am Anfang zu entscheiden. Will man das Menü mit Kaviar-Supplement kommt noch ein bisschen etwas dazu. Und auch bei der Weinbegleitung hat man die Möglichkeit, sich zu einer Raritätenverkostung „upzugraden". Dann spielen auch erste Geigen aus dem Burgund und Bordeaux (1986 Yquem, 1993 Latour) die Begleitmusik. Wie gesagt, man kann, aber man muss nicht. Und wenn wir schon dabei sind, noch ein, zwei Worte zum Thema Wein, für den dieses Hauses weit über die Landesgrenzen hinaus bekannt ist: Ja, es kommt vor, dass man an einem Nachbartisch beobachten kann, wie der Gegenwert von einem (oder zwei) Kleinwa(e)gen getrunken wird.

Tel.: 01 518 181 30
1010 Wien
Coburgbastei 4
www.palais-coburg.com
Di–Sa 19–21.30 Uhr

Man wird in diesem überkompletten Weinbuch aber auch als Schnäppchenjäger fündig. Es ist also ein echtes Missverständnis, wenn mitunter behauptet wird, dass die Weine im Palais Coburg teuer wären. Tatsächlich sind sie sehr günstig, doch das Angebot reicht von knapp 40 Euro bis zu zigtausend Euro – alle Weine sind sehr gastfreundlich kalkuliert. Wir haben uns für die „normale" Weinbegleitung entschieden, die von Sommelier Thomas Juranitsch in höchst unterhaltsamer Art und Weise kommentiert wird. Doch jetzt zum Essen. An der grundlegenden Kochphilosophie von Silvio Nickol hat sich nichts geändert, aber wir haben das Gefühl, dass seine Gerichte noch einen Tick exakter und elaborierter geworden sind. Das zeigt sich weniger in der Optik – da gleicht ein Nickol-Menü schon seit Langem einem Bilderbuch – als vielmehr am Gaumen. Es sind die Texturen und vor allem die Temperaturen, die exakt aufeinander abgestimmt sind. Diese Präzision macht ihm niemand so schnell nach. Als Grüße aus der Küche kommen vier kleine Miniaturen zu Tisch – allesamt scheinbar mit der Pinzette finalisiert. Wunderbar. Dann die Entenleber mit Buchweizen, Apfel und Weizengras – ein Genuss für Auge und Mund. Fast schon zu verspielt dann der Gang mit rohem Stör, der in Anlehnung an ein Ceviche mit saurem Sanddornsaft gepaart wurde. Dazu Petersilwurzeln, Kürbiscreme und Kürbiskerne – optisch eine Wucht, aber doch ein bisschen viele Aromen auf einem Teller. Danach geht es so richtig los: Das Bauchstück vom Bluefin Tuna schaut auf den ersten Blick wie ein durchzogenes Stück Kobe Beef aus und ist von unglaublicher Textur. Höchst erfreulich, dass man solche Qualitäten mittlerweile aus nachhaltigen Aquafarmen bekommt. Man darf also wieder guten Gewissens Bluefin Tuna genießen. Über ein perfekt gegartes Stück Steinbuttfilet geht es dann zum gegrillten Kalbsteak: zart, rauchig und von zauberhaftem Jus begleitet – ein würdiger Hauptgang – , der dann noch vom Rehfilet getoppt wird, das sich erstaunlich gut mit einem hocharomatischen Pfirsich versteht. Leider viel zu selten bekommt man hierzulande ein „Käsedessert" (Ziegenkäse mit Feige) serviert – in dieser Form macht Käse auch bei einem großen Menü wirklich Spaß. Dann noch ein kleines Pre-dessert („Gin Tonic" mit Zitrone) und ein verspieltes Bananengericht – schon hat man es „geschafft" und ist dank der großzügigen Weinbegleitung nicht nur satt, sondern auch angenehm beschwingt. So mögen wir das.

SINOHOUSE

12/20

Koch: Jin Loh

Das Asien-Erlebnis im Sinohouse beginnt nicht erst bei knuspriger Frühlingsrolle oder gegrilltem Schweinebauch zur Vorspeise. Schon beim Betreten wird man von einer Herzlichkeit empfangen, wie man sie selten erlebt. Im gemütlichen Wohnzimmerambiente darf man sich dann einem Streifzug durch die fernöstliche Küche hingeben. Das Angebot ist reichlich, das Gong Bao-Hühnerfleisch ebenso empfehlenswert wie die gebratenen Garnelen mit Pfeffer-Chili-Basilikum. Auch typische Thai-Currys (rot, grün, gelb oder Panang) werden authentisch zubereitet. Bekannt ist man hier aber vor allem für die Peking Ente, die Spezialität des Hauses, die in mehreren Gängen auf den Tisch kommt.

Tel.: 0699 103 271 68

1090 Wien
Nußdorfer Straße 86

www.sinohouse.at
jin@sinohouse.at

Di–Sa 17–23 Uhr
✻ Juli–August 2022

STEIRERECK IM STADTPARK

19/20

Koch: Heinz Reitbauer

HEINZ REITBAUER, KOCH DES JAHRZEHNTS
SERVICE AWARD 2018

Auf der Suche nach immer mutigeren, vielleicht auch schrägeren Kulinarik-Erfahrungen mag man sich als Feinschmecker manchmal in die Idee experimenteller Nonstop-Innovationen verlieren. Stets auf der Suche nach dem ultimativen Wow-Effekt. Und trotzdem ist Beständigkeit in Zeiten wie diesen wichtiger denn je. Jene Form kulinarischer Verlässlichkeit, die das Gefühl verleiht, angekommen zu sein, um dennoch – immer wieder – für Überraschungsmomente zu sorgen. So ein Ort ist das Steirereck im Stadtpark, in dem Heinz Reitbauer und sein Team seit sehr langer Zeit für stabile Geschmackserlebnisse auf höchstem Niveau sorgen. Diese überdauern jede Krise und das macht hier alles so tröstlich und gut. Ein Heimkommen, zu dem auch das Heranrollen des Brot- und Käsewagens gehört. Und wie nebenbei wird klar, dass man in einem der besten Restaurants der Welt sitzt und isst – obwohl hier nichts Exaltiertes oder Prätentiöses spürbar ist. In allem, was an diesem Ort geschieht, ist Demut zu spüren – vor dem Gast, den Produkten, dem, was Österreich (und auch darüber hinaus) zu bieten hat. Genau dadurch ist dieses zeitlos schöne Gesamtkunstwerk charakterisiert. Letztendlich sind es viele, verschiedene und, ja, überzeugende Komponenten: wärmende Gastlichkeit, herzerfrischende Leichtigkeit und höchstes Niveau. Eine eigene Welt und deshalb eine eigene Liga der österreichischen Esskultur von erstaunlicher Konsequenz. Jeder einzelne Gang bringt eigene Düfte und Gerüche auf den Tisch, macht Freude, erstaunt. Ganze Jahreszeiten werden geschmacklich eingefangen, wie etwa der Sommer in Gestalt einer Sonnenblume mit Currykraut, Joghurt und gelben Fisolen. Oder der Amurkarpfen mit Pfirsich, Kohlrabi und Johanniskraut, Letzteres als „stimmungsaufhellendes Kraut" erwähnt (was es hier bei Gott nicht bräuchte), dazu Saft von Goldrüben, Johanniskrautessig, Senfkörner und Feigenblattöl. Nur einige von vielen Genussgemälden, die Neugierde, Tiefe und Verbundenheit mit dem, was die Natur an Vielfalt zu bieten hat, aber auch bestes Handwerk erahnen lassen. So wie der äußerst zart gebratene Rehbock mit Saubohnen, Erdnuss und Pelargonien, angerichtet mit Natursaft und einer Kokos-Gewürz-Milch zu geschmorten, süßen Zwiebeln. Dann wird sehr langsam gegessen, getrunken und in gewisser Weise gefeiert. Dass die spannenden Weinempfehlungen (samt Erzählungen dazu) des leidenschaftlich-engagierten Sommeliers René Antrag das Ihre beitragen, um die Gerichte individuell abzurunden, kann schon deshalb nicht „nur nebenbei" erwähnt werden, weil dadurch das Glück über das Erlebte noch spürbarer wird.

à la carte: 18–65 €

Tel.: 01 713 31 68

1030 Wien
Am Heumarkt 2a

www.steirereck.at
wien@steirereck.at

Mo–Fr 11.30–15 und ab 18.30
✻ variabel

♿

STEIRERSTÖCKL

11,5/20

Idyllisch am Rande von Wien nahe des Pötzleinsdorfer Schlosspark gelegen hat man als Gast im Steirerstöckl die Möglichkeit, die kulinarische Vielfalt des Bundeslandes mit dem grünen Herz zu erleben. So bietet die Speisekarte klassische Regionalgerichte, wie Bauernsalat mit Käferbohnen und Kernöl, Bratensulz mit Zwiebeln und Kren oder gebackenes Schnitzel (vom Duroc-Schwein) mit Kürbiskernpanier. Dazu sorgen saisonal wechselnde Gerichte, wie hausgemachte Kürbistaschen und Zwetschkenstrudel, für Abwechslung und moderne Wirtshauskultur. Selbstverständlich widmet sich auch die Weinkarte dem Thema Steiermark. Die gemütlichen Stuben bieten sich hervorragend für kleine Feiern an, der Gastgarten ist idyllisch und punktet dank des Spielplatzes auch bei den kleinen Gästen.

à la carte: 6,90–23,90 €

Tel.: 01 440 49 43
1180 Wien
Pötzleinsdorfer Straße 127
www.steirerstoeckl.at
steirerstoeckl@jagawirt.at
Mi–So 11.30–24 Uhr

STELLAS 7

13/20

Koch: Matthias Eichblatt

Beliebt wie am ersten Tag schien das äußerst gut besuchte Stellas 7 auch bei unserer heurigen Stippvisite, wohl nicht zuletzt ob der echt kreativen Karte mit All-Time-Klassikern, wie der wunderbaren, ausgewogenen Tuna-Sashimi-Pizza oder dem grandios gebratenen Steak Frites von der Beiried mit Sauce béarnaise. Auch wir kamen an diesen beiden Klassikern nicht vorbei und waren ob der Güte mehr als zufrieden. Aber auch die geeiste Gurken-Buttermilch-Suppe mit Lachs und Paradeiser – ein Sommergericht par excellence – oder der Marillenknödel mit Butterbröseln und Sauerrahmeis wussten zu überzeugen. Dass die kleinen Tische im Gastgarten gar eng aneinander stehen und dadurch wenig Privatsphäre herrscht, wird durch den aufmerksamen Service und die vielseitige Getränkeauswahl mehr als wettgemacht.

à la carte: 7–44 €

Tel.: 01 526 11 08
1070 Wien
Zieglergasse 54
www.stellas.at
bistrosieben@stellas.at
Di–Sa 17–22 Uhr

STUWER

12,5/20

Einst als Gegend mit fragwürdigem Ruf bekannt, hat sich das Stuwerviertel zu einem hippen Grätzl gemausert. Zu verdanken haben wir das nicht nur der nahen Wirtschaftsuniversität und dem Ausbau der U-Bahn, sondern auch der vielfältigen, neuen Gastronomie. Ein gutes Beispiel dafür ist dieses entstaubte Wiener Beisl. Die typische Atmosphäre eines Wirtshauses sowie österreichische Klassiker auf der Speisekarte blieben zwar erhalten, das alles wurde jedoch mit einem frischen, zeitgemäßen Touch versehen. Das handgeschnittene Beef Tatar sorgt für einen gelungenen Einstieg, der Zwiebelrostbraten ist auch tadellos zubereitet und der Signature Dish-Langos – entweder mit Beinschinken oder Schafkäse – darf ebenfalls nicht fehlen. Dazu erfreut ein saisonales Angebot mit internationalen Einschlägen, die beispielsweise in Speisen wie asiatisch mariniertem Schweinebauch oder orientalischen Maultaschen Eingang finden.

à la carte: 7–24 €

Tel.: 0660 601 03 69
1020 Wien
Stuwerstraße 47
www.stuwer.com
hallo@stuwer.com
Mo–Sa 17.30–23, So 12–22 Uhr

TANCREDI

11,5/20

Koch: Peter Neurath

Es hat schon seinen Grund, weshalb sich das Tancredi vor allem bei seinen zahlreichen Stammgästen so großer Beliebtheit erfreut. Denn mehr Abwechslung und familiäre Atmosphäre sind kaum möglich. Peter Neurath legt sich auf keinen Küchenstil fest, darum bietet die Speisekarte sowohl Mediterranes, wie Oktopus-Salat und Goldbrassenfilet mit cremiger Fregola Sarda, als auch heimische Gerichte, wie das stets köstliche Kalbsbutterschnitzel mit Erdäpfelpüree. Zusätzlich erfreuen wechselnde Tagesspezialitäten und Mittagsmenüs. Fair kalkuliert präsentiert sich die Weinkarte, die auch mit einer guten glasweisen Auswahl zu punkten weiß. Das herzliche Personal trägt ebenfalls zu einem gelungenen Gesamterlebnis bei.

à la carte: 10,80–24,80 €

Tel.: 01 941 00 48
0699 101 137 12
1040 Wien
Große Neugasse 5/
Rubensgasse 2
www.tancredi.at
restaurant@tancredi.at
Mo–Sa 11.30–14.30 und
18–21.30, So, Fei 11.30–20 Uhr

THE BANK BRASSERIE & BAR

14/20

im Hotel Park Hyatt Vienna

Koch: Istvan Törzsök

AMBIENTE AWARD 2014

Diesem Restaurant gelingt der Spagat, sich einerseits als anspruchsvolle Versorgungsstätte für Hausgäste zu zeigen und sich andererseits als beliebter Treffpunkt für Wiener, die eine diskrete Umgebung schätzen, zu etablieren. Die Popularität unter Einheimischen hat auch damit zu tun, dass sich auf der anderen Seite der beeindruckenden Halle eine der besten Cocktailbars der Stadt befindet. Das Erfolgsgeheimnis der Brasserie liegt wohl darin, nicht zaubern zu wollen, sondern das, was man zubereitet, einfach nur wirklich gut zu machen. Die französische Zwiebelsuppe hat das Zeug zum Attribut „Best in town", ebenso die Hummer-Bisque. Sehr gut auch das Tuna Tataki und der etwas abgewandelte Caesar Salad. Fleisch kommt ebenfalls nicht zu kurz: In der unverzichtbaren Form eines Burgers (auch in der Luxusvariante mit Gänseleber), dann in verschiedenen Steak-Cuts und natürlich als Beef Tatar mit confiertem Eigelb – eine schlaue Idee. Das alles hat natürlich seinen Preis, aber in der ehemaligen Zentrale der Länderbank ist der Sparfuchs ohnehin schon länger nicht mehr gefragt.

à la carte: 9–50 €

Tel.: 01 227 401 236

1010 Wien
Bognergasse 4

www.restaurant-thebank.at
restaurant-thebank.vienna@hyatt.com

Mo–Sa 12–14.30 und 18–22.30,
So 12–15 und 18–22.30 Uhr

♿

THE GUESTHOUSE VIENNA

11/20

Hinter der Oper kehren nicht nur Touristen gerne ins Guesthouse Vienna ein, um sich kulinarisch verwöhnen zu lassen. Österreichische Gerichte wie das Wiener Schnitzel vom Kalb mischen sich unter mediterran inspirierte Speisen à la Seeteufelmedaillons oder Moules frites. Man erlebt daher Brasserieküche auf erfreulich hohem Niveau, so wie man sie nicht häufig findet. Samstags und sonntags gibt es zudem frische Austern sowie Spezialmenüs und abwechslungsreiche Tagesangebote. All das lässt sich im stilvollen und trotzdem unkomplizierten Ambiente (am besten mit einem guten Glas Wein aus der durchaus umfangreichen Weinkarte) genießen. Erwähnenswert sind auch die ansprechende Frühstücksauswahl und der hervorragende Kaffee.

Tel.: 01 512 132 015

1010 Wien
Führichgasse 10

www.theguesthouse.at
brasserie@theguesthouse.at

THE VIEW

12/20

Koch: Stephan Ribisch

Der Blick hinunter auf die Donau ist bei Schönwetter natürlich ein Traum und sorgt für eine ganz besondere Atmosphäre. Aber auch die ambitionierten Gerichte von Küchenchef Stephan Ribisch sind den Besuch im The View wert. Die Speisekarte ist eher klein gehalten und saisonal ausgerichtet. Die handgemachten Ravioli gelten als Spezialität des Hauses und waren stimmig abgeschmeckt – so wie auch die weiteren Teller waren diese liebevoll angerichtet. Ansprechend und durchaus gelungen geriet das Black Angus-Hüftsteak, das in der georderten Garstufe serviert wurde. Ein kompetentes und zu keiner Zeit aufdringliches Personal trug ebenfalls zu einem gelungenen Abend bei.

Tel.: 01 890 83 74

1020 Wien
Handelskai 265

www.theview.at
office@theview.at

tgl. 10–22 Uhr

THREE TREES®

12/20

Koch: Alexander Ramirez Cano

Was im Three Trees genau geboten wird, lässt sich nur schwer beschreiben, schmecken tut jedoch praktisch alles, was auf den Teller oder ins Glas kommt. Küchenchef Alexander Ramirez Cano stammt aus Kolumbien und ist über London, wo er seine jetzige Frau aus Ungarn kennenlernte, nach Wien gekommen. Hier haben die beiden den Sprung in die Selbständigkeit gewagt. Bei Ceviche oder Empanadas lässt Ramirez seine Latinowurzeln durchscheinen, bei der gebratenen Lachsforelle zeigt sich, dass er sich auch mit heimischen Fischen gut auskennt. Kein Wunder, schließlich ist er ein passionierter Angler. Mediterran inspiriert sind Gerichte wie das Carpaccio oder die Tagliatelle mit Pilzen. Die Einrichtung hat der vielseitig talentierte Küchenchef übrigens während der Lockdownschließung in Eigenregie erledigt.

à la carte: 10,90–35 €

Tel.: 01 405 61 33
1010 Wien
Landesgerichtsstraße 12
www.threetrees-restaurant.at
threetrees.restaurant@gmail.com
Mo–Fr 11–15 und 18–21.30, Sa 18–21.30 Uhr

TIAN RESTAURANT WIEN

17/20

Koch: Paul Ivić

Noch vor einigen Jahren wäre es undenkbar gewesen, dass ein rein vegetarische Speisen anbietendes Luxusrestaurant in Wien praktisch ständig ausreserviert ist. Mit seinem lässig-jungen, gleichwohl extrem motivierten Team in einem dem Zeitgeist entsprechenden Ambiente schafft es das Tian, sich als hippe Location vor allem auch bei der Generation unter 30 zu etablieren. Die im Tian „Spaziergang durch den Gemüsegarten" bezeichnete sechs- bis achtgängige Speisefolge beeindruckte auch diesmal mit Vielfalt, Präzision und Harmonie. Die klassische Reihenfolge Gedeck-Vorspeise-Hauptgericht wurde abgeschafft. So kommt etwa das Schüttel- und Sauerteigbrot mit Lärchenbutter mitten im Menü, dazu gibt es (verfeinerte) Stosuppe (daher heißt der Gang auch folgerichtig „Seinerzeit") mit Bärlauchdirndln (=Kirschen) und einem überirdisch schmackhaften Maiskolben mit mildem Chilimantel. Scheinbar Simples wie Kürbis besteht aus sechs verschiedenen, den meisten wohl völlig unbekannten Sorten, die Haubenkoch Paul Ivić mit Zedernsamen und Ingwer als preziöse Köstlichkeiten zubereitet. Am gewagtesten ist der Kohlrabi: Das typisch-intensive Aroma dieses (deshalb nicht bei jedem beliebten)Gemüses wird weitgehend unverfälscht beibehalten und mit kleingehacktem Rettich serviert. Nicht zuletzt dank der famosen Wein- oder Saftbegleitung kann das Experiment als gelungen bezeichnet werden. Thomas Scheiblhofer, einer der besten Pâtissiers des Landes, konnte seine fachliche Kompetenz mit einem Dessert aus dunkler Schokolade und Heidelbeereis nicht ganz ausspielen, dafür verabschiedete er sich mit den vielleicht besten Pralinen des Jahres. Fazit: Gäbe es das Tian noch nicht, man müsste es erfinden.

Tel.: 01 890 46 65
1010 Wien
Himmelpfortgasse 23
www.tian-restaurant.com/wien
wien@taste-tian.com
Di–Do 18–20, Fr, Sa 12–14 und 18–20 Uhr
variabel

TONI'S KULINARIUM 7

12/20

Koch: Paolo Ugazio

Ein Stück Kroatien in Wien finden wir in der Nähe des Spittelbergs, wo Toni Bjelančić den Gästen die Küche seiner Heimat auf eine Weise näherbringt, die das Herz erwärmt. So schnörkellos und puristisch die Zubereitung, so fein und intensiv die Geschmäcker. Als Start ließ das Adria Tuna Tatar mit Wasabimayonnaise keine Wünsche offen. Das zart gegrillte Branzinofilet entfachte in uns kulinarische Urlaubserinnerungen. Die kroatischen Tropfen aus der Weinkarte sind natürlich die idealen Begleiter der typisch dalmatischen Speisen und runden einen authentischen Kurzurlaub gekonnt ab.

à la carte: 12–45 €

Tel.: 01 52 205 30
0664 802 639 70

1070 Wien
Sigmundsgasse 1

www.kulinarium7.com
office@kulinarium7.com

Di–Fr 17–23, Sa 12–23,
So 12–22 Uhr

♿

TRATTORIA MARTINELLI

11,5/20

Koch: Daniel Kellner

Die Trattoria liegt in einem eleganten und ruhigen Innenhof nahe der Freyung. Das Ambiente ist elegant, inklusive ansprechendem Schanigarten. Die Standards auf der Karte gelingen stets auf gutem Niveau. Dass ausgerechnet die mündlich vorgetragenen Tagesempfehlungen enttäuschten, ist doch überraschend. Das Lachs-Avocado-Tatar war ziemlich trocken und auch die Carbonara haben wir schon besser gegessen. Für Freude haben die Fettuccine alle vongole gesorgt, auch die venezianische Kalbsleber mit Püree war hervorragend. Die Standard-Dolci waren gut, aber eben „Standard". Wieso ausgerechnet italienische Ristoranti in Österreich bei den Desserts Kreativität und Ambition vermissen lassen, ist etwas verwunderlich, gibt es da doch einige Schätze.

à la carte: 5–60 €

Tel.: 01 533 67 21

1010 Wien
Freyung 3/Palais Harrach

www.barbaro.at
martinelli@barbaro.at

tgl. 12–23 Uhr
❄ 24. Dez. 2021–12. Jän. 2022

TRATTORIA OFFICINA

11/20

Neapolitanische Küche ist viel mehr als nur Pizza. Das beweist die Trattoria Officina, eine gemütliche Trattoria mit Bar. Die schmale Gasse, das freundliche italienische Personal und natürlich die authentischen Gerichte erwecken ein kleines Stückchen Süditalien mitten in Wien zum Leben. Ein absolutes Muss ist die Parmigiana di Melanzane in gusseiserner Form serviert, herrlich cremig mit Suchtfaktor. Zart und knusprig der karamellisierte Schweinebauch und als süßer Abschluss haben Tiramisu oder Panna cotta noch nie geschadet, um das Italien-Feeling zu komplettieren.

Tel.: 01 353 40 50

1040 Wien
Neumanngasse 4

www.riva.rest
res.officina@riva.rest

Di–Sa 11.30–14.30 und
18–22 Uhr

TUYA

14,5/20

Das Tuya mitten im Zentrum, einen Steinwurf vom Stephansdom entfernt, ist innenarchitektonisch ein unglaublicher Prunktempel: Marmor, Samt, Leder, extravagante Beleuchtung, alles edel und teuer. Die Speisekarte ist italienisch-französisch mit asiatischen Akzenten und preislich an Interieur und Lage angepasst. Wir kosteten uns durch und waren begeistert vom Yellowtail Ceviche, dem marinierten Stubenküken und dem Cod (Kabeljau) in einer aromatischen Zitrussauce. Die Getränkekarte ist sehr cocktaillastig, diese sind allerdings hervorragend. Die Weinauswahl bleibt überschaubar und passend zu den Gerichten. Der Service agierte ausnehmend freundlich, zuvorkommend und auskunftsbereit. Ein beeindruckendes visuelles und kulinarisches Erlebnis, das seinen Preis hat.

Tel.: 0664 154 32 68

1010 Wien
Jasomirgottstraße 3a

www.tuya.rest
reservation@tuya.rest

Mo–Sa 12–14.30 und 18–22 Uhr

UMAR FISCH BAR®

16,5/20

Koch: Stefan Doubek

Tel.: 01 934 61 05
1060 Wien
Naschmarkt Stand 74–75
umarfischbar.at
office@umarfischbar.at
Mi–Fr 12–22, Sa ab 11.30 Uhr

Für irgendetwas muss der Lockdown ja gut gewesen sein, denkt man sich, wenn man von Plastikplanen umzingelt und von der Kraft der Heizstrahler gewärmt in dem Zwergenstand am Naschmarkt (früher Indian Pavilion) sitzt und sich mit der Entscheidung zwischen rohen Sardinen, Austern und Imperial Caviar plagt. In dieser gastronomisch ruhigen Zeit fanden nämlich Umar Erkan und Spitzenkoch Stefan Doubek zueinander und gebaren die Fischbar. Stefan Doubek war langjähriger Souschef bei Konstantin Filippou, danach im Londoner Core engagiert, dem Restaurant der großen Clare Smyth, als ihn die Covidmaßnahmen zurück nach Wien zwangen. Stattdessen steht er nun am Herd (oder besser gesagt an einer Induktionsplatte und am Hibachi-Holzkohlegrill) in Wien Mariahilf. Gemeinsam mit seinem Küchenhelfer Adnan al Farai aus Aleppo und David Jelinek (ebenfalls ein ehemaliger Filippou-Mitarbeiter) betreiben sie eines der besten Fischrestaurants der Stadt. Minimalismus trifft Perfektion und zündet in fantastische Ideen. Schmelzende, rohe Sardinenfilets zum Beispiel, mit eingelegten Schalottenringen, einer Salsa aus fermentiertem Knoblauch und Semmelbröseln mit Anchovis – atemberaubend gut und um 4,90 Euro ein Witz. Perle Noir-Auster mit Mayonnaise und knuspriger Hühnerhaut, frisch wie das Meer, Megacrunch, salzig – es fällt uns nichts ein, was man hier besser machen könnte. Einer unserer Favoriten des Abends: Belgische Waffel mit Frischkäse, brauner Butter und Imperial Caviar, dermaßen dekadent und köstlich, dass einem fast schwindlig wird. Es folgte ein zart schmelzender Kaisergranat, hinreißend von Tamari und australischen Fingerlimes begleitet sowie den knusprigen Füßen einer Sauce aus dem Kopf, die einer Bisque alle Ehre macht – Nose to tail auf Krustentier. Gegrillte Bouchot-Muscheln und Bouchot-Tatar in einer Sauce aus gegrilltem Paprika – wunderhübsch und dank ihres halbrohen Zustands auch besonders zart, kämpfen allerdings ein bisschen mit der kraftvollen Sauce, aber das ist Jammern auf hohem Niveau. Für hinterher gibt es nur zwei Desserts, das macht der Kollege aus Aleppo – etwa mit Mozzarella, Grieß, Ricotta, Pistazien und Limettenblütenwasser. Ein würdiger, duftiger und vor allem nicht zu süßer Abschluss eines hochkarätigen Essens. Jeder Gang ein Abenteuer inklusive Happy End. Chapeau!

UNKAI

13,5/20

im Grand Hotel Wien

Tel.: 01 515 809 110
1010 Wien
Kärntner Ring 9
www.unkai.at
unkai@grandhotelwien.com
Mo 18–22.45, Di–So 12–14.30 und 18–22.45 Uhr

Nach diversen Aufs und Abs hat sich das japanische Restaurant Unkai im noblen Grand Hotel wieder gefangen. Jedenfalls was die Tischkultur und das feine Sushi-Angebot (empfehlenswert die Rollen aus der „creative Sushi"-Abteilung) betrifft. Die Hauptgerichte schmecken brav und unterscheiden sich qualitativ nicht wesentlich von jenen in einfacheren „Japanern". Ordentlich der nicht näher definierte weiße Fisch, ummantelt von einer umami-intensiven Misopaste, mehr gummiartig als knusprig die Haut des Huhns in köstlicher Teriyakisauce. Zwiespältig sind auch die Desserts: schmackhaft die Crème brûlée von schwarzem Sesam, etwas ausdrucksschwach das Yuzu-Sorbet mit Kokoscreme. Erfreulicherweise wird eine recht gut passende, glasweise Wein- und Sake-Begleitung angeboten, die von der sehr freundlichen Maîtresse d'Hôtel kundig erklärt wird.

VERANDA

12,5/20

im Hotel Sans Souci

Als Hotelrestaurant des Boutiquehotels Sans Souci versucht man, dem internationalen Publikum die österreichische Küche auf moderne Art näherzubringen. Auch wenn das mit Alt-Wiener Suppentopf und Schnitzel nur bedingt gelingt, schafft man es, den Gast mit österreichischer Freundlichkeit und heimischen Produkten zu begeistern. Frisch, regional und oft aus biologischer Landwirtschaft sind auch die Zutaten der gewagteren Kreationen beim Mehrgängemenü, man wählt zwischen dem „Veranda Menü" mit Fisch und Fleisch sowie einer vegetarischen Option. So ist beispielsweise der Radlberger Saibling in Miso gebeizt, die hausgemachten Nockerl werden mit Trüffel-Ei-Espuma serviert und pochierter Apfel gesellt sich zu ordentlich Crunch und cremigem Haselnusseis. Der Schwerpunkt der Weinkarte liegt ebenso auf Österreich. Die Empfehlungen des Sommeliers sind, bis hin zum Dessert, perfekt auf die Gerichte abgestimmt.

à la carte: 8–26 €

Tel.: 01 522 252 01 94

1070 Wien
Burggasse 2

www.veranda.wien
veranda@
sanssouci-wien.com

Mo 12–15, DI–Fr 12–15 und 18–23, Sa 9–14 und 18–23, So 9–14 Uhr

♿

VESTIBÜL

15,5/20

im Burgtheater

Köche: Christian Domschitz & Christoph Schuch

Dass man im imposanten Gebäude einer der berühmtesten deutschsprachigen Bühnen der Welt auch ganz hervorragend essen kann, hat schon was. Die elegante Location im Wiener Burgtheater mit viel Stuck, Marmor und Säulen sollte nicht den falschen Eindruck erwecken, nämlich dass hier keine zeitgemäße Küche geboten würde. Abseits vom Hummerkrautfleisch, dem stadtbekannten Signature Dish des „Senior"-Küchenchefs Christian Domschitz, reizt das auch preislich nicht unattraktive Sechs- bis Acht-Gänge-Menü, dessen Gerichte sich durch akkurate Zubereitung und wunderhübsche Arrangierung am Teller auszeichnen. Einzig das Filet vom Bachsaibling war eine aromatisch blasse Angelegenheit und die intensive Hummersuppe im heißen Sommer vielleicht nicht das perfekte Angebot. Der untadelige Service unter tatkräftiger Beteiligung junger, beflissener Lehrlinge brachte dann zum Abschluss mit einem köstlich-intensiven dunklen Schoko-Délice samt erfrischendem Marillen-Holunder-Granité und einer vollreifen Marille ein ehrwürdiges Dessert. Beim Wein empfiehlt es sich, den treffenden Empfehlungen des Maître zu folgen.

à la carte: 18–49 €

Tel.: 01 532 49 99

1010 Wien
Universitätsring 2

www.vestibuel.at
restaurant@vestibuel.at

Di–Fr 12–14.30 und 18–22, Sa 18–24 Uhr

♿

WETTER

13,5/20

Wir lieben Bella Italia. Das Wetter beim Yppenmarkt ist eine Trattoria wie aus dem Bilderbuch. Die handgeschriebene Speisekarte wechselt wöchentlich und hält dadurch saisonale italienische Spezialitäten in den Kategorien Antipasti, Primi, Secondi und Dolci bereit. Frische Burrata, Gnocchi mit Thunfisch und Zucchini, Artischocken mit Knoblauch und Zitrone und Crema Siciliana sind nur ein kleiner Auszug der gebotenen südlichen Leichtigkeit. Dass die Pasta hier hausgemacht ist, versteht sich von selbst. Ebenso die Tatsache, dass die fair kalkulierte Weinkarte einige Schätze bereithält. Mediterranes Einkehrfeeling und das mitten im 16. Wiener Gemeindebezirk.

Tel.: 01 406 07 75

1160 Wien
Payergasse 13

Di–Fr 17–23.45, Sa 10–15 Uhr

WINKLERS ZUM POSTHORN

12/20

Koch: Robert Letz

Das (Alt-)Wiener Gasthaus Zum Posthorn wird Tag für Tag regelrecht gestürmt. Geboten werden vorwiegend typische Gerichte der Wiener Küche. Was macht aber gerade dieses Lokal so beliebt? Das lässt sich am besten mit der „gastronomischen Trias" erklären: gepflegte traditionelle Gemütlichkeit, persönlicher und zugleich sehr effizienter Service sowie unspektakuläre, aber sorgfältigst zubereitete Speisen, Letztere durch Küchenchef Robert Letz. Dass es auch eine wunderbare Schafkäsemousse oder Orecchiette – auf Wunsch mit frischen Trüffeln – gibt, sorgt selbst bei jenen, die es mit der doch recht üppigen, klassischen Küche nicht so haben, für Zufriedenheit.

à la carte: 3,90–18,50 €

Tel.: 0664 431 21 23

1030 Wien
Posthorngasse 6

www.winklers-zumposthorn.at
w-winkler@chello.at

Mo, Fr 17–23, Di–Do 12–14 und 17–23 Uhr
❋ bis 7. Jän. 2022, variabel im August 2022

WIRTSCHAFT AM MARKT

12,5/20

Köchin: Heidi Ratzinger

Zum Meidlinger Markt verläuft man sich selten, wenn man nicht gerade in der Nähe wohnt – herrliches Treiben und einladende Standl laden allerdings dazu ein. Die Wiener Boboszene hat hier zum Glück (noch) nicht Fuß gefasst. Entspannt geht es zu bei Heidi Ratzinger (Erfahrungen bei Christian Petz und Harald Brunner) in der gemütlichen Wirtschaft am Markt. Die Stimmung ist locker. Mit einem Pfiff Bier und hochqualitativ gebeizter Lachsforelle, angereichert mit marktfrischem Spargel und Dill bekommt man Lust auf mehr. Bei den Hauptspeisen erscheinen die Vorliebe und das Handwerk der Küchenchefin zur bodenständigen Küche – sehr gute Hausmannskost. Samtweiche, fast filigrane Grammelknödel mit Speckkraut, ein ausgelöstes Backhendl nahezu unverschämt saftig und Rindsrouladen – mürb und geschmacksintensiv wie aus dem Lehrbuch für einen Samstagmittag in Wien. Die Weinauswahl passt und ist sehr fair kalkuliert.

à la carte: 6–20 €

Tel.: 0660 594 41 25

1120 Wien
Meidlinger Markt 89–92

www.wirtschaftammarkt.at
office@wirtschaftammarkt.at

Di–Fr 11.30–21, Sa 9–21, So 11–15 Uhr
❋ Fei

WOHNKÜCHE

12/20

Koch: Andreas Brunner

Nomen est omen in der Wohnküche im 20. Bezirk, wie bei Freunden werden wir herzlichst empfangen und verköstigt. Die Speisekarte ist klein, aber fein – die Spargel-Panna cotta im Vergleich zum Rest der Gerichte Avantgarde, auch geschmacklich. Der Rindfleischsalat kommt grandios gedresst und mit Frühlingsgemüse daher, weich und knackig zugleich ist auch das Paprika-Bio-Hendl, nicht – wie so oft – überwürzt, sondern aromatisch und zart. Die Getränkekarte ist ebenso wenig üppig, die Empfehlungen aber gut: Wachauer Bellini und White Negroni, dazu eine kleine Weinauswahl. Küchenchef Andreas Brunner erkundigt sich persönlich nach dem Wohlbefinden seiner Gäste, der Service ist locker und unkompliziert: wie bei Freunden eben. Dies alles mit möglichst kleinem Fußabdruck, das ist das Credo. Würden wir im 20. wohnen, wäre das unsere zweite Wohnküche.

à la carte: 5–26 €

Tel.: 0677 631 059 72
1200 Wien
Traunfelsgasse 1
www.wohnkueche.at
servus@wohnkueche.at
Di–Sa 17–22 Uhr

WORACZICZKY

12,5/20

Koch: Martin Buzernic

Der Name unaussprechlich, eine Wirtin mit Herz, Liebe zur Kunst und Humor und ein Küchenchef, der weiß, wie er seine Gäste glücklich macht. Ins Woracziczky – ein längst schon Wiener Kult gewordenes Gasthaus – einzukehren, macht nicht unberechtigt Freude. Warum? Darum: authentische, weitergedachte Österreich-Küche auf handwerklich hervorragendem Niveau, beste Grundprodukte und ein mehr als charmantes Serviceteam. Die handgeschriebene Speisekarte offeriert demnach klassische Gerichte (geröstete Kalbsleber, Vanillerostbraten, Mohnnudeln), die von saisonalen Gegebenheiten (Gänseleber-Kürbis-Törtchen, Hirschschnitzel, Weintraubenschlupfer) begleitet werden. Mittags gibt es ein täglich wechselndes und preiswertes Menü. Eine Reservierung wird empfohlen, das Abonnieren des Woracziczky-Kanals auf diversen Social Media-Plattformen ebenso – ist die Patronin Marion Jumor schließlich auch für ihre Unterhaltung und Spontanaktionen bekannt.

à la carte: 9,50–19,50 €

Tel.: 0699 112 295 30
1050 Wien
Spengergasse 52
www.woracziczky.at
gasthaus@wora.at
Mo–Fr 11.30–14.30 und 18–23 Uhr
variabel, 3 Wochen nach Weihnachten 2021, 3 Wochen im August 2022

ZUM FINSTEREN STERN

12/20

Köchin: Ella de Silva

In entspannter Atmosphäre zu fairen Preisen in der Wiener Innenstadt abwechslungsreiche Küche auf hohem Niveau genießen? Wer denkt, das wäre unmöglich, hat das charmante Restaurant Zum finsteren Stern noch nicht entdeckt. An einem der ältesten (und ruhigsten) Plätze im Herzen der Stadt sitzt man im Sommer im Schanigarten, lässt sich Ella de Silvas unaufgeregte, jedoch hocharomatischen Gerichte (am besten in Form eines Menüs) servieren und dazu herrliche Weine einschenken. An die Saison angepasst gestaltet sich die Speisekarte, die uns diesmal mit Fisolensalat mit Ziegenkäse und geschmorten Zwiebeln, erfrischendem Seesaibling mit Fenchel und einem saftig, steirischen Hendl mit Sommerkürbis erfreute.

Tel.: 01 535 21 00
1010 Wien
Schulhof 8
zumfinsterenstern.at
restaurant@zumfinsterenstern.at
Di–Sa 18–23 Uhr

ZUM SCHWARZEN KAMEEL

15/20

AMBIENTE AWARD 2007

Diese Adresse in der Wiener Bognergasse ist bei Gästen aus nah und fern gleichermaßen beliebt. Der Gastgarten an der Fußgängerzone ist stets gut gefüllt mit Menschen, die sehen und gesehen werden wollen – selbst in der kalten Jahreszeit. Die Bar, Ort der legendären Brötchen und des schnellen Glases Sekt oder Wein, ist bestens frequentiert. Weiter hinten im Restaurantbereich ist Fine Dining angesagt. Hier treffen sich zu Mittag und Abend Geschäftsleute wie auch Touristen, die Ruhe suchen oder einfach das Flair des seit 1618 bestehenden, kulinarischen Horts genießen wollen. Man startet mit einem kleinen Laib knusprigem Brot und Butter sowie in unserem Fall einer Rindfleischsulz als Amuse bouche. Die folgende, erfrischende Fenchelsuppe mit Camparischaum und auch die gefüllten Zucchiniblüten sind angenehme Starter. Bei den Hauptspeisen bleibt die Küche klassisch: Lachsforellenfilet vom Gut Dornau steht genauso auf der Karte wie Kalbsrahmgulasch mit Butternockerln. Zum Dessert gibt es die beliebte Marillenpalatschinke. Alles ist solide und gut, aber ein bisschen mehr Esprit würde den Genuss noch erhöhen. Die Weinauswahl ist ebenfalls gut – bei den Flaschen wie auch glasweise.

Tel.: 01 533 812 511
1010 Wien
Bognergasse 5
www.kameel.at
info@kameel.at
tgl. 12–14.30 und 18–22.30 Uhr

ZUM WEISSEN RAUCHFANGKEHRER

12,5/20

Koch: Matthias Schicht

SERVICE AWARD 2008

Wer auf der Suche nach authentischer Wiener und Österreich-Küche ist, wird beim weißen Rauchfangkehrer glücklich. Alle Speisen werden hier handwerklich akkurat zubereitet und perfekt abgeschmeckt. Und das mitten in der Innenstadt. Klassiker wie die Rindsuppe, der Kavalierspitz mit Semmelkren oder Wiener Schnitzel überzeugen genauso wie die etwas zeitgeistigeren Interpretationen Beef Tatar mit Avocado oder die saisonal orientierte Lammschulter mit Zucchiniroulade und Artischocken. Auch Vegetarier werden dank der Abwechslung im Menü fündig. Küchenchef Matthias Schicht ist es ein besonderes Anliegen, eng mit regionalen Produzenten zusammenzuarbeiten. Die Weinkarte ist umfangreich mit Schwerpunkt Österreich. Und das Ambiente? Das hat durch die historischen Räume einen ganz besonderen Charme. Anzumerken gilt am Ende wohl nur noch, dass sich die zentrale Lage bei den Preisen bemerkbar macht. So ist es eben.

à la carte: 5,50–25,90 €

Tel.: 01 512 34 71
0699 120 336 60
1010 Wien
Weihburggasse 4
www.weisser-rauchfangkehrer.at
info@weisser-rauchfangkehrer.at
tgl. 12–23 Uhr

ZWISCHENBRÜCKENWIRT

13/20

Koch: Günter Szigeti

Man darf Günter Szigeti ruhig als Ikone der Wiener Vorstadtkulinarik bezeichnen. So richtig zentral war der wohl bescheidenste Spitzenkoch der Bundeshauptstadt nämlich noch nie tätig. Aber man kann das Lagedenken auch ruhig Lagedenken sein lassen, und sich einfach an Szigetis erstklassiger Gasthausküche erfreuen. An seiner eh schon ikonischen Crème brûlée von der Entenleber, am Oktopus-Bohnengulasch mit Chorizo, am „Reisfleisch" vom Seeteufel oder – wenn es denn sein soll – natürlich auch am famosen Backhendl. Der Rohmilchkäse ist von Jumi, das Craftbeer aus dem Gusswerk – und die ausufernd bestückte und niederschwellig kalkulierte Weinkarte aus einer besseren Welt.

à la carte: 4–25 €

Tel.: 01 333 10 62
1200 Wien
Treustraße 27
www.zwischenbrueckenwirt.at
guenther.szigeti@chello.at
Mo–Sa 18–23 Uhr
variabel im Sommer 2022

1070

Tipp

„Running Cooking"

Das Konzept im kleinen Restaurant 1070 ist außergewöhnlich – das Erlebnis empfiehlt sich definitiv für Genießer, die Intimität sowie Überraschungen schätzen. Es gibt keine Speisekarte, aber man kann sich sicher sein, dass der kreative Küchenchef Patrick Mihal das Passende aus der 6m2 Küche zaubert. Selbstverständlich erkundigt sich der freundliche Service zunächst nach Unverträglichkeiten, No-Gos etc. Auch spannend: Die Krimi-Dinners, die hier stattfinden.

Tel.: 0676 566 17 74
1070 Wien
Gutenberggasse 28
www.restaurant-1070.com
reservierung@restaurant-1070.com
Di–So 17.30–22.30 Uhr

404 DONT ASK WHY Ⓝ

Tipp

Auf der Suche nach italienischer Dolce Vita wird man im Kleinen Haus der Kunst fündig. Neapolitanische Pizza aus dem Steinofen, hausgemachte Pasta und Trüffel lassen Gourmetherzen höherschlagen. Die starke Verbundenheit zur mediterranen Lebensfreude drückt sich nicht nur durch die Speisen aus, sondern auch durch die Gastfreundlichkeit der Mitarbeiter. Das 404 vereint die Kunst des Kochens mit kunstvollem Design und schafft eine einzigartige Atmosphäre.

1010 Wien
Friedrichstraße 7
www.dontaskwhy.at
tgl. 11.30–24 Uhr

575 SAGMEISTER Ⓝ

Tipp

575. Diese Zahl beschreibt die Breite Österreichs in west-östlicher Richtung in Kilometern – und gleichzeitig das Konzept des Lokals: Hier werden ausschließlich Lebensmittel (und auch Getränke) aus diesem Einzugsgebiet verwendet. Grandios! Mit der Neuübernahme wurde das gemütliche Gasthaus liebevoll wiederbelebt, ohne den alten Charme zu verlieren. Die Küchenlinie? Ebenso wie die Einrichtung – traditionell, aber mit neuen, kreativen Einflüssen.

Tel.: 0664 883 150 23
1030 Wien
Schimmelgasse 11
www.575sagmeister.at
office@575sagmeister.at
Mi–So 10–24 Uhr

ADLERHOF

Tipp

Der Adlerhof ohne Herrn Stefan, Fussballübertragungen und Schnaidl-Bier… unmöglich. Und doch haben die Betreiber des nicht weit entfernten „Wirr" ein Szenelokal mit sanften Andeutungen an die Vergangenheit (Tapete und Leuchten), Frühstück bis am Nachmittag, guter Küche, Schleppe-Bier-Variationen, Cocktails und lauter Musik daraus gezaubert. Der Adlerhof, er lebt.

à la carte: 6–28 €

Tel.: 01 522 49 05
1070 Wien
Burggasse 51/6
www.adlerhof.wien
post@adlerhof.wien
tgl. 8–22 Uhr

ALI'S GRILL

Tipp

Nach anatolischer Tradition wird man hier begrüßt und zelebriert das gemeinsame Essen mit der Familie und Freunden. Der Tisch füllt sich mit einer großen Auswahl an kalten und warmen orientalischen Vorspeisen. Dazu wird hausgemachtes Brot frisch aus dem Ofen gereicht. Besonderes Highlight sind die türkischen Fleischspezialitäten, die auf dem Holzkohlegrill zubereitet werden und mit einzigartigen Gewürzen die Geschmacksknospen zum Tanzen bringen.

à la carte: 5,90–24,90 €

Tel.: 01 581 15 67
1010 Wien
Operngasse 14
www.alisgrill.at
info@alisgrill.at
Mo–So 11.30–23 Uhr

BELLY OF THE BEAST®

Tipp

„Direkt vom Bauern auf den Tisch." Das ist das Motto des Bio-Restaurants im neunten Wiener Gemeindebezirk. Aus besten Biozutaten werden zu kulinarischen Geschmackserlebnissen, die durch die österreichische sowie die simbabwische Küche inspiriert wurden. Der Samstagabend steht ganz im Zeichen von Marvin Mudenda, dem Chef de Cuisine. Gemeinsam mit Sommelier Marcel Mudenda verzaubert das Duo die Gäste mit mehrgängigen Menüs.

Tel.: 0664 413 48 22
1090 Wien
Wasagasse 28
www.bellyofthebeast.at
office@bellyofthebeast.at
Di–Fr 11.30–22, Sa 10–22 Uhr

CHINABAR

Tipp

Allein der Benennung spiegelt sich die Außergewöhnlichkeit des Lokals wider, dann eine typische chinesische Bar gibt es gar nicht – bis Simon Xie Hong sich für die Eröffnung ebendieser entschied. Dort serviert er innovative Gerichte, bei denen Einflüsse der asiatischen Straßen-Garküchen mit europäischen, insbesondere spanischen, kombiniert werden. Und das in Top-Qualität! Ein weiterer Tipp ist der 2. Standort an der Wien, wo der Fokus auf Sichuanküche liegt.

à la carte: 10–19 €

Tel.: 01 522 08 31
1070 Wien
Burggasse 76
www.chinabar.at
office@chinabar.at
tgl. 11.30–23.30 Uhr

CHINABAR AN DER WIEN

Tipp

Das modern authentische Design der Chinabar stimmt bereits beim Betreten auf einen geschmackvollen asiatischen Abend ein. Mit dem Fokus auf die aromareiche Sichuanküche werden auch Ramen sowie Sushi und Maki serviert. Hier kann man sich durch außergewöhnliche Gerichte, welche man sonst selten auf einer Speisekarte vorfindet, durchprobieren. Gedämpfte Mangalitza-Laibchen mit fermentiertem Gemüse, Sichuan Ravioli vom Wollschwein und Meeresfrüchte Fondue machen Lust auf mehr.

à la carte: 13–19 €

Tel.: 01 971 32 88
1050 Wien
Hamburgerstrasse 2
chinabaranderwien.at
office@chinabaranderwien.at
tgl. 12–24 Uhr

DOGENHOF®

Tipp

Feuer statt Induktion. So lautet das Motto von Küchenchef Lukas Stagl, das sich nicht nur bei Gegrilltem zeigt, sondern bei allen warmen Gerichten, die er in der offen einsichtbaren Küche zubereitet. Die einzige mit Strom versorgte Herdplatte dient nur als „Notfallhilfe". Der Dogenhof ist Teil des supersense-Kollektivs, das sich ganz der analogen Welt (Polaroid-Fotografie, analoges Tonstudio, Vinyl-Platten) verschrieben hat. „Back to the roots" war also auch bei der Entwicklung des Lokals gefragt, das im vergangenen Jahr, wenige Tage vor dem ersten Lockdown eröffnete. Hier geht es bereits mit dem Frühstück los, zu Mittag gibt es ein ausgezeichnetes vegetarisches Menü, am Nachmittag Snacks sowie Kuchen, am Abend dann ein breites kulinarisches Angebot, aus dem man sich auch ein mehrgängiges Menü zusammen stellen lassen kann. Bemerkenswert ist auch die Weinauswahl, die nicht nur Freunden von Naturweinen allergrößten Spaß bereitet.

Tel.: 0660 633 25 44
1020 Wien
Praterstraße 70/2
www.dogenhof.com
info@dogenhof.com
Mo–Fr 11.30–23, Sa 9.30–23,
So, Fei 9.30–17 Uhr

DOTS IM BRUNNERHOF

Tipp

Im historischen Brunnerhof vermutet man wohl eher einen traditionellen Wiener Heurigen als ein trendiges Sushi-Lokal. Aber es ist stimmig – und das Ambiente ist durch die extravagante Innengestaltung mit modernen Elementen äußerst elegant wie außergewöhnlich. Dazu passt auch das Speisen-Angebot: Neben dem exzellenten Sushi und avantgardistischen Asia-Gerichten gibt es auch bunte „Experimental Maki".

Tel.: 01 908 91 10
1190 Wien
Kahlenberger Straße 1
www.dotsimbrunnerhof.at
info@dotsgroup.eu
Mo–Fr ab 18, Sa, So ab 12 Uhr

FIGLMÜLLER

Tipp

Es gilt als das Sinnbild für die Wiener Küche und wird an dieser Adresse zelebriert. Das Wiener Schnitzel ist wahrhaftig ein Meisterwerk mit seinem zarten Fleisch und der in Butterschmalz herausgebacken, knusprig luftigen Panade. Das Figlmüller auf der Wollzeile gilt als Heimat des Schnitzels. Neben dem Verkaufsschlager werden auch andere typische Gerichte angeboten.

Tel.: 01 512 17 60
1010 Wien
Bäckerstraße 6
www.figlmueller.at
reservierung@figlmueller.at
tgl. 11.30–22 Uhr
♿

FLATSCHERS

Tipp

Der Qualitätsanspruch im Flatschers ist hoch, ganz nach dem Motto „Die besten Lieferanten sind gerade gut genug". Das Qualitätsfleisch stammt aus Argentinien und den USA, bekommt am Lava-Steingrill ein unvergleichliches Aroma und landet ganz zart am Teller des Gastes. Dazu braucht es eigentlich nur noch das passende Bier: Hier gibt es Augustiner Bier vom Fass – das ist in Wien einzigartig.

à la carte: 7,50–85 €

Tel.: 01 523 42 68
1070 Wien
Kaiserstraße 113–115
www.flatschers.at
restaurantleitung@
flatschers.at
tgl. ab 17 Uhr

FROMME HELENE

Tipp

Nicht nur die Nähe zum Theater in der Josefstadt ist Grund dafür, dass hier Schauspieler ein und aus gehen: Der familiäre Background von Gastgeber Michael Vogel, vor allem aber die gemütliche Atmosphäre und die perfekt zubereiteten Wiener Spezialitäten sind ausschlaggebend. So herrscht hier eine wunderbare Atmosphäre, sowohl innen als auch im ruhigen Hofgarten.

à la carte: 8–25 €

Tel.: 01 406 91 44
1080 Wien
Josefstädter Straße 15
www.frommehelene.at
restaurant@
frommehelene.at
tgl. ab 11 Uhr
♿

GASTWIRTSCHAFT IM DURCHHAUS

Tipp

Im Durchhaus findet jeder sein Lieblingsplatzerl. Bei der kleinen Fotogalerie, die die Zeit vom Kaiserreich bis zur Republik festhält, an der Schwemme (so wurde die Schank des Restaurants getauft) oder doch lieber im großen Speisezimmer mit Geweihen an der Wand, hölzernen Sesseln und Bänken, die mit farbigen Stoffen Akzente setzen. Das ausgefallene Ambiente wird von der Speisekarte unterstrichen. Ein interessanter Bogen von klassischen Gerichten zu modernen Geschmacksvariationen wurde gespannt. Dazu gibt es von feinen Weinen bis zum Craftbier Begleitungen aller Art.

Tel.: 01 526 94 48
1070 Wien
Neustiftgasse 16
www.durchhaus.at
gw@durchhaus.at
nur abends geöffnet

GELBMANNS GASTSTUBE

Tipp

Das charmante Gasthaus empfängt seine Gäste im wunderbaren Gastgarten oder in den urigen Gasträumen. Entspannung ist hier überall gewiss. Im Fokus steht die Wiener Küche, die dank der Zubereitung mit hochwertigen Zutaten aus Österreich wirklich ausgezeichnet zur Geltung kommt. Auch die Freundlichkeit der Mitarbeiter darf nicht unerwähnt bleiben.

à la carte: 11,80–25 €

Tel.: 01 486 15 99
1160 Wien
Wilhelminenstraße 62
www.gelbmanns.at
reservierung@gelbmanns.at
Di–Sa 11–22 Uhr

GRAND BRASSERIE

Tipp

Grand Hotel Wien

Die Grand Brasserie ist das Hauptrestaurant des Grand Hotel Wien und liegt in der Belétage, dem schönsten Stockwerk. In prunkvoller Umgebung verwöhnt das Serviceteam die Gäste: Morgens mit einem hervorragenden Frühstück, mittags mit österreichischen und internationalen Speisen, nachmittags mit Strudeln aus der hauseigenen Patisserie. Abends diniert man bei Kerzenschein und genießt einen guten Tropfen aus der umfangreichen Weinkarte.Saisonale Angebote wie z.B. die Spargelwochen sind kulinarische Highlights.

à la carte: 8–32 €

Tel.: 01 515 809 120
1010 Wien
Kärntner Ring 9
www.grandhotelwien.com
grandbrasserie@
grandhotelwien.com
Mo–So 6.30–23.30 Uhr

HABIBI & HAWARA – EINS

Tipp

Aus dem Zusammenspiel zweier Kulturen entstand in der Wipplingerstraße im ersten Wiener Gemeindebezirk ein Social Business der ganz besonderen Art. Denn hier genießt man soziale Fusionküche. Vereinigt werden österreichische Klassiker und orientalische Köstlichkeiten. Zubereitet werden gefüllte Weinblätter mit frischer Minze, Tabouleh und Baklava von Menschen mit Migrations- und Fluchthintergrund. Auch hiesige Spezialitäten findet man auf der Speisekarte vor. Die gemütliche Einrichtung im orientalischen Stil sowie das herzliche Personal runden den Besuch gekonnt ab.

à la carte: 9,90–25,90 €

Tel.: 01 710 87 27
1010 Wien
Wipplingerstraße 29
habibi.at
office@habibi.at
Mo–Fr 11–14–30 und 17–22,
Sa 18–22 Uhr
♿

HABIBI & HAWARA NORDBAHN

Tipp

Das Habibi & Hawara ist ein Ort der Herzlichkeit und Integration. Hier fließen die österreichische und orientalische Kultur zusammen, integrieren Menschen mit Flucht- oder Migrationshintergrund in das Konzept mit ein und schaffen etwas Einzigartiges. Das Ergebnis lässt sich nicht nur auf den Tellern und der offenen Küche sehen, sondern auch schmecken. Denn hier gibt es Habibis orientalische Klassiker wie Tabouleh, Hummus und Falafel sowie Hawaras Wiener Schmankerl.

à la carte: 9,90–24,90 €

Tel.: 01 212 75 34
1020 Wien
Bruno-Marek-Allee 23
www.habibi.at/nordbahn
nordbahn@habibi.at
Mo–Fr 11–22, Sa 18–22 Uhr

HAN AM STADTPARK

Tipp

Mit koreanischem Soulfood begeistert ein Mutter-Tochter-Duo im dritten Wiener Gemeindebezirk seine Gäste. Mit Herzblut, Leidenschaft und Kreativität kochen die Zwei traditionelle Gerichte aus ihrer Heimat. Herzlich begrüßt startet man mit Kimchi, einer koreanischen Spezialität aus fermentiertem Kohl. Auch gefüllte Teigtaschen, Sashimi und Gemüsetempura stimmen auf würzige Eintöpfe und Korean BBQ ein.

à la carte: 3,90–18,50 €

Tel.: 01 535 50 50
1030 Wien
Am Heumarkt 9/2/3
www.han-wien.at
post@han-wien.at
Mo 11.30–14.30,Di–Fr 11.30–14.30 und 17.30–22, Sa, So 11.30–15 und 17.30–22 Uhr
Fei

HERBECK

Tipp

Beherbergt in der gleichnamigen Straße verbirgt sich das Herbeck, ein Vorstadt-Juwel von Währing. Besonders an warmen Tagen ist der Gastgarten gut besucht. Die großen Bäume spenden Schatten. Die Speisekarte entzückt mit neu interpretierten Klassikern, aber ein herrliches. Spargelrisotto sowie ein vegetarischer Cheeseburger findet man vor. Davor wird Brot vom Öfferl mit Butter und Aufstrichen gereicht.

à la carte: 8,90–36,90 €

Tel.: 01 470 37 57
1180 Wien
Scheibenbergstraße 11
www.herbeck.wien
office@herbeck.wien
Di–Sa 11.30–15 und 17.30–23 Uhr

HOLLERKOCH

Tipp

Recht unscheinbar wirkt das Hollerkoch von außen, verspricht jedoch umso mehr von innen. Einzelne Farbakzente sorgen für ein gemütliches Ambiente. Besonderes Highlight ist jedoch der gut versteckte Gastgarten. Der Sommerhitze entflieht man in der schattigen Pergola, die mediterranes Feeling verbreitet. Serviert wird von klassisch bis orientalisch und amerikanisch alles was sich gerade größter Beliebtheit erfreut. Buttermilch-Backhendl, rotes Thaicurry und Pulled Pork Burger. Dazu gibt es erfrischenden Hibiskus Eistee.

à la carte: 9–30 €

Tel.: 0660 860 94 01
1180 Wien
Gersthoferstraße 14
www.hollerkoch.at
info@hollerkoch.at
Mo–Mi 16.30–23 Do 16–23.30, Fr–Sa 9–23.30, So 9–22 Uhr

IKI

Tipp

Das Iki ist nicht nur ein Restaurant, sondern eine japanische Lebenshaltung. Urban und mit Raffinesse werden hier bunte Sushi Rolls, Ramen und Won Ton – die bekannten Teigtaschen – serviert. In der Mittagspause genehmigt man sich eine Bento Box mit hausgemachtem Lemongras Grüntee, der das Nachmittagstief vorbeugt.

à la carte: 8–15 €

Tel.: 01 0501 001 36 00
1100 Wien
Am Belvedere 1
www.iki-restaurant.at
info@iki-restaurant.at
Mo–Fr 11–21.30 Uhr
Fei

IKO

Tipp

Im Alten Rathaus in der Wipplingerstraße hat man sich der asiatischen Fusionsküche verschrieben. Die modernen Kreationen können im beliebten Gastgarten genossen oder auch mit nach Hause genommen werden. Die Qualität des klassischen Sushi-Angebots ist ebenso überzeugend, wie die asiatische Abwandlung von Tapas. Besonders erfrischend sind die hausgemachten Eistee-Variationen.

Tel.: 01 890 42 00
1010 Wien
Wipplingerstrasse 6
www.iko.wien
info@iko.wien
Mo–Fr 11–22, Sa 12–22 Uhr
Fei

IN-DISH

Tipp

Im In-Dish erlebt man indische Tradition und wird auf eine kulinarische Reise begleitet. Langweilig oder fad schmeckt hier nichts, denn jedes Gericht überzeugt mit seinem außergewöhnlichen Geschmack aus den hochwertigen Zutaten und Gewürzen. Um eine eigene Note und der Kreativität freien Lauf zu lassen hat man sich ein wenig ausgetobt und klassische Gerichte neu interpretiert. So entstand auch der OMG Butter Chicken Burger, der seither als Signature Dish gilt und sich größter Beliebtheit erfreut.

Tel.: 01 941 28 01
1010 Wien
Schwarzenbergstraße 8
www.in-dish.at
reservations@in-dish.at

JOMA

Tipp

In bester Lage am Hohen Markt findet sich das modern eingerichtete Trendlokal Joma. Hier trifft man sich für ein entspanntes Frühstück, zum Lunch oder stößt bei einem After-Work Cocktail an. Das junge Team ist zu jeder Tageszeit gut gelaunt und empfiehlt das Passende. Auf der Karte findet sich sowohl Internationales (darunter auch vegane Speisen), als auch heimische Spezialitäten, die der eine oder andere auch aus den Partnerrestaurants der Figlmüller Group kennt (Stichwort Schnitzel).

Tel.: 01 532 10 32
1010 Wien
Hoher Markt 10
www.joma-wien.at
info@joma-wien.at
tgl. 8–22 Uhr

KRAWALL

Tipp

Hier ist es laut, denn inmitten des Wiener Naschmarktes pulsiert die Gastronomie. Während sich die asiatische Küche stark etabliert hat, überzeugt das Krawall mit außergewöhnlichen Tapas und saisonalen Angeboten. Beginnend mit einer spanischen Gemüse Tortilla bis hin zum Bison-Chili-Leberkäs wird alles serviert. Dazu ein feiner Tropfen nationalen sowie internationalen Weinen, beobachtet man das rege Treiben.

à la carte: 10–35 €

Tel.: 0664 207 22 52
1060 Wien
Naschmarkt Stand 975/C8
www.krawall.at
bar@krawall.at
Di–Fr 11–23, Sa 8–23 Uhr

LIEBLINGSFISCH®

Tipp

Für Spitzenkoch Peter Zinter geht nichts über einen frischen Fisch, der noch dazu gut zubereitet ist. Gemeinsam mit dem Fischgroßhandel Eiskhen Estate entstand so unter dem Namen „Lieblingsfisch" ein Restaurant der besonderen Art. Am Karmelitermarkt erhält man nun Fisch in bester Qualität, frisch und hervorragend zubereitet – was will man mehr?

à la carte: 6–32 €

Tel.: 0664 262 41 89
1020 Wien
Karmelitermarkt 44
www.eishken.at
bestellungen@eishken.at
Di–Fr 10–18 und Sa 8–14 Uhr

MAMA & DER BULLE

Tipp

Jung, modern und frech präsentiert sich das Steakhouse in der Wiener Innenstadt. Als Aushängeschild gelten die Flat Iron Steaks und das selbstgereifte Dry-Aged Rib Eye Steak. Hochgestapelt und üppig belegt werden die saftigen Burger. Auch Vegetarier müssen nicht darauf verzichten, denn die fleischlose Alternative überzeugt. Dazu gibt es Erdäpfel in verschiedenen Varianten – als Fries oder Püree – oder Pimientos. Natürlich dürfen auch Milchshakes und Cheesecake und saftiger Schokoladekuchen nicht fehlen.

à la carte: 6,90–14,90 €

Tel.: 01 512 34 49
1010 Wien
Schellinggasse 5
www.mamaundderbulle.at
tisch@mamaundderbulle.at
tgl. 12–23 Uhr

MAMA LIU & SONS

Tipp

Hier wird der Hot Pot Kult zelebriert. Saisonales Gemüse, Meeresfrüchte, Tofu und Fleisch werden in verschiedenen Suppen zubereitet. Davor gibt es jedoch noch asiatische Tapas. Alle klingen sie köstlich und vielversprechend. Gut, dass es nur Häppchen sind, so hat man die Möglichkeit sich durchzukosten. Besonders empfehlenswert sind die Teigtaschen. Mit unterschiedlichen Füllungen, von Garnelen mit Bärlauch bis zu Rostbraten mit Kurkuma und schwarzem Pfeffer, bringen sie die Geschmacksknospen zum Tanzen.

à la carte: 5–25 €

Tel.: 01 586 36 73
1060 Wien
Gumpendorfer Straße 29
www.mamaliuandsons.at
hello@mamaliuandsons.at
Di–Fr 18–23, Sa, So 12–23 Uhr

MARCO SIMONIS BASTEI10

Tipp

Wie ein moderner Marktplatz inmitten der Inneren Stadt wirkt die Bastei10. Bunt, familiär und doch ein wenig futuristisch. Genauso bunt gestaltet sich auch die Speisekarte. Heimische Gerichte werden neu interpretiert, andere werden mediterran beeinflusst und so manche sind asiatischen Ursprungs. Eines haben sie jedoch gemeinsam: allesamt schmecken sie köstlich. Bevor man sich auf den Heimweg macht genehmigt man sich noch ein Stück Kuchen. Schokotarte, Gugelhupf, Cheescake und vieles mehr stehen werden täglich frisch zubereitet.

à la carte: 5–25 €

Tel.: 01 512 20 10
1010 Wien
Dominikanerbastei 10
www.marcosimonis.com
welcome@marcosimonis.com
Mo–Fr ab 11.30 Uhr, Sa variabel

MARKET RESTAURANT

Tipp

AMBIENTE AWARD 2013

Hier gilt „fresh off the market": Nur die frischesten Zutaten direkt vom gegenüber liegenden Naschmarkt werden in den hausgemachten Speisen verarbeitet. In modern und künstlerisch gestalteten Räumlichkeiten genießt man asiatische Fusionsküche. Das Angebot richtet sich sowohl an Frühstücksgäste als auch an Liebhaber von außergewöhnlichen Dinners auf hohem Niveau.

à la carte: 4,90–21,90 €

Tel.: 01 581 12 50
1060 Wien
Linke Wienzeile 36
www.market-restaurant.at
office@market-restaurant.at

MAX – GRILL HOUSE

Tipp

In diesem modern gestalteten Grill-Restaurant der Gastronomen-Familie Huth steht – wie sollte es anders sein – saftiges Fleisch im Mittelpunkt. Durch die Zubereitung im Barbecue-Smoker und am Josper Grill mit viel Expertise entsteht der spezielle Geschmack. So werden die Gäste von der „BBQ Dreifaltigkeit" bestehend aus Pulled Pork, Pastrami und Ribs und vielen weiteren Herrlichkeiten begeistert. Ein Craft Beer rundet das Essen perfekt ab.

à la carte: 9,90–29,90 €

Tel.: 01 512 81 28
1010 Wien
Schellinggasse 6
www.damax.at
tisch@damax.at
tgl. 12–23 Uhr

OSTERIA MANGIA E RIDI

Tipp

Die italienische Küche ist wohl eine der beliebtesten. Wer könnte auch zu selbstgemachten Nudeln, geschmackvollem Pesto und würzigem Parmesan „Nein" sagen? Rosita und Piero Corapi haben ein Stück ihrer Heimat nach Österreich mitgenommen und verbreiten nun mediterranes Urlaubsfeeling für die Geschmacksnerven. Sie schaffen den Mythos aus der Welt, dass man in Italien nur Pizza isst und servieren traditionelle Gerichte nach Rezepten ihrer Nonna.

à la carte: 35–70 €

Tel.: 01 512 27 03
0664 246 10 19
1010 Wien
Kurrentgasse 12
www.osteria-mangiaeridi.at
Mangiaundridi@gmx.at
Mo–Fr 12–15 und 18–22.30,
Sa 18–22.30 Uhr

PARLOR

Tipp

im Hotel InterContinental Wien

Es ist nicht immer alles einfach schwarz oder weiß, aber fast. Die Einrichtung wird von der Zweifärbigkeit dominiert. Einzelne Farbakzente verleihen dem einzigartigen Raumkonzept Tiefe. Bunt ist hingegen die Speisekarte mit Einflüssen aus verschiedensten Ländern. So begibt man sich inmitten des ersten Gemeindebezirks auf eine kleine, aber besonders feine, kulinarische Reise. Beginnend mit einem Stremellachs, danach Ravioli mit roter Rübe, Basilikum und Zitrone. Zum Schluss geht es nach Frankreich mit einer herrlichen Créme Brûleìe.

à la carte: 15–35 €

Tel.: 01 711 221 10
1030 Wien
Johannesgasse 28
www.restaurant-parlor.at
vienna.parlor@ihg.com
tgl. 17.30–23 Uhr

PLACHUTTA GRÜNSPAN

Tipp

In Ottakring, Wiens traditionellem Bierbezirk, versteckt sich unter prächtigen Kastanienbäumen ein Biergarten der besonderen Art. Klassisch österreichische Wirtshausküche genießt man im Halbschatten unter den mehr als 100 Jahre alten Riesen. Zu den großzügigen Portionen gibt's natürlich ein erfrischendes Bier. Neben Backhendlsalat, Tafelspitz und Co werden auch vegetarische Alternativen angeboten.

à la carte: 12,50–22,50 €

Tel.: 01 480 57 30
1160 Wien
Ottakringer Straße 266
www.gruenspan.at
office@gruenspan.at
tgl. 11–22 Uhr

PRILISAUER

Tipp

Seit 136 Jahren trifft man einander in diesem gemütlichen Hütteldorfer Gasthaus, das mittlerweile zu einer Institution geworden ist. Familie Prilisauer führt es schon in fünfter Generation und ist stets auf das Wohl ihrer Gäste bedacht. Mit den österreichischen Gerichten und der Einbeziehung von regionalen und saisonalen Spezialitäten wie Schwammerln, Bärlauch, etc. gelingt dies bestens. Dies genießt man in der Stube, im Salettl oder im schattigen Gastgarten.

à la carte: 9,50–23,50 €

Tel.: 01 979 32 28
1140 Wien
Linzer Straße 423
www.prilisauer.at
office@prilisauer.at
Mi, Do 11.30–22.30,
Fr, Sa 11.30–23, So 11.30–22 Uhr

RAMASURI

Tipp

Dieses Restaurant ist bunt, geschmackvoll und am Punkt der Zeit. Frühaufsteher, Langschläfer und Brunchvernatiker freuen sich über das umfangreiche Frühstücksangebot, am Wochenende sogar bis 15 Uhr. Blueberry Pancakes, Passionsfrucht Porridge und Cheesy Egg Sandwiches sind nicht nur Hingucker in der Instagram-Story, sondern schmecken auch unfassbar gut. Dazu eine hausgemachte Zwetschken-Gewürz Limonade.

Tel.: 0676 466 80 60
1020 Wien
Praterstraße 19
ramasuri.at
office@ramasuri.at

REGINA MARGHERITA

Tipp

Ein wenig versteckt liegt dieses Juwel im Innenhof des Palais Esterházy. Wer es gefunden hat, der begibt sich für eine kurze Zeit gedanklich nach Neapel und genießt bei köstlicher Holzofenpizza einen kulinarischen Kurzurlaub. Nicht nur das Essen, auch die herzliche Bewirtung durch die Familie Barbaro und ihr Team sorgt für das Dolce-Vita Flair.

à la carte: 5–60 €

Tel.: 01 533 08 12
1010 Wien
Wallnerstraße 4/Palais Esterházy
www.barbaro.at
regina@barbaro.at
tgl. 12–23 Uhr
✱ 24. und 25. Dez. 2021, 1. Jän. 2022

RESTAURANT TWENTYTWO Ⓝ

im Holiday Inn Vienna South

Tipp

Zum atemberaubenden Blick über die Dächer von Wien serviert ein gut gelauntes und kundiges Personal neu und erfrischend interpretierte Klassiker aus der Wiener wie aus der internationalen Küche mit Twist. Auch auf der Weinkarte wird man fündig, um bei einem guten Extra-Glaserl „diese" Aussicht noch etwas länger zu genießen.

Tel.: 01 890 999 87 00
1100 Wien
Wienerbergstrasse 7, 22. Stock
www.restaurant-22.at
restaurant@twentytwo.at

RINDERWAHN

Tipp

Saftiges Rindfleisch, schmelzender Cheddar Cheese, dazu hausgemachte Mayo, frischer Salat und das ganze in einem luftigen Brioche-Bun. Bei der Vorstellung rinnt einem das Wasser im Mund zusammen. Wer verrückt nach einzigartigen Burgern und knusprigen Fries ist, sollte diesem Restaurant einen Besuch abstatten. Neben dem Klassiker, darf natürlich auch ein Pulled Pork Burger, zahlreiche andere Variationen und vegetarische Alternativen nicht fehlen. Mit Ziegenkäse, Röstzwiebeln und Spiegelei kann man seinen Burger upgraden und seinen persönlichen Favoriten kreieren.

Tel.: 01 512 09 96
1010 Wien
Weihburggasse 3
www.rinderwahn.at
restaurant@rinderwahn.at

SKOPIK & LOHN

Tipp

Im Skopik & Lohn darf man einerseits mit klassischen Gerichten in bester Qualität rechnen, andererseits auch mit Innovationen. Vor allem jedoch mit exzellentem Service, der unter anderem für die stimmungsvolle Atmosphäre sorgt. Im Gastgarten sitzt man äußerst angenehm, aber auch die Inneneinrichtung des Restaurants sollte man gesehen haben: Im Kontrast zu klassischer Holzvertäfelung steht die abstrakte Kunst am Plafond.

à la carte: 6–32 €

Tel.: 01 219 89 77
1020 Wien
Leopoldsgasse 17
www.skopikundlohn.at
office@skopikundlohn.at
Di–Sa ab 18 Uhr

STELLAS 3 Ⓝ

Tipp

Das Stellas 3 ist die jüngere Schwester des beliebten Nachbarschaftslokals im siebten Bezirk und erfüllt mit dem gleichen Konzept, die kulinarischen Wünsche der Bewohner des dritten Bezirks. Vom ersten Tag an wurde das kleine Restaurant regelrecht gestürmt, weil die gebotene Mischung aus guten Drinks, feinen kleinen Speisen und guter Stimmung einfach passt. Wer in Ruhe essen will und auf das gesellige Treiben rund um die Bar verzichten kann, findet in einem stimmig eingerichteten Speisezimmer im ersten Stock ein angenehmes Refugium. Das kulinarische Repertoire wie auch die Qualität der Speisen ist mit der goßen Schwester fast identisch. Der augenscheinlichste Unterschied ist, dass hier nicht auf einem japanischen Robata gegrillt wird, sondern auf Lavastein.

Tel.: 01 710 67 73
1030 Wien
Landstraße Hauptstraße 44
www.stellas.at
bistrodrei@stellas.at

STERN

Tipp

Wie in den meisten Wiener Gasthäusern liegt auch im Stern der Fokus auf klassischen Fleischgerichten. Auf der Karte steht z.B. zarter Tafelspitz, aber auch Innereien und Wild. Man ist hier sehr auf die Herkunft der Zutaten bedacht, das Wild ist beispielsweise meist vom Chef höchstpersönlich geschossen. Dazu passend gibt es Wein für jeden Geschmack. All das genießt man in angenehm schlichtem und hellem Ambiente.

à la carte: 6,90–28,90 €

Tel.: 01 749 33 70
1110 Wien
Braunhubergasse 6
www.gasthausstern.at
office@gasthausstern.at
Mi–So ab 11 Uhr

STOMACH

Tipp

Mit neuem Küchengespann startet das Stomach in eine neue Ära und verwöhnt mit Altbekannten, das dank moderner Umsetzung am Teller den Zeitgeist der Wiener Küche trifft. So bietet die Speisekarte neben Klassikern wie Beef Tatar, Tafelspitz, und geschmorter Rindsbackerl saisonale, mediterran inspirierte Köstlichkeiten wie Kürbisnocken oder ein von Sesam und Chiasamen ummanteltes Lachsfilet auf Safranrisotto und Fenchelgemüse. Die Getränkekarte offenbart einen ausgewählten Einblick durch Österreichs Weinsortenvielfalt. Besonders hübsch ist der Innenhof, aber auch der Gastraum des Wiener Edel-Beisls mit seinem dunklen Holzboden weiß mit Gemütlichkeit zu überzeugen.

Tel.: 01 310 20 99
1090 Wien
Seegasse 26

STRÖCK-FEIERABEND

Tipp

Bekannt für feinste Mehlspeisen, vollmundiges Brot und Gebäck, wird im Ströck-Feierabend die Backkunst gemeinsam mit Weinen kombiniert. Besonderes Augenmerk wird auf die Herkunft der Produkte, deren Saisonalität und dessen Zubereitung gelegt. Neben einem umfangreichen Frühstücksangebot werden zu Mittag Salate, Burger und Sandwiches serviert. Abends gibt es Beef Tatar, Eiernockerl und Topfenknödel.

Tel.: 01 204 399 993 057
1030 Wien
Landstraßer Hauptstraße 82
www.stroeck-feierabend.at
feierabend@stroeck.at
Mo–Sa 7–21.30, So 7–17.30 Uhr

TIAN BISTRO AM SPITTELBERG

Tipp

Gemüse ist keineswegs langweilig. Das beweist das Tian Bistro am Spittelberg. Anstelle des Wiener Schnitzels werden hier Linguine mit wildem Brokkoli, Kräuterseitlingen und Pinienkernen serviert. Die durchwegs vegetarisch und vegane Speisekarte bietet abwechslungsreiche und vor allem spannende Gerichte an, die auch Fleischliebhaber überzeugen. Verspeist werden Flammkuchen und Co im verträumten Gastgarten.

à la carte: 10–16 €

Tel.: 01 526 94 91
1070 Wien
Schrankgasse 4
www.tian-bistro.com
spittelberg@taste-tian.com
Di–Fr 17.30–22, Sa, So 10–15 und 17.30–22 Uhr

UNKAI SUSHI

Tipp

im Grand Hotel Wien

Im Grand-Hotel begibt man sich in den Sushi-Himmel. Sogar wortwörtlich, denn UNKAI bedeutet Wolkenmeer. Die Vielfalt der japanischen Küche, von perfektem Sushi zu Teppanyaki, wird einerseits im Erdgeschoss in der modernen Sushi-Bar, andererseits in den noblen Räumlichkeiten im 7. Stock vom professionellen Team präsentiert. Das Angebot wird komplettiert durch eine edle Sake-Auswahl sowie Kirin Bier vom Fass.

à la carte: 3,30–35 €

Tel.: 01 515 809 773
1010 Wien
Kärntner Ring 9
www.unkai.at
unkai@grandhotelwien.com
tgl. 11–23 Uhr

VIVA LA MAMMA

Tipp

Eine Reise in das sonnige Italien mit all seinen Spezialitäten und mediterranem Flair, verspricht ein Besuch im Viva la Mamma. Zu ofenfrischer Focaccia, cremiger Burrata und handgemachter Pasta sagt man nicht Nein. Mamma's Leidenschaft ist jedoch die Pizza: Der Pizzaofen, in dem herrlich knusprige Teigfladen, belegt mit Trüffel, Mortadella oder Prosciutto gebacken werden, bleibt das Herzstück des Italo-Restaurants. Hohe Produktqualität steht bei allen Gerichten an oberster Stelle, denn bei Mamma kommt nur das Beste auf den Tisch.

Tel.: 01 512 16 45
1010 Wien
Dr.-Karl-Lueger-Platz 5
www.vivalamamma.at
tisch@vivalamamma.at
tgl. 12–23 Uhr

WALDVIERTLERHOF

Tipp

Die Wiener Wirtshauskultur ist legendär. Auf diesem Feld sind die Brüder Laskowsky bereits mit verschiedenen Restaurants seit Jahren aktiv und haben sich eine treue Stammkundschaft aufgebaut. Im Waldviertlerhof gibt es neben gutbürgerlichen Wiener Speisen, dem Namen entsprechend, auch Spezialitäten aus dem Waldviertel. Diese genießt man entweder im schattigen Gastgarten oder in den rustikalen Räumen.

à la carte: 10–25 €

Tel.: 01 586 35 12
1050 Wien
Schönbrunner Straße 20
www.waldviertlerhof.at
reservierung@
waldviertlerhof.at
Mo–Sa ab 10 Uhr
✱ So, Fei
♿

WEIN & CO

Tipp

Abgerundet wird ein Gericht erst durch die passende Weinbegleitung. Auf der Suche nach dem passenden Tropfen für Speisen aller Art wird man im Weinkeller des Wein & Co Flagshipstore fündig. Die über 2.000 verschiedenen Weine werden zu weingefälligen Barsnacks sowie reichhaltigen Lunch- und Dinnerangeboten serviert. Von Zeit zu Zeit verzaubert Headsommelier Leopold Schneemann seine Gäste und schenkt einzigartigen Weinen aus dem Raritätenkeller ein.

à la carte: 9–23 €

Tel.: 05 070 631 22
1010 Wien
Jasomirgottstraße 3–5
www.weinco.at
jasbar@weinco.at
tgl. 12–17 (Bistro), 17–22 Uhr (Dinner)

WEIN & CO MARIAHILFERSTRASSE

Tipp

Für manche ist dies der ideale Ort für eine Shopping-Pause, für andere wiederum beginnt hier erst das wahre Einkaufserlebnis. Im Wein & Co auf der Mariahilfer Straße sind im ganzen Geschäft Sitzplätze verteilt und so kann man das Vinothek-Flair in vollen Zügen genießen. In der Verkostungszone kann man Weine probieren, sucht sich anschließend einen aus und genießt ihn vor Ort in elegantem Ambiente zu einem geringen Korkgeld. Dazu gibt es italienische und spanische Köstlichkeiten.

Tel.: 01 050 706 30 22
1070 Wien
Mariahilfer Straße 36
www.weinco.at
mar@weinco.at

WEIN & CO NASCHMARKT

Tipp

Noch zu später Stunde Wein kaufen – das ist möglich im Wein & Co am Naschmarkt. Am besten widmet man sich aber dem Genuss vor Ort: Die edlen Tropfen aus dem Sortiment können glasweise verkostet werden oder man bestellt sich eine Flasche zum regulären Shop-Preis, auf den nur eine Service-Gebühr aufgeschlagen wird. Dazu empfiehlt das Service-Personal kleine Köstlichkeiten wie eine Käseplatte oder Schokokuchen.

à la carte: 4,50–18 €

Tel.: 01 050 706 31 02
1060 Wien
Linke Wienzeile 4
www.weinco.at
nasbar@weinco.at
Mo–Sa ab 10, So ab 11 Uhr
variabel

WILD

Tipp

Urig, gemütlich und doch auch kaiserlich versetzt das Gasthauswild mit seinem Ambiente sowohl im Innenraum als auch im Gastgarten und dem Speisenangebot seine Gäste in die K.u.K. Monarchie zurück. Von früh bis spät erfährt man stets einen freundlichen Service und startet bei einem klassischen Frühstück bestehend aus hausgemachtem Schwarzbrot, Beinschinken, Käse und Butter gut gelaunt in den Tag. Das vielfälltige Angebot der Tages- und Abendkarte sorgt mit saisonalen Gerichten für einen abwechslungsreichen Genuss.

à la carte: 8,50–33 €

Tel.: 01 920 94 77
1030 Wien
Radetzkyplatz 1
www.gasthaus-wild.at
wild@chello.at
Mo–Sa 11.30–23,
So 11.30–22 Uhr

ZUM RENNER

Tipp

Die urige, gemütliche Atmosphäre in den Stuben des traditionellen Gasthofs in Nussdorf ist schon herrlich, aber besonders die Sommertage im lauschigen Gastgarten prägen sich ein. Im Schatten alter Bäume genießt man hier Wienerische Wirtshausklassiker mit Produkten aus der hauseigenen Fleischerei, dazu ein Gläschen Wein aus Grinzing oder ein Andechser Bier. Ein Tipp: Man sollte definitiv mit viel Hunger kommen.

Tel.: 01 378 58 58
1190 Wien
Nussdorfer Platz 4
www.zum-renner.at
gasthof@zum-renner.at
Mo–Sa 11.30–22 Uhr

ZUM REZNICEK

Tipp

Mit dem Lokal Zum Reznicek findet man ein urtypisches Alt-Wiener Beisl, so wie es im Bilderbuche steht. Die großartige, gutbürgerliche Küche würde man hier von außen vielleicht nicht erwarten – aber das Essen überzeugt auf ganzer Linie, auch durch die großzügigen Portionen. Passend zur Saison gibt es bestimmte Schwerpunkte auf der Karte, besonders zelebriert wird das traditionelle Gansl-Essen.

à la carte: 10,90–23,90 €

Tel.: 0699 131 791 40
1090 Wien
Reznicekgasse 10
www.zumreznicek.at
office@zumreznicek.at
Mo–Fr ab 11 Uhr

ZUR GOLDENEN KUGEL

Tipp

Ehrliche Küche, frische Produkte, Fleiß und Fachkompetenz – das sind die Werte, auf denen das Wiener Gasthaus mit über 100 Jahren Tradition aufbaut. Das gekonnte Handwerk und die qualitativ hochwertigen Produkte schmeckt man in den österreichischen Klassikern, die das zuvorkommende Service-Personal an den Tisch bringt. Hervorragend sind die Innereien-Spezialitäten und die Mehlspeisen.

Tel.: 01 405 83 63
1090 Wien
Lazarettgasse 6
www.zurgoldenenkugel.at
lokal@zurgoldenenkugel.at
So–Fr ab 11.30 Uhr

BURGEN-
LAND

DIE BESTEN

18,5/20	**TAUBENKOBEL** Schützen am Gebirge	Seite 142
17/20	**GUT PURBACH** Purbach	Seite 139
15,5/20	**GREISSLEREI BEIM TAUBENKOBEL** Schützen am Gebirge	Seite 141
15,5/20	**RATSCHEN** Deutsch Schützen	Seite 133
15/20	**GUT MARIENDOL** Litzelsdorf	Seite 136
14,5/20	**GASTHAUS CSENCSITS** Kohfidisch	Seite 134
14,5/20	**GASTHAUS ZIEGELWERK** Wimpassing an der Leitha	Seite 146

LEGENDE

- ○ Orte allgemein
- Orte mit 1 Haube (grün)
- Orte mit 2 Hauben (gelb)
- Orte mit 3 Hauben (orange)
- Orte mit 4 Hauben (blau)
- Orte mit 5 Hauben (rot)

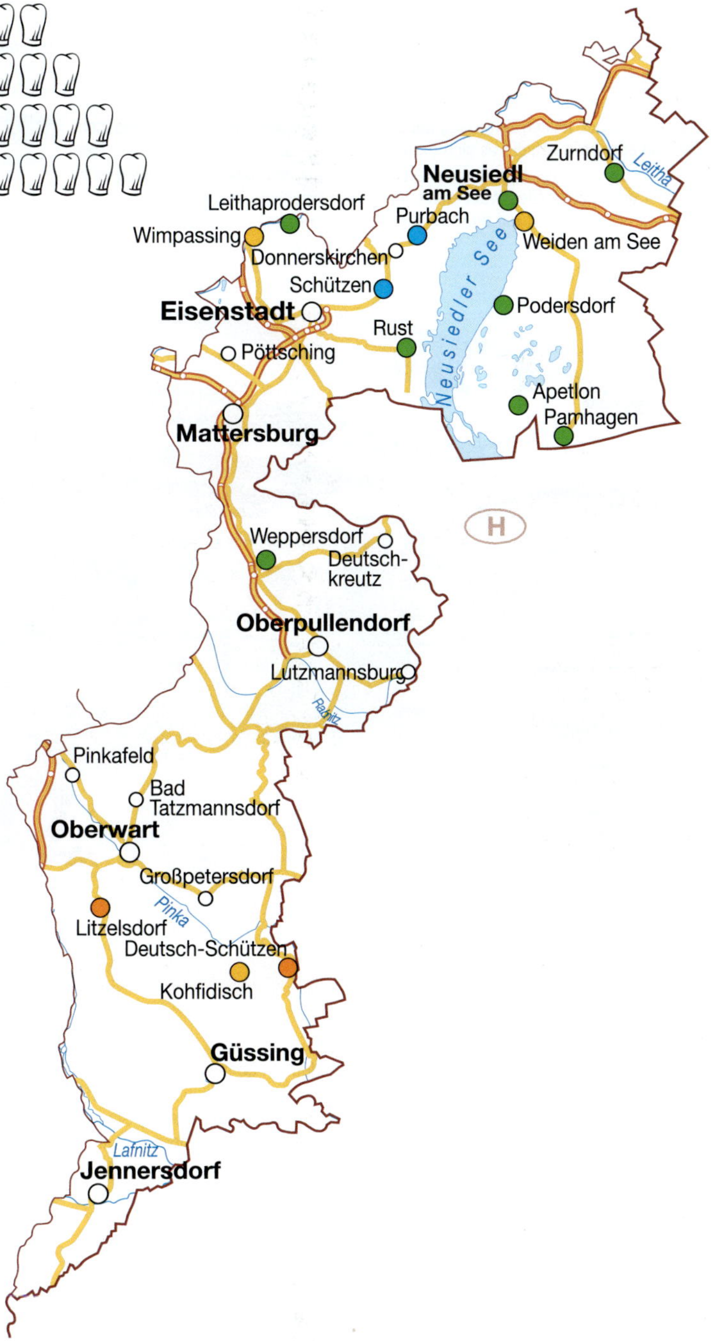

APETLON 03

ZUM FRÖHLICHEN ARBEITER 12/20

Koch: Hannes Tschida

Österreichische Wirtshaus- und Weinkultur treffen bei Familie Tschida aufeinander und können mittlerweile als deren Markenzeichen bezeichnet werden. Seit vielen Jahren bewirten Tschidas bereits das gemütliche Gasthaus im Seewinkel und das auf grundliegend solidem Niveau. Patron Hannes Tschida setzt in seiner Küche auf Regionales, das entweder modern in Form eines Mehrgangsmenüs interpretiert oder klassischer, jedoch zeitgeistig bei den À-la-carte-Speisen zu Besten gegeben wird. So oder so empfiehlt es sich der Weinexpertise des Hauses hinzugeben: Das Sortiment ist breit und hält einige interessante Positionen bereit, der Schwerpunkt liegt bei der umliegenden Weinregion. Im großen Innenhof sitzt man in hübschem Ambiente. Die Stube ist mit ihrer traditionellen Schank und dem dunklem Holz besonders charmant.

à la carte: 8–30 €

Tel.: 02175 22 18
0699 197 712 03

7143 Apetlon
Quergasse 98

www.froehlicherarbeiter.at
gasthaus@
froehlicherarbeiter.at

Mo, Di, Fr 11.30–14.30 und 17.30–21, Sa, So 11.30–21 Uhr
variabel

BAD SAUERBRUNN N3

ROSENGARTEN Tipp

Im Rosengarten fühlt man sich rundum wohl. Vor allem im Sommer, denn draußen genießt man das Ambiente, die köstlichen Speisen und den freundlichen Service inmitten traumhafter Rosen. „Einfachheit ist die höchste Stufe der Vollendung", lautet das Motto der Küchenlinie – die Basis dafür bilden hochwertige Grundprodukte und die Expertise der Küchencrew. Besonders das Frühstück sollte man sich hier nicht entgehen lassen.

à la carte: 8–35 €

Tel.: 0660 523 84 66

7202 Bad Sauerbrunn
Bahngasse 2

www.rosengarten-badsauerbrunn.at
office@rosengarten-badsauerbrunn.at

Di, Mi 11.30–21, Do 11.30–15, Fr, Sa 8–21, So, Fei 8–16 Uhr

BAD TATZMANNSDORF N4

TREIBER

Tipp

Seit mehr als 60 Jahren verwöhnt Familie Treiber ihre Gäste mit bodenständigen sowie exquisiten Speisen. Und das alles mit einer Herzlichkeit, die absolutes Wohlfühlen garantiert. Bei einem Glas Wein aus eigenem Anbau kommt man ins Gespräch, während sich die Kinder im Spielzimmer vergnügen. Freitags finden Tanzveranstaltungen mit Live-Musik statt. Ein weiteres Highlight: die Kochbuch-Bibliothek mit über 500 Büchern.

à la carte: 8,50–26 €

Tel.: 03353 82 71
0676 756 37 27

7431 Bad Tatzmannsdorf
Jormannsdorferstraße 52

www.burgenlandurlaub.at
info@burgenlandurlaub.at

Fr–Di 11–21.30 Uhr
variabel

BERNSTEIN N4

PANNONIA

Tipp

Schon lange steht das Pannonia für burgenländische Tradition und Wirtshauskultur. Hier wird man freundlich in der Gaststube oder auf der hübschen Terrasse bedient. Auf der Speisekarte befindet sich die ganze südburgenländische Vielfalt, aber auch Internationales. Dazu trinkt man ein Glas Wein aus der Umgebung. Rauschende Feste wie Hochzeiten können hier ebenfalls gefeiert werden.

à la carte: 9,50–48 €

Tel.: 03354 6543
0660 262 0104

7434 Bernstein
Hauptstraße 58

www.pannonia-roth.at
office@pannonia-roth.at

tgl. 11–15 und 17.30–20.30 Uhr
variabel im Feb. und August 2022

DEUTSCH SCHÜTZEN P4

RATSCHEN

15,5/20

Köche: Alexander Reiter & Philipp Kaufmann

In der „Ratschen" wird die Glasfront bei Bedarf zur Seite geschoben und die Natur in den Gastraum geholt. Das leise Zirpen aus den umliegenden Feldern trägt zur Entspannung bei und so genießt man ein Glas Uhudlerfrizzante, während man die Weite der Landschaft auf sich wirken lässt. In der Küche legt sich das junge Team indes so richtig ins Zeug. Vier bis acht Gänge stehen im Menü zur Auswahl – mit acht, hat man alles ausprobiert, was auf der Karte steht. Neben den Zutaten ist vermerkt, um welche Produkte es sich handelt und wie sie behandelt werden. Ein cleverer Gedanke, so weiß der Gast, was er zu erwarten hat. Das Filet vom Saibling, so liest man, wurde gebeizt, die Salatgurke eingelegt und die Schalotte gepickelt. Wie gelesen, so serviert. Die Kombination ist hervorragend, die Mayonnaise dazu findet großzügige Verwendung. Ideenreich geht es weiter mit einer Spargelmousse in Ringform, darauf geflämmter weißer und säuerlich marinierter grüner Spargel. Als Tonangeber fungiert auch Estragon – insgesamt ist alles fein abgestimmt. Schön erdacht, angekündigt und ausgeführt ist auch der gedämpfte weiße Wels, der sich auf einem aromatischen Gemüsebett wohl fühlt, außerdem die rosa gebratene Barbarieentenbrust. Für die Shiitake-Hollandaise zur Ente wurden die Pilze gedörrt, das Ergebnis ist verdichtete, dunkeltönige Würze, die dem Fleisch gut zur Seite steht. Mit „Mähhh" zum Dessert ist alles gesagt – Schafsjoghurteis, Rhabarberragout, Himbeer und Erdnussnougat ergänzen sich fabelhaft. Nach den hauseigenen Weinen von Wachter-Wiesler, die sich auch in der umfangreichen Karte wieder finden, lässt man sich gern noch zu einem Glas Süßwein verleiten. Vor allem, wenn einer der Holz-Bungalows der Ratschen-"Wohnothek" zur Nächtigung reserviert ist.

à la carte: 6–35 €

Tel.: 03365 200 82
0664 418 07 05

7474 Deutsch Schützen
Am Ratschen 5

www.ratschen.at
office@ratschen.at

Mi–Fr 18.30–22, Sa 11.30–14 und 18.30–22, So 11.30–14 Uhr

GOLS — P3

HEIMLICHWIRT

Tipp

Tel.: 0660 666 42 60
7122 Gols
Neustiftgasse 3
www.heimlichwirt.com
heimlich@heimlichwirt.com
Di–Fr 11.45–13.30 und
Di–Sa ab 16 Uhr

Etwas länger hat es bei Peter Heimlich Müller gedauert, bis er seine tatsächliche Berufung als Koch gefunden hat. Diese Zeit hat er gebraucht, um sich seiner Leidenschaft sicher zu sein. Nun besitzt er ein eigenes Lokal und begeistert mit Wirtshausküche – einem originellen Mix aus Finesse und traditioneller Bodenständigkeit. Auf der Speisekarte finden sich saisonales Gemüse, Fleisch und Fisch.

à la carte: 9–32 €

HEILIGENBRUNN IM BURGENLAND — N4

BEIM KRUTZLER

Tipp

Genussgasthof & Hotel

Tel.: 03324 72 40
7522 Heiligenbrunn im Burgenland
Heiligenbrunn 16
www.hotel-krutzler.at
post@hotel-krutzler.at
Mo–So 11.30–14.30 und
18–20.30 Uhr

Der Gasthof Krutzler befindet sich im malerischen Ort Heiligenbrunn nahe der ungarischen Grenze. Dort werden die Gäste mit gutem Essen nach Großmutters Rezepten verwöhnt. Chefin Ingrid Krutzler kocht traditionell und verfeinert ihre Gerichte kreativ mit Geheimnissen aus der pannonischen Küche. Dazu genießen Gäste gerne ein gutes Glas Wein aus dem erlesenem Weinkeller des Patrons.

à la carte: 5–65 €

KOHFIDISCH — N4

GASTHAUS CSENCSITS

14,5/20

Koch: Jürgen Csencsits

Tel.: 03366 772 20
0664 314 88 44
7512 Kohfidisch
Harmisch 13
www.gasthaus-csencsits.at
gasthaus@csencsits.at
Do–Sa 11.30–14 und 18–20.30,
So 11.30–14.30 Uhr

Im kulinarisch dünn besiedelten Südburgenland ist Jürgen Csencsits seit Jahren eine zuverlässige und feste Größe. Er macht keinen Spagat zwischen Wirtshaus für Einheimische und Haute Cuisine für weitgereiste Foodies, denn er hat einen, seinen Konsens gefunden. Aus Gasthausklassikern bereitet er mit der ihm innewohnenden Finesse und aus hauptsächlich regionalen Zutaten sowohl für Pragmatiker als auch Gourmets feine Speisen. Das Menü ist übersichtlich, die Weine stammen vorwiegend aus der Umgebung. Besonders gelungen ist dem Küchenchef der mit Apfel, Karotte und Ingwer marinierte Saibling sowie die zart cremige Entenleberterrine mit Brombeeren und Marille. Das grandiose Risotto mit Pötschinger Trüffel war ein Highlight, aber auch die Ente aus dem Holzofen mit Kürbis und Kerbelknolle konnte locker mithalten. Die charmant servierte Weinbegleitung ist absolut empfehlenswert. Bitte weiter so.

LEITHAPRODERSDORF N3

SCHNEIDEREI 12/20

Köchin: Tamara Blümel

Neben den vielen umliegenden Heurigenbetrieben ist die Schneiderei eine willkommene Abwechslung in der Gegend. Mit viel Liebe zum Detail haben Tamara und Egon Blümel ein altes Gasthaus mit Tanzsaal in ein zeitgemäßes Wirtshaus umgebaut. Die Wochenkarte gibt her, was eben gerade Saison hat. Mit viel Feingefühl setzt die Patronin und Küchenchefin qualitativ hochwertige Lebensmittel zu kreativen Speisen um. Dabei behält sie stets eine gewisse Frische und Leichtigkeit bei den Kompositionen im Blick. Das gemütliche Ambiente und der zuvorkommende, herzliche Service tragen ihr Übriges dazu bei, dass wir uns hier bestens aufgehoben fühlen.

à la carte: 9–37 €

Tel.: 02255 737 620

2443 Leithaprodersdorf
Hauptplatz 14

www.schneiderei-te.at
info@schneiderei-te.at

Do 17–21, Fr, Sa 9–12 und 17–21, So 9–15 Uhr

Bewertungen:

11 bis 12,5 Punkte von 20 Punkten: 1 Haube
13 bis 14,5 Punkte von 20 Punkten: 2 Hauben
15 bis 16,5 Punkte von 20 Punkten: 3 Hauben
17 bis 18,5 Punkte von 20 Punkten: 4 Hauben
19 bis 19,5 Punkte von 20 Punkten: 5 Hauben

LITZELSDORF 04

GUT MARIENDOL 15/20

Koch: Philipp Kroboth

Dieses gepflegte Anwesen in idyllischer Ruhelage ist ein Paradies für Reiter und Pferde. Seit Schwiegersohn Philipp Kroboth hier eingezogen ist, finden auch immer mehr Feinschmecker den Weg zu dieser abgelegenen Genuss-Oase. In seiner kleinen, offenen Küche kocht er für maximal 16 Gäste. Eine Speisekarte gibt es nicht, über eventuelle Unverträglichkeiten wird man bei der Reservierung gefragt. Lediglich den Umfang gilt es vor dem Essen mit dem stets gut gelaunten Patron zu besprechen. Dann steht schon das selbst gebackene Sauerteigbrot mit Olivenöl eines befreundeten Produzenten aus Mykonos auf dem Tisch. Zum Auftakt gibt es gebratene und eingelegte Zucchini aus dem eigenen Garten auf Melanzani-Püree, dann einen köstlichen Schweinskopf mit Senfkörnern, knackigen Radieschen, Eidotter – veredelt mit XO Balsamessig vom Gölles. Die hausgemachte Pasta mit Spinat, Mandeln und Kürbis ist eine stimmige Kombination, der gebratene Steinbutt mit Fenchel, Gnocchi und Safransauce große Klasse. Auch der Haupgang – Filet und geschmorte Schulter vom Lamm mit knuspriger Polenta – hält das erfreulich hohe Niveau. Leicht, flaumig und hoch aromatisch ist das Dessert: Joghurt-Panna cotta mit Pflaumen. Bei der Weinbegleitung dominieren Gewächse aus dem Südburgenland, die kleine Karte enthält aber auch ein paar feine Flaschen aus anderen Regionen. Diese Adresse wird man sich merken müssen.

Tel.: 0660 553 65 49
7532 Litzelsdorf
Panoramaweg 41
www.gut-mariendol.at
willkommen@
gut-mariendol.at
Fr–Mo 18–22 Uhr

NEUSIEDL AM SEE 02

MOLE WEST 11,5/20

Koch: Wolfgang Ensbacher

Man müsste lügen, wenn man behauptet, die Mole West nicht auch wegen des herrlichen Ausblicks auf den Neusiedler See zu besuchen. Das dabei aufkommende Urlaubsgefühl ist und bleibt einfach unbestritten. Ein weiterer Pluspunkt: Das Café-Restaurant schafft es, nahezu alle Geschmäcker zu bedienen und jeden Gast zufrieden zu stellen. Sei es mit Kaffee und Kuchen, Cocktail und Tapas bei Sonnenuntergang, einem Burger oder einem mehrgängigen Abendessen – in der Mole West ist man zu jeder Tageszeit willkommen. Wenn man denn einen Platz bekommt. Denn natürlich ist es der Lage und dem ungezwungenen Ambiente geschuldet, dass die Tische hier besonders beliebt sind. Ohne Reservierung an den Wochenenden geht daher kaum etwas.

à la carte: 10–30 €

Tel.: 02167 202 05
0664 208 66 00
7100 Neusiedl am See
Seegelände 9
www.mole-west.at
office@mole-west.at
variabel

PAMHAGEN 03

DIE MÖWE

11/20

im Vila Vita Pannonia

Koch: Michael Graf

Nach der Umbenennung des Restaurants in „Die Möwe“ wollte man im Hotel Vila Vita Pannonia einen neuen Hotspot für Genießer schaffen. Und wir können getrost bestätigen, die lichtdurchfluteten Räume und besonders die Lage am hauseigenen See laden definitiv zum Genießen ein. Genussvoll sind auch die Gerichte, die aus der Küche von Michael Graf serviert werden. Kreativität, Regionalität und Qualität sind die drei Leitworte, nach denen gekocht wird. Mediterrane Einflüsse und regionale Produkte finden in gelungenen Kombinationen zueinander. Auf der Speisekarte, die eine Vielzahl an À-la-carte-Gerichten liefert, wird auch auf Veganer Rücksicht genommen. Das Weinangebot ist entsprechend eines Hotelrestaurants auf diesem Niveau sehr umfangreich.

à la carte: 6–31 €

Tel.: 02175 218 00
7152 Pamhagen
Storchengasse 1
www.vilavitapannonia.at
info@vilavitapannonia.at
Mo, Di 12–23, Mi–So 8–23 Uhr

PINKAFELD 04

WEINSTUBE SZEMES

Tipp

Burgenländische Traditionsspeisen und kulinarische Highlights mit saisonalen Schwerpunkten werden von Küchenchef Philipp Szemes persönlich zubereitet. Auch der Trend zur veganen Ernährung wurde erkannt und aufgegriffen. Neben dem hervorragenden Essen besucht man die Weinstube – wie der Name schon verrät – vor allem aufgrund der gut sortierten Vinothek. Sie gilt als Treffpunkt, um bereits prämierte Weine, aber auch Neuentdeckungen zu verkosten.

à la carte: 7,90–35 €

Tel.: 03357 423 05
0664 558 20 07
7423 Pinkafeld
Hauptstraße 33
www.szemes.net
gasthaus@szemes.net
Do, Fr 17–23, Sa 10–23,
So 9–14 Uhr
variabel

PODERSDORF 03

ZUR DANKBARKEIT 12/20

Koch: Josef Roiss

Unter den Bäumen des wunderbaren Gastgartens setzen wir, nach dem Studieren der regionalen Weinkarte und vom flinken Servicetrupp umhegt, unseren heurigen Vorsatz in die Tat um: Die sichere Bank alias Jiddische Leber ist unfassbar gut und da wir das wissen, wählen wir andere Köstlichkeiten. So zeigte sich bei grundsolider Fischsuppe mit Paprika, gebratenem Zander mit Erbsengulasch und Somlauer Nockerln (ein anderer Fixstarter), dass im Podersdorfer Traditionsgasthaus soweit alles beim Alten ist. Sprich die Qualität des Gebotenen stimmt, der Geschmack sowieso. Ganz ohne Jiddische Leber ging es am Ende aber dann doch nicht: Welch Glück, dass es diese auch zum Mitnehmen gibt.

à la carte: 6,50–26,50 €

Tel.: 02177 22 23
7141 Podersdorf
Hauptstraße 39
www.dankbarkeit.at
gasthaus@dankbarkeit.at
Do, Fr 11.30–14, 18–21,
Sa, So, Fei 11.30–21 Uhr

PURBACH 03

BRAUNSTEIN – PAULI'S STUBEN® 11/20

Koch: Joszef Molnar

Das architektonisch auffällig abgerundete Gebäude an der Hauptstraße in Purbach bietet seit vielen Jahren dem Gast Kost und Logis. Paul (von ihm haben die Stuben ihren Namen) und Alexandra Braunstein servieren in ein wenig nostalgisch anmutendem Ambiente traditionelle und regionale Gerichte bringen diese durchauszeitgemäß auf die Teller: köstliche Entenleberpraline, Neusiedler See-Wels mit schmackhaftem Süßkartoffelpüree, Schokolademousse mit gut harmonierendem Mangoragout. Dazu gibt es feine Weine, vor allem aus dem schwesterlichen, biodynamisch geführten Weingut von Birgit Braunstein – Chardonnay Ried Guttenberg sogar glasweise.

à la carte: 11–32 €

Tel.: 02683 551 30
7083 Purbach
Fellnergasse 1a
www.braunstein.at
restaurant@braunstein.at
Mo, Do, Fr 8–21, Sa 8–22,
So 8–20 Uhr

GUT PURBACH

17/20

Koch: Max Stiegl

MAX STIEGL, KOCH DES JAHRES 2021

Ein ungarischer Wirbelwind alias Herr Laszio empfängt einen und führt unnachahmlich durch den Abend. Schon die Wahl des Aperitifs gerät unwillkürlich zu einem Psycho-Vinogramm mit erstaunlicher Treffsicherheit – wir genossen die uns zugeschriebenen Weine von Christian Tschida und Katrin Lautner. Der Start mit gebeizten Seesaibling war noch relativ „brav", die darauf folgende ungarische Fischsuppe mit Zander jedoch bereits ein erstes Highlight, der anschließende zarte Grammelknödel auf Paradeis-Kraut ein Gedicht. Das Lammbeuschel hätte man sich kaum besser wünschen können bevor der perfekt gegarte Wolfsbarsch bewies, dass man die Philosophie der Regionalität nicht zum Dogma erheben soll. Die kulinarische Vermählung von Herz mit Calamari klang spannender als sie dann schmeckte. Doch dieser kurze „Hänger" wurde durch die zarten Kutteln mit Kidneybohnen gleich wieder vergessen und auch das „Kamerunlamm" war wunderbar. Insofern waren wir etwas überrascht, dass dieses großartige Menü mit vergleichsweise langweiligen Cremeschnitten zu Ende geführt wurde. Ein klares Lob gilt der Weinbegleitung, die zumeist treffend den Charakter der servierten Speisen unterstrich. Man merkt die Begeisterung mit der die Mannschaft gemeinsam mit ihrem Küchenchef Max Stiegl im Gut Purbach wirkt und werkt.

à la carte: 17–195 €

Tel.: 02683 560 86
0699 110 382 41

7083 Purbach
Hauptgasse 64

www.gutpurbach.at
office@gutpurbach.at

Mo 18–21, Do–So 12–15 und 18–21 Uhr

Bei der Zusammenstellung dieses Führers ließen wir größtmögliche Sorgfalt walten, trotzdem können Daten falsch oder überholt sein. Eine Haftung können wir auf keinen Fall übernehmen.

RUST 03

WIRTSHAUS IM HOFGASSL 12,5/20

Koch: Michael Pilz

Befindet man sich in der historischen, kleinen burgenländischen Stadt am Neusiedler See, ist eine Einkehr im Hofgassl fast obligat. Im Innenhof genießt man mediterranes Ambiente und auch die Gaststube ist sehr einladend. Nun aber zur Kulinarik: Küchenchef und Patron Michael Pilz begeistert seine Gäste mit einer ambitionierten Mischung aus Österreich und internationalen Einflüssen. So zum Beispiel die geeiste pannonische Gemüsesuppe mit Paradeiserbruschetta oder der am Punkt gegarte Oktopus mit Safranrisotto und Meerbohnen. Ansprechend angerichtet, hochwertige Grundprodukte, zum Teil sogar aus dem eigenen Garten stammend. Was will man mehr? Wein vielleicht? Den gibt es hier zu genüge. Neben glasweise Empfehlungen darf eine gut sortierte Weinkarte erwartet werden. Ebenso wie etwas längere Wartezeiten am Wochenende. Aber das Urlaubsfeeling, das hier aufkommt lässt einen darüber hinweg schauen.

Tel.: 02685 607 63
7071 Rust
Rathausplatz 10
www.hofgassl.at
Mi–So 12–14 und 18–21 Uhr

SCHÜTZEN AM GEBIRGE 03

GREISSLEREI BEIM TAUBENKOBEL 15,5/20

Koch: Alain Weissgerber

Bei der Greisslerei handelt es sich nicht nur um einen kleinen Spezialitätenladen, in dem man sich mit ausgesuchten Delikatessen und selbst gemachten Köstlichkeiten versorgen kann, sondern auch um das „Zweitrestaurant" des Taubenkobels, in dem es ungezwungener und einfacher zur Sache geht. Hier kann Alain Weissgerber beweisen, dass er nicht nur die Haute Cuisine beherrscht, sondern auch die Bistro-Küche beherrscht. Mit den grandiosen Steaks, die auf Wunsch mit den wohl besten Pommes Frites des Landes serviert werden, unterstreicht er seine französische Herkunft. Mit zahlreichen pannonischen Gerichten, die saisonal laufend wechseln, zeigt er auf, wie tief er mittlerweile mit seiner neuen burgenländischen Heimat verbunden ist. Brot, Wein und ein Gutteil der Grundprodukte sind die gleichen, mit denen im eleganten Schwesterlokal gekocht wird. Das macht die scheinbar einfache Greisslerei besonders empfehlenswert. Der gute Geschmack der Familie Eselböck bei Einrichtung und Design sorgt für ein stimmiges, attraktives Ambiente.

à la carte: 4,50–38 €

Tel.: 02684 22 97

7081 Schützen am Gebirge
Hauptstraße 29–33

www.taubenkobel.com
restaurant@taubenkobel.at

Mi–So 10–22 Uhr (im Juli und Aug. auch am Mo geöffnet)

TAUBENKOBEL

18,5/20

Koch: Alain Weissgerber

AMBIENTE AWARD 2005

Der Taubenkobel ist seit langem eine Institution auf der kulinarischen Landkarte Österreichs, man kann mittlerweile schon sagen, Generationen übergreifend. Die Weite des pannonischen Flachlands mag ein Fleck der Inspiration sein, die ehemaligen k.u.k.-Kronländer sind es laut einer anderen Quelle – und doch darf man die Herkunft des Küchenchefs Alain Weissgerber, das französische Elsass – nicht aus der Rechnung nehmen. Die Parallelen zu suchen, fällt in manchen Dingen sehr leicht, auch wenn die burgenländische Küche sicher nicht unmittelbar gut mit der elsässischen vergleichbar ist. Sehr wohl gleich bedeutend ist dabei jedoch der Punkt der Regionalität, der Verbundenheit mit der Scholle. Dies wird auch im Taubenkobel groß geschrieben – wobei man dort auch gerne mal den Blick über die regionale Grenze schweifen lässt, letztlich zum Wohle des Genusses. Auch die Saisonalität ist ein wichtiges Thema wie wir bei unserm Besuch festgestellt haben. Ein erster Gruß (ein kleines Tartelette aus Zwiebel und Lardo) kam wie eine frühherbstliche Skulptur, gefolgt von einem lokalen Zander mit dessen Haut und Gurke, ein würdiger, zarter Start. Zielsicher steuerten wir auf den ersten Höhepunkt zu, die Marchfelder Artischocke mit Störkaviar und reichlich darüber gehobelter, speziell vorbereiteter Gänseleber. Wir waren schon überzeugt, doch der vom verwandten Weingut in Oggau kredenzte weiße Cuvée „Timotheus“ benannte Naturwein ergänzte das Gericht so stimmig, dass wir begeistert waren. Die hübsche Kombination von Sommerkraut und Kalb war ein angenehmes Innehalten, bevor wir wieder den nächsten Gipfel erklommen: die Paradeisersuppe aus verschiedenen Sorten mit zarten Flusskrebsschwänzen. Ein Aromenreichtum in Rot tat sich vor uns auf, der ausgehende Sommer präsentierte sich in letzter Kraft. Ein dazu servierter Bio-Landwein von der Mosel, Lay Purus, bereicherte wieder gekonnt. So geht es auch weiter. Eine zarte Tranche vom Mangalitza-Schwein aus dem Ötschergebiet wurde mit einer mit Eierschwammerln gefüllten Zucchiniblüte serviert, wieder umrahmt von einer unvergleichlichen Sauce. Der ohne langes Nachdenken georderte Käsezwischengang war genau richtig, fein affinierter Käse aus österreichischer, schweizerischer und französischer Provenienz war gut gepaart mit einem französischem Rotwein. Es folgt mit ein würdiges erstes Dessert, einem geschmacklich und visueller Traum aus Rhabarber, ebensolchem Eis und kleinen Begonienblüten.

Tel.: 02684 22 97

7081 Schützen am Gebirge
Hauptstraße 29–33

www.taubenkobel.com
restaurant@taubenkobel.at

Mi–Fr 12–15 und 18–22,
Sa, So 12–22 Uhr (im Juli und Aug. auch am Mo geöffnet)

Bewertungen:

11 bis 12,5 Punkte von 20 Punkten: 1 Haube

13 bis 14,5 Punkte von 20 Punkten: 2 Hauben

15 bis 16,5 Punkte von 20 Punkten: 3 Hauben

17 bis 18,5 Punkte von 20 Punkten: 4 Hauben

19 bis 19,5 Punkte von 20 Punkten: 5 Hauben

An der famosen Version der Tarte Tatin mit Karamellnote und Schmorapfel kamen wir nicht vorbei. Der dazu servierte Ruster Ausbruch aus dem letzten Jahrtausend war dazu die abrundende, edelsüße Note. Und dann? Dann stellten wir mit Schrecken fest, dass sich unser Besuch dem Ende neigte. Doch das war mehr als annehmbar, denn schließlich verließen wir das Restaurant von Alain Weissgerber mit der Gewissheit, in einer der Hochküchen des Landes gewesen zu sein. Chapeau.

à la carte: 7,90–138 €

STEGERSBACH 04

KASTELL STEGERSBACH

Tipp

Das Gasthaus & Restaurant Kastell Stegersbach ist ein traditionelles Wirtshaus und bietet österreichisch-pannonische, bodenständige Küche. Gäste kommen gerne auf einen Kaffee oder ein Achtel Wein, doch auch für Feste eignet sich das romantische Ambiente des historischen Renaissance-Schlosses mit seinen Gewölben und Arkaden. In der Vinothek finden regelmäßig Weinverkostungen statt. Im Sommer sitzt man im gemütlichen Schanigarten.

à la carte: 9,90–37,90 €

Tel.: 0660 222 12 34
7551 Stegersbach
Sparkassenplatz 2
www.kastellstegersbach.at
info@kastellstegersbach.at
Mi–Sa 11.30–21.15,
So 11–20.15 Uhr
♿

WEIDEN AM SEE P3

DAS FRITZ 11,5/20

Köche: Rene & Robert Tittler

Als „eierlegende Wollmilchsau“ oder zeitgemäßer formuliert als „Hybridlokal“ präsentiert sich das Fritz an der Seepromenade und versucht dabei seine so zahlreiche wie bunt gemischte Gästeschar von früh morgens bis spät abends mit lokalen und internationalen Köstlichkeiten glücklich zu machen. Bei unserem Besuch geriet die Ceviche von der qualitativ hochwertigen Forelle leider etwas gar süß. Die kundig abgeschmeckte Eierschwammerlsuppe und die gebackenen Steinpilze waren jedoch ein famoser Trost. Einen finalen Höhepunkt gestalteten die optisch eigenwilligen, aber geschmacklich vorzüglichen Somlauer Nockerln.

à la carte: 5,80–27,50 €

Tel.: 02167 402 22
7121 Weiden am See
Seebad 1
www.dasfritz.at
info@dasfritz.at
tgl. 9–22 Uhr
✻ 24.–25. Dez. 2021
♿

©Huth/Philipp Lipiarski

ZUR BLAUEN GANS 13,5/20

Koch: Oliver Wiegand

Die Blaue Gans liegt in unmittelbarer Nähe des Neusiedler Sees und bietet seinen Gästen einen gelungenen Mix aus pannonischer und internationaler Küche. So gibt es zu den Weinen aus der Region Kukuruz-Parmesan-Schaumsuppe mit Popcorn, gebratene Jakobsmuscheln mit Beeren-Minz-Salat, Osso Buco mit Basilikumpolenta und Zwiebelrostbraten vom Beiried mit Braterdäpfeln. Bei den Fischen setzt Küchenchef Oliver Wiegand nicht nur auf Wels, sondern beispielsweise auch auf gebratene Goldbrasse, die am Tisch filetiert und in unserem Fall mit Eierschwammerln serviert wird. Marillenpalatschinke, Zitronentartelette mit Limetten-Meringues und eine Käseauswahl waren ein gutes Finale.

à la carte: 12,90–35 €

Tel.: 02167 700 00
7121 Weiden am See
Seepark Weiden
www.zurblauengans.at
blaue-gans@seepark.at
Do, Fr 11.30–14 und 18–21,
Sa 11.30–21, So 11.30–19 Uhr
✻ Jän. 2022
♿

WEPPERSDORF 03

GASTHAUS FUCHS 12/20

Koch: Thomas Fuchs

Bereits seit mehr als 50 Jahren ist das Gasthaus Fuchs eine Bereicherung für das Mittelburgenland. Thomas Fuchs und dessen Frau Astrid führen den Traditionsbetrieb in dritter Generation und erfreuen ihre Gäste mit Spezialitäten der österreichischen Küche. Die Speisekarte ist eher klein gehalten, die Entscheidung fällt uns trotzdem schwer. Unsere Wahl fiel schließlich auf einen erfrischenden Seesaibling mit Gurke und Paprika, Klassiker wie Eierschwammerlgulasch und gebackene Blunzen mit Sauerkrautcreme und Erdäpfel. Beim süßen Abschluss kamen wir an den schmackhaften Topfen-Marillenknödeln nicht vorbei. Der zuvorkommende Service und die äußerst fairen Preise sind weitere Gründe, warum wir bestimmt wiederkommen.

à la carte: 4–32 €

Tel.: 02618 22 50
7331 Weppersdorf
Hauptstraße 33
www.gasthaus-fuchs.at
info@gasthaus-fuchs.at
Mi–Sa 11.30–14.30 und 17.30–20, So 11.30–14.30 Uhr

WIMPASSING AN DER LEITHA N3

GASTHAUS ZIEGELWERK 14,5/20

Wimpassing und Umgebung haben touristisch nicht so viel zu bieten wie vergleichsweise die Gegend um den Neusiedler See. Das Gasthaus Ziegelwerk ist aber jedenfalls einen Ausflug wert. Im modernen Inneren oder idyllischen Gastgarten wird man von einem überaus freundlichen und kompetenten Team versorgt und beraten. Die Gastgeber setzen auf Slow Food und das macht sich bezahlt: Saisonale, klassische Speisen in höchster Qualität mit kreativem Einschlag werden geboten. Die Leithaland-Salate mit Ziegenkäse und Eierschwammerln waren herrlich knackig und fein mariniert. Extravagant und fruchtig das Ceviche vom Saibling mit Wassermelone und Koriander, gefolgt von gebackenen Steinpilzen in einer hauchzarten Panier, sodass Pilz und nicht Brösel im Vordergrund blieben. Das Haussteak auf Gnocchi mit Trüffel, ein zartes Dry-Aged Filet, harmoniert fantastisch mit den edlen Knollen. Die Strozzapreti mit Wildfaschiertem standen dem in nichts nach. Die Weinauswahl und -beratung hat den Gesamteindruck mit Bravour abgerundet: lokale Winzer, an denen es in der Gegend nicht mangelt, gepaart mit ein paar Feinheiten aus anderen Gebieten. Alles in allem eine gelungene Performance.

Tel.: 02623 737 96
2485 Wimpassing an der Leitha
Ziegelofengasse 28
www.ziegelwerk-gasthaus.at
info@ziegelwerk-gasthaus.at
Mo, Do, Fr 16–23, Sa 11–13, So 11–16 Uhr

ZURNDORF 02

RESTAURANT AM FRIEDRICHSHOF

12,5/20

Koch: Stefan Steinhöfer

Unweit des Neusiedler Sees befindet sich direkt neben dem dazugehörigen Drei-Sterne-Hotel die Werkstatt von Stefan Steinhöfer und dessen Team, das mit einer zeitgemäßen Küchenlinie verwöhnt. Dabei gelingt es, den Bogen der Tradition zur Moderne zu spannen: Neben Klassikern wie Eierschwammerlgulasch mit Palffy-Knödel, Backhendl oder Kalbsleber, reihen sich international inspirierte Gerichte wie geschmorter Pulpo mit Bulgur oder der asiatische Rindfleischsalat mit Glasnudeln und Algen. So wird ein breites Spektrum kulinarischer Vielfalt geboten, manchmal etwas weniger Abzweigungen gar ratsamer wären, um die Küchenphilosophie vollends zu verstehen. Die Weinkarte bietet dahingegen einen tollen Streifzug durch die Region und macht Freude. Im Gastgarten sitzt man schattig, die Innenräume eignen sich für kleine Feiern.

à la carte: 4,50–34 €

Tel.: 02147 700 06 00
0660 417 28 11

2424 Zurndorf
Römerstraße 2

www.restaurant-friedrichshof.at
office@restaurant-friedrichshof.at

Mi–Sa 11.30–14 und 18–22,
So 11.30–17 Uhr
bis Mitte Feb. 2022

KÄRNTEN

DIE BESTEN

18/20	**DIE FORELLE**	Weissensee	Seite 178
18/20	**GOURMET RESTAURANT HUBERT WALLNER**	Dellach – Maria Wörth	Seite 154
17,5/20	**SICHER RESTAURANT**	Tainach	Seite 172
17/20	**CARAMÉ**	Velden am Wörthersee	Seite 174
16,5/20	**DAS LILIENBERG**	Tainach	Seite 172
16,5/20	**DOLCE VITA**	Klagenfurt	Seite 160
16,5/20	**FRIERSS FEINES HAUS**	Villach	Seite 176
16,5/20	**MORITZ**	Grafenstein	Seite 156

ALTHOFEN K5

BACHLER 15/20

im Kulturwirtshaus

Koch: Gottfried Bachler

Und jedes Jahr wird es noch ein klein bisschen besser. Wobei wir damit keineswegs eine analytische Geschmacksprüfung einzelner Gerichte meinen, sondern die Atmosphäre einer in sich ruhenden Stimmigkeit des Gesamtauftritts. Im Laufe der Jahre ist hier eine Greisslerei mit regionalen Spezialitäten entstanden und eine Vinothek gewachsen, die für die Kärntner Weinkultur Pionierarbeit geleistet hat. Mit Kochkursen von Gottfried Bachler und Weinseminaren von Ehefrau Ingrid wird das eigene Wissen mit Freude geteilt. Dank Catering und in Corona-Zeit entstandenen Gerichten to go kann man jetzt auch außerhalb des gemütlichen Wirtshaus-Ambientes die feine Bachler-Küche genießen. Doch noch besser schmeckt ein fünfgängiges Degustationsmenü mit Wahlmöglichkeit samt Weinbegleitung natürlich vor Ort. Traumwandlerisch sicher wechselt der Küchenchef dabei zwischen kreativen Einfallen (Carpaccio in Kaffee und Galgant gebeizt), verführerischen Innereien-Gerichen (paprizierte Kalbskutteln, Lammbeuschel) und beliebten Klassikern (Bio-Hendl im Speck, Lammkotelettes mit Brezenknödel). Also so wie immer und doch ein bisschen besser.

à la carte: 12–29 €

Tel.: 04262 38 35

9330 Althofen
Silberegger Straße 1

www.bachler.co.at
restaurant@bachler.co.at

ARRIACH I5

ALTE POINT 13,5/20

Koch: Bernhard Trügler

Als wäre es ein Besuch bei Freunden, so willkommen fühlt man sich im gemütlichen Gasthof von Claudia und Bernhard Trügler. Ob heimischer Fisch, Fleisch oder Gemüse – der Chef kocht und verfeinert mit Sorgfalt und sichtlicher Begeisterung. Saisonalität und Regionalität werden groß geschrieben und präsentieren sich fein akzentuiert ohne dabei bieder zu wirken. So begeistern Gerichte wie der süß-saure Spargelsalat, wunderbar mürbe Wangen vom Duroc-Schwein (mit feinem Saft und Püree) sowie perfekt temperierter Käse. „Österreich zuerst" gilt auch beim Weinangebot, das Claudia Trügler fachkundig anbietet.

à la carte: 7,50–35,50 €

Tel.: 04247 85 23
0664 120 90 25

9543 Arriach
Arriach 4

www.altepoint.at
office@altepoint.at

Mi 18–21, Do–So, Fei 11.30–14 und 18–21 Uhr

© Martin Hofmann

BAD KLEINKIRCHHEIM I5

TRATTLERS EINKEHR Ⓝ Tipp

Hüttenromantik mitten im Zentrum von Bad Kleinkirchheim: In den urigen Stuben und auf der Sonnenterrasse von Trattlers Einkehr erwarten die Gäste allerlei Köstlichkeiten sowie Rauchkuchl-Spezialitäten. Für den Küchenchef haben besonders die regionale Herkunft und Saisonalität der verwendeten Zutaten Priorität. Nicht verpassen sollte man das Degustationsmenü im Rahmen der Veranstaltungsreihe „Winzer am Berg".

Tel.: 04240 81 14

9546 Bad Kleinkirchheim
Teichstraße 7

www.trattlerhof.at
einkehr@trattlerhof.at

tgl. 11–22 Uhr
✱ Mai–Juni, Nov. 2022: Mo, Di–Do Mittag

BAD ST. LEONHARD K4

TRIPPOLT ZUM BÄREN 15,5/20

Koch: Josef Trippolt

JOSEF TRIPPOLT, KOCH DES JAHRES 2003

Never change a running system – diese IT-Weisheit lässt sich auch auf die Küche einer wahrhaftigen Kärntner Institution übertragen. Die Trippolts blicken stolz auf eine jahrhundertealte gastronomische Tradition in ihren heiligen Hallen zurück. Auch von dem stürmischen Jahr 2020 ließ man sich nicht weiter beeindrucken und bietet jetzt zusätzlich Produkte in Schraubgläsern für zu Hause an. Küchenchef Josef Trippolt lässt Innovation dagegen eher behutsam in seine Töpfe gleiten. Wie immer verkocht er aber lediglich Produkte in Top-Qualität, so etwa auch meeresfrische Scampi (crudo), fein kombiniert mit Himbeere und Artischocke. Urlaubsstimmung kommt nicht nur bei der abenteuerlich kalkulierten Paradeisersuppe auf. Auch beim à point gebratenen Branzino mit mediterranem Schmorgemüse braucht man nur die Augen zu schließen und fühlt sich in den tieferen Süden versetzt – insbesondere dann, wenn man einen Platz auf der bezaubernden Terrasse im Innenhof ergattert hat. Da war es nur logisch zum finalen Abschluss die Profiteroles zu ordern, welche die von der Karte versprochene Knusprigkeit allerdings missen ließen. Freundlich und kompetent agierte der Service.

à la carte: 3–36 €

Tel.: 04350 22 57
0664 445 52 88

9462 Bad St. Leonhard
Hauptplatz 7

www.zumbaeren.at
silvia.trippolt@zumbaeren.at

variabel

DELLACH – MARIA WÖRTH J5

GOURMET RESTAURANT HUBERT WALLNER Ⓝ 18/20

Koch: Hubert Wallner

Tel.: 0664 401 27 30
9082 Dellach – Maria Wörth
Seeplatz Nr. 6
www.hubertwallner.com
hw@hubertwallner.com
variabel
♿

HUBERT WALLNER, KOCH DES JAHRES 2020

Alles ist anders – fast alles blieb gleich. Hubert Wallner und sein Team sind im letzten Sommer auf die Südseite des Sees übersiedelt, nachdem der Pachtvertrag im Bad Saag nicht mehr verlängert wurde. Die neue Adresse war Wallner-Fans allerdings schon gut bekannt. Schließlich befindet sich unterhalb des Hotels Hermitage seit vier Jahren der Beachclub mit dem von Hubert Wallner betriebenen Bistro Südsee. Ein paar Schritte – oder eine kurze Liftfahrt – oberhalb wurde rechtzeitig vor der Sommersaison das neu errichtete Restaurant fertig gestellt, in dem für alle Beteiligten – also das Küchenteam wie auch die Gäste – deutlich mehr Platz und Komfort herrscht. So viel zu den äußerlichen Veränderungen. Gleich geblieben ist erfreulicherweise ein Großteil des Teams und die Küchenlinie. Begrüßt und zu Tisch geleitet wird man von der Restaurantleiterin Daniela Zuzek, wo Sommelier Andreas Katona sogleich mit Aperitif-Vorschlägen erscheint und mehrere vorzügliche Apero-Happen serviert werden. Ein erster Höhepunkt ist die Gänseleber mit Schokolade und Kirsche zu der statt Brioche ein kleines Stück vom Kärntner Reindling gereicht wird – eine formidable Kombination. Apropos Kombinationen: Auch bei den folgenden Fischgerichten – Forelle mit Schweinskopf sowie Zander mit Blutwurst – zeigt sich die souveräne Kombinationsgabe unseres Koch des Jahres 2020. Klassischer, aber nicht minder reizvoll ist dann der Kabeljau mit Kohlrabi und Kaviar, zu dem Andreas Katona einen ausgesuchten Jahrgangschampagner empfiehlt. Ebenfalls schnörkellos dann der Rehrücken mit Hollunder, Schwarzwurzeln und einer tiefgründigen „Mole". Die Saucen sind ganz generell betrachtet eine große Stärke dieser Küche, egal ob sie leicht und subtil oder dunkel und mollig sind. Noch stärker als schon bisher gewohnt zeigt sich die Pâtisserie, die mit einem Erdnuss-Custard mit grünem Curry und Kokos einen bemerkenswerten süßen Schlusspunkt setzt.

à la carte: 20–60 €

© GRHW – Krug

EGG/FAAKER SEE I5

DER TSCHEBULL 12/20

Gastwirtschaft

Senior Hans Tschemernjak ist der Doyen der Kärntner Küche mit Alpen-Adria Zitaten, Sohn Hannes macht mit Kochausflügen zu Wolfgang Puck und zur Oscar-Verleihung von sich reden. Oscarreif ist auch, wie die Küche hier an Sommertagen mit dem Gästeansturm fertig wird – trotzdem ist die Qualität beachtlich. Das Parfait von der Entenleber große Klasse, die 12-Dotter-Tagliatelle mit Eierschwammerlrahm ein Gedicht, das Backhendl aus dem Butterpfandl aber so was von knusprig, das Tomahawk-Steak mit kräftigen Drillaromen gesegnet. Top ist auch die Cremeschnitte sowie die interessante Weinauswahl.

à la carte: 9,50–29 €

Tel.: 04254 219 10

9580 Egg/Faaker See
Egger Seeuferstraße 26

www.tschebull.cc
office@tschebull.cc

Mi–So 12–14.30 und
18–21.30 Uhr

FELD AM SEE I5

LANDHOTEL LINDENHOF 13/20

Koch: Martin Schretter

Das erste Haus am Platz ist mittlerweile ein lässiges Bistro mit entsprechendem Angebot. Man strampelt sich unter dem Titel „Radlerei" für die Kundschaft ab und empfiehlt sich überdies als Dorfgreißler. Die Küche steht auf einem klassischen und einem kreativen Bein, was am Beispiel Saibling mit Petersilerdäpfeln und Salat sowie den Gnocchi mit Karottenkardamon, Orangen und Paprika-Paradeiser-Dip zur Geltung kommt. Nockalmrind und Molkeschwein garantieren hohe Fleischqualität, die Ceviche von der Lachsforelle mag es dezent mit Mango und Avocado. Ansprechende Weinauswahl, ausgezeichneter Kaffee.

à la carte: 6,90–29 €

Tel.: 04246 22 74

9544 Feld am See
Dorfstraße 8

www.landhotel-lindenhof.at
urlaub@
landhotel-lindenhof.at

Do–So 18–21.30 Uhr
❄ bis 25. Dez. 2021, variabel

GNESAU K5

SEEBACHER 12/20

Landgasthof vlg. Blaser

Es sieht auf den ersten Blick aus wie ein Landgasthof und nennt sich auch so, einen charmanten Hang zum spitzbübischen Understatement wird man Familie Seebacher dabei aber unterstellen dürfen. Beim Degustationsmenü zeigt man sich durchaus ambitioniert. Bei kulinarischen Ausflügen wie den Steakwochen braucht die Küche den Vergleich mit Häusern, die das ganzjährig und kontinuierlich betreiben, keineswegs zu scheuen. Ebenfalls erfreulich: Gekocht wird mit Zutaten, die – sofern möglich – aus der Region stammen. Abgerundet wird das Ganze durch die freundlich-familiäre Atmosphäre, in der sich alles abspielt. Da bleibt man gern auch etwas länger sitzen.

à la carte: 6–57 €

Tel.: 04278 257
0676 962 23 87

9563 Gnesau
Gurk 23

www.seebacher.at
gasthof.seebacher@aon.at

Mo–Di, Fr–Sa 12–21,
So, Fei 12–19 Uhr
❄ variabel

Bei der Zusammenstellung dieses Führers ließen wir größtmögliche Sorgfalt walten, trotzdem können Daten falsch oder überholt sein. Eine Haftung können wir auf keinen Fall übernehmen.

GRAFENSTEIN K5

MORITZ

16,5/20

Koch: Roman Pichler

Wer einen Tisch haben will, muss sich mitunter in mehrwöchiger Geduld üben. Das Warten zahlt sich aber in mehrfacher Hinsicht aus: Die Begrüßung durch Anja Moritz ist von natürlicher Herzlichkeit, das Ambiente im Garten wie in der Stube einfach bezaubernd, die Speisefolge, die man auch als Überraschungsmenü (nur tischweise, weil sonst wäre die Überraschung passé) haben kann, ausgetüftelt bis zum Flockensalz und dem vietnamesischen Pfeffer. Chefkoch Roman Pichler werkt alleine und mit Betonung auf Saison und den eigenen Garten in der blitzblank organisierten Küche, Anja Moritz schupft daneben den Service im Alleingang. Schon die ersten Grüße aus der Küche – direkt am Tisch zubereitete Crostini, gebackene Salbeiblätter, Trüffelschmalz und ein Süppchen aus der Phiole – erfreuen und sind überdies entzückend präsentiert. Zur Lammconsommé kommen geräucherte Paradeiserwürfel, winzige Croûtons sowie frischer Koriander in einer Extraschüssel zum dazu Löffeln. Die großzügig getrüffelte Eierspeis zum Rindscarpaccio macht ordentlich was her, eine Sommerfrische auf dem Teller ist der in Salzkruste gegarte Fenchel mit Salzzitrone und Gurkensaft. Das Safranrisotto veredelt Pichler mit zarten Oktopus-Scheiben, hinreißend ist auch das Grünzeug (Salat, Brokkoli, Erbsen etc.), das zum Saibling mit einem Hauch von Amaranth gereicht wird. Ein Ausflug in karibische Gefilde war das Dessert: süße Ananas, kombiniert mit Mango, dazu Kokoseis. Die Weinbegleitung ist exzellent, reicht vom Weinviertel über das Vipava-Tal bis Südfrankreich. Spürbar: die selbstbewusste Freude, mit der das Wirtepaar dieses Kleinod betreibt. Selbst bei der Maximalbelegung mit 30 Gästen, samt Regenguss kommt keine Spur von Hektik auf.

à la carte: 18–35 €

Tel.: 0664 424 03 16

9131 Grafenstein
Oberwuchel 5

www.restaurantmoritz.at
info@restaurantmoritz.at

Di–Sa 17–21 Uhr

GRIFFEN L5

KROPF 14,5/20

Koch: Andreas Morolz

Man kann den Gasthof Kropf wohl als kulinarische Antwort auf Clark Kent verstehen. Unter der Woche ein solides Landwirtshaus, zapft man hier am freitäglichen Gourmetabend erst die richtigen Superkräfte an. Da wird alles verarbeitet, was man in der näheren Umgebung habhaft wird. Weshalb jetzt zu jedem Gang auch gleich eine Kräuterdame mit einer zum Gericht passenden Würzpflanze im Gepäck am Tisch erscheint – frisch, als Salz und als Öl. Das passt mal mehr, mal weniger gut, lädt aber jedenfalls zum Experimentieren ein – Weiterbildung ist ohnehin nie ein Fehler, Stichwort: lebenslanges Lernen. Menü gibt es wie gehabt nur eines, wer nicht alle Gänge nimmt, ist selbst schuld. Dass es Sellerie und Bauerntopfen auf eine Top-Platzierung bei unseren persönlichen Lieblingsfüllungen für Ravioli schaffen, hätten wir vor unserem Besuch so nicht auf dem Radar gehabt. Confierter Huchen wirkt da danach fast schon konservativ, wenn auch nicht weniger köstlich. Das Kurkuma-Kürbis-Sorbet zum Abschluss war geschmacklich aufregend, das dazu servierte Zwetschkentörtchen hätte nicht sein müssen.

Tel.: 04234 255

9112 Griffen
Lind 1

www.gasthof-kropf.at
info@gasthof-kropf.at

Mo, Do, Sa 11–14 und 17–20,
Fr 11–14 und 18–20,
So 11–15 Uhr

♿

GUTTARING K5

BRUNNWIRT KASSL 11,5/20

Idyllisch ist wohl ein Wort, das das mediterrane Ambiente des hübschen Gastgartens beschreibt. Kiesboden, dicht gewachsene Bäume, ein Brunnen und Terrassenmöbel aus Holz lassen direkt Urlaubsatmosphäre aufkommen. Die Speisekarte überzeugt mit Klassikern der österreichischen und Kärntner Küche. Die Qualität ist seit Jahren beständig und tadellos. Ländlich und traditionell – zwei weitere Attribute des Brunnwirts – gehen mit einer großen Portion Gastfreundschaft einher, die wir auch heuer wieder bei unserem Besuch im kleinen Hotel und Gasthof der Familie Kassl erfuhren. Tipp: Unbedingt die hausgemachten Cremeschnitten probieren.

Tel.: 04262 81 25
0664 242 83 44

9334 Guttaring
Unterer Markt 2

www.kassl-brunnwirt.at
brunnwirtkassl@aon.at

Mi, Do, variabel

HERMAGOR H5

BÄRENWIRT

15/20 (3 Hauben)

Koch: Manuel Ressi

Der Bärenwirt hat sich ausgebreitet und das ist gut so für alle, die sich bei Manuel Ressi und seinem charmanten Team um einen Tisch bemühen. Im modern gestalteten Nebengebäude sitzt man in unmittelbarer Nähe zu den vom Meister in seiner mutmaßlich spärlichen Freizeit produzierten und käuflich erwerblichen Köstlichkeiten für zu Hause. Und wer in der gut sortierten Weinkarte die falsche Abzweigung nimmt, kann sich jetzt gleich vor Ort in einem von drei angebotenen Zimmern von den Anstrengungen erholen. Seiner Linie ist Ressi treu geblieben: verkocht wird vor allem, das was das Gailtal hergibt, jedoch nicht so dogmatisch, dass nicht etwa auch ein zarter Wolfsbarsch seinen Weg ins Menü finden durfte. Oder ein Hauch Salzzitrone, die mit Parasolpulverbutter aus Kürbisgelee ein unglaublich komplexes Geschmackskunstwerk formte. Wer weniger abenteuerlustig ist, wird sich hingegen bei des Bären sorgsam gepflegten Wirtshausklassikern heimisch fühlen: Die Gailtaler Ripperln, zart umschmeichelt vom Schwarzen Gams Bier der Brauerei Loncium, sind eine definitive Empfehlung.

à la carte: 5–29 €

Tel.: 04282 20 52
0664 751 139 35

9620 Hermagor
Hauptstraße 17

www.baerenwirt-hermagor.at
hallo@baerenwirt-hermagor.at

Do–Mo 12–14.30 und 17–20 Uhr

HIRT K5

HIRTER BRAUKELLER

Tipp

Privatbrauerei Hirt

Im Hirter Braukeller dreht sich alles um regionale Lebensmittel, Bierkulinarik und Genuss. Auf den Teller kommen feinste Speisen mit Zutaten direkt aus der Region, wie zum Beispiel Wild aus der Hirter Jagd, Fisch aus der nahen Zucht Payr und Gemüse aus dem Krappfeld. Im Glas landet fachmännisch gezapftes Bier, das hier seit 750 Jahren gebraut wird. Das geschulte Team empfiehlt zu den Speisen stets die passende Bierspezialität.

Tel.: 04268 205 05 03

9322 Hirt
Hirt 1

www.hirterbraukeller.at
hirterbraukeller@hirterbier.at

Mo–Fr 10–23, Sa, So 9–23 Uhr

Bewertungen:

11 bis 12,5 Punkte von 20 Punkten: 1 Haube

13 bis 14,5 Punkte von 20 Punkten: 2 Hauben

15 bis 16,5 Punkte von 20 Punkten: 3 Hauben

17 bis 18,5 Punkte von 20 Punkten: 4 Hauben

19 bis 19,5 Punkte von 20 Punkten: 5 Hauben

KÄRNTEN

KLAGENFURT J5

151 BISTRO BAR 12/20

Koch: Mario Kainz

Mit dem „Ungeheuer“ hat der umtriebige Patron Armin Krautzer während des Sommers ein weiteres Lokal am See eröffnet. Der Beliebtheit seines Stammlokals im Süden Klagenfurt hat dies jedoch keineswegs geschadet. Hier trifft man sich immer noch gerne zum Trinken, Tratschen und manchmal auch zum Tanzen. Und natürlich zum Essen. Das Beef Tatar in zwei Varianten (vegan und mit Fleisch) hat mittlerweile Kultstatus. Witzig die sommerlichen „Salate“ wie gegrillter Chicorée mit Pinienkernen, der Wassermelonensalat oder das Paradeiser-Carpaccio mit marinierten Erdbeeren. Im 151er kommen Vegetarier genauso auf ihre Rechnung wie Fleischtiger, die sich über Gerichte wie knusprigen Schweinebauch, geschmorte Lammstelze oder Wiener Schnitzel freuen. See- und Meeresfische runden das kulinarische Angebot ab. Die Weinauswahl ist umfangreich, das Service flott und freundlich. Vor und nach dem Essen lockt eine gut bestückte Cocktail-Bar, womit wir wieder beim Trinken und Tratschen wären ...

à la carte: 7–42 €

Tel.: 0676 615 11 51
9073 Klagenfurt
Höhenweg 151
www.151.at
151@151.at
Mo–Sa ab 16 Uhr

KLAGENFURT/WÖLFNITZ J5

DAS HOBISCH 11/20

Gourmet-Landgasthof & Suitenhotel

Koch: Thomas Lück

Ganz in der Nähe des Golfplatzes hat Klagenfurt für Feinschmecker, die auf der Suche nach gehobener Küche sind eine weitere Top-Adresse mehr. Denn im frisch renovierten Restaurant Hobisch kann man nicht nur nächtigen, sondern dank Küchenchef Thomas Lück auch wunderbar essen. Der Chefkoch, der bereits in renommierten Betrieben wie dem Schwarzen Kameel, Vestibül oder Palais Coburg werkte, lässt in klassische Gerichte der Landhausküche moderne Akzente einfließen: Gleichzeitig begeistert er aber ebenso mit liebevoll zubereiteten Kreationen, in denen häufig saisonale Produkte die Hauptrolle spielen. Im gepflegten Gastgarten sitzend, macht die Einkehr gleich noch mehr Freude.

à la carte: 15–45 €

Tel.: 0463 499 050
0664 102 98 88
9061 Klagenfurt/Wölfnitz
Tultschnig 1
www.dashobisch.at
info@dashobisch.at
Mi–Fr 15–22, Sa, So 12–22 Uhr

KLAGENFURT J5

DAS VOGELHAUS® 15/20

Koch: Fabian Kautz

Sie ist eine Falkenberg, er ein Kautz, der gerne ein Stundenei in seine Speisefolgen legt und fertig ist das Vogelhaus. Das T ist glücklicherweise nicht das einzige, das den Küchenchef Fabian vom Kauz unterscheidet, seine elegant farbenfrohe, kreative Küche ist kein bisschen verschroben. Aufregend gebündelte Aromen verweisen auf Kautz' Lehrmeister wie Haubenkoch Hubert Wallner. Ob erfrischende Mittagsteller oder das originelle Abendmenü (variabel bis zu fünf Gängen, immer freitags, und samstags), stets liefern Fisch, Meerestiere, Fleisch, Gemüse, Pilze und Kräuter überraschende Kombinationsspiele. Aber der Chefkoch kann nicht bloß Stundenei, sondern viel mehr. Zum Exempel: Er gönnt einem Rippenstück schon einmal zwei Tage Niedrigtemperatur, hat den Oktopus perfekt im Griff, macht Kohlrabi zur reinsten Wonne und erfindet luftig-leichte Desserts. Seine Partnerin Stefanie Falkenberg ist scharfsichtig im Service und umsichtig bei der Weinberatung. Ein charmantes Nest, das Klagenfurt kulinarisch aufputzt.

Tel.: 0664 194 95 42

9020 Klagenfurt
Domgasse 22

www.restaurant-vogelhaus.at
restaurantvogelhaus@gmail.com

Di, Mi 10.30–18, Do 10.30–23,
Fr, Sa 17–23 Uhr
variabel

DOLCE VITA 16,5/20

Koch: Stephan Vadnjal

Eigentlich müsste Stephan Vadnjal längst Ehrenmitglied der Accademia Italiana della Cucina sein. Denn was der Klagenfurter im kleinen Innenstadtlokal auf die Teller zaubert, ist schlicht und einfach Italo pur. Wobei die Betonung auf schlicht und einfach liegt: Wo andere Köche mit vielerlei Saucen und Tüpfelchen arbeiten, setzt der Patron auf die Konzentration des Wesentlichen. Trotzdem, oder gerade deshalb, sind seine Kreationen großteils kleine Geschmackswunder. Das beginnt beim Brot: Eine Foccacia, wie man sie auch in Italien in den allerbesten Häusern findet, dazu toskanisches Olivenöl: göttlich. Schwärmen ist auch bei den Ricotta-Ravioli angesagt, sind diese so leicht, so cremig, einfach wunderbar. Oder bei der köstlichen Frittura di Calamaretti – besser geht es nicht. Haubenkoch Stephan Vadnjal arbeitet, sofern verfügbar, bevorzugt mit Wildfangfisch, hat aber auch für Fleischfreunde Passendes: zartes Tagliata zum Exempel. Und wenn sich der Chefkoch ein Tiramisu annimmt, fällt dieses luftig-fein aus. Top ist auch die Weinauswahl und der kompetente Service.

à la carte: 7,50–34 €

Tel.: 0463 554 99

9020 Klagenfurt
Heuplatz 2/Ecke
Purtscherstraße

www.dolce-vita.at
restaurant.dolcevita@aon.at

Mo–Fr 11.30–14 und 18–21 Uhr
variabel

KOCHWERKSTATT 12,5/20

Koch: Christian Cabalier

Das kleine Bistro am Benediktinermarkt könnte auch „Immervoll" heißen. Hier mittags ohne Reservierung einen Platz im engen Inneren oder im Marktplatz-Gastgarten zu ergattern, ist fast unmöglich. Das liegt wohl am sympathischen Konzept von Christian Cabalier: kleine Karte, spannende Gerichte regionaler und mediterraner Natur, interessante Weinauswahl, schneller und freundlicher Service. Das Angebot wechselt ständig und so kann man sich zum Beispiel an istrischem Rindercarpaccio mit Trüffelmayo oder an wirklich cremiger Burrata mit Calamarisalat erfreuen, die Geheimnisse einer Kärntner Fisch-Safran-Consommé erkunden und dann zu einem Eierschwammerl-Trüffel-Risotto oder zum Beef Stroganoff vom Black Angus Rind greifen. Die Miniküche schafft auch Desserts. Im konkreten Fall sind das ein cremig-süßes Schoko-Nougat-Ildefonso mit Himbeer-Ragout und Vanilleeis.

Tel.: 0664 217 88 77

9020 Klagenfurt
Benediktinerplatz,
Stand 15–16

Mo–Sa 10.30–15.30 Uhr

OSCAR

12,5/20

Koch: Bernd Thaller

Ambitioniert, kompetent, elegant, aber keinesfalls ungemütlich – das ist die Einkehr im Oscars, ein gastronomischer Juwel in der Landeshauptstadt. Küchenchef Bernd Thaller zaubert dort aus der jeweils herrschenden Saison eine gekonnte Mixtur aus Internationalem und Kreativem, die Nähe zu Italien ist dabei unverkennbar. So gibt es beispielsweise marinierten Chicorée mit Burrata, Pasta mit schwarzem Trüffel und sämiges Risotto mit Radicchio und Garnelen. Doch auch bei regionalen Gerichten wie der Kärntner Laxn mit Vitelotte-Gratin und Kardamonspinat zeigt sich das Team rund um Thaller ideenreich. Zum erfrischenden Abschluss empfehlen wir das „Sgroppino Oscar", gerührtes Zitronensorbet mit Grappa und Espresso. Pluspunkt: Eine eigene Degustations-Karte am Abend ermöglicht das Probieren mehrerer Speisen in unterschiedlichen Größen, die separate Steakkarte sorgt für zusätzliche Alternativen. Das Weinsortiment ist gut sortiert, auch das glasweise Angebot österreichischer Weine überzeugt.

à la carte: 7,50–45 €

Tel.: 0463 502 300

9020 Klagenfurt
St. Veiter Ring 43

www.oscar-restaurant.at
oscar@a1business.at

Mo–Fr 11.30–14 und 18–21.30, Sa 18–21.30 Uhr
✱ Fei

♿

OSTERIA VENETA

11,5/20

Koch: Enzo Corso

Diese unkomplizierte Osteria im Zentrum Klagenfurts würde überall in Venetien eine bella figura machen. Es gibt wohl eine Karte, aber das Wesentliche ist auf einer Tafel notiert und die wird zum Tisch gestellt. Top zubereitet sind die stets perfekten, zarten Canestrelli, Kammmuscheln, mit ein paar Tropfen Olivenöl „naturale" . Wunderbar mürb ist der Insalata di Polpo, Oktopussalat, klassisch gut die Tagliolini mit Gamberi, Rucola und Pomodorini sowie der Branzino und die Goldbrasse, gebraten oder aus dem Ofen. Fleischtiger freuen sich über saftiges Tagliata und Bistecca alla Fiorentina. Einige interessante Flaschenweine stehen zur Auswahl.

Tel.: 0463 91 57 10
0660 594 06 37

9020 Klagenfurt
Kardinalplatz 3

www.osteriaveneta.at
info@osteriaveneta.at

RESTAURANT LEITEN

13/20

am Weingut Karnburg

Das Weingut Karnburg hat in puncto Kärntner Wein Pionierdienste geleistet. Das Restaurant in Weinberglage punktet mit herrlicher Aussicht und kleinem, feinem Angebot. Man kann à la carte oder das Überraschungsmenüs wählen, bei beidem legt das Küchenduo großen Wert auf regionale und/oder Bio-Produkte. Große Klasse ist der Speck der eigenen Schweinen, rustikal der „Nudeldunst vom Duroc-Schwein", der sich als Ravioli entpuppt. Eine Augen- und Gaumenfreude gleichermaßen sind die mit Topfen gefüllten Zucchiniblüten, am Punkt gegart, zart-saftig ist die Reinanke auf Gemüse. Von den hauseigenen Weinen haben uns besonders der Chardonnay und die Cuvée „3 Bussarde" überzeugt.

Tel.: 0676 350 42 20

9063 Klagenfurt
Leiten 6

www.leiten.eu
leiten@alpenspirit.eu

Do, Fr 16–22, Sa, So 12–22 Uhr
✱ Feb. 2022

KLEIN ST. PAUL K5

ZUM DORFSCHMIED

12/20

Koch: Josef Müller

Der Dorfschmied ist ein engagierter Familienbetrieb mit Produkten aus eigener Landwirtschaft, starkem Hang zu Regionalem mit Ausflügen in mediterrane Gefilde. Den Empfehlungen von Wirtin Julia Müller darf man sich (auch beim Wein) getrost anvertrauen: Das gemischte Carpaccio von Hirschkalb, Ente und Schwein ist ein Genuss, das Beiried vom eigenen Bio-Jungrind zart und saftig und das Eierschwammerl-Risotto mit Rinderschinken cremig-authentisch. Auch mit Fisch kennt sich Küchenchef Josef Müller aus, wie er beim am Punkt gebratenen Kärntner Saibling beweist. Als Dessert brillierten Mini-Kletzennudeln.

à la carte: 9,80–32,80 €

Tel.: 04264 22 80

9373 Klein St. Paul
Marktstraße 16

www.zumdorfschmied.at
zumdorfschmied@aon.at

Mi, Do 18–20.30, Fr, Sa 12–13.30 und 18–20.30, So 11.30–14 Uhr
✱ variabel

LANDSKRON I5

BURG LANDSKRON

14,5/20

Kronensaal

Koch: Michael Lampersberger

Wer eine Burg erklommen hat, will auch genießen. Und wer es auf die weithin sichtbare Burg Landskron geschafft hat, kann unter verschiedenen Angeboten wählen. Touristengruppen und „Sparefrohs" gehen bevorzugt ins SB-Bistro, für Kaffee und Kuchen bietet sich die Burgterrasse an und wer Bodenständiges sucht, wird im romantischen Bärenstüberl glücklich. Doch es gibt noch mehr. Denn wer wie einst die feinen Burgherren in kulinarischem Luxus schwelgen will, kann sich im eleganten Kronensaal verwöhnen lassen. Thematische Abende (Kerzenlicht, Piano-Musik) sorgen für Abwechslung, die klassisch gehaltenen Gourmet-Menüs wissen jedoch stets zu überzeugen. Beste Kärntner Produkte werden mit Fisch und Meeresfrüchten aus dem nahe gelegenen Italien stimmig ergänzt, das ja quasi in Sichtweite liegt. Und dann gibt es gelungene Italo-Kärntnerische „Crossovers" wie ein cremiges Risotto mit frischen, kleinen Eierschwammerln aus heimischen Wäldern. Erfreulich, dass man bei der Kalkulation der Preise nicht nur an Burgbesitzer gedacht hat, sondern auch die Brieftaschen von Normalverdienern nicht überfordert.

à la carte: 22,50–44 €

Tel.: 04242 415 63
0664 464 42 80

9523 Landskron
Schlossbergweg 30

www.burg-landskron.at
office@burg-landskron.at

Do–Sa 18–22 Uhr
✱ bis April 2022

JAGERSBERG

Tipp

Mediterrane Küche, italienisches Flair und ein wenig Dolce Vita. Das klingt fast wie ein Urlaub am Mittelmeer, der jedoch auch am Fuße der Burgruine Landskron möglich ist. Vitello Tonnato, Caprese und Bruschetta stimmen den Gaumen auf die südliche Küche ein. Danach geben hausgemachte Spaghetti, Gnocchi oder Linguine den Ton an. Auch auf Meeresfrüchte muss man hier nicht verzichten. Ein Tiramisu sorgt für den klassischen Abschluss.

à la carte: 5–40 €

Tel.: 04242 422 87

9523 Landskron
Ossiacher Straße 75 a

www.jagersberg.at
restaurant@jagersberg.at

Di 10–13 Uhr

LEDENITZEN J5

HARRY'S FARM

11,5/20

Stilgerechtes Ambiente, motiviertes Personal und die wohl besten Steaks der ganzen Region. Nicht umsonst ist es empfehlenswert, in Harry's Farm zu reservieren, wenn es einen nach einem saftigen Stück Fleisch gelüstet. Vorspeisen wie das Beef Tatar sind ebenfalls empfehlenswert, dafür sollte man aber doch eine gute Portion Hunger mitbringen. Bei den Steaks hat man die Qual der Wahl: lieber ein schön durchzogenes Rib-Eye, ein edles Filetsteak oder doch ein klassisches T-Bone? Zum Glück kann man sich kompetent beraten lassen und das Fleisch, das großteils aus der hauseigenen Fleischhauerei stammt, wird – wie könnte es anders sein – im gewünschten Gargrad zum Tisch gebracht. Auf ausgezeichnete Beilagen wie Speckfisolen oder würziges Texas-Gemüse sollte nicht verzichtet werden.

Tel.: 04254 23 59

9581 Ledenitzen
Kumweg 8

www.harrys-farm.at
office@harrys-farm.at

Mo, Di–Sa ab 17 Uhr
✱ variabel

LIEBENFELS J5

GLANTALERHOF 11/20

Koch: Hannes Siegel

Der Glantalerhof ist seit vielen Jahren ein Haus das Gastlichkeit und gute Küche vereint. Die Küchenlinie von Hannes Siegel und seinem Team steht für heimische Aromen mit mediterranen Einflüssen. Die jeweils herrschende Saison wird stets in die Menüzusammensetzung miteinbezogen. Neben dem wöchentlich wechselndem Vier-Gang-Menü reihen sich Klassiker des Hauses wie das Beef Tatar vom Kärntner Almochsen, das gebratene Laxnfilet mit Risotto oder die herrlich gebackenen und süßen Eisparfaitzuckerl. Erwähnenswert ist auch das Weinsortiment, das auch glasweise zur Verfügung steht.

Tel.: 04215 24 40
0664 510 04 82

9556 Liebenfels
Lebmach 16

www.glantalerhof.at
office@glantalerhof.at

Di–Sa 11.30–14 und 17.30–21.30, So, Fei 11.30–18.30 Uhr
variabel im Juni und August 2022

KUNSTHANDWERK 12,5/20

Koch: Johannes Magnet

Früher ein altes Forsthaus, dank Familie Magnet mittlerweile ein kulinarischer Fixpunkt in Liebenfels. Patron und Küchenchef Johannes Magnet konzentriert sich ausschließlich auf Regionales und arbeitet mit den umliegenden Bauern und Produzenten Hand in Hand. Auf die Speisekarte setzt er alles, was gerade Saison hat und die Natur hergibt: bunt gemischt, stimmig komponiert und durchwegs von hoher Qualität. Die Weinkarte bietet eine ansprechende Auswahl zu fairen Preisen. Das Ambiente in den Stuben ist gemütlich, draußen sitzt man bei der Feuerschale und genießt den schönen Garten. Summa summarum: Im Kunsthandwerk kehrt man immer wieder gerne ein.

à la carte: 12,50–32 €

Tel.: 04215 28 94
0664 357 46 12

9556 Liebenfels
Radelsdorf 1

www.wirtshaus-kunsthandwerk.at
wirtshaus-kunsthandwerk@utanet.at

Di–Sa 17–21, So 12–15 Uhr (nur auf Vorreservierung geöffnet)
variabel

LÖLLING K5

NEUGEBAUER 12,5/20

Landgasthof & Landhotel

Koch: Lothar Krings-Neugebauer

Der gut geführte Familienbetrieb ist bei Einheimischen und Touristen gleichermaßen beliebt. Hier kehrt man auf das zu recht berühmte Backhendl oder Feinheiten vom Kärntner Jungochsen, auf eine konventionelle Forelle in Top-Qualität, ein Sashimi von heimischen Fischen oder Kärntner Sushi (Achtung: Vorbestellung nötig) ein. Der Seniorchef schaukelt den Service mit viel Schmäh, in der Küche ist der Schwiegersohn am Werk. Die Portionen sind stattlich und wohlproportioniert, aber selbst wenn am Ende vermeintlich nichts mehr geht, kommt man um die „Kleine Nascherei" (Crème brûlée mit Kaffee) nicht herum. Frisch gezapftes Bier, herrliche Säfte, solides Weinangebot.

à la carte: 10–35 €

Tel.: 04263 407
9335 Lölling
Lölling-Graben 6
www.landgasthof-neugebauer.at
neugebauer@loelling.at
Mi–Fr 11.30–14 und 17.30–20.30, Sa, So 11.30–20.30 Uhr
variabel

MARIA WÖRTH K5

BISTRO SÜDSEE Tipp

by Hubert Wallner

Eine wunderschöne Sonnenterrasse, umgeben von Schilf, mit dem Blick auf vorbeifahrende Segelboote. Im Hintergrund die untergehende Sonne. Was will man noch mehr? Im Bistro Südsee von Haubenkoch Hubert Wallner werden neben diesem einzigartigen Flair, das natürlich im Preis mit inbegriffen ist, auch köstliche Weine, sommerliche Getränke und gutes Essen serviert. Jetzt aber: Wunschlos glücklich.

à la carte: 14–48 €

Tel.: 0664 41 814 00
9082 Maria Wörth
Wörthersee-Südufer-Str. 258
www.sued-see.at
office@sued-see.at
tgl. 12–21 Uhr
Mai, Juni, Sept. 2022
Mo Ruhetag

OSSIACH J5

STIFTSSCHMIEDE 13/20

Koch: Gerhard Satran

Das Feuer ist nach vor wie zentrales Element in der Stiftsschmiede, auch wenn hier schon lange keine Eisen mehr geschmiedet, sondern Fische von den Flammen geküsst werden. Wenn Patron Gerhard Satran den Herd seinem Sohn überlässt, dann, um sich um Gästebetreuung und Weinbegleitung zu kümmern. Das Überraschungsmenü brachte auch Spannung im Glas, etwa eine mineralische Weißburgunder-Cuvée zur Fregola Sarda mit Lammsugo und Erdäpfelschaum sowie Königlichen Wein (Umathum) zur Burrata auf bunten Paradeisern. Die gebeizte Lachsforelle mit Muskatkürbis und Kernöl überzeugte, ebenso der im ganzen gebratene Saibling mit leichter Zitronensauce. Auch das Rehnüsschen mit Gemüse gelang solide. Großes Lob gilt dem angenehmen Service, der zur gelösten Stimmung im hübschen Ambiente beiträgt.

à la carte: 24–39 €

Tel.: 0676 401 17 93
9570 Ossiach
Ossiach 4
www.stiftsschmiede.at
office@stiftsschmiede.at
Mi–Sa 17–22, So 12–14 Uhr
Feb. 2022

PATERGASSEN I5

WIRTSHAUS SEINERZEIT 11,5/20

im Almdorf Seinerzeit

Koch: Ruslans Zimnohs

Mitten im gleichnamigen Almdorf findet man – so wie es sich für ein richtiges Dorf gehört – auch ein richtiges Wirtshaus. Und so wie es damals üblich war, veredelt man in der Küche jene Lebensmittel, die aus der näheren Umgebung stammen. „Bei uns wird kocht, wos bei uns wochst", lautet das im Dialekt gehaltene Motto. Der ein oder andere Ausflug ins benachbarte Friaul ist dabei kein Widerspruch, schließlich versteht man unter der kulinarischen Heimat die Alpe-Adria-Region. Der legendäre Schweinsbraten wird in den urigen Stuben genauso gerne bestellt, wie die unverzichtbaren Kasnudeln. Wer es besonders exklusiv will, kann in der dazu gehörigen Holzknecht-Hütte, in der maximal vier Personen Platz finden, ein mehrgängiges Traditionsmenü genießen, das ausschließlich über dem Feuer zubereitet wird.

à la carte: 10–45 €

Tel.: 04275 7201
9564 Patergassen
Voderkoflach 36
www.almdorf.com
welcome@almdorf.com
tgl. 12–21 Uhr
April, Nov. 2022

PÖRTSCHACH J5

RESTAURANT IM WERZER'S BADEHAUS 12/20

Das historische Badehaus gilt als eine der Top-Adressen am Wörthersee, die mit ihrer unbeschreiblichen Aussicht auf das türkisblaue Wasser und moderner Bistro-Atmosphäre punktet. Überschaubar, aber deshalb nicht weniger facettenreich gestaltet sich die Speisekarte mit regionalem Schwerpunkt. Quasi direkt an der Quelle sitzend, ist die Kärntner Lax'n mit Erdäpfeln, wildem Brokkoli und Marille natürlich ein Muss. Aber auch klassisch, österreichische Gerichte wie Rostbraten und Wiener Schnitzel können überzeugen. Für den kleinen Hunger und zur Darbietung des kulinarischem Reichtums werden einige Speisen auch als Tapas-Portionen angeboten. Das Personal agiert äußerst freundlich und zuvorkommend. Auf der Weinkarte gefällt uns besonders das glasweise Angebot.

Tel.: 04272 22 31
9210 Pörtschach
Werzerpromenade 8
www.werzersbadehaus.at
resort@werzers.at
variabel

JILLY BEACH WÖRTHERSEE Tipp

Das Jilly Beach ist grandios für Kulinarikfans und Cocktail-Liebhaber, die in stilgerechtem Ambiente am Ufer des Wörthersees Urlaubsstimmung genießen möchten. Man sitzt am Steg direkt am Wasser oder im rundum verglasten ersten Stock, der ebenfalls einen atemberaubendem Blick über den See bietet. Casual Fine Dining und cooler Lounge-Sound sorgen für entspanntes Feeling.

Tel.: 04272 23 91
0664 214 81 84
9210 Pörtschach
Alfredweg 5–7
www.beach-jilly.at
gastronomie@jilly.at
tgl. 12–15 und 18–21.30 Uhr
❄ bis April und ab Okt. 2022

LA BALANCE Tipp
im Hotel Balance

Im Restaurant la balance im gleichnamigen Hotel am herrlichen Wörthersee werden alle Sinne angesprochen. Großen Wert legt man hier auf Regionalität: der Fisch kommt aus dem See, das Fleisch und das Gemüse hauptsächlich aus der eigenen Landwirtschaft. So verwöhnt Gastgeberin Andrea Grossmann (bekannt aus „Frisch gekocht") mit österreichischer Küche und Alpe-Adria-Einflüssen. Auch ein veganes Menü steht zur Auswahl.

à la carte: 28–69 €

Tel.: 04272 24 79
0664 213 96 56
9210 Pörtschach
Winklernerstraße 68
www.balancehotel.at
office@balancehotel.at
♿

LAKE'S

Tipp

my lake hotel & spa

Das Lake's in Pörtschach hebt sich besonders durch die moderne Ausstattung und den herrlichen Ausblick auf den Wörthersee hervor. Aber es ist auch ein kulinarisches Highlight. Österreichische, Kärntner und internationale Gerichte werden neu interpretiert. Das Serviceteam ist freundlich und kompetent. Ein Besuch in der Beachbar ist vor allem zum Sonnenuntergang direkt am Ufer des Sees empfehlenswert.

à la carte: 5–58 €

Tel.: 04272 205 05

9210 Pörtschach
Augustenstraße 24

www.lakehotel.at
rezeption@lakehotel.at

tgl. 12–21.30 Uhr
variabel

ZOCKLWIRT

Tipp

Am Waldrand von Pörtschach, fernab vom touristischen Treiben, befindet sich der Zocklwirt. Idyllisch gelegen, inmitten der Natur wird hier bodenständig gekocht. Ein steirisches Backhendl mit Käferbohnensalat darf da natürlich nicht fehlen. Auch gekochtes Rindfleisch und Spinatknödel sind bei den Gästen besonders beliebt. Zum Abschluss gibt es eine hausgemachte Cremeschnitte, die wie bei Oma schmeckt.

Tel.: 04272 447 46

9210 Pörtschach
Gaisrückenstraße 77

www.zocklwirt.at
office@zocklwirt.at

PÖRTSCHACH, TECHELSBERG AM WÖRTHERSEE — J5

LA TERRASSE

15/20

im Hotel Schloss Seefels

Koch: Richard Hessl

La Terrasse, da ist der Name Programm. Denn einen so paradiesischen Ausblick auf den Wörthersee wie vom Restaurant des Hotels Seefels wird man länger suchen – und eine so fantastische Küche auch. Mit Positionen wie dem Tatar vom Lavanttaler Wagyu-Rind schafft Küchenchef Richard Hessl auf pfiffige Weise den Spagat zwischen Regionalität und der Erfüllung gewisser Erwartungshaltungen. Süß-samtig präsentierte sich die weiße Schaumsuppe von Ochsenherzparadeisern. Stubenkükenkotelett, gefüllt mit Gänseleber und hauchdünn mit Trüffeln belegt? Sehr französisch, apart angerichtet, schmilzt förmlich im Mund. Die begehrte Knolle diente allerdings wohl mehr der Show, als dass sie tatsächlich wahrnehmbar war. Ein wenig exotischer ging es dann beim Dessert zu, das weiße Schokolademoussetörtchen verstand sich ausgezeichnet mit Limette und Mango. Für einen Hotelbetrieb teils sehr fair kalkulierte Weinkarte mit über 300 Positionen, vor allem aus Österreich, Frankreich und Italien, darf man sich ruhig Zeit lassen. Bei der Qual der Wahl hilft gerne das hervorragende Serviceteam weiter.

à la carte: 15–50 €

Tel.: 04272 23 77

9212 Pörtschach,
Techelsberg am Wörthersee
Töschling 1

www.seefels.at
office@seefels.at

tgl. 12–14 und 18.30–21.30 Uhr
bis April 2022

RADENTHEIN I5

METZGERWIRT 13,5/20

Koch: Emanuel Stadler

Der Metzgerwirt ist eine kulinarische Oase, in der die Zeit im positiven Sinne stillzustehen scheint. Ob man sich nun im gemütlichen Speisesaal oder unter den mächtigen alten Bäumen der großzügigen Terrasse niederlässt, man weiß, dass etwa das Hirschragout, das gleich kommt, dank Emanuel Stadlers grandioser Handwerkskunst genau so sein wird, wie es sein muss. Hier wird die gutbürgerliche Küche gehegt und gepflegt. Seine Frau Angelika hilft als ausgebildete Sommelière derweil bei der passenden Weinauswahl und sorgt mit dem restlichen Servicepersonal dafür, dass sich ihre Gäste rundum wohlfühlen dürfen.

à la carte: 9–35 €

Tel.: 04246 20 52
0699 159 545 15

9545 Radenthein
Hauptstraße 22

www.metzgerwirt.co.at
stadler.emanuel@
metzgerwirt.co.at

Fr–Di 11–14 und 18–21 Uhr
✻ 21. März–8. April und
3.–13. Okt. 2022

ST. GEORGEN AM LÄNGSEE K5

DAS KULINARIUM 12,5/20

im Georgium

Koch: Toni Komrowski

Die österreichische Küche und vor allem deren Produkte haben es dem gebürtigen Deutschen Toni Komrowski angetan. Im Restaurant des Weinguts Georgium setzt er seine Interpretationen traditioneller Gerichte mit italienischen Einflüssen gekonnt und modern um. Die Zusammenarbeit mit Produzenten aus der Region ist ihm dabei besonders wichtig. So bezieht der Haubenkoch beispielsweise Schafskäse von „Nuart", den er in fein abgeschmeckte Ravioli mit Pastinake und Dinkel verpackt. Bei der Gestaltung der Teller merkt man bereits die Liebe zum Detail mit der hier gearbeitet wird. Das Gourmetmenü – man wählt zwischen fünf und sieben Gänge – wechselt monatlich. Auf der Weinkarte befinden sich selbstverständlich die edlen Tropfen des angeschlossenen Weinguts.

à la carte: 10–35 €

Tel.: 0699 173 770 94

9313 St. Georgen am
Längsee
Längseestraße 9/2

www.daskulinarium.at
daskulinarium@hotmail.com

Do–Di 17.30–21 Uhr

LIEGL AM HIEGL

13,5/20

Köchin: Elisabeth Warmuth-Liegl

Auf der Website des Landgasthauses sind die Worte „Ehrlichkeit, Natürlichkeit und respektvoller Umgang" zu finden – wer einmal zu Besuch bei Familie Warmuth-Liegl war, weiß, dass es sich hierbei nicht nur um reine Floskeln handelt, sondern um deren Leidenschaft und das wahrhaftig Gebotene. Auf die Teller gelangt alles, was gerade Saison hat, die dazugehörigen Produkte stammen aus der eigenen Produktion oder von umliegenden Produzenten. Vor Handwerk schreckt Elisabeth-Warmuth-Liegl nicht zurück, vielmehr spiegelt dieses ihr qualitätsbewusste Leitbild wider. Der Schinkenspeck ist selbstgemacht, die hausgemachten Ravioli akkurat. Und ja, wir wiederholen uns, aber von guten Dingen, kann man bekanntlich nie genug schreiben: Bei den Kärntner Kasnudeln handelt es sich wahrhaftig um die wohl besten der Region. Vielleicht um die Besten im ganzen Land? Hier arbeiten Generationen Hand in Hand, Tradition wird dadurch bewahrt, von Verstaubtem ist aber keine Spur. Erwähnenswert ist auch die gut sortierte Weinkarte, die auch einige Kärntner Positionen enthält. Im angrenzenden Hofladen hat man Möglichkeit die Produkte aus der eigenen Erzeugung zu erwerben. Davon sollte man unbedingt Gebrauch nehmen.

à la carte: 4,50–32 €

Tel.: 04213 21 24

9313 St. Georgen am Längsee
St. Peter 2

www.lieglamhiegl.at
office@lieglamhiegl.at

Do–Mo 11.30–14 und 17.30–21 Uhr
variabel

ST. VEIT AN DER GLAN J5

LA TORRE

15,5/20

Köchin: Rosemarie Trabelsi

Wieder mal zu Gast bei den Trabelsis, scheint die Zeit aufs Positivste stehengeblieben zu sein. Während er, Ammar Trabelsi, – unterstützt von einer jungen, charmanten Kellnerin mit entzückendem Akzent – im mittelalterlichen Wehrturm der Stadtmauer den perfekten Patron mit italienischer Grandezza gibt und die wahrlich gut bestückte Weinkarte für grandiose Empfehlungen zu nützen weiß, zaubert seine österreichische Frau Rosemarie Gerichte auf den Tisch, wie sie italienischer nicht sein könnten. Wir entschieden uns für das große Menü, das uns unter anderem kleine Portionen von der Goldbrasse als Tatar, von den Linguine mit Garnelen, vom Hirschrücken mit Selleriecreme, Variationen von der Zwetschke und – als geringfügiges Ärgernis des Abends – eine gar winzige Portion vom Oktopus mit Kichererbsencreme bescherte. Und so ging ein wunderbarer Abend mit dem obligatorischen (Nonino-)Grappa aufs Haus zu Ende.

à la carte: 15–35 €

Tel.: 04212 392 50
0664 124 76 76

9300 St. Veit an der Glan
Grabenstraße 39

www.latorre.at
ristorante@latorre.at

Di–Do ab 18,
Fr, Sa 12–14 und ab 18 Uhr
Fei

WEINGUT TAGGENBRUNN

Tipp

In atemberaubender Kulisse, umgeben von Reben soweit das Auge reicht, ist das Weingut Taggenbrunn mit seinem Heurigen ein Refugium für alle Sinne. Neben hauseigenen Weinen werden regionale Köstlichkeiten mit Produkten aus direkter Umgebung angeboten. Sei es nur für Aufstrich und Brot, ein Beef Tartar vom Kärntner Blondvieh oder für den großen Hunger, Kärntner Kasnudeln mit brauner Butter und Wildkräutersalat – in jedem Fall ist das Taggenbrunn einen Besuch wert.

à la carte: 7–22 €

Tel.: 04212 302 00

9300 St. Veit an der Glan
Taggenbrunn 9

www.taggenbrunn.at
info@taggenbrunn.at

Mi, Do, So 11–20,
Fr, Sa 11–21 Uhr

SPITTAL AN DER DRAU H5

KLEINSASSERHOF

11,5/20

Koch: Josef Gasser

Der Kleinsasserhof fällt in die Kategorie: Muss man erlebt haben. Beim Betreten taucht man in eine eigene Welt ein, zahlreiche Kuriositäten an den Wänden lassen einen fast vergessen, dass man sich nicht in einem Museum, sondern in einem Restaurant befindet. Dabei ist der Kleinsasserhof auch kulinarisch ein Erlebnis. Die Speisekarte mit bodenständigen, klassischen Gerichten wie einem herrlichen Bauernschweinsbraten oder Kalbsbackerln ist höchst erfreulich, die Auswahl an Weinen lässt kaum Wünsche offen und – das Personal agiert äußerst zuvorkommend. Kein Wunder also, dass sich dieses Gesamtkunstwerk großer Beliebtheit erfreut. Darum ist eine rechtzeitige Reservierung unbedingt zu empfehlen.

à la carte: 6,20–38,60 €

Tel.: 04762 22 92
0664 519 13 05

9800 Spittal an der Drau
Kleinsass 3

www.kleinsasserhof.at
buchung@kleinsasserhof.at

Do–Fr 17–23, Sa 12–15 und 17–23, So 12–15 und 15.30–19 Uhr

STRASSBURG J5

DAS HERRENHAUS

Tipp

Elegant speisen mit exklusiver Tischwäsche, in rustikaler Atmosphäre an Massivholztischen die Spezialitäten des Hauses genießen, einen Kaffee in der hauseigenen Kaffeestube trinken oder ein Fest mit bis zu 70 Personen feiern – all das ist im Herrenhaus möglich. Erstklassige Produkte werden frisch zubereitet, die Küchenrezepte nach österreichischer Tradition und mit einem Hauch Italien der heutigen Zeit angepasst. Auf Wunsch werden auch mehrgängige Degustationsmenüs erstellt.

à la carte: 12–21 €

Tel.: 04266 22 51
0664 884 679 60

9341 Straßburg
Hauptplatz 3

www.dasherrenhaus.at
dasherrenhaus@aon.at

Mi–So 11.45–13.45 und 18.15–21 Uhr

TAINACH K5

DAS LILIENBERG® 16,5/20

Koch: Angelo Rindler

Man kann sein Geld auch weit weniger sinnvoll ausgeben. Was Mirjam Orasch mit der Domäne Lilienberg im Südkärntner Tainach aus dem Boden gestampft hat, ist eine echte Bereicherung für Gemeinde und Gäste gleichermaßen. Und wirklich nichts bleibt dort dem Zufall überlassen. Küchenchef Angelo Rindler kann goldene Eier legen, im übertragenen Sinne genauso wie als zauberhafter süßer Zwischengang vor dem Dessert. Aber selbst angestaubte Klassiker wie ein Gazpacho werden zu etwas aufregend Neuem interpretiert. Zwar gewohnt, kühl dem Gaumen schmeichelnd und angenehm balanciert zwischen leichter Süße und Säure, zugleich jedoch – wieder durchaus wörtlich gemeint – überraschend vielschichtig. Die Ente dann à point getroffen, die Begleitung optisch gewöhnungsbedürftig – dafür geschmacklich umso genialer. Eingehüllt in mit Asche behandeltes Blattwerk, wird aus dem Besten, was Feld und Garten zu bieten hat, eine Aromenbombe geformt. Und auch der Abschluss gerät verspielt: Die sehr detailliert nachgebaute Trüffelknolle entpuppt sich als ein Traum aus zartblättriger Schokolade und feinem Mousse. Maître Martin Kern und sein Team kümmern sich vom Betreten bis zum Verlassen des Lokals darum, dass man sich in jeder Minute perfekt umsorgt fühlt. Der Wein der Domäne braucht wohl keine extra Empfehlung mehr. Für Fahrer gibt es spannende Alternativen.

Tel.: 04239 202 76
9121 Tainach
Polzerweg 1
www.lilienberg.at
restaurant@lilienberg.at
Do 18–19.30, Fr, Sa 12–14 und 18–19.30, So 12–17 Uhr

SICHER RESTAURANT 17,5/20

Koch: Michael Sicher

Mag sich auch neben Fleischklassikern einmal eine Taube einnisten, das Glück ist hier eindeutig kein Vogel, sondern bleibt ein Fisch. Was die Brüder Sicher in ihrem gemütlichen Haus in der sanften Senke bei Tainach in dieser Hinsicht zu bieten haben, ist einzigartig und überrascht jedes Mal aufs Neue. Denn Küchenchef Michael Sicher kann dem Saibling aus eigener Zucht fern jahrelanger Routine noch immer neue Facetten abgewinnen, seine Kreativität scheint dabei uferlos zu sein. Ob rustikal, klassisch, mit asiatischen Akzenten oder anmutend wie ein Fruchtcocktail als Ceviche mit Melone – bei jeder Variation lädt ein hervorragendes Ausgangsprodukt zum anmutigen Tauchgang in die Binnengewässer des Geschmacks ein. Die Möglichkeit kreuz und quer zu kosten erleichtert mehrgängige saisonal und regional ausgerichtete Menüs, die keineswegs streng ausgelegt werden. Die Seeforelle mit Senfeis, Karotte und Leinöl war ein grandioser Einstieg, gefolgt von knusprigen Mini-Saiblingen mit Cassis-Olivenschaum, übertrumpft von einem confierten Saibling mit Kohlrabi und einem Püree aus Kapuzinerkresse. Wer es lieber bodenständig hat, wählt gebackene Saiblingstreifen auf Erdäpfel-Vogerlsalat. Dass der berühmte hauseigene Kaviar sich als Begleiter anbietet, muss nicht eigens betont werden. Bei der Taube passt dahingegen das eigenwillige und gute Trio Rote Rübe, Yamsknolle und Schwarzbeere. Die Desserts sind spannend und jede Sünde wert, ebenso wie der regionale Käseteller. Dazu gibt es ausgezeichnete Weine zu vernünftigen Preisen. Die engagierte und souveräne Servicemannschaft mit Wolfgang Sicher als Obhut beim Thema Wein nimmt Sonderwünsche mit großer Gelassenheit entgegen, kein Gusto bleibt ungestillt.

à la carte: 10–35 €

Tel.: 04239 26 38
9121 Tainach
Mühlenweg 2
www.sicherrestaurant.at
office@sicherrestaurant.at
Mi–Sa 11.30–14 und 18–21.30 Uhr
variabel

TANZENBERG J5

KOLLERWIRT 11/20

Koch: Tom Soete

Wirt Tom Soete ist Belgier. So darf es nicht wundern, dass Moules frites, Miesmuscheln mit Pommes, hier ein Signature Dish geworden sind. Aber man versteht sich im ländlichen Ambiente durchaus auch auf Regionales, wofür der Kollerwirt seit langem bekannt ist. Auf Backhendl, faschierte Laibchen sowie geröstete Leber kann man sich immer einlassen, das Rib-Eye (dry-aged) ist ebenfalls eine sichere Bank und die gerührte Polenta mit Pilzen beglückt nicht nur Vegetarier. Die Weinkarte ist ordentlich bestückt, das belgische Leffe-Bier die Alternative zum Kärntner Bier aus der Wimitz.

à la carte: 25–100 €

Tel.: 0664 795 97 06

9063 Tanzenberg
Affelsdorf 3

www.kollerwirt.com
office@kollerwirt.com

Mo, Do–Fr 17–22,
Sa, So 12–22 Uhr

UNTERAICHWALD I5

TERRA SARDA 12/20

Koch: Serri Marco

Mit Blick auf den beschaulichen Aichwaldsee lädt das Terra Sarda zu einem Ausflug in südlichere Gefilde und stillt so insbesondere in Zeiten, in denen auch Reisen ins Nachbarland einen gewissen organisatorischen Aufwand bedeuten, die größte Sehnsucht an das nahe Italien. Der Schwerpunkt der Küche liegt naturgemäß auf Fisch und Meeresfrüchte, ein Blick auf bodenständigere, sardische Spezialitäten wie Malloreddus alla Campidanese lohnt aber durchaus. Bei der Weinkarte dominieren Italiener mit gelegentlichen Ausreißern ins benachbarte Ausland. Empfehlenswert ist auch das sardische Bier.

à la carte: 10–26 €

**Tel.: 04254 201 23
0664 514 96 73**

9582 Unteraichwald
Aichwaldseestraße 26

www.terra-sarda.at
info@terra-sarda.at

Mo, Mi, Do 17–22, Sa 12–14 und 17–23, So 12–14 und 17–22 Uhr

VELDEN AM WÖRTHERSEE J5

CARAMÉ 17/20

Koch: Thomas Guggenberger

SERVICE AWARD DES JAHRES 2022

Ein wirklich gutes Restaurant kann auch in einem saisonalen Tourismusort ganzjährig funktionieren. Während man im Sommer auf der Terrasse sitzend, den nie aufhörenden Strom an flanierenden Besuchern beobachten kann, bleiben im Winter die Kärntner Stammgäste hinter der Glasfassade unter sich. Auf die Qualität von Küche und Service hat das keine Auswirkung – sie funktioniert unter Volllast genauso souverän wie an ruhigeren Tagen. Küchenchef Thomas Guggenberger servierte uns zum Auftakt einen köstlichen, roh mariniertem Carabinero mit Melone, dann Gänseleber mit Trüffel – beides sehr gelungene Interpretationen von bemerkenswerten Luxusprodukten. Dass sich Lamm und Artischocke gut verstehen, bewies der nächste Gang, bevor es mit Hummer und Taschenkrebs-Dim Sum in einer exotischen Curry Sauce wieder international wurde. Ein weiteres Highlight des Überraschungsmenüs war ein am Punkt gegartes Rehfilet mit gebratenem Topfenauflauf. Durch die Bank überzeugen Qualität und Zubereitung. In größerer Runde lohnt sich die Bestellung von Flaschenweinen, aber auch bei der glasweisen Weinbegleitung kommt man in den Genuss von außergewöhnlichen Tropfen aus dem In- und Ausland. Das Ambiente ist unverändert und wirkt trotz seiner zurückhaltenden Modernität sehr gemütlich. Das Service unter Leitung von Patron Günter Faderl ist so flott, aufmerksam und herzerfrischend freundlich, dass wir es heuer mit unserem Service Award ausgezeichnet haben. Gratulation.

à la carte: 14–48 €

Tel.: 04274 30 00
0664 140 44 69

9220 Velden am Wörthersee
Am Corso 10

www.carame.at
3000@carame.at

Di–Sa 17.30- 22 Uhr

DIE YACHT

15/20

Restaurant im Casino Velden

Koch: Marcel Vanic

In Velden geht man nicht nur zum Spielen ins Casino. Seit vielen Jahren schnürt hier Küchenchef Marcel Vanic abwechslungsreiche Menü-Vorschläge, die auch Feinschmeckern einen Besuch dieser eleganten Spielstätte schmackhaft machen. Sein Erfolgsgeheimnis ist dabei, ein Mix aus regionalen und internationalen Gerichten, die durch die Bank „mehrheitsfähig" sind. Vom günstigen „Spar Gourmet Ticket" bis Hummer Bisque oder einem geangelten Steinbutt kann man sich preislich mehr oder weniger weit aus dem Fenster lehnen. Einen weiteren kulinarischen Schwerpunkt stellen die verschiedenen Steaks dar, die sich vor allem bei Fleischfans großer Beliebtheit erfreuen. Wenn man trotz dieses Potpourris aus Gerichten aus Nah und Fern einen roten Faden sucht, dann liegt er in der Zuverlässigkeit des Küchenteams, das bei asiatischen, französischen, italienischen oder eben heimischen Gerichten die gleiche Aufmerksamkeit an den Tag legt, wie beim Grillen von saftigen Steaks.

Tel.: 0664 206 45 15

9220 Velden am Wörthersee
Am Corso 17

www.casinos.at
cuisino.velden@casinos.at

tgl. 18–23.30 Uhr
24. Dez. 2021

HUBERTUSHOF IM GARTEN

13,5/20

Seehotel Hubertushof

Koch: Thomas Eichwald

Vor dem Haus der Veldener Trubel, dahinter eine grüne Oase. Der Garten des Hubertushofes ersetzt den Seeblick durch entspanntes Ambiente. Der Küche gelingen dazu neben routinierter Klassik immer wieder regional und mediterran inspirierte Überraschungsmomente. Köstlich das Ceviche von der Wörthersee-Reinanke mit Avocado und Marille, spannend der karamellisierte Fenchel aus dem nahen Rosental, richtig gut und von tadelloser Konsistenz die confierte Seeforelle aus Bad Eisenkappel. Auch den Heumilchtopfen-Kaiserschmarren würden wir sofort wieder bestellen. Kompetenter, charmanter Service.

à la carte: 16–39 €

Tel.: 04274 26 76

9220 Velden am Wörthersee
Europaplatz 1

www.seehotelhubertushof.com
office@
seehotelhubertushof.com

tgl. 18.30–21.30 Uhr
bis April 2022

SEESPITZ

13/20

Falkensteiner Schlosshotel Velden

Koch: Thomas Gruber

Wörthersee erste Reihe fußfrei: Das Seespitz vor dem Schlosshotel ist eine der schönsten Locations am See. Diese Edellage hat natürlich ihren Preis, egal, ob man sich an Klassikern, am Slow Food-Menü oder an asiatisch inspirierten Gerichten erfreut. Letztere wurden gemeinsam mit dem Wiener Mochi entwickelt und erweitern das kulinarische Angebot im Sommer. Handwerklich waren sämtliche Speisen tadellos zubereitet, nur bei der Würzung scheint man am See mit angezogener Handbremse unterwegs zu sein. Schade eigentlich. Sehr gut schmeckte uns die Lavantaler Entenbrunst und auch der im Ganzen gegrillte Seesaibling. Ohne Tadel finalisierte der „gechillte Topfenknödel" mit Schafstopfen und Löwenzahnschaum unsere Einkehr.

à la carte: 12–39 €

Tel.: 04274 520 000

9220 Velden am Wörthersee
Schlosspark 1

www.falkensteiner.com/schlosshotel-velden
schlossvelden@falkensteiner.com

tgl. 12–17 und 18–22 Uhr
✱ 2 Wochen im Jän. 2022

♿

VILLACH

I5

FREINDAL WIRTSCHAFT

12/20

Koch: Christoph Terschan

Innerhalb kürzester Zeit hat sich die Freindal Wirtschaft zu einem der beliebtesten Lokale in Villach entwickelt. Grund dafür sind die beiden jungen Gastgeber Christoph Terschan und Marcus Kubinec – Erster zeigt sein großes Talent hinterm Herd, Zweiter agiert mit Charme im Service. Die Räumlichkeiten sind liebevoll gestaltet und laden in unkomplizierter Atmosphäre zu einem Abend voll verschiedenster Genüsse ein. Denn die Küche spannt einen kreativen Bogen von Regionalem, über Mediterranes bis hin zu asiatisch inspirierten Gerichten. Sei es ein saftiges Schweinefilet im Speckmantel, herrliche Miesmuscheln oder ein Tuna Steak mit Wok-Gemüse – frische und saisonale Zutaten sowie eine ansprechende Gestaltung prägen die Teller. Zum Schluss darf es ruhig noch ein Mousse au Chocolat sein, das unserem Besuch zufriedenstellend finalisierte.

Tel.: 0676 423 77 51

9500 Villach
Sankt-Johanner-Straße 56

www.freindal-wirtschaft.at
office@freindal-wirtschaft.at

Di–Sa 14–22 Uhr

FRIERSS FEINES HAUS

16,5/20

Koch: Stefan Lastin

Das Feine Eck, bislang ein Séparée, das bei Bedarf hinter Vorhängen im weiträumigen Feinen Haus „verschwinden" konnte, gibt es noch. Das neue Restaurantkonzept setzt aber auf eine Demokratisierung des Angebots. Heißt: die von Stefan Lastin kreierten mehrgängigen Genussmenüs werden nicht nur im Eck serviert, dort gibt es nunmehr auch Traditionelles wie Schweinsbraten, Wiener Schnitzel oder Pasta sowie die Möglichkeit mit der einen oder anderen Vorspeise die Gourmetschiene zu befahren. Bei seinen Menüfolgen ist der Kärntner Koch konsequent kreativ und setzt auf erfrischend fruchtige Noten wie etwa beim Seesaibling mit Gurke und Marille, Huchen mit Bohnen, Pfirsich und Ingwer oder der kompakt-zarten Lachsforelle mit grünem Apfel und Sellerie. Was an Fleisch auf den Tisch kommt ist beginnend mit samtiger Gänseleber und bei feinfasrigem Short-Rib und Wild nicht endend und von außerordentlicher Qualität sowie mit großer Sorgfalt zubereitet. Nicht ganz mit dem Niveau der Küche konnte bei unserem Besuch der Service hinsichtlich der Weinberatung mithalten, der trotz – oder vielleicht ja wegen der großen Auswahl an glasweise ausgeschenkten Tropfen – etwas zaghaft ausfiel.

à la carte: 15–45 €

Tel.: 04242 304 045

9500 Villach
Gewerbezeile 2

www.feines-haus.at
info@feines-haus.at

Mo–Sa 11.30–14 und 18–21.30 Uhr
✱ So

LAGANA

15/20

Gourmetrestaurant Bar im Hotel voco® Villach

Koch: Hermann Andritsch

Der Blick auf die Drau und die dahinter liegende wunderschöne Villacher Altstadt erfreut uns stets von Neuem und wird auch nach mehreren Besuchen nie langweilig. Küchenchef Hermann Andritsch bleibt seiner Linie ebenfalls treu: Er liebt das Spiel mit den asiatischen Aromen, die er schon zu Beginn des achtgängigen Menüs gekonnt in Szene setzt. Roter Thunfisch wird mit Kimchi-Mayonnaise und einem Mango-Chilichutney aufgepeppt, danach folgt eine schmackhafte Curry-Zitronengras-Suppe mit Hummer und Kokos. Der Atlantik-Steinbutt überrascht mit fruchtiger Pfirsich-Komponente, auch die dazu gereichten Spinat-Tortellini sind ausgezeichnet. Trüffel und Steinpilz sorgen für Bodenständigkeit in diesem Gericht. Sehr klassisch dann der Hirschkalbsrücken mit Semmeltörtchen, Wirsing und Maroni zum Hauptgang – spätestens hier wünscht man sich die verspielte Leichtigkeit der ersten Gänge zurück. Am Ende wird noch eins draufgesetzt: Topfenknödel mit Nougatkern erschöpfen den Gaumen ein wenig, werden von der Säure der eingekochten Zwetschken sowie vom Tonkabohnen-Eis aber noch einmal gerettet.

à la carte: 9–45 €

Tel.: 04242 225 22
9500 Villach
Europaplatz 2
villach.vocohotels.com
info@villach.vocohotels.com
Di–Sa 11.30–13.30 und
18–22 Uhr
Fei

VILLACH WARMBAD — I5

DAS KLEINE RESTAURANT

(?)

im Hotel Warmbaderhof

Koch: Jürgen Perlinger

20 Hektar groß ist der wunderschöne Kurpark, auch der Warmbaderhof selbst ist ein wahres Villacher Juwel mit großer Geschichte. Das Kleine Restaurant, die exquisite Fine Dining-Abteilung des Hauses, trägt seinen Namen ganz zu Recht. Maximal 20 Sitzplätze finden sich im kleinen Lokal – die Tische sind so dicht aneinandergestellt, dass man sich coronabedingt entschlossen hat, im Jahr 2021 nur für Hotelgäste zu öffnen. Für 2022 ist aber wieder ein normaler Betrieb geplant – und das ist gut so. Denn damit kommen wieder alle Gourmetfans in den Genuss der Kreationen von Küchenchef Jürgen Perlinger und seiner herausragenden Pâtisserie-Chefin Michaela Neumayr. Wir erfreuen uns am „Kärntna Laxn" aus Feld am See, der mit Apfel und Bio-Zitrone aus dem eigenen Garten von einer schönen Säure umgarnt wird. Schokolade, Passionsfrucht und Vanille im Dessert liest sich zunächst wenig gewagt: Die Konditormeisterin belehrt uns aber eines Besseren und bringt den krönenden Abschluss in unterschiedlichen Texturen an den Tisch. Somit ist weiterhin sichergestellt: große Küche im kleinen Restaurant.

Tel.: 04242 300 112 83
9504 Villach Warmbad
Kadischenallee 22–24
www.kulinarik.
warmbaderhof.com
warmbaderhof@warmbad.at
Di–Sa 18.30–21.30 Uhr

WEISSENSEE — H5

BIOHOTEL GRALHOF®

14,5/20

Köchin: Clara Aue

CLARA AUE, NEWCOMERIN DES JAHRES 2022

Dass der Gralhof am Weissensee ein wunderbares Hotel ist, haben wir bereits geschrieben. Gut essen konnte man im Gralhof auch schon immer. Fleisch von der eigenen Landwirtschaft, 100 Prozent Bio in der Küche und Fisch, der frisch aus dem See kommt. Vor kurzer Zeit hat in der Gralhof-Küche Clara Aue (früher Labstelle, Wien) das Zepter neu übernommen und das Konzept umgestellt. Das Resultat ist Genussküche vom Feinsten. Immer wieder Wild (, weil der Hotelier auch leidenschaftlicher Jäger ist), freitags wird der Smoker befeuert und donnerstags ist Innereien-Tag. Dazu gibt es eine stimmige Tafelkultur sowie eine eindrucksvolle Weinkarte.

Tel.: 04713 2213
9762 Weissensee
Neusach 7
www.gralhof.at
info@gralhof.at
tgl. ab 18.30 Uhr

DIE FORELLE

18/20

Genießer-Landhotel Die Forelle

Koch: Hannes Müller

Gott, froh muss man sein, dass Familie Müller ihr wunderbares, am – seinesgleichen suchenden – Weissensee gelegenes Hotel Die Forelle abends auch für À-la-carte-Gäste öffnet. Und diese somit in den Genuss der ausgefeilten und wohldurchdachten Kompositionen des Chefs, Hannes, kommen – umhegt und umpflegt von der jungen, mit Frohsinn agierenden und kundigen Servicetruppe unter der Leitung von Chefin Monika. Wir hatten bei unserer heurigen Stippvisite die Wahl zwischen vier, sechs oder acht Gängen. Kaum entschieden, gings schon los mit zahllosen, mehr als gelungenen Grüßen aus der Küche, die eindrucksvoll zeigten, was diese den Abend über mit uns vorhaben würde. Der eingelegte und kurz angebratene Schuppenkarpfen mit Mais, Cime di Rapa (Stängelkohl), Estragon und Senf und auch die Wildfang-Reinanke mit Karotte und Karottensauce, Schafgarbe als Minisalat und Sig (ein Nebenprodukt der Molkekäseherstellung) zeigten die hohe Kompetenz der Küche für heimischen Fisch aller Art. Es folgten eine geschmacksdichte Ochsenherztomate mit legendärer Kürbiskernmiso, Eierschwammerln und Pilzsud sowie ein Saibling mit Sellerie, Fischjus, Mandel und Suchtpotenzial. Dass Fleisch mit gleicher Meisterschaft zu wunderschönen Gerichten verhandelt wird, stellten das Steinschaf mit Kohl, Kürbis und Grammeln und das Pinzgauer Rind mit jungem Pak Choi und Fenchel unter Beweis. Und so waren wir nach dem Dessert, Grießflammerie mit Holunder, Bröseln und Weizengrieß-Eis, sowie dank der wunderbaren Begleitung aus der lobenswerten Weinkarte im Glück. Danke. Erwähnen möchten wir, dass Hannes Müller und sein kongeniales Team mit ihrem Engagement immer wieder von sich hören lassen. Sei es bei den nostalgischen, den Strom entsagenden „Forelle unplugged"-Abenden voll Nachhaltigkeit, dem Erntedankfest „Bauer und Koch", an dem zehn befreundete (Spitzen-)Köche aus nah und fern und deren Produzenten zu Wort kommen, oder als Gastgeber des Koch.Campus.

à la carte: 48–120 €

Tel.: 04713 2356
0676 706 55 01

9762 Weissensee
Techendorf 80

www.dieforelle.at
info@dieforelle.at

Di–Sa 18–20 Uhr
April, Nov. 2022

ZIMMERMANN'S GASTHAUS

12/20

Koch: Thomas Balka

Nichts in dem scheinbar aus der Zeit gefallenen Gastzimmer mit dunkler Täfelung, ließ uns vermuten, wie sehr die Küche im Hier und Jetzt agiert. Zweierlei von der Forelle mit Roter Rübe und Ziegenkäsecrostini sowie Pannonische Fischsuppe schmeckten ebenso vorzüglich wie die Kärnter Kasnudeln und der Zwiebelrostbraten mit Röstersäpfeln. Nicht minder gelungen waren die flaumigen Marillenpalatschinken zum Abschluss. Ein Sonnenschein der aus Italien stammende Kellner mit sächsischem Dialekt, der uns den Aufenthalt noch stimmiger gestaltete. Achtung, die Portionsgrößen sind recht gastfreundlich.

Tel.: 04713 22 71
0676 922 15 26

9762 Weissensee
Techendorf 6

www.zimmermann-weissensee.at
info@zimmermann-weissensee.at

Di–So 12–14 und 18–21 Uhr
Mitte März–Anfang Mai, Mitte Okt.–Mitte Dez. 2022

WERNBERG J5

STERNBERG ®

12/20

Gasthaus Messnerei

Koch: Patrick Samek

Seit Dani und Stefan Sternad dieses zauberhafte Haus bewirtschaften, hat sich die ehemalige Jausenstation zu einer Genussoase gewandelt. In der Weinkarte spiegelt sich die Leidenschaft des Patrons wider, die Speisekarte trägt die Handschrift seiner Frau. Am besten schmecken modern interpretierte Traditionsgerichte wie Topfenreinkal, Kasnudeln oder Blunzengröstl. Aber auch Grill- und Schmorgerichte (T-Bone-Steak, Lammnacken) sowie Fisch (Goldbrasse aus der Adria oder Laxn aus Kärntner Seen) gelingen auf hohem Niveau. Erwähnenswert sind auch die guten Salate sowie köstlichen Desserts.

à la carte: 8–32 €

Tel.: 0664 417 24 90

9241 Wernberg
Sternbergerstraße 19

www.sternberg-messnerei.at
dani@sternberg-messnerei.at

Do–So 11–22 Uhr

Gault&Millau
Österreich
Aufwachen und
genießen
staunen
entdecken
In Österreichs
besten Hotels 2022
Gault&Millau Hotelguide erhältlich für € 9,90
www.gm-hotels.at
Gault.Millau.Oesterreich
gaultmillau_austria

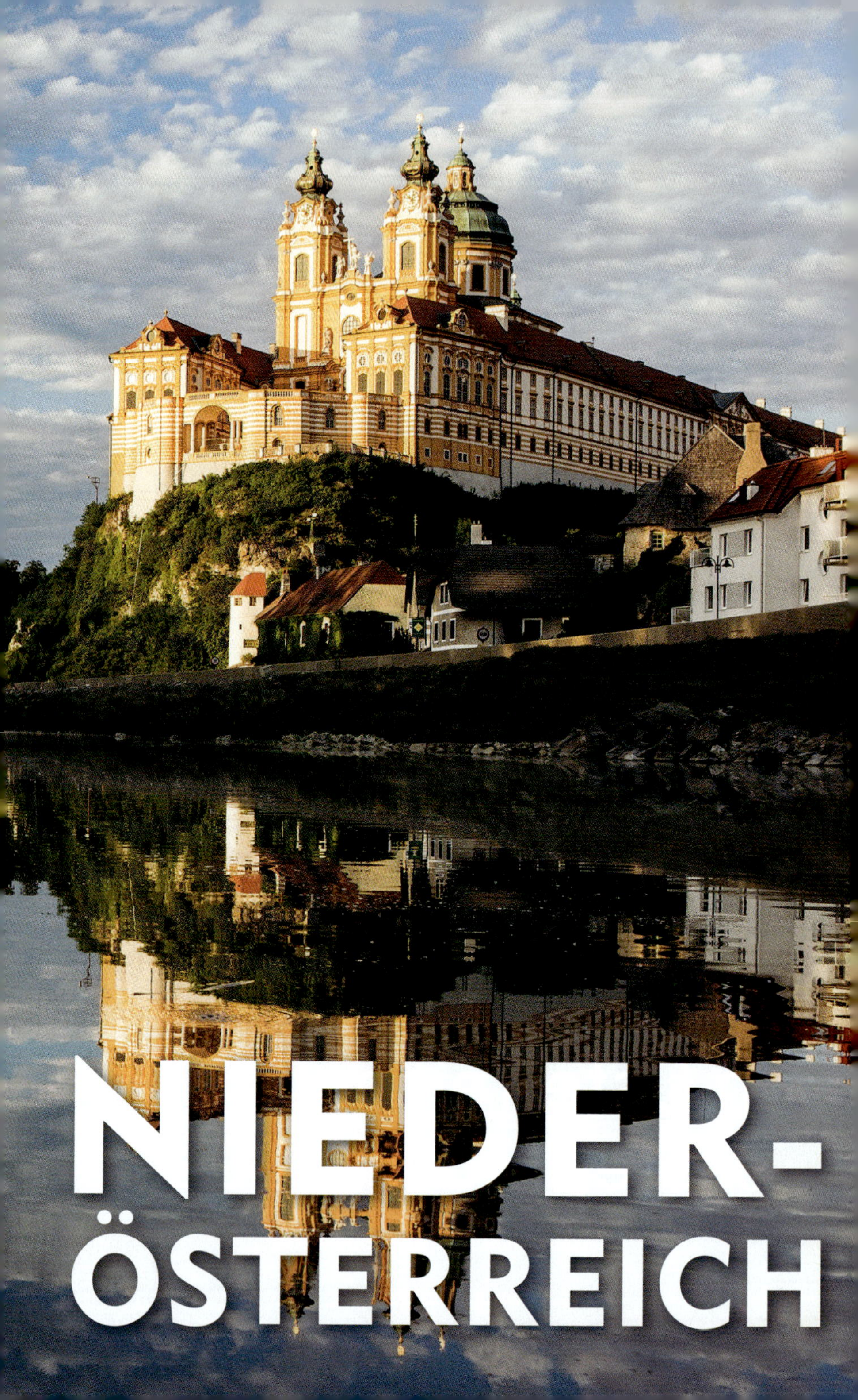
NIEDER-
ÖSTERREICH

DIE BESTEN

18,5/20 **LANDHAUS BACHER** Seite 214
Mautern

17,5/20 **MÖRWALD „TONI M.“** Seite 192
Feuersbrunn

16,5/20 **ESSLOKAL** Seite 199
Hadersdorf am Kamp

16,5/20 **FLOH** Seite 209
Langenlebarn

16,5/20 **HOFMEISTEREI HIRTZBERGER** Seite 239
Wösendorf

LEGENDE

- Orte allgemein
- Orte
- Orte
- Orte
- Orte
- Orte

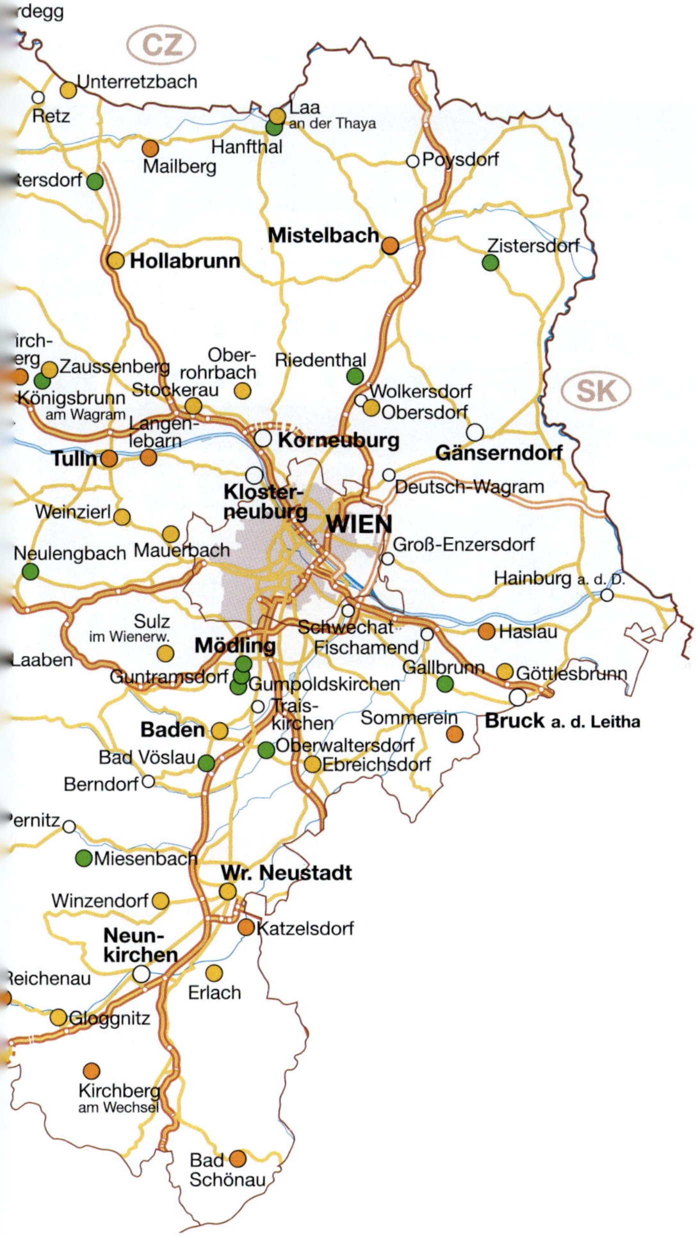
CZ
SK
Unterretzbach
Retz
Laa
an der Thaya
Hanfthal
Mailberg
Poysdorf
Mistelbach
Hollabrunn
Zistersdorf
Zaussenberg
Ober-
rohrbach
Riedenthal
Stockerau
Königsbrunn
am Wagram
Wolkersdorf
Obersdorf
Langen-
lebarn
Korneuburg
Gänserndorf
Tulln
Kloster-
neuburg
Deutsch-Wagram
Weinzierl
WIEN
Neulengbach
Mauerbach
Groß-Enzersdorf
Hainburg a. d. D.
Sulz
im Wienerw.
Schwechat
Haslau
Mödling
Fischamend
Laaben
Guntramsdorf
Gallbrunn
Göttlesbrunn
Gumpoldskirchen
Trais-
kirchen
Sommerein
Bruck a. d. Leitha
Baden
Oberwaltersdorf
Bad Vöslau
Ebreichsdorf
Berndorf
Miesenbach
Wr. Neustadt
Winzendorf
Katzelsdorf
Neun-
kirchen
Erlach
Gloggnitz
Kirchberg
am Wechsel
Bad
Schönau

AGGSBACH DORF L2

RESIDENZ WACHAU

Tipp

In der Residenz Wachau wird traditionell und bodenständig auf gehobenem Niveau gekocht. Neben Wild- und Fischgerichten finden sich auch vegetarische Speisen auf der Karte. Die stimmungsvollen Räumlichkeiten umfassen die historische Schlössl-Stube, das Restaurant, den eleganten Panoramasaal und eine gemütliche Hausbar. Außerdem können Gäste auf der Terrasse einen wunderbaren Ausblick auf die Donau genießen. Edle Weine aus der berühmten Weinbauregion ergänzen das kulinarische Angebot.

Tel.: 02753 8221
3642 Aggsbach Dorf
Dorf 19
www.residenz-wachau.at
info@residenz-wachau.at
Mo–So 11–21 Uhr

ARBESBACH K1

BÄRENHOF KOLM

14/20

Koch: Michael Kolm

Rindssuppe mit Frittaten, gebackene Champignons, Kalbsrahmgulasch mit Serviettenknödel oder Krautfleisch mit Petersilerdäpfel gehören zwar zum Repertoire des Bärenhofs, Feinschmecker schätzen aber vor allem auch die Weinauswahl zum Menü, die mehr als fair kalkuliert ist. Oder das lauwarme Spanferkel mit Eierschwammerlsalat und Liebstöckel beziehungsweise die Gazpacho zu Beginn des Essens. Der gebratene Kalbstafelspitz mit Sommertrüffel und die Wachtel mit Kräuterpolenta und Mangold überzeugt ebenso zu überzeugen. Bei den Nachspeisen setzt Küchenchef Michael Kolm beispielsweise auf Mohntorte sowie Zitronentarte. Hier wird es von Jahr zu Jahr besser.

à la carte: 9–30 €

Tel.: 02813 242
3925 Arbesbach
Schönfeld 18
www.baerenhof-kolm.at
info@baerenhof-kolm.at
Mi–Sa 11.30–14 und 18–21,
So 11.30–14 Uhr

ARDAGGER L2

LANDHAUS STIFT ARDAGGER ⓝ 11,5/20

Koch: Paul Winter jun.

Seit der Neuübernahme des Hauses durch Familie Winter setzt man hier, nebst gutbürgerlicher moderner und regionaler Küche auf Burgerspezialitäten. Mit Bio-Angus nach Art von Paul Winter jun. und dessen Bruder Matthias. Spannend, aber für eine Vorspeise zu groß: die überbackenen Nachos mit Cheddar, Paradeisern, Oliven, Frühlingszwiebeln und Jalapeños. Man will ja noch Platz für den Burger haben, zum Beispiel den „Kombinierten" mit Rinderfilet, Limettenmayo, Lollo Verde, Mangosalsa, Garnelen und Kresse. Tadellos. Die Weinkarte wirkt etwas bescheiden und ist noch ausbaufähig. Schöne Zimmer, ideal für eine Landpartie.

Tel.: 07479 65 65

3321 Ardagger
Ardagger Stift Nr. 3

www.landgasthof-winter.at
office@landgasthof-winter.at

BAD SCHÖNAU N3

GESUNDHEITSRESORT KÖNIGSBERG 12/20

Restaurant Bucklige Welt

Koch: Markus Oelgarte

Das Restaurant Bucklige Welt ist eine echte Bereicherung für das Gesundheitsresort Königsberg. Regionale Köstlichkeiten treffen in der abwechslungsreichen Speisekarte auf internationale Klassiker. Auch wenn sich das Ambiente einer großen Kuranstalt nicht ganz verstecken lässt, begeistert die Küche mit hoher Produktqualität und einer geschmackvollen Inszenierung auf dem Teller. Die Weinkarte bietet, abgesehen von ein paar internationalen Namen, eine dem Restaurant angemessene Auswahl an österreichischen Tropfen. Das Service agierte souverän und professionell, aber leider auch etwas unpersönlich und kühl.

à la carte: 12,50–28 €

Tel.: 02646 825 17 41

2853 Bad Schönau
Am Kurpark 1

www.gesundheitsresort-koenigsberg.at
restaurant@gkbs.at

Do–So, Fei 11.30–14 und 18–21 Uhr

♿

TRIAD 15/20

Koch: Uwe Machreich

Krisen bringen mit sich, dass Gaststätten, die in eher abgelegnen Regionen liegen, oft mit einer sinkenden Gästenachfrage zu kämpfen haben. Im Fall von Veronika und Uwe Machreichs Restaurant kann diesbezüglich getrost Entwarnung gegeben werden. Volles Haus bei unserem Besuch unter der Woche, die Gästezimmer weit im Voraus ausgebucht und die Küche befindet sich in gewohnter Form: Auf Forelle in Safran-Kaltschale mit Zucchini folgt eine leichte Ziegenkäse-Creme mit Eiergraupen und Basilikum, grandios begleitet von Cashew-Miso-Espuma. Aus dem eigenen Garten stammt der Liebstöckel, den Machreich zu einer puristischen Schaumsuppe mit Wachtelei verarbeitet. Die nächsten Gänge erwecken Assoziationen zur bayerischen Küche, was beim Flussbarsch mit Pastrami an der weißen Senfsauce und jungem Kraut sowie bei der Wachtel mit fermentierter Reiscreme am dazu servierten Rettichsalat lag. Am besten gelingt das Rind mit Paradeiser-Paprika-Ragout, Jalapeño und dem spanischen Gebäck Churros – ein feiner harmonischer Überraschungsmoment. Keine Überraschung dwaras besonders gute Marille-Topfen-Dessert. Im Englischen steht Triad für Dreiklang. In Bad Schönau für kreativ, klassisch und krisenfest.

à la carte: 19–32 €

Tel.: 02646 83 17

2853 Bad Schönau
Ödhöfen 25

www.triad-machreich.at
office@triad-machreich.at

Di–Sa 18–22 Uhr
✻ variabel

BAD VÖSLAU 02

ALLERLEY 12,5/20

Koch: Johannes Ley

Der Eingang liegt an einem dicht befahrenen Kreisverkehr. Aber das Allerley gibt deutlich mehr her, als die Lage vermuten lässt. Innen eine lauschige und rustikal-moderne Einrichtung und außen ein lieblicher, erstaunlich ruhiger Gastgarten mit Kastanienbaum. Der Chefkoch Johannes Ley experimentiert gerne – und das mit Erfolg. Es befinden sich daher nur wenige „Dauerbrenner" auf der fast schon extravaganten Karte, diese wird regelmäßig verändert. Ein paar Wochen lang gibt es Tapas, dann wieder mal Heimisches, oft ist ist ein Hauch Asia dabei. Die überwiegend aus der Region kommenden Stammgäste lieben die Abwechslung, die ja bereits im Lokal-Namen mitschwingt. Wer wissen will, worauf er sich einlässt, informiert sich am Besten vorab auf der Website.

à la carte: 10–30 €

Tel.: 02252 25 18 79
0664 534 10 69

2540 Bad Vöslau
Tattendorferstraße 2

www.allerley.at
office@allerley.at

Mi–Sa 17–24 Uhr

BADEN BEI WIEN N2

CUISINO RESTAURANT BADEN 12/20

im Casino Baden

Das kunstvolle Casinogebäude im Neo-Renaissancestil, der anschließende historische Kurpark – das kann schon etwas. Ebenso stilvoll ist auch das Restaurant eingerichtet, mit abgesenkter Decke und schicken, teils transparenten Vorhängen als Raumteiler. Die Speisenauswahl ist überschaubar und in die zwei traditionellen Casinomenüs „Rouge & Noir" eingebettet. Es handelt sich dabei vorwiegend um regionale Spezialitäten, die mit modernem Twist und Charme gekonnt zubereitet werden. Die Weinkarte ist attraktiv und bei den ausgezeichneten Nachspeisen kann der Roulettetisch durchaus einmal warten.

Tel.: 02252 435 02

2500 Baden bei Wien
Kaiser-Franz-Ring 1

baden.casinos.at
baden.restaurant@casinos.at

So–Do 18–22, Fr, Sa 18–24 Uhr

LE RENDEZ-VOUS

13/20

Koch: Juraj Gajac

La France in Baden. Das auf den ersten Blick eher wie eine Bar wirkende kleine Restaurant erstrahlt seit kurzem in Türkis, Samt und dunklem Holz. Aus der Küche des Zweimannbetriebes kommt klassisch Französisches: Thunfisch-Tatar, Hummer-Bisque, Lamm. Puristisch, sorgfältige Verarbeitung, kluge Kombinationen mit modernem Twist wie beispielsweise der herrlich-luftige Buttermilch-Espuma zum Thunfisch. Apropos Bar: Die italienischen, in Oberösterreich veredelten riesigen grünen Oliven zum Gedeck sind absolute Spitzenklasse. Erfreulich sind die guten und fair bepreisten französischen Weine, der engagierte Maître ist freundlich und flott.

à la carte: 30–50 €

Tel.: 02252 85 551
0676 490 2791

2500 Baden bei Wien
Weilburgstraße 3

www.le-rendezvous.at
reservation@
le-rendezvous.at

Mi–Sa 11.30–14 und ab 18,
So 11–14.30 Uhr

DEUTSCH WAGRAM N2

MARCHFELDERHOF

Tipp

An der opulenten Einrichtung und Dekoration des Marchfelderhofs kann man sich kaum sattsehen und mit jedem Blick erkennt man neue Details. 40 gefüllte Gästebücher zeugen von großen Namen, darunter Stars, Könige und Politiker, die hier bereits zu Gast waren. Hier gilt jedoch: Jeder Gast ist Kaiser. Auch nach dem Tod des legendären Wirten Gerhard Bocek im letzten Jahr. Das Traditionsbewusstsein lebt weiter und die Gäste werden mit österreichischen Klassikern verwöhnt.

à la carte: 28–45 €

Tel.: 02247 22 43
2232 Deutsch Wagram
Bockfließerstraße 31
www.marchfelderhof.at
office@marchfelderhof.at
Mo–Fr ab 12, Sa, So ab 11 Uhr

DÜRNSTEIN M2

LOIBNERHOF

14/20

Koch: Josef Knoll

Alles scheint über den Knoll'schen Gastgarten bereits gesagt zu sein. Dennoch ist es immer wieder beeindruckend, im Schatten der zahlreichen Obstbäume zum Sitzen zu kommen und sich vom emsigen Personal umhegen und umpflegen zu lassen. Schnell noch eine Rarität aus dem legendären Weinkeller des Cousins ausgesucht und schon geht es mit Köstlichkeiten wie Schafsfrischkäse auf Fleischparadeisern, Tatar vom gebeizten Alpensaibling, Sauerrahmcreme mit mariniertem Fenchel oder wunderbar sämiger Wachauer Fischsuppe los. Dem folgt ein sorgfältig zubereiteter Kalbsnierenbraten (wie aus dem Lehrbuch) mit Reis sowie eine mürbe Kalbsleber mit frischen Eierschwammerln und Erdäpfelpüree. Den süßen Abschluss bilden extra-flaumige Wachauer Marillenknödeln in Butterbröseln. Alles gelingt samt und sondern mehr als solide und verlässlich wie eh und je. Eine Top-Adresse in der schönen Wachau.

à la carte: 9–28 €

Tel.: 02732 828 90
3601 Dürnstein
Unterloiben 7
www.loibnerhof.at
reservierung@loibnerhof.at
Mi–Fr 11.30–20, Sa 11.30–20.30, So 11.30–19.30 Uhr
Jän. 2022

SCHLOSS DÜRNSTEIN 13/20

Koch: Emil Szechenyi

Schloss Dürnstein: Ambiente und Aussicht auf die einmalige Fluss- und Weinlandschaft, ein wunderbarer Platz für Genüsse auf der immer reizenden Schlossterrasse. Die saisonale, klassische Karte bietet Spargel in Tempurateig mit mariniertem Couscous und Seeteufel in Olivenkruste, aber auch Wiener Zwiebelrostbraten aus der Wirtshausküche. Hier wird ordentlich gekocht, aber ein bisschen fehlt uns der Schwung bei den Kreationen. Ein Wachauer Grüner Veltliner Federspiel aus der gut bestückten Weinkarte rundet vorzüglich ab. Zum Abschluss gibt es die süße Spezialität Marillenpalatschinke mit Marilleneis. Beim Service hätten wir uns ein bisschen mehr Charme gewünscht..

Tel.: 02711 212

3601 Dürnstein
Dürnstein 2

www.schloss.at
hotel@schloss.at

Mo–Fr 12–15 und 18.30–21,
Sa, So 12–16 und 18.30–21 Uhr
bis Ende März 2022

EBREICHSDORF N2

ROSENBAUCHS 14,5/20

Koch: Franz Rosenbauch

Wer seinen Tesla vor dem Restaurant parken möchte, darf sich an einer Elektrotankstelle an der Fassade des Rosenbauchs erfreuen. Der Innenbereich ist etwas dunkel, ein Spaziergang durch den Garten, geprägt von detailverliebten Spielereien, ist fast wie ein Museumsbesuch. Der Gaumen sagt auf jeden Fall „wow" – vor allem die große Vielfalt und die regelmäßige Variation begeistert. Es gibt eine ansprechende Auswahl raffiniert verfeinerter Vorspeisen und ein stets erfrischendes, neues Gastspiel internationaler und saisonaler Kulinarik, oftmals miteinander vereint. Erwähnt sei hier beispielsweise die ausgezeichnete Paarung „Italien trifft Marchfeld", die Calamari, Oktopus und Garnele grandios mit zartem Spargel kombiniert oder die kreativen „Rosenbauchs Tapas," bei welchen sich allerdings hier und da kleine Unsicherheiten einschlichen. Ein besonderer Hit ist das Rehfilet aus der Thermenjagd, verfeinert mit Erdäpfelspitz, Shiitake-Pilzen und Erdbeeren. Leider werden die gebotenen Klassiker wie Wiener Schnitzel oder Zwiebelrostbraten, nicht mit der gleichen Aufmerksamkeit zubereitet. Das Käseangebot und die Nachspeisen sind ebenso umfangreich und exquisit wie die Weinkarte – hier sind Weinakademiker am Werk.

à la carte: 12–38 €

Tel.: 02254 723 38

2483 Ebreichsdorf
Rechte Bahnzeile 9

www.rosenbauchs.at
office@rosenbauchs.at

Mi–Sa 11.30–14 und 17.30–21.30, So, Fei 11.30–15.30 und 17.30–20 Uhr
variabel

EGGENDORF N1

LANDGASTHAUS WINKELHOFER 13/20

Koch: Johannes Winkelhofer

Bei Familie Winkelhofer einzukehren, ist jedes Mal aufs Neue ein erfreuliches Erlebnis. Selten findet man Betriebe, in welchen mit so viel Herzblut und Leidenschaft gearbeitet wird, wie hier. Seit Jahrhunderten ein Gasthaus, seit über 50 Jahren ein Familienbetrieb und seit vielen Jahren ein sicherer Hafen für ambitionierte Landhausküche. Der Patron des Hauses steht hinterm Herd. Die Chefin agiert im Service. Ein echter Familienbetrieb eben. Kulinarisch orientiert sich Johannes Winkelhofer an der Saison. Zum Start eine Wildkräutersuppe, danach geht es weiter mit einem voller Frühlingsgefühlen strotzenden Spargelsalat und zum Abschluss wählt man zwischen hausgemachten Eis oder köstlicher Nougat Panna Cotta. Wein gibt es aus eigenem Anbau und das Ambiente ist sowohl im Innenhof als auch im Gastgarten mehr als einladend. Einziges Manko: Leider kommt man nur am Wochenende in den Genuss der feinen Küche.

à la carte: 10,50–25 €

Tel.: 02958 827 72
3712 Eggendorf
Eggendorf am Wald 45
www.derwinkelhofer.at
gasthaus@derwinkelhofer.at
Sa 11–20.30, So 11–15.30 Uhr
✱ 2 Wochen im Juli, Weihnachten 2022

EMMERSDORF M2

ZUM SCHWARZEN BÄREN Tipp

Im Ortskern von Emmersdorf offenbart sich nicht nur das Tor zur Wachau, sondern auch jenes, das zum Genuss führt. In der Küche des Schwarzen Bären sorgt Martin Pritz für kreative Einfälle aus regionalen Produkten. Wachauer Spezialitäten und Waldviertler Fischgerichte füllen die Karte. Begleitet werden diese von Weinen aus der Region. Die urige Stube schafft ein gemütliches Ambiente, in dem man auch gerne länger sitzen bleibt.

à la carte: 8,90–24,90 €

Tel.: 02752 712 49
0676 507 40 70
3644 Emmersdorf
Emmersdorf 7
www.hotelpritz.at
hotel@hotelpritz.at
tgl. 11.30–14 und 17–21 Uhr
✱ variabel

ERLACH AN DER PITTEN N3

DAS LINSBERG 13/20

Asia Resort Linsberg

Koch: Michael Suttner

Die fernöstlich geprägte Linie des Thermenhotels Linsberg Asia setzt sich auch im angeschlossenen Haubenrestaurant fort. Die Küchenlinie von Michael Suttner ruht auf regionalen und exotischen Produkten aus denen er abwechslungsreiche Gerichte kreiert. Auch Feinschmecker von außerhalb sind willkommen, vor Ort ein ansprechendes Mehrgang-Menü (Größe nach Belieben wählbar) zu genießen. Erwähnenswert ist neben dem äußerst freundlichen Personal und den hausgemachten Pralinen auch die Getränkeauswahl, die vor allem dem umfangreichen Weinangebot der angeschlossenen Vinothek zu verdanken ist.

à la carte: 15–45 €

Tel.: 02627 480 00
2822 Erlach an der Pitten
Thermenplatz 1
www.linsbergasia.at
mail@linsbergasia.at
Di–Sa 18.30–21.30 Uhr

ERNSTHOFEN K2

FISCHERWIRT 13/20

Koch: Franz Harthaller

Anneliese und Franz Harthaller haben sich mit dem Fischerwirt im niederösterreichischen Ernsthofen ein kulinarisches Reich geschaffen, das den Geschmack der Zeit trifft. Unter der Woche offerieren sie ein preisgünstiges Tagesmenü und auch sonst freut man sich als Gast über ein exzellentes Preis-Leistungs-Verhältnis. Probieren sollte man hier die Spargelcremesuppe mit Garnelen und Koriander, das Forellentatar oder die im Ganzen gebratenen Fische, die je nach Saison und Verfügbarkeit angeboten werden. Immer eine Bestellung verdient sich das Wiener Schnitzel oder der gedünstete Rostbraten, der mit Schupfnudeln serviert wird. Wer Lust auf Süßes hat, wird zum Beispiel mit cremiger Mango-Pana cotta und karamellisierter Ananas glücklich.

à la carte: 9–29 €

Tel.: 07435 84 66
0650 290 43 08

4432 Ernsthofen
Mühlrading 11

www.fischerwirt.cc
info@fischerwirt.cc

Mo, Do–So 11.30–13.45 und 17.30–20 Uhr
2 Wochen im Jän. und Juli 2022

♿

ESCHENAU AN DER TRAISEN N3

GASTHOF PILS 13,5/20

Koch: Karl Pils

Getrieben von der Angst beim nächsten Besuch die Bouteille der Wahl geleert vorzufinden, sollte man kein Wort, pardon, keine Silbe über diese wunderbare, jahrgangstiefe Weinkarte mit ihren so zahlreichen Raritäten zu gastfreundlichsten Preisen verlieren. Doch über die vom charmanten Service aufgetragenen lässig zubereiteten und doch höchst präzise abgeschmeckten Köstlichkeiten der Küche (Leberwurst mit gerösteten Grammeln und Paradeiserkraut, Kalbsbeuschel) wollen wir ihnen doch berichten. Auch das gebackene, gefüllte Sommerschnitzel vom Huhn oder das Malakofftörtchen mit Eierlikörschaum waren formidabel. Eigentlich schade, dass dieser sympathische Gasthof nur unter der Woche geöffnet hat.

à la carte: 6–25 €

Tel.: 02762 686 13

3153 Eschenau an der Traisen
Rotheau 6

www.gasthof-pils.at
service@gasthof-pils.at

Mo–Do 16–24, Fei 11–15 Uhr

Bewertungen:

11 bis 12,5 Punkte von 20 Punkten: 1 Haube

13 bis 14,5 Punkte von 20 Punkten: 2 Hauben

15 bis 16,5 Punkte von 20 Punkten: 3 Hauben

17 bis 18,5 Punkte von 20 Punkten: 4 Hauben

19 bis 19,5 Punkte von 20 Punkten: 5 Hauben

FEUERSBRUNN M2

MÖRWALD „TONI M.“ 17,5/20

Gourmetrestaurant

Köche: Toni Mörwald & Phillip Hagenauer

Dass der Patron ein vielbeschäftigter Mann ist, darf als allgemein bekannt voraus gesetzt werden. Man darf jedoch darauf vertrauen, dass er die Performance seines Teams im Fine Dining-Restaurant Toni M. im Stammhaus in Feuersbrunn stets genau im Auge hat. Dieses Restaurant trägt seinen Namen – darauf will er zu Recht stolz sein. Noch dazu steht das heurige Degustationsmenü im Zeichen des 50-jährigen Jubiläums der väterlichen Gastwirtschaft. Trotz aller Verbundenheit zur Wagramer Heimat hat der Haubenkoch ein bisschen was von der Welt gesehen. Diese kulinarischen Erfahrungen lässt er unter dem Titel „Signature Diner de Degustation“ auch selbstbewusst zum Vorschein treten. Wir starten mit einem Ceviche vom Wolfsbarsch mit Kirsche und Kokos – dezent eingesetzter Jalapeño-Chili sorgt für einen akzentuierten Schärfekick. Auch das Gänseleberparfait mit Aal und Ananas ist kein regionales Rezept –, aber der bodenständigen Küche kann man ja ein paar Stuben weiter im Gasthaus frönen. würde man sich auf nur fünf Gänge beschränken, würde wohl das Ei im Pankomantel oder die Bouillabaisse mit steirischer Gebirgsgarnelen entfallen – zweifellos ein Fehler. Dass man die Haute Cuisine auch mit vertrauten Aromen umsetzen kann, zeigt das Szegediner Krautfleisch mit Waller (und originellen Entengrammeln). Spätestens hier muss ein Einschub zur Weinbegleitung erfolgen. Der zum Krautfleisch gereichte Rote Veltliner ist der bereits dritte Wein vom Wagram und weiß genauso zu glänzen, wie der zuvor servierte Grüne Veltliner und der Weißburgunder aus der Nachbarschaft. Alle Drei stehen selbstbewusst neben großen Gewächsen aus dem Elsass, der Mosel, der Wachau oder dem Bordeaux sowie einem 25 Jahre gereiften Cabernet Sauvignon aus dem Barossa Valley. Das muss man erst einmal zusammen bringen. Kompliment. Souverän und ganz klassisch zubereitet kommt das Wagramer Reh daher, witzig dann das Pre-Dessert mit geeistem Roquefort, originell das Schokolade-Dessert, das uns lehrt, keine vorschnellen Schlüsse zu ziehen. Nein, Schokolade muss nicht immer dunkel sein. Ja, ein Schokodessert passt dann auch sehr gut mit Ribiseln zusammen.

Tel.: 02738 229 80
0676 842 298 81

3483 Feuersbrunn
Kleine Zeile 15

www.moerwald.at
toni@moerwald.at

Di–Sa 18–22 Uhr

♿

MÖRWALD „ZUR TRAUBE“ 14,5/20

Koch: Phillip Hagenauer

Was in Frankreich funktioniert, geht auch in Österreich. Zweitrestaurants bekannter Spitzenköche lassen vielleicht ein wenig Raffinement vermissen, begeistern aber mit großartigen Produkten und sorgfältiger Verarbeitung zu vergleichsweise attraktiven Preisen. Mörwalds Stammrestaurant „Zur Traube“ bot demgemäß zuletzt im Frühjahr eine wunderbare Lachsforelle mit mariniertem heimischen Spargel in Buttermilch, eine nicht nur das Auge erfreuende rot-grüne Symphonie von knusprig gebackenem Spargel mit Himbeeren und Erbsen in verschiedenen Aggregatzuständen, sommerlich-leichten confierten Seesaibling in Nussbutterschaum und feinsten rosa Kalbsrücken mit Morcheln und violetten Erdäpfeln. Die formell-elegant adjustierte Servicebrigade war flott, fröhlich und freundlich. Eine überkomplette Weinkarte mit perfekter Beratung und schöne Gästezimmer, setzen Anreize hier länger zu bleiben und vor Ort zu übernachten.

Tel.: 02738 229 80

3483 Feuersbrunn
Kleine Zeile 13–17

www.moerwald.at
traube@moerwald.at

Mo–Fr 12–14 und 18–22,
Sa, So 12–22 Uhr

♿

FURTH BEI GÖTTWEIG M2

SCHICKH 14/20

Landgasthof

Koch: Christian Schickh-Salzer

Bei einem Besuch im Landgasthof Schickh kann es schon passieren, dass man sein Auto neben einem Rolls-Royce parkt. Aber kein Grund zur Panik, das Preis-Leistungs-Verhältnis in Furth stimmt und so kann man sich ohne schlechtem Gewissen auch eine gute Flasche Wein leisten. Das Speiseangebot bietet etwa Steinpilze auf Schwarzbrot, – vielleicht hätte man hier weniger Öl zum Einsatz bringen können – gebackenen Ziegenkäse mit Marillen-Pinienkernen oder Weinbergschnecken mit Knoblauchbutter. Kalbshirn mit Erdäpfel-Häuptelsalat, rosa gebratenes Huftsteak vom Donauland Lamm mit Speckfisolen oder Kalbsleber im Majoran-Zwiebelsaft stehen bei den Hauptgerichten zur Wahl. Himbeeren mit Himbeergeist und Zitronensorbet oder eine Malakofftorte befriedigen die süßen Begierden.

à la carte: 8,50–30,50 €

Tel.: 02736 72 18

3511 Furth bei Göttweig
Avastraße 2

www.schickh.at
office@schickh.at

Mo, Di, Fr 11.30–14.30 und 18–21, Sa 11.30–21.30, So 11.30–20.30 Uhr
2 Wochen im März, 1 Woche im August und Nov. 2022

GAADEN BEI MÖDLING 02

LANDGASTHOF KRONE Tipp

Der Landgasthof Krone wird bereits in sechster Generation geführt. Die Familie Pöchhacker ist dankbar für die Tradition, lässt aber auch Moderne und Innovation in ihren Betrieb einfließen. Dies macht sich sowohl bei der Gestaltung der Räumlichkeiten als auch der saisonalen Speisekarte bemerkbar. Eine große Rolle spielen außerdem Regionalität und biologischer Anbau. Im hübschen Gartenbereich finden sich einige romantische Ecken – gut zu wissen, dass man hier auch sein Hochzeitsfest ausrichten kann.

à la carte: 10–29 €

Tel.: 0664 505 69 33

2531 Gaaden bei Mödling
Hauptstraße 57

www.kronegaaden.at
restaurant@kronegaaden.at

Do–Sa 11–22, So 11–15 Uhr

GALLBRUNN BEI SCHWECHAT 02

MUHR 12,5/20

Landgasthof & Hotel

Koch: Jakob Muhr

Ein freundlicher Empfang und ein aufmerksamer, auf die heterogene Gästeschar geschickt eingehender Service, tragen zum Wohlbefinden bei. Die Räumlichkeiten sind vielfältig – von traditionell bis modern. Es gibt eine erstaunlich große Speisekarte, darunter befinden sich viele kreative Kombinationen mit dem Schwerpunkt auf Fisch und Meerestiere sowie feines Fleisch, meist saftig-zart am Knochen (Thymian-Milchkalbsrücken mit Flusskrebsen) gegart. Dazu erfreut ein beachtliches Weinangebot, auch glasweise. Und wenn einem das köstlich-intensive Valrhona-Schokolade-Sorbet mit einem Hauch von Chili zum Abschluss noch so lange wie hier in den Gedanken bleibt, wird man – wie viele andere Stammgäste auch – bestimmt wiederkommen.

à la carte: 14–35 €

Tel.: 02230 28 58
0660 285 80 01

2463 Gallbrunn bei Schwechat
Hauptstraße 87

www.muhr.co.at
info@muhr.co.at

Fr–Di 11.30–14 und 17–21 Uhr
variabel

GLOGGNITZ N3

BEVANDA 13/20

Koch: Loe Doci

Auch wenn das modern ausgestattete Lokal keinen Meerblick besitzt, kommt man hier sehr schnell in Urlaubsstimmung. An der Hauptstraße von Gloggnitz erlebt man das, was man in mediterranen Ländern zeitweise vermisst: Echte Klassiker vom Land und Meer mit hoher Qualität, geschmackvoll angerichtet, fair kalkuliert und von freundlichen Servicekräften serviert. So wurden im Rahmen des Degustationsmenüs beispielsweise Gehacktes vom Thunfisch, Jakobsmuscheln und Beef Tatar vom Simmentaler Rind genossen. Auch der frische Fisch wird auf dem Teller kreativ in Szene gesetzt. Die kroatischen Wurzeln der Betreiber und beiden Brüder Doci lassen sich auf der Karte nicht leugnen. Egal ob auf der Wein-, oder Speisekarte – es ist für jeden Geschmack etwas Passendes dabei. So hat das Bevanda die Chance, nicht nur von Besuchern der Region, das neue Lieblingslokal zu werden. Mediterrane Sommerfrische im Semmeringgebiet. Das macht Spaß.

à la carte: 6–28 €

Tel.: 02662 435 28
0676 971 60 08

2640 Gloggnitz
Hauptstraße 11

www.bevanda.restaurant
info@bevanda.restaurant

Di–So 11–23 Uhr

GÖTTLESBRUNN 02

DER JUNGWIRT 14/20

Koch: Johannes Jungwirth

Hier werden einfach alle glücklich. Gedankt ist dies einer relativ großen Speisekarte, auf der man mehrheitstaugliche Gerichte wie Beef Tatar, Wiener Schnitzel, Backhendl oder Tafelspitz genauso führt, wie ein Minderheiten-Programm namens „Innere Werte“, das Kalbsbeuschel oder gesottene Lammzunge umfasst. Und dann gibt es natürlich noch das Signature Dish des Hauses – den grandiosen Blunzenburger mit Entenleber. Weil praktisch alles aus der Region kommen soll, verzichtet Patron Johannes Jungwirth auf Meeresfisch. Die Fish & Chips werden mit Neusiedler Zander zubereitet. Noch nicht genug Qual der Wahl? Steaks von Schwein und Rind gibt es auch noch. Und da sich unter den Jungwirt-Gästen auch immer wieder ein paar Genießer befinden, die es fleischlos lieben, hat sich auf der Karte eine Ecke namens „Wald, Wiese & Weinberg“ etabliert, wo man knusprigen Spinatkrapfen oder mit Couscous gefüllten Paprika entdeckt. Auf detailverliebtes Firlefanz verzichtet man in der Küche ob dieser gewaltigen Vielzahl an Gerichten. Die durchgehend hohe Qualität von allem, was hier serviert wird, ist dennoch bemerkenswert. Außerdem: ein wirklich breites und sehr fair kalkuliertes Weinangebot, das einen vor das gleiche Luxusproblem stellt, wie beim Bestellen des Essens: Was nehmen wir denn bloß?

à la carte: 5–32 €

Tel.: 02162 89 43
0676 337 59 46

2464 Göttlesbrunn
Landstraße 36

www.derjungwirt.at
info@derjungwirt.at

Do 17–23, Fr–So 11–23 Uhr
✻ 29. Dez. 2021–18. Jän. 2022

GENUSSWIRTSHAUS BITTERMANN 12,5/20

Vinarium Göttlesbrunn

Koch: Adi Bittermann

Ja, es ist kein Geheimnis mehr: mit den Namen Bittermann verbindet man ad hoc Worte wie Grillmeister und Haubenkoch. Dieses Image stammt nicht von irgendwo, sondern ist ganz und gar gerechtfertigt und wohl verdient. In seinem Genusswirtshaus bietet er seinen Gästen eine feine Auswahl an Grillklassikern wie das Rib-Eye-Steak oder die Beiriedschnitte, die mit herrlichem Erdäpfelsoufflé und cremigen Eierschwammerl gereicht wird. Aber auch Traditionelles und Zeitgemäßes wie Backhendl oder roh marinierter Thunfisch an Couscous und Chili-Mayonnaise befinden sich am Menü. So gibt es für alle Geschmäcker das Passende was auch bei der gut sortierten Getränkekarte gilt. Die Portionen sind wohlportioniert und üppig, sonntags hat man sogar die Möglichkeit den Grillmeister live in action zu sehen.

Tel.: 02162 811 55
0664 884 470 44

2464 Göttlesbrunn
Abt-Bruno-Heinrich-Platz 1

www.bittermann-vinarium.at
info@bittermann-vinarium.at

Mi 17–22, Do–Sa 10–22,
So 10–22 Uhr
✻ variabel

GRAFENEGG M2

TAVERNE SCHLOSS GRAFENEGG 14/20

Koch: Toni Mörwald

Im kulturgeprägten Schlosspark freut man sich auf eine Einkehr in der „Taverne Schloss Grafenegg“. Im Gegensatz zur unterkühlten Ansprache, die bei der telefonischen Vorreservierung spürbar war, wurden wir vor Ort mit professioneller Herzlichkeit empfangen. Kaum platziert, hat man auch schon die Qual der Wahl bei der Weinkarte. Glasweise erhält man auch eine gute Selektion aus dem Hause. Nachdem man die Auswahl getroffen hat, folgen nach dem Amuse gueule ein zartes Ceviche vom Seesaibling mit Limettenvinaigrette sowie ein tadellos zubereitetes Eierschwammerl-Tatar mit Wildschweinschinken. Neben traditionellem Rindersteak, welches auf den Punkt gebraten war, wird man auch mit exotischen Gerichten wie Black Tiger Garnelen mit Bananenchips und Teriyaki-Gemüse verwöhnt. Wer noch Lust auf Süßes hat, der sollte zuschlagen: die Schokolade-Nougat-Barren mit Erdbeereis darf man sich keinesfalls entgehen lassen. Dazu erfreut ein kompetentes Serviceteam.

Tel.: 02735 261 60
0676 842 298 26

3485 Grafenegg
Grafenegg 12

www.moerwald.at
grafenegg@moerwald.at

Mi–Fr 12–14 und 18–22,
Sa 12–22, So 12–20 Uhr

GRAFENWÖRTH

MARKTHAUS

13,5/20

Koch: Georg Liepold

Jetzt ist das Markthaus wirklich angekommen. Nach einem überaus gelungenen Auftakt in Kirchberg am Wagram hat Patron und Küchenchef Georg Liepold im vergangenen Jahr in Grafenwörth nun einen würdigen und passenden Rahmen für sein ambitioniertes Lokal gefunden. Dank einem größeren Raumangebot für Restaurantgäste sowie einem separaten Raum für Veranstaltungen und einem schönen Gastgarten konnte die Basis für ein langfristiges erfolgreiches Engagement gelegt werden. Alles neu also im Markthaus? Erfreulicherweise nicht ganz, denn seiner Küchenlinie ist Liepold natürlich treu geblieben. So gibt es weiterhin die köstliche, mit Blunze gefüllte Frühlingsrolle mit Sauerkraut oder das mollige Beef Tatar an Trüffelcreme. Die Klassiker (Wiener Schnitzel, Kalbsrahmbeuschel) sind stets eine Bank. Spannender ist es, sich auf saisonale Gerichte wie das verführerische Rehragout mit Topfenspätzle oder die knusprig gebratene Ente – klassisch mit Rotkraut und Grammelknödel angerichtet – einzulassen. Georg Liepolds Küche unternimmt keine überdrehten Experimente, sondern interpretiert Bekanntes mit Esprit und in weit überdurchschnittlicher Qualität. Das gilt auch für die Desserts wie Apfelstrudel mit Vanilleeis. Wöchentlich wechselnde Specials bieten Vielfalt für Stammgäste. Das Weinangebot ist tadellos, das Service flott und freundlich. Weiter so.

à la carte: 7,90–32 €

Tel.: 0664 536 60 93

3484 Grafenwörth
Mühlplatz 3/1

www.markthaus.info
office@markthaus.info

Do–Sa 11.30–15 und 17.30–22,
So 11.30–17 Uhr
variabel

GRESTEN

M3

GASTHAUS ZUM GRÜNEN BAUM

Tipp

Dort, wo jetzt der Gasthof Kummer ist, befand sich einst eine Pfannenschmiede. Welch Zufall, dass nun an derselben Stelle ein Traditionsbetrieb steht, der seine Gäste kulinarisch mit saisonalen Schwerpunkten verwöhnt. Hier genießt man bodenständige Küche in entspannter Gesellschaft und gemütliche Atmosphäre.

à la carte: 8–21 €

Tel.: 07487 23 61

3264 Gresten
Badgasse 4

gasthaus-kummer.at
kummer.gasthaus@aon.at

Di–Sa 8–21, So 8–14 Uhr

GROSS GERUNGS

HIRSCH28

Tipp

WIRTShaus & delikatESSEN

Beim Wirtshaus Hirsch handelt es sich um einen Traditionsbetrieb, der mit viel Leidenschaft und Herzblut von den Wirtsleuten geführt wird. Solide, bodenständige Hausmannskost findet sowohl im Mittags-, Überraschungsmenü oder in den À-la-carte-Gerichten Eingang. Mit großer Leidenschaft werden regionale Produkte zu feinen Speisen verarbeitet, auch das Eis ist selbstgemacht. In der angrenzenden Delikatessenmanufaktur kann man sich Köstliches für den Genuss daheim mitnehmen.

à la carte: 3,50–26,50 €

Tel.: 0676 566 66 73

3920 Gross Gerungs
Zwettler Straße 28

www.hirsch28.at
rudi@wirtshaushirsch.at

Mi, So 11.30–13.45, Do–Sa
11.30–13.45 und 18–20.45 Uhr
variabel

GUMPOLDSKIRCHEN N2

HEURIGER SPAETROT 12/20

Koch: Konstantino Bampalas

Das Lokal erscheint wie ein uriges Heurigenlokal samt typischem Winzergastgarten – so wie es in Gumpoldskirchen viele gibt. Hier allerdings mit einer wirklich ambitionierten Küche. Geboten wird eine eher bodenständige Auswahl an Vorspeisen – vom Ziegenkäse mit Erdbeeren über Aufstrichbrote bis zum Caesar Salad mit Waldviertler Speck. Auch die Hauptspeisen sind gut bürgerlich, aber verfeinert, wie zum Beispiel die Trüffelblunze auf Quittensauerkraut. Exzellente Nachspeisen und Käsebrett sind ebenfalls vorhanden. Eine selektive Weinkarte gibt es nicht, da sich nur hauseigene Weine im Repertoire befinden, aber deren Qualität liegt ja ebenfalls deutlich über dem regionalen Durchschnitt.

à la carte: 8,50–32 €

Tel.: 02252 622 30
0664 145 91 59

2352 Gumpoldskirchen
Wiener Straße 1

www.heuriger-spaetrot.com
johanna.gebeshuber@heuriger-spaetrot.com

Mo, Do 17–23, Fr–So 11–23 Uhr

GUNTERSDORF N1

GASTHAUS AN DER KREUZUNG 12,5/20

Koch: Manfred Hausgnost

WIRTSHAUS DES JAHRES 2021

Das Gasthaus an der Kreuzung war immer schon gut besucht. Man wundert sich, wo all die Menschen aus der sonst recht verschlafenen Region kommen, die sich mittags und abends beim Hausgnost einfinden, wo man übrigens nie enttäuscht wird. Das war uns im letzten Jahr den Titel „Gault&Millau Wirtshaus des Jahres“ wert. Es hat sich – zum Glück – nichts verändert, außer vielleicht, dass noch ein bisschen mehr Gäste kommen. Was bewirkt also diese Anziehungskraft? Manfred Hausgnost schafft auf der Speisekarte eine Mischung, von welcher man am liebsten mindestens die Hälfte gerne bestellen möchte: vom Rindscarpaccio mit Trüffelpesto und kräftiger Rindsuppe, den gerösteten Eierschwammerln mit Ei und Speck über Schweinefiletspitzen in Rahmsauce mit Spargel und Nockerln bis zum hervorragenden Schnitzel mit dem besten Erdäpfelsalat, den wir seit langem gegessen haben. Kleiner Tipp: Halbe Portionen bestellen, die sind immer noch sehr großzügig bemessen und dafür danach einen Marillen-, Zwetschken- oder Topfen-Nougatknödel mit Zuckerbrösel und Himbeersauce oder das hausgemachte Sauerrahmeis auf Marillenröster probieren. Einen großen Teil der Anziehungskraft macht aber sicher auch die extrem flinke und freundliche Servicebrigade unter der Leitung von Martina Hausgnost aus sowie die regionale Weinkarte, die einen guten Anteil glasweise anbietet.

à la carte: 7,90–18,20 €

Tel.: 02951 22 29
2042 Guntersdorf
Guntersdorf 110

www.hausgnost.at
info@hausgnost.at

Mo, Di, Fr, Sa 11–22,
So 11–20 Uhr
✾ Ende Juli–Anfang August 2022

GUNTRAMSDORF 02

SÜDUFER 12,5/20

Koch: Christian Karner

Während hinter dem idyllischen Windradlteich die Sonne kitschig-schön untergeht, herrscht auf der Terrasse des Restaurants Südufer reges Treiben. Kein Wunder, denn abgesehen von der attraktiven Location gibt es im Speckgürtel südlich von Wien nur wenige Adressen mit einer vergleichbar feinen Küche. Auch das Serviceteam agiert flott und freundlich, dazu bereiten die mediterran inspirierten Gerichte (Pizza und Pasta) Vergnügen – noch mehr aber die köstliche, gebeizte Seeforelle und der saftig, rosa gebratene Hirschrücken. Gute Desserts und ordentliche Weine verleiten dazu, den Abschied noch ein wenig hinauszuzögern.

Tel.: 0676 440 44 45

2353 Guntramsdorf
Danfoss-Straße 7

www.suedufer.at
reservierung@suedufer.at

Mo–Sa 17–22.30 Uhr

HAAG-STADT L2

MITTER 13/20

Koch: Albin Hawel

Rechtzeitig reservieren ist angesagt, wenn man beim Mitter nicht „nur" in der Gaststube Mittag essen möchte, sondern im Restaurant. Damit keine Missverständnisse entstehen: Auch die Gaststube ist für uns absolut empfehlenswert, aber kulinarisch eben doch ein Eck einfacher gestrickt, als das Restaurant. Küchenchef Albin Hawel setzt dort neben einigen modernen Gerichten auf heimische Klassiker und Mostviertler Produkte. Die Rindsuppe schmeckt hier immer kräftig, die Sulz wird mit reichlich Zwiebeln serviert und der Schafskäse wird mit großer Portion Salat zu einer sättigenden Vorspeise. Das gebratene Hendl begleitet eine cremige Polenta, zum Fiakergulasch mit Pfefferoni und Spiegelei gibt es traditionell Semmelknödel. Süßes wie Schokoladenmousse und Lavendeleis bilden das Finale. Und wer wissen möchte, warum ein Autogramm von Kochpapst Paul Bocuse im Gasthof aufgehängt ist, der sollte den Chef persönlich fragen.

à la carte: 6,50–29,50 €

Tel.: 07434 424 26
0660 377 96 96

3350 Haag-Stadt
Linzer Straße 11

www.mitter-haag.at
office@mitter-haag.at

Fr–Di 11.30–13.30 und
18–20.30, Mi 11.30–13.30 Uhr

HADERSDORF AM KAMP M2

ESSLOKAL 16,5/20

Koch: Roland Huber

Roland Huber scheint endgültig angekommen zu sein. Das Lokal im Kamptaler Hadersdorf hat sich seit seiner Übernahme vor einem guten Jahr großartig etabliert. Die Einrichtung ist lässig, stilvoll, aber nicht weniger gemütlich. Das Serviceteam wird von Roland Hubers Frau Barbara mit viel Charme und Verve geleitet. Es passt ein Baustein genial zum anderen. Und die Küche? Man kennt ja den qualitätsorientierten Kochstil von Huber unter anderem aus dem KlosterUND und dem Le Ciel. Im ersten eigenen Restaurant kocht er völlig befreit auf. Jedes der Gerichte wirkt lässig, aber gleichzeitig höchst präzise und mit noch mehr Geschmackssicherheit zubereitet. Ein Beispiel dafür sind die fantastischen Tapas: Suchtgefahr besteht bei den Kingfish Sushi Rolls mit der spritzigen Frische und Cremigkeit der Yuzu-Mayo oder dem sündhaft buttrigen French Toast mit Hummer und Taleggio-Käse gefüllt. Wundervoll und eine Essenz von Umami sind die Iberico-Ripperl mit Tropea Zwiebeln (süße, rötliche Zwiebel) und Judasohren (schwammiger Pilz). Zum Dessert wird es mit einer Himbeer-Pavlova luftig leicht. Grandios zur Küche passt die kleine, klug zusammengestellte Weinauswahl.

Tel.: 02735 217 72

3493 Hadersdorf am Kamp
Hauptplatz 16

www.esslokal.com
reservierung@esslokal.com

Di–Mi 18–20.30, Do–Sa
12–13.30 und 18–20.30 Uhr

HAINBURG AN DER DONAU — P2

ZUM GOLDENEN ANKER

Tipp

Hotel & Restaurant

Das Hotel-Restaurant Zum goldenen Anker besticht vor allem durch die idyllische Lage direkt an der Donau. Bei schönem Wetter bietet sich hier eine angenehme Pause wie beispielsweise bei einem Fahrradausflug an. Aber auch in den Innenräumen mit imposantem Mittelaltergewölbe sitzt man herrlich, während man Weine aus der Gegend sowie klassische Speisen aus regionalen, saisonalen Zutaten genießt.

à la carte: 13–33 €

Tel.: 02165 648 10

2410 Hainburg an der Donau
Donaulände 27

www.goldeneranker.at
restaurant@goldeneranker.at

Mo–Sa 11.30–22,
So 10.30–21 Uhr

HANFTHAL — N1

GASTHAUS HERBST

12,5/20

Koch: Matthias Herbst

Uriges Flair und eine Einrichtung aus Urgroßvaters Zeiten sorgt für gewissen Charme. Dank des jungen Küchenchefs Matthias Herbst, der einst im Steirereck am Pogusch und im Gut Purbach werkte, isst man hier so gut, wie selten in der Region. Die gelungene Mischung aus Tradition und Moderne macht das gewisse Etwas aus. Besonders gut gefielen uns die kleinen Grammelknödel mit Paradeiser-Ingwer-Kraut oder das Dry-Age Steak aus dem eigenen Reiferaum. Bei den Desserts setzten wir auf den flaumigen Kaiserschmarren und – wenn wir uns schon im Hanfthal befinden – die Heidelbeer-Hanfschnitte. Die Liebe zum Detail ist in jedem Gericht spürbar. Die Preise sind äußerst fair kalkuliert.

à la carte: 3–25 €

Tel.: 02522 24 80

2136 Hanfthal
Hanfthal 48

www.gasthaus-herbst.at
hanfthal48@gmail.com

Mi–Sa 11–21, So 11–14 Uhr
variabel

HARMANNSDORF M1

BUCHINGER – DAS WIRTSHAUS 13/20

Koch: Franz Buchinger

Der Buchinger in Harmannsdorf ist ein Gasthof, der sich in der Region größter Beliebtheit erfreut. Daher ist es – besonders an Wochenenden – empfehlenswert, rechtzeitig zu reservieren. Doch auch bei größerem Gästeansturm ist nicht mit längeren Wartezeiten zu rechnen. Zu gut sind Küche und Service aufeinander eingespielt. Gin Tonic mit einem Schuss Himbeerbrand und geräucherter Wildlachs sind Reminiszenzen an die internationale Gastronomie. Schweinsbraten mit Krautsalat, gebratene Ente mit Erdäpfelknödel oder Backhendl mit Erdäpfel-Vogerl-Salat zeigen die Verbundenheit mit der österreichischen Wirtshauskultur. Der Bananensplit wird mit selbst gemachtem Eis zubereitet und schmeckt. Der Espresso hingegen macht den Eindruck eines dünnen Filterkaffees.

à la carte: 12–27 €

Tel.: 02984 82 41
0676 844 906 400

3713 Harmannsdorf
Harmannsdorf 18

www.gasthofbuchinger.at
info@gasthofbuchinger.at

Mi–Fr 10–14 und 18–22,
Sa 10–14 und 18–23,
So 10–15 Uhr
✽ 2 Wochen im Juli und Dez. 2022, variabel

HASLAU AN DER DONAU O2

HASLAUERHOF 15/20

Landgasthof

Koch: Roland Lukesch

Dass sich vor den Toren Wiens ein Nationalpark mit traumhaft unberührter Natur befindet, ist immer noch eine Art touristischer Geheimtipp. Dass man mit Blick auf die Donau-Auen-Landschaft auch sehr gut essen und trinken kann, hat sich aber schon weitgehend herumgesprochen. Der Haslauerhof ist gut besucht und seine Gäste wissen, was sie erwartet. Solide Qualitätsküche mit eher zurückhaltend eingesetzter Kreativität. Geröstetes Walnussbrot mit Steinpilz-Sellerie-Creme, Speck und jungen Erbsen sowie Kürbis-Ingwer-Kokos-Suppe mit gebackenem Gemüse schmecken unspektakulär, aber stimmig. Die Fischamender Flusskrebse mit Hartweizen-Spaghetti sind puristisch gelungen, ebenso der Zander mit Zucchini, die Kalbsleber im Majoransaft und das zarte Kalb auf Steinpilzrisotto mit Eierschwammerln und Pfirsich. Alles sehr fein, handwerklich tadellos, vielleicht nicht übermäßig spannend, aber auch deutlich mehr als bloße Routine. Ein bisschen mehr Mut findet sich auf der Weinkarte, die neben seltenen Naturalwines aus der Region auch einige interessante Tropfen aus der Slowakei zu bieten hat.

à la carte: 4,50–29,50 €

Tel.: 02232 802 21

2402 Haslau an der Donau
Hauptstraße 17

www.haslauerhof.at
info@haslauerhof.at

Do–So 11–21.30 Uhr
✽ 20. Dez. 2021–2. Jän. 2022

HOLLABRUNN N1

WAGNER'S WIRTSHAUS 13/20

Koch: Christoph Wagner

Das kaisergelbe Eckwirtshaus sieht so aus wie viele Wirtshäuser in Kleinstädten. Philipp und Christoph Wagner übernahmen den Betrieb von ihren Eltern, Philipp liebt den Wein, Christoph den Herd. Soweit die klare Aufgabenteilung. Der Sommelier lernte sein Handwerk in Bordeaux und am Arlberg, bevor er in die Heimat zurückkehrte und durch ein fast angebranntes Gulasch, das er in Nocken formte und frittierte, die Aufmerksamkeit der Gastrokritik auf sich zog (allen voran unser geschätzter Kollege und Namensvetter des Kochs, Christoph Wagner). Seitdem hat sich einiges getan. So bekamen wir diesmal Gyoza von der Ente auf bunten Paradeisersalat, umhüllt von zartem Teig, aromatische Fülle, korianderwürzig. Einziges Problem: Die Marinade weicht den knusprig gebratenen Teig auf. Das heißt, entweder sehr schnell essen oder sich damit abfinden. Es folgte eine Ceviche vom Seesaibling, feines Sesamöl, eine Nuance Passionsfrucht: die mollige Konsistenz des Hummus federt die kräftige Zitronenfrische der Ceviche ab, dazu kleine geschmorte Karotten und Croûtons, die für Crunch sorgen. Sehr gelungen. Zum Abschluss ein Mohnkuchen mit Joghurtcreme und Kirschen – einfach und gut. Saftig und flaumig der Kuchen, nur noch zu toppen, wenn er leicht warm gewesen wäre. Übrigens: Das gebackene Gulasch gibt es immer noch.

à la carte: 9,50–29,50 €

Tel.: 0676 308 65 36
2020 Hollabrunn
Gschmeidlerstraße 32
www.diewagners.at
catering@diewagners.at
Do–Sa 11–22, So 11–15 Uhr

KALTENBACH BEI VITIS L1

ZUM TOPF 12,5/20

Landgasthof

Koch: Oswald Topf

Bereits über viele Jahre hinweg ist das Restaurant Zum Topf eine Institution im nördlichen Waldviertel, die jedes Mal aufs Neue überzeugt. Oswald Topfs unprätentiöse Art zu kochen, bewegt sich auf stetig hohem Niveau und zieht mit ihrem vielfältigen Speiseangebot und altösterreichischem Flair viele Gäste an. Goldgelb und knusprig ist das klassische Backhendl. Der zarte Rostbraten in Cognac-Pfeffersauce oder die feinen Filetspitzen vom Maibock mit Knuspertaschen von der Roten Rübe sorgen für gelungene Abwechslung. Erfrischend umfangreich gestaltet ist auch die Dessertkarte, auch wenn man dabei an den herrlichen Somlauer Nockerln nicht vorbeikommt. Bei warmen Temperaturen nimmt man am besten im gemütlichen Garten Platz und lässt sich vom herzlichen Personal rundum verwöhnen.

à la carte: 8–24 €

Tel.: 02841 83 29
0664 345 06 80
3902 Kaltenbach bei Vitis
Kaltenbach 26
www.landgasthof-topf.at
landgasthaus.topf@a1.net
Do–So 11.30–14 und 18–22 Uhr
variabel

KAPELLN AN DER PERSCHLING M2

SCHLOSS THALHEIM 13,5/20

Koch: Peter Matus

Imposant und eindrucksvoll präsentiert sich die Thalheimer Schlossanlage, auch wenn sich hier und da der Eindruck des Zu-viel-des-Guten, des Überrenovierten einschleicht. Ganz anders die Köstlichkeiten, die vom jungen, spritzigen Team aus der Küche auf den Tisch gebracht werden: Als Star des Abends erwies sich die Zuckermais-Panna cotta mit Chorizo, Sonnenweizen, Honig und Erdnüssen, dicht gefolgt vom Perlhuhn Suprême, das von Morcheln, Minigemüse und Brokkolirisotto begleitet wurde. Aber auch die Granola-Tuiles mit Honigapfel, Yuzu, Mandelcrunch und Ribiseln ließen qualitativ und kompositorisch keine Wünsche offen. Ein Hoch auf diese Küche. Die Weinkarte orientiert sich an Altbekanntem, ist dabei aber – das sei lobend erwähnt – durchaus gastfreundlich kalkuliert.

à la carte: 10–60 €

Tel.: 02784 200 79
3141 Kapelln an der Perschling
Thalheim 22
www.schlossthalheim.at
reservierung@schlossthalheim.at
Fr, Sa 11.30–22, So 11.30–17 Uhr
♿

KATZELSDORF/LEITHA N3

KUPFER-DACHL 15/20

Köche: Martin & Stefan Görg

Das Kupfer-Dachl ist ein einladender Familienbetrieb in idyllischer Lage am Land, mit tollem Ausblick und noch besserer Küche. Am besten gönnt man sich wohl das saisonale Genießermenü. Erfrischend ist der Siglesser Saibling mit Fenchel als Auftakt, bevor es mit einer feinen Mais-Schaumsuppe weiter geht. Als Hauptgang sorgt ein zarter Rehbock mit Melanzani für nachhaltige Zufriedenheit. Aber auch die À-la-carte-Auswahl – von Wiener Schnitzel über Stroganoff bis zum Welsfilet – ist eine Versuchung wert. Die Desserts bleiben mit Nougatknödel und Topfennockerln auf der traditionellen Seite. Namhafte österreichische Weingüter dominieren die erlesene Weinkarte. Außerdem erfreulich: Ein sehr gutes vegetarisches Menü steht ebenfalls zur Auswahl.

à la carte: 9,50–31,80 €

Tel.: 02622 782 36
2801 Katzelsdorf/Leitha
Eichbüchl 23
www.kupfer-dachl.at
info@kupfer-dachl.at
Mi–Fr 16–21, Sa 11–15 und 17–21, So 11–15 Uhr

KILB M2

DENKENHOF PITTERLE Tipp

Mit viel Liebe und unter Berücksichtigung der Herkunft der Zutaten werden die Gäste von Familie Pitterle mit Klassikern wie Backhendl verwöhnt. Bier-Liebhaber sind hier an der absolut richtigen Adresse: Zurzeit finden sich 101 Craft Biere aus der Flasche und sechs Fassbiere im Angebot. Der Fokus liegt auf österreichischen Brauereien, es gibt aber auch Ausgefalleneres aus ganz Europa.

Tel.: 02748 72 69
3233 Kilb
Rametzberg 4
www.pitterle.at
engelbert@pitterle.at

KIRCHBERG AM WAGRAM N2

GUT OBERSTOCKSTALL 15,5/20

Koch: Christoph Wagner

Dieses Restaurant ist seit langen Jahren ein kulinarischer Fixpunkt der Region. Ob in den gemütlichen Landhaus-Stuben oder im sehenswert-romantischen Garten, hier fühlt man sich von Anfang an sehr wohl. Der engagierte Service empfiehlt vom Aperitif bis zum Tagesgericht, bringt das umfangreiche Gedeck und betreut mit viel Aufmerksamkeit. Wie früher die Einmachsuppe, kommt die getrüffelte Kohlrabicremesuppe auf den Tisch, als leichte, köstliche Vorspeise eine gebeizte, roh marinierte Lachsforelle mit Fenchel und Salzzitrone. Die sous-vide gegarte Hühnerbrust mit Eierschwammerl-Rahmnudeln war nicht nur saftig und knusprig, sondern ein sehr genussvolles Gericht. Ebenso höchst lobenswert war der Ramsauer Alpsaibling mit Frischkäseravioli, Paradeisern, Oliven und Zucchini. Dazu trinkt man hauseigene Weine und erfreut sich der bildhaften, angenehmen Umgebung. Erfrischend und exquisit war auch das Holunderblütensorbet mit Walnuss-Teegebäck. Als süße Verführung zum Abschluss gefiel der geeiste Walnuss-Himbeerschmarren.

à la carte: 6–35 €

Tel.: 02279 23 35

3470 Kirchberg am Wagram
Ringstraße 1

www.gutoberstockstall.at
restaurant@
gutoberstockstall.at

Mi–Fr 16–21, Sa 11.30–21,
So 11.30–17 Uhr

♿

WEINHAUS Ⓝ 13/20

Kirchberg am Wagram

Köche: Lukas Humer & Rafael Reisser

An dieser Straßengabelung trifft Gemütlichkeit auf modernes Design. Ein Urlaubsgefühl macht sich auf der Holzterrasse mit kleiner Insel sofort bemerkbar. Die beiden Chefköche Lukas Humer und Rafael Reisser teilen sich ihre Werkstätte auf hohem Niveau und stehen sich gegenseitig in Nichts nach.Sommelier Eric Broz verwöhnt seine Gäste nicht nur mit seiner charmanten Art, sondern auch mit seinem Fachwissen über die Weine der Region. Ob gebeizte Gebirgsforelle mit Kohlrabicreme und Schafsjoghurt oder klassisches Beef Tatar – alle Gerichte sind exquisit angerichtet und verführerisch gut. Der gegrillte Zucchinifächer mit Bulgur und Bergamotte ist gesund und hervorragend abgeschmeckt. Eine klassisch gebratene Maishendlbrust wird durch weiße Quinoa und Bittersalat mit Koriander zu einem Geschmackserlebnis.Wer sich an „Kalbsbavette & Bries" wagt, hat alles richtig gemacht. Süßes gelingt hier auch: Eine große Auswahl an hausgemachten Strudel und Mehlspeisen wird nur noch von den pochierten Kirschen mit Erdbeereis übertroffen. Eine noch relativ unbekannte Adresse für Hochgenuss, die es verdient, weiterempfohlen zu werden.

Tel.: 0676 415 70 45

3470 Kirchberg am Wagram
Marktplatz 33

www.weinhaus-kirchberg.at
office@
weinhaus-kirchberg.at

Mo, Fr 16–21, Sa, So, Fei
11.30–14 und 16–21 Uhr

KIRCHBERG AM WECHSEL O3

GAUMENKITZEL 15,5/20

im Hotel Molzbachhof

Koch: Peter Pichler

Im schönen Molzbachhof hat sich der begabte Chefkoch Peter Pichler im Familienbetrieb seine elegante kulinarische Spielwiese eingerichtet und strebt mit seiner Küchenlinie „Cook the Gart'l" nach höheren lukullischen Weihen. Geboten werden ein drei- und ein sechsgängiges Menü plus Bonus-Sorbet. Dazu gibt es noch mehrere Begrüßungen und Verabschiedungen aus der Küche, die für sich alleine schon eine Vielzahl an positiven Eindrücken darstellen. Wir erfreuten uns an stimmigen Kompositionen wie Paradeiser, Melone und Frischkäse oder Olivenkraut, gelber Paprika und Forelle, gefolgt von unserem Favoriten: Babykarotte, steirische Garnele an Bio-Hirse. Nicht weniger gelungen dann das Zusammenspiel von Zucchiniblüte und Kalbskopf mit Eierschwammerlnbeziehungsweise jenes vom Kirchberger Rehrücken mit Kürbis und Schalotten. „Da capo" möchte man gerne beim Sommer-Dessert Zitronenverbene, Kirchberger Brombeeren und weißer Schokolade rufen.

à la carte: 15–35 €

Tel.: 02641 22 03

2880 Kirchberg am Wechsel
Tratten 36

www.molzbachhof.at
office@molzbachhof.at

Di, Fr, Sa 18–20.30 Uhr

♿

KIRCHBERG AN DER PIELACH L2

KALTEIS 12/20

Koch: Hubert Kalteis

Vom ersten Augenblick an fühlt man sich in diesem familiär geführten Landgasthof inmitten des Dirndltals einfach wohl und bestens umsorgt. Dafür verantwortlich sind der liebenswürdige und kompetente Service der Chefin des Hauses sowie die sorgsam zubereiteten Speisen aus der Küche von Hubert Kalteis. Neben schmackhaften Wirtshausklassikern wie Hirschgulasch und Steirischem Wurzelfleisch bemüht sich der Küchenchef auch um Kreatives, das man am besten in Form des angebotenen, saisonal wechselnden Menüs genießt. Köstliche Desserts wie die gebackenen Hollerblüten oder flaumige Topfenknödel sollte man sich keinesfalls entgehen lassen.

à la carte: 5–40 €

Tel.: 02722 72 23

3204 Kirchberg an der Pielach
Melker Straße 10

www.kalteis.at
office@kalteis.at

Do–Sa 11.30–14 unf 17.30–21, So 11.30–14 und 17.30–20 Uhr
✻ variabel

KIRCHSCHLAG IN DER BUCKLIGEN WELT O3

HÖNIGWIRT Tipp

im Hotel Post

Im Hotel Post Hönigwirt treffen Stammgäste, Erholungssuchende und Seminarteilnehmer aufeinander. Sie alle finden hier einen Lieblingsplatz. Die Auswahl ist groß: Landhausstüberl, Gastzimmer, Wintergarten und ein schöner Innenhof mit Terrasse. Man darf mit traditioneller Küche und regionalen Spezialitäten rechnen – besondere Highlights sind das Dry-Aged Beef aus dem eigenen Reifeschrank, das umfassende Frühstücks-Buffet und der Weinkeller.

à la carte: 3,70–35 €

Tel.: 02646 22 16

2860 Kirchschlag in der Buckligen Welt
Günser Straße 2

www.hotel-post-hoenig.at
kontakt@hotel-post-hoenig.at

Mo–Fr 11.30–14 und 17.30–21, Sa 11.30–21, So 11.30–16 Uhr
✻ 1 Woche im August 2022, variabel

KÖNIGSBRUNN AM WAGRAM M2

LANDGASTHOF MANN 11/20

Köchin: Theresia Mann

Ist man auf der Suche nach solider Landhausküche, liegt man bei Familie Mann genau richtig. Bereits seit vielen Jahren überzeugt die Küchenlinie von Theresia Mann durch Bodenständigkeit und beherrschtes Handwerk. Die Mittagskarte wechselt wöchentlich und orientiert sich – wie auch die restliche Speisekarte – an der jeweiligen Saison. Urig und deftig startet man beispielsweise mit gebackenem Hirn auf Erdäpfelsalat, vegetarisch geht es weiter mit sämigen Eierschwammerlgulasch, den Abschluss bilden flaumige Marillenknödel. Unbedingt probieren sollte man die Wildspezialitäten. Das umfangreiche Weinangebot ist der Lage angepasst und besonders hervorzuheben.

à la carte: 8,90–23,90 €

Tel.: 02278 23 34

3465 Königsbrunn am Wagram
Rathausplatz 14

www.mann.co.at
gasthaus@mann.co.at

Mo, Mi, Do, Fr 11.30–14.30 und 18–21, Sa, So 11.30–14 Uhr
✻ 22.–21. August, variabel im Sommer 2022

KREMS M2

GOZZO 12/20

Ein Faible für historische Gebäude kann man dem Kremser Gastronomen Charly Teuschl wirklich nicht absprechen. Und auch in der Gozzoburg lautet wie schon im ‚Kloster UND' „Qualität und Vielfalt" sein Motto. So fanden sich von japanischer Okonomiyaki (eine Art Fladen aus Kohl), über die traditionelle römische Pinsa auch Wraps, Burger und Steaks auf der Speisekarte. Zu diesen gesellten sich Fine-Dining-Gerichte, wie gebackenes Ei mit Sommertrüffel, Erdäpfelcreme, Blattspinat und Rahm oder ein Filet vom Bachsaibling – am Salzstein gegart – mit Oliven-Risoni, bunten Paradeisern und Paradeiserschaum. Somit erfüllt das Gozzo ein breites kulinarisches Angebot, das viele Gäste glücklich macht – wie übrigens auch das gut sortierte Weinangebot. Das junge Servicepersonal war zuvorkommend, sympathisch und hat offensichtlich Freude an der Arbeit.

Tel.: 02732 802 802
3500 Krems
Hoher Markt 11
www.gozzo.at
reservierung@gozzo.at
Mo–Fr 17–24, Sa 11.30–24 Uhr

JELL 11,5/20

Köche: Laurent Amon & Dominik Mistelbauer

Eine Institution, geprägt von Gemütlichkeit mit zusätzlichem kleinen Gastgarten im Sommer – das ist das Jell in Krems. Mit Kräuter- und Leberaufstrich, Hausspeck und Zweierlei Hausbrot appetitlich empfangen, sind hier die heimischen Wirtshausklassiker wie Freiland-Backhendl mit Schnittlauchsauce und Blattsalate oder köstliche Innereien-Gerichte wie Beuschel, Leber, Nierndln oder Kalbskopf eindeutige Tipps. Ein vorzügliches Saiblingsfilet gelingt ebenfalls, die süße Abteilung mit den Somlauer Nockerln hinkt da etwas nach. Empfehlenswert und obligat dahingegen ist die legendäre Haus-Cremeschnitte.

à la carte: 13–32 €

Tel.: 02732 823 45
3500 Krems
Hoher Markt 8–9
www.amon-jell.at
gasthaus@amon-jell.at
Di–Fr 11.30–14 und 18–21,
Sa, So 11.30–11.30–13.45 Uhr

WEINGUT HUTTER 11/20

Koch: Jürgen Spendlingwimmer

Mitten in den Weinbergen gelegen, bietet das Hotel und Restaurant ein ganz besonderes Panorama. Sitzend auf der Terrasse bekommt man das vinophile Flair am besten zu spüren, aber auch die Innenräume sind mit ihrer dunklen Holzfassade und den hellen Tischen gemütlich und elegant zugleich. Auch die Speisekarte zeigt eine Mischung aus Bodenständigkeit und Moderne. Neben Klassikern wie Wiener Schnitzel, hausgemachter Blunzen und gekochtem Rindfleisch finden sich saisonale Gerichte, die mit zeitgemäßem Twist auf die Teller drappiert werden. So gibt es die gebratene Perlhuhnbrust mit Fregola sarda, das sautierte Kalsbries wird von Navetten und Brunnenkresse begleitet. Ein Mehrgangmenü steht zur Auswahl und dass das Weinangebot hier überzeugend ist, liegt auf der Hand.

à la carte: 12–36 €

Tel.: 02732 820 06
0664 793 16 00
3500 Krems
Weinzierlbergstraße 10
www.weinguthutter.at
info@weinguthutter.at
Mo–Fr 16–21, Sa 11.30–21,
Fei 17–21 Uhr
✱ 2. Jän.–28. Feb. 2022

ZUM KAISER VON ÖSTERREICH

14/20

Koch: Hermann Haidinger

Besucht man dieses kleine, feine Restaurant in der Kremser Altstadt, widmet man sich ganz dem Genuss. Die charmante Chefin betreut die Gäste mit einem herzlichen Service und bringt nach umfangreicher Zeit des Auswählens kleine Köstlichkeiten, danach Wadschinken mit Kernöl als Amuse gueule. Als harmonisch-feine Vorspeise gab es Thunfischtatar mit Artischockensalat. Es folgten ein nicht mehr ganz rosa gebratenes Reh auf Eierschwammerl-Risotto sowie wunderbar köstliche Gnocchi mit Garnelen und Meeresalgen. Am Punkt und zart gebraten war das Wagramer Lachsforellenfilet, etwas zu fest ist dahingegen die Beiried vom Dry-Aged Weiderind mit Pilznudeln und Erbsenschoten geraten. Die Weine der Region sind beste Speisenbegleiter und bieten sich hervorragend an. Ein Grießauflauf mit flambierten Kirschen und sündhaft gute Marillenknödel mit Marillenröster beenden unsere Genusszeit auf der sommerlichen Terrasse.

Tel.: 02732 860 01
3500 Krems
Körnermarkt 9
www.kaiser-von-oesterreich.at
restaurant@kaiser-von-oesterreich.at
Di–Sa 18–22 Uhr

LAA AN DER THAYA N1

WEILER

12,5/20

Koch: Martin Weiler

Wenngleich in diesem Traditionswirtshaus seit Jahren eine etwas gehobene, klassische Küche praktiziert wird, ist manch kleine Schwankung oft nicht ganz auszuschließen. Einem köstlichen, grandios abgestimmten Beef Tatar folgt ein weniger begeisterndes, in der Portionsgröße allzu gut gemeintes Risotto mit Kräuterseitlingen, Paradeisern und Zuckerschoten. Und auch beim Zwiebelrostbraten mit traditionellen Beilagen serviert, haben wir das gewisse Etwas vermisst. Der Pfirsichröster, der die beliebten Mohnnudeln begleitet, ist allerdings hinreißend. Vom umsichtigen Service gut betreut, sitzt man im sommerlichen Gastgarten sehr angenehm.

Tel.: 02522 23 79
2136 Laa an der Thaya
Staatsbahnstraße 60
www.weilerlaa.at
martin@weilerlaa.at
Di 11–14.30, Mi–Fr 11–14.30 und 17.30–21, Sa, So 11–15 Uhr

LAABEN BEI NEULENGBACH M2

ZUR LINDE

12,5/20

Köchin: Regina Waldherr

Der Familienbetrieb von Familie Geidel ist geprägt von stetiger Weiterentwicklung. Nach dem schon vor einigen Jahren etablierten und gut angenommenen Küchenschwerpunkt auf Dry-Aged Rind war nun die Renovierung der, in einem separaten Gebäude befindlichen, Gästezimmer dran. Die Gaststuben präsentieren sich noch traditionell-gemütlich – hier fühlt sich die Schnitzelfraktion ebenso wie der Gourmet (zartes Bio-Kalbsbries, etwas säuerliches Tatar vom Bio-Alpensaibling, langsam geschmortes Osso Bucco vom Berglamm mit Topfengnocchi) wohl. Gilt es allerdings auch noch im Extrazimmer feiernde Familien zu verköstigen, gerät der freundliche Service mitunter etwas ins Trudeln.

à la carte: 8–58 €

Tel.: 02774 83 78
3053 Laaben bei Neulengbach
Laaben 28
www.linde-laaben.at
linde@linde-laaben.at
Mo, Di 18–21, Fr, Sa 12–14 und 18–21.30, So 12–21.30 Uhr
variabel

LANGENLEBARN N2

DAS WOLF 15/20

Koch: Christian Wöber

Das Wolf in Langenlebarn im Tullnerfeld ist einen Ausflug wert. Die Beherztheit des Teams ist geradezu ansteckend und erfrischend. Das Frühlingsmenü, das in fünf bis sieben Gängen frei wählbar ist, bietet einen schönen Überblick über regionale aber auch exotische Geschmäcker. Hervorragend war die Frühlingsrolle vom Kaninchen mit Brunnenkresse und Kräutern. Schön knusprig kam das weich gekochte gebackene Ei auf Brennnessel-Mousse, gekrönt mit Osietra Kaviar. Der Steinbutt mit Karfiolravioli auf Estragonschaum ließ dann etwas nach, aber nur, um dem Maibock den unbestrittenen obersten Platz zu lassen. Dieser erschien in einer zarten Kräuterkruste, begleitet vom weißen Spargel und einer cremigen und aromatischen Haselnuss-Polenta. Die gebackenen Hollerblüten mit marinierten Erdbeeren rundeten den Gesamteindruck trefflich ab. Da der Weinkeller auch exquisit und die Beratung kompetent-lustvoll ist, sollte man die Anreise mit dem eigenen Wagen eventuell überdenken. Wie wäre es denn, mit einem Tagesausflug und einer Anreise per Donauschiff? Zurück dann mit der Bahn. Die Station liegt in Rufweite, der letzte Zug Richtung Wien geht um 23.42 Uhr. Wir machen es nächstes Mal jedenfalls so.

à la carte: 19–44 €

Tel.: 02272 625 67
0676 961 33 99

3425 Langenlebarn
Bahnstraße 58

www.daswolf.restaurant
restaurant@daswolf.at

Mi 17.30–20.30, Do–Sa 11.30–13.30 und 17.30–20.30, So 11.30–19.30 Uhr

♿

FLOH

16,5/20

Koch: Josef Floh

Ob das Versprechen der österreichischen Bundesregierung, das „Beste aus beiden Welten“ zu bieten, erfüllt wurde, gilt als umstritten. Wenn man hingegen die Gaststätte von Josef Floh als „Bestes aus den beiden Welten „kreatives Gourmet-Restaurant“ und „bodenständiges Wirtshaus“ bezeichnet, wird es unter den Gästen keinen Einspruch geben. Exemplarisch beschreiben lässt sich die praktische Umsetzung dieser Linie mit einem Gericht wie „Lackierter Stör vom Haimel aus Traismauer, Salat aus Roter Rübe, Kümmel und Pericon, samt geschmortem Amethyst-Apfel und einer Spinat-Vielfalt aus der Wiener Vorstadt“ – eine beeindruckend gelungene Kombination, bei der jedes Detail stimmt und nichts überflüssig oder kapriziös ist. Oder der „Wilde Salat“, bei dem Radicchio mit roh mariniertem Reh, Birne und Charlotten eine unglaubliche geschmackliche Harmonie eingehen. Gebratene Entenleber mit Pfirsich, geschmorter Knollensellerie mit Zwetschke, die Dry-Aged Beiried und der Baumkuchen mit fruchtigem Karamell, Sauerrahm und Nuss – alles traumhaft gut. Und da haben wir noch gar nicht vom „Besten aus allen Welten“ auf der grandiosen Weinkarte gesprochen…

à la carte: 6–39,50 €

Tel.: 02272 628 09
3425 Langenlebarn
Tullner Straße 1
www.derfloh.at
floh@derfloh.at
Mo, Fr 11.30–14 und 18–21, Do 17–21, Sa, So 11.30–15 und 18–21 Uhr
variabel

LANGENLOIS M1

HEURIGENHOF BRÜNDLMAYER

15/20

Der Heurigenhof Bründlmayer ist zu jeder Jahreszeit einen Besuch wert. Besonders aber, wenn die Temperaturen warm genug sind, um im wunderschönen Innenhof zu sitzen. Wer hier Platz genommen hat, gerät leicht in Gefahr, die Zeit zu vergessen, denn neben dem Ambiente sind Küche und Service stets eine Bank. Die Speisekarte listet zu jedem Gericht die ideale Weinbegleitung an Hauseigenem glasweise. Wir kosteten eine feine, samtige Suppe aus gebeiztem Sommergemüse mit marinierten Bio-Alpensaibling und ein Glas erfrischendem Riesling Terrassen. Hausgemachte, zarte Erdäpfelgnocchi mit kleinen, knackigen Eierschwammerln und eine gereifte Burgundercuvée sowie confierte Bio-Gebirgsforelle samt, mit Frischkäse gefüllter Zucchiniblüte und dem kongenialen Gelben Muskateller Rosenhügel waren zwei herrliche Kombinationen. Zum Abschluss ein Muss: der Marillennödel mit einer Riesling Beerenauslese. So geht Sommerglück. Die Weinkarte listet neben einer riesigen Auswahl aller Bründlmayer-Kreszenzen auch Spannendes aus Deutschland, Frankreich und von heimischen Winzerkollegen.

à la carte: 12–29 €

Tel.: 02734 28 83
3550 Langenlois
Walterstraße 14
www.heurigenhof.at
office@heurigenhof.at
Mi–Fr 15–22, Sa, So 12–22 Uhr

VINEYARD

11,5/20

Man sitzt mitten in der Weinregion und doch in einem kleinen architektonischen Wunderstück im Hotelrestaurant des Loisiums in Langenlois. Österreichische Wurzeln treffen auf modernen Zeitgeist. Und das spiegelt auch das kulinarische Repertoire wider: Neben Klassikern wie Beef Tatar und Wiener Schnitzel reihen sich saisonale, mediterran inspirierte Kreationen, wie die grüne Gazpacho mit Crostini oder das Flanksteak mit Madeira-Jus und Spargelbrokkoli. Dass die Weinauswahl (auch glasweise) eine Freude ist, ist quasi obligat – Hauptaugenmerk liegt dabei natürlich auf die umliegende Region. Achtung: Die große Speisekarte gibt es nur mehr abends.

Tel.: 02734 771 005 00
3550 Langenlois
Loisium-Allee 2
www.loisium.com
hotel.langenlois@loisium.com
Mo–Do 12–14 und 17.30–21.30, Fr, Sa 12–14 und 17.30–22, So 7–12 und 17.30–21.30 Uhr

LAXENBURG P2

DER KAISERBAHNHOF®

Tipp

Der im ehemaligen kaiserlichen Bahnhof von Laxenburg etablierte Gastwirtschaftsbetrieb hat sich vor allem auf Feierlichkeiten und Events spezialisiert. Gleichwohl kann man auch als Individualgast in den recht gelungen renovierten Räumlichkeiten, im überdachten Winter- oder luftigen Biergarten solide essen. Das Speiseangebot zeigt sich mediterran angehaucht und wird durch Burger, Steak & Co ergänzt. Ein erfreuliche Weinauswahl sowie sympathischer Service runden die Einkehr ab.

Tel.: 02236 389 988

2361 Laxenburg
Franz Joseph Platz 3

www.derkaiserbahnhof.at
office@derkaiserbahnhof.at

Mi, Do 11–14 und 17–21,
Fr, Sa 8.30–21, So 8.30–17 Uhr

MAILBERG N1

GENUSSWIRTSCHAFT

15/20

Koch: Christoph Schüller

Die Genusswirtschaft wird ihrem Namen mehr als gerecht – von der Vorspeise bis zum Dessert kommt jeder Gang geschmackvoll gewürzt, wunderbar abgestimmt und bestens zubereitet auf den Tisch. Ob es sich um eine klassische Kaspressknödelsuppe, fein geschmorte Maibock-Schulter mit gebratener Leber oder einen ausgezeichneten Fischteller aus Lachsforelle, Wels und Saibling mit Rosmarinerdäpfeln handelt, hier wird man auch als anspruchsvoller Genießer glücklich. Zum Dessert wurden wir vom umsichtig und herzlich agierenden Service mit Vanille-Tonkabohnen-Parfait und einmalig guten, lauwarmen Apfelstrudel verwöhnt. Möchte man von Christoph Schüllers Kochkunst noch mehr erleben, reserviert man für den Abend am besten Carte Blanche-Menüs, wählbar mit sieben, neun oder zwölf Gängen, auf Wunsch auch mit Weinbegleitung.

à la carte: 5,50–40 €

Tel.: 02943 300 56
0664 913 04 27

2024 Mailberg
Mailberg 252

www.genusswirtschaft-mailberg.at
reservierung@genusswirtschaft-mailberg.at

Fr–Di, Fei 11.30–14 und
18–21 Uhr

WEINDOMIZIL HAGN

12,5/20

Koch: Harald Riedl

In diesem Panoramarestaurant über den Dächern von Mailberg mit ansprechenden Ausblick auf die umliegenden Weinberge fühlt man sich auf Anhieb wohl und genießt gleich zu Beginn die ersten appetitlichen Eindrücke von Brot, Butter und Aufstrichen, die vom freundlichen, aufmerksamen Service an den Tisch gebracht werden. Stimmig für Auge und Gaumen kam ein gebackenes Parmesan-Ei mit Lachsforelle und Artischocken daher, dazu eine sehr gelungene Curry-Schaumsuppe mit Pilzen und Ingwer. Bildhaft am Teller, top-gebraten und fabelhaft abgestimmt war das Zanderfilet auf Sellerie-Trüffelcreme und Blattspinat. Vorzüglich im Geschmack, wenngleich etwas zu cremig, erreichten uns die Eierschwammerl in Rahmsauce mit Kräutern und flaumigen Semmelknödel. Die Weine vom eigenen Gut sind willkommene Speisebegleiter. Als leichtes, hinreißendes Sommer-Dessert gefiel das Topfen-Vanille-Törtchen mit Marillen.

Tel.: 02943 22 56

2024 Mailberg
Mailberg 154

www.weindomizil.at
reservierung@hagn-weingut.at

Do 14–24, Fr, Sa 10–24,
So 10–22 Uhr

MARIA TAFERL L2

HOTEL-RESTAURANT SCHACHNER ⓘ

Koch: Wolfgang Bauer

Bereits vor dem großen Umbau des Stammhauses war das Hotel-Restaurant Schachner ein echtes Juwel. Der Blick über die Donau ist unvergleichlich. Auch das Restaurant hat uns Jahre lang begeistert. Das Personal war stets außergewöhnlich freundlich, die Küche auch bei voll besetzter Terrasse souverän. Nun darf man sich auf viele Neuerungen freuen: Es gibt neue Restaurant- und Gartenbereiche wie beispielsweise den gemütlichen Wintergarten, das extravagante Wein-Gut und die Sky-Bar. Durch die Aufstockung wächst auch der Wellnessbereich, dessen Highlights der Infinity-Pool und die Panorama-Sauna sind. Großer Fokus bei der Renovierung lag auch auf der barrierefreien und nachhaltigen Gestaltung. Aufgrund des Umbaus war ein Testbesuch in diesem Jahr leider nicht möglich.

à la carte: 16,50–38,90 €

Tel.: 07413 63 55
3672 Maria Taferl
Maria Taferl 24
www.hotel-schachner.at
office@hotel-schachner.at
Mo–Fr 18–20 Uhr
bis Ende Dez. 2021, variabel
♿

ZUM GOLDENEN LÖWEN 👍 Tipp

Ein kühles Bier mit Blick auf die Alpenvorlandkette und die Basilika von Maria Taferl, dem bedeutendsten Wallfahrtsort Niederösterreichs, genießt man am besten im Gastgarten der Familie Frey. Empfehlungen spricht der Hausherr aus, er ist Biersommelier und stets auf der Suche nach neuen Geschmackserlebnissen. Bodenständig und traditionell geht es in der Küche zu. Dort schwingt Hausherrin Margit mit Freude und Leidenschaft den Kochlöffel.

à la carte: 15–48 €

Tel.: 07413 340
0664 154 53 99
3672 Maria Taferl
Nr. 6
www.freyswirtshaus.at
info@freyswirtshaus.at

MAUERBACH 03

BERGHOTEL TULBINGERKOGEL 14/20

Koch: Georg Bläuel

Der Blick auf die umliegenden Bäume und Wiesen des Wienerwaldes von der Terasse ist einfach traumhaft. Verzaubert wird man hier aber auch kulinarisch. Die Küche ist vielfältig und von regional-saisonalen Köstlichkeiten geprägt, beginnend von Spargel bis Wildbret-Wochen. Aber auch Austern, Hummer und zarte Steaks kann man auf der Speisekarte finden. Kräuter und Salate stammen aus dem eigenen Garten. Das Weinangebot ist wirklich außergewöhnlich; so lagert man hier über 1.400 verschiedene Etiketten. Ob Topfen-Sauerrahmsoufflé oder Erdbeer-Marzipanknödel, auch die Nachspeisen sind ein Gedicht.

à la carte: 20–45 €

Tel.: 02273 73 91
0676 629 00 88

3001 Mauerbach
Tulbingerkogel 1,
Mauerbach bei Wien

www.tulbingerkogel.at
hotel@tulbingerkogel.at

tgl. 12–21 Uhr

VIER JAHRESZEITEN IM PARK Ⓝ

11/20

im Schlosspark Mauerbach

Koch: Thomas Wohlfahrter

Wieder einmal gilt es von einem Wechsel in der Küche der Vierjahreszeiten zu berichten! Dies ist auch der Grund, warum wir spät im Jahr einen zweiten Besuch einstreuten, um dann etwas ratlos zurückzublicken. Thomas Wohlfarther mag nur wenige Tage der Eingewöhnung gehabt haben und doch war die Küchenleistung mehr als ambivalent und somit, ob der selten erlebten Schwankung der Küchenleistung zwischen keiner und mehreren Hauben, ein Wechselbad der Gefühle. Auch das Service war einerseits freundlich, andererseits recht desorientiert. Hier muss jedenfalls noch an einigen Schrauben gedreht werden, um gewohnte Höhen zu erklimmen.

à la carte: 7–35 €

Tel.: 01 970 301 00

3001 Mauerbach
Herzog-Friedrich-Platz 1

www.schlosspark.at
info@imschlosspark.at

tgl. 10–22 Uhr

♿

Bewertungen:

11 bis 12,5 Punkte von 20 Punkten: 1 Haube

13 bis 14,5 Punkte von 20 Punkten: 2 Hauben

15 bis 16,5 Punkte von 20 Punkten: 3 Hauben

17 bis 18,5 Punkte von 20 Punkten: 4 Hauben

19 bis 19,5 Punkte von 20 Punkten: 5 Hauben

MAUTERN M2

LANDHAUS BACHER 18,5/20

Genießerhotel

Koch: Thomas Dorfer

THOMAS DORFER, KOCH DES JAHRES 2009, SERVICE AWARD 2012

Wie macht das die Familie Bacher (und Dorfer) und deren zahlreichen, flinken, aufmerksamen, wie kundigen Mitarbeiter bloß? – Nichts scheint sich über die vielen, vielen Jahre an der absoluten Spitze der österreichischen Kulinarik verändert zu haben. Alles scheint vertraut, wie immer da gewesen. Und doch ist man am Puls der Zeit im Hier und Jetzt fix verankert. Wie behutsam müssen die Schrauben gestellt werden, wenn das so professionell, wie herzlich agierende Serviceteam, das gerne auch mit Augenzwinkern agiert, uns Mal für Mal mit ach so präzise ziselierten Köstlichkeiten beglückt. Heuer gaben wir dem Landhausmenü gegenüber dem Frühlingsmenü und der vegetarischen Variante den Vorzug und wurden einmal mehr mit vollkommen geschmackssicheren Kompositionen zufrieden gestellt. So begeisterte beispielsweise die marmorierte Entenleber, Dulce de Leche und geschmorter grüner Rhabarber oder die „Stosuppe" – einer Velouté von saurem Rahm mit wildem Waldviertler Kümmel, Räucheraal-Gyoza und Fenchel. Weiter ging der Reigen mit gegrillter Ramsauer Gebirgsforelle mit grünen Mandeln, Pastinaken-Limettenpüree, Curry und einer eindrucksvollen Beurre blanc von Zitrusfrüchten – dem unbestrittenen Star des Abends, an dessen Thron der Maibock „Rossini" mit gebratener Entenleber, Salzkaramell, geschmortem weißen Spargel, Spargel-Gersten-Misocreme, eingelegten Brombeeren und Wildschmorsaft mit Bourbon-Pfeffer kräftig rüttelte. Das Glück vollendete zu guter Letzt 72-prozentige Araguani-Schokolade aus Venezuela unterstützt von Kaffee-Karamell mit P.X.-Essig, Lupinenmiso, soufflierter Schokolade, Pekannuss-Krokant und Mascarponecreme. Was für ein Erlebnis. Auch die Zentimeter dicke Weinkarte erwies sich als eindrucksvolles Kompendium, das sich vor allem mit den besten Tropfen der Wachau und den großen Roten Frankreichs befasst. Neu im Team ist übrigens die Sommelière Katharina Gnigler, die dem langjährigen Sommelier Andreas Rottensteiner nachgefolgt ist. Sie überzeugt mit Charme, Einsatz und enormen Wissen bei der Weinberatung.

à la carte: 22–64 €

Tel.: 02732 829 37

3512 Mautern
Südtirolerplatz 2

www.landhaus-bacher.at
info@landhaus-bacher.at

Mi 18.30–20.30, Do–Sa 12–13.30 und 18.30–20.30, So 11.30–19.30 Uhr
✱ Jän.–Feb. 2022

MELK L2

WACHAUER STUBE

Tipp

im Hotel Wachau

Im behaglichen Restaurant des 4-Sterne Hotels Wachau begrüßt die Gastgeberfamilie Hipfinger die Besucher mit Herzlichkeit und feinen Speisen mit Fokus auf Regionalität und Saisonalität. So gibt es Rindfleisch aus der eigenen Zucht, Wild aus dem Jagdrevier des Stiftes Melk und weitere feine Produkte aus der Umgebung. Die harmonierende Weinbegleitung darf ebenfalls nicht fehlen.

à la carte: 14–39 €

Tel.: 02752 525 31
3390 Melk
Am Wachberg 3
www.hotel-wachau.at
info@hotel-wachau.at
Mo–Sa 18–22 Uhr
20. Dez. 2021–8. Jän. 2022

MICHELBACH N2

SCHWARZWALLNER

Tipp

Ein Landgasthaus mit Wurzeln im 18. Jahrhundert lädt, weit abseits der touristischen Pfade, in das kleine Örtchen Michelbach ein. Aus eigens erzeugten Produkten – wie Walnussöl – und jenen aus der unmittelbaren Umgebung bereitet Franz Schwarzwallner seinen Gästen ein „tut gut"-Menü zu. Dazu kredenzt er österreichische Tropfen aus seinem gut sortierten Weinkeller.

à la carte: 3,80–21 €

Tel.: 02744 82 41
3074 Michelbach
Untergoin 6
www.schwarzwallner.at
landgasthaus@
schwarzwallner.at
Do–Fr 17.30–23, Sa 10.30–23,
So 10.30–22 Uhr

MIESENBACH N3

APFELBAUER

11/20

Koch: Markus Kuchner

Die umfangreiche Speisekarte und der idyllisch gelegene Gastgarten machen den Apfelbauer zu einem idealen Ausflugsziel für Groß und Klein. Ohne viel Schnickschnack – den braucht es oft nämlich gar nicht – kommt in diesem Familienbetrieb Bodenständiges auf den Teller. An Spezialitäten des Hauses wie dem saftigen Reisfleisch oder Omas Krautkrapfen aus dem Holzofen kommt man ebenso wenig vorbei, wie am knusprigen Schweinsbraten oder dem geschmorten Schulterscherzl mit geräucherter Polenta. Eine kleine, saisonal inspirierte Karte sorgt für willkommene Abwechslung. Der Dessertklassiker ist der karamellisierte Apfelschmarren mit hausgemachtem Topfen-Rum-Eis, den wir wärmstens empfehlen können.

à la carte: 8–32 €

Tel.: 02632 82 44
2761 Miesenbach
Ascherstraße 15
www.apfelbauer.at
info@apfelbauer.at
Mi, Fr, Sa 11–20, Do 11–14,
So 11–18 Uhr
variabel

MISTELBACH AN DER ZAYA 01

WINTERGARTEN ZUR LINDE 15/20

im Hotel Restaurant zur Linde

Koch: Hannes Langer

Der zarte Lammschopf mit herrlichen Steinpilzen, Sellerie und Brombeeren. Das in dreierlei Schüsselchen servierte, wunderhübsch arrangierte Apfeldessert mit Mascarpone, lauwarmem Mohnkuchen, Vanille und Mandeln. Allein dieser tollen Kreation des jungen Küchenchefs Hannes Langer wegen lohnt sich die Fahrt nach Mistelbach. Wer dann noch die glasweise, regionale Weinbegleitung zum Drei- bis Sieben-Gang-Menü im „Wintergarten" wählt, bekommt den Wandel des Weinviertels hin zum Qualitätswein-Anbaugebiet am Gaumen hautnah mit – praktischerweise kann die Rückfahrt mit der Schnellbahn vom Bahnhof gleich gegenüber angetreten werden. Chefkoch Langer versteht es, auch mit Fisch gut umzugehen, wie er subtil bei der Bachforelle mit Karfiol, Lardo und Haselnuss sowie dem, wenn auch etwas zu safranlastigem, Steinbutt mit Roten Rüben beweist. Beim Gedeck empfiehlt es sich, die große Variante zu ordern. So kann man die vielfältigen Kleinigkeiten vorweg und die köstlichen Petits Fours danach genießen. Und so zählt die Linde für uns jedenfalls zu den empfehlenswertesten Adressen im Weinviertel.

à la carte: 15–38 €

Tel.: 02572 24 09
0676 772 06 85

2130 Mistelbach an der Zaya
Bahnstraße 49

www.zur-linde.at
polak@zur-linde.at

Di–Sa 11.30–14 und 18–21 Uhr

MITTERBACH M3

R&R RESTAURANT HOTEL MITTERBACH Tipp

Hier ist immer etwas los. Nicht nur die Gäste der R&R-Residenz lassen sich gerne an der Bar verwöhnen, halb Mitterbach hat die Panorama-Bar Ko'eck dazu auserkoren, den frühen Abend stilvoll einzuläuten. Im Restaurant kann man sich nach einem sportlichen Tag im Freien an Burgern und Steaks erfreuen, die in einer breiten Vielfalt angeboten werden. Aber auch Fisch und fleischlose Gerichte werden in ansprechender Form zubereitet.

Tel.: 03882 344 82

3224 Mitterbach
Schwurwiesenweg 1

www.rr-residenzen.at
hotel@rr-residenzen.at

tgl. 18–20.30 Uhr

MÖDLING N2

BABENBERGERHOF 12/20

Der Babenbergerhof befindet sich im Herzen von Mödling, gleich gegenüber vom Stadttheater, innenarchitektonisch als rustikal-modern-gemütlich einzustufen. Die gehobene, gut bürgerliche Küche wird mit saisonalen Gerichten ergänzt. Verfeinerte, aber nicht zu ausgefallene Vorspeisen und Salate werden geboten. Als Hauptspeisen gibt es Fisch, Wirtshausklassiker, aber auch am Punkt gebratene Steaks. Hervorzuheben ist die sorgfältige Auswahl an ausgezeichneten Nachspeisen. Positiv zu erwähnen ist zudem die Kinderkarte und das ausgesprochen freundliche Personal.

à la carte: 9–28 €

Tel.: 02236 222 46
2340 Mödling
Babenbergergasse 6
www.babenbergerhof.com
hotel@babenbergerhof.com
Mo–Sa 12–14.15 und 18–21.30,
So 12–14.15 und 18–21 Uhr
♿

PINO Tipp

Das Pino ist eine Symbiose aus Ristorante, Pizzeria und Enoteca und gibt mitten in der belebten Mödlinger Fußgängerzone die Möglichkeit, ein bisschen mediterranes Flair zu genießen. Der Gastgeber Pino Barbieri kümmert sich um das Wohlbefinden der Gäste. Knusprige Pizza, Pasta und Süßspeisen – selbstverständlich alles hausgemacht gemäß des Slow-Food-Qualitätsanspruches – schmecken noch besser mit einem Glas italienischem Wein.

à la carte: 12–70 €

Tel.: 02236 860 187
2340 Mödling
Brühlerstraße 6
www.pino-ristorante.at
info@pino-ristorante.at
Di–Sa 12–14.30 und 18–22 Uhr

MÜHLDORF M2

GASTHOF WEISSES RÖSSL Tipp

Der Gasthof Weißes Rössl wird einer Vielzahl kulinarischer Ansprüche gerecht. Auf der Speisekarte von Küchenchef Roman Siebenhandl finden sich neben beliebten Klassikern nämlich auch neue Kompositionen, die es zu probieren lohnt. Den vielfältigen Geschmack der Wachau erlebt man ebenso in der Weinbegleitung. Ausgezeichnete Tropfen von Steinfeder über Federspiel und Smaragd sorgen für eine passende Untermalung.

à la carte: 10–30 €

Tel.: 02713 82 57
3622 Mühldorf
Markt 17
www.7handl.at
info@7handl.at
Mi–Mo 11.30–14.30 und
18–20.30 Uhr
✻ variabel, Ende Dez. 2021–Mitte März 2022
♿

NEUHOFEN AN DER YBBS L2

GASTHAUS ZUR PALME 15,5/20

Köchin: Theresia Palmetzhofer

Sonn- und montags gibt es im Gasthof zur Palme derzeit Pizza. Doch das war nicht der Grund, wieso wir uns auf den Weg nach Neuhofen an der Ybbs gemacht haben. Hier wird auf wirklich anspruchsvollem Niveau mit dem richtigen Schuss an Kreativität gekocht. Die erfrischende Melonen-Gurken-Kaltschale mit Garnelen überzeugte zu Beginn mit ihrem intensiven Geschmack. Ebenso hat uns der Spargelsalat mit Räucherforelle und Kohlrabi begeistert. Beim à point gegarten Steinbutt mit Topinamburchips und frittierten Brennnesseln stellten wir uns eine Frage: Woher bezieht Küchenchefin Theresia Palmetzhofer Mostviertel Fisch von derart ausgezeichneter Qualität? Hervorragend zubereitet ging auch der Rücken vom Kräuterferkel aus der Küche: Mit einer Kombination von Erdnuss, Pastinake und Apfel als Beilage hinterließ auch der Fleischgang keine Zweifel – hier versteht man es, verschiedenste Ausgangsprodukte gekonnt zu kombinieren und optisch ansprechend zu arrangieren. Churros, – längliche Krapfen aus Brandteig mit spanischen Wurzeln –, mit Mohneis und Rhabarber serviert – sorgten in Verbindung mit einem starken Espresso für einen gelungen Abschluss.

à la carte: 7–34 €

Tel.: 07475 527 94
0660 527 77 30

3364 Neuhofen an der Ybbs
Marktplatz 6

www.gasthaus-zur-palme.at
kontakt@
gasthaus-zur-palme.at

Do 17.30–21, Fr, Sa 11.30–14 und 17.30–21, So 11.30–14 und 17.30–20 Uhr

♿

NEULENGBACH N2

WEINGARTL 12,5/20

Nomen est omen – im Weingartl stehen tatsächlich Weinstöcke. Bezieht man den Namen auf die Weinkarte, werden Erwartungen geschürt, die diese (noch) nicht ganz halten kann. Doch das herzliche Serviceteam macht dieses kleine Manko mit einem Lächeln und ansprechendem Speiseangebot (fast) vergessen. Nach einer souverän abgeschmeckten Steinpilzsuppe erfreuten wir uns über zarte Filetspitzen mit einer geschmackvollen Morchel- und Eierschwammerlsauce sowie fluffigem Serviettenknödel. Herzhafte Powidltascherl zum Abschluss ließen uns glücklich zurück. Achtung: die Portionen sind ziemlich großzügig.

Tel.: 02772 531 33

3040 Neulengbach
Alter Markt 6

www.weingartl.co.at
restaurant@weingartl.co.at

Di, So 11–14.30, Mi–Sa 11–14.30 und 18–21.30 Uhr
Fei

NÖHAGEN L2

SCHWARZ 15/20

Koch: Erwin Schwarz

Alle Jahre wieder sind wir von der genialen Mischung aus gemütlichem Gastraum, oft gelobter und prämierter Weinkarte und zuvorkommen(st)en Service unter der Ägide der allgegenwärtigen, charmanten Hausherrin mehr als fasziniert. Und da haben wir noch gar nicht von Erwin Schwarz, dem Zauberer am Herd, der die Waldviertler Küche im kleinen Finger hat, gesprochen. Denn dieser hat uns heuer mit kräftiger Rindssuppe mit gebackenem Leberknödel und einem Ausflug nach Italien – Burrata mit hausgemachtem Kernöl-Pesto und Paradeisern – beglückt. Es folgten die flaumigsten Knödel: einerseits gefüllt mit knackigen Grammeln, andererseits aus Erdäpfel zubereitet – ein kongenialer Begleiter zum im Holzofen gebratenen, zarten und saftigen Sur-Schweinebauch. Zum Abschluss gab es ganz klassisch Marillenknödel aus Topfenteig und die legendäre Cremeschnitte mit Erdbeersorbet, die diesmal schweren Herzens den Vorzug gegenüber den Waldviertler Mohnnudeln mit Zwetschkenröster bekamen.

à la carte: 13–32 €

Tel.: 02717 82 09

3521 Nöhagen
Nöhagen 13

www.gasthaus-schwarz.at
office@gasthaus-schwarz.at

Mi–Fr 11.30–13.30 und 17.30–20.30, Sa, So 11.30–14 und 17.30–20.30 Uhr
variabel

♿

OBERROHRBACH N2

GOLDENES BRÜNDL 14,5/20

Koch: Norbert Steiner

Mitten im Wald verspricht das Goldene Bründl Genuss auf höchstem Niveau. Mittags lädt ein schattiger Platz zu gutem Wein und ausgezeichnetem Essen. Abends verwandelt sich der Gastgarten in einen romantischen Platz. Auch wenn das Service freundlich agiert, wartet man mitunter recht lange auf die Getränke. Die kleine Hürde nimmt man aber gerne in Kauf, sobald der Gruß aus der Küche serviert wird. Die Entdeckungsreise beginnt mit hervorragendem Tatar vom Donauland Rindsfilet mit Wasabi und leichtem Chili-Geschmack. Auch das Lachsfilet mit mariniertem Avocado-Mango-Salat zaubert ein Lächeln auf die Lippen. Trotz der warmen Sommertemperaturen ist eine Erdäpfel-Schwammerlsuppe mit Speckstangerl immer eine willkommene Abwechslung. Ein bodenständiger Waldviertler Kalbin Rostbraten mit hausgemachten Nudeln sowie gebackene Steinpilze mit Sauce Tatar konnten nurmehr von der auf der Haut gebratenen Dorade mit Avocado-Paradeiser-Risotto übertroffen werden. Zum süßen Abschluss begeistern Marillen-Topfenknödel mit Marillensorbet.

à la carte: 12–32 €

Tel.: 02266 804 95
0664 383 86 79

2105 Oberrohrbach
Waldstraße 125

www.goldenesbruendl.at
gasthaus@
goldenesbruendl.at

Do–Fr 11–14.30 und 18–21,
Sa 11–21, So, 11–15 Uhr

OBERSDORF BEI WOLKERSDORF P2

DIE SCHMAUSEREI 13/20

Koch: Patrick Lentavitsch

Patrick Lentavitsch und sein Team sorgen dafür, dass man sich in seiner „Schmauserei" vom ersten Augenblick gut umsorgt fühlt. In einer ländlichen Gemeinde wie Wolkersdorf darf im kulinarischen Angebot natürlich ein optimal zubereitetes Wiener Schnitzel nicht fehlen. Wer mutiger ist, wählt das Schweineohren-Carpaccio mit Erdnusssauce oder die Makrelenpraline mit Röstzwiebeln. Auch die im Ganzen gebratene Regenbogenforelle (mit viel Knoblauch und Kräutern gefüllt) gelingt. Und wer zum Abschluss die mit Kokosnusseis sowie Marille gefüllte Schokoladenkugel namens „Coco Jambo" nicht probiert, macht einen Fehler.

à la carte: 8–40 €

Tel.: 02245 824 28

2120 Obersdorf bei
Wolkersdorf
Hauptstraße 56

www.die-schmauserei.at
dieschmauserei@gmail.com

Mi, Do 16–22, Fr, Sa 11.30–14.30
und 17.30–22, So 10–15 und
17.30–22 Uhr

OBERWALTERSDORF 03

FONTANA RESTAURANT 11,5/20

Koch: Josef Balogh

Die Zufahrt des Fontana Restaurants ist eine imposante und erinnert uns an Cornwall und Rosamunde. Modern geht es dann im Inneren und auch auf der Speisekarte zu, die einen guten Querschnitt aus der internationalen Küche mit individuellem Twist zu präsentieren weiß. Wir delektieren uns an diesem Frühsommer-Abend unter anderem an einem gegrillten Oktopus mit Kohlrabi und buntem Gemüse, einem Kalbsschnitzel (natur) mit vorzüglichem Saft und einer erfrischenden Vanille-Rhabarber-Schnitte. Die Weinkarte ist noch ausbaufähig. Erfreulich hingegen, mit wie viel Freude und Engagement das junge und flinke Serviceteam bei der Arbeit ist.

à la carte: 9–35 €

Tel.: 02253 606 23 11

2522 Oberwaltersdorf
Fontana Allee 1

www.fontana.at
office@fontana-restaurant.at

Mo–Do 11.30–21.30,
Fr–So 9–21.30 Uhr
variabel

OBERWEIDEN 02

WEYDNER WIRTSHAUS

Tipp

Eine familiäre Atmosphäre, Geselligkeit und Köstlichkeiten aus dem Marchfeld – das erwartet die Gäste im Weydner Wirtshaus. Serviert werden Hausmannskost und kreative Neuinterpretationen aus besten Zutaten, die hauptsächlich aus der hauseigenen Bio-Landwirtschaft stammen. Die Karte ist zwar klein, wechselt jedoch häufig, da die Gastgeber stets auf der Suche nach neuen Inspirationen sind.

à la carte: 5,60–26,90 €

Tel.: 02284 201 53
0680 222 16 39

2295 Oberweiden
Schönfelder Straße 2

www.weydner-wirtshaus.at
info@weydner-wirtshaus.at

Mi–Sa 11.30–13.30,
Mi 18–20.30, Fr, Sa 18–21,
So 11.30–14 Uhr

PAYERBACH M3

LOOSHAUS AM KREUZBERG

Tipp

Das Looshaus am Kreuzberg ist ein Spätwerk des weltberühmten Architekten Adolf Loos und steht mittlerweile unter Denkmalschutz. Die geradlinige, schlichte Gestaltung des Hotel-Restaurants rückt den traumhaften Ausblick auf die Rax und den Schneeberg in den Vordergrund. Bei diesem Panorama genießt man raffiniert interpretierte Klassiker mit frischen Zutaten aus der Region. Besonders sind die Themenabende und Degustationsmenüs mit Weinbegleitung.

à la carte: 8,50–24,50 €

Tel.: 02666 529 11

2650 Payerbach
Kreuzberg 60

www.looshaus.at
steiner@looshaus.at

Do–Mo 11.30–20.30 Uhr
variabel

PETZENKIRCHEN L2

BÄRENWIRT 13/20

Köchin: Renate Schaufler

Der Bärenwirt in Petzenkichen bietet eine breite Palette an Gerichten. So finden sich neben Rindsuppe mit Milzschnitte, Wiener Schnitzel und Zwiebelrostbraten auch Rehfilet mit Brennnessel-Schlutzkrapfen oder Zanderfilet mit Risotto. Die Weinkarte hält auch unbekanntere Etiketten bereit, die Auswahl der offen ausgeschenkten Weiß- und Rotweine könnte allerdings durchaus eine Erweiterung vertragen. Wer Lust auf etwas Süßes verspürt wird mit Eiskaffee oder einer Variation von dunkler Schokolade zufrieden gestellt.

à la carte: 10–35 €

Tel.: 07416 521 53
0676 639 33 00

3252 Petzenkirchen
Ybbser Straße 3

www.bärenwirt.at
info@baerenwirt1.at

Mo–Sa 11–21, So, Fei 9–11 Uhr

♿

RASSING M2

NÄHRER 15/20

Koch: Michael Nährer

Von außen ein klassisches Dorfgasthaus, verbirgt sich hinter der Fassade ein Treffpunkt für eine breit gefächerte Gästeschar mit unterschiedlichsten Ansprüchen und Bedürfnissen. Michael Nährer, der nie ruhende, kreative Geist und gefühlvolle Küchenchef (er lernte unter anderem bei Walter Eselböck und Marc Veyrat), kümmert sich um weit mehr als um seine bestechende Küchenlinie. Der Mann mit dem untrüglichen Geschmackssinn liebt Wein und hat über die Zeit einen spannenden Keller aufgebaut – er betreibt sogar sein eigenes kleines Weinprojekt. Aber zurück zur Küche: Nährer spannt hier stets den Spagat von traditioneller Wirtshauskost bis zu kreativen mehrgängigen Menüs. Beides gelingt ihm großartig. Das Brot zum Gedeck ist natürlich hausgemacht. Die Zutaten für die einzelnen Gerichte stammen von ausgewählten Lieferanten. Fantastisch in seiner Würzung ist das Beef Tatar mit Eidotter-Kerbel-Creme, perfekt gegart das Zweierlei vom Maibock (gebraten und geschmort) mit Selleriecreme und Dirndln. Dazu gibt es ideal abgestimmten Wein von Nährers kongenialem Partner im Service – Sommelier Jürgen Witschko.

à la carte: 3,90–33,90 €

Tel.: 02784 22 24

3141 Rassing
Hubertusstraße 2

www.gasthaus-naehrer.com
office@
gasthaus-naehrer.com

Mo, Di, Fr, Sa 11.30–14 und 18–21, So 11–14 Uhr
✱ Fei, wenn unter der Woche

REICHENAU AN DER RAX N3

DER KNAPPENHOF® 15,5/20

Koch: Max Stiegl

Soviel vorweg: Max (Stiegl), der umtriebige Gault&Millau „Koch des Jahres 2021", mag an der Adria aufgewachsen und in der „Puszta" groß geworden sein, aber mit dem Küchenkonzept des Knappenhofs beweist er eindrucksvoll gemeinsam mit seinem Team, dass er auch „Alm" kann. Der harten Konkurrenz der idyllischen Landschaft und der atemberaubend guten Luft wussten sich zartschmelzende Gänseleber auf Brioche mit pikanten Marillen oder die leichte, der Hitze des Sommernachmittags entgegentretende Paradeiskaltschale genauso zu erwehren wie das intensiv abgeschmeckte Gulasch von knackig, frischen Eierschwammerln. Auch das Coq au Vin und der im Moment allgegenwärtige Rostbraten von der alten Kuh begleitet vom Suchtfaktor Erdäpfel-Sellerie-Gratin legten einen selbstbewussten Auftritt hin. Dem standen die ultraflaumigen Marillenknödel zum Abschluss um nichts nach. Bravo. Das Personal schafft den Spagat zwischen hochmotiviert und tiefenentspannt und auch die liebevoll zusammengestellte Weinkarte trägt das Ihre zum Gelingen des Knappenhofs bei. Und last but not least: ein großes Lob dem ausführenden Küchenteam, das des Meisters Anregungen und Ideen kongenial auf die Teller bringt.

Tel.: 02666 536 33

2651 Reichenau an der Rax
Kleinau 34

www.knappenhof.at
reception@knappenhof.at

Do–So 12–22, So ab 12 Uhr

♿

RETZ N1

MÄHRISCHE BOTSCHAFT

Tipp

im Weinschlössl

Die Grenze zu Tschechien ist nicht weit weg, daher wundert es nicht, dass in der Mährischen Botschaft in Retz auf die Küche unserer Nachbarn gesetzt wird. Das Preis-Leistungsverhältnis stimmt, das kulinarische Angebot reicht von Rindsbraten mit böhmischen Knödel über Entenbrust mit Apfel-Rotkraut bis hin zu Kalbsleber. Dazu trinkt man Bier oder einen der offen ausgeschenkten Weine. Zum Finale wählt man beispielsweise Topfenknödel mit warmen Heidelbeeren und Zimteis.

à la carte: 12,40–26 €

Tel.: 02942 311 00

2070 Retz
Wallstraße 13

maehrische-botschaft.at
restaurant@
maehrische-botschaft.at

Mo–Sa 11.30–21.30,
So 11.30–15 Uhr

RIEDENTHAL N2

BUCHINGERS GASTHAUS

12,5/20

Zur alten Schule

Koch: Manfred Buchinger

Auch nach einem halben Jahrhundert in Küchen auf der ganzen Welt ist Manfred Buchingers Freude am Kochen ungebrochen. Manche mögen ihn und sein Landgasthaus vielleicht für etwas schräg halten, doch genau das ist der Grund, warum man immer wieder gerne zurückkehrt. Mit lockerer Hand bereitet er scheinbar mühelos österreichische Gerichte aus hochwertigen Produkten zu, darunter befinden sich Klassiker wie sein berühmtes Erdäpfelgulasch, die legendären Wurstkrapferl oder flaumige Schneenockerl. Gemütlich sitzt man in der Stube in der einst Schüler die Schulbank drückten oder bei schönem Wetter im hübschen Gastgarten. Die Weinkarte ist geprägt von edlen Tropfen aus der Region.

Tel.: 02245 825 00

2122 Riedenthal
Wolkersdorfer Straße 6

www.buchingers.at
manfred@buchingers.at

Do–So 11.30–14.30 und
17.30–21.30 Uhr

ROSENAU SCHLOSS L1

SCHLOSSHOTEL ROSENAU

Tipp

Ein wahrlich traumhaftes und romantisches Ambiente bietet das historische Schlosshotel Rosenau. Mitten im Grünen liegt der Renaissancebau und empfängt die Gäste mit klassischen, nach der Saison gerichteten Speisen. Man verkostet mehrgängige Menüs, kann sich aber auch einen Korb mit Delikatessen für ein idyllisches Picknick im Schlosspark zusammenstellen lassen. Auch Hochzeitsbankette werden ausgerichtet.

à la carte: 3,50–32 €

Tel.: 02822 582 21
0664 240 51 57

3924 Rosenau Schloss
Schloss Rosenau 1

www.schlosshotelrosenau.at
schloss@hotelrosenau.at

tgl. 8–20 Uhr
✻ 7.–31. Jän. 2022

♿

RÜHRSDORF L2

ESSL

15/20

Landgasthaus

Koch: Philipp Essl

In diesem reizvollen Landgasthaus wird man nicht nur mit gefälligem Ambiente empfangen, hier kann man echte Kulinarik erleben. Mittags mit gehobenen, klassischen Gerichten der regionalen Wirtshausküche, abends mit hoher Schule der Kochkunst auf beachtlichem Niveau. Im einladenden, gepflegten Garten Platz genommen, wird man vom aufmerksamen, freundlichen Service bestens beraten und gleich mit den Köstlichkeiten des Gedecks und dem Gruß aus der Küche verwöhnt. Die Kreativität des Küchenchefs Philipp Essl kommt mit dem Sieben-Gang-Abendmenü zum Ausdruck: Beispiellos kam die paprizierte Fischsuppe auf den Tisch, raffiniert und unvergleichlich die geflämmte Bergforelle mit Fenchel, Kürbiskernöl und Karotte. Die bekannte gute und knusprige Landhendlbrust mit Erdäpfelnockerl wusste zu begeistern, der grandios zubereitete Ramsauer Alpensaibling mit Dashi-Beurre blanc, Quinoa und Grünspargel wurde zum Highlight.

Tel.: 02714 63 84

3602 Rührsdorf
Rührsdorf 17

www.landgasthaus-essl.at
info@landgasthaus-essl.at

Mi–Fr 11.30–14 und 17.30–21,
Sa 11.30–14.30 und 17.30–21,
So, Fei 11.30–15 Uhr
✻ variabel

Die gut sortierte Weinkarte bietet auch glasweise eine ansprechende Auswahl. Ebenso gut durchdacht ist die Weinbegleitung zum Menü. Einer flaumigen Wolke ähnlich, wurde das empfohlene Topfenstrudel-Soufflé mit Vanille-Panna cotta und Marillensorbet zur abschließenden süßen Verführung.

à la carte: 12–29 €

PULKER'S HEURIGER

Tipp

Tel.: 0664 393 53 12

3602 Rührsdorf
Kellergasse 1

www.pulkers-heuriger.at
heuriger@pulkers.at

Mo, Di, Do, Fr 14–21, Sa 12–21, So 12–20 Uhr (Fei ab 12 Uhr)
❄ bis 28. Feb. 2022

Der gesamte Zauber der Wachauer Idylle wird bei diesem Heurigen vereint. Am südlichen Donauufer gelegen, schweift der Blick zwischen dem gewaltigen Strom, den prachtvollen Rieden und der imposanten Ruine Dürnstein. Währenddessen gustiert man herzhafte Aufstriche auf Bauernbrot, saftige Bratln und gute Blunzn, und. Im Schatten der Marillenbäume und mit einem edlen Wein in der Hand vergeht die Zeit leider viel zu schnell.

à la carte: 4–14 €

RUST IM TULLNERFELD — N2

LANDGASTHAUS HIESINGER

Tipp

Tel.: 02275 51 11
0664 213 49 57

3451 Rust im Tullnerfeld
Kirchengasse 1

www.hiesinger-rust.at
hiesinger.rust@aon.at

Mo, Di, Sa 11.30–14 und 17–21.30, Fr 17–21.30, So 11.30–14 Uhr

Toni Hiesinger gibt den Gästen in seinem Landgasthaus in der Nähe von Tulln die Möglichkeit, bei harmonierenden Speisen und Getränken zu entspannen. Mit Zutaten aus der Region werden sowohl traditionelle als auch leichte Gerichte mit modernem Touch kreiert. Dazu empfiehlt sich ein Tropfen aus der hervorragenden Weinkarte, zum Digestif ein Naturschnaps. Auf Anfrage werden auch romantische Candle-Light-Dinners und Degustationsmenüs organisiert.

ST. AEGYD AM NEUWALDE M3

ZUM BLUMENTRITT 14,5/20

Landgasthof

Köchin: Ulli Hollerer-Reichl

Ulli Hollerer-Reichl in der Küche und Christa Hollerer im Service sorgen in St. Aegyd am Neuwalde seit vielen Jahren für zufriedenen Gäste. Die Grammelknödel auf Kernölkraut oder die Gänseleber mit Blunze gehören zu den Klassikern des Hauses. Auf der Speisekarte dürfen aber auch der Zwiebelrostbraten mit Braterdäpfeln oder das Wiener Schnitzel mit Preiselbeeren nicht fehlen – schließlich lieben die Gäste traditionelle Wirtshausküche noch immer besonders. Wer mehr Abwechslung sucht, der wird bei Brennnesselsupe oder beim Hirschrücken mit Kräuterseitlingen fündig. Zum Espresso sollte man unbedingt die gebackene Topfentorte versuchen. Eine interessante Weinauswahl rundet das kulinarische Angebot genussvoll ab.

à la carte: 10–26,50 €

Tel.: 02768 22 77
3193 St. Aegyd am Neuwalde
Markt 20
www.zumblumentritt.at
office@zumblumentritt.at
Mo, Do–Sa 11.30–14 und 18–20.30, So 11.30–14 Uhr
variabel

ST. GEORGEN AN DER LEYS L2

HUEBER DER WIRT IN BRÜNDL Tipp

Am nördlichen Rand der Alpen, inmitten des Mostviertels, lädt der Hueber Wirt seit 1892 zu sich ein. Dort erkundet man die Umgebung auf besondere Art und Weise – nämlich kulinarisch. Obst und Gemüse von Mostviertler Feldern, Fleisch von den Oberndorfer Rinderbauern und Fische aus Scheibbs. Für die richtige Würze sorgen die Kräuterhexen. Die Liebe zum Detail spiegelt sich auch auf den ansprechend angerichteten Tellern wider.

à la carte: 10–30 €

Tel.: 07482 46 206
0676 748 27 07
3282 St. Georgen an der Leys
St. Georgen an der Leys 18
www.gasthof-hueber.at
office@gasthof-hueber.at
Mi–Sa 11.30–14 und 17.30–21, So 11–14 Uhr

ST. PÖLTEN M2

LA DOLCE VITA 12,5/20

Koch: Dario Tedeschi

Sei es auf eine authentisch italienische Pizza oder ein anspruchsvolles mehrgängiges Dinner – das Dolce Vita direkt am Rathausplatz von St. Pölten vereint Ristorante und Pizzeria und punktet mit einer vielfältigen Auswahl, die alle Gäste zufrieden stellt. Es gibt auch Thunfisch-Tataki mit Sesam und frische Austern. Fein sind die Linguine mit Hummer oder der Wolfsbarsch in Erdäpfel-Olive-Kruste. Bella Italien hat eben eine lange Küstenlinie. Auch die Steaks vom Lavasteingrill sind sehr verlockend, allerdings auch von beeindruckender Dimension – aber man darf ja teilen. Für einen gelungenen Abschluss sorgen Dessertklassiker wie Tiramisu und Panna cotta. Höchst erfreulich gestaltet sich das Weinangebot mit einer Vielzahl an glasweise ausgeschenkten Weinen.

Tel.: 02742 202 33
3100 St. Pölten
Rathausplatz 5
www.zanettigroup.at
info@zanettigroup.at
Mo–Do 11–22.30, Fr, Sa 11–23, So 12–21 Uhr

OSTERIA Tipp

In der Altstadt St. Pöltens hat Wirt und Koch Erich Stierschneider einen Ort geschaffen, an dem er seinen Gäste ein wenig Dolce Vita und italienisches Urlaubsfeeling ermöglichen möchte. Neben Pasta-Klassikern werden geschmorte Ochsenbackerl, in Speck gehüllter Seeteufel und Spargelrisotto serviert. Dazu wählt man am besten erlesene Tropfen aus dem gut bestückten Weinkeller und rundet den Abend mit einem Grappa ab.

Tel.: 0676 354 81 39
3100 St. Pölten
Herrenplatz 2
www.cucina-vini.at
osteria@cucina-vini.at
Di–Fr 11.30–14.30 und 17.30–21.30, Sa 11.30–14.30 Uhr

VINZENZ PAULI

Tipp

Im Vinzenz Pauli stehen Regionalität, Nachhaltigkeit und Qualität im Fokus. Die Gastgeber Maurice Harant und Werner Punz haben das Traditionsgasthaus im September 2020 übernommen und führen es seitdem mit Herz und Leidenschaft. Mit Produkten aus der unmittelbaren Umgebung kreiert der Küchenchef sowohl klassische als auch raffinierte Gerichte – auch vegetarische und vegane Optionen begeistern die Gäste. Wein wird hier als Erlebnis zelebriert. Das spiegelt sich in der persönlich zusammengestellten Weinkarte mit allerlei Besonderheiten wider.

Tel.: 0650 620 20 77
3100 St. Pölten
Alte Reichsstraße 11
www.vinzenzpauli.at
frag@vinzenzpauli.at

ST. PÖLTEN/RATZERSDORF M2

GASTSTÄTTE FIGL

11,5/20

Koch: Martin Barasits

In Ratzersdorf, nur wenige Kilometer vom Stadtzentrum St. Pölten entfernt, ist die ländliche Welt noch so, wie man sie von früher kennt. Am Hauptplatz steht eine kleine Kirche, eine prächtige Linde und ein regionstypisches Wirtshaus mit gepflegten, traditionellen Gasträumen einschließlich einiger moderner Accessoires. Die Küche bietet viel Herkömmliches, aber auch behutsame Innovationen: Ceviche von der Jakobsmuschel und Garnele, Beef Tatar, Eierschwammerlsuppe sowie geschmacksintensives Lachssteak mit (in dieser Kombination) etwas zu süß geratenem Marillenrisotto. Schön ist der großzügige Gastgarten, erfreulich der kompetente Service.

à la carte: 9,80–25,90 €

Tel.: 02742 257 402
0676 915 73 22
3100 St. Pölten/Ratzersdorf
Hauptplatz 4
www.gaststaettefigl.at
office@gaststaette-figl.at
Di–Sa 11–14 und 18–21.30 Uhr

SCHWARZENAU/WALDVIERTEL L1

GASTHAUS KAMINSTUBE

Tipp

Seit 1990 begrüßt Familie Zlabinger die Gäste in der Kaminstube und heißt sie mit traditionellen Waldviertler Gerichten willkommen. Mit vertäfelten Wänden und viel Liebe zum Detail gilt die Stube als großes Wohnzimmer, wo ein gemütliches Beisammensein großgeschrieben wird. So trifft man sich hier auf einen Kaffee, zum Mittag- oder Abendessen. Serviert werden nicht nur deftige, sondern auch leichtere Spezialitäten der Region.

à la carte: 9,90–18,50 €

Tel.: 02849 22 71

3900 Schwarzenau/
Waldviertel
Waidhofner Straße 3

www.gasthaus-kaminstube.at
zlabinger@gasthaus-kaminstube.at

Do–Mo 11–14 und 17.30–21 Uhr

♿

SENFTENBERG M2

WEINGUT NIGL

13,5/20

Weingut, Hotel & Restaurant

Koch: Bertram Nigl

Eine Landpartie wie aus dem Lehrbuch mit Idylle, Romantik und einer Ruine hoch über dem bekannten Weingut. Und wenn man dazu noch das Glück hat, im schönen Gastgarten einen kulinarisch beeindruckenden Abend zu erleben, na dann Mahlzeit. Jedenfalls zahlt es sich aus, sich durch eines der beiden Menüs zu kosten. Die gebratene Entenleber mit hausgemachter Brioche, Steinpilz und Brombeere war à point, die Jakobsmuschel in Bouillabaisse-Sud war ebenso exzellent wie der „Goldberg"-Menü-Gang „Imperialkaviar", mit Ochsenherzparadeisern und gebeizter Lachsforelle. Der Sidestep ins À-la-carte-Reich gelang nicht ganz: Die Grammelknödel wurden etwas zu lang gekocht und büßten dabei an Konsistenz ein. Im „Weinhaus"-Menü gab es eine spannende Kombination aus Roastbeef vom heimischen Reh, gebackenem Karfiol und Marille. Fein war auch der gebratene Waller mit Eierschwammerln und hausgemachten Tagliatelle. Die durchgehende Weinbegleitung mit Tropfen aus dem Haus mag eine gute Idee sein, dennoch hat man in Anbetracht der spannenden Küche das Gefühl, dass sich ein kleiner Blick über den Zaun des eigenen Weinguts lohnen würde.

à la carte: 15–40 €

Tel.: 02719 260 95 00

3541 Senftenberg
Kirchenberg 1

www.weingutnigl.at
reservierung@weingutnigl.at

Mo 16–22, Do–Fr 14–22,
Sa 11.30–22 Uhr

SOMMEREIN O2

SCHILLER

16/20

Koch: Gerhard Schiller

Understatement ist Trumpf. Dass es sich beim unauffälligen ehemaligen Landgasthaus „Zum Grünen Baum" im kleinen Ort Sommerein am Fuß des Leithagebirges um eine der besten kulinarischen Adressen weit und breit handelt, wissen bislang lediglich Kundige. Zalto-Gläser, hübsche Lamperie – erste dezente Hinweise auf Außergewöhnliches sind erkennbar. Zum wahlweisen Vier- bis Acht-Gang-Menü zu fairen Preisen gibt es eine bestens abgestimmte, glasweise Wein- oder Saftbegleitung, die der sympathische Maître und Sommelier Daniel Brunnthaler kundig präsentiert. Was gibt es nun zu essen? Eine köstliche Reinanke mit geschroteten Backerbsen, fermentierten Zitronen und zurückhaltendem Mangold. Oder Topinambur im lauwarmen Nudelblatt mit versteckten Roten Rüben. Fortgeschrittene Genießer schätzen das Suppengemüse mit Liebstöckelschaum und Knochenmark (herrliches Aroma mit Rindsuppen-Püree). Den in Scheiben geschnittenen Fasan begleiteten intensiv duftende Steinpilze mit grandios eingebundenen Physalis. Gerhard Schillers größtes Bestreben ist die Harmonie am Teller. Hier passt eben alles wunderbar zusammen.

à la carte: 12–30 €

Tel.: 0676 944 40 49

2453 Sommerein
Hauptstraße 31

www.landgasthausschiller.at
mail@landgasthausschiller.at

Mi–Fr 11.30–14 und 18–22,
Sa, So 11–22 Uhr

SPITZ M2

PRANKL 13,5/20

Koch: Florian Fink

Ein Glas Steinfeder als Aperitif, zum Essen dann einen gehaltvolleren Smaragd. Fein ist es, in der Wachau einzukehren. Doch die Weine sind nicht der einzige Grund, im Prankl einzukehren. Auch die Speisen – die von den aufmerksamen Damen und Herren des Hauses serviert werden – sind hier von verlockender Qualität. Bei den Vorspeisen sollte man das gebackene Ei mit gebeiztem Lachs und Rucolacreme oder das Roastbeef mit Grammel-Schnittlauch-Mayonnaise probieren. Das Secreto vom Iberico-Schwein mit Polenta und Bohnen oder die Frischkäseravioli mit brauner Butter verdienen sich ebenso eine Bestellung. Und: Ohne Marillen-Tiramisu, das durch ein erfrischendes Marillensorbet ergänzt wird, kann man Spitz sowieso nicht verlassen. Zusätzlicher Pluspunkt: Man kann hier auch übernachten.

à la carte: 4,50–35 €

Tel.: 02713 23 23
0664 968 21 17

3620 Spitz
Hinterhaus 16

www.gasthaus-prankl.at
gasthaus.prankl@aon.at

Fr–Mi 11.30–20.30 Uhr

STOCKERAU 02

HOPFELD – DREIKÖNIGSHOF Ⓝ 12/20

Koch: Martin Mocnik

Ob für große Feiern oder gemütliches Beisammensein im kleinen Kreis, es lohnt sich eine kulinarische Reise nach Stockerau in den Familienbetrieb der Hopfelds zu unternehmen. Innen herrscht veredelter Wirtshauscharakter, im Gastgarten sitzt man von Reben umrankt, bei der imposanten Weinpresse. Küchenchef Martin Mocnik begeistert mit verfeinerten, vorwiegend regionalen Gerichten. Ob Fisch, Fleisch, Wild oder Geflügel, die Auswahl ist groß. Die Weinkarte ist ebenso prominent und sehr patriotisch mit ausschließlich heimischen Weinen bestückt. Die Nachspeisen sind ein Gedicht, Stichwort: Marillenknödel.

à la carte: 7,90–29,90 €

Tel.: 02266 627 885 02

2000 Stockerau
Hauptstraße 29

www.hopfeld.at
familie@hopfeld.at

Di–Fr 11.30–14.30 und 18–21,
Sa 11.30–21 Uhr

♿

SULZ IM WIENERWALD 02

STOCKERWIRT 13/20

Koch: Roman Hlousek

Vor allem am Wochenende wird der Stockerwirt von Ausflüglern über diverse Feiern abhaltende Gruppen bis zu Patres vom nahen Stift Heiligenkreuz regelrecht gestürmt. Gegenüber den mehr oder weniger gemütlichen Räumlichkeiten wird von allen – sofern es Jahreszeit und Wetter gestatten – der schöne Gastgarten bevorzugt. Trotz des Gästeansturms funktioniert der Service klaglos, die vielseitige Speiseauswahl sorgt für Zufriedenheit. Der Küche gelingt in der Regel Regional-Traditionelles besser als etwa die allzu gemüselastige Ceviche von der Lachsforelle oder der mit getrockneter Paradeiser-Basilikummarinade überfrachtete Weiße Wels im Prosciuttomantel. Beachtliches Weinangebot aus dem In- und Ausland. Auf Nachfrage (oder bei offensichtlich geäußertem Interesse) gibt es immer wieder auch echte Raritäten glasweise.

à la carte: 10–35 €

Tel.: 02238 82590

2392 Sulz im Wienerwald
Rohrberg 36

www.stockerwirt.com
landgasthaus@
stockerwirt.com

Mi–Sa 11.30–21,
So 11.30–20 Uhr
✽ variabel

Bewertungen:

11 bis 12,5 Punkte von 20 Punkten: 1 Haube

13 bis 14,5 Punkte von 20 Punkten: 2 Hauben

15 bis 16,5 Punkte von 20 Punkten: 3 Hauben

17 bis 18,5 Punkte von 20 Punkten: 4 Hauben

19 bis 19,5 Punkte von 20 Punkten: 5 Hauben

TRAISMAUER M2

NIBELUNGENHOF 16/20

Koch: Rainer Melichar

Tel.: 02783 63 49
0676 400 46 45

3133 Traismauer
Wiener Straße 23

www.nibelungenhof.at
office@nibelungenhof.at

Di–Sa 12–14 und 18–21, So 12–17 Uhr

Beim Nibelungenhof – ein verlässliches, grundsolides Wirtshaus für die ganze Familie – mag sich der ein oder andere aufmerksame Leser unseres „gelben Führers“ schon gefragt haben, wie es zu einer gar so vorzüglichen Wertung kommen kann. „Fragen“ ist da ein gutes Stichwort, denn das muss man ein paar Tage im Voraus und dann explodiert die Kreativität des (hoch)begabten Herrn Rainer Melichar, wie sich auch bei unserem heurigen Besuch erneut bewies. Wunderbar eigenwillig die Menüfolge, die uns nach einem kleinen Appetizer (Nose-to-Tail von der Weintraube: Traube, Kern, Mehl, Öl, Blatt, Verjus) zum Reh mit Safranpolenta und einer Pilz-Ménage-à-trois – dem Hauptgang – führte. Das dazu gebotene Kommentar des Küchenchefs: „Am Anfang sind die Leut' hungrig“. Recht hat er. Es folgten sieben weitere wunderbare Komposition von denen wir nur zwei exemplarisch nennen möchten: Einerseits den Räucherforellen-Sud mit Milchschaum, geriebener Zitrone, Entenleber-Räucheraal-Tatar und Marillencurry, andererseits die Markknochen mit Artischockencreme, Herbsttrüffel, Jakobsmuschel und getrocknetem Schinken. So gut. Die Weinkarte befindet sich auf Wirtshausniveau, weshalb es sich durchaus lohnt anzufragen, ob man denn eigene Tropfen gegen Stoppelgeld mitbringen darf.

à la carte: 8–26 €

TULLN N2

SODOMA 15/20

Zur Sonne

Köchin: Gertl Sodoma

Das Einzige, was sich hier ändert, ist die Weinkarte. Nein, nicht an der Philosophie und auch nicht an den gelisteten Etiketten. Aber jedes Jahr kommt ein neuer Jahrgang hinzu. Ja, es gibt Gäste, die tatsächlich vor allem wegen des wirklich beeindruckenden Weinangebots regelmäßig zum Sodoma pilgern. Hier kann man nicht nur einen überkompletten Streifzug durch Österreichs Weinlandschaft absolvieren, auch Freunde Frankreichs und Italiens (Stichwort: Barolo) werden wirklich glücklich. So weit zu den flüssigen Verführungen in diesem Traditionshaus. Jetzt zum Essen, schließlich soll es auch Leute geben, die in einem Gasthaus vor allem ihren Hunger stillen wollen. Sie kommen mit einer gewissen Erwartungshaltung hierher und werden seit Jahrzehnten nicht enttäuscht. Die Einen schwören auf die knusprige Chilli-Blunzn mit Sauerkraut, die Anderen auf die Grammelknödel mit Krautsalat, Zwiebelrostbraten, Wiener Schnitzel, wahlweise vom Kalb oder Schwein (auch hier gibt es zwei Fraktionen) und die zarte Kalbsleber mit Erdäpfelpüree – all das gibt es in unveränderter Form und Qualität. Die Popularität dieser Art von Gasthaus ist größer denn je. An den Wochenenden ist der Ansturm hungriger und durstiger Stammgäste deshalb sehr groß. Doch wer es sich richten kann, weicht einfach auf einen Wochentag aus. So einfach ist das.

Tel.: 02272 646 16

3430 Tulln
Bahnhofstraße 48

Di–Sa 11–15 und 18–22.30 Uhr

GASTHAUS ZUM GOLDENEN SCHIFF Tipp

Hier werden die Küchengeheimnisse von Generation zu Generation weitergegeben – mittlerweile ist bereits die fünfte am Werk. So gibt es bei Familie Baumgartlinger grandios zubereitete österreichische Gerichte, aber auch einen gewissen modernen Touch. Das sympathische Servicepersonal agiert aufmerksam und empfiehlt dazu den passenden Wein oder ein gutes Bier.

à la carte: 11–25 €

Tel.: 02272 626 71
0664 356 69 00

3430 Tulln
Wienerstraße 10

www.zumgoldenenschiff.at
office@zumgoldenenschiff.at

Mo–Fr 11–14 und 18–22 Uhr
✻ je 2 Wochen im Jän. und Juli 2022

© Hans Eder

Raiffeisen
Meine Bank
NÄHE IST
EIN TEIL
VON UNS.
Wir sind für Sie da! Als Teil der jeweiligen Region mit den meisten Bankstellen im Land. Und als Bank, die 24 Stunden 7 Tage die Woche digital verfügbar ist. Mit Mein ELBA – Österreichs persönlichstem Finanzportal mit direktem Draht zu Ihrem Raiffeisenberater. Und darüber hinaus mit den innovativen Mobile Payment Lösungen, die Bezahlen gerade heute so einfach und sicher wie nie zuvor machen.
Mein Banking. So digital, wie ich will. So persönlich, wie ich es brauche.
raiffeisen.at

UNTERRETZBACH M1

POLLAK'S WIRTSHAUS 13/20

Der Retzbacherhof

Koch: Harald Pollak

Im gemütlichen Gastgarten kann man bei freundlichem Service und anspruchsvoller Küche sehr angenehme Abende verbringen. Küchenchef und Patron Harald Pollak legt viel Wert auf saisonale und regionale Zutaten. Auch in der Weinkarte fokussiert man sich auf Winzer aus der näheren Umgebung. Auf Empfehlung des gut geschulten Services harmonieren die Weine zu den gewählten Speisen. Die Räucherforelle ist eine Freude, das Beef Tatar mit intensivem Paradeisergeschmack weitab einer traditionellen Zubereitung. Neben der bodenständigen Wirtshausküche überraschen geröstete Kalbsnieren trotz moderner Interpretation absolut positiv. Zum süßen Abschluss punktet das Schokoladen-Mousse, welches dem hausgemachten Vanillepudding weit überlegen ist.

à la carte: 11–29 €

Tel.: 02942 201 71
0664 454 23 07

2074 Unterretzbach
Bahnstraße 1

www.retzbacherhof.at
pollak@retzbacherhof.at

Do–Sa 11.30–14 und 17.30–21, So 11.30–15 Uhr

WAIDHOFEN AN DER THAYA M1

AUSZEIT IM STADTHOTEL Ⓝ 12/20

Koch: Klaus Hölzl

Mit Klaus Hölzl ist hier ein junger Koch am Werk, der sich und seinen Gästen etwas beweisen will. Er kann mehr als das Alltägliche. Das zeigt er mit seinen abwechslungsreichen Gerichten, die nicht nur geschmacklich überzeugen, sondern auch fürs Auge attraktiv sind. Inmitten des Waldviertels gelegen, werden Gäste mit einer kleinen, zeitgemäßen und saisonal orientierten Karte angesprochen. Darin finden sich Köstlichkeiten wie eine sämige Bisque aus Alpengarnelen, knuspriges Sauerteigbrot mit Röstzwiebelbutter oder roh marinierter Saibling. Fein auch das Welsfilet mit Emmergnocchi, die faschierten Laibchen vom Maibock und ein tadellos zubereiteter Apfelstrudel. Getreu dem Motto „Nordic Waldviertel" wird in der Auszeit im Stadthotel hantiert. Und das weiß zu gefallen.

Tel.: 02842 241 58

3830 Waidhofen an der Thaya
Hauptplatz 25

www.auszeit-gastro.at
office@auszeit-gastro.at

FOGGY MIX 12/20

Koch: Bernhard Zimmerl

Café, Pizzeria, Burgerbude, Billardsalon, aber auch Fine-Dining-Lokal – all das scheint das Foggy Mix mit kleiner, übersichtlicher Weinkarte und jungem, engagierten Personal für alle Gäste sein zu wollen. Quasi ein gemütliches Hybridlokal. Dies gelang bei unserem Besuch bei „Zwiebel & Kaviar" – Zwiebel-Espuma, gepickelte rote Zwiebel und Osietra-Kaviar, bei „Wels & Erbse" – Erbsenhummus, Champagner-Roggen-Gnocchi und Chorizo-Öl oder beim Dessert „Milch & Honig" – Honigeis, Honig-Crémeux, Heumilch und Bienenpollen. Aber auch der Dry-Aged Premium-Burger mit X.O. Beef (Alte Kuh) war mehr als beachtlich.

Tel.: 0720 620 072 22

3830 Waidhofen an der Thaya
Heidenreichsteinerstraße 28

www.foggy-mix.at
zimmerl@foggy-mix.at

Mi–Mo 11.30–14 und 18–21 Uhr

♿

WALPERSDORF M2

BLAUENSTEIN

Tipp

im Schloss Walpersdorf

Das Renaissanceschloss ist ein Ort, an dem Kunst und Kulinarik beispielhaft in Einklang gebracht werden. Im Restaurant begrüßt Sandra Blauensteiner, die gute Seele des Hauses, die Gäste, während ihr Gatte als Sommelier beste Weine bereit hält. In der Küche legt man viel Wert auf Qualität. Daher werden für österreichische Klassiker und internationale Besonderheiten vorwiegend Produkte aus der Region verarbeitet.

à la carte: 5–29 €

Tel.: 0699 193 078 83
3131 Walpersdorf
Schlossstraße 2
www.blauenstein.at
restaurant@blauenstein.at
Mi–Sa 11.30–14 und 17–21,
So 11.30–15.30 Uhr
Jän. 2022

WEINS HOFAMT PRIEL L2

LANDGASTHOF HINTERLEITHNER

15/20

Koch: Hans Jörg Hinterleithner

Hans Jörg Hinterleithner versteht sein Handwerk und überrascht in seinem Gasthof auch mit kreativen Gerichten. Kennt man seinen Werdegang – unter Anderem stand er gemeinsam mit Christian Petz hinter dem Herd – ist man nicht mehr ganz so verwundert. Gut, hier am Land muss man seinen Gästen fast zwangsläufig auch Leberknödelsuppe und Wiener Schnitzel anbieten. Wer sich bei der Bestellung über Wirthausklassiker hinaus wagt, wird mit gelungenen Kreationen belohnt. Da wären einmal die Gazpacho auf neue Art (Paprika-Paradeiser-Eis sowie Gurkencreme) und der marinierte Saibling mit Zitronen-Öl und Sanddorn als Vorspeise. Dass es nicht immer Fleisch als Hauptgang sein muss, bewies das Küchenteam mit einer Pilz-Sellerie-Lasagne: Hierbei ging das Gemüse mit Champignons, Shiitake und Eierschwammerl eine harmonische Kombination ein, die wirklich bemerkenswert war. Ebenso begeisterte das leicht scharfe Curry mit Hühnerfleisch an Jasminreis. Die finale Liaison zwischen Schokolade und Marille ist jede süße Sünde wert. Die Weinkarte ist gut bestückt und beinhaltet auch unbekanntere Winzer. Zimmer mit Blick auf die Donau laden zum Übernachten ein.

à la carte: 3,50–35 €

Tel.: 07414 72 03
3681 Weins Hofamt Priel
Weinser Straße 95
www.hinterleithner.at
office@hinterleithner.at
Mi–Sa 11.30–14 und 17.30–21,
So 11.30–14 Uhr
variabel

WEINZIERL AM RIEDERBERG N2

BÖHM

13,5/20

Landgasthaus

Koch: Michael Böhm

Als wir in einer der gemütlichen Stuben des Landgasthauses Böhm Platz genommen haben und vom Parade-Kellner mit einer stimmigen Mischung aus Charme und Schmäh herzlichst begrüßt wurden, rechneten wir noch nicht damit, wie viel Freude uns die Küche an diesem Abend bereiten würde. Die glacierte Leber vom Reh mit Selleriepüree und eine wunderbare sämige Bouillabaisse mit köstlicher Fischeinlage als Starter waren am Punkt. Auch beim Bœuf Stroganoff mit hausgemachten Spätzle und der getrüffelten, mit Gänseleber gefüllten Fasanbrust mit Süßkartoffelpüree konnte die (Über)Form gehalten werden. Kongenial dann auch der Weinbergpfirsich im Mandelschaum mit geeister Pistaziencreme sowie die Feigentarte mit eisiger Vanillecreme und Kirsch-Sabayon. Ein Fest.

à la carte: 10–40 €

Tel.: 02271 22 40
3004 Weinzierl am Riederberg
Dorfstraße 4
www.landgasthaus-boehm.at
info@landgasthaus-boehm.at
Mo, Do–Sa 11.30–14 und 18–21,
So 11.30–14 und 18–20 Uhr

WEISSENKIRCHEN IN DER WACHAU L2

HEINZLE 11/20

Koch: Gerhard Heinzle

Es ist schon ein besonderes Erlebnis, auf der einladenden Donauterrasse die Feinheiten der Küche, begleitet von einem der Wachauer Top-Weine in unserem Fall ein trinkfreudiger Grüner Veltliner Federspiel zu genießen und dazu die Donau mit den vorbeiziehenden Schiffen zu beobachten. Von den berühmten „Wachauer Laberln" über die cremige Fischsuppe, den knusprigen Räucherfischpralinen, einen tadellos zubereiteten Zander sowie einem lobenswerten Karpfenfilet mit Erdäpfelsalat – hier wird man dem guten Ruf eines empfehlenswerten Wachauer Fischrestaurants gerecht. Die lauwarme Apfeltarte gestaltete einen feinen Abschluss unseres Besuchs.

à la carte: 4,50–26,80 €

Tel.: 02715 22 31
0664 428 78 69

3610 Weißenkirchen in der Wachau
Weißenkirchen 280

www.heinzle.at
restaurant@heinzle.at

Mi–Sa 11.30–20,
So 11.30–16 Uhr
✱ Mitte Dez. 2021–Mitte Feb. 2022

JAMEK 13/20

Koch: Alexander Gross & Peter Habegger

AMBIENTE AWARD 2008

Der Jamek zählt zu den schönsten und natürlich gefragtesten Restaurants in der Wachau. Völlig klar, denn man sitzt quasi konkurrenzlos schön im Garten zwischen blühenden Oleandern mit Blick auf die Jochinger Weinberge. Die Küche ist ein Mix aus den Klassikern von Edeltraud Jamek und kreativeren Gerichten der jüngeren Küchencrew. Wir kosteten beides und waren angetan; sowohl von der saftig gebratenen Blutwurst mit Kren und Erdäpfelschmarren, als auch von den fruchtigen Frischkäsetaschen mit würzigem Pfefferschaum. Nicht versäumen sollte man klarerweise Jameks Marillenknödel. Sie sind die Messlatte in der Region.

à la carte: 5–35 €

Tel.: 02715 22 35

3610 Weißenkirchen in der Wachau
Joching 45

www.weingut-jamek.at
info@weingut-jamek.at

Di–Do, Sa 11.30–15.30,
Fr 11.30–21 Uhr

KIRCHENWIRT WEISSENKIRCHEN 12/20

Koch: Jürgen Bicker

Der Kirchenwirt bietet seinen Gästen in Weißenkirchen komfortable Gästezimmer und die Möglichkeit, Wein und Speisen mitten in der Wachau zu genießen. Auf der Speisekarte finden sich Backhendl, Eierschwammerl mit Serviettenknödel oder ein gebackenes Rehschnitzel mit gemischtem Salat. Das Alles wird in ordentlicher Qualität zubereitet, ein bisschen mehr Esprit bei der Umsetzung würden wir uns dennoch wünschen. Wer Lust auf Süßes hat und nicht die obligatorischen Marillen-Palatschinken ordern will, wird mit Kaiserschmarren oder Malakofftorte glücklich.

à la carte: 11,50–33 €

Tel.: 02715 23 32

3610 Weißenkirchen in der Wachau
Kremser Straße 17

www.kirchenwirt-wachau.at
hotel@kirchenwirt-wachau.at

tgl. 11–20 Uhr
✱ variabel

PRANDTAUERHOF GUTSHOFRESTAURANT 14,5/20

im Weingut Holzapfel

Köchin: Karin Irk

In diesem ehrwürdigen, historischen Gutshofrestaurant mit seinen stilvollen Räumen und dem einzigartig-romantischen Innenhof erfreut man sich an der Top-Qualität des eigenen Weingutes und wählt dazu die Köstlichkeiten der kleinen, feinen Speiseauswahl. Der aufmerksame Service bringt die knusprigen Wachauer Laberl mit delikatem Grammel-, Liptauer- und Topfen-Marillenaufstrichen. Danach genießt man von der Spargelschaumsuppe über ein Filet von der Lachsforelle, Tafelspitz mit seinen klassischen Beilagen bis hin zu Nudeln mit Weinblattpesto. Für den süßen Abschluss sorgen flaumige Mohntorte sowie herrliche Topfennockerl mit Marillenröster.

à la carte: 14,50–33 €

Tel.: 02715 23 10

3610 Weißenkirchen in der Wachau
Prandtauerplatz 36

www.holzapfel.at
weingut@holzapfel.at

Mo, Sa 10–21, Di, Do, Fr 10–16, So 10–15 Uhr
variabel

WIENER NEUSTADT N3

ALTES BACKHAUS 13,5/20

Koch: Bernhard Gruber

Seit Jahren gibt es in Wiener Neustadt zumindest einen kulinarische Lichtblick. Im Alten Backhaus bietet Patron Bernhard Gruber eine erfrischend individuelle Küche. Neben den tadellos zubereiteten Klassikern reizt das regelmäßig wechselnde Themen-Menü, jüngst mit dem Schwerpunkt Kräuter: lauwarmes Kräuter-Ferkel mit feinen Berglinsen, danach ein nicht zu missender Zwischengang: Kaninchen, begleitet von schmackhaften Ochsenherzparadeisern in verschiedenen Aggregatzuständen und einem Hauch von Chili, perfekt dazu (glasweise) der Reinische Rotgipfler. Der Höhepunkt: mürbe Kalbsbackerl mit köstlichen Kärntner Kasnudeln (und allzu salzigem Blattspinat). Auch wenn die Desserts – noch? – nicht ganz mithalten können: Schön, dass es das Alte Backhaus gibt.

à la carte: 16,90–36,90 €

Tel.: 02622 810 89

2700 Wiener Neustadt
Bahngasse 1

www.altes-backhaus.at
restaurant@altes-backhaus.at

Di–Sa 11.30–14 und 17.30–22.30 Uhr
Fei, variabel

WILFERSDORF 01

NEUNLÄUF

Tipp

Im Neunläuf kümmert sich Familie Krammer um das Wohlbefinden ihrer Gäste. Dies gelingt vor allem durch die bodenständige Küche, die sich durch die Verwendung qualitativ hochwertiger Zutaten auszeichnet. Ein Highlight ist der Weinkeller: Man lässt sich vom Sommelier beraten oder wählt selbst aus den zahlreichen Raritäten. Wenn ein Tropfen besonders schmeckt, kann man sich eine Bouteille zum Ab-Hof-Preis mit nach Hause nehmen.

à la carte: 8,90–24,90 €

Tel.: 02573 259 99
2193 Wilfersdorf
Wienerstraße 4
www.neunlaeuf.at
office@neunlaeuf.at
Mi–Fr 11–14 und 18–21.30,
Sa 11–21.30, So 11–15 Uhr
variabel im Sommer 2022

WINZENDORF N3

PUCHEGGER-WIRT

12,5/20

Koch: Christoph Puchegger

So manches über Gästeschwund klagende Landgasthaus könnte sich am Puchegger-Wirt ein Beispiel nehmen: Persönlicher Service durch die Senior-Wirtsleute, während der Junior seit einiger Zeit frischen Wind in die Küche bringt. Nämlich weiterhin eine attraktive Auswahl an Gasthausklassikern wie Rostbraten und Bauern-Cordon bleu vom Berglandschwein sowie Kreativem, wie beispielsweise das Dornauer Seesaibling-Sashimi, die Perlhuhnbrust mit Pilz-Hüttenkäsefüllung und Trüffelrahmgnocchi oder die vegetarische Interpretation von der Karotte mit Ziegenkäse und Nuss. Die gebotenen Speisen erfreuen allesamt und versprechen ordentliche Qualität, stattliche Portionsgrößen und vernünftige Preise. Kein Wunder, dass der große, überdachte Outdoor-Bereich an schönen Sommertagen regelrecht gestürmt wird. So geht Essen am Land.

à la carte: 3,80–29,80 €

Tel.: 02638 222 24
0664 371 28 57
2722 Winzendorf
Bahnhofplatz 86
www.puchegger.at
info@puchegger.at
Mi–Sa 11.30–13.45 und
17–20.30, So 11–13.45 Uhr
2 Wochen im Jän., 3 Wochen im Juli 2022

SCHMUTZER

13/20

Köchin: Ute Schmutzer

Man hat die Wahl: Klassische Wirtshausküche im gleichnamigen rustikalen Bereich oder gehobene Kost im eleganten Restaurant. Wer sich für letzteres entscheidet, kommt in den Genuss von weitgehend traditionell zubereiteten, feinen Gerichten. Da gibt es etwa ein sehr ordentliches Saiblingstatar, erstaunlich schmackhaftes Dinkel-Risotto mit Steinpilzen (vielleicht eine Spur zu fett) oder ein grandioses Reh (Schlögel und Rücken), das Küchenchefin Ute Schmutzer von ihrem Cousin bezieht, wie sie zurecht stolz berichtete. Gelungener Abschluss: intensive Schokoterrine mit Mousse und Sorbet von der Brombeere. Möge Patron Franz Schmutzer möglichst bald die sehnlichst gewünschte Unterstützung im Service gefunden haben, damit er mehr Zeit hat, uns über seine vielfältige Weinauswahl (darunter seit kurzem auch ein guter Riesling aus dem benachbarten Weikersdorf) informieren zu können.

à la carte: 4,20–26 €

Tel.: 02638 222 37
2722 Winzendorf
Hauptstraße 12
www.gasthaus-schmutzer.at
gasthaus-schmutzer@aon.at
Do, Fr 12–14 und 17–20,
Sa 12–20, So 12–19 Uhr

WOLFPASSING N2

GASTHAUS FIGL 11,5/20

Koch: Patrick Friedrich

„Traditionell & Zeitgemäß" – so lautet das Motto dieses sympathischen Lokals. Küchenchef Patrick Friedrich zeigt in seiner Küche einen gekonnten Twist aus österreichischen Klassikern und modernen Speisen. Aus der Wirtshausküche wählt man Grammelknödel oder Innereien, sonntags begeistert ein knuspriger Schweinebraten. Frisch und leichter geht es bei der gut gewürzten Eierschwammerlsulz zur Sache und auch das Saiblingsfilet auf Emmerrisotto und gebratenem Römersalat ist eine willkommene Abwechslung. Für Desserts sollte man sich unbedingt Appetit aufheben. Besonders flaumig ist die Marillenpalatschinke, leicht und frisch das Joghurtmousse. Die Weinkarte ist gut aufgestellt, hausgemachter Waldmeister- und Akaziensirup erfreuen auch ganz ohne Alkohol.

à la carte: 4–25 €

Tel.: 02242 701 55

3424 Wolfpassing
Wienerstraße 1

www.gasthaus-figl.at
willkommen@
gasthaus-figl.at

Mo, Di, Fr und Sa 10–14.30 und 17.30–23, So 9–21 Uhr

WÖSENDORF L2

HOFMEISTEREI HIRTZBERGER 16,5/20

Koch: Christoph Vogler

Die Hofmeisterei, betrieben von Erwin Windhaber und Hartmuth Rameder, hat sich über die Jahre als Ort für eine vielfältige Gästeschar etabliert. Es kommen Tagesausflügler, Gourmets, Winzer der Region und Urlaubsgäste. Und alle verlassen das sympathische Gasthaus zufrieden. Das bedeutet natürlich eine sportliche Herausforderung für den talentierten Küchenchef Christoph Vogler, denn ein Spagat von klassischer Küche bis zum kreativen Menü ist gefragt. Und auch der Service muss in dieser Hinsicht auf Zack sein. Das klappt bestens – daher, bravo an das gesamte Team. Wir kosteten bei unserem Besuch Jahrgangssardinen aus 2018 mit Erbsenpüree, begleitet von der Frische intensiver Amalfizitronen. Danach kam ein wunderbar gebratener Kräuterseitling – kross und saftig zugleich – mit hausgemachtem, cremigen Ricotta und unglaublich, erdig intensivem Wurzeljus. Die Hauptspeise: hauchzarter Seesaibling auf erfrischender Molke mit Pak Choi. Saison pur zum Abschluss: in Zitronenthymian marinierte Erdbeeren mit Meringue als süßem Gegenpart. Die Weinkarte spielt alle Stücke, die Beratung dazu ebenso.

à la carte: 12–40 €

**Tel.: 02715 229 31
0650 287 63 25**

3610 Wösendorf
Wösendorf 74

www.hofmeisterei.at
restaurant@hofmeisterei.at

Mo, Sa 11.30–14 und 18–21,
Do, Fr 18–21, So 11.30–20 Uhr
bis März 2022: Mo

WULZESHOFEN 01

GASTHAUS BSTEH Tipp

In diesem mehr als 200 Jahre alten Gasthaus taucht man in die Weinviertler Genusskultur ein. Die Familie Bsteh empfängt ihre Gäste mit Herzlichkeit, traditioneller Wirtshauskost und saisonalen Köstlichkeiten. In der Küche steht der Hausherr selbst und erkundigt sich gerne persönlich nach dem Wohlbefinden der Besucher. Das Ambiente ist gemütlich.

à la carte: 9–25 €

Tel.: 02527 203

2064 Wulzeshofen
Hauptstraße 57/58

www.bsteh.at
bsteh@aon.at

Mo, Fr und Sa 9–14 und 17.30–21, Mi–Do 9–14, So 9–15 Uhr
variabel

YBBS AN DER DONAU L2

BABENBERGERHOF

Tipp

Die Abendkarte des Babenbergerhofs ist zwar klein gehalten, aber dafür umso feiner. Zu traditionellen österreichischen Gerichten wie Tafelspitz gesellen sich hauseigene Kreationen – für all jene, die sich nach etwas Abwechslung sehnen. Zum Abschluss darf es dann ein Mostpudding mit Apfeleis, Rhabarber und Apfel-Most-Schaum oder ein weißes Schokolademousse mit Löwenzahnhonig und Erdbeer-Gel sein.

à la carte: 12–35 €

Tel.: 07412 543 34

3370 Ybbs an der Donau
Wiener Straße 10

www.babenbergerhof.at
office@donau-lodge.at

Mo–Sa 11–14 und 17.30–21,
So 11–14 Uhr

© weinfranz

ZAUSSENBERG AM WAGRAM M2

JOSEFS HIMMELREICH

15,5/20

Koch: Josef Kellner

Nomen et omen, der Name ist Programm. Angekommen in einem liebevoll restaurierten Innenhof, betreten wir ein Stück Himmelreich und fühlen uns sofort wohl. Herzlich empfangen von Gastgeberin Jasmin Wieland platzieren wir uns auf der gemütlichen Terrasse neben den prachtvoll gefüllten Hochbeeten, die eine Vorahnung auf unser folgendes Menü geben. Küchenchef Josef Kellner kreiert mehrgängige saisonale Menüs – man darf sich überraschen lassen indem man zwischen vier und sechs Gängen wählt. Dem Gruß aus der Küche folgt eine Reise an Geschmackserlebnissen: Jeder einzelner Gang ist modern angerichtet, die Kreativität des jungen Koches kommt dabei zur Geltung. Wir beginnen mit dem „Dreierlei Zucchini" aus dem eigenen Anbau – gebacken, gebraten und confiert wird der Gartenkürbis mit Eigelb und Senfsauce serviert. Die Räucherforelle mit Erbsenpüree harmoniert mit knusprigen Indigo-Samen und Dill-Öl. Traditionelle Grammelknödel mit Sauerkrautpüree und extra zartem Schweinebauch werden durch Schweinepopcorn zu einem interessanten wie auch amüsanten Zwischengericht. Und auch der Höhepunkt lässt nicht lange auf sich warten: rosa gebratenes Kalbsfilet, geschmorte Kalbswaden auf Maiscreme und karamellisierte Zwiebel. Himmlisch. Die finalen Topfenknödel mit Marilleneis geben das Gefühl, den Himmel beinahe ergreifen zu können. Die Tatsache, dass jeder einzelner Gang von den bemerkenswerten Weinen des Hofherren Josef Fritz begleitet wird, ist dem Himmel aber schon sehr nahe.

Tel.: 02278 282 41

3701 Zaussenberg am
Wagram
Ortsstraße 4

www.gutehrlichessen.at
info@gutehrlichessen.at

Mi, Do 18–20.30, Fr–So
11.30–13.30 und 18–20.30 Uhr,
Reservierung erforderlich
variabel

ZISTERSDORF 01

ZUM GRÜNEN BAUM 11,5/20

Koch: Georg Kruder

Das Wirtshaus von Familie Kruder ist ein Haus, in dem Gastlichkeit und gute Küche Hand in Hand gehen. Die Kernkompetenz von Patron und Küchenchef Georg Kruder ist die anspruchsvolle österreichische Küche, die er stets mit saisonalen und regionalen Zutaten zum Besten gibt. Qualität und Handwerk können vorausgesetzt werden: Die Nudeln sind hausgemacht, die Bratwürstel vom Weinviertler Wild ebenso. Mittags lädt ein wöchentlich wechselndes Menü zum Einkehren ein, der hübsche Kastaniengarten im Sommer sowieso. Plus: Das gut sortierte Weinsortiment macht hier in der Weingegend besonders viel Spaß.

à la carte: 10–55 €

Tel.: 02532 815 55
0680 307 57 06

2225 Zistersdorf
Landstraße 1

www.
gasthauszumgruenenbaum.at
gasthaus.zumgruenenbaum@
utanet.at

Mo, Di, Fr 11–14 und 18–21,
Sa, So 11–14 Uhr
✱ Weihnachten 2021, variabel

ZÖBING N1

GUTMANN Tipp

Den Familienbetrieb haben Klaus und Alice Gutmann im Jahre 2016 übernommen und führen diesen seitdem mit viel Liebe und hohem Anspruch. Gastfreundschaft, traditionelle Wirtshausküche mit modernen Interpretationen und die traumhafte Lage am Kamp-Ufer sorgen hier für Begeisterung. Besonders die wunderbaren Desserts muss man probiert haben – und sich unbedingt noch Platz für die hausgemachten Pralinen lassen.

à la carte: 13,90–25.90 €

Tel.: 02734 23 34

3561 Zöbing
Heiligensteiner Straße 32

www.gasthaus-
gutmann.com
office@gasthaus-gutmann.at

Mi–Sa 11.30–14 und 18–20.30,
So 11–15 Uhr
✱ Jän., 1 Woche im Juli,
2 Wochen im Sept. 2022

OBER-ÖSTERREICH

DIE BESTEN

18,5/20	**BOOTSHAUS**	Traunkirchen	Seite 270
18,5/20	**OIS**	Neufelden	Seite 264
17/20	**DER HOLZPOLDL**	Lichtenberg	Seite 257
16,5/20	**ROSSBARTH**	Linz an der Donau	Seite 260
16,5/20	**TANGLBERG**	Vorchdorf	Seite 272
16/20	**LUKAS RESTAURANT**	Schärding	Seite 268
16/20	**RAU**	Großraming	Seite 253

LEGENDE
Orte allgemein
Orte mit
Orte mit
Orte mit
Orte mit
Orte mit
D
Aigen im Mühlkreis
Lembach i. Mühlkreis
Engelhartszell
Donau
Schärding
Diersbach
Peuerbach
Inn
Obernberg am Inn
Braunau a. Inn
Geinberg
Gurten
Grieskirchen
Ried i. Innkr.
Kirchheim im Innkreis
Mauerkirchen
Haag a. Hausruck
Gaspoltshofen
Bachmanning
Mattighofen
Ampflwang i. Hausruckwald
Atzbach
Schwanenstadt
Munderfing
Vöcklabruck
Vorchdorf
Seewalchen
Gmunden
Attersee
Schörfling
Nußdorf
Altmünster
Mondsee
Attersee
Traunkirchen
Traunsee
Ebensee
St. Wolfgang im Salzkammergut
Wolfgangsee
Bad Ischl
Bad Goisern
Hallstatt
Hallstätter See

CZ
Afiesl
ohrbach
Oberösterr.
Bad Leonfelden
Freistadt
St. Johann
a. Wimberg
eufelden
Kefermarkt
Aschach
an der Donau
Gallneu-
kirchen
Pregarten
Lichtenberg
LINZ
Eferding
Steyregg
Leonding
Mauthausen
Perg
Enns
Grein
Traun
St. Florian
Wels
Kronstorf
Neuhofen
a. d. Krems
Enns
Steyr
Krems
Bad Hall
Garsten
Steyr
Großraming
Kirchdorf
a. d. Krems
Weyer Markt
Windischgarsten
Vorder-
stoder

AFIESL J1

CULINARIAT BY BERGERGUT 14/20

im Genießerhotel Bergergut

Koch: Thomas Hofer

Der Fahrt ins Mühlviertel hinauf nach Afiesl können wir nur wärmstens empfehlen. Im Familienbetrieb und Genießerhotel Bergergut kocht Thomas Hofer und hat dabei keine einfache Aufgabe: er will den Ansprüchen von auf Pärchenurlaub konzentrierte Hotel- und À-la-carte-Gästen gerecht werden. Die opulente Deko im Restaurant lenkt fast von der fokussierten Küche ab. Vom Leberschädel – ein Mühlviertler Klassiker als Gruß –, feinster Lachsforelle bis hin zur Hochrippe (für die man eigentlich kein Messer benötigt, weil so wunderbar gegart) reicht das kulinarische Repertoire. Und dabei spürt man, dass bei Küchenchef und -brigade durchaus noch Potential nach oben ist. Daher: Nur Mut. Mit diesem handwerklichen Können würden mit Sicherheit auch gewagtere Kreationen gelingen. Die in Österreich wohl interessanteste Bierauswahl inklusive entsprechender Beratung verdient Beachtung.

à la carte: 5,50–89 €

Tel.: 07216 44 51

4170 Afiesl
Oberafiesl 7

www.romantik.at
bergergut@romantik.at

Mo–Sa 18–21, So 11.30–14 und 18–21 Uhr
✱ 20.–25. Dez. 2021

ALTMÜNSTER I3

DIE STUBE IM MAXIMILIANHOF 12/20

Koch: Florian Eckmair

Frischer geht es eigentlich nicht mehr: Der Traunseefischer bringt kurz nach dem Eintreffen der ersten Gäste den Tagesfang in das Restaurant: Riedlinge, die kleineren Cousins der Reinanke sind heute in das Netz gegangen und werden während des Abendservices von Küchenchef Florian Eckmair und seinem Team fachgerecht zubereitet. Wer keine Lust auf Fisch hat, der kann sich bei Weinbergschnecken mit Kräuterbutter, Fasanbrust mit Linsen oder Wild-Hascheeknödel verwöhnen lassen. Zum Abschluss ist ein Cheesecake „Sacher Style“ oder ein Espresso mit Grappa die richtige Wahl.

à la carte: 12–38 €

Tel.: 07612 87 800
0664 182 11 88

4813 Altmünster
Maximilianstraße 1

www.maximilianstube.at
reservierung@
maximilianstube.at

Di–Sa 17–24 Uhr

ATZBACH I2

CHARLES' & FRANK'S 14,5/20

Koch: Robert Bauer

Eingebettet in einen industriellen Gebäudekomplex findet sich im oberösterreichischen Atzbach das Restaurant Charles' & Frank's. Das Ambiente ist modern-nüchtern, auf der Terrasse wird es dann aber gemütlich. Trifft sich, schließlich sollte man sich auch ein wenig Zeit nehmen, um die Kreationen von Robert Bauer gebührend zu genießen. Angeboten wird nur ein Menü (fünf bis sieben Gänge) – das jedoch, hat es in sich: Von geeister Paradeisersuppe mit Beef Tatar und Garnele als Einlage (eine interessante Surf-and-Turf-Variante) über ein Sorbet von der Zitrusfrucht Kalamansi als Zwischengang bis zum Beiried vom Hausruckrind und luftigem Joghurttörtchen als Dessert ist bei unserem Besuch alles äußerst gelungen. Das Menü als Ganzes: schön und stimmig komponiert. Dazu erfreuen eine gute Weinauswahl und wirklich faire Preise. Was will man mehr.

Tel.: 050 560 725 00

4904 Atzbach
Ritzling 9

www.charlesandfranks.com
restaurant@
charlesandfranks.com

Mi–Sa ab 18 Uhr

BACHMANNING I2

WEINWIRT 12,5/20

Köchin: Elisabeth Haberfellner

Beim Weinwirt wird seit vielen Jahren traditionelle österreichische Küche zelebriert. Und zwar so, wie sie schmecken soll. Küchenchefin Elisabeth Haberfellner kocht mit ebenso viel Liebe wie Routine, ihr Mann Hermann schupft mit Ruhe und Umsicht den Service. Sucht man anderswo kulinarische Überraschungen, steht der Weinwirt für Beständigkeit und bietet bodenständige Gerichte nahe der Perfektion. Das gilt für Grammelknödel und Wildpastete als Vorspeise ebenso wie für den Zwiebelrostbraten und das Saiblingsfilet zum Hauptgang. Auch bei den Desserts zeigt die Küche ihr Können. Nicht zuletzt: Man fühlt sich hier einfach wohl.

à la carte: 21–31 €

Tel.: 07735 71 31

4672 Bachmanning
Grünbachstraße 20

www.weinwirt.at
restaurant@weinwirt.at

Do, Fr 18–21.30, Sa 11.30–13.30 und 18–21.30, So 11–13.30 Uhr
variabel

BAD GOISERN I3

STEEGWIRT

13/20

Köche: Fritz & Tamino Grampelhuber

Österreichs Fußball-Nationalteam hat bei der EM positiv überrascht. Dem Mannschafts-Koch Fritz Gampelhuber gelingt das in seinem Wirtshaus ebenso. Dem gedämpften Filet vom Grundlsee-Saibling verleiht er mit Shiitake-Pilzen gekonnt asiatischen Touch, der köstlich geräucherte Karfiol mit Ei und getrüffelter Sauce hollandaise ragt aus dem stark erweiterten Angebot fleischloser Gerichte heraus. Und auch die Filets vom Rehbock mit Eierschwammerl-Risoni verblüffen in Kombination mit gesalzenem Latschen-Eis. Dass hier zur Verfeinerung noch „Arnautovic-Gin" zum Einsatz kommt, lässt die Leistung der Küche wahrhaft „europameisterschaftswürdig" erscheinen.

à la carte: 14–25 €

Tel.: 06135 83 02
0664 170 78 27

4822 Bad Goisern
Au 12

www.steegwirt.at
office@steegwirt.at

tgl. 11.30–21 Uhr

♿

LANDHOTEL AGATHAWIRT

Tipp

Bei einem Ausflug ins Salzkammergut ist ein Besuch im Restaurant Agathawirt ein besonderes Erlebnis. In den gemütlichen Gaststuben oder im lauschigen Garten wird vom À-la-carte-Frühstück in der Morgensonne bis zum festlichen Dinner alles serviert. Die Küche ist bekannt für ihre kreativen vegetarischen Gerichte und frischen Fisch aus dem nahen Hallstätter See. Eine umfassende Auswahl bester österreichischer Weine ergänzt das Angebot.

à la carte: 12,50–24 €

Tel.: 06135 8341

4822 Bad Goisern
St. Agatha 10

www.agathawirt.at
office@agathawirt.at

Mi–Fr 17–22, Sa, So 11–22 Uhr
✻ bis 1. Mai 2022

BAD ISCHL I3

ZUR NOCKEN TONI 11/20

Landgasthaus

Koch: Ernst Siegesleitner

Die Nocken Toni blickt bereits auf eine lange Geschichte zurück, bildete das Restaurant bereits zu Kaisers Zeiten für die Einheimischen eine beliebte Anlaufstelle. Doch was früher war ist auch heute noch so: Seit mittlerweile zehn Jahren bewirtet Familie Siegesleitner mit viel Herzlichkeit den Landgasthof und schafft damit einen kulinarischen Fixpunkt in Bad Ischl. Der Patron selbst ist für das leibliche Wohl der Gäste verantwortlich und bietet eine breite Auswahl an regionalen Köstlichkeiten. Den Ton geben Klassiker wie Backhendl, Reinanke Müllerin oder Beuschl an, die zum Teil mit modernen Twist auf die Teller gelangen. Beim süßen Finale raten wir zu den flaumigen Salzburger Nockerl. Zu Mittag lädt ein abwechslungsreiches und preiswertes Mehrgangmenü. Die Innenräume sind freundlich und gemütlich. Im Gastgarten sitzt man schattig umrahmt von Linden.

Tel.: 06132 233 27
0699 127 626 62

4820 Bad Ischl
Köhlerweg 1

www.nockentoni.at
info@nockentoni.at

Mi–Sa 11.30–14 und 18–21,
So 11.30–14 Uhr

RETTENBACHALM Tipp

In atemberaubender Kulisse lädt der urig, romantische Gasthof zur Einkehr ein. Kredenzt wird Bodenständiges als auch Traditionelles, gepaart mit kreativen Einfällen. Mit Rindfleisch aus dem Salzkammergut, Fisch aus dem Wolfgangsee und Schnaps vom Bauern von nebenan steht einem gelungenen Abend nichts mehr im Weg. Nicht zu vergessen ist der unglaublich flaumige Kaiserschmarren.

à la carte: 10–30 €

Tel.: 06132 236 31
0650 794 76 53

4820 Bad Ischl
Rettenbach 74

www.rettenbachalm.co.at
floriansimmer207@
gmail.com

tgl. 11.30–20 Uhr

♿

Bei der Zusammenstellung dieses Führers ließen wir größtmögliche Sorgfalt walten, trotzdem können Daten falsch oder überholt sein. Eine Haftung können wir auf keinen Fall übernehmen.

DIERSBACH — I2

KIRCHENWIRT — 12,5/20

Dank der modernen Navigationsgeräte im Auto findet man den Kirchenwirt in Diersbach relativ leicht. Mit einem Glas Prosecco, Beef Tatar mit Störkaviar oder einem Caesar Salad startet der Besuch angenehm. Der Zander freut sich – ebenso wie der Gast – über die gebackene Zucchiniblüte, die den Fisch begleitet. Und auch das geschmorte Bäckchen vom Spanferkel mit Pak Choi überzeugt. Das abschließende Mousse aus Buttermilch mit Salzmandel-Krokant und Marillensorbet würde man gerne öfters essen.

Tel.: 07719 201 06
4776 Diersbach
Am Berg 8
kirchenwirt.diersbach@gmail.com
Do–Mo 17–24, So 11–14 Uhr

EGGELSBERG — G2

GÖSSNITZER — Tipp

Im Gasthaus Gössnitzer befindet man sich sozusagen an den Wurzeln des Gastgewerbes. Geboten werden Mahlzeiten, die nicht nur ernähren, sondern dem Körper auch Erholung bringen. Gössnitzer wehrt sich gegen Fertiggerichte, tritt gegen Massentierhaltung ein und zeigt köstliche Alternativen auf. Beispielsweise stellt er selbst frischen Ziegenkäse aus Milch eines wenige Kilometer entfernten Ziegenhofs her. Im Sommer außerdem zu empfehlen: der Gastgarten, eine richtige Grünoase.

à la carte: 6–25 €

Tel.: 07748 23 46
0664 377 27 04
5142 Eggelsberg
Salzburger Straße 15
www.amphicles.net
laurum@gmx.at
Do–Mo 11–14 und 17–21 Uhr

GARSTEN — J2

GORFER NATUR GOURMET — 12,5/20

Koch: Reinhard Gorfer

Große Portionen gepaart mit ausgezeichneter Qualität, das wird von den Gäste im Gorfer erwartet Und das bekommen sie auch. So ergänzt das Beef Tatar – das man sich selbst am Tisch anmachen darf – ein riesiges Stück Schwarzbrot mit Zwiebeln und Pilzen. Die marinierte Lachsforelle begleiten Haselnüsse, das Backhendl wird mit Petersilerdäpfel, Preiselbeeren und gemischtem Salat serviert. Wer sich für das rosa gebratene Reh entscheidet, den bringen unter anderem Gnocchi und Gemüse an seine Belastungsgrenzen. Probieren sollte man, sofern vorhanden, den Schweinsbraten mit Serviettenknödel – und zum Abschluss die hausgemachte Cremeschnitte. Achtung: Nur Barzahlung ist hier möglich.

à la carte: 8–25 €

Tel.: 0664 325 39 62
4451 Garsten
Herrenweidestraße 20
www.gorfernaturgourmet.at
ngg@naturgourmet.at
Mo 11.30–13, Fr 18–21,
Sa 11.30–13.30 und 18–21,
So 11.30–14.30 Uhr
variabel

GASPOLTSHOFEN — I2

GASTHOF KLINGER — 12,5/20

Köchin: Eva Sterrer

Glücklich, wer in der Nähe von Gaspoltshofen lebt oder wessen Weg durchs Hausruckviertel führt. Im Gasthof Klinger wird Wirtshauskultur mit großem Wert auf Qualität und Gastlichkeit gelebt. Auch bei einem vollen Haus am Sonntag zu Mittag agieren Küchen- und Serviceteam souverän. Die gebratene Forelle kommt stets mit knuspriger Haut auf den Teller, die Rinderfiletspitzen auf Stroganoff-Art und das Wiener Schnitzel müssen sich auch nicht verstecken. Zum Abschluss gibt es Palatschinken oder man probiert die hauseigene Schoko-Nuss-Torte – der schieren Größe wegen am besten zu zweit.

à la carte: 10,50–29,50 €

Tel.: 07735 69 13
0664 883 804 04
4673 Gaspoltshofen
Jeding 1
www.gasthof-klinger.at
office@gasthof-klinger.at
Mi, So 11.30–13.30, Do–Sa 11.30–13.30 und 18–21.30 Uhr
variabel

GEINBERG H2

AQARIUM 14/20

Koch: Peter Reithmayr

Das Restaurant Aqarium hat viele Gäste aus dem Private Spa der angrenzenden Therme Geinberg. Diese wollen zu verschiedenen Tageszeit ihren Hunger stillen können. Konsequenterweise gibt es daher Essen rund um die Uhr. Am größten ist die Auswahl aber dann doch am Abend. À-la-carte-Gerichte und Steaks stehen dann mehreren Menüs gegenüber. Da ist die Küche durchaus gefordert. Wir wählten das „Chefs Menü", das entgegen des Namens nicht allein auf Küchenchef Peter Reithmayr zurückgeht. Vielmehr brachte sich das ganze Team dabei mit Ideen ein – die einzelnen Gänge basieren auf Geschmackserinnerungen der Mitarbeiter. So etwa die Vorspeise aus Erdäpfel in verschiedenen Konsistenzen, die durch geriebene Pinzgauer Schotten (Käse) einen sehr kräftigen Geschmack bekam. Leichter und subtiler fiel der zweite Gang aus: heimische Garnele, frische Erbsen und Stachelbeeren. Die Short Ribs mit Mais und Honig, eine Reminiszenz an Reithmayrs Zeit in Kalifornien. Ein echtes Highlight war die Ente mit Kirschen sowie das Dessert aus edler, weißer Yuna-Schokolade und Marillen. Die dazu empfohlenen Weine passten gut, preislich ist hier allerdings nicht mehr viel Luft nach oben.

Tel.: 07723 850 025 85

4943 Geinberg
Thermenstraße 13

www.aqarium.at
restaurant@aqarium.at

♿

GRIESKIRCHEN I2

WALDSCHÄNKE 15/20

Köche: Elisabeth & Clemes Grabmer

Die Waldschänke der Familie Grabmer ist schon seit langem eine zuverlässige Adresse für genussvolle Stunden. Patron Heinz Grabmer sorgt mit untrüglichem Gespür dafür, dass jedes Gericht und alle Gäste den adäquaten Wein serviert bekommen. In der Küche werkt seit geraumer Zeit neben Elisabeth Grabmer auch Sohn Clemens. Und das macht sich auf der Speisekarte immer mehr bemerkbar. So gibt es nun etwa ein eigenes Menü, das sich auf lokale und saisonale Produkte konzentriert. In der Umsetzung sieht das beispielsweise so aus: Vorab eine schöne Pilzsulz mit Zwiebelsalat und Paradeiser. Von den Zutaten ganz einfach, aber geschmacklich eine Wucht war der Gang aus jungen Erbsen, Kren, Ingwer und Kernöl. Das beste Stück vom Hausruckviertler Reh kam mit Bittersalat und einer süßen Miso-Würzpaste. Miso, in einem Menü namens „Hoamatgaung"? Ja, das passt noch, schließlich wird sie in Wien produziert. Eine gelungene Abrundung war das Topfenparfait mit Frühkirschen als Dessert und so verließen wir die Waldschänke heuer besonders zufrieden. Es ist bemerkenswert, wie hier mehrere Generationen zusammenwirken, jeder seine Stärken ausspielen kann und dabei alle an einem Strang ziehen.

Tel.: 07248 623 08
0664 16 012 51

4710 Grieskirchen
Kickendorf 15

www.waldschaenke.at
restaurant@waldschaenke.at

Di 11.30–14, Mi–Sa 11.30–14 und 18–24 Uhr
variabel

© Lalo Jodlbauer

GROSSRAMING K3

RAU

16/20

Koch: Christopher Koller

Schritt für Schritt wächst hier in Großraming ein großes Restaurant heran. Das Ambiente ist modern, schlicht und versprüht doch eine angenehme Wärme. In der kalten Jahreszeit hat man die verschneite Winterlandschaft durch die großen Panorama-Scheiben im Blick. Zumeist ist der Blick jedoch ohnehin auf die Teller gerichtet, denn die haben es in sich. Wie hier angerichtet wird, ist schon große Klasse. Es schmeckt schon, bevor man den ersten Bissen genommen hat. Und beim zweiten Bissen dann noch viel mehr. „Naturbelassen" ist das allerdings auf Englisch formulierte Credo der Küchenlinie von Klemens Schraml (Maître) und Christopher Koller. Außergewöhnlich gut sind sowohl die Fisch- als auch die Geflügelgerichte, von denen immer eines im Menü dabei ist. Schon legendär geworden ist die Ente in zwei Gängen, aber man muss nicht traurig sein, wenn stattdessen eine Taube herbei geflogen kommt. Während in fast allen anderen Top-Restaurants der Saibling als Star unserer Gewässer gefeiert wird, zeigen Klemens Schraml und Christopher Koller, was man alles aus einer wirklich guten Forelle herausholen kann. Meeresfische haben hier übrigens kein Hausverbot und wenn Steinbutt & Co. im Menü auftauchen, darf man sich freuen. So wichtig die kulinarisch in den letzten Jahren ein bisschen vernachlässigte Region Kalkalpen im RAU auch ist, sie ist kein strenges Dogma, das nicht durchbrochen werden darf – nur muss es dafür halt gute Gründe geben. Neben dem Fine-Dining-Bereich im Wintergarten kann man im Esszimmer auch ganz entspannt etwas weniger aufwändig zubereitete Gerichte à la carte bestellen. So oder so kommt man in den Genuss von ausgefallen Weinen, die Sommelier Tillmann Eisterhuber ausgesucht hat. Die Weinkarte ist in Bewegung und wird laufend mit kleinen Mengen von ausgefallenen Etiketten ergänzt.

à la carte: 10–300 €

Tel.: 0664 124 69 86

4463 Großraming
Pechgraben 23

www.im-rau.com
office@im-rau.com

Mi–Sa 12–22 Uhr

♿

GURTEN H2

GASTHOF BAUBÖCK

12,5/20

Koch: Dominik Bauböck

In der gut besuchten, gemütlichen Wirtshausstube kann man schon mal die Zeit übersehen. Der Küche würde dahingehend jedoch etwas Pünktlichkeit im Sinne von Zeitgeist und Leichtigkeit bei den doch sehr üppigen Gerichten nicht schaden. Positiv ist jedoch die Aromenvielfalt und die für die Region ausgefallene Speisekarte, die Delikates wie Wachtel, Flusskrebse und Surf & Turf von Blunze und Saibling bietet. Auf Klassiker muss man nicht verzichten: Rindsuppe, Schnitzel und Kaiserschmarren sind eine sichere Bank. Spannende, traditionelle Weinkarte mit einigen gereiften Überraschungen runden einen genussreichen Abend bei Familie Bauböck ab.

à la carte: 6–38 €

Tel.: 07757 62 02

4942 Gurten
Hofmark 8/10

www.bauboeck.info
office@bauboeck.info

Mi–Sa 11.30–13.40 und 17.30–21.30, So 11.30–14 Uhr

Bei der Zusammenstellung dieses Führers ließen wir größtmögliche Sorgfalt walten, trotzdem können Daten falsch oder überholt sein. Eine Haftung können wir auf keinen Fall übernehmen.

GUTAU K2

LANDGASTHAUS ZUM EDI

Tipp

Genießen macht glücklich. Das stellt man in diesem gediegenen Landgasthaus schon beim ersten Besuch fest. Die Küche ist traditionell, aber mit modernem Twist, bietet saisonale Köstlichkeiten und verarbeitet regionale Produkte wie Milchlamm, heimisches Wild, Mühlviertler Alm Ox, Weideschwein, Fische und saisonales Gemüse. Durch das zuvorkommende Servicepersonal fühlt man sich rundum betreut.

à la carte: 3,50–26,50 €

Tel.: 07946 63 02
4293 Gutau
St. Oswalder Straße 3
www.zum-edi.eu
zum-edi@aon.at
Mi–Sa 11.30–14 und 17.30–21, So 11.30–18.30 Uhr
variabel

KIRCHHEIM IM INNKREIS H2

WIRT Z'KRAXENBERG

12/20

Koch: Florian Schlöglmann

Der auf eine mehr als 100-jährige Geschichte zurückblickende Wirt z' Kraxenberg ist ein gemütliches Gasthaus mit vielen einheimischen Gästen. Aber auch Durchreisende machen hier im Innviertel gern Station. Küchenchef Florian Schlöglmann kocht schon seit längerem konstant auf hohem Niveau. Damit es nicht langweilig wird, wechselt die regional und saisonal ausgerichtete Speisekarte monatlich. Geboten wird Wirtshausküche, bisweilen mit einem modernen Touch. Die Auswahl an offenen Weinen ist ausbaufähig, aber in der Region schmeckt auch der Most sehr gut.

à la carte: 4,50–25 €

Tel.: 07755 64 94
4932 Kirchheim im Innkreis
Kraxenberg 13
www.wirtzkraxenberg.at
info@wirtzkraxenberg.at
Di, 18–21, Mi–Sa 11.30–14 und 18–21 Uhr

KRONSTORF K2

GASTHOF RAHOFER 14/20

Koch: Florian Gintenreiter

In einem kitschig-schönem Innenhof und herrlicher Wirtshausstube werkt seit 2020 das funktionierende Dreiergespann aus Marie Rahofer (Host & Service), Carina Kaiser (Küche & Service) und Florian Gintenreiter (Küche). Stilsicher präsentiert kommen die ersten Grüße zu Tisch und bringen die Geschmacksknospen auf Touren. Butterweicher Lachsbauch sowie erfrischend scharfe Radieschengrün-Apfel-Suppe animieren. Auch alle anderen Gänge des Menüs sind spannende Kombinationen mit dem absoluten Highlight, dem Kalbsbries. Offen für unterschiedliche sensorische Welten darf und sollte man hier sein. Bemerkenswert sind auch die exquisiten Bio-Weine im traumhaftem Weinkeller. Der Rahofer, ein Domizil, an dem echte Gastfreundschaft gelebt wird.

à la carte: 9,50–28 €

Tel.: 07225 83 03
0650 851 88 55

4484 Kronstorf
Hauptstraße 56

www.rahofer.at
gasthof@rahofer.at

Mi–Sa 11.30–14 und
17.30–21.30, So 11.30–14 Uhr

LASBERG K1

ELZER STUB'N Tipp

Der kleine Ort Elz ist keinesfalls eine Metropole, hat jedoch mit der Elzer Stub'n trotzdem was zu bieten. Das urige Wirtshaus vereinigt Tradition und Moderne und das nicht nur auf dem Teller. Hochwertige Produkte aus der Region werden zu kreativ interpretierten Gerichten verarbeitet. Einmal im Monat findet ein Gourmetabend mit Vier-Gänge-Menü statt. Abgerundet wird der Abend selbstverständlich mit der passenden Weinbegleitung.

à la carte: 12–27 €

Tel.: 07947 206 98

4292 Lasberg
Elz 1

www.elzer-stubn.at
info@elzer-stubn.at

Mo, Do, Fr 16–20,
Sa, So 10–14 und 17–20 Uhr

LEONDING J2

BERGDIELE 14,5/20

Koch: Oliver Rechberger

Ein Besuch in der Bergdiele macht einfach Spaß. Koch Oliver Rechberger und Service-Chefin Dominique Pisa vermitteln die Freude an ihrem Tun an die Gäste. Gegrillte Jakobsmuscheln mit Physalis und Zucchini waren ein wirklich schöner Einstieg. Ein Gedicht der geschmorte Lammkopf mit nicht nur saisonalen Beilagen: Neben Marillen und Eierschwammerln war fermentierter Bärlauch am Teller, ein nettes Experiment, das sich gelohnt hat. Makellos dann auch der Rücken vom Dry-Aged Rind mit Sellerie, Mangold und Kirschen. Ebenfalls gefallen haben uns die gereichte Käseauswahl und die glasweise Weinbegleitung.

à la carte: 10–45 €

Tel.: 0732 77 42 99
0650 217 22 57

4060 Leonding
Holzheimerstraße 7

www.bergdiele-linz.at
office@bergdiele-linz.at

Mo, Di, Do 12–14 und 17–21, Mi 12–14, Fr 17–21 Uhr

Bewertungen:

11 bis 12,5 Punkte von 20 Punkten: 1 Haube

13 bis 14,5 Punkte von 20 Punkten: 2 Hauben

15 bis 16,5 Punkte von 20 Punkten: 3 Hauben

17 bis 18,5 Punkte von 20 Punkten: 4 Hauben

19 bis 19,5 Punkte von 20 Punkten: 5 Hauben

LICHTENBERG J2

DER HOLZPOLDL

17/20

Koch: Manuel Grabner

Manuel Grabner ist ein wahrer Tausendsassa. Wir verstehen das als uneingeschränktes Kompliment und nicht als versteckte Anspielung auf verschiedene Engagements, die der Chefkoch in den letzten Jahren außerhalb des Stammhauses Holzpoldl gestartet hat. Jene Engagements wie etwa am Linzer Donaustrand hat er als gastronomischer Unternehmer zu verantworten. Sie scheinen einwandfrei zu laufen, ohne die Abläufe im Stammhaus in irgendeiner Weise zu kompromittieren. Als Küchenchef im eigenen Betrieb weiß Grabner ein breites kulinarisches Angebot zu präsentieren, bei dem sowohl Traditionelles wie auch Kreatives mit der gleichen Sorgfalt zubereitet wird. Der Holzpoldl hat seit Jahrzehnten einen guten Ruf als verlässliches Landgasthaus. Also bekommen Gäste, die sich auf ein Wiener Schnitzel, auf Tafelspitz oder Rieslingsbeuschel (nach Rezept von Vater Rudi Grabner) freuen, all dies in erstklassiger Qualität. Kommt man jedoch am Abend und hat etwas mehr Zeit, um sich kulinarisch verwöhnen zu lassen, führt kein Weg am „linksbündigen“ Gourmet-Menü vorbei – am besten natürlich in voller Länge mit achtgängiger Speisefolge. Der gebeizte Zuger Saibling ist ein Souvenir von Grabners siebenjähriger Tätigkeit am Arlberg, dem er frech Calamari fritti gegenüber stellt. Das Trüffelei ist eine Verneigung vor der großen Klassik. Liest man „Alpengarnele mit Grammelknödel“ kommt man kurz ins Grübeln, wie sich das ausgehen kann, doch die Bedenken sind natürlich grundlos. Hier kommen nur Kombinationen zu Tisch, die sich bewährt haben. So wie auch beim Hühner Sot-l'y-laisse mit Miesmuscheln und Pfirisch. Da hört sich Rehrücken mit Topfenstrudel und Kürbis vergleichsweise unspektakulär an, doch auch der Hauptgang ist schlicht phantastisch. Sommelier Christian Lackner hat dazu stets das passende Glas Wein zur Hand. Es lohnt sich aber durchaus, mit ihm ein paar Worte zu wechseln. Dann kommen zumeist noch ein paar weitere, unvermutete Schätze aus dem Keller zu Tage.

à la carte: 5,50–37 €

Tel.: 07239 62 25
0676 384 57 07

4040 Lichtenberg
Am Holzpoldlgut 2

www.holzpoldl.at
office@holzpoldl.at

Mi 18–21, Do–So 11.30–13.30 und 18–21 Uhr
variabel

LINZ AN DER DONAU J2

BY PRESLMAYER 13/20

Köche: Bernhard Preslmayer & Christoph Ranetbauer

Pfarrgasse 18. Im einem historischen Haus im Linzer Zentrum bietet das Restaurant by Preslmayer einen Ort, an dem sich der Stress des Alltags vergessen lässt. Dafür sorgen etwa ein Glas Crémant oder die heißen Erdäpfel als Gruß aus der Küche, die mit Butter serviert werden. Die Kalbshaxenravioli erhalten durch Bärlauch-Öl das gewisse Extra, die Roten Rüben werden mit gebackenen Ziegentopfen serviert und die Seeforelle freut sich über ihre Begleiter Venusmuscheln und würziges Kraut. Wer im Frühling hier speist, kann sich über Spezialitäten wie Maibock mit Kirschen und Brennnesselspinat freuen. Bei den Desserts sollte man das Schokoladenmousse mit Sauerampfereis probieren. Die Weinkarte bietet alles Notwendige.

Tel.: 0732 9189 89
0699 127 273 32

4020 Linz an der Donau
Pfarrgasse 18

www.bypreslmayer.com
restaurant@
bypreslmayer.com

Di–Sa 11.30–13.30 und
17.30–21.15 Uhr

♿

ESSIG'S 14,5/20

Koch: Georg Essig

Im Essig's tanzt man auf vielen Hochzeiten. Eine Edelgreißlerei, Kochkurse und ein Restaurant sollen den Gusto der Gäste auf gutes Essen stillen. Zudem sind die Öffnungszeiten ungewöhnlich: Von 11 bis 18.45 Uhr kann man die Gerichte ordern, die Haubenkoch Georg Essig in der Küche zubereitet. Und die Speisen selbst? Diese kommen einmal hervorragend auf den Tisch – etwa der Wachtelstrudel mit Steinpilzpüree oder der Saibling mit Paradeiser-Kapern-Fond. Dann gibt es aber auch einige uninspirierte „Pflichtübungen", bei den man etwas Esprit vermisst. Der Rehrücken mit trockenen Serviettenknödeln war so ein Gericht, das uns an den Ambitionen der Küche zweifeln ließ. Die Kokos-Crème brûlée mit Rum-Eis zauberte dann wieder ein Lächeln auf unsere Lippen.

à la carte: 13–39 €

Tel.: 0732 770 193

4020 Linz an der Donau
Niederreithstraße 35 B

www.essigs.at
info@essigs.at

Di–Fr 11–18.45 Uhr
✻ 1.–9. Jän., 11.–17. April,
2 Wochen im August 2022

♿

GÖTTFRIED

15/20

Koch: Christian Göttfried

Christian Göttfried und seine Frau Simone haben mit viel Bedacht aus dem ehemaligen „Goldenen Anker“ eine der besten kulinarischen Adressen in Linz gezaubert. Der Wirtshauscharakter inklusive Holzvertäfelung ist dabei glücklicherweise erhalten geblieben. Man hat hier nicht das Gefühl, in einem steifen „Gourmet-Tempel“ zu tafeln, sondern eher bei Freunden zu Gast zu sein. Die Küche ist zum einen fest in der heimatlichen Tradition verwurzelt, zum anderen aber auch von starken mediterranen Einflüssen geprägt. Auf jeden Fall ist sie sehr herzhaft und sinnlich. Wir wählten zuerst Oktopus, der mit Avocado auf Toast serviert wurde sowie mit Paradeisern und Mozzarella gefüllte Artischocken. Nach diesem gelungenen Kurzurlaub ging es bei den Hauptspeisen in Richtung Heimat. Beim grandiosen Zwiebelrostbraten mit Braterdäpfel kam kein Fernweh auf, ebenso wenig bei der wunderbar zarten Kalbsleber, die auf einem köstlichen Erdäpfel-Risotto gebettet war. Ach ja: Auf die Frage, ob es noch ein Marillenknödel mit Vanilleeis sein darf, gibt es ganz klar nur eine Antwort: unbedingt. Das tolle Weinangebot lädt dazu ein noch ein, bisschen länger sitzen zu bleiben.

à la carte: 8–42 €

Tel.: 0732 9970 23
0664 152 65 32

4020 Linz an der Donau
Hofgasse 5

www.goettfried.at
office@goettfried.at

Di–Sa 11.30–13.30 und
17.30–21.30 Uhr
variabel

KLIEMSTEIN VINO VITIS

14,5/20

im Salzamt

Koch: Michael Müller

Das Kliemstein Vino Vitis ist ein gastronomisches Gesamtkunstwerk aus altösterreichischer Küche, Spezialitäten aus dem iberischen Raum sowie einem großen Augenmerk auf ausgesuchte Weine. Haubenkoch Michael Müller und sein Team verführen im historischen Salzamt an der Donau zu abwechslungsreichem Genuss. Man merkt in jedem Moment, dass die Brigade Freude an ihrem Tun hat. Das wirkt beim Besuch des Lokals fast ansteckend. Weil mit Lebensmitteln sorgsam umgegangen wird, gibt es hier grundsätzlich nur Menüs auf Vorbestellung. Die Ausnahme ist der Nachmittag, an dem auch à la carte gegessen werden kann. Großartig umgesetzt ist das Eierschwammerl-Tatar, sehr intensiv und toll die Melanzani-Creme mit Räucherfisch. Eine Reminiszenz an Müllers Lehrzeit bei den Obauers ist der Forellenstrudel – ein Klassiker. Mit dem geschmorten mediterranen Lamm ging es Richtung Süden. Auch bei den Desserts, die von kreativ bis klassisch reichen, zeigte das junge Küchenteam seine Fähigkeiten. In puncto Weinauswahl kann man sich bedenkenlos auf die Vorschläge des Patrons einlassen. Auch ältere Jahrgänge kalkuliert er gastfreundlich.

à la carte: 3,90–39 €

Tel.: 0732 9970 79

4020 Linz an der Donau
Obere Donaulände 15

www.kliemstein-linz.at
restaurant@
kliemstein-linz.at

Di–Sa 14 Uhr
Fei, variabel

MUTO

15/20

Koch: Werner Traxler

Mit dem Essen spielt man nicht. Für kleine Kinder mag diese Aufforderung durchaus ihren ethischen Sinn haben, für ausgewachsene Küchenchefs wie Werner Traxler gilt eher das Gegenteil als Handlungsanleitung. Aus seinem spielerischen Zugang bei der Komposition seiner Gerichte entstehen laufend neue Kreationen, die Spaß und Sinn machen. Was dann zu Tisch kommt, ist jedoch immer ernst zu nehmen. Fast durchwegs beschränkt sich Traxler auf drei Komponenten, die ein gemeinsames Ganzes ergeben. Dass man Schinken mit Melanzani und Preiselbeeren kombiniert, klingt nur so lange schräg, bis man es kostet. Dass Schweizer Käse perfekt mit Bananen harmoniert, haben wir vorher auch nicht gewusst. Vergleichsweise „brav" klingt die Kombination von Lamm mit Paprika und schwarzem Knoblauch – ein weiteres Gericht, dass das Potential hat, zum Klassiker zu werden. Wobei wir uns gerne an Lammgerichte in vergangenen Jahren erinnern, die mit anderen Aromen ebenfalls begeistert haben. Wenn so viel Kreativität im Spiel ist, darf man sich sogar auf einen Germknödel zum Dessert freuen. Erwarten Sie das Unerwartete. All das findet nicht in einem steifen Gourmet-Tempel statt, sondern in einem kleinen, sympathischen und unprätentiösem Lokal in der Linzer Altstadt, bei dem man keine Schwellenängste haben muss. Man muss nur den Mut mitbringen, beim Essen eingetretene Pfade zu verlassen und sich auf Neues einzulassen. Es lohnt sich.

à la carte: 9–28 €

Tel.: 0699 110 890 63
4020 Linz an der Donau
Altstadt 7
www.mutolinz.at
restaurant@mutolinz.at
Mi–Sa 18–21 Uhr

ROSSBARTH

16,5/20

Köche: Marco Barth & Sebastian Rossbach

Die Einrichtung des Rossbarths ist bewusst reduziert – klar, der Blick soll schließlich auf die Teller gehen. Marco Barth und Sebastian Rossbach stehen für eine puristische Küchenlinie, was schon die Ankündigung ihres Menüs zeigt. Definierte Strukturen, wenig Chi-Chi, dafür umso mehr Geschmack. Gestartet wird mit ultrakrossem, hausgebackenen Brot aus dem Steinofen (eine Wucht), Salzbutter, Speck und eingelegten Radieschen. Sommerlich frisch beginnt das Menü mit einer Tranche vom gebeizten Saibling im Stangensellerie-Saft mit Kiwi. Danach eine recht dezente Paradeiser im Knoblauch-Sud mit Sumac (auch Essigbeere genannt und wegen ihres säuerlichen Aromas beliebt). Ein Highlight war das spicy Huhn auf Kimchi und Ingwer – hier hat die Küche das Spiel mit der Schärfe grandios ausgelotet. Im sommerlichen Hauptgang: eine rosa Entenbrust mit sautierten Eierschwammerl und Marillen. Große Klasse sind die Desserts. Der Start: ein Zitrusmousse mit Gurkenjus und Hollerblüten. Danach eine Topfencreme mit Ribiselsauce und Florentiner – zum Niederknien. Die kleine Weinauswahl listet vor allem Nichtalltägliches.

Tel.: 0677 622 393 14
4020 Linz an der Donau
Klammstraße 7
www.rossbarth.at
speisen@rossbarth.at
Mo–Fr 11.30–14 und
18–23.30 Uhr

URBANIDES

12,5/20

Koch: Andreas Mühlberger

Seit der Eröffnung zählt das Urbanides zu den verlässlichen Adressen für Feinschmecker, die in Linz auf der Suche nach einem kulinarisch stimmigen Erlebnis sind. Küchenchef Andreas Mühlberger lässt seinen Gästen die Wahl zwischen zwei Menüs – klassisch oder vegetarisch. Die Gänseleber-Maibock-Pâté mit Brioche und Zwiebelkompott, das Bries vom Ziegenkitz mit Eierschwammerlsalat und ein hervorragendes Birneneis stimmten uns durchaus zufrieden. Die hausgemachten Spaghetti und der geeiste Kaiserschmarren sind stets eine Bank. Wer den großzügigen Einsatz von Trüffeln zu schätzen weiß, wird nicht enttäuscht. Auch die umfangreiche Weinkarte hält einige besonders edle Tropfen bereit. Das Servicepersonal agiert zuvorkommend und freundlich.

Tel.: 0732 711 110
0660 103 06 00
4040 Linz an der Donau
Rudolfstraße 11
www.urbanides.at
restaurant.urbanides@
gmail.com
Do–Sa 17–21.30 Uhr (Mo–Mi auf telefonische Anfrage)
variabel

VERDI

15/20

Koch: Philipp Lukas

Hier fährt man nicht nur hoch über Linz hinaus sondern trifft auch die selbstdefinierte obere Gesellschaft. Der erste Gang setzt auf diesem Niveau an: Das Verdi-Signature Dish, Gänseleber gebraten mit Granny Smith Apfel, Trüffel und Pilzen, ist absolute Spitzenküche, wie man sie landesweit nicht häufig verspeisen wird. Auf einer großen Terrasse mit Blick auf alles, was die deutsche Automobilindustrie so hergibt, läuft ein sehr gut orchestrierter Abend ab. Einige Servicekräfte brechen mit ihrer sympathischen Art aus diesem fast zu routinierten Ablauf ab. Doch zurück zu unseren Tellern. Überzeugende Produktqualität und erfahrenes Handwerk sind klar erkennbar. In Summe wirkt die Küche jedoch allzu routiniert und wenig inspiriert. Sehr intensiv gewürzt, oft gesehene Kombinationen – so hat man das Gefühl, einige der Gerichte sind nicht mehr auf der Höhe der Zeit. Die Desserts erscheinen sogar überinszeniert. In der Weinkarte befinden sich die großen Österreicher in toller Auswahl. Allgemein ist es eine Reise wert, wenn man sich die guten alten Zeiten wünscht.

à la carte: 16–35 €

Tel.: 0732 733 005
4020 Linz an der Donau
Pachmayrstraße 137
www.verdi.at
lukas@verdi.at
Di–Sa 17–24 Uhr

VERDI-EINKEHR

13/20

Koch: Erich Lukas

Im gemütlichen Ambiente mit Chalet-Ambition fühlt man sich neben dem höher dekoriertem Verdi Restaurant grundsätzlich sehr gut aufgehoben. Die Distanz zur Stadt bringt hier aber auch etwas Distanz zum kulinarischen Puls. Die Kombination aus „ asiatisch-urbanen" Gerichten wie beispielsweise Mühlviertler Maki mit lokaler Seeforelle oder Ceviche vom Tuna gepaart zu Traditionellem (bodenständige Grammelknödel), ist ein kulinarisch weiter Spagat, der bei den Vorspeisen nicht ganz gelingen mag. Die Hauptspeisen – simpel und gut – begeistern: Ein herausragend weicher Rostbraten mit Pilzen und Spätzle oder ein fein geschmortes Milchkalb wissen zu überzeugen. Das Handwerk stimmt, die Zubereitung auch. Warum daher nicht „back to the roots" und sich auf diese Fähigkeiten konzentrieren? Es muss ja nicht immer urban. Bei der Weinkarte und beim Edelbrand profitiert man von der hochwertigen Auswahl des Gesamtbetriebes.

à la carte: 9–27 €

Tel.: 0732 733 005
4020 Linz an der Donau
Pachmayrstraße 137
www.verdi.at
lukas@verdi.at
Di–Sa 17–24 Uhr

HERBERSTEIN

Tipp

Das Herberstein in der Linzer Altstadt ist bekannt für seine Steaks und Beilagen in mediterraner, argentinischer, saisonaler oder klassischer Ausführung. Die Speisekarte bietet jedoch auch Fischgerichte und vegetarische Alternativen. Wem es nach dem Dessert nach etwas Salzigem gelüstet, der schließt den Magen mit einer Auswahl an gereiftem Käse. Eine internationale Weinbegleitung aus der gut sortierten Vinothek rundet den Besuch im Herberstein gekonnt ab.

Tel.: 0732 786 161
0664 180 59 13
4020 Linz an der Donau
Altstadt 10
www.herberstein-linz.at
office@herberstein-linz.at
Mo–Sa 17–22 Uhr

MAUTHAUSEN K2

WEINDLHOF 13,5/20

Koch: Christian Siebenhofer

Der Weindlhof ist zu jeder Tageszeit einen Besuch wert. Auch mittags gibt es hier eine erfreulich reichhaltige Auswahl an À-la-Carte-Gerichten, die mit viel Sorgfalt und Leidenschaft zubereitet werden. Wenn man gleich den ersten Gang am liebsten auch in Hauptspeisengröße nehmen würde, macht der Koch etwas richtig. Wir wählten als Vorspeise das marinierte Kalb mit Steinpilzen, das in verschiedenster Form auf die Teller drappiert wurde: gebacken, als Tatar, säuerlich eingelegt und als Chip. Herzhaft, unkompliziert, toll. Auch der am Punkt gebratene Waller als Hauptgang überzeugte. Zum süßen Finale erfüllen köstliche Palatschinken.

à la carte: 12–32 €

Tel.: 07238 26 41
4310 Mauthausen
Kirchenweg 12
www.weindlhof.at
office@weindlhof.at
Di–Fr 12–13.30 und 18–20.30 Uhr
variabel

MONDSEE H3

IRIS PORSCHE HOTEL & RESTAURANT 13/20

Koch: Stefan Friedl

Zu Mittag gibt es im Iris Porsche ein günstiges Mittagsmenü – das ist begrüßenswert. Weniger begeistert ist man von der Sauce, die das Steak begleitet. Kennt man den Geschmack nicht von einer Reise nach London? Oder war es doch Athen oder der Berliner Flughafen? Dass andere Gerichte hier trotzdem gut schmecken, darf man selbstverständlich nicht verschweigen. Das gilt für die kräftige Fischsuppe mit Kräuterbaguette ebenso wie für die Tagliatelle mit Belper Knolle. Zum Cheesecake lässt man sich den Espresso schmecken.

à la carte: 20–60 €

Tel.: 06232 22 37
5310 Mondsee
Marktplatz 1
www.irisporsche.at
reservierung@irisporsche.at
Di–Sa 18–21.30 Uhr

MANINSEO 12/20

im Hotel Seehof

Koch: Jozef Ilcin

Ein Glas Sekt, eine charmante Begleitung und im Garten blühen die Rosen – also Idealbedingungen für einen gelungenen Restaurantbesuch. Die Küche hält, was das Ambiente verspricht und lässt vom aufmerksamen Service Köstlichkeiten wie eine Karotten-Ingwerschaumsuppe mit Serrano-Chips oder Graved Lachs servieren. Je nach Angebot gibt es auch im Ganzen gebratene Fische – Reinanke (Wildfang) oder Forelle (Zuchtfisch) und wenn Saison, Eierschwammerl mit Serviettenknödel oder diverse Wildgerichte. Bei den Nachspeisen punkten Kirschen- und Holundersorbet genauso wie cremiges Schokoladenmousse.

à la carte: 20–45 €

Tel.: 06232 50 31
5310 Mondsee
Auhof 1, Loibichl
www.maninseo.at
hotel@seehof-mondsee.com
tgl. 12–14 und 18.30–21 Uhr
bis 20. Mai 2022

RESTAURANT LACKNER

13/20

im Seehotel

Koch: Martin Lackner

Eine einmalige Aussicht auf den Mondsee und eine tolle Weinkarte. Wer im Restaurant des Seehotels Lackner einkehrt, kann sich auf diese Konstanten freuen. Dazu gesellt sich eine gute Küche, die ohne großes Schnickschnack daher kommt und auf die Verwendung regionaler Produkte setzt. Es kann schon einmal sein, dass nicht jede Speise, die auf der Karte steht, verfügbar ist. Gut so, auf diese Weise müssen keine Abstriche hinsichtlich der Qualität gemacht werden. Der karamellisierte Ziegenkäse mit Melanzanicreme, die gebratene Gänseleber mit Blunzen oder das Filet von der Reinanke mit Erdäpfelpüree und Blattspinat überzeugen. Bei den Desserts sollte man sich den Flan von der Callebaut-Schokolade nicht entgehen lassen.

à la carte: 19–36 €

Tel.: 06232 23 59
5310 Mondsee
Mondseestraße 1
www.seehotel-lackner.at
office@seehotel-lackner.at
Mo, Di, Do–Sa 15–20.30,
So 12–20.30 Uhr
März 2022

MUNDERFING H2

FORTHUBER

14/20

Koch: Christoph Forthuber

Im Innviertel ist die Wirtshaustradition noch intakt. Wenn dann junge Leute ein altes Brauhaus übernehmen, ist sogar Neues möglich. Christian Forthuber und seine Partnerin Doris Pfleger haben ein Lokal realisiert, in dem man einfach gemütlich Bier (nicht irgendwelches, Augustiner aus Salzburg) trinken kann. Aber es lässt sich in angenehm-lässiger Atmosphäre auch fantastisch essen. Der Küchenchef verbindet Wirtshausklassiker und regionale Zutaten mit internationalen Touch, der oft ins Asiatische geht. Natürlich steht auch ein Schnitzel auf der Karte. Aber eben auch ein Saiblingstatar mit eingelegtem Kohlrabi und Kimchi-Sud – ein erfrischender Start. Kräftig-intensiv sind die Cannelloni vom Kalbstafelspitz, gefüllt mit jungem Karfiol, Melanzani und Gersten-Miso. Ein Wohlfühl-Gericht dann das geschmorte Rindsbackerl. Wer es lieber fleichlos mag, findet tolle Alternativen; bei unserem Besuch eine fruchtig-scharfe Kürbis-Bowl mit Udon Nudeln, Jungzwiebeln, Ingwer und Chili. Großes Kino ist dann das Dessert aus Karamell-Mousse, Rote-Rüben-Sorbet, Yuzu und einem Hauch von Wald dank Douglasiensprossen.

à la carte: 9–39 €

Tel.: 0676 429 02 24
5222 Munderfing
Munderfing 52
www.restaurant-forthuber.at
office@
restaurant-forthuber.at
Di–Fr 18–21.30, Sa 12–14 und
18–21.30 Uhr
4.–18. Sept. 2022, variabel

NEUFELDEN J2

OIS 18,5/20

im Genießer- & Designhotel Mühltalhof

Koch: Philip Rachinger

DANIEL SCHICKER, SOMMELIER DES JAHRES 2022

Im Mühltalhof kann es ganz ruhig sein, wenn die Mühl ihr Wasser sanft am Haus vorbeiführt und die Gäste sofort in eine entschleunigte Stimmung versetzt. Oder auch rasant, wenn Küchenchef Philip Rachinger die Gangschaltung zwischen den einzelnen Menügängen gekonnt von eins bis zwölf in seinem Restaurant OIS aufdreht, dass die Reifen rauchen und der Motor aufheult. Aus zwölf Teilen besteht seine Reise. Heuer im Frühjahr wurde übrigens der neu gestaltete Restaurantbereich fertig, quasi als architektonische Weiterformulierung der familiären Erfolgsgeschichte. Fine Dining gibt es an fünf Tischen, die allesamt als Chefs Table durchgehen. Eine breite, offene Front zur Küche erlaubt Einblicke auf die Entstehung der Teller und die ruhig agierende Mannschaft. Chefkoch und Healthy Boy Band-Mitglied Philip Rachinger ist den Abend über immer wieder zwischen Küche und Gast unterwegs, bringt einzelne Teller und erklärt. Von ausufernden Brot- und Butter-Inszenierungen hält er nichts. Lediglich ein ausgezeichnetes Sauerteigbrot kommt zum Sauce Tunken. Und dann geht es gleich mit Vollgas los: eine unglaublich farb- und geschmacksintensive Form von dünn geschnittener Eferdinger Melone, scharfem roten Paprikasaft und Wiesenblüten in allen Schattierungen erreicht uns. Zwischendurch erscheint unser absoluter Favorit: eine Pasta aus Gemüsezwiebeln – unglaublich cremig, voll Aroma samt frisch gehobeltem istrischen Trüffel. Im Heu gebackener Zeller wird mit der erfrischenden Würze von Steinklee kombiniert. Nicht fehlen darf natürlich das Tribute-to-Helmut (Rachinger), bekannt als Schindlfisch: Saibling, der in einer warmen Zedernholzbox sanft gart und herrlich saftig auf den Teller kommt. Es geht weiter mit „Oafish“, der sich als pochiertes Ei mit Brennnesseln entpuppt; und Melanzani, die eigentlich gern ein Rindermark wäre. Ja, so nimmt das Menü in Aromatik und Kreativität immer mehr Fahrt auf. Die Taube im Hauptgang teilt der Haubenkoch in zwei Gänge – zuerst die rosa Brust mit Nori, danach das Haxerl mit Artischocke. Ideenreich geht es bei den Desserts weiter. Hier treffen sich Gurke, Feige und Klarapfel als erfrischender Start, danach unglaublich guter, wohliger Koji Milchreis mit Heidelbeeren und äthiopischer Cold Brew-Kaffee sowie Whiskeyeis, Panna cotta und Physalis. Nicht nur für die Mitarbeiter, auch für den Gast ist der Drive im OIS rasant. Gault&Millau Sommelier des Jahres 2022 Daniel Schicker hält das Tempo genial mit. Seine Weinempfehlungen sind am Punkt, nicht nur was Harmonie sondern auch spannungsreiche Kontraste anbelangt. Was bei ihm ins Glas kommt ist nicht alltäglich und holt den Gast trotzdem ganz unkompliziert und sympathisch ab.

à la carte: 12–35 €

Tel.: 07282 62 58

4120 Neufelden
Unternberg 6

www.muehltalhof.at
reception@muehltalhof.at

Mi–Fr 18–21, Sa, So 11.30–14 und 18–21 Uhr

OBERÖSTERREICH

NUSSDORF AM ATTERSEE I3

1ER BEISL IM LEXENHOF 14/20

Koch: Johann Lugstein

Im 1er Beisl verlässt man sich nicht darauf, dass die Nähe zum Attersee allein für ein gut gebuchtes Haus garantiert. Küchenchef Johann Lugstein bürgt für hohes Niveau und eine Mischung aus heimischer und internationaler Küche. Ein erfrischender Einstieg war die Joghurt-Saurrahmterrine mit Garnelen und Paradeisern. Wunderbar und auf den Punkt gebraten zeigte sich die Reinanke im Ganzen ebenso wie das Filet vom Saibling, das von cremigen Risotto und molliger Hummersauce begleitet wurde. Schmackhaft war auch das Zweierlei (Rücken und geschmortes Backerl) vom Kalb. Als Dessert wurde uns die Crème brûlée empfohlen. Wir wurden nicht enttäuscht.

à la carte: 15–35 €

Tel.: 07666 800 00
0676 477 19 32

4865 Nußdorf am Attersee
Am Anger 4

www.lexenhof.at
einserbeisl@lexenhof.at

Mo, Mi–Sa 17–22,
So 11.30–22 Uhr
variabel

DAS BRÄU 14/20

im Boutiquehotel Aichinger

Koch: Julian Schwamberger

Das Bräu ist eine Institution und wohltuende Konstante am Attersee. In der an wirklich guter Gastronomie nicht reich gesegneten Region tut es gut, hier einzukehren. Die Küche unter Julian Schwamberger balanciert gekonnt zwischen Traditionellem und Saisonalem. Hier und da blitzen kreative Gerichte wie ein bildschön angerichtetes Schafskäsemouss, gefüllt mit puristischem Karottensud auf. Ein großartiger Klassiker ist das gebackene Kalbshirn mit Erdäpfel-Gurken-Salat. Weiteres Plus: Der sympathische, fröhliche Service und die Weinkarte unter Sommelier Philipp Gerbl können echt was. Hinter allem steht die Familie Aichinger mit ihrer großen Gastfreundschaft.

à la carte: 14–39 €

Tel.: 07666 80 07

4865 Nußdorf am Attersee
Am Anger 1

www.hotel-aichinger.at
office@hotel-aichinger.at

Di–So 12–14 und 18–21.30 Uhr

Bewertungen:

11 bis 12,5 Punkte von 20 Punkten: 1 Haube
13 bis 14,5 Punkte von 20 Punkten: 2 Hauben
15 bis 16,5 Punkte von 20 Punkten: 3 Hauben
17 bis 18,5 Punkte von 20 Punkten: 4 Hauben
19 bis 19,5 Punkte von 20 Punkten: 5 Hauben

ST. FLORIAN K2

NEPOMUK 14/20

Im oberösterreichischen St. Florian regiert nicht nur mit den Stiftskonzerten und Brucknertagen hohe Kultur, auch in Sachen hochwertige Gastronomie kann der kleine Ort aufwarten. Der Service unter Katharina Rimpler läuft wie am Schnürchen. Zudem kümmert sie sich auch um die kleine Weinauswahl, wobei sich die Preise hier eher an der Restaurant-Oberliga orientieren. Die Küche bietet ein Menü sowie eine kleine Auswahl an À-la-carte-Gerichten. Wir kosteten ein gut gewürztes Tatar vom Almochsen mit Eierschwammerl, Radieschen und Salzbutter. Dann ein im Ofen confierter Kabeljau mit knackigen Rüben und Safransauce. Die darauf folgenden gebackenen Steinpilze mit Erdäpfeln klangen zwar formidabel, die Umsetzung am Teller konnte jedoch nicht ganz mithalten: viel zu übergart blieb so gut wie kein Aroma des herrlichen Pilzes mehr übrig. Gut hingegen wieder das Rinderfilet mit Steinpilzrahm. Speziell ist das Ambiente, das zwischen Omas guter Stube voll Nippes und einem Dorfwirtshaus mit Renovierungsbedarf schwankt.

à la carte: 14–35 €

Tel.: 07224 219 37
4490 St. Florian
Marktplatz 15
www.nepomuk4490.at
restaurant-nepomuk@gmx.at
Di–So 11–14 und 18–22 Uhr
variabel

ST. JOHANN AM WIMBERG J2

KEPLINGERWIRT 15/20

Hotel & Restaurant

Koch: Dominik Keil

Der Keplingerwirt ist kein Restaurant, in das man zufällig reinschneit. Dazu liegt es zu weit drinnen, im Herzen des Mühlviertels. Man macht also einen Ausflug. Und der lohnt sich. Sehr sogar, und so weit ist es dann auch wieder nicht von der Landeshauptstadt. Das Gasthaus ist ein sicherer Hafen für Genießer, die auf der Suche nach einem entspannten und unaufgeregten kulinarischen Erlebnis sind. Die Küche kann man am besten als „bürgerliche Oberklasse" beschreiben. Die Gerichte sind bodenständig, aber nicht schwer oder gar altbacken. Im Gegenteil. Es ist Wirtshausküche mit Pfiff. Das beginnt bei den Saiblingsnockerl, die beim Genießermenü ganz am Anfang stehen, über die Schaumsuppe vom Hokkaidokürbis (mit knusprigen Speckkrusteln und Kernöl) hin zum – ein Muss für Wildbretliebhaber –Rücken vom Mühlviertler Reh in der Gewürzkruste. Angerichtet mit Topinamburtörtchen und Blaubeerpralinen, Birnenconfit und Wacholderjus. Mit der Jus geht der Chef des Hauses auch noch eine Extrarunde. Ein Angebot, das man nicht ausschlagen sollte. Egal, ob noch Reh am Teller ist, oder nicht. Bei der Wiedereröffnung im Frühling holperte es zwar noch ein wenig, doch das ist für uns kein Grund, die Wertung eines langjährig souverän agierenden Betriebs herabzusetzen. Wie kamen einfach noch einmal und da passte alles wieder so wie zuvor.

à la carte: 12–37 €

Tel.: 07217 71 05
0676 652 77 82
4172 St. Johann am Wimberg
St. Johann 14
www.keplingerwirt.at
info@keplingerwirt.at
Di–Sa 11.30–13.30 und 18–21,
So 11.30–14 Uhr
variabel

ST. WOLFGANG I3

KAISERTERRASSE 15/20

Romantik Restaurant im Hotel Weissen Rössl am Wolfgangsee

Koch: Hermann Poll

„Im Weißen Rössl am Wolfgangsee, da steht das Glück vor der Tür." Ralph Benatzky wäre stolz darauf, dass seine Zeilen auch noch heute Gültigkeit besitzen – zumindest für die „Kaiserterrasse" des Hotels. Warum man hier ins Schwärmen gerät, ist leicht erklärt: Der Ausblick auf den Wolfgangsee, ein Glas Sekt und eine Auster als Gruß der Küche lassen Urlaubsgefühle aufkommen und die Sorgen des Alltags schnell vergessen. Wenn dann noch eine Gänseleberterrine mit Nougat und Kirschen folgt, ist man versucht, Nachschlag zu verlangen. Dass man dies lieber nicht tun sollte, das zeigt sich spätestens beim Waller mit Kaviar und Karfiol oder den Flusskrebsen mit Trüffel. Die Eierschwammerl als Zwischengang wurden von einer mit Pilzen gefüllten Zucchiniblüte begleitet – formidabel. Der Lammrücken mit gebackenem Bries und Artischocken schmeckte ausgezeichnet, das gewisse Extra vermissten wir hier aber. Wieso nicht mutiger mit Kräutern oder anderen Komponenten umgehen? Beim cremigen Dessert – Marille-Rosmarin-Sauerrahm – schwebten wir wieder im siebten (Dessert)Himmel. Ebenso das aufmerksame Serviceteam und die tolle Weinauswahl zu fairen Preisen sind zu erwähnen.

à la carte: 9–35 €

Tel.: 06138 230 666
5360 St. Wolfgang
Markt 74
www.weissesroessl.at
restaurant@weissesroessl.at
Mi–So 18.30–21.30 Uhr
✱ 6.–31. März 2022

LANDHAUS ZU APPESBACH Tipp

Im englischen Herrenhaus mit herrlichem Blick über See und Berge bleibt man am Puls der Zeit. Gleichzeitig lässt man der Tradition und dem Charakter des Hauses den angemessenen Raum. Beim Essen spielen Zutaten aus der Region und Heimat eine bedeutende Rolle. Neben originell gelösten, österreichischen Klassikern kann man Gerichte probieren, die nicht alltäglich sind, wie etwa Wiener Schnecken.

Tel.: 06138 22 09
0664 853 42 79
5360 St. Wolfgang
Au 18
www.appesbach.com
office@appesbach.com
tgl. 12–14 und 18–22 Uhr

SCHÄRDING H2

LUKAS RESTAURANT 16/20

Koch: Lukas Kienbauer

Lukas Kienbauer hat Schärding ein erstklassiges Restaurant beschert, in dem er ausschließlich Überraschungsmenüs serviert. Inzwischen führt er zusätzlich ein Steaklokal und mit Lukas Izakaya neuerdings eine Bar nach japanischem Vorbild. Zum Glück leidet die Qualität des Gebotenen im Hauptbetrieb nicht unter den anderen Aktivitäten. Von höchster Güte war die roh marinierte Garnele aus einer Farm bei München, die von Gurke und Dill-Mayonnaise begleitet wurde. Intensiv-fruchtig, säuerlich, scharf ist der Gemüsegang aus gebratenem Mais und grüner Paprika-Salsa. Die Rotbarbe mit Artischocke konnte da nicht ganz mithalten. Dafür hatte die Wachtel dank eines mit Gänseleber unterstütztem Geflügeljus umso mehr Kraft. Sehr schön auch der Hauptgang, bei dem der Lammrücken von Lammsugo umspielt wurde. Großes Augenmerk legt man hier auf Süßes, was sich beim so kleinteiligen wie schlüssigen Hauptdessert aus Schoko, Zitrone und Kaffee zeigte. Tolle Arbeit leistet auch Sommelier Timo Weisheidinger, der schon mal eine Flasche aus Dänemark öffnet und interessante alkoholfreie Alternativen im Talon hat.

Tel.: 0664 341 32 85
4780 Schärding
Unterer Stadtplatz 7
www.lukas-restaurant.at
lukas@lukas-restaurant.at
Mi–Sa 18–22 Uhr

LUKAS IZAKAYA Ⓝ Tipp

Fasziniert von Tokios Cocktailbars mit asiatischen Tapas entstand in der Schärdinger Innenstadt das Lukas Izakaya. Modern, futuristisch und edel gestaltet sich der Innenraum und lässt nicht vermuten, dass dies einst ein klassisches Gewölbe war. Neben verschiedensten Sushi und Sashimi erfreuen auch japanische Nudelgerichte. Den Nachtisch bilden Sesameis und Sakegranité mit Mango und Yuzu.

4780 Schärding
Unterer Stadtplatz 7
www.lukas-izakaya.at
Mi–Sa 17–22 Uhr

SCHÖRFLING I3

LANGOSTINOS 11/20

Koch: Christian Rutschetschin

Der Name lässt es bereits vermuten: In dem wunderbar gelegenen Restaurant direkt an der Marina des Attersees gibt es das Beste, was der nahe See zu bieten hat. Und sogar noch ein bisschen mehr als das. Neben dem Fang des Tages warten mediterrane Köstlichkeiten wie die Fischsuppe, Cannelloni vom Atterseefisch oder gegrillte Riesengarnelen. Für Vegetarier und Fleischliebhaber gibt es ebenfalls eine kleine Auswahl. Und die Desserts? Die sind wieder eine gelungene Mischung aus Italo-und Austroküche. Conclusio: Idyllisches Ambiente, Urlaubsfeeling und dazu frische und qualitative Ausgangsprodukte sowie solides Handwerk– hier macht es Lust einzukehren und den Sommer in vollen Zügen zu genießen.

à la carte: 10–40 €

Tel.: 07662 290 50
0650 448 61 44

4861 Schörfling
Bahnhofstraße 4

www.langostinos.at
office@langostinos.at

Fr–Di 11–14 und 18–22 Uhr
variabel

STEYR J2

FRANZ FERDINAND 12/20

Köchin: Maria Reitner

Im Franz Ferdinand ist Italien Trumpf. Das beginnt beim Prosecco als Aperitif, führt über Spaghetti mit Vongole oder Vitello Tonnato bis zu Fritto misto di Mare und frischen Fischen – etwa Goldbrasse – vom Grill. Dazu gibt es Sauvignon Blanc aus dem Friaul oder auch den einen oder anderen Wein aus Österreich. Etwas Langeweile kommt leider – und hier ist das Restaurant in Steyr kein Einzelfall – bei den Nachspeisen auf. Warum muss es beim Italiener immer nur Tiramisu oder Panna cotta sein? Das Angebot an Dolci aus dem Süden ist um so vieles breiter und bunter.

à la carte: 4,80–28 €

Tel.: 07252 904 12
0650 525 00 34

4400 Steyr
Gleinker Gasse 1

www.franzferdinand.at
office@franzferdinand.at

Do 17–21.30, Fr, Sa 11.30–14.30 und 17–21.30 Uhr
variabel

RAHOFER 12/20

Koch: Maximilian Rahofer

Hat man in Steyr Lust auf italienisches Essen, dann ist der Rahofer weiterhin eine Bank. Im romantischen Arkadenhof oder eleganten Inneren des Restaurants genießt man Rohschinken mit Oliven zum Apéro – fast wie in Verona oder Padua. Danach reist man in Gedanken mit einem Carpaccio nach Venedig oder beim Genuss der Goldbrasse vom Grill nach Sizilien. Dazu gibt es eine Auswahl österreichischer Weine oder einen Weißwein aus bella Italia. Bei den Desserts darf es mit der Crema Catalana dann ein Ausflug nach Spanien sein bevor der Abend mit Espresso und Grappa gefühlsmäßig in der Toskana endet.

à la carte: 15,50–32,50 €

Tel.: 07252 546 06
0660 320 59 52

4400 Steyr
Stadtplatz 9

www.restaurant-rahofer.at
cafe@restaurant-rahofer.at

Di–Sa 11.30–13.45 und 18.30–21.45 Uhr

TRAUNKIRCHEN J3

BOOTSHAUS

18,5/20

Koch: Lukas Nagl

„Es kommt echt selten vor, dass aus der Traun auch ein paar Äschen in den See kommen. Jetzt gerade wurden welche gefangen und wir würden deshalb zur Reinanke am Salzstein mit Roggenbrot, Sellerie und Steinpilzen auch eine Äsche servieren: Ich hoffe, das passt für Sie?". In dieser Ankündigung des während des Menüs an unserem Tisch erscheinenden Küchenchefs Lukas Nagl kommt all das zum Ausdruck, was die spezielle Qualität seiner Art zu kochen ausmacht: Kreativität, Spontanität, Regionalität und Understatement. Das zeichnet sich schon bei den fünf verschiedenen, extrem liebevoll gestalteten Amuse gueules ab, bei denen ein Gurken-Kren-Eis mit Forellenkaviar, Kopfsalatcreme und Buttermilchschaum geschmacklich herausragt. Das erste Gericht bringt dann gleich Nagls Philosophie und Könnerschaft auf den Punkt. Rote Rübe mit Wildfangkarpfen aus dem Mondsee, Gerste und Blattkren. Unglaublich fein ausbalanciert deckt hier kein Geschmack den anderen zu, die Intensität der Roten Rübe ist eine gleichberechtigte Komponente und verleiht der Kombination eine subtile Süße, die auch beim darauf folgenden Attersee-Aal mit Zucchini, Weingartenknoblauch, Estragon und Molke gegeben ist. Schärfere, asiatisch angehauchte, aber unaufdringliche Aromen dominieren bei den Traunkrebsen mit Buchweizen, Pfefferoni und Taglilien. Das Rutzenmooser Lamm mit violetter Karotte, Ribiselblättern und junger Gurke ist ein mit leichter Hand zusammengestellter Glücklichmacher, ebenso wie die unglaublich fleischigen Herzkirschen mit Verbene-Schaum und Zotter-Schokolade zum Dessert. Die Weinkarte bietet viele erfreuliche Überraschungen. Wenig überraschend: Die Äsche war absolut großartig. Eine der vielen guten Ideen von Lukas Nagl.

Tel.: 07617 22 16
4801 Traunkirchen
Klosterplatz 4
www.dastraunsee.at
traunsee@traunseehotels.at
Mo, Do, Fr 18–21,
Sa, So 12–14 und 18–21 Uhr

WIRTSHAUS POSTSTUBE 1327

12/20

im Symposion Hotel Post

Koch: Stefan Griessler

Die Poststube liegt nah am Traunsee und trägt das Datum der ersten urkundlichen Erwähnung im Namen. Heute schafft sie locker den Spagat zwischem klassischem und modernem Wirtshaus. Hier hat man die Qual der Wahl. Der Fokus liegt natürlich auf Fisch, der Tagesfang aus dem See wird im Ganzen mit Erdäpfeln und Zitrone serviert. Wir entschieden uns für das „Seeviche" vom Saibling – tolle Qualität und durch rote Zwiebeln und Koriander auch richtig kraftvoll. Die Rote Rüben-Knödel mit Selchfisch-Sauce machten ebenfalls Spaß. Die Mehlspeisen sollte man keinesfalls vernachlässigen.

à la carte: 15–35 €

Tel.: 07617 23 07
4801 Traunkirchen
Ortsplatz 5
www.hotel-post-traunkirchen.at
post@traunseehotels.at
Mo–Fr 12–14 und 18–21.30,
Sa, So 12–21.30 Uhr

UNTERACH AM ATTERSEE I3

DIE RÖHRE

Tipp

Das Vollholz-Bauwerk am südlichen Ende des Attersees ist ein echter Hingucker. Da fragt man sich natürlich sofort, was denn die Speisekarte an diesem unkonventionellen Ort bereithält. Dass diese nicht minder außergewöhnlich ausfällt und eine Kombination aus Tradition und Trends aufnimmt, wundert nicht. So finden sich Backhendlsalat oder Spätzle neben Currys, Burger und Bowls wieder.

à la carte: 9,90–27,90 €

Tel.: 0664 133 98 64
4866 Unterach am Attersee
Eichenweg 1
www.dieroehre.com
mail@dieroehre.com
Mo, Do, Fr 15–22, Sa 9–22,
So 9–19 Uhr

VORCHDORF | 12

SCHLOSS HOCHHAUS 12,5/20

Koch: Josef Meiseleder

Das Schloss Hochhaus stammt aus dem 15. Jahrhundert, seit gut 100 Jahren wird darin eine Gastwirtschaft betrieben. 2014 eröffneten die Betreiber des Tanglbergs hier ein Wirtshaus, das Tradition mit einer Spur Moderne verbindet. Als Hauptspeise gibt es wunderbare Rinderbackerl, Tafelspitz vom Almochsen oder Rahmgulasch. Neben der klassisch österreichischen und fleischlastigen Küche kann es als erster Gang auch eine Karotten-Ingwer-Suppe mit Scampi sein. Bei den abschließenden Palatschinken und Brandteigkrapfen gibt es dann wieder keine Experimente. Die Preise sind gästefreundlich kalkuliert.

à la carte: 3,80–28,90 €

Tel.: 07614 21110

4655 Vorchdorf
Schlossplatz 1

www.schloss-hochhaus.at
gasthaus@schloss-hochhaus.at

Di–Sa 11.30–14 und 17.30–21,
So 11.30–14 Uhr

♿

TANGLBERG

16,5/20

Koch: Max Schellerer

AMBIENTE AWARD 2011

15 Jahre lang leitete Rainer Stranzinger höchst erfolgreich und mit viel Engagement die Küche des Tanglbergs im oberösterreichischen Vorchdorf. Jetzt war es Zeit für ihn sich neu zu orientieren und seine langjährige Wirkungsstätte zu verlassen. Seinem Nachfolger, Max Schellerer, ist es gelungen die Qualität des Gebotenen zu halten. Und so kann man sich sicher sein, dass man als Genießer im ehemaligen Bürgerspital, in dem bis 1968, arme Leute ihren Lebensabend verbrachten, weiterhin auf seine Kosten kommt. Sei es bei dem mit Couscous gefüllten Minipaprika, der zum Aperitif gereicht wird oder beim gebeizten Lachs mit Kaviar, der als optisch ansprechende Vorspeise daher kommt: Hier scheint jeder Handgriff zu sitzen, jedes Detail ebenfalls. Wenn dann noch geschmacksintensive Steinpilze mit Lardo auf den Tisch landen, der Langustenschwanz mit Melone, Perlzwiebel und Krustentierschaum eine harmonische Einheit bilden, dann weiß man spätestens: im Tanglberg wird weiterhin auf höchsten Niveau gekocht. Auch die kross gebratene Taube – in unserem Fall mit Buchenpilzen – schmeckt, vielleicht war sie um eine Spur zu lange gebraten. Oder war das Absicht? Schließlich haben sich noch nicht alle Gäste hierzulande auf blutiges Fleisch eingestellt. Egal, denn wenn dann noch eine warme Brietorte mit Zwiebeln oder Pfirsiche mit Champagnerschaum folgen, hat man diese kleine Unsicherheit schon längst vergessen. Angesichts des stolzen Menüpreises und des verrechneten Gedecks hätte man sich bei den süßen Abschiedsgrüßen durchaus etwas mehr Auswahl gewünscht. Zufrieden kann man jedenfalls mit der zu einem Großteil fair kalkulierten Weinauswahl des Hauses sein, die auch einige Kleinflaschen bereithält.

à la carte: 18–36 €

Tel.: 07614 83 97

4655 Vorchdorf
Pettenbacher Straße 3–5

www.tanglberg.at
office@tanglberg.at

Mi–Fr 18–21, Sa 12–13.30 und 18–21, So 12–13.30 Uhr

VORDERSTODER J3

BERGPFEFFER 11,5/20

Koch: Andreas Eder

Das Lokal in Vorderstoder ist sowohl bei hungrigen Ausflüglern als auch bei Genießern beliebt, wobei das Eine das Andere ja nicht ausschließt. Mittags und abends gibt es À-la-carte-Gerichte und ein dreigängiges Menü, nachmittags eine kleine Jausenkarte. Ob man nun Sellerieschaumsuppe mit deftiger Räucherforellen-Praline als Einlage oder eine Schafkäse-Variation wählt, Maishendlbrust auf Risotto oder Forellenfilet mit Erdäpfelsoufflé – Küchenchef Andreas Eder bereitet alles mit großer Sorgfalt zu. Erwähnt seien auch das freundliche Serviceteam, die moderaten Preise und der schöne Blick von der Panoramaterrasse aus.

à la carte: 4,50–35 €

Tel.: 07564 200 59
4574 Vorderstoder
Vorderstoder 150
www.bergpfeffer.at
wirt@bergpfeffer.at
Do–Mo 11–14 und 17.30–21 Uhr
✱ 2 Wochen im Nov. 2022, variabel
♿

WELS J2

FORTINO 14,5/20

Koch: Christoph Parzer

Seit drei Jahren führt Christoph Parzer das Restaurant am Rand von Wels. Ambiente wie Service verströmen eine angenehme Lässigkeit. Ein Schwerpunkt ist hochwertiges Dry Aged Beef, bei dem man sich auf Lagerung wie Zubereitung perfekt versteht. Auch das vier bis sieben Gänge umfassende Menü ist zu empfehlen. Als Vorspeise gibt es eine erfrischende Kombination aus Seesaibling, Ochsenherzparadeisern, Buttermilch und Ringelblume. Am Punkt gegart ist der Maibockrücken mit Rauner und Fenchel. Das Dessert aus Stachelbeere, Bergamotte und Verbene-Eis bleibt geschmacklich, wenn auch nur einen Hauch, hinter dem zuvor Gebotenen zurück.

à la carte: 12–36 €

Tel.: 07242 2118 89
0664 423 17 47
4600 Wels
Europastraße 45
www.fortino.at
info@fortino.at
Di–Sa 11.30–14 und 18.30–21 Uhr
✱ 24.–27. Dez. 2021

OBERMAIRS WIRTSHAUS Tipp

Das Gasthaus besteht seit etwa 1870 und befindet sich bereits in vierter Generation im Familienbesitz. Bodenständige Hausmannskost und moderne, leichte Küche werden mit saisonalen Produkten aus der Region eigenen Landwirtschaft zubereitet, die Speisekarte wird täglich neugestaltet. Hausgemachte Mehlspeisen nach Großmutters Rezept ergänzen das Angebot. Stolz ist man auch auf den eigens erzeugte s Most sowie das ausgesuchte Angebot an Qualitätsweinen.

à la carte: 8–26 €

Tel.: 07242 456 89
4600 Wels
Wimpassinger Straße 100
www.gasthaus-obermair.at
office@gasthaus-obermair.at
Mi–Sa 11.30–14 und 17.30–21.30, So 11–15 Uhr

SALZ-
BURG

DIE BESTEN

19/20	**IKARUS** Salzburg	Seite 306
19/20	**OBAUER** Werfen	Seite 316
18,5/20	**DÖLLERER** Golling	Seite 286
18,5/20	**SENNS.RESTAURANT** Salzburg	Seite 310
17,5/20	**GLASS GARDEN** Salzburg	Seite 304
17,5/20	**SONNHOF** St. Veit im Pongau	Seite 314
17/20	**MESNERHAUS** Mauterndorf	Seite 298
16,5/20	**ESSZIMMER** Salzburg	Seite 304
16,5/20	**MAYER'S RESTAURANT** Zell am See	Seite 321
16,5/20	**PFEFFERSCHIFF ZU SÖLLHEIM** Hallwang/Salzburg	Seite 289
16,5/20	**WEYRINGER WALLERSEE** Henndorf am Wallersee	Seite 290

LEGENDE

- Orte allgemein
- Orte mit
- Orte mit
- Orte mit
- Orte mit
- Orte mit

Mattsee
Mattsee
Straßwalchen
Waller-
see
Neumarkt am Wallersee
Henndorf
Eugendorf
Thalgau
Hall-
wang
Hof
Fuschl am See
Fuschlsee
SALZBURG
St. Gilgen
Anif
Krispl
Wolfgangsee
Strobl
Hallein
Bad Vigaun
Kuchl
Golling
an der Salzach
Salzach
Annaberg
Werfen
Bischofs-
hofen
Radstadt
St. Johann
im Pongau
Altenmarkt
im Pongau
St. Veit
Flachau
Schwarzach
i. Pongau
Obertauern
Großarl
Bad Hofgastein
Mauterndorf
Bad Gastein
Tamsweg
Mur
St. Michael
i. Lungau

ALTENMARKT J4

MARKTERWIRT

Tipp

Der Gasthof Markterwirt ist ein typisches Wirtshaus mit rustikalem Ambiente, das seinen Gästen sowohl regionale Spezialitäten als auch internationale Köstlichkeiten bietet. Es gibt ein À-la-carte-Restaurant und einen großen Speisesaal, der sich für Festlichkeiten mit bis zu 250 Personen eignet. Ein historischer Weinkeller und der Alpenbierwirt mit Bar und Gastgarten ergänzen die vielfältigen Möglichkeiten für einen gemütlichen Aufenthalt.

à la carte: 10–40 €

Tel.: 06452 5420
0664 106 1678

5541 Altenmarkt
Marktplatz 2

www.markterwirt.at
info@markterwirt.at

tgl. 11–22 Uhr
variabel

Bewertungen:

11 bis 12,5 Punkte von 20 Punkten: 1 Haube
13 bis 14,5 Punkte von 20 Punkten: 2 Hauben
15 bis 16,5 Punkte von 20 Punkten: 3 Hauben
17 bis 18,5 Punkte von 20 Punkten: 4 Hauben
19 bis 19,5 Punkte von 20 Punkten: 5 Hauben

ANIF H3

FRIESACHER 11/20

Koch: Bernhard Hauser

Dieses stimmungsvolle Lokal vor den Toren von Salzburg hat Kultstatus. Im Sommer lädt der gemütliche Gastgarten ein, ganzjährig zu Verfügung stehen die traditionellen Stuben. Bekannt ist der Friesacher vor allem für seine bodenständige Salzburger Kost, die jedoch mit zahlreichen internationalen Gerichten ergänzt wird. So ist die Speisekarte im Laufe der Jahre zu einer der umfangreichsten der Region gewachsen. Das hat nicht nur Vorteile. Ja, die Wahlmöglichkeiten für die Gäste sind hier wirklich groß. Gleichzeitig leidet aber die Qualität einzelner Gerichte leider etwas dadurch. Die Perlhuhn-Schaumsuppe mit karamellisiertem Mozzarella klang durchaus ambitioniert, hätte aber kräftigere Aromen vertragen, das Mascarponetörtchen mit Ingwer-Erdbeeren zum Abschluss war solide. Auf die traditionellen Klassiker (Backhendl mit Erdäpfel-Vogerlsalat, Rehragout mit Semmelknödel) ist jedoch immer Verlass. Ein Gutteil des Gemüses stammt aus der eigenen Landwirtschaft. Der Weinkeller ist gut bestückt.

Tel.: 06246 89 77
5081 Anif
Hellbrunner Straße 17
www.friesacher.com
office@friesacher.com
tgl. 11.30–22 Uhr
♿

SCHLOSSWIRT ZU ANIF 11,5/20

Koch: Stefan Kleinberger

Das Haus ist im Biedermeierstil errichtet und hat seinen ganz besonderen Reiz. Im Sommer sitzt man beim Schlosswirt zu Anif im schattigen Garten, in der kalten Jahreszeit in den mit viel Holz eingerichteten Stuben und genießt – umsorgt vom aufmerksamen Service – zum Beispiel Tafelspitz mit Apfelkren oder gebratene Kalbsleber mit Röstzwiebeln. In der jeweiligen Saison dürfen Spargel- oder Wildgerichte nicht fehlen. Unbedingt probieren sollte man die Salzburger Nockerl, die so zart wie ein Kuss und so süß wie die Liebe sind.

à la carte: 5,50–25 €

Tel.: 06246 721 75
5081 Anif
Salzachtalbundesstraße 7
www.schlosswirt-anif.at
info@schlosswirt-anif.at
Di–Sa 11.30–14 und 18–21 Uhr
♿

ANNABERG H3

WINTERSTELLGUT 15,5/20

Koch: Erwin Werlberger

So schön war es früher vermeintlich gar nicht, wie sich dieses aufwändig renovierte Anwesen heute präsentiert. Und so gut hat man hier in vergangenen Tagen wohl auch nicht gegessen. Einzig der Ausblick auf die umliegenden Berge wird immer so bezaubernd gewesen sein. Küchenchef Erwin Werlberger widmet sich im Winterstellgut der traditionellen, regionstypischen Küche. Das behaupten viele von sich. Doch Werlberger sieht darin keine Pflichtübung, sondern eine sportliche Herausforderung, der er sich mit Hingabe widmet. Davon zeugen auch mehrere Kochbücher, die er bereits verfasst hat, doch so gut,wie vor Ort, wird es zu Hause wohl nur selten gelingen. Denn zum einen ist der Haubenkoch ein Fanatiker, wenn es darum geht, die besten Produkte aus der Region zu bekommen. Zum anderen kann er einfach großartig kochen und würzen. So darf man hier getrost ein „langweiliges" Gericht wie Kürbiscremesuppe mit Croûtons und Kernöl bestellen. Wir waren ob Konsistenz und Geschmack begeistert und haben uns gefragt: Wieso schmeckt das nicht immer so? Und auch das allgegenwärtig gewordene Vitello Tonnato schafft es locker auf eine „Best of"-Liste unseres Landes. Nicht nur beim Hauptgang hat man die Qual der Wahl: Fisch, Schwein, Lamm, Rind oder Reh? Doch was machen gebratene Garnelen mit Avocado auf einer regionalen Speisekarte? Die Freiheit, immer wieder einmal mit mediterranen Produkten zu kochen, nimmt sich Werlberger einfach. Die Stammgäste aus der Region wissen ihm das zu danken. Und genießen zum Dessert so wie wir einen köstlichen Ribisel-Topfenschmarren im Reindl. Die Weinkarte verdient eine besondere Erwähnung. Sie überzeugt in Breite und Tiefe, beinhaltet außergewöhnliche Raritäten aus lange vergangenen Jahrgängen und – das ist in Österreich in dieser Form wohl einzigartig – auch viele Weine aus dem Bergland, also den Bundesländern Vorarlberg, Tirol, Oberösterreich und Kärnten.

à la carte: 5,90–35 €

Tel.: 06463 600 780

5524 Annaberg
Braunötzhof 4

www.winterstellgut.at
willkommen@
winterstellgut.at

Mi–So 12–21 Uhr

BAD HOFGASTEIN H4

BERTAHOF 12/20

Wer verlässliche, gute Qualität sucht, findet diese seit Jahren in der regionalen Küche vom Bertahof. Die Karte bietet preisgünstige Mittagsmenüs sowie Steaks und frische Fische aus dem eigenen Teich. Nach lauwarmen Brot und feinem hausgemachten Grammelschmalz, Paradeiser- und Curryaufstrich kam eine Gemüsebouillon mit schmackhaften Fritatten auf den Tisch. Ein bestens zubereitetes Tomahawk-Steak vom Gasteiner Duroc-Schwein serviert auf heißem Stein mit Erdäpfel-Gemüse-Flammkuchen ließ keine Wünsche offen. Für einen tadellosen Abschluss sorgte die köstliche Tobleronemousse auf Kirschröster. Erfreulich ist auch das Bio-Bier-Angebot.

Tel.: 06432 76 08
0664 120 91 60
5630 Bad Hofgastein
Vorderschneeberg 15
www.bertahof.at
variabel

BAD VIGAUN H3

KELLERBAUER 14/20

Koch: Alexander Rettenbacher

Chefkoch Alexander Rettenbacher führt die Küche des Kellerbauers mit sicherer Hand. Unterstützt vom aufmerksamen Service offeriert er seinen Gästen in Bad Vigaun diverse Menüs und ein abwechslungsreiches À-la-carte-Angebot. Nicht nur Vegetarier freuen sich über die Sauerampfersuppe mit Falafel oder über den im Salzteig gegarten Kohlrabi. Genuss versprechen auch die Fische für zwei Personen – etwa Steinbutt oder Goldbrasse. Sie werden direkt beim Tisch filetiert und entweder mit Oliven, Erdäpfeln, Paradeiser oder Kapern serviert. Probieren sollte man auch den flaumigen Mohn-Topfenknödel mit Sauerrahmousse, Pfefferkirschen, Mandeleis und Eistee-Sud. Die Weinkarte bietet eine gute Auswahl und hält auch einige Kleinflaschen bereit.

à la carte: 19–33 €

Tel.: 06245 834 74
5424 Bad Vigaun
Kellerbauerweg 41
www.kellerbauer.at
info@kellerbauer.at
Do 16–24, Fr–So 12–24 Uhr
variabel

LANGWIES 11,5/20

Es gibt keine guten Landgasthöfe? Sagt wer?. Das Langwies hält seit Jahren die Haube. Und das zu Recht: ein schöner Innenhof, gepflegte Stuben, eine Bar, dazu ein freundlicher Service. Geschirr und Weinauswahl samt passenden Gläsern signalisieren Ambition. Hier muss sich kein Fleischliebhaber genieren: klassisch das Backhendl samt exzellentem Erdäpfelsalat, einfallsreich der confierte Bauch plus Kotelett vom Iberico-Schwein, erstklassig das abgehangene Steak. Die Portionen haben ländliches Format. Den Scheiterhaufen gab es als Erdbeer-Rhabarber-Variante. Kein Wunder, dass viele Einheimische zum Langwies kommen.

Tel.: 06245 89 56
5424 Bad Vigaun
Langwies 22
www.langwies.at
hotel@langwies.at

BRAMBERG AM WILDKOGEL F4

WEYERHOF

15,5/20

Köche: Andreas Stotter & Franz Meilinger

Der altehrwürdige Weyerhof vermittelt den Gästen Gemütlichkeit und Authentizität. In mehreren Stuben und auf der Terrasse mit großer Spielwiese bietet die Küche mittags und abends Menüs mit fein abgeschmeckten Wirtshausklassikern, auf Vorbestellung auch ein Degustationsmenü in fünf beziehungsweise sieben Gängen. Wir starteten mit feiner Räucherforellen-Mousse mit Gurken, Radieschen, Navetten und Pfingstrose. Die Bergkäse-Wildkräutersuppe zeichnete sich durch ihren angenehmen, sehr guten Geschmack aus. Kräftige Parmesantascherl mit Paradeiser kamen in der Salbeibutter besonders gut zur Geltung. Erstklassig war auch das ausgelöste und knusprige Bio-Hendlhaxerl mit Eierschwammerl und Erdäpfelpüree. Das abschließende Zirbenkaramell mit Mandelschaum und Moosbeersorbet war köstlich und originell. Die Bier- und Weinauswahl entspricht dem Standard des Hauses. Der Service ist flink und kompetent.

à la carte: 10–35 €

Tel.: 06566 72 38
5733 Bramberg am Wildkogel
Weyer 9
www.weyerhof.at
info@weyerhof.at
Do–Mo 11.30–14 und 17.30–21 Uhr

DIENTEN H4

DIE DEANTNERIN

Tipp

Hier wird nach Lust und Laune gekocht und so entstehen mal bewusst, mal unbewusst Versuchungen, denen man kaum widerstehen kann. Die Basis dafür bilden regionale und saisonale Produkte. Neben traditionellen Gerichten fließen auch orientalische, asiatische und mediterrane Noten in die Kompositionen des Küchenchefs ein. So ergibt sich eine Summe an Köstlichkeiten, unter denen jedermann fündig wird.

à la carte: 6,50–21,90 €

Tel.: 0664 196 36 82
5652 Dienten
Bürglalmweg 25
www.deantnerin.at
info@deantnerin.at
Mo–So 9–17 Uhr

ELIXHAUSEN H3

ELIXHAUSER WIRT 12,5/20

im Romantik Spa Hotel

Köchin: Manuela Moser

Wie kann es anders sein, als dass in Österreichs ältestem Betrieb Tradition gelebt wird? Der barocke Stil der Stuben lässt an frühere Zeiten erinnern. Die jüngere Generation hat jedoch erkannt, dass Tradition mit Moderne gepaart werden muss, um erfolgreich zu bleiben. Das schlägt sich natürlich nicht nur in den Räumlichkeiten nieder, sondern auch auf der Speisekarte. Bei der Zubereitung vertraut man auf regionale Zutaten, die zu Klassikern wie Zwiebelrostbraten mit Speckbohnen oder Backhendl, aber auch kreativeren Gerichten wie einem pochierten Kalbsrücken im Kräutermantel mit sardischen Nudeln verarbeitet werden. Bei den Desserts kann man nur richtige Entscheidungen treffen. Die Weinauswahl ist klassisch, ein bisschen frischer Wind würde auch hier allerdings nicht schaden.

Tel.: 0662 4802 12
5161 Elixhausen
Dorfstraße 14
www.elixhauserwirt.at
romantikspahotel@
elixhauserwirt.at
Mo–So 12–14 und 18–21 Uhr
♿

EUGENDORF BEI SALZBURG H3

HOTEL-RESTAURANT AM HOCHFUCHS Ⓝ 12/20

Koch: Michael Oberreiter

Große Portionen, solide Handwerkskunst und ein charmantes Service. So lässt sich ein Besuch im Restaurant des Hotels Hochfuchs zusammenfassen. Nach Olivenöl, Brot und einem kleinen Burger gibt es Klassiker der Wirtshausküche – Backhendl, Zwiebelrostbraten oder Hirschragout mit Semmelknödel und Preiselbeeren. Kalbsrücken mit Morchelsauce oder Filetsteak mit Erdäpfelnudeln finden sich ebenso auf der Speisekarte. Bei den Nachspeisen dürfen es Topfenknödel oder Lavendel-Sorbet sein. Ob es beim Sorbet unbedingt Schlagobers sein muss, das steht auf einem anderen Blatt.

à la carte: 10–55 €

Tel.: 06225 82 89
5301 Eugendorf bei Salzburg
Bergweg 2
www.hochfuchs.at
office@hochfuchs.at
Mi–Do 15–21, Fr–Sa 11.30–14 und 18–21, So 11.30–14 und 18–19.30 Uhr
✱ variabel
♿

FLACHAU H4

HOAGASCHT 12,5/20

Koch: Alexander Angerer

Pongauer Wirtshausküche trifft auf asiatische Aromen, „Pong-Asia" sozusagen – so kann man das Konzept von Patron Hermann Oberreiter und Küchenchef Alexander Angerer wohl am besten beschreiben. Die Speisenqualität ist hier stimmig, die Gerichte werden adrett auf die Teller drappiert. Was man sich aber unter der besagten Mischung vorstellen darf? Maishendl gebacken im Brickteig, Beef Tatar mit Chimichurri, Wiener Schnitzel oder koreanisches, würzig-scharfes Rinderfilet an Klebreis. Auch einige Pastavariationen und vegetarische Speisen finden sich auf der Karte – so ist für jede Vorliebe das Passende dabei. Das Ambiente ist ebenso besonders: ein umgebauter Kuhstall sorgt für Gemütlichkeit.

à la carte: 12–40 €

Tel.: 06457 324 90
5542 Flachau
Flachauer Straße 14
www.hoagascht.at
hoagascht@sbg.at

FUSCHL AM SEE H3

BRUNNWIRT 15,5/20

Koch: Johannes Brandstätter

SERVICE AWARD 2021

Es gibt Orte, da ist die Welt noch in Ordnung. Da werden keine Konzepte entwickelt. Da wird nicht der Mode nachgelaufen. Da agiert man so, wie man es stets getan hat. Das ist auf eine erfrischende Art und Weise absolut zeitgemäß. Besucht man den Brunnwirt in Fuschl, steht man zunächst vor einer verschlossenen Tür. Ungewöhnlich, aber so war das hier schon immer. Man läutet und wird vom Chef persönlich begrüßt. Zu Tisch begleitet einem dann seine charmante Frau Getraud, denn Johannes Brandstätter muss wieder zurück in die Küche. Auch diese Form der familiären Arbeitsteilung hat hier Tradition. Die Küchenlinie zu beschreiben, ist gar nicht so einfach, wenn man Floskeln wie „regional", „mediterran" oder „bodenständig" vermeiden will. Ja, es gibt regelmäßig Pastagerichte, ja, der Fisch stammt aus dem See und das Fleisch vom Salzburger Galloway-Rind wird im Haus gereift. Der Patron umschreibt seine Philosophie mit „Natürlich genießen", doch damit ist noch nichts darüber gesagt, wie es bei ihm tatsächlich schmeckt. Der Haubenkoch beherrscht die Kunst der perfekten Würzung. Seine Kreationen schmecken stets intensiv, aber doch elegant und stimmig. So gelingt es Johannes Brandstätter, auch Klassikern, die man schon oft gegessen hat, stets eine individuelle, ganz persönliche Note zu verleihen. Eine Karottensuppe mit Kokos zu veredeln, glückt genauso wie ein Steak auf den Punkt zu garen. Das sechsgängige Menü wechselt wöchentlich, Überraschungen sind also auch für Stammgäste garantiert. Stets positive Überraschungen versteht sich.

à la carte: 15–25 €

Tel.: 06226 82 36
5330 Fuschl am See
Wolfgangseestraße 11
www.brunnwirt.at
office@brunnwirt.at
Di–Sa 18–21 Uhr

GOLDEGG AM SEE H4

HECHT!

14,5/20

im Hotel Der Seehof

Köche: Jakob Wieland & Luc Liebster

Der als Verzauberungsanstalt bezeichnete Seehof bietet neben künstlerischen Veranstaltungen eine kreative Küche. Von der geräumigen Terrasse aus genießen die Gäste den herrlichen Blick auf den Goldegger See und den großen hauseigenen Gemüsegarten. Das neue Kochduo aus Jakob Wieland und Luc Liebster legt der Schwerpunkt auf regionale Produkte. Das Drei-, Vier- und Fünf-Gänge-Menü startet zur Begrüßung mit Mais, Amaranth und Szechuanpfeffer, gefolgt von köstlichem Emmer-Schwarzbier-Sauerteigbrot, Schnittlauch und Naturbutter. Sehr gut sind die Ochsenherzparadeiser mit fermentiertem Rhabarber, Sonnenblumenkernen und Gartenkresse sowie der in Mangold eingewickelte feine Wels plus Sauerampfer. Der Fenchel ist leider noch etwas zu hart und kann nicht geschnitten werden. Dörrfeige, Hanf und Salzzitrone sind dahingegen geschmacklich einwandfrei. Hohe Qualität zeigt das Rind aus dem Smoker mit jungen Erdäpfeln, Roter Rübe und Kren. Auch das zarte Bries mit Quinoa und fermentiertem Kohlrabi ist sehr ansprechend. Kreativ auch das Dessert – handgerollte Mohnnudeln mit Maiwipferlhonig. Umfangreiche Weinkarte mit einigen offenen Weinen.

à la carte: 12–35 €

Tel.: 06415 813 70
5622 Goldegg am See
Hofmark 8
www.derseehof.at
office@derseehof.at

GOLLING H3

DÖLLERER

18,5/20

Genießerrestaurant

Koch: Andreas Döllerer

ANDREAS DÖLLERER, KOCH DES JAHRES 2010, SERVICE AWARD 2014

Hinter die Fassaden zu blicken, lohnt sich im Leben oft – so auch in Golling, wo sich hinter den Mauern eines traditionell wirkenden Dorf-Gasthofs ein kulinarischer Kosmos auftut. Geleitet wird dieser von Andreas Döllerer. „Bodenständigkeit", „Bauchgefühl", „Heimat" sind Worte, die er gerne anführt, um seine Kochkunst zu beschreiben und die er sich mit dem Begriff „Cuisine Alpine" als Marke schützen lassen hat. Sie steht für konsequente Regionalität. Ohne Effekthascherei, trotzdem spannend, mit Zutaten, die vor der Haustüre wachsen, aus einer Umgebung mit Fels, Fluss, Wald und Wiesen. Wohl deshalb spielen Landkarten bei der Präsentation der Gerichte eine große Rolle – bei der Speisekarte ebenso wie beim Amuse gueule, das jede Region Salzburgs kulinarisch interpretiert. Das macht Spaß. Mag zwar sein, dass der Portobello-Pilz mit Kräutern, schwarzem Knoblauch, Buchweizen, Petersilien-Öl und Schwarzbeeren spannender klingt, als es dann schmeckt, aber dann wird man mit einem sensationellen Brotgang überrascht. Mit luftgetrocknetem Hirschschinken, Brot vom Rosenmayer (Hallein), gesalzener Butter und Erdäpfel. Der „Luxus"-Gang mit Kaviar von Walter Grüll, über Holzkohle gegrilltem Lauch, fermentiertem Lauchsaft, Nussbuttercreme und Sellerie-Maggi (wow) ist höchst erfreulich. Wie auch der Rest vom Fest, etwa die „Alpin-Ramen": Hendlhaxensuppe mit Dinkel-Ramen, einem zwei Tage lang in Sojasauce gebeiztem Ei, Duroc-Ripperln, Kohl, Mangold, Tannenflechten und Bio-Wildhendl. Große Küche: das Rauriser Reh mit weißen Erdbeeren, Pilzfond, Stangensellerie und Morcheln. Das extra servierte Osso buco – zum Niederknien. All das, untermalt von der grandiosen Weinbegleitung des Master-Sommeliers Alexander Koblinger.

à la carte: 35–72 €

Tel.: 06244 422 00
5440 Golling
Markt 56
www.doellerer.at
office@doellerer.at
Di–Fr 18–21.30, Sa 12–21 Uhr

DÖLLERERS WIRTSHAUS

14,5/20

Genießerhotel

Koch: Andreas Döllerer

Andreas Döllerer und sein Team bieten den Gästen auch im Wirtshaus eine Küche, die höchsten Ansprüchen gerecht wird. Geröstete Eierschwammerl mit pochiertem Ei, Bluntaulachs und bayerische Garnele im Paradeisersud mit Olivenöl-Stampferdäpfel sowie Artischocken oder das Gulasch mit Serviettenknödel, Essiggurkerl, Spiegelei und Frankfurter schmecken und zeigen, dass man hier nur mit besten Produkten arbeitet. Am Holzkohlegrill werden die Kalbsbratwürstl beziehungsweise die Lammkoteletts vom Bio-Merino-Lamm zubereitet. Dass die Weißwein- und Rotweinauswahl des Hauses alle Stücke spielt, ist hinlänglich bekannt. Unbedingt probieren sollten man den karamellisierten Nussschmarren für zwei Personen, der wäre öfters eine süße Sünde wert.

à la carte: 15–48 €

Tel.: 06244 42 20
5440 Golling
Markt 56
www.doellerer.at
office@doellerer.at
Di 17.30–22,
Mi–Sa 11.30–22 Uhr

GASTHAUS ADLER

12/20

Koch: Rupert Eibl

Gasthaus und Bar sind immer gut besucht. Klassisch-kreative Küche mit preislich günstigen Gerichten und außerordentlich großen Portionen. Ein interessant zusammengestelltes Fünf-Gang-Genussmenü zeigt aber, dass man hier auch mit kleinen Portionsgrößen glücklich werden kann. Für einen feinen Start sorgt Nigiri Sushi mit Papaya, Soja und Sesam sowie ein sehr gutes Beef Tatar mit Mango, Avocado, Paradeiser und Wachtelei. Danach gibt es eine kräftige Curry-Kokos-Schaumsuppe mit Scampi. Auch der Saibling mit Zitronenravioli, Mangold und Melone war tadellos zubereitet. Gute Qualität zeigte sich auch beim T-Bone Steak mit Eierschwammerl, Grillgemüse und Erdäpfelzigarre. Zum Dessert genossen wir köstliche Marillenknödel in Butterbrösel an Marillenröster und Tonkabohneneis. Flinker und freundlicher Service.

à la carte: 5–20 €

Tel.: 06244 47 95
0664 543 13 90
5440 Golling
Markt 58
www.adler-golling.com
restaurant@
adler-golling.com
Di–Sa ab 17 Uhr
1.–14. Jän. 2022

GROSSARL H4

DAS EDELWEISS

13,5/20

im Salzburg Mountain Resort

Koch: Alexander Hettegger

Fine Dining-Empfang mit Champagner und kleinen Köstlichkeiten. Das kreative Fünf- und Sieben-Gang-Menü genießen die Gäste von Alexander Hetteger in einem separaten Bereich. Den Start bildet die Arler Forelle, die geschmacklich überlagert von der Gurke ist. Erstklassig zubereitet war das Stunden-Ei mit Spinat, Erdäpfel und Trüffel. Sehr gut schmeckte auch das Freiland Wildhuhn mit Knochenmark-Jus sowie der Arler Saibling mit Apfel und Pastinake. Das Kalb mit Sellerie, Spitzkohl und Eierschwammerl war von höchster Qualität. Zum süßen Finale überzeugte weiße Ivoire-Schokolade mit Himbeere, Basilikum und Vanille sowie feinen Pralinen. Sehr gute Begleitung von Weinen und alkoholfreien Getränken.

à la carte: 15–35 €

Tel.: 06414 30 00
5611 Großarl
Unterbergstraße 65
www.edelweiss-grossarl.com
info@edelweiss-grossarl.com
Mo–Sa ab 19 Uhr
variabel

GROSSARLER HOF

Tipp

Jagastub'n

In den Restaurants, Bars und im Weinkeller des Hotels Großarler Hof genießen Gäste eine elegante und zugleich gemütliche Atmosphäre. Hochwertige Produkte und regionale Lebensmittel werden zu kulinarischen Köstlichkeiten verarbeitet: Almkräuter von den saftigen Wiesen, Fisch aus den nahen Gebirgsbächen und Wildspezialitäten, die weit über die Region hinaus bekannt sind. Ein erstklassiges Sortiment an Weinen ergänzt den Genuss. Regelmäßig finden auch Weindegustationen im rustikalen Gewölbe statt.

à la carte: 5,90–33,90 €

Tel.: 06414 83 84

5611 Großarl
Unterbergstraße 76

www.grossarlerhof.at
info@grossarlerhof.at

tgl. 12–13.30 und
18.30–20.30 Uhr

HALLEIN H3

TORO TORO

13/20

Koch: Christoph Strumberger

Das Erfolgsrezept des Toro Toro: stimmig iberisches Posada-Ambiente und charmantes spanisches Servicepersonal. Eine Weinkarte, die von Rioja über Priorat bis zum Penedès die gesamte Bandbreite des Landes abdeckt, macht Lust auf ein Weingenuss. Die authentische Küche von Christoph Strumberger, der unter der Obhut von Gastgeberin Giselinde Reitsamer agiert, garantiert eine passende „Unterlage". All das stillt das Fernweh der Gäste und bringt ein wenig Urlaubsfeeling nach Hallein. Wer nicht nur naschen, sondern ausgiebig dinieren will, sollte das Überraschungsmenü in acht oder zwölf Gängen bestellen. Bei uns ist es zusammengestellt aus Köstlichkeiten wie gebratenen Scampi mit Serrano-Schinken, gegrilltem Oktopus, saftigem Seehecht, einer herrlich vegetarischen Paella und natürlich zum Abschluss eine Crema catalana.

à la carte: 22–30 €

Tel.: 06245 842 23
0664 530 82 19

5400 Hallein
Schloss-Altendorff-Straße 2

www.toro-toro.at
info@toro-toro.at

Di–Sa 18–1 Uhr
variabel

DIE GENUSSKRÄMEREI

Tipp

in der goldenen Kugel

In einer sich ständig ändernden Welt steht die Genusskrämerei für eine sanfte und konstante Weiterentwicklung. Mit Fokus auf regionalen und saisonalen Produkten und dem Anspruch an höchste Qualität kommt im ältesten Gasthaus Halleins lokal verwurzelte, kreative und urbane Küche auf den Tisch. Die Speisekarte liefert die Qual der Wahl. Am besten entscheidet man sich also für Tapas. So kann man sich durch eine Vielzahl an Geschmäckern kosten.

à la carte: 5,50–30 €

Tel.: 0664 750 322 36
5400 Hallein
Gollinger-Tor-Gasse 1
www.genusskraemerei.at
office@genusskraemerei.at
Di–Fr 11–22, Sa 9–22 Uhr

HALLEIN-TAXACH H3

HOHLWEGWIRT

12/20

Köche: Ernst & Biljana Kronreif

Den Hohlwegwirt müsste man unter Denkmalschutz stellen. Warum? Der Patron agiert mit einer Aufmerksamkeit, die an den Oberkellner Leopold aus Ralph Benatzkys „Weißen Rössl" erinnert. Dazu sind die offerierten Speisen sehr fair kalkuliert und großzügig portioniert. Terrinen und Pasteten sind die Leidenschaft der Chefin, daneben bietet die Küche geröstete Eierschwammerl auf Tagliatelle, Kalbstafelspitz oder Spanferkelleber mit gegrillter weißer Polenta. Zum süßem Finale empfiehlt sich das Zitronensorbet mit Limoncello. Dazu erfreut eine interessante Weinauswahl.

à la carte: 9,90–29,90 €

Tel.: 06245 824 150
5400 Hallein-Taxach
Salzburger Straße 84
www.hohlwegwirt.at
gasthof@hohlwegwirt.at
Di 18–21, Mi–Sa 12–14 und 18–21, So 12–14 Uhr
variabel

HALLWANG/SALZBURG H3

PFEFFERSCHIFF ZU SÖLLHEIM

16,5/20

Koch: Jürgen Vigne

Längst zählt das Restaurant von Iris und Jürgen Vigne, das in einem ehemaligen Pfarrhaus der Barockzeit untergebracht ist, zu einem Fixpunkt der Salzburger Gourmet- und Gastronomieszene. Wer hier einkehrt, der kann sich sicher sein, nicht enttäuscht zu werden. Die stolze Weinkarte bietet eine tolle Auswahl und die Speisekarte orientiert sich an den Jahreszeiten. Beste Voraussetzungen also für ein gelungenes Abend- beziehungsweise Mittagessen. Und so genießt man nach dem Gruß aus der Küche marinierte Gänseleber mit Marillen, erfrischt sich mit einer Gazpacho mit Paprikataschen, erfreut sich an einem exakt gebratenen Zander oder an einer geflämmten Renke mit Dashi und wildem Brokkoli. Wer es exklusiver mag, der kann sich die Hechtnockerl mit Imperial Kaviar bestellen, bevor es bodenständiger mit geschmortem Kalbsbutterscherzl mit Röstzwiebeln weitergeht. Auch bei den Nachspeisen zeigt die Küche, dass sie auf Harmonie und handwerkliche Perfektion setzt. So begeisterte bei unserem Besuch zum Abschluss die Kombination aus Mandel, Rhabarber, Mascarpone und Erdbeere.

Tel.: 0662 661 242
5300 Hallwang/Salzburg
Söllheim 3
www.pfefferschiff.at
restaurant@pfefferschiff.at

HENNDORF AM WALLERSEE H3

WEYRINGER WALLERSEE 16,5/20

Koch: Emanuel Weyringer

Debatte in der Familie: „Ich will zum Chinesen", „ich zum Italiener", „ich mag österreichisch essen". Wie löst man dieses Dilemma? Am besten mit einer Einkehr beim Weyringer am Wallersee. Emanuel Weyringer hat alle drei Küchen drauf: gelernt bei den Obauers in Werfen, dann Küchenchef in der Nähe von Sorrent, später in Hongkong. Und die Fusion dieser Stile, die Kenntnis der jeweiligen Küchentechniken, das Verständnis fürs spezifische Würzen – das ist seine Alleinstellung. Geboten wird das in einem prächtigen alten Haus am Wallersee. Im eleganten Restaurant sieht man die schwungvollen Gemälde des berühmten Vaters Johann Weyringer. Draußen erhebt sich die Terrasse über dem Wasser, unter Kastanien kann man abends den Sonnenuntergang erleben – Nachtigall-Serenade inklusive: Esoteriker nennen so etwas einen Kraftplatz. Kraftvoll starten sollte man mit den legendären Shots: Sellerie-Mango oder Zitrone-Passionsfrucht. Sanft mariniert der Saibling, frisch der Gurkensaft dazu, knackig die Sprossen. Die Jakobsmuschel liegt auf pikanter Kokosmilch. Koreanisch zeigt sich die schaumige Birnensauce zum zarten Bries. Krensauce und Senfsalat kontrastieren das Dim Sum vom Schwein. Dichtfruchtig gestalten sich die Sorbets. Und die Zitronentarte auf dünnstem Teigboden gibts in Italien nicht besser. Ehefrau Susi Weyringer serviert kundig die Getränke, ihr Herz hängt an Naturweinen. Exotik verbunden mit Romantik – das ist der Weyringer Wallersee.

à la carte: 12–36 €

Tel.: 06214 618 72
0664 152 62 18

5302 Henndorf am Wallersee
Fenning 7A

www.weyringer-wallersee.at
office@
weyringer-wallersee.at

♿

HOF BEI SALZBURG H3

SCHLOSS RESTAURANT 16/20

Schloss Fuschl Resort & Spa

Koch: Johannes Fuchs

Es lebt doch ziemlich von der Vergangenheit, das Schloss Fuschl. Das Jagdschloss der Erzbischöfe aus dem 15. Jahrhundert war Schauplatz der Sissi-Filme, des welthistorischen Treffen Sadat-Ford und rauschender Prominenten-Partys. Alles eine Weile her. Das haben die Eigentümer des Betriebes erkannt und schließen das Haus Ende 2022 für zwei Jahre: entstauben, modernisieren. So sahen wir heuer von der Terrasse tafelnd, auf Österreichs am wenigsten verbauten See, Sonnenuntergang auf türkisblauem Wasser. Küchenchef Johannes Fuchs bietet auch österreichische Klassiker. Wir aber nahmen einen wunderbar asiatisch gewürzten Gelbflossenfisch. Sehr gut abgeschmeckt war die Lachsforelle aus dem nahem See, mariniert und geräuchert, von Gurke begleitet. Sanft zeigte sich die Hummersuppe, harmonisch die Salatherzen und Artischocken unter Trüffelduft. Die Perlhuhnbrust war besonders saftig, vollmundig die finale Grießvariationen. Das Weinangebot ist überbordend und bietet auch Luxusetiketten, so wie man es sich für einen derart noblen Ort erwartet. Professionell und freundlich das Service.

à la carte: 18–54 €

Tel.: 06229 225 30

5322 Hof bei Salzburg
Schloss-Straße 19

schlossfuschlsalzburg.com
info@schlossfuschl.com

Mo–So 18.30–21.30 Uhr
variabel

KAPRUN G4

HILBERGER'S BEISL 11,5/20

Koch: Christopher Hilberger

Vorzügliche regionale Küche und seit Jahren hohe Qualität können wir in gemütlicher Atmosphäre in Hilberger's Beisl genießen. Eine feine Fischsuppe „from the boss" mit verschiedenen Fisch-Spezialitäten und Safran war ein einladender Beginn. Ausgezeichnet und so wie man es sich vorstellt das gebackene Kalbsbries mit Erdäpfelsalat (als kleine oder große Portion erhältlich). Das beeindruckende Tomahawk-Steak vom Freiland Schwein war leider etwas zu durch, die dazu servierten Bärlaucherdäpfel und Spargel hingegen sehr gut. Zum Nachtisch gab es köstliche Dukatenbuchteln mit Vanillesauce. Top: Gute Auswahl an Bieren sowie an alkoholfreien Getränken und Weinen.

à la carte: 10–30 €

Tel.: 06547 72 46

5710 Kaprun
Wilhelm-Fazokas-Straße 12

www.hilberger.at
hilberger@hilberger.at

Mi–Mo 12–14 und 18–22 Uhr
variabel

KRISPL H3

SAGWIRT 11,5/20

Koch: Gerald Pichler

Genuss mit Bergkulisse – das verspricht eine Einkehr bei Haubenkoch Gerald Pichler und seiner Lebensgefährtin Bettina Schleich, die sich mit geschultem Auge um den herzlichen Service im Gasthaus kümmert. Verlässliche Qualität gilt als Markenzeichen des Hauses und so begeistern traditionelle Wirtshausgerichte wie Gulaschsuppe und Wiener Schnitzel genauso wie zeitgemäße, ambitionierte Kreationen. Mit Produkten aus der Region zu arbeiten, ist dabei der leitende Ton: So schmückt sich das Kalbskotelett mit einer feinen Schwammerl-Pfirsich-Kruste und die Käsevariation verspricht eine Auswahl vom Besten aus der Dorfkäserei. Die finalen Salzburger Nockerl sind quasi obligatorisch. Das Weinabgebot ist überschaubar, aber klug zusammengestellt.

à la carte: 10–35 €

Tel.: 06240 209
0664 544 26 63

5425 Krispl
Gaißau 58

www.sagwirt.at
office@sagwirt.at

Mi–Do 11.30–14 und 17.30–20.30, Fr, Sa 11.30–21, So 11.30–19 Uhr

LEOGANG G4

BIOHOTEL RUPERTUS 12,5/20

Koch: Norman Köhler

Bio-Hotel Rupertus mit 100%-iger Bio-Küche. À-la-carte Gäste ordern aus den zwei Drei- oder Fünf-Gang-Menüs für Hausgäste, zur Auswahl stehen das Menü „Bio-Alpin" mit Fleisch und Fisch oder „Pflanzenkraft" mit veganen Gerichten. Wir starteten mit einer ausgiebigen Gurkenbowl mit Eichblatt und variantenreichen Dörrpflaumen-French-Dilldressing. Darauf folgten Brennnesselpapier, Antipasti und Erdäpfelgnocchi. Die Cremesuppe von der gelben Zwiebel war leider etwas zu salzig geraten. Solide waren dahingegen die Tagliatelle von der Meeresalge mit Koriander-Karotten und veganer Hollandaise. Zum Abschluss gab es ein köstliches Dessert, Schokoladenküchlein mit Walnusseis. Top: Eigene Bio-Getränkebar.

à la carte: 15–85 €

Tel.: 06583 84 66
5771 Leogang
Hütten 40
www.rupertus.at
info@rupertus.at

DAHOAM Ⓝ 15/20

im Genießerhotel Riederalm

Koch: Andreas Herbst

Ein Name als Statement: „dahoam" heißt das im Herbst 2021 eröffnete À-la-carte-Restaurant von Andreas Herbst. Es ist Teil des Hotels Riederalm und wartet mit einer urbanen Inszenierung auf: Um die großen runden Tische zieht sich ein Kreis aus Messingketten, der sich auf Knopfdruck öffnet – Vorhang auf. Ein Kärtchen informiert im Dialekt: „Gegessen wird, was auf den Tisch kommt", also Überraschungsmenü. Kurz vor dem Servieren berichten weitere Karten, was in weiterer Folge erwartet werden darf: Fencheltarte mit Erbsenpüree, Quiche von der Forelle, knuspriger Eidotter, eine Stunde gegart. Es gefällt wie der Chefkoch hier alle Register der Küchentechnik zieht: reduziert, fermentiert, mariniert. Vor allem aber, begeistert, dass seine Zutaten fast alle ausschließlich Leogang stammen: der vier bis sechs Jahre alte Saibling, das Weißkraut, der Hirsch, der Honig fürs Eis – der Gast kontrolliert das auf einer Gemeindekarte, ausgebreitet auf dem Tisch. Das ergibt wunderbar ausbalancierte Happen, attraktive Aromabögen, ein Feuerwerk. Dazu weiß das aufmerksame Service den passenden Wein zu servieren. Und so beweist der Haubenkoch, dass bei ihm „dahoam" die Basis für eine erstklassige Küche gedeiht .

Tel.: 06583 73 42
5771 Leogang
Rain 100
riederalm.com
info@riederalm.com
tgl. 18.30–20.15 Uhr

ECHT. GUT ESSEN.

15,5/20

im Naturhotel Forsthofgut

Koch: Michael Helfrich

Tel.: 06583 85 61
5771 Leogang
Hütten 2
www.forsthofgut.at
restaurant@forsthofgut.at
Di–Sa 18.30–21 Uhr

In Leogang hat man mit dem Hotel Forsthofgut ein wahres Naturparadies geschaffen, dessen Gourmetrestaurant glücklicherweise auch für À-la-carte-Gästen geöffnet ist. Denn was Küchenchef Michael Helfrich dort scheinbar mühelos aus dem Ärmel schüttelt, zeugt von großer Handwerkskunst und Kreativität. Das Menü gibt es in Form von fünf oder neun Gängen, eine Speise klingt außergewöhnlicher als die andere. Wie spannend und reich an Aromen vegetarische Küche sein kann, erfuhren wir mit dem Karfiol in Nusskruste mit Haselnuss-Miso und fermentierter Zitrone. Dass man hier Fine Dining auf höchstem Niveau erlebt, zeigte auch die Seeforelle auf Molke-Beurre blanc und eine butterzart geschmorte Kalbshaxe auf Curry-Creme mit gelber Beete und Senfkohl. Als süßer Abschluss folgte karamellisiertes Schoko-Eis mit Ganache und Bananenpfeffer. Die Variation von gereiftem Käse wollten wir uns ebenfalls nicht entgehen lassen – eine gute Entscheidung. Dazu erfreut eine harmonische Weinbegleitung sowie ein zuvorkommender Service.

ESS:ENZ

13/20

im PURADIES Naturresort

Koch: Albert Dschulnigg

Das Restaurant heiß Ess:enz im Hotel Puradies – diese Namen enthalten ein Versprechen auf etwas Besonderes. Eingelöst in einer neu gebauten, auf alt getrimmten Hütte, innen dominiert von Holz und Stein mit modernem Komfort. Die Atmosphäre: lässig. Küchenchef Albert Dschulnigg bereitet vor aller Augen das Essen. Klar, dass das Angebot schmal bleibt. Aromatisch die Kräutersuppe, duftig die Trüffel über den Ravioli, sehr gut das Kalbsfilet in Madeirasauce. Wer die Desserts weglässt, ist selber schuld: reifste Erdbeeren mit Sorbet, wunderbare Apfel-Schoko-Kombi. Service freundlich, Weinangebot großartig.

à la carte: 8–36 €

Tel.: 06583 82 75

5771 Leogang
Rain 9

www.puradies.com
info@puradies.com

Mi–So 18–22 Uhr

FORSTHOFALM

12/20

Kukka Lounge & Terrace

„Kukka" stammt aus dem skandinavischen und heißt wortwörtlich übersetzt „Blume". Eine kulinarische Blume ist das Restaurant im Holzhotel auf 1.050 Meter Seehöhe gelegen auf jeden Fall. Die Küche legt besonders großen Wert auf Lebensmittel, die aus biologischem Anbau stammen, ebenso auf den Bezug regionaler Waren. Im Mittelpunkt bei der Umsetzung am Teller steht die Natur mit all ihrem Reichtum. Die Speisekarte offeriert daher eine Mischung aus saisonalen Köstlichkeiten und sorgt für Abwechslung. Neben Steaks (am Holzkohlegrill gegart) finden sich auch einige vegane und vegetarische Gerichte am Menü. Die Weinkarte beinhaltet interessante Positionen, auch dabei wird sich dem Thema Natur gewidmet, Stichwort Natural Wines. Eine offene Schauküche sowie ein Brotbackofen sorgen für Highlights.

Tel.: 06583 85 45

5771 Leogang
Hütten 37

www.forsthofalm.com
info@forsthofalm.com

tgl. 7.30–21 Uhr

KIRCHENWIRT

15/20

Gourmetwirtshaus & Historisches Hotel

Koch: Stefan Birnbacher

Seit 1326 steht das ehrwürdige Gebäude mit den urgemütlichen Gaststuben und einem naturbelassenen Gastgarten. Die kreative Naturküche benennt ihre hervorragenden Produkte mit originellen Namen wie „Alpenhauptkamm" oder „Gipfelglück". Bei den zwei Menüs „Alpen gestalten" und „Back to the roots" (vegetarische Variante) kann jeder Gang einzeln ausgewählt werden. Fein ist die Begrüßung mit Chicorée, es folgte „Steirische Hügelland", eine Gans, geschmort, gezupft und angeräuchert mit Erbse, Blutampfer und schwarzem Sommertrüffel – alles schmeckte ausgezeichnet. Als kleine oder große Portion werden beste hausgemachte Ravioli mit jungen Brennnesseln, Kalbsbries, Walderbeeren und Pinzgauer Schottkas serviert. Als Zwischengang erfrischten uns Sauerrahm mit Salzzitrone und Tannenwipfel. Bestens zubereitet war auch das rosa Rückenstück vom Reh mit Buchweizen-Bio-Topfenknödel und Wiesenkräuter auf Frühkraut, Pilzthymian und Granggn(Preiselbeer-) Portweinjus. Die Wolke der weißen, gebrannten Schokoladenmousse mit Rhabarber und Bergrosmarin erfreute. Und auch die umfangreiche Weinkarte mit erlesensten Sorten stellt wohl jeden Weinliebhaber zufrieden.

à la carte: 15–35 €

Tel.: 06583 8216

5771 Leogang
Dorf 3

www.k1326.com
info@k1326.com

Mo, Do–Sa 16–21, So 12–20 Uhr
variabel

MARIA ALM H4

ALMHOF

13,5/20

Kaiserstub'n

In gediegener Atmosphäre der gemütlichen Stube oder auf der geräumigen Terrasse mit herrlichem Blick auf die Naturkulisse genießen die Gäste des À-la-carte-Restaurants Almhof die hervorragende Küche. Pinzgauer Spezialitäten werden mit erstklassigen mediterranen Gerichten ergänzt. Eine feine Hochkönig-Gamssuppe mit Leberknödel und Schnittlauch war ein vielversprechender Beginn. Sehr gut und am Punkt zubereitet erreichte uns der zarte Hinterthaler Hirschrücken mit getrüffelter Rahmpolenta, Paradeiser-Lauch-Gemüse und Rosmarinjus. Fischliebhaber werden mit gebratenem Filet vom Loup de Mer an Hummer-Buttersauce, Rübenrisotto und Gemüse bestens bedient. Neben der traditionellen süßen Pinzgauer Spezialität – gebackene Moosbeernocken mit Vanilleeis und Zimtzucker – wurden uns als Alternative köstliche Somlauer Nockerl mit lauwarmer Schokoladensauce und hausgemachtem Amarena-Kirsch-Eis empfohlen. Und das nicht unbegründet. Aus der umfangreichen Weinkarte konnten wir viele Weine auch glasweise genießen. Alles kam schnell und mit einem herzlichen Lächeln auf den Tisch.

Tel.: 06584 84 14
0664 381 60 99

5761 Maria Alm
Hinterthal,
Kreidenbachweg 5

www.almhof.co.at
office@almhof.co.at

MARIAPFARR I4

THOMAL®

Tipp

der Wirt seit 1217

Zeitgemäße Interpretation der Gerichte und hochwertige Produkte – dafür steht das Thomal in Mariapfarr. Als Mitglied der „Green Chefs" ist es oberstes Gebot, nur Hausgemachtes aus besten Zutaten zu servieren. Mediterrane Einflüsse prägen die umfangreiche Speisekarte, die neben Klassikern auch vegetarische und vegane Alternativen anbietet. Als besonderes Highlight gelten die Burger vom Wild und Lamm.

à la carte: 18–39 €

Tel.: 06473 729 90

5571 Mariapfarr
Pfarrstraße 15

www.thomalwirt.com
gast@thomalwirt.com

Di–Sa 16–24, So 11–22 Uhr

♿

MATTSEE H3

IGLHAUSER SCHLOSSBRÄU ⊘ 12/20

Köchin: Anna Iglhauser

Das Iglhauser Schlossbräu in Mattsee lohnt einen Besuch. Die Gäste werden hier freundlich begrüßt, das Essen schmeckt und die Weine sind fair kalkuliert. Die Küche versteht es, frische Steinpilze gut zu braten oder Eierschwammerl à la crème zuzubereiten. Das Lamm oder das Reh aus der Region wird rosa serviert, dazu gibt es knackiges Gemüse. Zum Abschluss lässt man sich Schokoladenmousse oder Palatschinken schmecken. Eine verlockende Erfrischung für all jene, die nicht mehr mit dem Auto fahren müssen, stellt das Zitronensorbet mit Wodka dar.

à la carte: 15–35 €

Tel.: 06217 52 05
5163 Mattsee
Schlossbergweg 1
www.schlosshotel-igl.at
schlosshotel@iglhauser.at
Mo–Sa 11–14 und 18–21 Uhr

LUSTREICH 11,5/20

im Kuschelhotel Seewirt

Die Lage direkt an der Strandpromenade lädt nicht nur die Gäste des Kuschelhotels Seewirt ein. Auch Externe wissen den herrlichen Blick auf den Mattsee, gepaart mit der modernen, österreichischen Küche des Hotelrestaurants zu schätzen. Dass neben anderen regionalen Zutaten auch Fische aus dem See auf der Speisekarte stehen, ist höchst erfreulich. Der hausgeräucherte Seesaibling mit Spargel-Vinaigrette schmeckt ebenso gut wie die geschmorten Rindsbackerl mit Röstzwiebel-Püree und Peperonata. Flaumige Topfenknödel mit Erdbeer-Rhabarber-Ragout und frische Palatschinken mit hausgemachter Marmelade bieten sich hervorragend als Abschluss eines gelungenen Abends. Außerdem: Umfangreiches Weinangebot zu durchaus fairen Preisen und eine romantische Seeterrasse.

à la carte: 8–33 €

Tel.: 06217 52 71
5163 Mattsee
Seestraße 4
www.seewirt-mattsee.at
lustreich@
seewirt-mattsee.at
tgl. 12–14 und 18–21 Uhr
✻ bis 26. Dez. 2021,
7.–27. Jän. 2022

MAUTERNDORF I4

MESNERHAUS

17/20

Koch: Josef Steffner

Was wäre der kulinarische Lungau ohne das Domizil von Maria und Josef Steffner? – Ein kurzer Abstecher von der A10 und schon ist man im einstigen Mesnerhaus – nunmehr ein Tempel des weltlichen Genusses. Während Maria uns unsere Wünsche von den Augen abliest und von der wohl durchdachten Weinkarte kongeniale Unterstützung erfährt, schwingt Josef seinen (Zauber-)Löffel. Gar viele schöne vegetarische Gerichte fanden sich auch heuer wieder auf der Karte der Versuchungen und so verzichteten wir gänzlich auf Fleisch. Gänzlich? Nein, denn an der vermeintlich schlichten „Wachtel“ – Brust gebraten, Wachtel-Consommé, eingelegte Brennnessel-Samen, marinierter junger Knoblauch, Wachtel-Grammeln und Wachtel-Ravioli – kamen wir dann doch nicht vorbei. Welch Glück. Sehr vielschichtig und komplex findet zusammen, was zusammen gehört; was auch bei der Komposition aus knackig-frischem Marchfelder Spargel mit Petersilien-Öl, gebackenem Spargel in Briochebröseln, Spargel fermentiert, Spargelsalat und Sauce hollandaise zur Geltung gebracht wurde. Und so es ging weiter: geschmacksdichter Knollensellerie, eingelegt in Birkenwasser mit Selleriechips, Zwiebelpulver, Perlzwiebel, Balsamessig, Oregano und Wildkräuter – was für eine Wucht. Schön, dann alle Jahre wieder das fast schon Signature Dish des Hauses serviert zu bekommen: Stampferdäpfel aus Lungauer Ächtleng mit Eidotter-Creme, Sauerrahm, Schnittlauch, confiertem Ei und Beluga Kaviar vom Walter Grüll aus Gröding als Extra. Zum Abschluss dann „Kakao 50% und 70%“ bestehend aus Schokoladencreme mit Kakaobutter gespritzt, Himbeergel, Granola-Himbeercreme, Ganache-Schokoeis, Vier-Korn-Getreide und Kakaobohnen – ein würdiger Abschluss eines würdigen Mittags. Und nun noch eine letzte, gar gute Nachricht: Für alle, die bleiben wollen, gibt es jetzt auch Zimmer.

à la carte: 14–45 €

Tel.: 06472 75 95
0664 122 55 51

5570 Mauterndorf
Mauterndorf 56

www.mesnerhaus.at
info@mesnerhaus.at

Mi–So 11.30–13.30 und 18–20.30 Uhr
variabel

MITTERSILL G4

SCHLOSS MITTERSILL 12/20

Koch: Roland Metzger

Hinter den historischen Mauern des Schloss Mittersill lässt sich stilvoll nächtigen und auch wunderbar essen. Küchenchef Roland Metzger und dessen Team bringen bodenständige, österreichische Gerichte mit modernem Twist auf die Teller und haben dabei stets die Saison und Spezialitäten aus der Region im Blick. Zart und gut gewürzt ist das Carpaccio vom Pinzgauer Rind, schön rosa gebraten das Rinderfilet. Eine kleine Auswahl vegetarischer Speisen steht ebenso auf der Karte. Von der Panoramaterrasse aus eröffnet sich ein herrlicher Blick auf die umliegende Bergwelt, das Kaminzimmer mit offenem Feuer sorgt bei kälteren Temperaturen für eine romantische Zeit zu zweit. Das Weinangebot hält wenige Überraschungen bereit, dafür namhafte Weingüter aus Österreich und einige internationale Tropfen.

à la carte: 10–40 €

Tel.: 06562 202 00

5730 Mittersill
Thalbach 1

www.schloss-mittersill.com
office@schloss-mittersill.com

tgl. 12–14 und 18–20.30 Uhr
3 Wochen im Nov. 2022

NEUMARKT AM WALLERSEE H3

WINKLER 13/20

Koch: Wilfried Oberreiter

Das Ambiente ist großartig: unten der Wallersee samt Alpenkulisse, ein legeres Strandbad und dann vor dem Hotel die legendäre Terrasse, wo das wohltuend freundliche Service durch die Tische flitzt. Das Kerngeschäft ist hier klarerweise Fisch: Reinanke gebraten und in Sekundenschnelle vor den staunenden Augen der Gäste filetiert. Oder Flusskrebse im Sud, zu deren Verzehr extragroße Servietten gereicht werde – eine Orgie. Vorher die Schnecken, die zweite Spezialität, tadellos. Abschließend die Palatschinken, so dünn wie man sie sich nur träumen mag. Hohes Niveau seit Jahrzehnten. Die Weinauswahl ist klassisch gehalten. Billig ist hier nichts, aber das war Qualität noch nie. So kehren in ländlicher Idylle viele feiernde Familien und im Festspiel-Sommer Künstler gut und gerne ein.

à la carte: 6–36 €

Tel.: 06216 52 70

5202 Neumarkt am Wallersee
Uferstraße 32

www.winkler.at
info@winkler.at

Do 12–14 und 18–21,
Fr–So 12–21 Uhr
variabel

OBERTAUERN I4

DAS SEEKARHAUS ⓘ

Koch: Stefan Fischer

Im Seekarhaus dürfen sich die Gäste im diesjährigen Winter auf eine neue spannende Haubenküche freuen. Woher wir das wissen? Stefan Fischer vom Wolfgangsee hat beschlossen, sein Drei-Hauben-Restaurant Atelier by Innovation Cooking nur von April bis November zu betreiben, um im Winter in Obertauern zu arbeiten. Der kulinarische Shootingstar aus dem Salzkammergut hat Rezepte wie Beef Tatar mit gebeizter Honigmelone, Duroc-Trüffelschwein oder mit Erdnussbutter gefüllte Maispoularde im Gepäck. Der Weinkeller des Hauses ist mit besten Etiketten gefüllt, die perfekt zu den außergewöhnlichen Kreationen von Fischer harmonieren.

Tel.: 06456 200 10
0664 859 96 60

5562 Obertauern
Seekarstraße 32

www.seekarhaus.at
info@seekarhaus.at

Do–So 18.30–21.30 Uhr

♿

PANORAMA 👍 Tipp

Vertäfelte Wände und das Knistern aus dem gekachelten Ofen laden in die Stube des Restaurants Panorama ein. In gemütlicher Atmosphäre treffen Tradition und Moderne auf dem Teller aufeinander. Zum Einstieg gibt es hausgebeizten Seesaibling, dazu Mango-Fenchelsalat und eine feurige Chili-Avocadocreme. Den Höhepunkt bildet das zart-saftige Lamm mit Chimichurri und hausgemachten Gnocchi. Abgerundet wird der Besuch mit einem klassischen Kaiserschmarren und heimischen Weinen.

à la carte: 6,90–39 €

Tel.: 06456 7432
0664 140 33 67

5562 Obertauern
Brettsteinstraße 1

www.restaurant-obertauern.at
info@panorama.at

✱ Mai, Juni, Okt. 2022

RAURIS H4

GUSTO IM WÖRTHERHOF ↗ 12,5/20

Koch: Gregor Langreiter

Total regional. Diese Devise wird im Gusto von Gregor Langreiter und Sohn mit Produzenten ihres Vertrauens weitgehend praktiziert. Die Bio-Küche ist seit Jahren höchst kreativ, dabei aber angenehm einfach. Nach freundlicher Begrüßung mit Brot, Olivenöl, Kräutersalz und feiner Räucherforellen-Mousse genossen wir die weithin bekannte, kräftige Fischsuppe mit Fischen aus der Region, Bio-Garnelen, Paradeiser und Chili. Sehr gut schmeckte uns auch beim „Gusto- Menü" die Paella mit Oktopus, Garnele, Muscheln, Paprika und Safranreis. Bestens zubereitet und dekoriert war das Filet vom Bachsaibling mit Ofenparadeisern, Spinat, Fregola sarda und Zitronenschaum. Das rosa Rauriser Reh mit Bio-Gemüse, Pastinakencreme und Preiselbeersauce war geschmacklich absolut überzeugend. Zum Finale begeisterten die Schwarzbeernocken mit erfrischendem Tonkabohneneis, Fichtelwipfelhonig und Sauerrahm. Das familiäre Serviceteam gab kompetente Empfehlungen zur ansprechenden Wein- und Bierauswahl.

Tel.: 06544 6404
0664 302 23 98
5661 Rauris
Wörth, Dorfstraße 22
www.restaurant-gusto.at
gusto@rauris.net
Mi–Mo 18–22 Uhr
✻ variabel

SAALFELDEN G4

MENSCHMAYER Ⓝ 11/20

Koch: Andreas Mayer

Das Styling ist modern, die kleine Speisekarte wird auf Tablets präsentiert. Die 3- und 4-Gang-Menüs sind leider nur ab zwei Personen bestellbar – das „Sharing is caring"-Konzept bedingt das. Die Küche bietet regionale, bodenständige Gerichte in guter Qualität und ausreichenden Portionsgrößen. Es gibt aber auch immer wieder Ausflüge in internationale Gefilde, wie etwa die ausgezeichnete Bouillabaisse mit Meeresfrüchten, Röstbrot und Safran bewies. Auch die Kalbfleischpflanzerl mit Erdäpfelpüree entsprach unseren Erwartungen. Fein war auch der gebratene Zander mit Fregola sarda und dem allzu sehr, mit Vanille aromatisierten Kohlrabi. Das Dessert mit großem Pfirsich und Pistazie war köstlich. Kleine, aber wohl sortierte Wein- und Bierkarte. Gemütliche Bar.

Tel.: 06582 201 02
5760 Saalfelden
Bahnhofstraße 6
www.menschmayer.net
info@menschmayer.net
Di–Sa 18–22 Uhr

SALZBURG H3

AUERHAHN 12/20

Koch: Gerhard Pongratz

Zentrale Lage, gute Küche und faires Preis-Leistungsverhältnis? Ja, das kann funktionieren, wie Familie Pongratz bereits in zweiter Generation beweist. In der Küche steht der Patron persönlich und kreiert mit seiner Brigade ansprechende Speisen, die sich sowohl an der jeweils herrschenden Saison als auch an den heimischen Wurzeln orientieren. Das Ganze verbindet der Haubenkoch mit mediterranen Weitblick und einer großen Portion Handwerk und Ambition. Was hier auf die Teller gelangt überzeugt durch die Bank. Neben zwei fixen Menüs (eines davon vegetarisch) steht eine ansprechende Auswahl an À-la-carte-Gerichten bereit: Oktopus-Salat mit Orangen und Fenchel, warm geräucherter Hirsch an Selleriecreme oder der zartrosa gebackene Lammrücken an Polenta und Ratatouille geben nur einen kleinen Einblick in die bunte Vielfalt. Die Desserts und Süßspeisen sind eine Wucht: Die Topfenknödel flaumig, die Heidelbeertascherl erinnern an Omas Backkünste. Außerdem: Lobenswerte Weinauswahl, auch glasweise. Im hübschen Gastgarten sitzt man schattig, die Innenräume sind dank großer Fensterfront sehr freundlich.

à la carte: 14–29 €

Tel.: 0662 451 052
5020 Salzburg
Bahnhofstraße 15
www.auerhahn-salzburg.at
hotel@auerhahn-salzburg.at
Mi–Sa 12–13.30 und 18–21.30, So 12–13.30 Uhr

BANGKOK 11,5/20

Thailands Traumstrände liegen ja nicht gleich um die Ecke. Daher tut es gut, aufkommendes Fernweh mit einem Besuch im Bangkok zu bekämpfen. Das Servicepersonal agiert mit asiatischer Aufmerksamkeit, die Küche legt – wie könnte es anders sein – Wert auf scharfe Gerichte. Hausgemachte Frühlingsrollen oder Fleischbällchen in pikanter Würzung sorgen für einen authentischen Einstieg. Darauf folgen Speisen wie ein Curry mit Hühnerfleisch, Aubergine mit Thai-Basilikum oder gebratener Tintenfisch mit Chilipaste. Und wer auf Süßes nicht verzichten möchte, der ist mit süßem Klebreis und Mango gut beraten.

Tel.: 0662 873 688
5020 Salzburg
Bayerhamerstraße 33
www.restaurant-bangkok.at
restaurant.bangkok@yahoo.com
Di–So 11.30–14.30 und 17.30–23 Uhr

BRANDSTÄTTER 13,5/20

Köche: Tobias Brandstätter & Karl Poller

Auf den ersten Blick wirkt alles recht konservativ: ein gediegenes Hotel samt Restaurant mit gepflegten Stuben, hoch geschätzt von bürgerlicher Klientel. Dazu eine Küche, die seit Jahrzehnten auf Qualität setzt – nach dem unbedingten Willen von Patronne Elfi Brandstätter. Doch bei den Speisen ist eine wohltuende, anregende Moderne eingezogen. Die lauwarme Kalbsbrust kommt grandios säuerlich abgeschmeckt, die Spargelsuppe ist erstaunlich bitter gehalten, das Kalbsbries samt Erdäpfelsalat wirkt leicht, die gefüllten Stubenküken liegen in bester Sauce und die Topfenknödel schweben über herrlichem Marillenröster. Dazu macht die Weinauswahl richtig Spaß. Das Service agiert mit althergebrachter Höflichkeit. Wir mögen das.

à la carte: 6–32 €

Tel.: 0662 434 535
5020 Salzburg
Münchner Bundesstraße 69
www.hotel-brandstaetter.com
info@hotel-brandstaetter.com
Mo–Sa 11.30–14 und 18–21.30 Uhr

BRUNNAUER

16/20

Koch: Richard Brunnauer

AMBIENTE AWARD 2009

Mit ein wenig Glück sitzt man im Restaurant Brunnauer am Fenster und genießt während seines Dinners den Ausblick auf die Festung Hohensalzburg. Und während die aufmerksamen Damen und Herren im Service Aperitif, gesalzene Butter und Brot servieren hat man genügend Zeit, um die von Patron Richard Brunnauer zusammengestellte Speisekarte zu studieren. Liebhaber von Krustentieren freuen sich etwa über die Languste, die vor der Tristan da Cunha – der abgelegensten, bewohnten Insel der Welt – im Südatlantik gefangen wurde. Begleitet wird diese von Portwein-Blattspinat und Langustenbisque, delikat. Die Küche versteht es aber auch Fische im Ganzen zu braten, die vor dem Gast filetiert werden. So gelingen Seezunge und Co. einwandfrei und tadellos, dazu gibt es Limettenrisotto und einen gut gekühlten Weißwein, den der Sommelier des Hauses empfiehlt. Wer lieber vegan isst, der ist mit dem gut gewürzten Erdäpfelgulasch mit gerösteten Eierschwammerl und Kresse gut beraten. Sauerampfer-Eis, Ananas-Kokos-Sorbet oder Passionsfrucht-Nougat-Törtchen lassen die Herzen aller Dessertliebhaber schneller schlagen.

à la carte: 8–41 €

Tel.: 0662 251010

5020 Salzburg
Fürstenallee 5

www.restaurant-brunnauer.at
office@restaurant-brunnauer.at

Mo–Fr 12–14 und 18–22 Uhr während der Festspiel- und Adventszeit erweiterte Öffnungszeiten

© Michael Preschl Photography

DIDILICIOUS

by Didi Maier

12/20

Koch: Didi Maier

Das DiDilicious ist kein Platz für ein romantisches Dinner. Das Lärmniveau ist wegen der zahlreichen Konsumenten, die das Einkaufszentrum besuchen, in dem sich das Restaurant befindet, ziemlich laut und auch die eng zusammengestellten Tische lassen keine traute Zweisamkeit aufkommen. Wer aber wegen dem Essen hier einkehrt, wird nicht enttäuscht. Die Salate sind frisch, der Burger wird nach Wunsch gebraten und schmeckt ausgezeichnet. Das Chatschapuri – ein Fladenbrot mit georgischen Wurzeln – wird mit Lachs oder Speck belegt. Mehr braucht man nicht, außer vielleicht ein Manogsorbet zum Finale.

à la carte: 4–22 €

**Tel.: 0662 265 657
0676 666 76 77**

5020 Salzburg
Europastraße 1

www.didimaier.com
office@didimaier.com

Mo–Do 9–18.30, Fr 9–21, Sa 9–18 Uhr

ESSZIMMER

16,5/20

Koch: Andreas Kaiblinger

In den eleganten Stuben vom Esszimmer oder auf der Terrasse werden in angenehmer Atmosphäre drei kreative Menüs angeboten: „Grün" mit vegetarischen Spezialitäten, „Esszimmer" mit feinen Fischvarianten und „Andreas Kaiblinger" mit verschiedenen, ansprechenden Gängen wie Gänseleber, confierte Kalbsleber und Rehrücken, alle von ausgezeichneter Qualität. Eine freundliches Serviceteam servierte vorab schmackhafte Kabeljau-Happen. Ausseer Saibling und Garnele mit Radi und Gurke waren ein ansprechender Einstieg. Weiter ging es mit dekorativ gestaltetem geräucherten Kabeljau sowie Oktopus im Paprikafond an Fenchel und grünen Bohnen. Statt des im Menü vorgesehenen glaciertem Kalbsbries, wählten wir leichte Jakobsmuscheln mit passiertem Endiviensalat, Speck und Thymian. Gebratener Wolfsbarsch mit Curry-Öl, Bärlauchgnocchi und Weißkraut war ein besonderer Genuss. Köstlich auch das originell dekorierte Dessert: dunkle Schokoblätter, Hafermilch und Mango. Die klug sortierte Weinkarte mit österreichischen und internationalen Spezialitäten lässt keine Wünsche offen. Alkoholfreie Getränke werden selbst gemacht.

Tel.: 0662 870 899

5020 Salzburg
Müllner Hauptstraße 33

www.esszimmer.com
office@esszimmer.com

Di–Sa 12–14 und 18.30–22 Uhr

GASTHOF GOLDGASSE

11,5/20

Koch: Dragan Miljkovic

Inmitten der Salzburger Altstadt findet sich ein Gasthaus-Juwel mit Wirtshauskultur vom Feinsten. Die gemütliche Stube mit den holzvertäfelten Wänden sorgt für traditionelles, gediegenes Ambiente, wirkt allerdings keinesfalls altmodisch. Die Vielzahl an erstklassigen Salzburger Klassikern erfreut bei jedem Besuch. Wie immer zart-knusprig das Schnitzel vom Kalb und das 24 Stunden marinierte Backhendl im Kupfertopf. Besonders stolz ist man hier zurecht auch auf die Bratwurst, die mit Sauerkraut und Petersilerdäpfeln serviert wird. Zum Abschluss bleiben einem eigentlich nur die Salzburger Nockerl übrig, die unseren Abend gekonnt abrunden. Der persönliche Service und die schöne Weinkarte tragen ihr Übriges dazu bei, dass dieser Gasthof schon längst kein Geheimtipp mehr ist.

à la carte: 10–40 €

Tel.: 0662 848 200

5020 Salzburg
Goldgasse 10

www.gasthofgoldgasse.at
info@gasthofgoldgasse.at

tgl. 12–23 Uhr

♿

GLASS GARDEN

17,5/20

im Hotel Schloss Mönchstein

Koch: Markus Mayr

Wer die kulinarische Moderne sucht, kann sie auf einem Salzburger Hausberg finden. Und das in edler Umgebung: Auf dem Mönchsberg steht inmitten eines gepflegten Parks eine gut 100 Jahre alte, übergroße Villa, das Hotel Schloss Mönchstein. 2018 spendierte ihr der Investor Hans-Peter Wild einen Zubau aus Stahl und Kuppelglas – zeitgenössische Architektur am viktorianischen Gemäuer. Damit weitete sich der Blick aus dem Restaurant Glass Garden über die ganze Stadt. Es strebte seitdem auch die Küche nach neuen Horizonten. Ihr Chef Markus Mayr lässt seinen Gästen die Wahl, wie weit sie mitgehen wollen. Sie können zu Dry-Aged Beef oder US-Beef abbiegen, artgerecht gegrillt und durch erstklassige Garnelen aufgepeppt. Sie können aber auch mit einer am Punkt gebratenen Wachtel mit Sellerie oder einem Black Cod im vorzüglichen Sud aus Butter und Miso mitgehen. Crêpes werden tatsächlich am Tisch flambiert – also eher „old school". Die richtige Moderne zeigt sich im veganen Menü. Ein Kopfsalat auf dehydrierten Karotten und süßem Erbsenpüree wirkt vielleicht noch etwas verkopft. Dagegen die erdig-herbe Rote-Rüben-Suppe, in der sich reifste Himbeeren zu fruchtiger Süße auflösen mit bitterer Kontrast dank des Chioggia-Radicchios aufkommt und Ravioli mit sanfter Sonnenblumenkern-Fülle abrunden – ein wunderbareres Aromaspiel. Es geht weiter mit Spargel und Artischocken; und auch da sprühen die Funken. Reintönig und traumhaft dann Kokos als Schaum mit Shiso-Sorbet. Bunt die Happen zuvor und hernach mit dem gelungenen Gang einer Essigpraline. Gut gewählt sind auch die begleitende Weine aus einer weiten Karte. Sehr höflich und kundig das Service.

à la carte: 16–56 €

Tel.: 0662 848 55 50

5020 Salzburg
Mönchsberg-Park 26

www.monchstein.at
salzburg@monchstein.at

tgl. 12–13.30 und
18–21.30 Uhr
variabel

GOLDENER HIRSCH 13/20

Nach der Opernpremiere der Salzburger Festspiele geht das traditionelle Publikum noch immer gerne in den Goldenen Hirschen. Als der Investor Hans-Peter Wild das 600 Jahre alte Haus kaufte, hatten Renovierungs-Millionen ein zentrales Ziel: die Gäste sollen davon bloß nichts merken. Weiterhin stehen die Tische demnach unter den historischen Gewölbebögen. Immerhin wurde das kulinarische Angebot umfangreicher. Neben Tafelspitz, Schnitzel und Bauernente (tadellos) bietet die Karte nun auch zeitgemäße Alternativen: Flusskrebs-Sulz, Selleriesuppe, Rindszunge auf Belugalinsen oder Kürbiskern-Parfait, alles gekonnt und einwandfrei zubereitet. Die Weinkarte ist gar nicht so hochpreisig, wie man befürchtet, die Beratung ist freundlich und kompetent. Ein konservativer Fixstern in neuem, alten Glanz.

à la carte: 20–50 €

Tel.: 0662 808 40
5020 Salzburg
Getreidegasse 37

www.goldenerhirsch.com
goldener.hirsch@
luxurycollection.com

tgl. 12–14.30 und
18.30–22 Uhr

Bewertungen:

11 bis 12,5 Punkte von 20 Punkten: 1 Haube
13 bis 14,5 Punkte von 20 Punkten: 2 Hauben
15 bis 16,5 Punkte von 20 Punkten: 3 Hauben
17 bis 18,5 Punkte von 20 Punkten: 4 Hauben
19 bis 19,5 Punkte von 20 Punkten: 5 Hauben

HUBER'S IM FISCHERWIRT

15,5/20

Koch: Harald Huber

Nicht nur zur Festspielzeit gibt es bei Huber's kulinarische Festakte. Klassischer geht eine edle Speisekarte wohl nicht. Gehobenes Ambiente mit dem Hang zu etwas zu viel. Es ist eben eine recht „laute" Inszenierung. Das gilt auch für die Speisekarte: Kaviar, Trüffel, Gänseleber. Manche mögen das. Ein Mittagessen an einem entspannten Samstag kann hier schon mal Stunden dauern. Und das im positiven Sinne. So gibt es Steinpilze – wunderbar in jeder Variation –, gut zubereiteten Fisch und eine Hummer-Bisque, die Freude macht. Die Trüffelnudeln und das Lamm waren dahingegen weniger spannend. Eine hohe Glaskultur bietet den passenden Rahmen für weinfeuchte Träume; das Angebot ist wirklich reizvoll. Einen Schwung mehr Mut und neue Kompositionen würden dem Haus gut tun. Das notwendige Handwerk ist hier jedenfalls vorhanden.

à la carte: 7–65 €

Tel.: 0662 424 059
0664 885 141 13

5020 Salzburg
Peter-Pfenninger-Straße 8

www.fischerwirt-liefering.at
restaurant@
fischerwirt-liefering.at

Do–Mo 11.30–22 Uhr

♿

IKARUS

19/20

Red Bull Hangar-7

Koch: Martin Klein

SERVICE AWARD 2011, AMBIENTE AWARD 2006

Martin Klein ist Gralshüter eines kostbaren kulinarischen Schatzes, der sich in 18 Jahren mit monatlich wechselnden Gastköchen aus aller Welt angesammelt hat. Tausende Rezepte sind in dutzenden Büchern auch bestens dokumentiert. Gleichzeitig erweitert er, gemeinsam mit seinem Team rund um die beiden Küchenchefs Tommy Eder-Dananic und Martin Ebert, diesen Schatz an Rezepten jeden Monat. Mitunter wird übersehen, dass es neben den prominent besprochenen Gastkochmenüs auch stets ein monatlich wechselndes Ikarus-Menü gibt. Wieso man sich diesen enormen Aufwand antut? Das eigene Menü stellt eine komplementäre Antwort auf das jeweilige Menü des Gastkochs dar, um ein stimmiges „Ausweichen" bei eventuellen Unverträglichkeiten bieten zu können. Außerdem gibt es gar nicht so wenige Gäste, die das Ikarus mehrmals pro Monat besuchen. Dass das Restaurant durchschnittlich alle 30 Tage einen neuen internationalen Gastkoch präsentiert, stimmt nicht ganz.

Tel.: 0662 219 70

5020 Salzburg
Wilhelm-Spazier-Straße 7a

www.hangar-7.com
office@hangar-7.com

Mo–Do 19–22, Fr–So 12–14 und 19–22 Uhr

Schließlich hat das Jahr zwölf Monate, eingeladen werden jedoch nur elf Gastköche. Im August dürfen Martin Klein und sein Team ihre eigene Kreativität in den Vordergrund rücken. Schon bei den einleitenden Miniaturen mit Kaviar, Hummer, Jakobsmuschel und Gänseleber zeigt sich, wohin die Reise geht – in den siebten Himmel. Ja, man braucht diese Luxusprodukte nicht jeden Tag, aber wenn sie in überzeugender Qualität und perfekter Zubereitung als Appetithappen zu Tisch schweben, stellen sich unweigerlich Glücksgefühle ein. Und diese reißen bis zu den Desserts nicht mehr ab. Scheinbar Einfaches (gefüllte Calamari in Grüner Sauce, Paradeiser mit Frischkäse) wechselt dabei mit Exklusivem (Wagyufilet mit Aal und schwarzem Trüffel oder BBQ-Steinbutt). Es handelt sich also um mehr als um eine bloße Aneinanderreihung von elitären Lebensmitteln. Es ist hingegen eine abwechslungsreiche, kulinarische Reise, bei der jede Station ihren eigenen, ganz besonderen Reiz hat. Außerdem zeigt die ehrgeizige Küchencrew, dass sie alle nur denkbaren Garmethoden im kleinen Finger hat und jeder Gang ganz unterschiedlich zubereitet und individuell komponiert wird. Die Ikarus-Köche sind eben keine „One-Trick-Ponys". Ein fruchtiges (Heidelbeeren mit Zitrone) und ein schokoladiges Dessert (mit Nektarinen, Shiso, Koji und Sesam) sorgen für ein fulminantes Finale. Die glasweise Weinbegleitung ist ähnlich gelungen: immer passend, reizvoll und außergewöhnlich. Eine Tour von Prestige-Etiketten auf sich zu nehmen wäre zwar teuer, aber von der Idee her viel zu billig. Der einzige Bordeaux des Abends war ein junger Chardonnay. Der perfekt gelagerte Burgunder zum Steinbutt kam aus dem Burgenland. Und wie gut Tempranillo reift, zeigte eine über 30 Jahre alte Gran Reserva aus der Rioja. Weine aus Deutschland (Riesling) und Österreich (Lagen-Sauvignon aus der Südsteiermark, Grüner Veltliner Smaragd aus der Wachau) sowie Champaganer zum Auftakt und zum Finale rundeten die flüssige Reisebegleitung grandios ab. Dass Tischkultur und Ambiente in der absoluten Oberliga beheimatet sind, ist schon lange bekannt. Auch der Service zeigte sich souverän, kompetent und mit einer Freude bei der Sache, wie man es nur selten erlebt. In dieser bestechenden Form ist das Ikarus ohne Wenn und Aber eines der besten Restaurants unseres Landes. Neugierige Genießer freuen sich darauf, dass man hier Monat für Monat die Kreationen eines bekannten internationalen Gastkochs probieren kann. Die mögen je nach persönlichen Vorlieben mehr oder manchmal auch weniger begeistern. Wir erachteten dieses weltweit einzigartige Konzept als reizvolles Zusatzangebot. Das soll aber nicht vergessen lassen, dass man hier an (fast) jedem Tag des Jahres ein Menü des Ikarus-Teams auf eindrucksvollem 5-Haubenniveau geboten bekommt.

à la carte: 26–72 €

IMLAUER SKY – BAR & RESTAURANT

11,5/20

im IMLAUER Hotel Pitter Salzburg

Die Lage ist hier der große Trumpf: sechster Stock, Terrasse und große Fenstern samt Blick über die Stadt. Das lockt viele junge Leute an. An warmen Abenden wird jeder Tisch daher zweimal verkauft. Die Speisekarte ist eher schmal gehalten und wechselt gelegentlich. Klar, dass sie Mainstream bieten muss, Salate für die Damen, Steaks für die Herren (oder anders herum). Die Wartezeit auf Speisen ist kurz. Ob nun die marinierte Forelle oder der gebratene Saibling, ob Karottensuppe oder Lammkrone – alle Gerichte sind ganz ordentlich zubereitet, wenngleich man das Gefühl nicht los wird, all das schon einmal besser gegessen zu haben. Sehr gut, dann die Desserts. Die Weinkarte ist klein gehalten und beinhaltet kaum Überraschungen. Der Service agiert freundlich.

à la carte: 6–35 €

Tel.: 0662 889 786 66

5020 Salzburg
Rainerstraße 6

www.imlauer.com
skyrestaurant@imlauer.com

tgl. 11.30–14 und 17–23 Uhr

M32

12,5/20

Koch: Toni Fritzenwallner

Klar, dass es das M32 in jeden internationalen Reiseführer schafft. Die Lage auf dem Mönchsberg mit Blick erste Reihe fußfrei auf die barocke Altstadt, die Indoor-Installation von hunderten Hirschgeweihen an der Decke und das Moderne Museum nebenan – für gewöhnlich muss man unter diesen Umständen eine Touristenfalle befürchten. Hierher zieht es aber auch die Einheimischen. Das liegt am Pächter, Sepp Schellhorn – Multigastronom und Ex-Politiker, der in seinem Prestigerestaurant auf Qualität achtet. So ist die Fischsuppe schön paradeiserlastig, die Reinanke kross gebraten und die Variation von der Valrhona-Schokolade eine gelungene Mischung aus intensiven, süß-salzigen Aromen. Tadellos ist auch das Weinangebot. Der Service agiert professionell und freundlich. Nur die Preise haben einen Höhenzuschlag bekommen – man zahlt halt auch für den besten Blick auf Salzburgs Schönheit.

Tel.: 0662 841 000

5020 Salzburg
Mönchsberg 32

www.m32.at
info@m32.at

Di–So 9–23 Uhr

♿

PAN E VIN

13,5/20

Koch: Jürgen Buchsteiner

Nicht alleine während der Festspielsaison erfreut sich das Pan e Vin großer Beliebtheit. Das gemütlichste Nobelrestaurant der Stadt im 600 Jahre alten Gebäude hat schon längst Kultstatus erreicht. Dafür verantwortlich ist selbstverständlich nicht nur die Lage, sondern auch die mediterrane Küchenlinie von Chefkoch Jürgen Buchsteiner, der in seinen Gerichten nur die besten Produkte verarbeitet. Der Schwerpunkt liegt auf Krustentiere und Meeresfische, mit dem Menü ist man auf jeden Fall gut beraten. Sehr fein sind die Hummer-Ravioli, zart und edel das Filet vom Almochsen mit Trüffelpüree. Natürlich kann auch à la carte bestellt werden. Loup de mer auf Scampi-Risotto oder der frische Steinbutt sind hier stets eine Bank. Die Weinauswahl ist flaschen- sowie glasweise beachtlich.

Tel.: 0662 844 666

5020 Salzburg
Gstättengasse 1

www.panevin.at
info@panevin.at

PARADOXON

16/20

Koch: Martin Kilga

Der Name kündigt es an: in diesem Restaurant soll alles anders sein, paradox eben. Geboren als Pop-up, dann sesshaft geworden. Chef und Koch Martin Kilga stellt sich der Herausforderung, anders, aber natürlich auch sehr gut zu kochen. Modern-karg die Ausstattung: Tische ohne Tuch stehen auf blankem Estrich, kräftige Bilder hängen an den Wänden, das Serviceteam trägt Schwarz. Konzentration auf die Teller – jeder ist farblich abgestimmt. Zur Burrata trafen sich Erdbeeren und Spargel in Harmonie. Die zarten Calamaretti bekamen fruchtigen Kontrast aus Orangen und Fenchelsalat. Der Rücken vom Mangalitza-Schwein, lauwarm aufgeschnitten, lag auf einem Paprikabett. Genial die Kombination von Jalapeños und Schokolade zum Kalbsbries. Die Desserts wählt man am Buffet: ein Rhabarber-Törtchen war hübsch knusprig geraten. Auch die Weinkarte muss man sich erwandern: in einem Regal stehen ausschließlich Flaschen weit weg vom Mainstream, was nicht zwingend bedeutet, dass es sehr günstig ist. Das Publikum ist recht jung, die Atmosphäre tatsächlich locker. Und das Essen wirkt einfallsreich – Gerichte wie hier bekommt man definitiv nicht überall.

à la carte: 12–32 €

Tel.: 0664 161 61 91
5020 Salzburg
Zugallistraße 7
www.restaurant-paradoxon.com
restaurant.paradoxon@gmx.at
Do, Fr–So ab 18,
Sa, So 10–14 Uhr
✻ variabel

PROSECCO

12,5/20

Alle lieben Prosecco. Aber auch ein gutes Glas Spumante kann die Stimmung heben. In dieses kleine, aber feine italienische Ristorante, das über eine große einheimische Fangemeinde verfügt, kehrt man jedoch nicht nur wegen des italophilen Weinangebots oder der besonderen Gemütlichkeit ein, sondern vor allem wegen der verlässlich guten Küche. Die Gerichte sind traditionell und werden ohne viel Firlefanz zubereitet – so wie wir es lieben. Egal ob Fisch oder Fleisch – auch das eine oder andere vegetarische Gericht gibt es natürlich – hier bekommen Italienliebhaber genau das, was sie sich erwarten. Erfreulich, dass die Desserts saisonal wechseln – schließlich gibt es unter Italiens Dolci nicht nur Tiramisu oder Panna cotta. Die Weinkarte ist überschaubar, bietet jedoch genug Auswahl, um jede Speise passend zu begleiten. Hohe Tischkultur und ein sehr persönlicher Service tragen ebenfalls zur anhaltenden Beliebtheit des sympathischem Ristorantes bei.

Tel.: 0662 834 017
5020 Salzburg
Nonntaler Hauptstraße 55
prosecco.hk@hotmail.com

REINHARTSHUBER

14/20

Koch: Christoph Reinhartshuber

Die neuen Pächter machen es den Salzburgern nicht leicht. Sie nennen ihr Restaurant selbstbewusst so, wie sie heißen: Reinhartshuber. Dabei ist eher der Ort bekannt: das Gwandhaus. Ein Schloss samt Park, der im Gebirge zu enden scheint. Feine Stoffe und Säulen, toll die Terrasse. Küchenchef und Patron Christoph Reinhartshuber kocht Internationales: Quinoa-Salat mit Orangen oder Jakobsmuschel mit Chorizo parfümiert. Gut ist auch das Fleisch von Reh- wie Lammrücken, erstklassig der Schokoflan mit Mohneis. Interessante Weinauswahl, freundlich das Service unter Ehefrau Stefanie Reinhartshuber. Eine Küche, passend zum edlen Gebäude.

à la carte: 8–38 €

Tel.: 0662 469 663 40
0664 222 53 79
5020 Salzburg
Morzger Straße 31
www.restaurant-reinhartshuber.at
office@restaurant-reinhartshuber.at
Mi–So 12–14 und 18–21 Uhr

SACHER – ZIRBELZIMMER

12,5/20

Koch: Michael Gahleitner

Im Sacher sind sie stolz auf ihr Restaurant Zirbelzimmer, unverändert seit 1866, sehr traditionell gehalten in Holz mit Geweihschmuck. Und doch sitzt es sich schöner draußen auf der Terrasse über der Salzach und dem bunten Strom der Flaneure. Zur gebotenen klassisch-österreichischen Kost gesellen sich interessante Kreationen: Intensive Steinpilzsuppe, Zweierlei vom Hasen, Bressehuhn und Marillenknödel. Das Serviceteam ist von charmanter Professionalität. Die Weinauswahl wirkt erfreulich.

à la carte: 8–40 €

Tel.: 0662 889 772 381
5020 Salzburg
Schwarzstraße 5–7
www.sacher.com
salzburg@sacher.com
tgl. 18–21.45 Uhr
✻ variabel
♿

SCHLOSS AIGEN

14,5/20

Koch: Kurt jun. Berger

Franz Joseph schaut gerahmt auf die Gäste, die in der alten Stube mit knarrendem Holzboden seine Lieblingsspeise verzehren: gesottenes Rindfleisch. Und es war einer seiner Urenkel, der den Gasthof Schloss Aigen zum Rindfleischtempel machte. Was dieser, zwei Pächter später, wegen des großen Erfolges noch immer ist. Passt ja auch ins noble Aigen, wo nebenan ein echtes, gräfliches Schloss grüßt. Wer nach dichter Rindsbrühe mit Markscheiben das Duett aus Hieferschwanzl und Schulterscherzl bestellt, bekommt zu grandiosem Fleisch noch dreierlei Kren und eine perfekt zubereitete Rösti. Rosa gebraten gelingt auch das Rind als Zwiebelrostbraten. Das finale Apfelsorbet zeigt Intensität. Die Weinkarte erfreut mit guter Österreich-Auswahl und die Preise sind gar nicht so hoch, wie das imperiale Umfeld befürchten lässt.

Tel.: 0662 621 284
0664 408 15 15

5026 Salzburg/Aigen
Schwarzenberg-
promenade 37

www.schloss-aigen.at
office@schloss-aigen.at

Do, Fr 11.30–14 und 17.30–21.30, Sa, So 11.30–21.30 Uhr

SENNS.RESTAURANT

18,5/20

Köche: Andreas Senn & Christian Geisler

Schon das Ambiente in der ehemaligen Glockengießerei ist spektakulär: Vorne die Schauküche, die Wände tragen stolz Steinziegel in Schwarz, zur Rechten hängt die riesige Glocke als Hommage an die alte Fabrik. Es ist ein Ort der Gegensätze. Denn so schroff das Lokal wirkt, so feinsinnig zeigen sich die Gerichte, die Haubenkoch Andreas Senn – einer Festspielstadt wie Salzburg würdig – als großes Theater inszeniert. Auf seiner Bühne machen internationale Publikumslieblinge wie Languste, Bluefin-Tuna, Imperial Kaviar oder Wagyu-Beef eine blendende Figur. Wer heute eine Darbietung mit diesen Luxusprodukten wagt, der muss sie auch in ein perfektes Zusammenspiel bringen, um nicht Gefahr zu laufen, nur der großen Namen willen auftrumpfen zu wollen. Um es vorweg zu nehmen: Andreas Senn gelingt das mit Bravour. Pure Harmonie versprüht der Saibling im Paradeiser-Sud mit Zitronenverbene und grünem Apfel. Es folgt eine famose Komposition aus Enteneber und Räucheraal sowie Steinpilz als erdige Komponente. Der Tristan Lobster, ein Wildfang von der Insel Tristan da Cunha im Südatlantik, wird mit gelber Karotte, Spitzkrautröllchen und Sanddorn serviert. Der schwarze Seehecht glänzt in der Ajo Blanco mit Imperial Gold Kaviar. Jede Aufführung braucht ihren Höhepunkt: Bei uns war es der Bauchlappen des Bluefin-Tunas aus dem nachhaltigen Fang von Manuel Balfegó, der sich im Spannungsbogen zwischen angenehmer Süße der Rotweinsauce und eleganter Säure von Ingwerblüten und Fenchel zeigt. Alles durchdacht, alles grandios. Und da wären wir schon bei der kleinen Kritik, vor der man in Salzburg ja nie zurückschrecken darf: Bei all der Ausgewogenheit dieses kulinarischen Meisterwerks sehnt man sich zwischendurch einen kleinen Ausreißer herbei, der das erwartbar Luxuriöse durchbrechen und für einen Kontrapunkt sorgen würde. Aber das ist zugegebenermaßen eine Kritik auf allerhöchstem Niveau.

à la carte: 24–56 €

Tel.: 0664 454 02 32

5020 Salzburg
Söllheimerstraße 16,
Objekt 6, im Gusswerk

www.senns.restaurant
info@senns.restaurant

Di–Sa 18–21.30 Uhr

ST. PETER STIFTSKULINARIUM

13,5/20

Genussstube Achthundert&Drei

Koch: Christopher Grassall

Die Signature Drinks – etwa der Rat Pack Manhattan, der am Tisch mit Rauch verfeinert wird – sollte man bei einem Besuch im St. Peter Stiftskulinarium unbedingt probieren. Wer nicht wegen der exzellenten Cocktails hier eingekehrt, der wird mit guter Küche verwöhnt. Egal ob es eine Gazpacho, die Teigtasche – gefüllt mit Ricotta, Garnele und Austernpilz – oder die frittierten Calamari mit Süßkartoffelpommes und Mayonnaise ist – alle Gerichte, die die Küche verlassen, sind in sich stimmig. Dass hier – im Zentrum von Salzburg – die Salzburger Nockerl als Dessert hoch im Kurs stehen, versteht sich fast von selbst. Man sollte das Servicepersonal aber fragen, ob es süße weitere Alternativen gibt. Es lohnt sich.

Tel.: 0662 841 26 80

5020 Salzburg
St. Peter Bezirk 1/4

www.stpeter.at
reservierung@stpeter.at

Mo–Fr 12–14.30 und 17.30–21.30, Sa, So 12–21.30 Uhr

♿

STRASSERWIRT

12,5/20

Koch: Gerit Quintus

Jahrelang hat Gerit Quintus für den Formel-1-Zirkus gekocht. Klar, dass ihm internationale Küche liegt. Aber im bürgerlichen Strasserwirt muss er auch Tafelspitz und Schnitzel auf die Karte setzen, sonst gibt es eine Revolution – oder einen Fehlstart. So kann der Gast zwischen gemütlichen Stuben und einem großen Garten wählen, auch zwischen traditioneller und kreativer Kost. Wobei auch Gewohntes mit modernem Twist daherkommt: Paprikahendl ausgelöst als Hühnergulasch samt sehr guten Nockerl. Andererseits geschmorte, würzige Pimientos oder ein kleiner ganzer Karfiol im Curry-Staub. Die Weinkarte ist schmal, das Serviceteam agiert freundlich. Ein interessanter Küchen-Mix, wenngleich etwas mehr Mut nicht schaden würde.

Tel.: 0664 400 22 61

5020 Salzburg
Leopoldskronstraße 39

www.derstrasserwirt.at
reservierung@
derstrasserwirt.at

YAOYAO

11/20

Ausgezeichnetes Essen und ein chaotisches Service. Auf diese Tatsachen sollte man sich einstellen, wenn man im Yaoyao eingekehrt. So kann es ziemlich lange dauern, bis die Gerichte serviert werden. Wir waren schon versucht, aufgrund der überlangen Wartezeiten das Restaurant unverrichteter Dinge zu verlassen. Doch dann hätten wir ein schlussendlich vorzügliches Essen versäumt. So schmecken Sushi und Sashimi bestens. Die mit Schweinefleisch gefüllten Teigtaschen sind leicht pikant und die Ente kommt mit süßer Pflaumensauce auf den Tisch. Bei den Desserts ist noch Luft nach oben. Eine kleine Weinauswahl rundet das Angebot ab.

Tel.: 0662 257 447
5020 Salzburg
Europastraße 1
www.yaoyao.at
restaurant@yaoyao.at

ZUM BUBERLGUT

14/20

Koch: Mathias Kraus

Die Stammgäste schätzen die Küche und das aufmerksame Service zu Recht. Zum Glas Sekt werden im über 400 Jahre alten Gebäude frisch aufgeschnittener Rohschinken und reichlich Weißbrot serviert. Die Gänseleberterrine mit Kirschen und eingelegten Shiitake-Pilzen überzeugt ebenso, dazu gibt es flaumiges Brioche. Auch die Jakobsmuscheln mit Limettencreme und Paradeiser können mit den hohen Erwartungen mithalten, gleiches gilt für das Zwiebelrisotto mit Artischoken und dem Seesaibling mit Eierschwammerl. Klassiker und immer Gutes wie Topfenknödel mit Haselnussbrösel oder Zitronesorbet mit Wodka findet man bei den Nachspeisen. Zu Mittag gibt es ein preisgünstigeres Menü.

à la carte: 12–50 €

Tel.: 0662 826 866
5020 Salzburg
Gneiser Straße 31
www.buberlgut.at
salzburg@buberlgut.at
Mi–So 12–14 und 18–24 Uhr

SMØRREBRØD

Tipp

Für ein Stück skandinavisches Lebensgefühl muss man keine lange Reise auf sich nehmen, denn in Mülln in Salzburg steht seit nicht allzu langer Zeit ein Restaurant, dessen Speisekarte tatsächlich einzigartig ist. Elch, Rentier-Carpaccio und das namensgebende Smørrebrød werden anstelle eines klassischen Wiener Schnitzels serviert. Das nordische Motto spiegelt sich nicht nur auf den Tellern, sondern auch in den Räumen wider.

Tel.: 0662 427 823
5020 Salzburg
Müllner Hauptstraße 26
goddag@smorrebrod.at

ST. GILGEN H3

ATELIER BY INNOVATION COOKING

16/20

Koch: Stefan Fischer

Der Name des Restaurants ist irgendwie irritierend, doch bewusst gewählt. Patron und Küchenchef Stefan Fischer ist ein kunstsinniger Mensch, der in seiner Freizeit selbst gerne zum Pinsel greift, um sich auf großen Leinwänden kreativ auszuleben. Die Grenzen zur Kochkunst sind dabei fließend, was bei der Gestaltung des Geschirrs auch konkrete Form annimmt. Ja, kreativ ist der immer noch jugendlich wirkende Koch tatsächlich. Und ein paar Gerichte, die das Zeug zum Signature Dish haben, hat er auch schon entwickelt. Die gebeizte Honigmelone ist tatsächlich eine stimmige Begleitung zum Beef Tatar – veredelt mit marinierten Senfkörnern, gepufftem Wildreis und Gartenkräutern. Beim Fisch-Einkauf vertraut der Küchenchef den Fischern vom Wolfgangsee. Streng regional ist seine ambitionierte Küche dennoch nicht. Rote Garnelen aus dem Mittelmeer (glaciert mit Spargel und Hopfensprossen auf Zucchinicreme) gehören genauso dazu, wie piemontesischer Trüffel oder Foie gras aus Frankreich. Ein weiterer kulinarischer Schwerpunkt sind Steaks in verschiedenen Präsentationsformen. Die Luxusvariante mit Garnelen und Gänseleber finden wir etwas zu bemüht. Das ist wohl dem jugendlichen Elan geschuldet. Was solls, manche Gästen lieben genau das, andere bestellen einfach die puristische Variante. Besser kommt Fischers Kreativität beim Trüffelschwein mit äthiopischem Blattkohl und Chorizo oder der mit Erdnussbutter gefüllten französischen Poularde zur Geltung. Weil es im Winter rund um den See doch eher ruhig wird, sperrt der tatenhungrige Koch sein Atelier von November bis April zu, um in dieser Zeit im Luxushotel Seekarhaus in Obertauern groß aufzukochen.

à la carte: 15–44 €

Tel.: 06227 70 40
0664 266 17 10
5340 St. Gilgen
Ischlerstraße 16
restaurant-atelier.eatbu.com
info@innovation-cooking.at
Do–Di 18–23 Uhr
bis Ende Mai, Nov.–Dez. 2022

BATZENHÄUSL

14/20

Landgasthof – Restaurant

Koch: Christof Ehart

Bei Christof Ehart gibts nun auch Fish & Chips – in seiner Fischerhütte vis-à-vis. Quasi ein finanzielles Zubrot für sein Batzenhäusl, in dem weiter fein gekocht wird. Das Gebäude diente zur Barockzeit als Mauthaus, der Batzen öffnete den Weg von Salzburg nach Österreich. Die sehenswerte Holztramdecke in der Stube stammt noch aus jener Zeit. Auch im Garten sitzt man angenehm. Der Fisch auf der Karte ist vom Mondsee – Saibling im Wildfang. Wir bekamen sogar zwei Exemplare, weil kleiner, dafür umso zarter. Man sagt, die Mozarts seien hier auf Rindsrouladen eingekehrt. Wahr oder nicht – sie sind heute noch gut. Sonst verlässt Ehart gern die Region mit Oktopus zum Carpaccio und dichter Kokos-Curry-Suppe und kehrt mit Topfenknödel in knusprigen Bröseln wieder heim. Die Weinkarte mit 600 Positionen ist legendär und fair kalkuliert. Man sichtet gelegentlich auch Vinophile, die sich zu einer speziellen Flasche das passende Essen komponieren lassen. So ist viel Betrieb auf beiden Seiten der Straße, eine Reservierung ist daher empfehlenswert.

à la carte: 20–35 €

Tel.: 06227 23 56
5340 St. Gilgen
Schmalnau 1
www.batzenhaeusl.com
info@batzenhaeusl.com
Mo, Di, Fr, Sa 17–21.30, So, Fei 11.30–13.30 und 17–21.30 Uhr
variabel

HAUS AM HANG

15/20

Panorama-Restaurant & Terrasse

Koch: Lucas Bocsa

Im Gang zum Restaurant steht ein Weinschrank, gefüllt mit internationalen Etiketten – 13 verschiedene Champagner zeigen, welche Ansprüche man verfolgt. Das Esszimmer wirkt elegant mit Parkettboden, Lederfauteuils und Blumenarrangements samt Blick auf den Wolfgangsee, für den man Eintritt verlangen könnte. Ja, hier gibt es Luxus zu erleben. Küchenchef „Lucky" Bocsa legt zwei Menüs auf: ein leichtes mit Fisch, das andere mit Fleisch. Regional sind die Zutaten jedoch woanders, hier gibt es globale Küche. Auffallend ist das bereits beim ersten Happen, einer Chorizo-Frühlingsrolle auf schwarzen Linsen, sie ist erstklassig abgeschmeckt. Garnelen kommen als zartes Tatar, die Jakobsmuscheln gegrillt in zweierlei Saucen. Der Grammelknödel und die Blunzen ist kraftvoll, die Paprikakomponenten zum rosa Lammrücken fein und harmonisch. Danach fließt hausgemachtes Vanilleeis über warme Himbeeren, und schon wieder so ein exakt kalkuliertes Vergnügen. Die glasweise Weinbegleitung dockt wunderbar an die Aromen auf dem Teller an, der Service ist kundig. Ja, der Luxus in diesem Panorama-Restaurant macht Spaß.

à la carte: 20–80 €

Tel.: 0664 443 57 01
5340 St. Gilgen
Mondsee-Bundesstraße 10
www.haus-am-hang.at
office@haus-am-hang.at

ST. JOHANN IM PONGAU — H4

REINBACHSTUBE

11,5/20

Köche: Alfred Rohrmoser & Alfred Mössler

Neben der Bundesstraße liegt der Traditionsbetrieb aus Gasthaus und Pension, die Reinbachstube. Die 30-jährige Geschichte hinterlässt zwar ihre Spuren in Einrichtung und Ambiente, was hingegen Vater und Sohn gegenwärtig in der Küche zaubern, ist erstklassig. Fredi & Fredi jun. kochen regionale Köstlichkeiten nach überlieferten Rezepturen, genauso wie Hausmannskost im modernen Gewand. Die Herzlichkeit und die Servicequalität sind besonders hervorzuheben. Für Leute, die Entscheidungsschwierigkeiten haben, lohnt sich das Überraschungsmenü. Es zeigt deutlich die Vielfältigkeit der Küche und die Fähigkeiten der Köche. Die Atmosphäre ist wohl nicht jedermanns Geschmack, die Speisen vermeintlich schon.

Tel.: 06412 60 23
5600 St. Johann im Pongau
Bundesstraße 9
www.reinbachstube.at
info@reinbachstube.at
Mo, Di, Fr, Sa 11.30–14 und 17.30–21, So 11.30–14 Uhr

ST. VEIT IM PONGAU H4

SONNHOF 17,5/20

Genießer- und Verwöhnhotel

Koch: Vitus Winkler

Vitus Winkler nennt sein Konzept „Kräuterreich". Für das, was der Chefkoch in dem kleinen Ort im Pongau auf die Beine gestellt hat (und immer noch stellt), ist der Name eher Understatement. Denn die Reise ist viel weiter, viel umfassender, auch, wenn Kräuter dabei eine tragende Rolle spielen. Vitus Winkler gibt in seinem Menü dem Konzept Herkunft eine völlig neue Bedeutung. Die verschiedenen Ursprünge werden schlüssig und nachvollziehbar zu Kategorien zusammengefasst. In Wirklichkeit spricht der Haubenkoch von Terroirs, wenn er „Fluss & See", „Wald & Wiese", „Am Feld" oder „Auf der Alm" sagt. Aber der Reihe nach. Als Apéro (flüssig) wird ein hausgemachtes Lockdownprojekt angeboten: Wermut. Den sollte man keinesfalls ausschlagen. Dann die feststofflichen Apéros. Allen voran der knusprige „Stein", mittlerweile ein Signature-Gruß, immer wieder unterschiedlich gefüllt. Wenn man Glück hat (wie in unserem Fall) mit Tatar von der Pinzgauer Gams mit Eierschwammerlschaum und Moos. Was für ein Auftakt. Noch ein Hallo, das über einen klassischen Gruß weit hinausgeht: das Wachtelnest mit Holunderkapern. Dann, zwei Gänge, die ersten beiden regulären, die sprachlos machen. Zuerst eine Pfarrwerfener Lachsforelle mit Mais, Radieschen und – eine echte Überraschung – einem Blatt Zitronen-Agastache. Der Hauptgang, Terroir „Am Feld", war Kalb mit Mädesüß. Rücken und Bries (das Bries à part serviert), der Rücken mit Maruschka Karotte, Gelber Rübe und Haselnuss verfeinert. Das Menü ist eine durch und durch durchdachte und gestylte Performance ohne Hänger oder Schnitzer. Eine perfekt getaktete Reise, die mit der entsprechenden Weinbegleitung zum unvergesslichen Erlebnis wird.

à la carte: 9–45 €

Tel.: 06415 43 23
0664 886 240 05

5621 St. Veit im Pongau
Kirchweg 2

www.verwoehnhotel.at
sonnhof@verwoehnhotel.at

Do–Mo 18–23 Uhr

STROBL J3

SEESUSHI 11/20

Koch: Dominik Edlinger

Dominik und Viki Edlinger setzen im SeeSushi auf Fische aus der Region und auch bei den anderen Zutaten versucht man auf lokale Erzeugnisse zurück zu greifen. So werden die Sashimi aus Auseer Saibling und Seeforelle hergestellt und die Gebirgsgarnele wird in Tempurateig serviert. Dazu gibt es Teriaky Glaze oder Wasabi-Limetten-Mayo. Der Aberseer Schafskäse mit eingelegten Pilzen, das frittierte Huhn oder das Rindfleisch mit Miso Jus schmecken, selbstverständlich ist auch für den passenden Weiß- und Rotwein gesorgt. Wer Lust auf etwas Süßes verspürt, der sollte die Guyana-Schokolade mit Rhabarber probieren.

Tel.: 06137 54 31

5350 Strobl
Weißenbachtalstraße 15

seesushi.net
office@seesushi.net

STUHLFELDEN G4

SCHWAIGERLEHEN – BERNGARTEN 12/20

Rauchkuchl

Im 500 Jahre alten Bauernhof genießen die Gäste in der Rauchkuchl ein sehr kreatives Fünf-Gang-Überraschungsmenü. Zur Begrüßung gibt es erfrischenden Obstschaumwein. Originell präsentierten sich hausgemachte Wurstspezialitäten vom Rind und Hirsch sowie das Grammelschmalz. Fein war auch der pochierte Eidotter und Wildkräuter-Spinat. Sehr gut das gebackene Bio-Freilandhuhn mit kaltgerührten Preiselbeeren und Gurkensalat. Die pochierte Bachforelle mit Paradeisersuppe und Frischkäseravioli war ein besonderer Genuss. Allerhöchste Qualität bewies auch der Pinzgauer Rehrücken mit seinen Beilagen. Zum Abschluss erfreute eine gute Tarte Tatin mit Apfel-Rosen-Sorbet.

Tel.: 06562 51 18

5724 Stuhlfelden
Weyerstraße 8

www.schwaigerlehen.at
anfrage@schwaigerlehen.at

TAXENBACH H4

TAXENBACHERHOF Tipp

Im schönen Pinzgau am Rande des Nationalparks Hohe Tauern befindet sich der Taxenbacherhof, in dem Küchenchef Wolfgang Brugger mit seinem Team die Gäste mit kulinarischen Highlights verwöhnt. Ob Gourmetmenü oder à la carte, traditionell oder innovativ – für alle Geschmäcker ist gesorgt. Auf der Weinkarte finden sich feine Tropfen und in der angenehmer Umgebung vergisst man leicht den Stress des Alltags.

à la carte: 10–30 €

Tel.: 06543 52 15
5660 Taxenbach
Raiffeisenstraße 6
www.taxenbacherhof.at
info@taxenbacherhof.at
Mo, Mi, Do und Fr 18–20.45,
Sa, So 12–14 und 18–20.45 Uhr

THALGAU H3

FORSTHAUS WARTENFELS 12,5/20

Köchin: Ramona Merkel

Das Forsthaus Wartenfels steht tatsächlich am Waldesrand: ein malerisches Holzhaus mit Hirschgeweihen in knapp 1.000 Meter Seehöhe am Fuße des Schobers. Hier starten die Wanderwege zur Burgruine und zum Gipfel. Mittags werden die Ausflügler verköstigt, am Abend die Feinspitze. Urig im alten Holz die Stuben, die Tische edel gedeckt, luftig die Terrasse. Gekocht wird, was gut ist: Garnele zur Suppe, Ingwer zum Saibling, Lauchzwiebeln zum Rostbraten und Schoko mit Kirschen. Die Weinkarte ist angenehm bunt, das Service kundig und freundlich.

à la carte: 5,90–63 €

Tel.: 06235 636 455
5303 Thalgau
Vordereggstraße 32
www.forsthaus-wartenfels.at
forsthaus@wartenfels.at
Mi–So 11–14 und 18–22 Uhr

WALS BEI SALZBURG H3

CUISINO RESTAURANT KLESSHEIM 13/20

im Schloss Kleßheim

Koch: Matthias Irresberger

Roulette, Poker oder Black Jack – es gibt genügend Gründe, um Schloss Klessheim zu besuchen. Einer davon ist auch das gute Essen, das im Cuisino Restaurant den Gästen geboten wird. Im barocken Ambiente – nach einem Glas Champagner oder einem trockenen Martini – genießt man kalte Gurkenschaumsuppe mit Garnele, Kalbstatar mit Eierschwammerl, Filetsteak mit Sauce béarnaise sowie confierten Seesaibling mit Basilikum und Datterini-Kompott. Und bevor es zurück an die Spieltische geht, kann man sich an einem Limetten-Joghurttörtchen mit Himbeeren erfreuen. Die Weinpreise sind für Salzburger Verhältnisse sehr fair kalkuliert, auf Wunsch erstellt das Servicepersonal eine entsprechende Weinbegleitung zu den Menüs.

à la carte: 9–40 €

Tel.: 0662 8544 5518 500
5071 Wals bei Salzburg
Schloss Kleßheim
www.casinos.at
cuisino.salzburg@casinos.at
Mi, Do, So 17–23,
Fr, Sa 17–24 Uhr
♿

SAALACHSTUBN

11/20

Koch: Stefan Fuchs

Die Saalachstubn im Herzen von Wals ist ein Familienbetrieb, bei dem die junge Generation, Stefan Fuchs, die leitende Rolle in der Küche einnimmt und damit eine ansprechende und zeitgemäße Speisenvielfalt ermöglicht. Haubenkoch Fuchs selbst bezeichnet seine Linie als „alpine österreichische Küche" mit internationalem Weitblick. Und so gelingt es ihm, neben traditionellen Wirtshausklassikern einen modernen Twist auf die Teller zu bringen. Beuschel, Schnitzel und Tafelspitzsulz überzeugen dabei genauso wie die hausgemachten Brokkoli-Ricotta Ravioli, die Short Ribs vom Holzkohlegrill oder das Dreierlei von der Schokolade. Ansprechend angerichtet, akkurates Handwerk und faire Preise. Hier kehrt jede Generation gerne ein.

à la carte: 10–30 €

Tel.: 0664 177 91 77

5071 Wals bei Salzburg
Käferheimstraße 152

www.saalachstubn.at
saalachstubn@hotmail.com

Mi–Sa 17–21.30, So 10.30–14.30 und 17.30–21.30 Uhr

WERFEN H3

OBAUER

19/20

Restaurant & Hotel

Koch: Rudi Obauer

RUDI OBAUER, KOCH DES JAHRZEHNTS

Fangen wir beim weniger Erfreulichen an, das geht schneller, denn das Erfreuliche braucht deutlich mehr Zeit und Raum. Also: Das streng gegenderte Amuse gueule (Jungrindtatar mit Karottencreme für die Männer, Karfiolcreme mit Apfel und Papaya für die Frauen) hat seine Zeit gehabt, sie war nicht schlecht, aber sie ist vorbei. Wir kommen zum Erfreulichen, also zum Rest unseres Besuchs im Frühsommer 2021 (die Amuses schmeckten übrigens gleichgeschlechtlich göttlich).

Tel.: 06468 52 12

5450 Werfen
Markt 46

www.obauer.com
ok@obauer.com

Mi 18.30–21, Do–So 12–13.30 und 18.30–21 Uhr
variabel

Es beginnt mit ersten Lockerungsübungen nach einer schwierigen Zeit, in der Rudi Obauer sein Talent zum Instagram-Vorkocher entdeckte, was sein Talent als Chefkoch nicht geschmälert hat. Rudi und sein älterer Bruder Karl sind so etwas wie die Doppelmonarchen der österreichischen Hochküche, Könige eines kulinarischen Weltreichs, das sein Zentrum in Werfen hat und keine Grenzen kennt. Produkte von hier, Geschmäcker von dort, Aromen aus dem Orient, Butter vom Hausberg. Zum Aperitif kommt Murmeltier im Backteig, dazu eine levantinisch angehauchte Kirchererbsencreme, Lammsulz und Olivenkeks. Mit ein paar Happen wird da der Pongau am Mittelmeer verortet. Die Reise kann losgehen, das Ziel ist eine klassische Gourmetküche, die hervorragenden Zutaten die bestmögliche Behandlung zugesteht und dabei keine Kleckse macht. Die Kreativität ist bei Obauers nicht Selbstzweck, sondern Geschmacksfrage: mit Kurkuma eingelegte Gurken, marinierte Wassermelone, Couscous mit Gartenkräutern und Safranjoghurt – nicht auszudenken, wie viel weltzugewandte Komplexität in einem so sinnvoll simplen Gericht möglich ist; und wie viel Frische in einem Fleischsalat vom Ziegenkitz mit Gänseleber, Kohlrabi und Buchen-Aschen-Joghurt. Karl und Rudi Obauer stehen über den Trends der Stunde, sie spielen sich mit den Zeiten, es gibt Klassiker und solche, die es noch werden werden: ihren Forellenstrudel mit Veltlinersauce natürlich, aber auch das Gams-Carpaccio mit rosa Rehfilet, Safranapfel, Gewürzhonig und Schwarzbeersenf. Bei aller Liebe zur Regionalität lassen sich die beiden Kochgrößen nie festlegen, sie kochen frei von Zwang und Zwanghaftigkeit, spielen mit Luxuszutaten (Karpfenaspik mit Hummer, Sauerampfer-Creme, Essig-Reinanke und Kaviar) und selten Gewordenem (glacierte Kalbsniere, ganz puristisch mit Jus und Eierschwammerln) und können sich dabei immer auf ihr hervorragendes Serviceteam verlassen sowie auf einen Weinkeller, der alle alten und neuen Stücke spielt. Das Erfreuliche nimmt in Werfen tatsächlich kein Ende, das Menü leider schon, doch es ist ein Happy End: Topfenpfirsich mit Buttermilch-Kokos-Mus und Zitronenblatt-Eis. Mit einem Wort: Pures Glück.

à la carte: 18–65 €

ZELL AM SEE G4

DAS VOGL

11/20

im Haidvogl Mavida Hotel Zell am See

Koch: Michael Rohrmoser

Ein modernes Ambiente und Speisekarten am Tablet präsentiert. Zur Begrüßung gibt es originellen Erdäpfelnidei. Sehr gut ist die Gemüse-Essenz mit Butternockerl. Fein, das Duett vom heimischen Maibock, einmal geschmort mit Sellerie, Rhabarber und Portwein, einmal rosa gebraten mit grünem Spargel. Das tadellos zubereitete Filet von der Bachforelle mit Risottopraline, Mangold und Sauvignonschaum kann auch mit weißem und grünen Spargel von der Tageskarte kombiniert werden. Optisch ansprechend war das Schokoladendessert mit köstlicher heller und dunkler Schokolade. Die Weinkarte ist recht umfangreich, das Service agiert freundlich.

à la carte: 7,50–40 €

Tel.: 06542 541 05 06
5700 Zell am See
Kirchenweg 11
www.dasvogl.at
restaurant@dasvogl.at
Di–Sa 17–21 Uhr

ERLHOF

15/20

Restaurant & Landhotel

Koch: Josef Brüggler

Im Landhotel Erlhof geben Tradition und Moderne einander die Hand. Sowohl in der Gestaltung der Räumlichkeiten, als auch in der Küche. Dort bemüht sich Chefkoch Josef Brüggler um Neuinterpretationen österreichischer Klassiker, die den hohen Ansprüchen der Gäste gerecht werden. Aber auch weltgewandte Gerichte finden Eingang in die Speisekarte und sorgen für gelungene Abwechslung. Eine sauer eingelegte Zunge schmeckt ebenso gut wie die Rehterrine mit Gänseleber und Bratapfelmousse oder die feine Hummer-Samtsuppe. Etwas bodenständiger, aber nicht weniger köstlich, geht es mit den Selchfleischkrapferln mit Fasslkraut und dem Tafelspitz mit klassischen Beilagen weiter. Auf der internationaleren Seite stehen Fischgerichte wie die gebackenen Seeteufelmedaillons mit Madras-Curry-Sauce oder eine Variation von Edelfischen mit Champagnersauce. Wenn man den Abend in der urigen Stube oder auf der schönen Terrasse mit Blick auf den Zeller See süß ausklingen lassen möchte, kommt man an den Salzburger Nockerl nicht vorbei. Erfreulich ist auch der gut sortierte Weinkeller sowie das kompetente Personal.

à la carte: 7–42 €

Tel.: 06542 566 37
0664 143 41 00

5700 Zell am See
Thumersbach, Erlhofweg 11

www.erlhof.at
erlhof@aon.at

Do–Di 12–14 und 18–21.30 Uhr

Bei der Zusammenstellung dieses Führers ließen wir größtmögliche Sorgfalt walten, trotzdem können Daten falsch oder überholt sein. Eine Haftung können wir auf keinen Fall übernehmen.

FLO'S RESTAURANT

11/20

im Boutique Hotel Martha

Koch: Florian Zillner

Angenehme Atmosphäre, freundliche Begrüßung. Kreative regionale Küche zeigte sich beim Gourmet-Menü schon zu Beginn mit feinem pochierten Ei und Sellerie mit knuspriger Hühnerhaut. Der roh marinierte Saibling mit Fenchel, Radieschen und Liebstöckel sowie der nächste Gang, Räucheraal mit Chicorée, Eigelb und Zitrusaromen, waren ansprechend zubereitet, könnten aber mehr Pepp vertragen. Von hoher Qualität war das Dry-Aged Beiried und Bergheu mit eingelegten Steinpilzen und junger Petersilie. Köstlich auch das Dessert vom vegetarischen Menü: Rhabarber, Mandelmilch, Fichtenwipfel und Perlgraupen.

à la carte: 8–39 €

Tel.: 06542 721 23

5700 Zell am See
Schmittenstraße 79

www.flosrestaurant.at
table@flosrestaurant.at

Di–Sa 18–21 Uhr

Bewertungen:

11 bis 12,5 Punkte von 20 Punkten: 1 Haube

13 bis 14,5 Punkte von 20 Punkten: 2 Hauben

15 bis 16,5 Punkte von 20 Punkten: 3 Hauben

17 bis 18,5 Punkte von 20 Punkten: 4 Hauben

19 bis 19,5 Punkte von 20 Punkten: 5 Hauben

MAYER'S RESTAURANT

auf Schloss Prielau

16,5/20

Koch: Andreas Mayer

Wenn man am Zeller See das Meer rauschen hört, dann bleibt dies in Erinnerung. Chefkoch Andreas Mayer gelingen im Gourmetrestaurant auf Schloss Prielau in fast jedem Gang kreative Einfälle, was beim Atlantik-Steinbutt mit Trüffel-Ravioli im Trüffelsud und eingelegten Eierschwammerln (herrlicher Säure-Gegenpart) zur Geltung kommt. Dazu werden Kopfhörer serviert, so wird der Genuss mit Meeresrauschen untermalt. Auch wenn man das so schon einige Male gesehen (und gehört) hat – es macht Spaß und bei Mayer ist man immer gespannt, was er sich beim nächsten Gericht ausgedacht hat. Und da kam bei unserem sechsgängigen Degustationsmenü einiges: Zu Beginn raucht es aus dem moosigen Waldboden, aus dem eine Pilzvariation mit Baiser, Chip, Knödel und frittiertem Pilz wuchs. Später wird gefrorener Beef-Tea zur Consommé aufgegossen und als Einleitung zu Ochsenschwanz, Short-Rib und Beiried vom Pinzgauer Bio-Rind gereicht. Zwischendurch wird Himbeer-Kümmel-Granité mit Schnaps geimpft. The show is real. Am besten gefallen hat uns aber Mayers Gazpacho, weil sie nicht mit Effekten sondern mit einer überraschenden Komposition punktet: Hummer und Kaisergranat im klarem Paradeisersud, dazu Saiblingskaviar, Paprika glänzt statt flüssig in bissfester Form, Avocado sorgt für Cremigkeit, ein Chip aus Paradeiser vollendet das Texturenspiel. So einfach. So gut. Gewusst wie.

Tel.: 06542 729 110
0664 101 71 69

5700 Zell am See
Hofmannsthalstraße 10

www.mayers-restaurant.at
info@schloss-prielau.at

Mi–So 19–24 Uhr

♿

SALZBURGER HOF STUBE

15,5/20

im Genießer-, Golf- & Wellnesshotel

Koch: Stefan Reiter

Tel.: 06542 765
5700 Zell am See
Auerspergstraße 11
www.salzburgerhof.at
5sterne@salzburgerhof.at
Mo–Sa 12–14 und 18.30–21 Uhr

LEBENSWERK FÜR FRAU GISELA HOLLEIS

Das geschmackvolle Ambiente des Zirbenstuberls ist ein stilvoller Repräsentant des beeindruckenden Salzburgerhofs, der sich unter der Führung der nach wie vor umtriebigen Gisela Holleis in den letzten 60 Jahren von der Frühstückspension zur Fünf-Sterne-Superior Hotelanlage und zum Wellness-Paradies gemausert hat. Ob marinierte Gänseleber mit Hanf, Rhabarber und Kaffee oder Schaumsuppe von der Bachkresse mit Bio-Ei und Buchweizen den Gaumen erfreuen, Marchfelder Spargel mit Kabeljaubackerln und Favabohnen, gefolgt vom Bio-Kalbsfilet mit Kohlrabi, Bio-Karotte und Perlzwiebel, das Herz höher schlagen lassen oder Schokolade mit Passionsfrucht, Mango und Matcha sich ins Gedächtnis einbrennen – die Küche zeigte sich kompositorisch überaus trittsicher und, dass sie auf der Höhe der Zeit agiert. Resümee: Was der À-la-carte-Gast hier in Sachen Qualität und Stil vom stets freundlich-aufmerksamen Personal präsentiert bekommt, müsste eigentlich die reflexartige Frage nach dem „freien Zimmer" verursachen. Einzig die Weinkarte – besetzt von großen Namen aus aller Herren Länder, aber seit Jahren nahezu unverändert – könnte einen neuen Schwung vertragen, um auch in diesem Bereich im Hier und Jetzt anzukommen.

SEENSUCHT

im Seehotel Bellevue

12,5/20

Koch: Michael Schnell

Der Blick auf den Zeller See und das Kitzsteinhorn ist herrlich. Leichte alpin-mediterrane Küche, hohe Qualität der Drei- und Vier-Gang-Menüs. Die Begrüßung gelingt mit einer sehr guten Beuschelvariation und Aufstrichen. Auch die gefüllten Cappellacci mit Melanzani und Bresaola schmeckten ausgezeichnet. Hirschrücken und Hirschragout, rosa gebraten und geschmort, ein Genuss mit Marille, Schwarzer Nuss, Lauchherzen und Polenta. Sehr ansprechend die Alternative dazu: leicht gegrilltes Schwarzbarschfilet mit Zuckerschaum, Zucchini und Paprikagnocchi. Zum Dessert erfreute das Beste aus der Aprikose, Mille-feuille und Mascarpone-Chantilly.

à la carte: 12,90–70,60 €

Tel.: 06542 218 28
0664 245 83 18

5700 Zell am See
Seeuferstraße 41

www.restaurant-am-see.at
info@seehotel-bellevue.at

Di–Sa 18–22 Uhr

ZUM HIRSCHEN

Hotel & Restaurant

13/20

Alpenländisch gemütliche Stuben, mittags und abends immer gut besucht mit verlässlicher Küche. Das zeigte sich auch beim ausgezeichneten Beef Tatar mit Süßkartoffel und Shiitake oder beim lauwarmen Feta auf Focaccia mit mariniertem Gemüse und Portweinzwiebeln. Sehr interessant und gut ist auch die Roulade vom Seesaibling im Erdäpfelmantel mit Spargel-Zweierlei. Vegetarier kommen ebenso voll auf ihre Rechnung, zum Beispiel mit fein geschmorten Petersilienwurzel-Spinatgnocchi und Tofu. Der Abschluss mit dunkler Schokoladenmousse im Krokantmantel, Erdbeeren und Basilikumeis war ein besonderer Genuss.

à la carte: 9,90–40 €

Tel.: 06542 774

5700 Zell am See
Dreifaltigkeitsgasse 1

www.zum-hirschen.at
hotel@zum-hirschen.at

tgl. 8–23 Uhr
Okt.–Mitte Dez. 2022

STEIER-
MARK

DIE BESTEN

LEGENDE

- ○ Orte allgemein
- ● Orte mit
- ● Orte mit
- ● Orte mit
- ● Orte mit
- ● Orte mit

St. Sebastian
Mariazell
Neuberg
Mürzzuschlag
Mürz
Turnau
Aflenz Kurort
Langenwang
Kindberg
Thörl
Ratten
Fischbach
Friedberg
Kapfenberg
Leoben
Bruck
a. d. Mur
Birkfeld
St. Kathrein
am Offenegg
Pöllauberg
Hartberg
Anger
Frohnleiten
Mur
Weiz
St. Radegund
Bad Waltersdorf
Pischelsdorf
Rein
Weinitzen
Gleisdorf
Ilz
Köflach
GRAZ
Voitsberg
Fürstenfeld
Raab
Feldbach
Mur
Premstätten
Fehring
St. Stefan
St. Josef
Stainz
Wildon
Bad
Gleichenberg
Groß
St. Florian
St. Nikolai
im Sausal
Deutsch-
landsberg
Gralla
Straden
St. Andrä
im Sausal
Leibnitz
Kitzeck
St. Veit am Vogau
Schwanberg
Glein-
stätten
Ehrenhausen
Gamlitz
Mureck
Bad Radkersburg
Straß
Leutschach
SLO

AICH J4

GRAFENWIRT

Tipp

Im traditionsbewussten und familienfreundlichen Dorfgasthof zum Grafenwirt werden seit vielen Jahren die Gäste mit kulinarischen Genüssen verwöhnt. Es gibt auch Spezialitätenwochen, zum Beispiel Spargel-, Knödel-, Sterz- und Wildtage, und selbstverständlich auch Martinigansl im November. Die gemütlichen Gaststuben und der rustikale Speisesaal geben auch Festen aller Art einen stilvollen Rahmen.

à la carte: 10–30 €

Tel.: 03686 43 07
0664 224 41 37

8966 Aich
Vorstadt 1

www.grafenwirt.at
info@grafenwirt.at

Mi–So 11.30–14 und 17–21 Uhr

ALTAUSSEE I3

GEIGER ALM Ⓝ

14/20

Koch: Dominik Utassy

Früher war die Geiger Alm eine Skihütte am Einstieg zur Bergstraße auf den Loser. 2008 haben Dominik und Eva Utassy den Betrieb von Dominiks Eltern übernommen und ihn Schritt für Schritt in ein kleines kulinarisches Paradies umgewandelt. Die Küche ist einerseits alpin, trägt aber klar frankophile Züge. Nach Stationen bei Schuhbeck und Diers, in der Post in Lech oder im Tantris ist das auch nicht weiter verwunderlich. Dominik Utassys Gerichte sind ausgewogen, die Menüs folgen einer schlüssigen Dramaturgie. Spannende Entdeckungen sind auch beim Wein- und Spirituosenangebot möglich.

Tel.: 0660 939 00 28

8992 Altaussee
Lichtersberg 85

www.geigeralm.at
restaurant@geigeralm.at

Di–Sa ab 18 Uhr

MAYREI Ⓝ

13,5/20

Beim ersten Blick in die Speisekarte der Mayrei wird klar, dass hier das Produkt und dessen Qualität im Vordergrund steht. Fisch spielt klarerweise eine Hauptrolle, allen voran die Lachsforelle (von der es eine spannende Interpretation von Ceviche gibt) und der Seesaibling (dessen Filet mit herrlich knuspriger Haut in unserem Fall das Tagesgericht war). Erfrischenderweise frönt man in der Mayrei keinem dogmatischen Regionalismus. Es gibt auch eine Bisque mit hochwertigen Meerestieren. Beim Fleisch dominiert dagegen das Rind. Dry Aged Kobe (Grade 4) oder Wagyu (AA5) sind quasi kaum zu toppen.

Tel.: 03622 204 78

8992 Altaussee
Fischerndorf 80

www.restaurant-mayrei.at
info@restaurant-mayrei.at

Mi, Do 15–20.30,
Fr, Sa 11–20.30 Uhr

STRANDCAFÉ Ⓝ

11,5/20

Die Lage des Strandcafés – mit Blick auf den Altausseer See und den Lofer – verdient eindeutig das Prädikat „sensationell". Von derartigen Superlativen kann man bei den Gerichten zwar (noch) nicht berichten, man isst hier aber jetzt schon auf solidem Niveau. Die Fische, Forelle oder Saibling, kommen aus der Region und werden mit flüssiger Butter und Gemüse serviert. Wenn vorhanden, sollte man unbedingt die Garnelen aus der Steiermark versuchen, dazu schmeckt ein Glas Cava bestens. Bei den Desserts punktet man mit Palatschinken oder Pavlova. Da hier auch viele Wanderer einkehren, empfiehlt sich eine rechtzeitige Tischreservierung.

Tel.: 0664 212 93 09

8992 Altaussee
Puchen 197

www.strandcafe.at
willkommen@strandcafe.at

ANGER M4

DER LUIS 16,5/20

im Posthotel Thaller

Koch: Luis Thaller

Das im historischen Ortskern des hübschen Voralpen-Weilers gelegene Posthotel Thaller ist ein Inbegriff rustikal-bürgerlicher Gastronomie. Schon der gediegene Gasthof mit Konditorei ist empfehlenswert. Aber an drei Tagen in der Woche kocht Patron Alois Thaller als „Der Luis" zusätzlich fein auf. Seinen mehrgängigen Überraschungsmenüs kann man vertrauen, wie unser jüngster Besuch zeigt. Brotvarianten mit Leindotteröl, Walnüssen und Parmesan und hausgemachte Schafbutter eröffnen das köstliche Mahl. Der in Limettensaft marinierte Saibling mit Fenchel sorgt für pures Entzücken. Auch bei Zander und Forelle zeigt der Patron ein sensibles Händchen. Es gelingt ihm, einzelne Aromen kunstvoll zu verflechten, ohne dass eines das andere übertünchen würde, so etwa das Kren-Eis mit marinierten Radieschen. Das fabelhafte Rehfilet harmoniert mit Kohlrabi, Shii-take-Pilzen und Kakaonibs. Der Weinvorrat der überaus kundigen Sommèliere Viktoria Almer umfasst 600 Positionen, darunter viele Bio-Weine. Das empfiehlt eine Übernachtung im Haus.

Tel.: 03175 22 06

8184 Anger
Hauptplatz 3

www.restaurant-derluis.at
derluis@posthotel-thaller.at

Di, Fr 18–21.30, Sa 12–14 und 18–21.30 Uhr
✻ Feb. 2022

BAD AUSSEE I3

DAS JAMES AM GOLFPLATZ 11/20

Koch: Christian Wölkart

Ein Schwerpunkt auf heimischen Gerichten und damit verbundenen regionalen Produkten zeichnet die Küche von Christian Wölkart aus. Im Das James, das sich selbst als „Salonerie" beschreibt, freuen sich nicht nur die Spieler des nahen Golfplatzes über einen lässigen Ort, an dem man sich dem Genuss kreativ zubereiteter und liebevoll angerichteter Speisen hingeben kann. Das preislich äußerst fair kalkulierte Menü ist immer eine Empfehlung wert und punktet mit Köstlichkeiten, wie dem geflämmten Alpenlachs, einem auf den Punkt gegarten Ausseer Saibling mit Beurre blanc sowie zartem Hochlandrind. Dazu sorgt eine kleine Tagesauswahl für Abwechslung. Die gut bestückte Weinkarte enthält neben namhaften österreichischen auch einige ausgewählte internationale Tropfen.

Tel.: 0676 847 670 800

8990 Bad Aussee
Sommersbergseestraße 392

www.dasjames.at
restaurant@dasjames.at

Bewertungen:

11 bis 12,5 Punkte von 20 Punkten: 1 Haube
13 bis 14,5 Punkte von 20 Punkten: 2 Hauben
15 bis 16,5 Punkte von 20 Punkten: 3 Hauben
17 bis 18,5 Punkte von 20 Punkten: 4 Hauben
19 bis 19,5 Punkte von 20 Punkten: 5 Hauben

ERZHERZOG JOHANN

12,5/20

Koch: Christian Spreitz

Dass sich der Küchenchef in dem Traditionshotel in Bad Aussee im positivsten Sinne der Heimat verschrieben hat, zeigt sich nicht nur in der Wahl der Menünamen „Erzherzog Johann" und „Anna Plochl". Feine Produkte aus dem Ausseerland werden um hochwertige Zutaten aus anderen Regionen sinnvoll ergänzt. Kalbsbries zur Erdäpfelsuppe kommt hier ebenso auf den Tisch wie Eierschwammerlgulasch mit gebackenen Erdäpfelpaunzen, Frischlingsrücken gewickelt in Vulcano-Schinken oder flaumiges Topfensoufflé mit Waldbeerenröster. Die beiden Abendmenüs ergänzt ein drittes saisonales, aus denen die einzelnen Gänge nach Lust und Geschmack frei wählbar sind. Begleitet wird mit österreichischen Weinen, die auch im neuen Wirtshaus sJOHANN kredenzt werden. Von Mittag bis zum Abend hält es geöffnet und wartet unter anderem mit Spezialitäten wie dem Ausseer Saibling auf hungrige Gäste.

Tel.: 03622 525 070
8990 Bad Aussee
Kurhausplatz 62
www.erzherzogjohann.at
info@erzherzogjohann.at
tgl. 12–14 und 18.30–21 Uhr

BAD GLEICHENBERG

05

GESCHWISTER RAUCH WIRTSHAUS®

14/20

Koch: Richard Rauch

Wer es etwas bodenständiger mag, für den betreibt Haubenkoch Richard Rauch nun auch die Wirtshauslinie. Vorab werden auch hier kleine Genussfreuden serviert. Bei uns sorgten Polentachips, Pilztatar und eine Orangen-Karotten-Suppe mit flaumigem Topfenknödel für ein leichtes Entrée, dem ein durchaus deftiges Mittagessen folgen sollte. Das Beef Tatar wurde hübsch angerichtet (Radieschensalat und geräucherter Sauerrahm) und sehr klassisch serviert. Mit Störkaviar konnte es dann aufgepeppt werden. Ein Innereien-Gang bei Rauch ist quasi obligat: Das gebratene Milchkalbsbries harmonierte mit grünem und weißem Spargel auf Erdäpfelpüree, dazu wurde großzügig Sommertrüffel gehobelt. Beim Hauptgang gingen wir der Tagesempfehlung, dem „Trüffelschwein" – knuspriger Schweinebauch auf Kraut mit Grammelknödel und intensiven Trüffeljus – nach. Darauf begrüßten wir den willkommenen und leichten Abschluss: Sorbetvariation, serviert auf einem Eisblock.

Tel.: 03159 41 06
8343 Bad Gleichenberg
Trautmannsdorf 6
www.geschwister-rauch.at
office@geschwister-rauch.at

GESCHWISTER RAUCH – RESTAURANT 18/20

vulgo Steira Wirt

Koch: Richard Rauch

RICHARD RAUCH, KOCH DES JAHRES 2015

Ein eleganter Landgasthof, eine Villa mit Gästezimmern, eine von Wein überwachsene Terrasse mit Blick ins Grüne und ein Meister in der Küche. Das ist das kleine, feine Imperium der Geschwister Sonja und Richard Rauch. Letzterer zählt zu jenen Kochkünstlern, die jedem einzelnen der drei bis sieben gebotenen Gänge eine unverwechselbare Note geben und daraus doch eine stimmige Geschmackssymphonie komponieren können. Schon die Küchengrüße sind ein Parcours des Entzückens: Steirerkaschips mit kalter Molke, Buchweizencracker mit sauren Grammeln, Mohnwaffel mit Nussbutter und Haselnussöl, Rote Rübe mit Forelle, slowenischer Auster und Ribiseln. Zum Menü: Rohe steirische Garnelen mit zarter Makrele und Karotten-Mandel-Tatar, dazu eine Garnelenbisque, Wan-Tan gefüllt mit Ochsenwangerl, Markscheibe und Kaviar. Als Zwischengang gibt es marinierten Solospargel mit Grapefruit, Fingerlimette und Mandel-Hollandaise. Darauf folgt ein Filet vom Reh mit Morcheln und saurer-knackiger Krautroulade, das mit einem kleinen Sandwich aus Rehschulter, Spitzkraut und Holundermarinade begleitet wird. Den finalen Abschluss bildet die nicht nur fürs Auge hübsch anzusehende Dessertvariation mit Waldbeeren. So erlebten wir eine betörende kulinarische Genussreise, die durch Sonja Rauchs fabelhafte Weinauswahl navigiert von Sommelier Richard Stadler komplettiert wurde. Erfreulicherweise sind auch viele reife Schätze heimischer und ausländischer Winzer vorrätig. Einziger Wermutstropfen des Abends: Die relativ laute Küchenlüftung, die das oststeirische Vogelkonzert fast übertönte.

à la carte: 8–36 €

Tel.: 03159 41 06
8343 Bad Gleichenberg
Trautmannsdorf 6
www.geschwister-rauch.at
office@geschwister-rauch.at
variabel

LOUNGE 81 13/20

Köchin: Christina Luger

„Die Lage ist alles", heißt es oft in der Immobilienbranche. Da haben Christina Luger (Küche) und Thomas Rauch (Service, sonst Bildhauer) mit ihrer dreiseitig verglasten Lounge 81 auf einem der südoststeirischen Hügel nahe Bad Gleichenberg wohl alles richtig gemacht. Der schöne Ausblick sollte aber nicht von den kulinarischen Genüssen, die vor allem unter der Devise Bio und Gemüse stehen, ablenken. Küchenchefin Christina Luger liebt es, zu flaumig-weichen Gnocchi, knackigen Alpengarnelen oder köstlichem Rind eine Vielzahl an verschiedenen vegetarischen Produkten und Geschmacksnoten beizufügen, die in der Regel ein harmonisches Ganzes ergeben – bei der Kalbsleberknödelsuppe war es an Kräutern und Gemüse vielleicht doch etwas zu viel des Guten. Hervorragende Weine glasweise und als Begleitung, tolle Desserts (Schokomousse mit getrockneten Maulbeeren) und vergleichsweise gemäßigte Preise. Kein Wunder, dass sich da auch viele Einheimische – am typisch oststeirischen Idiom unverkennbar zu identifizieren – zum Dinieren einfinden.

à la carte: 3–56 €

Tel.: 0664 384 89 78
8344 Bad Gleichenberg
Steinbach 81 a
www.lounge81.at
lounge81@thomasrauch.at
Mo, Sa 16–22, Fr 17–22, So 11–21 Uhr
variabel

DELIKATERIE Tipp

Feines Ambiente und gemütliche Atmosphäre trotz Moderne verspricht die Delikaterie in Bad Gleichenberg. Die Speisekarte ist zwar überscheubar, überzeugt jedoch mit ausgewählten Gerichten, die bereits beim Überfliegen Lust auf mehr machen. Neben einem Steirischen Backhendlsalat oder einem Cordon Bleu werden auch Spargel Risotto und Waller Filet auf Erdäpfeln und Lauch gereicht. Fällt die Entscheidung schwer überlässt man sie am besten dem Küchenchef, der mit einem Überraschungsmenü verzaubert.

à la carte: 3,50–27,90 €

Tel.: 03159 446 06
8344 Bad Gleichenberg
Kaiser-Franz-Josef-Straße 5/2
www.delikaterie.at
office@delikaterie.at
Mo, Di, Fr 11.30–14.30 und 18–21, Sa, So 11.30–21 Uhr

BAD RADKERSBURG 05

BACHERLWIRT Ⓝ

Tipp

Als Backhendelstation hat sich der Bacherlwirt längst einen Namen gemacht. Seit Junior Manuel Koller in der Küche steht, tut sich auch sonst einiges im breit gefächerten, steirisch orientierten Angebot. So birgt ein Reifeschrank unter anderem Spezialitäten von der alten Kuh, auf Steaks und Burger versteht man sich. Die Nachspeisen, allen voran der Heidelbeerstrudel, sind immer einen Einkehrschwung wert. In einem kleinen Raum, der vom ausladenden Gastgarten abzweigt, findet sich außerdem Hausgemachtes zum Mitnehmen.

Tel.: 0664 165 63 96
8490 Bad Radkersburg
Markowitschweg 2
www.bacherlwirt-ra.at
Di–Sa 9.30–20.30,
So 9.30–15.30 Uhr

BAD WALTERSDORF N4

SAFENHOF

13/20

Kuschelig rustikal geht es in dem gemütlichen Wirtshaus an der Hauptstraße von Bad Waltersdorf zu. Auf Rustikalität setzt die Küche aber hier keineswegs: Die Brigade arbeitet gern mit asiatischen Aromen und Experimentierfreude, die sich bei unserem Besuch in einer sehr intensiven Fischsuppe ebenso manifestierte wie im sacht angebratenen Thunfisch mit reichlich Ingwer und Koriander. Danach hielt sich das Energielevel nicht so recht: Die Bandnudeln mit Herbsttrüffeln waren kräftig dick, der Pilz selbst recht trocken und wenig aromatisch. Die rosige Entenbrust mit Selleriepüree war von solider Qualität, der Saibling auf mildem Risotto mit glacierten Feigen und Pilzstücken machte uns weniger Freude. Das abschließende Maronitiramisu im Glas mit Eierlikörei̇s entsprach dem Gesamteindruck: solides Speiseniveau, aber man wünscht sich etwas mehr Esprit. Was uns tröstet: der hervorragende Service und der Fokus auf interessante lokale Kreszenzen aus der Oststeiermark.

à la carte: 5,50–36 €

Tel.: 03333 22 39
0664 97 350 68
8271 Bad Waltersdorf
Hauptstraße 78
www.safenhof.at
info@safenhof.at
Mi–Sa 12–14 und 18–22,
So 12–16 Uhr
variabel

BIRKFELD M4

FISCHRESTAURANT KULMER

12/20

Koch: Franz Kulmer

Das gepflegte Restaurant in der Haslau zählt seit vielen Jahren zur Pilgerstätte für Liebhaber feinster Fischqualität. In der Küche wird der Chef Franz Kulmer mittlerweile von seinen Töchtern unterstützt. Ehefrau Anna kümmert sich rührend um die Gäste. Ob Lachsforellen-Sashimi mit Limettenmarinade oder Muscheln in Curry-Ingwer-Sud, alles ist so feinsinnig gewürzt, dass es den Eigengeschmack der Hauptdarsteller wunderbar unterstreicht. Begleitet wird mit ausgewählten steirischen Weinen. Auch die variantenreiche Zubereitung der Forelle – vom gebratenen Klassiker bis zum knusprigen Laibchen – gelingt hervorragend. Ein wenig Platz sollte man sich auch für die köstlichen Nachspeisen, Stichwort Topfen-Joghurt-Nockerl, aufsparen. Noch ein Tipp: Sushi wird auch vegetarisch angeboten.

Tel.: 03174 44 63
8190 Birkfeld
Haslau 63
www.kulmer-fisch.at
kulmer@kulmer-fisch.at
Mi–Sa 11–20, So 11–18 Uhr

GALLBRUNNER

11,5/20

Köchin: Elisabeth Rennhofer

WIRTSHAUS DES JAHRES 2022

Dieses mustergültige Gasthaus im oststeirischen Voralpenland ist immer einen Besuch wert. Und dass nicht nur wegen des vielgelobten Schweinsbratens aus dem gesetzten Herd, dem wir auch dieses Mal nicht widerstehen konnten. Unbedingt sollte man dazu das in der Region fermentierte Grubenkraut bestellen. Interessant sind auch die gebackenen Käferbohnenkrapferln sowie die fein gewürzte Erdäpfelwurst. Dazu passt ein Glas des hausgebrauten Biers wunderbar, die Weinkarte ist eher schlank gehalten. Wer rechtzeitig reserviert, kann im angeschlossenen Troadkasten ein gemütliches Quartier beziehen.

Tel.: 03174 4 410
8190 Birkfeld
Waisenegg 78
www.gallbrunner.at
office@gallbrunner.at

BRUCK AN DER MUR

L4

JOHANNS LIVING

16/20

Koch: Mike Johann

Als Local Heroes haben Mike Johann und seine Frau Emilia zumeist Stammgäste aus der näheren und weiteren Umgebung zu Besuch. Aber auch als Fremder auf der Durchreise wird man in diesem sympathischen Minirestaurant aufs Herzlichste verwöhnt. Man wählt zwischen fünf, sechs oder sieben Gängen und schon geht es los: Das Überraschungsmenü startet mit selbst gebackenem Brot und ein paar feinen Aufstrichen. Dann gibt es einen gesulzten Rehbock samt geschmortem Rehvögerl, gefolgt von Paradeisern aus dem eigenen Garten mit steirischer Burrata – viel besser als das gängige Caprese. Kreativ geht es bei Erdäpfelschaum mit Dotter und Kaviar zur Sache, traditionell, aber ebenfalls sehr überzeugend der Rehrücken mit frischen Pilzen. Ein Signature Dish, das man sich auf Wunsch ins Menü einbauen lassen kann, ist Johanns Kombination aus Blutwurst mit Gänseleber. Kommt man in größerer Runde, macht es absolut Sinn, sich schon vorab dem Studium der Weinkarte zu widmen: von Bordeaux über Burgund bis zur Wachau ist die Auswahl fast unendlich – auch was die Jahrgangstiefe betrifft. Die glasweise Weinbegleitung ist ebenso vorbildlich.

à la carte: 13–36 €

Tel.: 0664 2413129
8600 Bruck an der Mur
Hugo-von-Montfort-Gasse 2
www.johanns.at
info@johanns.at
Mo–Fr 11.30–14 und 18–23,
Sa 11.30–14.30 Uhr
✻ variabel

DEUTSCHLANDSBERG L5

BURG DEUTSCHLANDSBERG 13,5/20

Koch: Karl Kollmann

Eine Terrasse mit prächtigem Ausblick auf die Weststeiermark umspannt den Teil der Burg Deutschlandsberg, in dem das Restaurant untergebracht ist. Im Burgsaal wird abends zum historischen Flair auch ein Gourmetmenü ab drei Gängen geboten. Hochwertige regionale Zutaten treffen auf internationale Produkte. So ergänzen wilder Brokkoli und Mais einen perfekt gebratenen Wolfsbarsch, Sommertrüffel schmiegen sich an hausgemachte Nudeln und eine Kräuterpaste mit einem Hauch Lavendel befördert das Hochlandrind zum Höhepunkt des Menüs. Zum Ausklang gibt es süße Variationen mit Marille. Das Weinsortiment führt zu bekannten wie auch kleineren Betrieben, teils aus bio- und biodynamischer Produktion. Wer sich die Heimfahrt für den nächsten Tag vornimmt, nächtigt im Burghotel.

à la carte: 10–35 €

Tel.: 03462 56 56
8530 Deutschlandsberg
Burgplatz 1
www.burg-deutschlandsberg.at
info@burg-deutschlandsberg.at
Di–Sa 17.30–21.30 Uhr
Feb. 2022

KAMINSTUB'N 12/20

Nein, es handelt sich hier nicht um ein Freilichtmuseum, sondern um ein uriges Wirtshaus. Allerdings stand es 2019 kurz vor dem Aus, nachdem die langjährige Pächterin Christina Kiegerl in Pension ging und keinen Nachfolger fand. Mit Hans Kilger fand sich erfreulicherweise ein finanzstarker Pächter, der mit Jasmin Peisser auch gleich eine tüchtige Wirtin hatte. Geändert hat sich nur wenig, um das urige Ambiente zu erhalten. Die Weinkarte hat natürlich einen kräftigen Schub bekommen und auch was die Lieferanten betrifft, hat die Kaminstub'n zugelegt. Jetzt gibt es auch Gulasch vom Bison oder Tatar vom Wasserbüffel. Traditionelles wie Wiener Schnitzel, Rindsrouladen, Schweinefilet in Kräuterkruste oder Forelle Müllerin gibt es natürlich weiterhin. Auf den ersten Blick hat sich also nicht viel verändert. Es ist nur ein bisschen besser geworden.

Tel.: 03462 47 37
8530 Deutschlandsberg
Kresbach 100
www.kaminstubn.at
office@kaminstubn.at
Mo, Do–Sa 11–15 und 17–21.30, So 11–15 Uhr

EHRENHAUSEN M5

DIE WEINBANK RESTAURANT 18/20

Koch: Gerhard Fuchs

„Kongruenz pur" verspricht die Weinbank auf ihrem Werbe-folder. In der Psychotherapie versteht man unter Kongruenz die authentische Kommunikation des Therapeuten gegenüber seinen Patienten, bei der der Therapeut in seiner Selbstmitteilung echt ist, also mit sich übereinstimmt. Die Erfüllung dieses Versprechens bedeutet für Gäste der Weinbank: Man kann sich glücklich schätzen, bei den beiden Therapeuten, Küchenchef Gerhard Fuchs und Sommelier Christian Zach, Patient zu sein. Die Behandlung beginnt mit Erdäpfelkas und Forelleneiern, Makrele und Spargel sowie der ultimativen Version einer „Sauren Wurscht". Erster Höhepunkt ist ein mit Kalbskopf gedämpfter Waller mit Spargel-Kimchi. Dabei stimmt Chefkoch Fuchs so mit dem von ihm gewohnten Stil – fein und deftig gleichzeitig – überein, dass es eine pure Freude ist. Das perfekte Spiel von Süße und Säure findet sich auch beim Saibling im Speck mit Zitrone. Absolut umwerfend der Kaisergranat mit Erbsen und Saiblingskaviar in delikater Eisenkraut-Nage. Das hohe Niveau wird vom in Rohmilchbutter gebratenen Knurrhahn mit Bouillabaisse ebenso gehalten wie beim Ochsenschlepp-Tascherl mit Eierschwammerln. Und beim mit Maiwipfeln gebratenen Rücken vom Maibock mit Morcheln à la crème zeigt der Küchen-Therapeut, dass er auch ganz klassische Behandlungsmethoden beherrscht. Noch höhere Kongruenz im Sinne von Übereinstimmung liefert nur die Weinbegleitung von Christian Zach. Eine Serie von harmonisch auf die Gerichte abgestimmten Glücksmomenten, gespickt mit Highlights wie einem verblüffenden Weißburgunder von LacknerTinnacher oder Hochgewächsen von Coche-Dury und Arlaud – das gibt es in Österreichs Spitzengastronomie nur anders, aber nicht besser. Wir freuen uns schon auf die nächste Therapiesitzung.

Tel.: 03453 222 91
8461 Ehrenhausen
Hauptstraße 44
www.dieweinbank.at
prostmahlzeit@dieweinbank.at
Mi 19–21, Do–So 12–13.30 und 19–21 Uhr
variabel

DIE WEINBANK WIRTSHAUS 14,5/20

Koch: Gerhard Fuchs

Mit Leuchten aus Fassdauben und einem Tresen aus Pressbaumholz wird in der Weinbank nicht nur die Nähe zum Wein sichtbar, von dem eine beachtliche Auswahl im nahen Archiv lagert. Der Nachhaltigkeitsgedanke spannt auch den Bogen zur Küche von Chefkoch Gerhard Fuchs. Was gerade wächst und von ausgesuchten regionalen Produzenten geschaffen wird, kommt im Wirtshaus auf den Tisch. Hier agiert Fuchs genauso qualitätsbewusst und konsequent wie beim Fine Dining. Ob es der gebeizte Saibling mit Fenchelsalat und Gartenkräutern aus dem Wirtshausmenü, die ausgezeichnete Bio-Gänseleber auf Gazpacho mit lauwarmem Butterbrioche, das knusprige Bratl vom „Pöllauer Woazschwein" mit Kraut und Serviettenknödel, die hervorragende Ofenleber vom Milchkalb mit Pilzsterz, Vanille-Panna cotta mit Rhabarber und Erdbeeren oder Marillenpalatschinken sind – alles, was der Haubenkoch kredenzt, ist authentisch, zum Niederknien gut und bleibt im Gedächtnis haften wie Gerichte aus den Kindertagen. Höchst erfreulich ist, dass eine der besten Weinkarten der Republik, für die Gault&Millau-"Sommelier des Jahres 2021" Christian Zach verantwortlich ist, auch zur Wirtshausküche gereicht wird. Der Fuchs-Klassiker Dotterraviolo mit Sommertrüffeln samt dazugehörigem Weißburgunder ist ebenso mittags und nachmittags verfügbar. Wer Lust auf eine Wirtshausrallye hat, lässt sich mit Gerichten in kleinen Portionen überraschen.

à la carte: 4,90–39,50 €

Tel.: 03453 222 91
0664 196 60 26

8461 Ehrenhausen
Hauptstraße 44

www.dieweinbank.at
prostmahlzeit@
dieweinbank.at

Mi–So 11.30–21 Uhr
variabel

GEORGIBERG 11,5/20

Koch: Raimund Pammer

„Mittendrin statt obenauf": Das Motto des vom oberösterreichischen Industriellen Christian Trierenberg betriebenen Weingutes Georgiberg charakterisiert treffend die Lage. Die aufwendig errichteten bzw. renovierten Gebäude bieten zwar nicht die von der südsteirischen Weinstraße gewohnte Fernsicht, erfreuen aber durch den Blick auf weitläufige Weinhänge. Kulinarisch setzt Chefkoch Raimund Pammer (zuvor unter anderem im Schlosswirt auf Schloss Kornberg bei Feldbach) auf eine relativ kleine Auswahl vorwiegend klassischer Speisen, die teilweise erfreulich gut gelingen (Barbarieentenbrust mit Süßkartoffelpüree). Bei der doch sehr teuren Dessertvariation, bestehend aus Himbeersorbet und Schokomousse, bekamen wir allerdings den Eindruck, dass die Pâtisserie nicht zu den Stärken der Küche gehört.

à la carte: 3,90–26,50 €

Tel.: 03453 202 43 13

8461 Ehrenhausen
Wielitsch 54

weingut-georgiberg.at
office@
weingut-georgiberg.at

Do–So, Fei 11–23 Uhr

♿

LOISIUM – RESTAURANT WEINKUCHL 11/20

Wine & Spa Resort Südsteiermark

Koch: Marko Vertacnik

Ein ansehnlicher Speisesaal und eine große Terrasse mit Aussicht auf die südsteirischen Weinberge und die Badegäste am Hotelpool zählen zu den Assets des Loisium-Restaurants. Dass der Service weder das Gedeck (Kernölcreme, gewürfelte Salami) erläutert, noch Wein anbietet, mindert zunächst aber etwas die Freude am Panorama. Kulinarisch setzt man auf steirische Küche mit internationalem Touch, serviert zum Auftakt eine sehr kräftige, dunkle Frittatensuppe oder auch etwas trocken geratene Gambas mit zweierlei Melone, großem Hummerchip, Pesto und viel Kresse. Als Hauptgericht gab es knuspriges Maishendl mit kernigem Risotto, einem zarten Prosciutto-Chip und sehr hartem Parmesan-Cookie. Der dazu gereichte Rindsjus war kräftig und gut. Auch der gebratene Zander mit toller Kürbiscreme und feinem Gemüse war am Punkt. Reizend: die „Waldbeer-Blume" aus geeistem Joghurt mit blütenförmigem Keks und frischen Beeren. Insgesamt kulinarisch eher eine Berg- und Talfahrt; immerhin entspricht das der Landschaft.

à la carte: 10–50 €

Tel.: 03453 288 00

8461 Ehrenhausen
Schlossberg 1a

www.loisium.com
fb.steiermark@loisium.com

tgl. 12–14 und 18–21 Uhr

♿

MAGNOTHEK & WIRTSHAUS AM ZIEREGG 13/20

Koch: Markus Meichenitsch

Wie gut, dass wir nachgefragt haben: Jetzt liegt auf dem Küchentisch das „Geheimrezept" für das hausgemachte Knäckebrot, das uns vorweg gereicht wurde. So herrlich, dass man mehr davon haben mochte, auch daheim. Doch auch sonst ist das Speisen auf der Terrasse mit Blick auf die südsteirischen Weinberge ein Glücksfall. Erwähnenswert sind jedenfalls auch das gebackene Kaninchen sowie die unglaublich intensiv schmeckende „Mischsuppe" vom Huhn und Rind. Ebenso das zarte Iberico-Schwein mit „Nuss-Effekt". Dazu erfreuen die wunderbare Gastfreundschaft von Claudia und Rainer Wetzelhütter und die besten Weine von den Tements.

à la carte: 5,50–35 €

Tel.: 03453 221 22
8461 Ehrenhausen
Zieregg 3
www.magnothek.at
wirtshaus@magnothek.at
Do–Mo 11–21 Uhr
♿

VINEA 14,5/20

Restaurant, Weinbar, Vinothek

Koch: Alexander Posch

Das klar gestaltete Restaurant mit den breiten Fensterfronten liegt gut abgesetzt von der Straße. Auf der Terrasse nehmen auch Kurzentschlossene Platz, die ein Glas Wein genießen wollen. Ein Blick in die Weinkarte zeigt, dass Sommelier Christopher Pohn seit der Eröffnung ganze Arbeit geleistet und das Sortiment, das via Tablet präsentiert wird, um spannende Posten in der Steiermark und über die Grenzen hinaus bereichert hat. Bevor das Menü startet, wird eine Vielzahl liebevoll gestalteter Miniaturen gereicht – etwa ein Ochsenschleppkrapferl mit Heidelbeeren, Pilzallerlei mit Eierschwammerlragout, glasierten Morcheln und Steinpilzgelee oder eine insgesamt milde Kombination aus Parmesanschaum, Sommertrüffeln und Stundeneidotter. Zum Einstieg gelingt ein Signature Dish des Küchenchefs mit geschmortem Sellerie und fermentiertem Knoblauch, der von Cidre Beurre blanc umspielt wird, dazu fein geschnittener Sauerklee. Das Thema Buttersauce spielt auch in der Folge eine Rolle – etwa zum hervorragenden geräucherten Aal in Form einer Fisch-Beurre blanc oder zum Kabeljau, der von Haselnussbutterschaum begleitet wird. Letzterer ist auf eine fünf Stunden gegarte Ananas gebettet. Das ist nicht ganz so schlüssig, zumal die durch den Garprozess fast gänzlich reduzierte Fruchtsäure das Gericht geschmacklich nicht spannender macht. Dafür kommt an anderer Stelle Freude auf, denn das Rind mit Kartoffel-Espuma und Sommertrüffeln ist schön saftig gegart. Vieles ist gut gekocht, auch wenn an der Harmonie am Teller noch gefeilt werden muss. Der Service ist exzellent und das Team mit Leidenschaft bei der Sache. Auch am Ende wird man mit einer Vielzahl an süßen Genüssen verwöhnt, wie mit Himbeer-Panna cotta, Schokoküssen und einer Allianz aus Schafmilch und Salzkaramell.

à la carte: 14–46 €

Tel.: 0664 194 53 79
8461 Ehrenhausen
Gamlitzer Straße 104
www.vinearestaurant.at
info@restaurantvinea.at
Mo, Di, Do–Sa 11.30–21.30 Uhr
1. Jän.–28. Feb. 2022
♿

WIRTSHAUS WOLFGANG MAITZ

14,5/20

Koch: Stefan Prenninger

Auf der Suche nach bezaubernden Flecken in der Südsteiermark kommt man an dem modern gestalteten Wirtshaus in Ratsch nicht vorbei. Im Sommer sollte man rechtzeitig reservieren, um an einem der begehrten Tische auf der Terrasse Platz nehmen zu können. Die prächtige Aussicht auf die Kulturlandschaft mit ihren Rebflächen macht Lust auf die Weinkarte, in der Sommelier René Kollegger eine Reihe spannender Posten versammelt. Neben Weinen von Wolfgang Maitz und Kollegen aus Österreich findet sich auch wohlsortiertes Internationales auf der Karte. Das Speiseangebot ist breit gefächert und bietet traditionelle ebenso wie kreative Gerichte. Ein Signature Dish des Küchenchefs ist das gebeizte Filet vom Duroc-Schwein, das optisch und in der Konsistenz als „steirischer Thunfisch" auftritt und wechselnde saisonale Begleiter findet – in unserem Fall bissfest gegarten Spargel. Auf der vegetarischen Seite begeistert geschmorter Kohlrabi mit Umami-Nuancen von Erdnuss bis Shii-take. Hervorragend gelingt der Auftritt vom Butterschnitzel und dem rosa Rücken des Ratscher Rehbocks. Den süßen Gusto stillt eine gebrannte Espressocreme mit Ingwer-Birnen-Eis. Alternativ wählt man den „Digestif kreativ", eine steirische Variante des Caffè Corretto mit Namen „Uno – Due – Trester", ein Espresso mit heimischem Tresterbrand und Ofenschokolade. Kindergerichte werden hier bewusst nicht angeboten, stattdessen ist man bei jedem Gericht flexibel in den Portionsgrößen.

à la carte: 4–29,50 €

Tel.: 00433453 21 53

8461 Ehrenhausen
Ratsch 45

www.maitz.co.at
wirtshaus@maitz.co.at

Di–Sa 13–21 Uhr

FEHRING N4

LILLI FEHRING ®

15/20

Koch: Walter Triebl

Walter Triebl ist mit Partnerin Verena Leitner in Fehring sesshaft geworden. Das bestehende Lokal am Hauptplatz wurde nach Wunsch umgebaut und verfügt nun über holzvertäfelte Stuben sowie einen lichtdurchfluteten Schankraum, der sich auf zwei Seiten zum Außenbereich öffnet. Im Gastgarten zwischen Oleander und Oliven wähnt man sich im Urlaub. Dazu passt die leichte, verspielte Küche mit regionalem Leitgedanken, der sich Triebl abends nach Voranmeldung neben dem Wirtshaus widmet. Beim Fine Dining zeigt er in fünf oder sieben Gängen, dass er seit seinem Gastspiel in der Saziani Stub'n noch dazugelernt hat. Eine blumige Holundervinaigrette legt sich auf Wassermelone und Gurke. Säuerlich-fruchtige Unterstützung bekommt sie von Ribiseln. In dem Duktus geht es weiter. Dünne Bahnen von Kohlrabi umschlingen abwechselnd eine sämige Pistazien- und Kohlrabicreme. Eisige Erfrischung dazu bringt das Wildkräutergranité, versteckt unter einem karamellisierten Feigenblatt. Erneut sorgt eine Variation von der Wassermelone für eine erquickende Pause. Zutaten, die oft unter kulinarische Randnotiz fallen, bekommen hier eine Hauptrolle. Die Gurke in facettenreicher Ausführung spielt eine wesentliche Rolle neben der am Punkt gebratenen Schnitte vom Schwarzen Angus-Rind. Den ideenreichen Abschluss liefert ein leuchtend roter Kussmund begleitet von Erdbeermousse, der aromastarken Sorte „Mieze Schindler", Shiso und frischen Früchten mit Baiser. Dazu gesellen sich zumeist steirische Weine.

Tel.: 03155 21 012

8350 Fehring
Hauptplatz 9

www.lilli-fehring.at
wirtshaus@lilli-fehring.at

Mo, Do–Sa 11.30–14 und 18–20,
So 11.30–14 Uhr,
Fine Dining Do–Sa ab 18 Uhr

MALERWINKL

15,5/20

Koch: Peter Troißinger

Kunst ist hier allgegenwärtig, von den Skulpturen im Freien bis zu den Gemälden internationaler Köche im Inneren. Wenn das Wetter passt, sitzt man im Garten oder auf der Terrasse unter Sonnensegeln, ansonsten im modern gestalteten Speisesaal. Kreativität zeichnet auch die Küche aus, wie schon die Vorhut an schmackhaften Kleinigkeiten vom Süßkartoffel-Tommerl bis zum luftgetrockneten Schinken auf der Leine verheißt. Das kulinarische Repertoire der Küchenbrigade orientiert sich stark am hochwertigen regionalen Produkt, das hin und wieder gekonnt mit hausgemachten Würzsaucen und Aromen aus der ganzen Welt verfeinert wird, ohne dabei aber die Bodenhaftung zu verlieren. Etwa beim exzellenten Sashimi von der Reinanke mit Ingwer und steirischer Ponzu-Sauce auf Basis selbst hergestellter Lupinenwürze. Die Muskatkürbissuppe trägt Nuancen von Vanille, Sternanis und Kurkuma. Geerdet präsentiert sich der Kohlrabi in Tascherlform mit Maroni-Miso-Creme und Maiwipferln, rosa gebraten die Ente mit Erdäpfelpüree. Am Ende spielt eine luftige Zitronen-Topfen-Mousse mit gebeizter Feige und Zotter-Schokoladeneis. Auf Wunsch wird das viergängige Überraschungsmenü auch vegetarisch oder vegan serviert. Wer Lust hat, ausführlich von der umfangreichen Auswahl an Weinen aus dem steirischen Vulkanland zu probieren, hat auch die Möglichkeit, sich im Malerwinkl bei Familie Troißinger einzuquartieren.

à la carte: 10–49 €

Tel.: 03155 22 53
0664 450 08 55

8361 Fehring
Hatzendorf 152

www.malerwinkl.com
office@malerwinkl.com

Mi–Fr 14–24, Sa, So 8–24 Uhr

♿

FERNITZ BEI GRAZ — N4

PURKARTHOFER

12,5/20

Ein Glas Muskateller verkürzt im Purkharthofer die Wartezeit auf die bestellten Speisen. Doch was soll man hier essen? Vieles klingt verlockend und so fällt die Wahl schwer. Vielleicht ein Eierschwammerlgulasch mit Serviettenknödel, dem etwas mehr vom angekündigten Majoran gut getan hätte? Oder doch lieber den Zwiebelrostbraten, das Tandoori-Huhn mit Fladenbrot oder das Forellenfilet mit Petersilerdäpfeln? Egal worauf die Wahl auch fällt, hier isst man gut und solide. Zum Dessert gibt es eine Sachertorte und zum Abschluss eine Rechnung, die mit Sicherheit nicht zu hoch ausfallen wird.

Tel.: 03135 555 11

8072 Fernitz bei Graz
Kirchplatz 1

www.derpurkarthofer.at
gasthaus@derpurkarthofer.at

Mi–Sa 11–24 und So 10–16 Uhr

FISCHBACH — M3

ZUM FORSTHAUS

14,5/20

Koch: Christian Übeleis

Wie schön wäre es doch, wenn sich in jeder Gemeinde ein Gasthaus wie das Fischbacher Forsthaus befände. Nettes, engagiertes Personal und eine der näheren Umgebung verschriebene Weinkarte lassen auch den etwas improvisiert wirkenden Gastgarten mehr als vergessen. Und dann der große Auftritt von butterweich gegrillten Calamari mit würziger Thymianbutter und Erdäpfelpüree, gefolgt von einer Cremesuppe aus knackig-frischen Eierschwammerln und einem Zweierlei vom Fischbacher Reh – gebacken und gebraten – mit weißer Petersiliencreme und Erdäpfelbuchteln. Krönender Abschluss war dann die belgische Schokolade mit Schokoladeneis, Himbeeren und Passionsfrucht-Espuma. Beeindruckend, wie wohl abgeschmeckt und trittsicher komponiert sich jeder Teller präsentierte. Chapeau.

à la carte: 4,50–32 €

Tel.: 03170 201
0676 939 34 94

8654 Fischbach
Fischbach 2

www.forsthaus.co.at
office@forsthaus.co.at

Mi–Sa 11–14 und 18–20.30,
So 11–15 Uhr
✻ variabel

FLADNITZ AN DER TEICHALM N4

PIERER

Tipp

Almwellness-Hotel

Im Hotel des Jahres 2020, dem Almwellness-Hotel Pierer auf der Teichalm, finden sich gleich mehrere Kulinarik-Hotspots, die sich dem Motto „Genießen auf höherer Ebene" verschrieben haben. Durch die sensationelle Lage auf über 1.200 Metern ist vor allem ein Dinner im Panoramarestaurant ein Highlight, aber auch die gemütlichen Stuben oder der Wintergarten locken mit regionalen Spezialitäten. Dazu ein Gläschen vom hauseigenen Weingut in Gamlitz – perfekt.

Tel.: 03179 7 172
8163 Fladnitz an der Teichalm
Teichalm 77
www.almurlaub.at
hotel.pierer@almurlaub.at
Mo–Sa 11.30–14.30,
So, Fei ab 11.30 Uhr

FOHNSDORF K4

SCHLOSS GABELHOFEN 15,5/20

Koch: Klaus Kobald

Von den drei gastfreundlichen Schlössern in und um Zeltweg – Steirerschlössl, Farrach und Gabelhofen – wirkt Letzteres von außen burgähnlich düster und abweisend. Doch der rote Teppich auf der Brücke über den ehemaligen Wassergraben, die lichtdurchflutete Lobby mit so manch bemerkenswertem Kunstwerk und der freundliche Empfang vertreiben jegliche Schwellenangst. Im eleganten Gewölbespeisesaal Platz genommen, fühlt man sich wohl und bereit für die kulinarischen Stücke, komponiert von Küchenchef Klaus Kobald. Am besten (auch preislich betrachtet) fährt man mit der vier- bis sechsgängigen „Genussfolge", die mit Fleisch und Fisch oder vegetarisch angeboten wird. Es empfiehlt sich jedenfalls, die glasweise Weinbegleitung (nicht ganz billig, aber jedes Glas wert) dazu zu bestellen. Der Haubenkoch bietet eine feinziselierte, schmackhafte und meist sehr harmonische Küche, die sich durch hohe Produktqualität und sorgfältigste Zubereitung auszeichnet (köstliches gebeiztes Rinderfilet, zarter Hirsch). Die Regel bestätigende Ausnahme: flambierte Wachtel mit teilnahmslosen Sellerietaschen, zurückhaltender Gänselebersauce und einnehmendem Zwiebelconfit.Köstlich aber dann wieder die Williamsbirne in knusprigem Blätterteig mit kandierter Walnuss und feiner Schokomousse.

à la carte: 7–74 €

Tel.: 03573 55 55
8753 Fohnsdorf
Schlossgasse 54
www.gabelhofen.at
willkommen@schloss-gabelhofen.at
tgl. 12–14 und 18–22 Uhr

FROHNLEITEN M4

LANDHAUS ROIS 13/20

Koch: Reinhard Rois

Kontinuität kann auch in einer innovationsfreudigen Branche wie der Gastronomie ein Segen sein, wenn gutes Niveau einfach gehalten wird. Chefkoch Reinhard Rois erfüllt das seit Jahren. In einem kleinen Seitental bei Frohnleiten bietet er verlässlich delikate Landhausküche. Zum Beispiel gebackenes Hühnerei mit Brennnesselspinat, Erdäpfel-Espuma und Stroh. Sehr gut war auch die Stollenkäse-Suppe mit Wachtelei, erstklassig das „Beste vom Rehbock" mit Pfefferkirschen, Topinamburpüree und Briocheknödel. Auch das Dreierlei vom Lamm mit Artischocken-Soufflée war sehr gelungen. Das Angebot glasweise ausgeschenkter Weine ist noch ausbaufähig.

Tel.: 03126 82 17
0664 211 60 03

8130 Frohnleiten
Gschwendt 7

www.landhausrois.at
rois@aon.at

Do–Sa 10–21.30, So 10–20 Uhr
variabel

GAMLITZ M5

JAGLHOF 14,5/20

Seit der Münchner Unternehmer Hans Kilger seine Liebe zur Südsteiermark und zur dortigen Landschaft und Kulinarik entdeckt hat, erhöht dies auch seine Bereitschaft zur Investition. Einer seiner ersten gelungenen Versuche, hier in diesem als „steirische Toskana" gelobten Landstrich ein Statement zu setzen, ist der Jaglhof bei Gamlitz. Nach der Fahrt auf der verschlungenen Landstraße oben auf dem Hügel angelangt, öffnet sich ein spektakulär arrangierter Gastgarten, hinaus in die steirischen Weinberge. Die Küche widmet sich – ganz nach dem Credo des Hausherrn – regionalen Spezialitäten. Dabei wird auch ein wenig experimentiert. In Safranöl eingelegte Radieschen als Gruß der Küche sind da schon einmal eine schöne Ankündigung für die Qualität der kommenden Speisenfolgen. Um den Abend auch in Ruhe ausklingen zu lassen, bietet der Hof nette Gästezimmer – ein großzügiger Ausbau ist in Fertigstellung. Ein wenig trübt die Landhausatmosphäre allerdings die Qualität des Interieurs, die regional-architektonischen Charme und Seele vermissen lässt.

à la carte: 6,70–50 €

Tel.: 03454 66 75

8462 Gamlitz
Sernau 25

www.jaglhof.at
jaglhof@domaines-kilger.com

Mo, Do–Sa 11.30–15 und 18–21, So 11.30–16 Uhr
variabel

LILLI & JOJO 14,5/20

Das kleine Wirtshaus

Koch: Joachim Gradwohl

Um im wohl schönsten Wirtshaus der Weinstraße einen Tisch zu bekommen, braucht man Glück. Noch größer wird dieses, wenn man von Gastgeberin Lilli Kollar liebevoll umsorgt wird und dabei die schlichten, aber grandiosen Gerichte von unserem ehemaligen „Koch des Jahres" (2007), Joachim Gradwohl, genießen kann. Bei unserem Besuch gab es weißen Spargel mit knusprigem Ei, Maiwipferlrisotto mit duftigem Aroma, am Punkt gebratenen Waller und diverse Varianten vom Reh. Erdbeeren mit Waldmeister und Weinchadeau krönten die Einkehr. Im reichen Weinvorrat findet sich auch ein alkoholfreier Muskateller. Seit heuer werden ausschließlich Menüs, ab drei Gängen, serviert.

Tel.: 03453 23 10

8462 Gamlitz
Sulztal an der Weinstraße 22

www.lilliundjojo.at
cuisine@lilliundjojo.at

Mo 12–20, Do 16–22, Fr–So 14–22 Uhr
variabel

SATTLERHOF

15,5/20

Genießerhotel & Weingut

Koch: Hannes Sattler

Schön, mal wieder im altvertrauten, so wunderbar gelegenen Sattlerhof einkehren zu dürfen. Das hochmotivierte Personal erwies sich als kompetent und allgegenwärtig. Und auch die ausführliche Weinkarte, gespickt mit dem Besten, was das Land zu bieten hat, erfüllte alle hochgesteckten Hoffnungen. Los ging es sommerlich-erfrischend mit einer grandios abgestimmten Komposition aus Bio-Saibling, Gurke und grünem Paradeiser, gefolgt von einer knackig-frischen steirischen Gebirgsgarnele – gezüchtet in Rottenmann – mit Shiso und Wassermelone – wir sind im Glück. Die Nudeltaschen gefüllt mit Forelle harmonierten grandios mit Miso und Eierschwammerln und führten uns weiter zum Hauptgang „Taube, Traube und Trüffel", der leider nicht ganz an die Güte der vorherigen Gänge anschließen konnte. Etwas übergart ging einiges von dem, was den Genuss einer Taube ausmacht, verloren. Trost spendete dann die Nachspeise Himbeere, Joghurt und Sauerampfer, die den Sommer auf die Teller zauberte.

Tel.: 03453 445 40
8462 Gamlitz
Sernau 2a
www.sattlerhof.at
restaurant@sattlerhof.at
Di–Sa 18–21 Uhr
✱ 20. Dez. 2021–4. März 2022

GLEINSTÄTTEN L5

LITERWIRT

11/20

Koch: Walter Schmid

Trotz eines aufwendigen Umbaus blieb der Literwirt in Hügellage,südlich von Gleinstätten, das örtliche Dorfgasthaus mit Kartenspieler-Stammtisch und manchmal hitzigen Diskussionen an der Theke. Kulinarisch lautet die nicht unpassende Devise daher „Schmeck die Hoamat". Die Umsetzung im architektonisch ansprechenden Fine Dining-Bereich gelingt mitunter sehr gut wie beim Schoko-Deluxe mit köstlichem Tobleronemousse. Beim zu fettig gebratenen Karpfenfilet mit Rollgerste besteht noch Luft nach oben. Hervorheben wollen wir das schöne Gedeck (abends) sowie das erfreuliche Weinangebot. Wenn viel los ist, kann es zu längeren Wartezeiten kommen.

à la carte: 3,50–65 €

Tel.: 0650 470 17 47
8443 Gleinstätten
Goldes 1
www.literwirt.at
office@literwirt.at
Mi–Sa 11.30–21.30 Uhr
✱ variabel im August 2022

ZUR HUBE

13,5/20

Köchin: Gingi Peez-Petz

Man sitzt und genießt: den Ausblick auf den zauberhaften Garten mit all den Kumquats- und Bitterorangengewächsen, die rankenden Weinreben und hinunter in die Hügelwelt, die sich Richtung Slowenien erstreckt. An sonnigen Tagen fühlt man sich inmitten der blühenden Blumen im Gastgarten wie in einer Idylle. Wenn es kälter wird, hat Gastgeberin und Küchenchefin Gingi Peez-Petz auch im Inneren gemütliche Plätze geschaffen. Kulinarisch orientiert sie sich in Richtung Süden – von Slowenien bis nach Istrien. Und so begeistert sie zum Einstieg mit einer unaufgeregten, aber sehr harmonischen Olivenpastete, darauf folgen ein warmer Topfenstrudel mit Estragon sowie Sashimi vom Branzino mit in Wasabi und Zitrone mariniertem Rogen. Es geht weiter mit einem auf den Punkt gegarten Wolfsbarsch an knusprigen Möhren auf Bohnenpüree. Dazwischen schlürft man ein Melonensüppchen mit Garnelen. Trinken kann man dazu edle Tropfen, wie eine feine Bouteille vom Stift Admont aus dem slowenischen Jeruzalem. Ein kleines Gesamtkunstwerk, diese Zur Hube.

Tel.: 0664 221 12 42

8443 Gleinstätten
Sausal 51

www.zurhube.at
restaurant@zurhube.at

Fr, Sa Reservierung erforderlich
variabel

GLEISDORF N4

ECHT JAN AIGNER.

14/20

Genusshandwerk im Forum Kloster

Koch: Jan Aigner

Die Adresse in Gleisdorf schlechthin für ein wirklich gutes Essen erfreut sich zunehmender Beliebtheit. Die Vielfalt der Dienstleistungsbetriebe im Forum Kloster-Komplex setzt sich beim durchaus gelungenen Einrichtungsmix im Genusshandwerk genannten Restaurant unter Küchenchef Jan Aigner fort. In kulinarischer Sicht gibt es neben dem neuerdings offenbar überall unerlässlichen Überraschungsmenü klassisch-bewährte Produkte, oftmals kreativ zubereitet. Die Saiblingspraline mit Miso-Mayo als Amuse bouche war schon einmal ein feiner Beginn. Dann Beef Tatar (gut abgeschmeckt), Barsch, Wels und Oktopus, Letzterer geschmort in Blaufränkischem, den es dann auch glasweise als Begleiter gab. Dazu wurden Paprika, Radicchio und Linsen serviert. Gelungen war auch die geröstete und gefilterte Sellerie-Essenz mit Wagyurind im Nudelblatt, kräftig und subtil zugleich. Bei den sehr traditionellen Desserts bleibt trotz Eindruck schindender Bezeichnungen, wie „Vollgas Himbeere", Luft nach oben, etwas mehr Auswahl wäre hier wünschenswert gewesen.

à la carte: 12–34 €

Tel.: 0660 971 03 90

8200 Gleisdorf
Franz-Josef-Straße 7

echt.genusshandwerk.com
forumkloster@
genusshandwerk.com

Di–Fr 11–22, Sa 16–21 Uhr

GRALLA M5

MURNOCKERL

11,5/20

Koch: Thomas Koch

Ginge es rein um das Engagement und den Unterhaltungswert des Patrons Karl Hernach – das per Murradweg und Autobahn gut erreichbare Murnockerl im kleinen Ort Altgralla nahe Leibnitz würde dabei wohl mehrere Hauben verdienen. Küchenchef Thomas Koch macht seinem Namen aber auch kulinarisch durchaus Ehre. Jedes Monat steht die Küche unter einem anderen Schwerpunkt: Wir kamen dieses Mal zu „Alles Tomate". Und sowohl die klare Paradeisersuppe als auch die Zucchini-Paradeiser-Törtchen als Beilage zur Lammkrone gelangen sehr gut. Nicht zuletzt der aufmerksame Service mit kundiger Weinberatung sorgt wohl zurecht für einen hohen Stammgästeanteil.

à la carte: 5,90–58,90 €

Tel.: 03452 733 03
0664 127 54 00

8431 Gralla
Obere Murstraße 21

www.murnockerl-gourmet.at
restaurant@murnockerl-gourmet.at

Mi–Fr 17–22, Sa 10.30–22,
So 10.30–16.30 Uhr
24.–25. Dez. 2022

GRAZ L4

AIOLA UPSTAIRS

12/20

Koch: Roland Poimer

Die Familie Schwarz baut seit zwei Jahrzehnten mit untrüglichem Gespür für den Zeitgeist an ihrem kulinarischen Imperium, zu dem auch das Aiola Upstairs, unmittelbar neben dem Uhrturm am Schlossberg, gehört. Wie in der Schwarzschen Gastronomiewelt üblich, gibt es auch hier einen auffallend freundlichen Service, eine Spur zu laute Loungemusik und den ganz speziellen, opulent-verspielten Einrichtungsmix, der durch die (Fast-)Rundumverglasung nur ansatzweise zur Geltung kommt. Küchenchef Roland Poimer bietet ansprechend-gefällige Gerichte mit modernem Twist, wie etwa das Duett von der Lachsforelle mit Wassermelone und Wasabi. Bei den Nachspeisen gibt es noch etwas Luft nach oben.

à la carte: 10–34 €

Tel.: 0316 818 797
0664 226 54 26

8010 Graz
Schlossberg 2

www.aiola.at
upstairs@aiola.at

tgl. 12–21 Uhr

ARTIS

14,5/20

Koch: Philipp Dyczek

Restaurantgründer und Küchenchef Philipp Dyczek setzt in seinem Restaurant in der Grazer Schmiedgasse ausschließlich auf Überraschungsmenüs, deren Zusammensetzung er in regelmäßigen Abständen ändert. Daher wird bei einer telefonischen Reservierung schon im Vorfeld besprochen, ob Unverträglichkeiten oder Allergien vorliegen. Lässt man sich dann auf die vom Chefkoch und seinem Team produzierten Kreationen ein, steht eine Reihe an kulinarischen Höhepunkten bevor. Zum Aperitif gibt es eine Auswahl an Häppchen – etwa russischen Kaviar auf knusprigem Gemüse oder rohe Gelbschwanzmakrele. Die Gänseleberterrine wurde bei unserem Besuch von exotischer Kiwi in verschiedenen Texturen begleitet. Die lauwarmen Jakobsmuscheln wiederum freuten sich über die Begleitschaft von Jalapeños und wunderbaren, mit Pistazien geschmorten Karotten. Nach einem erfrischenden Sorbet von der Stachelbeere folgte eine ausgezeichnet gebratene Wachtel mit Blattspinat, die durch die verwendeten Gewürze eine asiatische Note erhielt. Die Reihe von süßen Kostproben aus der Pâtisserie – Erdnussflips mit Wasabi oder süße Steine – überzeugten ebenso wie die Weinbegleitung des Abends.

Tel.: 0316 824 154
0676 925 64 61

8010 Graz
Schmiedgasse 18–20

restaurant-artis.com
info@restaurant-artis.com

Di–Sa 16.30–21.30 Uhr

CAFÉ SACHER-GRAZ

11,5/20

Das Sacher in Graz ist eine sichere Adresse für gepflegte Restaurant- und Kaffeehauskultur. Im Innenhof des Rathauses nimmt man Platz, wenn sich die Sonne zeigt. Fällt der erste Regentropfen, verlagert das umsichtige Servicepersonal das Geschehen flott in den Speisesaal. Geboten wird eine traditionelle österreichische Küche: sämiges Kalbsrahmgulasch, Krautfleckerl oder Tafelspitz, der so zart ist, dass ihn ein Löffel mühelos durchtrennt. Auch für Graz-adaptierte Gerichte wie Steirer-Burger oder steirisches Backhendl kehrt man gern ein. Für den kleinen Hunger ist mit Speisen wie Buttertoast oder Sacherwürstel gesorgt. Nicht zu vergessen sind die fabelhaften Wiener Mehlspeisen von der „Original Sacher-Torte" bis zum Milchrahmstrudel.

Tel.: 0316 800 50
8010 Graz
Herrengasse 6
www.sacher.com
graz@sacher.com
Mo–Sa 8.30–21.30,
So 11–18 Uhr

CAYLEND

14/20

Koch: Giacomo Corbatto

Acht Jahre ist es schon her, dass die drei vom Caylend aus der Karibik nach Graz zurückkehrten und im multiethnischen Stadtbezirk Lend ebensolche Speisen offerieren. Egal, ob man drinnen im Ambiente einer Schiffskajüte oder draußen mit Blick auf den Schlossberg Platz genommen hat, der ausgesprochen freundliche und aufmerksame Service sorgt für positive Stimmung. Das bunte Küchen-Crossover reicht vom würzigen Ceviche-Mix über eine fein gebratene Gänseleber bis zum mürben, mitunter ein wenig zähen Kängurufilet mit Brioche-Knödel in Kalbs-Velouté. Dazu gibt es eine überkomplette Weinauswahl (zwei Dutzend glasweise) und final amerikanische Desserts wie Brownie oder Erdnussbutter-Halbgefrorenes. Eine kulinarische Bereicherung für Graz, vor allem für die oft geschmähte rechte Murseite.

à la carte: 8–30 €

Tel.: 0316 711 515
8020 Graz
Stigergasse 1
www.caylend.at
caylend@gmx.at
Mi–Fr 16–21.30,
Sa, So 12–21.30 Uhr
variabel

CUISINO

13/20

Das Restaurant im Casino Graz

Koch: Siegfried Dick

Die mit der Umbenennung in Cuisino einhergegangene Aufwertung der Casino-Restaurants hat auch vor jenem in Graz nicht Halt gemacht. Schön eingedeckte, mehr oder weniger attraktiv platzierte Tische und der aufmerksam-freundliche Service versprachen allerdings mehr, als die Küche dann halten konnte. Ein Yellowfin Tuna mit traumhafter Buttermilchcreme zum Einstieg bewies, dass Küchenchef Siegfried Dick das Handwerk von Saucen beherrscht. Umso unverständlicher, dass es einer solchen beim sehr trockenen Heilbutt mit reichlich Quinoa mangelte. Nicht nur optisch passend zur Glitzer-Casino-Atmosphäre dann das Mascarponedessert in knackiger Hülle und allerlei goldfärbig Knusprigem, enttäuschend leider die kompakte Mohnschnitte. So gab es heuer Licht und Schatten. Hier könnte man eigentlich sehr gut kochen, dieses Asset bei jedem Gang konsequent auf den Teller zu bringen, gelang bei unserem Besuch aber leider nicht.

Tel.: 0316 832 578 505
8010 Graz
Landhausgasse 10
graz.casinos.at
cuisino.graz@casinos.at
Mi, Do, So 17.30–22,
Fr, Sa 17.30–24 Uhr

DER STEIRER

11,5/20

Florian Weitzer hat schon lange ein Gespür dafür, was in der Hotellerie und Gastronomie gut ankommt. Etwa das informelle Bistro Der Steirer in seinem Grazer Stammhaus Das Weitzer. Strikt regional ausgerichtet, günstige werktägliche Mittagsmenüs, am Wochenende ein traditioneller Sonntagsbraten sowie als Besonderheit steirische Tapas, die in durchaus beachtlicher Qualität dazu einladen, vielerlei Gerichte in Klein(st)portionen – à drei Euro, eine wahre Okkasion – zu verkosten. Der elegant gekleidete Maître empfiehlt dazu gerne eine glasweise Weinbegleitung. Wer Flaschen mag, schöpft aus der angeschlossenen Vinothek gegen ein geringes Stoppelgeld aus dem Vollen.

Tel.: 0316 703 654
8010 Graz
Belgiergasse 1
www.der-steirer.at
office@der-steirer.at
tgl. 11–24 Uhr

DIDI DORNER IM MAGNOLIA

16,5/20

Koch: Didi Dorner

Didi Dorner verteidigt souverän seine Rolle als kulinarischer Platzhirsch der zweitgrößten Stadt Österreichs. In seinem kleinen Reich in Helmut Markos Augartenhotel gibt er sich auf den ersten Eindruck – obwohl der Jugend längst entwachsen – in seinem frechen orangen Outfit fast rebellisch-aufbegehrend, ein bei großen (Küchen-) Chefs nicht ganz unbekanntes Verhalten. Man hat als Gast pünktlich um 19 Uhr zur Einnahme des ausschließlich angebotenen Menüs (große oder kleine Version) zu erscheinen, dasselbe dann am Ende in bar zu entlohnen und Skurriles wie Servietten in Tischtuchgröße zu akzeptieren. Didi Dorner bezeichnet seine Küche als „intuitiv" – zweifellos richtig, was viele tolle Einfälle betrifft, aber ein Understatement angesichts seiner akribisch-aufwendigen Zubereitung der bis ins Kleinste durchkomponierten Gerichte. Gemäldegleich arrangierte Teller sind seine Sache nicht. Entscheidend ist vielmehr die Qualität der Produkte und die an Perfektion grenzende Arbeit in der Küche. Da können zum ersten Gruß aus der Küche schon einmal ziemlich simple Tramezzini zum Champagner-Wagen eingestellt werden. Geadelt werden diese allerdings durch feinste schottische Wildlachsfülle. Über sein berühmtes, mehrfach kopiertes Trüffel-Rührei mit Kaviar müssen wir keine weiteren Worte verlieren – es ist einfach perfekt. Wie auch die Spargel-Apfel-Suppe mit Croûtons, Oliven und Kernöl – große geschmackliche Harmonie. Diese zu erreichen ist Haubenkoch Dorner bei allen Gängen ein Anliegen, wie auch die Kombination Adria-Thunfisch mit Burrata oder Strozzapreti (natürlich selbst gemacht) mit Garnelen in optimaler Konsistenz und Eierschwammerln beweisen. Daneben müssen es – ganz die klassisch-französische Linie – große Saucen sein, die der Chefkoch persönlich am Tisch in die Teller gießt. Besonders gelungen ist jene mit Perigord-Trüffeln, die zum unendlich zarten, pochierten Ennstaler Rindsfilet mit Gnocchetti und milden Brennnesseln serviert wird. Zu jedem Gang reicht Maître Mario tolle Weine – nicht nur aus seinem Heimatland Italien, sondern auch Großartiges aus Frankreich oder Unbekanntes aus Chile. Die glasweise Weinbegleitung ist daher sehr empfehlenswert. Caprese als Pre-Dessert? Eine gute Idee, sofern es so grandios wie hier, mit dezent süßlicher Note, bereitet wird. Beim Dessert, Schokosorbet und Panna cotta mit marinierten Kirschen, belässt der Patron Letzteren den Kern. Die damit erzeugte Geschmacksexplosion am Gaumen beweist die Richtigkeit seiner Entscheidung.

Tel.: 0316 823 835
0699 130 188 18

8010 Graz
Jakob-Redtenbacher-Gasse 24

www.didIdorner.at
restaurant@didIdorner.at

Di–Sa ab 19 Uhr

DIE AMSEL

12,5/20

Koch: Andreas Sczcypiorski

Die Spatzen pfeifen es von den Dächern: Die Amsel ist eine absolute Empfehlung, wenn man sich nach einem unkomplizierten und entspannten Abend sehnt. Unter den Bäumen des verwunschenen Gastgartens genossen wir Ziegenfrischkäse-Tartelettes mit Kürbiskernen und Thymianhonig, gefolgt von grandios abgeschmecktem Maibockragout mit Serviettenknödel. Zum Abschluss gab es sommerliches, weißes Schokoladenmousse auf Rhabarber-Erdbeer-Kompott. Und wenn auch die Weinkarte (noch etwas) ausbaufähig scheint, machte die allgegenwärtige Chefin das mit ihrer guten Laune und ihrem Engagement mehr als wett. Man darf den Spatzen Glauben schenken.

à la carte: 3,80–26 €

Tel.: 0316 689 910

8010 Graz
Körösistraße 10

www.dieamsel.at
hallo@dieamsel.at

Di–Sa 17–22.30 Uhr

EL GAUCHO

13/20

im Landhaus

Hier nahm alles seinen Anfang. Und für all jene Fleischtiger, die schon in den Schwesterlokalen (Baden, zwei Mal Wien, München) gegessen haben, ist es auch nach wie vor das Beste. In jedem Fall ist es jedoch immer noch das schönste El Gaucho, denn die historischen Gewölbe des Grazer Landhauses sind einzigartig. Seit ein paar Jahren boomen hierzulande Steaklokale, weil es scheinbar einfach ist, mit relativ wenig Aufwand relativ hohe Umsätze zu machen. Das El Gaucho tickt da ein wenig anders. Von wegen wenig Aufwand! Wer mag, kann sich verschiedene Cuts vom 21 Tage im Haus trockengereiften österreichischen Beef gönnen. Hier wird auch die Frage, ob man sein Steak medium, rare oder well done möchte, ernst genommen. Und auch bei den Beilagen geht man in punkto Quantität und Qualität weit über das hinaus, was man in gewöhnlichen Steaklokalen angeboten bekommt. Und weil in einer gemütlichen Runde manchmal jemand dabei ist, der partout kein Steak mag, stehen immer ein paar Nudel- oder Fischgerichte auf der Karte. Das Weinangebot ist umfangreich, der Service stets motiviert und extrafreundlich.

Tel.: 0316 830 083
8010 Graz
Landhausgasse 1
www.elgaucho.at
landhaus@elgaucho.at

EL PESCADOR

11,5/20

im Rathaus

Ein Stück Mittelmeer inmitten von Graz pflegt die Familie Grossauer mit ihrem Restaurant El Pescador. Bei unserem Besuch lag der Schwerpunkt auf der istrisch-venezianischen Fischküche. Dieser wird mit Gerichten wie Spaghetti vongole, Fritto misto oder am Punkt gebratenem Branzino alle Ehre gemacht. Die Gerichte sind durchwegs klassisch zubereitet und ausnehmend hübsch angerichtet. Die Karte funktioniert nach demselben Prinzip wie im vis-à-vis gelegenen und ebenso zum Familienimperium gehörenden Steakrestaurant El Gaucho: Man wird zu „Upgrades" (stückweise Jakobsmuscheln, Garnelen, Softshell-Crabs) und „Sides" wie Artischocken und Grillerdäpfeln animiert. An Fischen jenseits der Adria werden Bio-Zander aus den Kalkalpen, andalusischer Oktopus oder Bluefin-Thunfisch serviert, Letzterer etwa als köstliches Tataki mit Kirschparadeisern, Meersalz und Kürbiskernöl. Istrisches Olivenöl und Weine wie ein knackiger Malvazija von Kozlović komplettieren die mediterrane Revue. Smarter Service, klassische Dessertauswahl von Tiramisu bis Sorbetto.

à la carte: 11–60 €

Tel.: 0316 829 030
8010 Graz
Landhausgasse 6
www.elpescador.at
fisch@elpescador.at
Mo–Sa 11.30–22 Uhr

FLORIAN Ⓝ

12/20

im Parkhotel Graz

Die teilweise Überdachung hat dem zauberhaften Biedermeiergarten seinen Reiz nicht genommen, vielmehr hat er an Nutzungszeit gewonnen. In der kalten Zeit sorgt auch das großbürgerliche Ambiente der Innenräume des Parkhotels für eine angenehme Atmosphäre. Hier bekommt man das wohl beste Beef Tatar der Stadt. Neben tadellos gekochten Wiener Klassikern werden auch hübsche Kreationen serviert. Wir wurden beispielsweise mit geschmorten Kalbsbackerln mit Trüffelpüree und Pak Choi glücklich. Auch das Saltimbocca vom Bio-Zander mit Vulcano-Schinken und Safrangnocchi schmeckte einwandfrei. Die Weinauswahl ist klein, aber fein.

Tel.: 0316 363 060
8010 Graz
Leonhardstraße 8
www.florian-graz.at
office@parkhotel-graz.at

GERÜCHTEKÜCHE

14,5/20

Koch: Michael Wankerl

Wie spannend ein kulinarischer Abend sein kann, wenn man sich in die bewährten Hände des aus Funk und Fernsehen bekannten „Gerüchtekochs" Michael Wankerl begibt. Man bestimmt die Anzahl der Gänge, entscheidet ob Weinbegleitung oder Bouteille und los geht die irre Fahrt durch kulinarisches Neuland voll Kreativität und Augenzwinkern. Der mehr als gelungene Gänseleberpralinen-Fake vom Kräuterseitling mit Apfel und Brioche, die Ravioli mit Melanzani-Bolognese, Karfiol und Sauce hollandaise, der knackige Grünalgenkaviar mit in Molke gegarter Lachsforelle und Molkenockerln oder das Rhabarber-Erdbeer-Ragout mit Waldmeister-ummantelter-Schokolade und Moosbeereneis sind Beispiele für den Einfallsreichtum des Meisters. Der Weinschrank des kongenial agierenden, lustig-fröhlichen Nino Rath ist wohl gefüllt und so klingt ein erlebnisreicher Abend mit einem Fluchtachterl aus.

Tel.: 0664 883 184 44

8010 Graz
Gartengasse 28

www.geruechtekueche.org
info@geruechtekueche.org

Mo–Fr 11.30–14.30 und
18–21.30 Uhr

KEHLBERGHOF

13,5/20

Koch: Hermann Ortner & Sarah Klug

Unweit der wieder kultivierten Weinhänge (nach langer Zeit klimawandelbedingt) beim Schloss St. Martin bietet sich der Kehlberghof seit vielen Jahren für ein gepflegtes Essen in unterschiedlich eingerichteten Räumen oder im netten Gastgarten an. Die gemäßigt-kreative Küche erfüllt alle Vorlieben; besonders gut hat uns zuletzt die hauchzart-cremige Panna cotta vom weißen Spargel mit Vulcano-Schinken geschmeckt. Sehr ordentlich gelingen hier aber auch klassische Fischgerichte – Garnelen, Saibling, Branzino –, die mit innovativen Beilagen wie Ricottanockerln oder Olivenrisotto serviert werden. Bei den etwas langweiligen Desserts – Rhabarbertarte, Pfirsichmus – konnte jedoch das zuvor gebotene und hohe Qualitätslevel nicht ganz erreicht werden. Gutes Weinangebot, wenn auch leider ohne Beratung.

à la carte: 15–37 €

Tel.: 0316 284 125
0664 730 077 73

8054 Graz
Kehlbergstraße 83

www.kehlberghof.at
restaurant@kehlberghof.at

Di–Sa 11.30–14 und 18–21 Uhr

KORNATI

12/20

Koch: Ivan Trifunovic

Es ist ein angenehmes Kroatien-Urlaubsfeeling, das einem beim Kornati überkommt. Es duftet nach Muscheln und Calamari, im Abgang zum kleinen Gastgarten wachsen üppig mediterrane Kräuter in Töpfen, die Gaststube ist rustikal-gemütlich. Olivencreme und Trüffelaufstrich gibt es als stimmige Einbegleitung, das schwarze Risotto mit Garnelen, der Meeresfrüchte-Eintopf wecken Erinnerungen an Tage am Meer. Nett ist auch die Sashimi-Variation mit Makrele, feiner Wasabi- und Karfiolcreme. Das durchaus originelle, urige Interieur könnte allerdings ein Facelifting vertragen. Kleine istrische Weinauswahl.

à la carte: 17–29 €

Tel.: 0660 310 81 04

8010 Graz
Franckstraße 44

www.kornati.at
kornatigraz@gmail.com

tgl. 17–22 Uhr

LAUFKE

12,5/20

Koch: Markus Neuhold

Guter Wein, ausgezeichnetes Essen und ein aufmerksames Servicepersonal. Das alles erwartet die Gäste im Wirtshaus Laufke. In den holzgetäfelten Stuben oder im schattigen Gastgarten studiert man die Speisekarte und während am Nachbartisch Rindssuppe mit Leberknödel serviert wird und das goldbraun gebackene Wiener Schnitzel verführerisch seinen Duft verströmt, entschließen wir uns, auf fleischliche Genüsse zu verzichten. Et voilà: Der im Salzteig geschmorte Kohlrabi mit Wildkräuter, die pikante Gazpacho und Eierschwammerllasagne überzeugen. Zum süßem Abschluss gibt es dunkles Schokoladenmousse. Die Weinkarte ist beeindruckend, sowohl was Umfang als auch Inhalt betrifft, darunter sind übrigens auch zahlreiche interessante Naturweine.

Tel.: 0660 416 72 37
8010 Graz
Elisabethstraße 6
www.laufke.net
restaurant@laufke.net
Di–Sa 18–22 Uhr

MEMORI

13,5/20

Koch: Wei Sun

Ganz am äußersten Ende der Grazer Kärntner Straße, dort wo die Landeshauptstadt ihr Ende nimmt, hat sich das Memori gar gut versteckt. Von außen getarnt – abgesehen vom Schriftzug – rechnet man keineswegs mit den Genüssen, die einem im Inneren des stillsicher eingerichteten Sushi-Lokals erwarten. Vom kundigen und freundlichen Personal bestens beraten, kosten wir uns durch alle Zubereitungsarten des rohen Fisches. Höchste Qualität der japanischen Küche darf dabei erwartet werden. Die Weinkarte ist liebevoll und auf der Höhe der Zeit zusammengestellt.

à la carte: 8–85 €

Tel.: 0316 252 899
8054 Graz
Kärntner Straße 501
www.memori-restaurant.com
office@
memori-restaurant.com
Mo, Mi, Do 17–23, Fr 17–24,
Sa 12–24, So 12–20 Uhr

Die besten Hotels Österreichs:

MISS CHO

12,5/20

Koch: Daniel Marg

Im Gewölbe unter dem Landhauskeller taucht man in eine andere Welt ein: Dunkles Interieur und rote Farbschattierungen treffen auf Clubmusik und gute Drinks. Dazu passt das Konzept des Teilens: Das Tastingmenü für zwei oder mehrere Gäste bietet einen Streifzug durch die À-la-carte-Gerichte aus der angenehm überschaubaren Karte, wenngleich hier etwas frischer Wind und Veränderung nicht schaden würden. Panasiatisch geht es dahin mit Ponzu-marinierter Ceviche, Thunfischpizza und Garnelentempura, gefolgt von Variationen von Sashimi, Nigiri und Maki-Rollen zu. Im Hauptgang bedient sich die Küche chinesischer Gewürze, so zum Beispiel beim mild gehaltenen Szechuan-Beef. Etwas mehr Schärfe und Würze wären wünschenswert gewesen, mit dem Öl hätte man dagegen etwas sparsamer hantieren können. Zum Dessert fällt die Wahl auf einen dezentrierten Yuzu-Cheesecake mit einem lächelnden Buddha. Ein Lächeln entlockt auch die breite Auswahl in der Getränkekarte, mit einer Reihe offener Weißweine und japanischer Spirituosen. Auf den ersten Blick hat sich im Vergleich zu den Vorjahren nichts verändert, aber irgendwie ist der Esprit vergangener Jahre verloren gegangen. Wir hoffen, dass er wieder zurückkehrt.

Tel.: 0316 830 276
8010 Graz
Schmiedgasse 9
www.misscho.at
misscho@aiola.at
Di–Sa 17–1 Uhr

MOHRENWIRT

13/20

Koch: Lukas Lepsic

Im Zentrum der steirischen Landeshauptstadt bietet der Mohrenwirt traditionelle Wirtshausküche und einige mutigere kulinarische Kreationen. So finden sich Backhendel mit Petersilerdäpfeln, Gulasch mit Sauerrahmspätzle und Wiener Schnitzel auf der Speisekarte, die aber eben auch spannendere Gerichte bereithält. Dazu zählen etwa die gebackene Hendlhaut mit Fisolensalat, Gurkenkaltschalte mit gebeiztem Zanderbauch oder das Saiblingsfilet mit Eierschwammerln und Topfenknödel. Zum Finale sollte man die lauwarmen Marillen mit Lavendeleis probieren. Was wir uns noch wünschen würden? Wie wäre es mit der einen oder anderen Tagesempfehlung? Auch etwas mehr Engagement beim Weinangebot wäre der Güte der Küche angemessen.

à la carte: 8–29 €

Tel.: 0316 904 440
8020 Graz
Mariahilferstraße 16
www.mohrenwirt-graz.at
essen@mohrenwirt-graz.at

MOIN Ⓝ

12/20

Koch: Daniel Marg

Auf dem italienisch anmutenden Mehlplatz norddeutsche Küche anzubieten, zeugt von Selbstbewusstsein. Daniel Marg (ebenso Küchenverantwortlicher im Restaurant Miss Cho) verfügt offenbar darüber. Im ehemaligen Eckstein serviert er daher unter anderem Erdäpfelsuppe mit Nordseekrabben, Königsberger Klopse und Hamburger Backfisch. Alle Gerichte sind durch die Bank solide zubereitet. Ebenso der Zander mit Erdäpfel-Blutwurst-Stampf und Schalotten-Lavendel-Jus. Ganz fein auch die Rühreibrötchen mit Krabben. Außerdem gibt es Burger und (Riesen-)Steaks vom Kultfleischer Höllerschmid sowie andere kulinarische Zugeständnisse an den Zeitgeist. Die Weinkarte ist kompakt, daneben hält die Getränkekarte eine breite Auswahl angesagter Modedrinks bereit. Der Service ist freundlich, die Stimmung gut.

Tel.: 0316 828 701
8010 Graz
Mehlplatz 3
www.moingraz.at
moin@aiola.at
Mo–Sa 11.30–1, So ab 12 Uhr

NULLNEUN

14/20

Koch: Robert Ferstl

Die im futuristischen Headquarter von Brillendesigner Michael Pachleitner etablierte Kantine baut an einigen Wochentagen abends auf Fine Dining. Der Blick von der Bistro-Atmosphäre auf die ungepflegte Betonwüste draußen soll wohl nicht allzu sehr vom Essen ablenken, was leichter gelingt, als wenn man im Gastgarten Platz genommen hätte. Das diesmal eingeschränkte kulinarische Angebot – eine Vorspeise, eine Suppe, zwei Hauptgerichte und eine Nachspeise – wird durch ein Überraschungsmenü sowie feine Weine ergänzt. Im Frühling bereiten allerlei Kombinationen mit Spargel Freude, weniger gelungen war der durchgebratene Lammrücken mit Specklinsen und intensiv-süßem Bananencurry. Dafür zeigt das erfrischende und geschmacklich hervorragende Dessert, bestehend aus einem Zweierlei von der Schokolade mit Nougat und Erdbeeren, was Küchenchef Robert Ferstl kann, wenn er will.

Tel.: 05 172 010 90

8041 Graz
Liebenauer Tangente 4

www.nullneun.at
restaurant@nullneun.at

Mo, Di 11.30–14.30, Mi–Fr 11.30–14.30 und 18–22 Uhr

RESTAURANT SCHLOSSBERG

13/20

Es ist immer wieder erfreulich, wenn sich spektakulär gelegene Lokale nicht darauf verlassen, dass sie schon alleine aufgrund ihrer Lage gut gebucht sind. Wir schätzen es, wenn Lage und Ausblick ein zusätzliches Zuckerl zu einem guten Essen sind. Diesbezüglich kann man sich auf das Restaurant Schlossberg verlassen, das wird auch durch die Kontinuität der handelnden Personen unterstrichen. Die Karte bietet ein Potpourri aus beliebten Gerichten – teils steirischen Ursprungs (Vogerlsalat mit Kernöl), teils österreichische Klassik (Kalbsrahmbeuscherl, Wiener Schnitzel) und teilweise international inspiriert (Französische Fischsuppe, Burrata mit Paradeisern, „Chicken International"). Dazu gibt es noch ein paar Speisen, deren historische Herkunft sich nicht eindeutig belegen lässt – Pasta mit Pilzen, Steinbutt mit Muscheln, gebratener Saibling mit Risotto oder ein „Best of Beef". Dieser bunte Angebotsmix ist im Laufe der letzten Jahre gewachsen und spiegelt die Vorlieben der Grazer wider. Jedenfalls hat die Küche all diese Rezepte im kleinen Finger und liefert auch bei ausreserviertem Lokal stets verlässliche Qualität. Wer Lust hat, kann sich ein Menü aus fünf kleinen Gängen zusammenstellen. Auch zum süßen Abschluss kann man es steirisch („Die steirische Zwetschke"), österreichisch (Schwarzbeertörtchen mit Schokolade und Mandeleis) oder international (Zitronentarte mit Ananas-Kokos-Eis) haben – oder alles auf einmal in Form einer Dessertvariation. Das Weinangebot ist ansprechend, der Service freundlich und flott.

à la carte: 7–36 €

Tel.: 0316 840 000

8010 Graz
Am Schlossberg 7

www.schlossberggraz.at
office@schlossberggraz.at

Mi, Do 17–22, Fr, Sa 11–22, So 11–17 Uhr

SAKANA

12/20

Koch: Andrea Little

Japanische Küche in Graz, funktioniert das? Ja, wenn man im Sakana speist. So schmeckt der Fisch frisch – fast wie direkt am Meer. Das zeigt sich beim Kansei-Salat, bestehend aus Lachs, Wolfsbarsch und Algen, oder bei den würzigen Thunfischrollen. Ebenso gelingen der Küche die gegrillten Hühnerspieße. Wer sich Ramen bestellt, muss mit einer großen Portion rechnen, die locker für zwei Personen reicht. Nicht ganz so leicht stellt sich die Wahl bei den Getränken dar, da ist das Angebot doch recht schmal. Wie wäre es mit ein paar interessanten Sakes und ein paar ordentlichen Weißweinen?

Tel.: 0316 319 876

8010 Graz
Halbarthgasse 14

www.sakanagraz.at
sakana.graz@hotmail.com

Mo 17–22.30,
Di–So 11.30–22.30 Uhr

SALON MARIE

11/20

im Grand Hotel Wiesler

Ein Vorspeisen-Triple aus Caesarsalat mit knackigen Garnelen, würzigem Beef Tatar und angebratenem Thunfisch, elegant serviert auf der Etagere: kein schlechter Einstieg für ein Restaurant wie das Salon Marie, das zwischen der bürgerlichen Gastrotradition des übergeordneten Weitzer Hotels und zeitgenössischem urbanen Dining noch seinen Tritt finden muss. Danach verlief der Besuch in dem stilvollen Lokal, das mit einer Speisenmelange – Holstein-Schnitzel, Sulmtaler Hendl, Linsen Dal – punkten will, allerdings etwas holprig. Der auf der Karte angekündigte scharf angebratene Oktopus war zur Hälfte ein Tintenfisch, das aufgeschnittene Steak mit Bleistiftpommes ertrank in einer grüngelben Sauce, deren scharfe Säure alle etwaigen Röst- und Fleischaromen überdeckte. Als aromatisch weit ausgewogener erwies sich eine vegane Option: Melanzani aus dem Ofen, serviert mit Granatapfelkernen, Tahini, Paradeisern, Pignoli und orientalischen Gewürzen. Vom Baiser der Pavlova hätten wir uns mehr erwartet, sanft zitronig die Crema Catalana, kräftig herb die Schokotorte mit Salzkaramell und tüchtig Obers.

Tel.: 0316 706 683

8020 Graz
Grieskai 4–8

www.hotelwiesler.com
office@speisesaal.com

tgl. 6.30–1 Uhr

SCHMIDHOFER IM PALAIS® 15,5/20

Koch: Herbert Schmidhofer

In dem schönen Gewölbe des Sackstraßen-Palais fallen die langgestreckte Theke und die angenehm zurückhaltende Einrichtung ins Auge. Im hinteren Bereich öffnet sich eine Tür zur Terrasse im Innenhof. Die Wände des Lokals zieren wechselnde Bilder, zumeist von einer heimischen Künstlerin. In dieses Reich ist Chefkoch Herbert Schmidhofer als eigener Herr zurückgekehrt. An der kulinarischen Ausrichtung hat sich nichts verändert und das ist gut so. Denn die große Stärke der Küche liegt darin, mit vertrauten Aromen Wohlgefühl zu schaffen. Zum einen wird die bodenständige Schiene mit österreichischen Klassikern wie einem Zwiebelrostbraten vom Black Angus oder auch Eigenkreationen wie der „Beef Tatar-Torte" mit Erdäpfelrösti und Alpenkaviar bedient, zum anderen die kreative. Beide beherrscht der Patron ausgezeichnet. Die einzelnen Komponenten auf dem Teller verbindet er harmonisch und kocht äußerst präzise. Die Schmorparadeisercreme zum zart gegrillten Oktopus ist hinreißend, dazu Burrata und Salatherzen. Auch die Sushivariante mit Thunfischröllchen wird mit weise eingesetztem Wasabi und einem eleganten Auftritt von Thai-Gurke mit Ponzu zum Vergnügen. Das Filet vom Angusrind vom Grill erdet mit gebackenem Ochsenschlepp, außerdem exzellent der Steinbutt mit Tafelspitzravioli. In der Pâtisserie gelingt die Zitronengras-Crème brûlée mit Maracujamousse und Ingwer-Schoko-Eis. Neben der stattlichen Auswahl an Posten, die im Keller lagern, lohnt es sich, nach den hauseigenen Weinen zu fragen, die in Kooperation mit ausgewählten österreichischen Winzern entstehen.

à la carte: 9–39 €

Tel.: 0676 442 40 30
8010 Graz
Sackstraße 16
www.schmidhoferimpalais.at
mail@schmidhoferimpalais.at
Mo–Fr 12–14.30 und
18–21.30 Uhr
♿

STARCKE HAUS 14/20

Koch: Milivoj Novak

Das Vier-Gänge-Menü um 100 Euro – da spielt wohl auch die einzigartige Lage eine Rolle. Die „Genussreise" dauert dann doch länger als erwartet, was einem an so einem speziellen Platz durchaus Freude bereitet. Gewiss, Milivoj Novak kann kochen. Daher gibt es für sein griechisches Joghurt mit Quinoa und Lardo als Amuse, das feine Beef Tatar mit Maracuja und die herrlich milde Goldbrasse mit einer Garnele und Zweierle vom Zucchini von uns nur Lob. Dieses können wir der etwas zu trockenen Ente mit Bulgur und Eierschwammerln nur bedingt erteilen. Ganz und gar nichts auszusetzen, haben wir aber am romantischen Ambiente, das das Winzerhaus mit seiner aussichtsreichen Terrasse am Schlossberg bietet.

Tel.: 0316 834 300
8010 Graz
Schlossberg 4
www.starcke.at
office@starcke.at
variabel

SUDHAUS

12/20

Restaurant & Brauerei

Koch: Thomas Galler

Selbstgebraute Biere spielen im Sudhaus eine wichtige Rolle. Doch auch Genießer, die sich zum Essen lieber eine gute Flasche Wein wünschen, werden fündig. Gulaschsuppe und Currywurst sind für den Hunger zwischendurch gedacht, wer mehr Appetit mitbringt, der kann diesen mit Pappardelle mit istrischen Trüffeln, steirischem Backhendel oder Smokey Ribs vom Vulkanschwein mit cremigem Krautsalat stillen. Schokoladentarte oder Cremeschnitte sind ein angenehmer süßer Ausklang.

à la carte: 12,50–27,50 €

Tel.: 0316 269 57 00
8054 Graz
Weblinger Straße 10
www.sudhaus.at
info@sudhaus.at
Mo–Do 16–22, Fr 12–22 Uhr
♿

TONKIN

12/20

Vietnamese Restaurant

Koch: Ivy Nguyen

Regional produzierte Lebensmittel nach vietnamesischer Rezeptur gekocht: Das ist das Credo der neuen Küche im ältesten Grazer Gasthaus, dem Schanzlwirt, das nun einen sympathischen Wandel wagt. Authentische vietnamesische Originalkreationen, mit Liebe komponiert, ein wenig dem europäischen Gaumen angepasst. Das Spektrum reicht von dezenten Vorspeisen, auch vegan, kreativ gefüllten Rollen, auf Lemongras gewickeltes Huhn bis hin zu fein marinierten Grillspießen. Nicht nur an heißen Tagen wird ein fruchtiger, selbst hergestellter Eistee kredenzt. Als Dessert genießt man milden Asia-Kaffee. Eine kleine Oase inmitten der Stadt.

à la carte: 5–50 €

Tel.: 0664 244 10 77
8010 Graz
Hilmteichstraße 1
www.tonkin.at
booking@tonkin.at
Di–Sa 11.30–15.30 und 17.30–22, So 12–19.30 Uhr

GENIESSEREI AM MARKT

Tipp

Frei nach dem Motto „Was der Markt uns bringt", bereitet Christopher Leitinger täglich frische Kreationen zu. Direkt am Bauernmarkt und als kreativer Kopf verzaubert er mit seiner Jahreszeitenküche. Angelockt wird man auch vom einzigartigen Charme der Geniesserei. Mit einer Mischung aus Greißlerei und Marktküche bietet sie den idealen Treffpunkt für Jedermann und versprüht das gemütlich, angeregte Marktambiente.

à la carte: 4,50–30 €

Tel.: 0664 921 10 05
8010 Graz
Kaiser-Josef-Platz 27/29,
Marktstand 23/25

www.geniessereiammarkt.at
genuss@
geniessereiammarkt.at

Mo–Mi 11.30–18,
Do–Sa 11.30–20 Uhr

TOSHI Ⓝ

Tipp

Unkompliziertes Ambiente trifft auf urbane asiatische Küche und das inmitten von Graz. Aufgetischt werden neben Sushi, Sashimi und Co auch Ramen, Bowls und Fingerfood aller Art. Zum Abrunden noch ein Macha Cheesecake oder ein Pflaumen-Ingwer Sorbet. Zu trinken gibt es hausgemachte Limonaden, den traditionellen Reiswein Sake, aber auch Naturweine und Craftbier werden serviert.

à la carte: 5–35 €

Tel.: 0664 137 23 86
8020 Graz
Südtirolerplatz 9

www.toshi.at
sushi@toshi.at

Di–Sa 12–23, So 12–20 Uhr

♿

© Luke Goodlife

Die besten Hotels Österreichs:

GROSS-ST. FLORIAN M5

EDLER LANDHAUS OSWALD 14,5/20

Köchin: Nina Edler

Auf der Rechnung sind auch „1 Gratis Lächeln“ sowie „1 Herzlichkeit XXL“ vermerkt. Klingt ganz schön dick aufgetragen, wird aber eingelöst: Im idyllisch zwischen den weststeirischen Hügeln gelegenen Restaurant ist der Service exzellent und außerordentlich freundlich. Das wieder passt bestens zum Speisenangebot, mit dem Küchenchefin Nina Edler gekonnt den Spagat zwischen Tradition und Gegenwart, zwischen Wirtshaus- und Restaurantküche schlägt. Ein farbenprächtiges Kürbiscarpaccio mit herb-frischem Schafkäse, Kürbiskernpesto und Rucola erhielt durch geröstete Haselnüsse zusätzlichen Pfiff. Der molligen Maisschaumsuppe verliehen eingelegte Rohschinken-Tortellini das gewisse Extra. Schön knusprig-saftig die Maishendlbrust mit feinem Steinpilzrisotto, geröstetem Gemüse und Sauce Perigueux. Auch das Filet vom Kräuterschwein mit butterweichen hausgemachten Kürbisgnocchi, mild geräucherter Ricotta und diskreter Cognacglace war bestens komponiert. Sehr hübsch angerichtet war ein fruchtiger Mango-Maracuja-Cremegupf mit Kokoseis und frischem Obst. Besonders köstlich das Sorbet. Das glasweise Weinangebot bietet Nichtalltägliches von steirischen Winzern. Außerdem gibt es ansprechende alkoholfreie Alternativen, wie den munteren „Prisecco“ mit Apfel, Minze und Rose.

à la carte: 10,50–34,50 €

Tel.: 03464 22 70
0664 335 64 53

8522 Groß-St. Florian
Unterbergla 15

www.landhaus-oswald.at
office@landhaus-oswald.at

Mi–Sa 11–21, So, Fei 11–15 Uhr
✻ variabel im August 2022

♿

GRUNDLSEE 13

WASSERMANN 15,5/20

im MONDI Resort am Grundlsee

Koch: Stefan Haas

Inmitten der Chalets des MONDI Resorts lebt Chefkoch Stefan Haas seine kreative Ader im Fine Dining aus, während er einen Raum weiter die Gasthausküche im Seeblick hochleben lässt. Den Ausblick von der Terrasse über den Grundlsee genießt man zum Aperitif. Weiter geht es an kühlen Tagen im Inneren des Lokals mit der farbigen Skizze eines Gerichts, die zwei der kulinarischen Schätze des Ausseerlandes ankündigt. Seine Zeichnungen setzt der Küchenchef detailgetreu um. In dem Fall mit zwei pralinengroßen „Perlen" – Rind und Saibling – jeweils drapiert in Austernschalen und begleitet von geeistem Gin Tonic. Immer wieder wird die Menüfolge mit Vorabskizzen inszeniert. So auch die zarten, roh belassenen Ennstaler Garnelen mit Kimchi, bei denen die großzügig verwendete scharf-säuerliche Mango-Vinaigrette zum Romanasalat den Garnelen fast die Show stiehlt. Gepaart mit einer leicht säuerlichen Paradeiser-Beurre blanc, Paradeiserkompott und Snackgurken ist der Wels ein Gedicht. Für die perfekte Ausgewogenheit könnte die Pfefferkruste noch etwas dünner sein. Einflüsse der japanischen Küche finden sich bei der Reinanke mit Ponzu, die ein scharfer Dashi unterstreicht. Mit den erdig-süßen Aromen der roten Rübe wird das hervorragende Reh aus der Deckung gelockt. Auf der vegetarischen Seite erinnert das Spitzkraut in Fisolensud mit Knoblauch, Kümmel, leichter Malzsüße von dunklem Bier und einer leicht nachhallenden Pfefferschärfe an ein ofengeschmortes Bratl. Mit dem Dessert schließt sich der Kreis. Diesmal versteht sich Hugo-Granité wunderbar mit weißem Pfirsichsorbet und Brennnesseln. Die Weinkarte führt eine schöne Auswahl steirischer Weine, schwenkt über Österreich und die Grenzen hinaus und mischt auch einige Naturweine unter altbekannte Etiketten.

à la carte: 68–125 €

Tel.: 03622 847 72 63

8993 Grundlsee
Archkogl 31

www.mondihotels.com/grundlsee
wassermann@mondihotels.com

Do–Sa ab 18 Uhr
variabel

FISCHERHÜTTE AM TOPLITZSEE

Tipp

Ein Besuch am idyllischen, geheimnisumwobenen Toplitzsee ist schon für sich äußerst empfehlenswert. Optimal ist jedoch eine Kombination mit einer Einkehr in die Fischerhütte. Man findet entweder Platz im holzgetäfelten Gastraum oder im Gastgarten mit wunderbarem Blick auf den See. Ganztägig gibt es köstliche Fischgerichte und andere Spezialitäten aus den Gewässern der Umgebung. Fleischgerichte, vegetarische Speisen und hausgemachte Mehlspeisen runden das Angebot ab.

à la carte: 8–28 €

Tel.: 03622 82 96
8993 Grundlsee
Gößl 172
www.toplitzsee.at
info@toplitzsee.at
Do–Di 11–20 Uhr

HARTBERG N4

PUSSWALD

12,5/20

Koch: Johannes Pusswald

Fine Dining in Hartberg – da fällt sogleich der Name Pusswald. Seit vielen Jahren versorgt die sympathische Familie in ihrem hübsch eingerichteten Restaurant Einheimische und auswärtige Gäste mit klassisch zubereiteten feinen Speisen, von flaumigen Trüffelgnocchi bis zum Wagyu-Entrecôte. Stets empfehlenswert das abendliche Sechs-Gänge-Menü „Alpe-Adria" – Highlight zuletzt das zarte Zotter-Kalb mit Erdäpfelgratin. Es lohnt auch, sich an die Weinempfehlungen des Patrons zu halten. Dank angeschlossener Vinothek kann hier aus dem Vollen geschöpft werden.

à la carte: 15–35 €

Tel.: 03332 625 84
8230 Hartberg
Grazer Straße 18
www.restaurant-pusswald.at
info@restaurant-pusswald.at
Di–Sa 11.30–14 und 17.30–21 Uhr
variabel, Anfang Jän., 2 Wochen im August 2022

HAUS I4

H1117 HÖFLEHNER.

Tipp

im Natur- und Wellnesshotel Höflehner

Das H1117 Höflehner ist einer der 6 Genussorte in diesem wunderbaren Hotel. Hier begeistert Martin Dicker mit seinem Team die Gäste mit Fine Dining Menüs. Im Mittelpunkt stehen auf jeden Fall die regionalen, saisonalen Produkte, die mit ausgefalleneren Zutaten zu kreativen Speisen werden. Mit dabei sind zum Beispiel Ziegenfrischkäseperlen, Spanferkelravioli ,it Räucheraal, aber auch traditionelle Gerichte wie Kohlrabi auf „Omas Art". All dies genießt man in traumhaftem Ambiente.

Tel.: 03686 25 48
8967 Haus
Gumpenberg 2
www.hoeflehner.com
info@hoeflehner.com
Do–So 18.30–20.30 Uhr

ILZ M4

GASTHAUS HABERL 14,5/20

Fink's Delikatessen

Koch: Hans Peter Fink

Tel.: 03385 260
8262 Ilz
Walkersdorf 23
www.finks-haberl.at
office@finks-haberl.at

Di 18–21, Mi, Do 11.30–14 und 18–21, Fr, Sa 11.30–15 und 18–21 Uhr
variabel

Geballtes Qualitätsbewusstsein ist unter dem Dach des Traditionsgasthauses in Walkersdorf zu Hause. In die Küche finden nur die besten Produkte aus der Region Einzug. Hans Peter Fink wird hier bereits von der nächsten Generation unterstützt. Bettina Fink-Haberl ist federführend in der angegliederten Produktion von Delikatessen. Und Sommelier Mario Haberl vereint in der Weinkarte eine stattliche Auswahl aus der Heimat – auch in Großgebinden – ebenso wie „Weine der Welt". Tagsüber wählt man aus beliebten Klassikern wie dem Backhendl, einem sämigen Kalbsrahmgulasch oder dem fein abgestimmten Beef Tatar vom Almo, zu dem pikant eingelegte Dirndlkirschen überraschen, die sich optisch und geschmacklich an Oliven annähern. Auf eine Reise nach Katalonien begibt man sich mit der ausgezeichneten Fischsuppe, dazu eine zarte Spur Safran in der Rouille, oder nach Asien mit knusprigen Frühlingsrollen und hausgemachtem Chilidip. Abends wird ein Teil der Karte durch ein Menü mit drei bis sechs Gängen ersetzt. So bettet sich etwa ein Kabeljaurücken sanft auf Erdäpfelpüree und kommt wunderbar mit der dunklen Würze von Herbsttrompeten und dem Aroma einer Burgunder-Butter zurecht. Exzellent auch das Lamm, zum einen rosa gegart und von Bohnen umschlungen, zum anderen mit kräftiger BBQ-Aromatik in Ravioliteig gehüllt. Zum Schluss entzückt eine Bellini-Interpretation mit Weingartenpfirsich-Sorbet, Baiser und Champagner.

à la carte: 15–45 €

© Bernhard Janko X-TEC

KAMMERN K4

SPARY 13,5/20

Koch: Klaus Lobnik

Klaus Lobnik stellt seit Jahrzehnten den kulinarischen Lichtblick in der sonst weitgehend gastronomischen Ödnis des Palten-Liesing-Tales dar. Das Ambiente der beiden adretten Gaststuben schwankt zwischen gemütlich und überladen, die schöne Tischkultur und der freundliche Service erfreuen den Gast. Die Speisekarte liest sich gemäßigt-kreativ; besonders gut gelingen die seit Langem bewährte „Gänseleber Spary" (gebraten, mit Ei und Polenta) sowie Pasta, etwa Trüffelnudeln mit ausgelösten Flusskrebsen. Höhepunkt des Abends: Kalbsbriesragout mit Erbsen. Die Beilagen (Weinkraut, Semmelknödel) zum Rehrücken waren eher banal. Dafür machten die Desserts wieder große Freude. Bei unserem nächsten Besuch werden wir das als „Candle-Light-Dinner" titulierte Vier-Gänge.Überraschungsmenü probieren, das nur auf mehrtägige Vorbestellung und zu einem sehr fairen Preis erhältlich ist.

à la carte: 9,90–29,90 €

Tel.: 0664 106 28 78
8773 Kammern
Liesing 21
www.spary.at
gasthaus.spary@gmx.at

KITZECK IM SAUSAL L5

DAS KAPPEL 12/20

Winzer-Wellness-Hotel

Koch: Dietmar Kappel

Hoch über den Rieden des südsteirischen Weinlandes thront das beschauliche Kitzeck mit seinen abartig steilen Weinhängen und dem seit Jahren die kulinarischen Ehren hochhaltenden Kappel. Nicht nur Gasthof, sondern auch Wellnesshotel und Weingut bietet es gehobene steirische Gasthausküche, die immer gut, manchmal aber – wie im Fall der Kürbislasagne mit Paprikacreme – richtig grandios gelingt. Ein guter, mit Flaschen aus der Umgebung und Bekanntem aus Österreich bestückter Weinschrank, ein großes glasweises Angebot der eigenen Tropfen sowie ein gut gelauntes Serviceteam runden den Genuss ab.

à la carte: 4–29,50 €

Tel.: 03456 23 47
8442 Kitzeck im Sausal
Steinriegel 25
www.daskappel.at
info@daskappel.at
Do–Fr 18–21, Sa 12–14 und 18–21, So 12–15 Uhr

LANGENWANG M3

GENIESSERHOTEL KRAINER 16,5/20

Köchin: Astrid & Andreas Krainer

„Unsere Teller sind die Bühne für die bäuerliche Landwirtschaft." Dieses Credo ziert die Speisekarte des herzlichen Familienbetriebes. Astrid und Andreas Krainer sind in der Küche angetreten, um diesen persönlichen Glauben auch in die Tat umzusetzen. Es reden zwar viele über Regionalität, hier wird sie jedoch auch konsequent umgesetzt. Der hausgemachte Wermuth eignet sich hervorragend, um in den Abend zu starten. Eigens hergestellt sind auch die Brote aus Natursauerteig sowie die Teller, Deko und einzelne Beleuchtungselemente des Restaurants, welche die Chefköchin zum Entspannen in ihrem „Tonstudio" kreierte. Was das Küchenduo auf die Teller bringt, ist nicht weniger geschmackvoll. Die saisonale Speisekarte bietet authentische Gerichte mit regionaler Prägung, wie beispielsweise St. Kathreiner Frischkäse, Sailbing aus dem Pretultal, oder Hochsteirisches Reh. Hohe Diversität, detailreich zelebriert und spannend sind die gemeinsamen Nenner der Gerichte auf der „Tellerbühne", die zu nachhaltigem Applaus einladen. Seniorchef Hermann ist stolz auf über 400 unterschiedliche Weine, die im Keller lagern.

à la carte: 18–38 €

Tel.: 03854 20 22
8665 Langenwang
Grazer Straße 12
www.hotel-krainer.com
restaurant@
hotel-krainer.com
Mi–Sa 18.30–21 Uhr
variabel

LEIBNITZ M5

ALTE POST SÜDSTEIERMARK 12/20

Koch: Stefan Nauschnegg

Das Restaurant in der Alten Post versucht einen kulinarischen Spagat, der weitgehend gelingt. Auf der einen Seite befinden sich Klassiker wie Cordon bleu und Wiener Schnitzel auf der Speisekarte, auf der anderen Seite etwas ausgefallenere Gerichte. Zuerst überrascht die Küche mit einer ausgezeichneten Ceviche (Thunfisch, Bachsaibling und Wolfsbarsch) für zwei Personen, danach folgen exzellente Calamari mit Koriander und ein gut gewürzter Melanzani-Auflauf. Das Gebotene bei Wiener Schnitzel und Cordon bleu war dahingegen leider nur durchschnittlich, die Panier war deutlich zu dunkel geraten. Die Sorbets (Isabellatraube oder Basilikum-Zitrone) zum Abschluss werden optisch ansprechend auf einem großen Eissockel serviert.

à la carte: 9–40 €

Tel.: 03452 823 73
8430 Leibnitz
Sparkassenplatz 7
www.zur-alten-post.at
office@zur-alten-post.at
Mo–Sa 11–21.30 Uhr
✻ Jän. 2022

KOGEL 3 13,5/20

Koch: Stefan Hacker

Das mit viel Geschmack neu errichtete Haus in herrlicher Aussichtslage am Kreuzkogel bei Leibnitz avancierte rasch zur Lieblingsdestination vieler in der Region. Gemütlich-modern, ungezwungen, traumhafter Gastgarten, natürlich-freundlicher Service – da kann schon nicht mehr viel schiefgehen. Dass die Kulinarik den positiven Gesamteindruck noch verstärkt, ist Chefkoch Stefan Hacker und seinem Team zu verdanken. Klassische Gerichte werden hier von ihrer Schwere befreit und fantasievoll zubereitet: Der lauwarme Ziegenkäse trifft mit cremiger Mousse und pikantem Schafjoghurt den Orient, die mit Süßkartoffelpüree gefüllten Nudeltaschen würden auch bei den südlichen Nachbarn für Furore sorgen, das zart geschmorte Kalbsvögerl adelt den Hauch eines pochierten Topfen-Safran-Strudels. Dazu großartige Weine, die mitunter auch glasweise ausgeschenkt werden.

à la carte: 12–39 €

Tel.: 03452 749 35
8430 Leibnitz
Kogelbergstraße 62
www.kogel3.com
beatrix@kogel3.at
Mi 16–21, Do–Sa 12–21,
So 11.30–15 Uhr

SCHLOSSKELLER SÜDSTEIERMARK 14,5/20

Koch: Markus Rath

Küchenchef Markus Rath hat sein Handwerk unter anderem im burgenländischen Taubenkobel perfektioniert, bevor er mehrere Jahre am Kärntner Längsee groß aufkochte. In Leibnitz bietet er seinen Gästen jetzt Bodenständiges wie Beuschel, Backhendel, Grammelknödel und Gulasch an – in der Südsteiermarkt tut man sich ohne diese Wirtshausklassiker halt schwer. Doch auch wer Alternativen dazu sucht, der wird hier fündig: Bärlauchravioli mit Pinienkernen und getrockneten Paradeisern, ein rosa gebratenes Steak – auf Wunsch vom edlen Wagyurind – mit selbst gemachten Pommes und Curry-Mayonnaise genießt man bei schönem Wetter am besten auf der Terrasse. Mit einem Glas Wein – es gibt gute Tropfen nicht nur flaschenweise. Reizvoll sind auch die Desserts, in unserem Fall die Waldmeister-Panna cotta mit Marillensorbet sowie die gebackenen Hollerblüten mit Zitroneneis.

à la carte: 6–30 €

Tel.: 03452 744 99
8430 Leibnitz
Seggaubergstraße 5
www.
schlosskellersuedsteiermark.at
info@
schlosskellersuedsteiermark.at
Mi 17–23, Do–Sa 11.30–23,
So 11.30–20 Uhr
✻ variabel

STARIBACHER

12/20

Hotel & Restaurant

Koch: Christian Pfanner

Etwas erhöht beim Naturparkzentrum Grottenhof gelegen bietet der Staribacher solides Essen und Unterkunft. Schön sitzt es sich im von Oleander und Weinreben umgebenen Gastgarten mit Blick auf Schloss Seggau. Gut umsorgt wird man vom freundlichen Service. Die überwiegend klassischen Speisen werden saisonal mit Spargel, Bärlauch oder Eierschwammerln ergänzt. Dazu gibt es, wie kann es anders sein, feine Weine aus der Südsteiermark. Es lohnt sich, die nicht auf der Karte stehenden Tagesempfehlungen zu probieren, was sich durch die auch optisch ansprechende und subtil zubereitete Pfirsich-Panna Cotta mit Kokoseis, Himbeersauce und Schokocrumble wieder einmal eindrucksvoll zeigte.

à la carte: 6,90–34,90 €

Tel.: 03452 825 50

8430 Leibnitz
Grottenhof 5

www.staribacher.at
restaurant@staribacher.at

Mo 17–21, Di–Sa 12–14 und 18–21, So 11.30–15 Uhr, Fei variabel
23.–25. Dez. 2021, 1. Jän. 2022, variabel

DER HANS

Tipp

im Hotel Alte Post Südsteiermark

Im Hotel Alte Post hängen Gäste ihre Badesachen zum Trocknen auf, im hoteleigenen Restaurant werden Weiderinder im Reifeschrank aufgehängt, denn hier hat man sich dem Steak verschrieben. Neben dem nationalen Spitzenreiter werden auch Hereford-Rind und Black Angus serviert. Ein Teller wäre nicht die passende Unterlage für solch eine Köstlichkeit, so entschied man sich stilgerecht für Holzbretter. Dazu gibt es Allerlei Beilagen und Saucen.

à la carte: 9–45 €

Tel.: 03452 823 730

8430 Leibnitz
Grazer Gasse 7

www.derhans.at
steak@derhans.at

Di–Sa ab 18 Uhr
Jän. 2022

RANNINGER AM GROTTENHOF

Tipp

Der Wunsch nach etwas Eigenem führte 2015 schließlich zu der Eröffnung des Grottenhofs und so erfüllte sich auch ein Lebenstraum für Küchenchef Thomas Ranninger. Seitdem verzaubert er seine Gäste mit Cuisine Sensuelle. Geschmacksgebend für dieses Genusserlebnis ist das Zusammenspiel verschiedenster Zutaten der Natur. Pilze, Kräuter, Getreide, Blumen und hochwertiges Fleisch werden mit Liebe verarbeitet.

à la carte: 6,50–29,80 €

Tel.: 03452 732 21

8430 Leibnitz
Grottenhof 1

www.grottenhof.ranninger.at
grottenhof@ranninger.at

Mi–So 10–22 Uhr

LEOBEN L4

PORT361

14/20

Koch: Peter Brandner

Anstatt der bewährten Aperitifs werden im Port361 Cocktails empfohlen. So glückt der Start mit einem fruchtigen Wodka-Gin-Drink. Nach Lachs-Sashimi und einem großen Teller Paradeisersuppe, deren Hitze den darin befindlichen Zander weit über Maß gegart hat, folgt der Höhepunkt des Abends: Tempuragemüse in toller Textur, dazu ein animierendes Süß-Säure-Spiel aus fruchtig-warmem Chutney (süß) und Birne (sauer); Chili-Öl und Kapuzinerkresse-Blüten komplementieren mit dosierter Schärfe. Das schürt die Erwartungen, die der Hauptgang (Rinderrücken und Ibérico-Schwein) nicht ganz erfüllen kann. Das Tiramisu zum süßen Finale war ordentlich, aber auch hier würde ein bisschen mehr Kreativität Freude bereiten.

Tel.: 0664 142 99 30

8700 Leoben
Kärntnerstraße 361

www.port361.at
info@port361.at

Mi–Sa 17.30–24 Uhr
variabel

LEUTSCHACH M5

KREUZWIRT 12,5/20

im Gut Pössnitzberg

Koch: Daniel Rauter

Der Kreuzwirt bei Leutschach: zuerst einfaches Gasthaus, dann unter Gerhard Fuchs (nunmehr Weinbank, Ehrenhausen) eine der Gourmetstationen des Landes, nun an das Hotel Gut Pössnitzberg angeschlossen ein gutbürgerliches Restaurant mit schöner Terrasse und dreiseitig verglastem Speisesaalzubau. Die Küche kann vor allem Fisch (erfrischend-säuerlich gebeizte Lachsforelle, gebratener Waller mit Kräuterrisotto und knusprigem Rote-Rüben-Chip) und Dessert (cremiges Dattel-Avocado-Eis mit gesalzenem Erdnusscrunch und Zartbitterschokolade). Auf Vorbestellung gibt es auch vielfach Vergessenes Ursteirisches, wie beispielsweise die „Aufgsetzte Henn". Weinmäßig, vor allem am glasweisen Sektor, ist derzeit Hannes Sabathi (Gamlitz) angesagt – da könnte man sich noch breiter aufstellen.

Tel.: 03454 205

8463 Leutschach
Pössnitz 168

www.poessnitzberg.at
gut@poessnitzberg.at

Mo–Fr 17–21.30, Sa 12–21.30, So 12–20 Uhr

♿

LIEPERT'S KULINARIUM 16,5/20

Koch: Manuel Liepert

Gegenüber der Kirche liegt das Restaurant mit dem holzvertäfelten Gastraum. Küchenchef Manuel Liepert bringt hier hochwertige regionale Produkte ideenreich und gekonnt auf den Tisch. Geboten wird ein Überraschungsmenü in variablen Gängen. Schon mit den Startern wird die Lust aufs Durchprobieren geweckt: unter anderem Brokkoli im luftigen Tempurateig auf Spießen mit Gartengemüse-Kimchi, Sushirollen mit Erdnusssauce und Tartelettes mit Frischkäse und Erbsensprossen. Originell geht es weiter mit „Hotdog deluxe" in molligweicher Butterbrioche mit gefälligen Aromen von Honigsenf, Sommertrüffel und Sellerie. Dann wieder frisches Grün – Spargel, Vogelmiere und ein gebeizter Eidotter, gefolgt von einem würzigen Grammelknödel vom Perlhuhn mit Sauce hollandaise und geriebener Belper Knolle. Das gelungene Spiel zwischen säuerlich-frischen und gefälligen Umami-Noten stellt eine interessante Abwechslung in der Menüfolge dar. Vor dem Hauptgang erfrischt eine Gurken-Maiwipferl-Limonade mit Apfelschaum. Die herbe Süße von Sanddorn und die cremige Textur der Pastinake sind ein Vergnügen zu dem zart gegarten „Leutschacher Rehbock". Auch die Pâtisserie gelingt mit Varianten von Holler, Zitrone und weißer Schokolade. Es endet, wie es begonnen hat – herrlich überraschend mit einer Glaskugel, in der Salzkaramell-Eistüten stecken. Hervorzuheben ist auch die exzellente Weinberatung mit einer stattlichen Auswahl offener und teils rarer Weine. Wer über Nacht bleiben will, muss schnell sein – es gibt ein Zimmer. Für den nächsten Morgen hält das Kniely by Lieperts wenige Meter weiter das Frühstück bis zum Nachmittag bereit.

à la carte: 17–32 €

Tel.: 0664 141 81 16

8463 Leutschach
Arnfelserstraße 2

www.lieperts.at
office@lieperts.at

Di–Sa 12–14 und 18–22 Uhr
✱ variabel, Reservierung erforderlich

Bewertungen:

11 bis 12,5 Punkte von 20 Punkten: 1 Haube

13 bis 14,5 Punkte von 20 Punkten: 2 Hauben

15 bis 16,5 Punkte von 20 Punkten: 3 Hauben

17 bis 18,5 Punkte von 20 Punkten: 4 Hauben

19 bis 19,5 Punkte von 20 Punkten: 5 Hauben

MARIAHOF J4

KNAPPENWIRT 11,5/20

Koch: Michael Lohr

Wer eine kreative Wirtshausküche mit Bodenhaftung sucht, kommt bei Michael Lohr im Knappenhof voll auf seine Rechnung. Hier wird nicht gezaubert, sondern saisonale und regionale Produkte mit viel Liebe zum Detail zu wohlschmeckenden Speisen veredelt. Die Küche hat ein besonders gutes Händchen für Wildgerichte, die man aus dem quasi hinter dem Haus beginnenden Naturpark bezieht. Aber auch alle anderen Produkte sind hier nie weit gereist – in vorbildlicher Weise werden die regionalen Produzenten auf der Speisekarte aufgelistet. Dass der Chef ein großes Herz für edle Weine hat, bemerkt man im Gespräch. Stolz zeigt er seinen Gästen, welche Schätze er in seinem Keller aufbewahrt. Da ist man dann froh, wenn man eines der gemütlichen Zimmer im Haus gebucht hat.

à la carte: 5–32 €

Tel.: 03584 25 42
0664 146 11 26

8812 Mariahof
Hoferdorf 113

www.knappenwirt.at
info@knappenwirt.at

Di 17.30–20, Mi–Sa 11.30–14 und 17.30–20, So 11.30–14 Uhr
✱ März–April 2022: Mo–Mi Ruhetag

♿

NEUBERG AN DER MÜRZ M3

GASTHOF SCHÄFFER 14/20

Koch: Thomas Schäffer

Der Blumenschmuck ist äußerst geschmackvoll, die Damen im Service extrafreundlich, sie agieren hurtig. Da rückt die unmittelbare Nähe des Gastgartens zur Bundesstraße nach Mariazell in den Hintergrund. Dank der bedacht zusammengestellten Weinkarte mit einigen Überraschungen und der erfreulichen und zeitgemäßen Küchenleistung von Thomas Schäffer wurden wir auch kulinarisch glücklich: Die Tafelspitzsulz mit feinem Gemüse vorne weg, wie auch die extrasämige Fischsuppe nach Bouillabaisse-Art mit reichlich Einlage überzeugten uns. Und auch das gegrillte Steak vom alten Ochsen mit Erdäfelgratin, Saubohnen, Speckgemüse und Pfefferrahmsauce war nicht nur optisch ein Gedicht. Eine mit Waldmeister aromatisierte Cremeschnitte setzte den deftigen Vorfahren ein würdiges süßes Ende.

à la carte: 10–30 €

Tel.: 03857 83 32

8692 Neuberg an der Mürz
Hauptstraße 9

www.gasthofschäffer.at
genuss@gasthofschaeffer.at

Do–Mo 11.30–21 Uhr
✱ variabel

PISCHELSDORF N4

ZUR HOFSTUBN® 14,5/20

Koch: Sebastian Feldbacher

Nach Stationen bei namhaften Küchenchefs, zuletzt bei Sergio Herman, ist Sebastian Feldbacher zurück in Österreich und hat in der Hofstubn seine neue kulinarische Heimat gefunden. Eine Restaurantschiene ist in Planung, derzeit wird erstklassige moderne Wirtshausküche mit kreativen Anklängen geboten. Zum Einsatz kommen hochwertige Produkte, die zu einem Gutteil aus der Steiermark stammen. Der Start gelingt mit einem fruchtigen Gazpacho mit Wassermelone und Pfirsich. Bei der zart schmelzenden Ceviche vom heimischen Flussbarsch besticht die Gesamtkomposition aus Mango, frischem Koriander, etwas Radieschenschärfe und einer Tigermilch, in der die vibrierende Frische von Kaffirlimettenblättern nachhallt. Auf dem Holzkohlegrill zubereitet wird ein hervorragender steirischer Bio-Zander im Ganzen. Die eigene Jagd sorgt für den „wilden Twist" – unter anderem beim Damwild, das mit einem rosa Rücken und ein wenig Geschmortem mit Eierschwammerln entzückt. Hübsch mit Tagetesblüten verziert und angenehm herb vereint sich das Aroma einer dunklen Caraïbe-Schokolade mit Eis und Granité von der Kirsche, dazu luftiger Joghurtschaum. Exzellent sortiert ist die Weinkarte. Neben offenen steirischen Weinen kommt zum Exempel auch ein in diesen Breiten rar ausgeschenkter Rotgipfler ins Glas.

Tel.: 03113 39 69
8212 Pischelsdorf
Pischelsdorf 39
www.zurhofstubn.at
kontakt@zurhofstubn.at
Do–So 11.30–22 Uhr

PÖLLAU BEI HARTBERG N4

HAIDER® Tipp

Mittlerweile in dritter Generation führen Hortencia und Manuel das kleine Restaurant Haider – und das mit einer Leidenschaft, die man spürt. Auf den Teller kommen steirische Produkte in internationaler Zubereitungsart, oftmals mit exotischem bzw. brasilianischem Einschlag. Auch Veganer kommen hier auf ihre Kosten. Dieses Lokal ist ein echter Geheimtipp.

Tel.: 03335 23 53
8225 Pöllau bei Hartberg
Ortenhoferstraße 73
www.restaurant-haider.at
restauranthaider@gmail.com
Fr–Di, So, Fei ab 11 Uhr

PÖLLAUBERG M4

RETTER BIO-RESTAURANT 11,5/20

Koch: Jürgen Archam

Mit dem Schlagwort „Bio" wird im Hotelrestaurant im schönen Naturpark Pöllauer Tal nicht bloß geworben, man hat sich vielmehr dieser Einstellung voll und ganz verpflichtet. Gepflegt wird daher eine enge Zusammenarbeit mit den umliegenden Produzenten, zur gänzlichen Verarbeitung kommen nur im Freiland gehaltene Bio-Tiere. Daraus lässt das Team rund um Jürgen Archam bodenständige, größtenteils steirische Gerichte entstehen, die jedoch auch internationale Einflüsse zulassen. Sonntags begeistert der knusprig-saftige Schweinsbraten aus dem Holzofen. Bei der Weinauswahl überwiegen Tropfen aus der Region, aber auch einige internationale Positionen laden zum Entdecken ein.

à la carte: 11–28,90 €

Tel.: 03335 26 90
8225 Pöllauberg
Pöllauberg 88
www.retter.at
hotel@retter.at
Mo–Sa 11.30–14 und 17–20,
So 11.30–17 Uhr

PREMSTÄTTEN L4

RESTAURANT KUPFERDACHL 14,5/20

Koch: Daniel Edelsbrunner

Großartig, mit welcher Virtuosität und Leichthändigkeit Daniel Edelsbrunner mittlerweile seinen sehr speziellen Mix aus zeitgenössischer Küche und kulinarischer Überlieferung aus dem Ärmel schüttelt. Im klassisch-schlichten Restaurant – sommers im ansehnlichen Garten – gibt es vorab selbst gemachtes Erdäpfel-Sauerrahm-Brot mit Oliven-Kapern-Aufstrich, danach serviert der junge Küchenchef Köstlichkeiten wie kunstvoll angekohlten Spitzpaprika mit fruchtiger Paradeisersauce, Ziegenkäse und Haselnüssen, kombiniert den Bio-Saibling mit Shii-take-Pilzen, Sellerie und Dashi, die am Punkt gebratene Forelle mit Fruchtmus, krönt den Karfiol mit Lardo und begleitet ein schlicht fantastisches Kalbsbries mit angekohlten Maiskölbchen und Vogelmiere. Desserts wie ein leicht krümeliges Mandelküchlein mit Heidelbeeren, Mascarponecreme und Sorbet können da gerade noch mithalten. Interessante Weinkarte, sehr freundlicher Service. Insgesamt eines der interessantesten Dining-Angebote im Umfeld von Graz.

Tel.: 03136 523 670
8141 Premstätten
Hauptstraße 15
www.kupferdachl.at
restaurant@kupferdachl.at
Mi–Sa 11.30–14 und 17.30–21.30, So 11.30–15.30 Uhr

PUCH BEI WEIZ — M4

MEISSL — Tipp

Das Wirtshaus Meißl im Apfeldorf Puch besteht seit über 130 Jahren und wird nun schon bereits in der fünften Generation geführt. In liebevoll und mit viel Holz gestalteten Räumen und im idyllischen Gastgarten im Innenhof werden die Gäste mit traditionellen Gerichten, aber auch innovativen Kreationen verwöhnt. In der gemütlichen Apfelstube kann man den Tag mit einem guten Getränk bei offenem Kaminfeuer ausklingen lassen.

à la carte: 12–29 €

Tel.: 03177 22 05

8182 Puch bei Weiz
Puch 21

www.wirtmeissl.at
gh@wirtmeissl.com

Mo, Do, Fr 11–14 und 17.30–20, Sa 11–20, So 11–17 Uhr

RATTEN — M3

ZUR KLAUSE — 11,5/20

Köchin: Monika Fasching-Posch

Die beeindruckenden Hirschgeweihe an der Wand legen es nahe: Hier sollte man sich Wildgerichte gönnen. Ja, es gibt auch einen ordentlichen Backhenderlsalat und das unverzichtbare Wiener Schnitzel. Und weil die Einheimischen mitunter Abwechslung suchen, verirrt sich ab und zu auch ein Meeresfisch in die Klause – wir kommen jedoch vor allem wegen Reh und Co. so gerne zu Monika Fasching-Posch in ihr gemütliches Wirtshaus. Ob man sich einem Degustationsmenü – auf Wunsch auch mit Weinbegleitung – widmet oder lieber á la carte genießt, ist Geschmacksache. Sollte man die Möglichkeit nutzen, in einem der gemütlichen Zimmer im Haus zu nächtigen, spricht viel dafür, die Kochkünste der Chefin samt passender Weine in voller Länge zu genießen.

à la carte: 12–28 €

Tel.: 03173 24 48
0664 503 59 20

8673 Ratten
Filzmoos 32

www.gasthof-zurklause.at
ratten@zurklause.at

Do–Di 11.30–14 und 18–21 Uhr

REIN — M4

ZUR LINDE — 11,5/20

Koch: Peter Falb

Vor oder nach der Besichtigung des ältesten derzeit noch aktiven Zisterzienserstiftes bietet sich zur kulinarischen Stärkung neben dem Stiftskeller der kleine, persönlich geführte Gasthof Zur Linde an. Die Mehrzahl der Gäste genießt hier klassische österreichische Speisen. Doch es lohnt sich allemal, Küchenchef und Patron Peter Falb die Möglichkeit zu geben, sein Können und seine sorgfältige Produktwahl auch bei Wildfang-Saiblingsfilet, Jakobsmuscheln oder den besonders gelungenen Desserts (Kürbiskernparfait mit Nougatschaum) unter Beweis zu stellen. Ordentliches Weinangebot, netter Gastgarten.

Tel.: 03124 51069

8103 Rein
Hörgas 1

www.zurlinde-stiftrein.at
gasthof@zurlinde-stiftrein.at

Do–Sa 10–20, So 10–17 Uhr
✻ variabel

RIEGERSBURG — M4

BREITENFELDERHOF ZUR RIEGERSBURG — Tipp

Darf es ein Backhendl oder doch lieber Wurzelfleisch sein? Steirische Schmankerl werden im familären Landgasthof angeboten. Zusätzlich punktet er mit der Lage. Nur wenige Minuten von der Riegersburg entfernt, genießt man die Idylle des Vulkanlandes und das freundliche Service. Das großzügige Areal bietet ebenso genug Platz für Hochzeiten oder Firmenfeiern. Die Übernachtungsmöglichkeiten gelten als weiterer Pluspunkt.

à la carte: 6,90–24,90 €

Tel.: 0664 252 04 70

8313 Riegersburg
Breitenfeld a. d. Rittschein 20

www.breitenfelderhof.com
office@breitenfelderhof.com

Mi, Do und So 11–14, Fr 11–14 und 18–20, Sa 11–20 Uhr
✻ 2 Wochen im Jän 2022

WIPP'LS HOFBERGSTUBN

Tipp

Stefan und Viktoria Wippel laden zum kulinarischen Genuss bei einem herrlichen Blick auf die Riegersburg ein. Die Hofbergstubn bieten bodenständige steirische Küche, aber auch perfekt abgestimmte mehrgängige Feinschmeckermenüs. Stets werden hochwertige saisonale Zutaten aus der wunderbaren Steiermark auf abwechslungsreiche Weise eingesetzt. Ausgezeichnete Weine aus Martins Weinkeller, hausgemachte Säfte und Schnäpse aus der Region runden das Angebot ab.

Tel.: 03153 200 60
0664 185 34 21

8333 Riegersburg
Hofberg 67

www.hofbergstubn.at
office@hofbergstubn.at

Mo und So 11.30–20,
Do–Sa 11.30–21 Uhr

ROHRMOOS-SCHLADMING J4

ARX RESTAURANT

11,5/20

Koch: Andreas Klammer und Philipp Dobler

In Schladmings Boutiquehotel ARX herrscht seit heuer frischer Wind im Restaurant. Die fixe Speisekarte wurde gegen ein Überraschungsmenü – Länge frei wählbar, optional drei bis sechs Gänge – getauscht und Küchenchef Andi Klammer bekam mit Philipp Dobler eine tatkräftige Unterstützung an seine Seite. Das Credo lautet hier: saisonal, qualitätsorientiert und hausgemacht. Mit Feingefühl und Leidenschaft werden die kreativen Speisen hübsch auf die Teller drapiert. Beim Handwerk (Garpunkte) zeigen sich hier und da noch kleine Schwächen. Man hat aber das Gefühl, dass genug Motivation für stetige Verbesserung in den Töpfen und Pfannen des Hauses liegt. Die Weinauswahl ist ansprechend und enthält einige Alternativweine. Das Ambiente ist stilvoll und chic.

Tel.: 03687 614 93
0664 936 05 07

8973 Rohrmoos-Schladming
Rohrmoosstraße 91

www.das-arx.at
office@das-arx.at

Mi–So 17.30–21 Uhr

SANKT ANDRÄ IM SAUSAL L5

AM PFARRHOF

18,5/20

Koch: Harald Irka

AMBIENTE AWARD 2016

Seine Genialität am Herd kann Harald Irka im Pfarrhof voll entfalten. Unter dem Strich ist es große Kochkunst, die hier in stilvollem Ambiente von dem immer noch recht jungen Ausnahmetalent geboten wird. Wie selbstverständlich kombiniert Irka Produkte, die sich in keinem Küchenregal treffen würden, am Gaumen aber absolut Sinn ergeben. Sein Gespür für Aromen offenbart sich bei jedem einzelnen Gang, spielerisch hantiert er mit den Texturen, wie bei der Sulz aus Paradeisern, gerösteten Haselnüssen, Eierschwammerln und Kernölschaum. Beim Branzino trifft die Salzigkeit von verschmolzenem Lardo und Kaviar vom Stör auf einen würzig-süßlichen Dashi, bei dem Kombu gegen Liebstöckelkraut getauscht wird. Vegetarier lässt der Vier-Hauben-Koch nicht zurück. Der Dashi umgarnt in der fleischlosen Variante gefüllte Zucchiniblüten mit Marillencouscous. Dann wieder tanzen gefüllte Radieschen, Joghurt, Feigenblattöl und Mohnsamen im Mund miteinander und nicht nebeneinander. Mönchskäse breitet sich so schräg wie einmalig über weißes Schokolademousse, Spaghettikürbis und Erbsen. Das Gemüse stammt zu einem Gutteil aus dem eigenen Garten. Höchst bemerkenswert gelingt der Einsatz subtiler Schärfe. Zur Miso-Karamellmousse prickelt Szechuanpfeffer auf der Zunge, der in hauchdünnen Karamellplättchen steckt. Hervorragend gebändigt wird die oft aufdringliche Präsenz eines Jalapeño, die angenehm nachhallt, statt andere Aromen zu verdrängen. Hummer in Pimentbutter, Wildfangsteinbutt mit Kalbskopf, Schattenfisch in Calamansibutter, Perlhuhn mit Topfensterz – allesamt großes Kino. Begleitet werden die Speisen von erstklassigen, zumeist aus der Heimat stammenden Weinen. Ideenreich ist auch die alkoholfreie Getränkebegleitung mit Salbei-Kombucha, angesetztem Zitrus-Paradeiser-Wasser oder Jasminmilch als Sahnelikör-ersatz. Herrlich unaufgeregt und professionell agiert das Serviceteam rund um Irkas Lebensgefährtin Lisa Gasser. Praktisch, dass man im Pfarrhof auch übernachten kann.

Tel.: 0660 394 46 28

8444 Sankt Andrä im Sausal
St. Andrä im Sausal 1

www.ampfarrhof.com
office@ampfarrhof.com

Mi–Sa 19–24, So 11–15 Uhr
variabel

ST. JOSEF

BROADMOAR ⊘ 15/20

by Johann Schmuck

Koch: Johann Schmuck

Wo die Asphaltstraße endet, beginnt der Genuss. Johann Schmuck und sein Team haben hier im idyllisch am Waldrand gelegenen Gestüt Broadmoar Fuß gefasst. Kaum sitzt man im mit schlichtem Schick renovierten Landgasthaus, bricht ein Genuss-Tsunami los: XO Beef- und Schoko-Leberparfait-Praline sind die Vorboten. Es folgen ein Saiblingstatar mit gepufftem Amaranth sowie allerlei Gemüse- und Kräutervariationen, darunter Brennnesselchips, Erbsenfäden und Sauerampfer-Eis. Der pochierte Dotter mit Erdäpfelcreme, Speckstaub und Trüffel hätte das Potenzial zum Signature Dish. Auch groß: Der gedämpfte Wels mit Buchweizenrisotto. Der extrem kundige Sommelier Joachim Retz führt freundlich durch seine überaus diverse Weinkarte.

Tel.: 0664 238 28 60
8503 St. Josef
Oisnitz 36
www.beimbroadmoar.at
broadmoar.restaurant@outlook.com
Mi–Sa 17–22 Uhr
♿

ST. KATHREIN AM HAUENSTEIN

GENUSSGASTHOF WILLENSHOFER Ⓝ Tipp

Auf hohem Niveau befindet sich nicht nur der Gasthof, sondern so kocht man auch. Hierfür werden beste Zutaten aus der Region verwendet. Der Fisch hat es nicht weit, denn er kommt aus dem eigenen Teich. Die traditionell österreichische Küche wird von Küchenchef Stefan teilweise neu interpretiert. Eine Süßspeise hat es ihm besonders angetan, so hat er den Scheiterhaufen nach sich benannt und mit Himbeere, geflämmtem Baiser und Biskuit zu seiner eigenen Dessertvariation gemacht.

à la carte: 3,50–30 €

Tel.: 03173 23 35
0664 937 88 79
8672 St. Kathrein am Hauenstein
Obere Zeil 6
www.genussgasthof.com
office@genussgasthof.com
Mi–Fr 11.30–14 und 16.30–20, Sa 11.30–20 Uhr
✱ 14. März–8. April, Dez. 2022

ST. KATHREIN AM OFFENEGG N4

EDERS WIRTSHAUS 15,5/20

Genießerhotel „DER WILDE EDER"

Koch: Stefan Eder

Eine Etage unter der Rezeption des Genießerhotels Der WILDE EDER breitet sich das kulinarische Reich von Stefan Eder und Eveline Wild aus. Je nach Saison wird auch auf der ausladenden Terrasse aufgewartet. Im lichtdurchfluteten Inneren sticht der gut bestückte Fleisch-Reifeschrank hinter der Theke ins Auge, im hinteren Bereich gewährt eine Vitrine Einblicke in die Pralinenkunst der Konditorweltmeisterin. Neben der Wirtshausschiene kredenzt der Hausherr auch Menüs für Feinschmecker. Schon zur Einstimmung – knusprige Forellenhaut mit Limettenmayonnaise, orientalisch gewürztes Lammbeuschel und eine fein abgestimmte Saiblingstartelette mit grüner Erdbeere – steht fest, dass man vom „regio-globalen Kreativmenü" Spannendes erwarten darf. Saibling in hervorragender Qualität schwelgt kurz im Rauch, bevor die Glasglocke am Tisch gelüftet wird, dazu ideenreich die Mousse in Form eines Fischgerippes. Ein großes Vergnügen birgt die Steinschale gefüllt mit Morcheln und bissfestem Spargel, beides in molligen Erdäpfelschaum gehüllt und mit Sommertrüffeln getoppt. Schnittlauchöl und Yuzu verfeinern den gebratenen Bio-Waller im Wurzelsud, der zarte Maibock mit Pfefferkirschen und Topfenknödeln ist ein Gedicht. Das süße Ende kommt in mehreren Schritten: Erdbeere, Mais und Rhabarber präsentieren sich in zwei köstlichen Varianten, unter anderem in Form einer vielschichtigen Landschaft. Der Schokoreis schließt sich mit einer Auswahl an himmlischen Pralinen. In der Weinkarte hält man interessante nationale und internationale Weine bereit. „Eders Genussschmiede" bietet Köstliches auch zum Mitnehmen.

à la carte: 14–30 €

Tel.: 03179 823 50
0664 432 39 47
8171 St. Kathrein am Offenegg
Dorf 3
www.der-wilde-eder.at
info@der-wilde-eder.at
Mi–Sa 12–14 und 18–20, So 12–16 Uhr

ST. MARTIN AM GRIMMING

MAYER ®

Wirtshaus & Dorfhotel

Koch: Stefan Ell

14/20

Idyllischer geht es kaum: Am Fuße des Grimmings liegt das Dorf St. Martin und mittendrin das Dorfgasthaus Mayer. Ein Betrieb, der sich nicht nur nostalgisch an die gute, alte Zeit klammert, sondern auch Neues zulässt. Etwa den motivierten Küchenchef Stefan Ell, der das Gasthaus seit 2020 kulinarisch auf das nächste Level gehoben hat. Und das, obwohl das Haus davor schon ein Garant für überdurchschnittlich gutes Essen war. Jetzt aber kombiniert Ell die traditionelle Wirtshausküche der Seniorchefs – empfohlen sei das Bratl – mit modernen Ansätzen. Da wird auch mal die Karotte zum Star am Teller. Oder der Räucherfisch im Raviolo.

Tel.: 03684 22 03

8954 St. Martin am Grimming
St. Martin am Grimming 9–12

www.mayer-grimming.at
urlaub@mayer-grimming.at

Do ab 18, Fr–Mo 12–13.30 und 18–21 Uhr

ST. NIKOLAI IM SAUSAL N5

HARKAMP

im Weingartenhotel Harkamp Südsteiermark

Koch: Heinz Harkamp

12/20

Natürlich hat der Harkamp auch eine nette Gaststube, aber wenn es irgendwie möglich ist, sollte man im wunderschönen Gastgarten mit fantastischem Blick über die Weinlandschaft des Sausals Platz nehmen. Und dort mit einem „Zero Dosage“ des Hauses darauf anstoßen. Kalbskopf-Carpaccio mit süß-saurem Kürbis sowie Spargel mit Morcheln und Orangen sind die kongeniale Begleitung. Zum zarten Flamberger Lammbratl mit Käferbohnen und Rübencurry kann man auf der gut bestückten Weinkarte auch rare Schätze aus dem Piemont und der Toskana, aus Kampanien und Bordeaux finden.

Tel.: 03185 22 80

8505 St. Nikolai im Sausal
Flamberg 46

www.weingartenhotel.at
office@weingartenhotel.at

Mo–Do 18–21, Fr–So 12–21 Uhr
✻ Weihnachten 2021–Mitte März 2022

♿

ST. RADEGUND BEI GRAZ M4

WIR:ZHAUS

Koch: Andreas Resch

11,5/20

Kuscheliges Gasthausambiente, große Ambition: diese Kombination bewährt sich in St. Radegund, wo Küchenchef Andreas Resch als Vorspeise etwa Schweinsbratenröllchen mit krosser Kruste, frittiertem und püriertem Kraut, Lauchasche und Speck serviert. Oder auch Rote Rüben mit süß-scharfer Frühlingsrolle, Rübensponge, gebratenen Möhren und Tapioka-Chip. Da entspinnt sich speziell bei den Vorspeisen im Wir:zhaus ein intelligentes Spiel mit Aromen und Texturen. Manches, wie die geröstete Kalbsleber mit reichlich Majoran und Erdäpfelpüree, ist sehr traditionell, anderes, wie der fein gebratene Saibling mit Fenchel, Trauben und Zitronengras, vielleicht noch nicht ganz auskomponiert. Sehr ordentlich die Topfen-Nougat-Knödel mit Beerenragout. Nicht ganz so aufregend wie auf dem Papier ist dann die Kokos-Panna cotta mit karamellisiertem Dattel-Paradeiser-Ragout. Insgesamt recht stimmungsvoll, auch dank des leutseligen Service.

à la carte: 5–40 €

Tel.: 03132 404 44 40
0664 888 699 08

8061 St. Radegund bei Graz
Willersdorferstraße 7

www.wirzhaus.at
willkommen@wirzhaus.at

Mi–Fr 17–22, Sa 11–22, So 11–18 Uhr

ST. SEBASTIAN BEI MARIAZELL L3

LURGBAUER 15/20

Koch: Max Leodolter

In der Natur leben – mit der Natur leben. Gerade auf Gäste aus der Stadt hat der Lurgbauer eine fast schon mystische Anziehungskraft. Man sitzt gemütlich im Warmen und blickt durch Panoramafenster in eine idyllische Landschaft mit Wald und Wiesen. Das gute Leben wäre so einfach, oder? Nüchtern betrachtet, ist es nur mit viel Arbeit möglich, einen Betrieb wie diesen über Generationen auf so hohem Niveau zu führen. Vieles hat sich in den letzten Jahren verändert – vor allem der Umbau vor sechs Jahren hat den Komfort deutlich erhöht. Am Prinzip – das Beste vom Rind aus eigener Zucht – hat sich erfreulicherweise nichts verändert. Nose to tail ist hier kein Marketingschlagwort, sondern das Natürlichste auf der Welt. Wer nur zum Filet-Tafeln kommt, wird zumindest schräg angeschaut. Das Fleischangebot wechselt laufend – je nachdem, wie lange die letzte Schlachtung zurückliegt. Wer unbedingt Steak essen will, sollte also zwei Monate nach der Schlachtung kommen, denn so lange reift das Fleisch, bis es auf den Teller kommt. Eine kräftige Rindsuppe gibt es jedoch immer. Wer es noch nicht probiert hat: Auch ein Cordon bleu kann eine köstliche Mahlzeit sein. Klassisch wird in Österreich der Tafelspitz gekocht serviert, Maximilian Leodolter kann das auch, noch lieber schmort er ihn jedoch – ein absolutes Gedicht. Wie überhaupt das Schmoren zu den großen Stärken dieses Hauses zählt. Ja, man kann auch nur zum Mittagessen kommen und ein stückweit in Leodolters Rindfleisch-Universum hineinschnuppern. Wir empfehlen jedoch dringend, es im Rahmen eines großen Abendessens mit mehreren Gängen zu versuchen. Es zahlt sich aus.

à la carte: 13–29 €

Tel.: 03882 3718
8630 St. Sebastian bei Mariazell
Lurg 1
www.lurgbauer.at
lurgbauer@mariazell.at

Mi–Sa 12–14 und 18–20,
So 12–15 Uhr
variabel

♿

ST. STEFAN OB STAINZ M5

WASSERMANN-WIRT 12/20

Bio-Alm

Koch: Philipp Wassermann

Es ist ein schöner Entschleunigungsort, der Platz hier heroben in der Stainzer Schilchergegend beim Wassermann-Wirt. Vor allem, wenn man außen auf der Hausbank reserviert. Umgeben von Weideflächen für das hauseigene Hochwild bietet auch der nahe Wald saisonal einiges für die Küche. Etwa die Grundlage für die herzhaften Eierschwammerlgnocchi. Ohne Makel sind auch das zarte Hirschcarpaccio oder das Tonnato vom Hochwild mit knusprigen Kapern. Naheliegend also, dass das Hirschgulasch ebenfalls unbedingt probiert werden sollte. Dazu gibt es ein schön komponiertes, wenn auch nicht ausschließlich regionales Weinangebot.

à la carte: 11–35 €

Tel.: 03143 81 13
0676 919 80 91
8511 St. Stefan ob Stainz
Sommereben 8
www.bioalm.com
gasthof@wassermann-wirt.at

Mo, Di, Fr, Sa 11–14.30 und 17.30–20.30, So 11–17 Uhr

ST. VEIT AM VOGAU M5

THALLER 16/20

Koch: Norbert Thaller

Kurz vor der steirisch-slowenischen Grenze bei Spielfeld abgebogen, liegt das Dorf St. Veit am Vogau, dessen prächtige Barockkirche schon von Weitem den Weg weist. Schräg gegenüber steht der Thaller. Ein Dorfgasthof, das mittags den Hunger mit gewohnt hoher Qualität stillt und abends einiges mehr an Gaumenfreuden bietet. Die Amuse gueules könnten schon als Vorspeise durchgehen: Auf Sonnenblumen platzierte Forellenbällchen in Sonnenblumenkerne getaucht, Gurkenstifte in schwarzem Sesam, Stanitzel mit feinem Angus-Rindtatar. Ohne Tadel schließlich auch das rosa Lamm mit Baba Ghanoush und Zucchini – hier schwingt die Freude Norbert Thallers an der Inszenierung und dem Experimentieren mit. Im Schwarzbeerdessert bieten die fermentierten Beeren gemeinsam mit dem Mascarpone und den karamellisierten Walnüssen ein interessantes salzig-süßes Spiel. Die verwendeten Bio-Zutaten holt sich der Küchenchef aus dem eigenen Garten, seinem Teich oder den Bauern der südsteirischen Umgebung. Mit Finesse ist ebenso die Weinkarte erstellt, die auch einige Perlen der Orange-Generation aus der jungen Winzerszene Istriens bereithält.

à la carte: 7–35 €

Tel.: 03453 25 08
8423 St. Veit am Vogau
Am Kirchplatz 4
www.gasthaus-thaller.at
restaurant@
gasthaus-thaller.at
Mo und Do–Sa 12–14 und
18.30–21, So 12–17 Uhr
✱ variabel

SCHLADMING I4

JOHANN – DAS STEIRISCHE RESTAURANT 14/20

Koch: Lukas Cirjak

Wird es im Gastgarten des Posthotels am Schladminger Hauptplatz trotz der Heizschwammerl zu frisch, werden die Gäste in die urige Stube gebeten. Herzlich wird man draußen wie drinnen empfangen und zu einem der kreativen Aperitifs mit hausgemachtem Sirup verführt. Traditionelles wie ein Kalbswiener oder die geschmorte Rehschulter gelingt ebenso gut wie Steirisch-Modernes. Gern wird auch beides auf dem Teller vereint, wie beispielsweise beim Gehackten vom Almo mit Sous-vide-Dotter oder dem marinierten Saibling mit Joghurtsphären. Zum Dessert gibt es hausgemachtes Sorbet. In der umfangreichen Weinkarte reist man durch ganz Österreich, kann sich aber nach Belieben auch auf eine Europa- oder Überseedestination einlassen.

à la carte: 17–35 €

Tel.: 03687 225 71
8970 Schladming
Hauptplatz 10
www.posthotel-
schladming.at/johann
info@
posthotel-schladming.at
tgl. 11.30–14 und
17.30–21.30 Uhr
✱ Mitte April–Mitte Mai,
Nov. 2022, Mi Ruhetag im Mai,
Juni, Sept. und Okt. 2022

SCHWANBERG L5

STEGWEBER 12,5/20

Das Stegweber ist noch immer so etwas wie ein Geheimtipp zum Übernachten. Dann kann man auch das Abendessen samt der Getränke bedenkenlos genießen. Im charmanten Gastraum oder im idyllischen Gastgarten darf man sich über neu interpretierte heimische, aber auch mediterran inspirierte Gerichte auf gehobenem Niveau freuen. Auf Produktqualität, Regionalität und Abstimmung auf die Jahreszeiten wird auf der kleinen, aber feinen Speisekarte großer Wert gelegt. Passend dazu lässt man sich vom herzlichen Personal am besten einen der steirischen Weine aus der überschaubaren Weinkarte einschenken.

Tel.: 03467 83 95
8541 Schwanberg
Aichegg 44
www.stegweber.at
postmaster@stegweber.at

SECKAU L4

HOFWIRT 12/20

Koch: Matthias Mackner

Stolz verkündet man, dass dies ein „beflügelnder Ort" ist. Wir wollen nicht widersprechen. In jedem Fall ist das historische Ambiente ein zauberhafter Rahmen, um zu verweilen und sich kulinarisch verwöhnen zu lassen oder auch gleich über Nacht zu bleiben. Um auch die Einheimischen regelmäßig als Gäste begrüßen zu können, gibt es wöchentlich wechselnde Mittagsmenüs, die stets köstlich und sehr günstig sind. Mit einer kleinen Nachmittagskarte werden hungrige Besucher zufriedengestellt. Gekocht wird hier zwar klassisch steirisch, Zubereitung und Präsentation der Gerichte sind jedoch auf der Höhe der Zeit. Wirklich fein sind die Murtaler Krensuppe mit Hirschschinken-Knöderl. Bei den Hauptspeisen empfehlen sich die Wildgerichte – sehr gut der Hirschrücken mit Bauernkrapfen, witzig der Wildburger mit Pilzkraut und Pommes Frites, deftig die Wildkäsekrainer mit Sauergemüse. Auf Vorbestellung gibt es die „aufgsetzte Henn", ein gefülltes Steirerhuhn auf Erdäpfel-Gemüse-Gröstl für zwei Personen.

à la carte: 9,80–28,90 €

Tel.: 03514 542 90
8732 Seckau
Seckau 3
www.hotel-hofwirt.at
willkommen@hofwirt.at
Di–Sa 7.30–22, So 7.30–19 Uhr
variabel im Feb. 2022, bis März: Di, April–Okt.: Mo Ruhetag

STAINZ L5

DIE MÜHLE 14/20

Koch: Maximilian Grandtner

„Die Mühle, ein SchmuckStück": Das mit dem Namen des – sich derzeit mehr auf sein neues Gourmetlokal Broadmoar im nahen Oisnitz konzentrierenden – Patrons Johann Schmuck wortspielende (Eigen-)Lob trifft zu. Obwohl unmittelbar im Zentrum von Stainz platziert, lockt die beschauliche Lage am Stainzbach vor allem bei Outdoorbetrieb viele Gäste an. Da kann dann der freundliche, aber überlastete Service mit der Qualität der Küche nicht ganz mithalten. Köstlich jedenfalls ist schon der Beginn: warme Brioche mit Misobutter und gerösteten Kürbiskernen. Die mitunter schärfeaufweisenden asiatischen Komponenten ziehen sich durch weitere Gerichte: sommerlich-erfrischendes Melonentatar mit Buttermilch, cremige Süßkartoffel-Gnocchi mit Asmonte (dem Parmesan der Weststeiermark), Makrele mit Yuzu-Beurre blanc, wunderbar zart-schmackhaftes Maishendl mit diversen Karotten. Hervorragend ist auch die Weinbegleitung mit regionalen Alternativweinen. Achtung: Die vier- bis sechsgängigen Menüs können nur tischweise bestellt werden.

à la carte: 12–35 €

Tel.: 0664 501 12 69
8510 Stainz
Rathausplatz 2
www.muehle-stainz.at
die-muehle@outlook.com
Mo–Sa 17–22 Uhr

RAUCH-HOF

14,5/20

Köchin: Karin Rauch

Es gibt Orte, an denen einem schon beim ersten Anblick das Herz aufgeht. Der Rauch-Hof nahe Stainz ist so einer. Die in den reizvollen Garten offene, mit Vintagemobiliar arrangierte Terrasse des alten Bauernhauses bietet eine gemütliche Atmosphäre. Mit regionalen Produkten zaubert Karin Rauch ansprechende Speisen und so wird beim Vitello tonnato anstatt des Thunfischs heimische Forelle verwendet. Die würzige, asiatisch interpretierte Forellensuppe ist in handgefertigten Tonschüsseln angerichtet und geschmacklich nicht weniger überzeugend. Bei den hausgemachten Tagliatelle mit Kohlrabi-Haselnussragout beweist die Küchenchefin, dass sie auch die vegetarische Küche versteht.

à la carte: 9–25 €

Tel.: 03463 28 82

8510 Stainz
Wald 21

www.rauch-hof.at
office@rauch-hof.at

Mi–Fr 18–21.30, Sa 12–14.30 und 18–21.30, So 12–14.30 und 18–20 Uhr

bis Ostern 2022

Bewertungen:

11 bis 12,5 Punkte von 20 Punkten: 1 Haube

13 bis 14,5 Punkte von 20 Punkten: 2 Hauben

15 bis 16,5 Punkte von 20 Punkten: 3 Hauben

17 bis 18,5 Punkte von 20 Punkten: 4 Hauben

19 bis 19,5 Punkte von 20 Punkten: 5 Hauben

WIRTSHAUS IM STAINZERHOF® 11/20

Koch: Bernhard Klinger

Der Stainzerhof setzt auf eine kleine Speisenauswahl, zudem gibt es auf Wunsch ein Überraschungsmenü mit vier beziehungsweise fünf Gängen. Auf der Karte finden sich klassische und zeitgemäße Gerichte wie Carpaccio mit eingelegtem Gemüse, Rindsuppe mit Grießnockerl oder Gnocchi mit Blattspinat. Fehlen darf natürlich auch nicht das Wiener Schnitzel mit Preiselbeeren, als Alternative gibt es Heilbuttfilet mit Linsen. Topfenknödel oder Käse mit hausgemachtem Chutney bieten sich zum Ende des Essens an. Eine interessante Weinauswahl rundet das sympathische Angebot ab.

à la carte: 14–28 €

Tel.: 03463 221 22
8510 Stainz
Grazer Straße 2
www.stainzerhof.at
welcome@stainzerhof.at
Di–Sa 11.30–14 und 17.30–21 Uhr
♿

STRADEN M5

SAZIANI STUB'N 15,5/20

Mehr als 20 Jahre lang wird in der Saziani Stub'n schon auf hohem kulinarischen Niveau gekocht. Nach dem Fortgang von Walter Triebl ist nun ein junges Team bemüht, den Erwartungen, die mit dem Namen Saziani und Neumeister verknüpft sind, gerecht zu werden. Schließlich weht hier der Geist von Gerhard Fuchs, Jürgen Kleinhappl und Harald Irka durch die Stub'n. An der Produktschraube hat man inzwischen noch ein Stück weitergedreht – die eigenen Grünflächen sind in Bio-Umstellung begriffen, die Zusammenarbeit mit regionalen Bio-Betrieben wird forciert sowie auf ausgefallene Ausgangsprodukte gesetzt. Der Weinfrage zu Beginn nimmt sich Patron Albert Neumeister persönlich an und durchwirkt die Auswahl an ausgezeichneten, biozertifizierten Weinen aus dem eigenen Betrieb und wohl gewählten (aus relevanten österreichischen Regionen) auch mit Naturweinen von nahen Gütern. In wahlweise sechs oder sieben Gängen geht es durch den Abend. Die Karte wechselt nach Saison, so starten die „Sommerspiele“ mit einer Mischung aus schmeichelnden Aromen und fruchtiger Säure wie Wassermelone, getrocknetem Entenschinken und Kombucha oder mariniertem Paradeiser und Johannisbeerstaub. Zitrusfrüchte weiß man gezielt einzusetzen – unter anderem bei einem Brandteigkrapferl mit japanischer Zitrone. Das Aroma von Kumquats ergänzt die Makrele mit Sauerklee, Calamansi den gegrillten Langostino, der sich prächtig mit geflämmtem Karfiol und einer schmeichelnden Dattelcreme versteht. Confiert in Walnussöl ist der etwas übergarte Saibling, köstlich dazu die süßlich geschmorten Karotten sowie die liebliche Note von Camelina-(Leindotter)Öl . Wachtelbrust und -schenkel zum karamellisierten Zwiebelpüree und fermentierter Selleriecreme gelingen ebenso, wie die sous-vide-gegarte Seezunge mit weißem Zwiebelpüree in Kombination mit Schneckenmayonnaise entzückt. Zum süßen Ausklang gibt es karamellisierten Apfel mit Tonkabohnencreme und einen soliden „Steirergruß“ mit Kürbiskernbiskuit, Beerensorbet und Weißtee-Infusion.

à la carte: 20–35 €

Tel.: 03473 86 51
8345 Straden
Sazianiweg 42
www.neumeister.cc
saziani@neumeister.cc
Di–Fr 18–20, Sa 12–13.15 und 18–20 Uhr
variabel

STRASS IN STEIERMARK N5

OLIVER KOCHT 13,5/20

Koch: Oliver Kerngast

Es gibt Adressen, die man immer glücklicher verlässt, als man sie betreten hat. Dies ist eine solche. Im Sommer sitzt man hier auf einer Naturwiese, die bei näherer Betrachtung fein gestaltet ist, im Winter in behaglicher Umgebung von zeitloser Eleganz im Inneren – jeweils bestens umsorgt von einem tadellosen, sehr jungen Serviceteam. Küchenchef Oliver Kerngast führt das Haus in vierter Generation und kocht fabelhaft. Nebst grandios gemachten steirischen Standards gibt es diverse Delikatessen mit Esprit. Etwa eine Bio-Hühnerleber mit Blauschimmelpolenta und knackigen Eierschwammerln. Oder hausgemachte Gnocchi mit Blattspinat, Pinienkernen und Parmesan-Emulsion. Aber auch Garnelen, Trüffel und Gänseleber werden in verschiedenen Variationen angeboten. Eine Schwarzwälder Kirsch im Glas und Kreationen um die Marille sorgten für ein beglückendes Finale. Angrenzend gibt es einen Stellplatz für Camper, sodass man bei der Reise in den Süden getrost Station machen kann.

à la carte: 6–33 €

Tel.: 03453 210 01
0664 416 09 93

8472 Straß in Steiermark
Unterschwarza 1

www.oliver-kocht.at
servus@oliver-kocht.at

Jän.–Feb. 2022

THÖRL L3

HUBINGER 13/20

Koch: Johann Wöls

Das jahrhundertealte Gasthaus in Etmißl ist eine fixe Adresse für Feinschmecker im Hochschwabgebiet. Frische Kräuter aus dem Garten, hochwertige Bio-Produkte aus der Region und die eine oder andere Wildspezialität spielen in der Küche eine große Rolle. Der Patron weiß, Traditionelles wie Lammnüsschen oder Haussulz ebenso köstlich auf den Teller zu bringen wie Kreatives von „Vitello Forello" bis zur hausgemachten Pasta mit Flusskrebsen. Mit einem „supercoolen vegetarischen Menü", sommerlichen Grillabenden und fabelhaften Mehlspeisen aus der Hausbäckerei begibt man sich auf eine breit gefächerte Genussreise, die bei Bedarf auch im Landhotel Hubinger verlängert werden kann.

à la carte: 8–30 €

Tel.: 03861 81 14
0664 100 99 15

8622 Thörl
Etmißl 25

www.hubinger.com
office@hubinger.com

Mi–Sa 11.30–14 und 17.30–21,
So 11.30–16 Uhr
variabel

TRAUTENFELS K3

KRENN 12,5/20

Koch: Marc Zach

Urig war es hier schon immer, jetzt ist es auch sehr gediegen. Am augenscheinlichsten zeigt sich das Investment von Dietrich Mateschitz im neuen Gästehaus – das ehemalige Alpenhotel Adam wurde renoviert – und in der neu errichteten Residenz mit großzügigen Zimmern und Suiten. Im Restaurant bemerken kundige Insider, dass es wohl einen Grund dafür geben muss, dass es hier jetzt Bier und Limonaden der neuen Marke Thalheimer gibt, doch die Küchenlinie ist die gleiche geblieben. Jetzt wird wohl etwas detailverliebter und saisonaler gekocht, aber Klassiker wie das Blunzengröstl nach Omas Rezept gibt es nach wie vor. Am Abend wird die Tageskarte noch um Gerichte wie „See Vice" vom Ausseer Saibling, ein saftiges T-Bone-Steak oder eine rosa gebratene Lammkrone erweitert.

à la carte: 5–30 €

Tel.: 03682 222 74

8951 Trautenfels
Pürgg 11

www.gasthauskrenn-puergg.at
info@gasthauskrenn-puergg.at

Mi 16–21, Do–Sa 11–21,
So 11–20 Uhr
variabel

TURNAU L3

WIRTSHAUS STEIRERECK 15/20

Koch: Heinz Reitbauer

Ein neuer Zubau aus Stein und Glas am Stammgebäude, die Vogelhütten und neue Baumhäuser im Wald, Jagd- und Rehleinhütte und ein klobiger gläserner Treibhausbau. Plus die ungewohnte Abwesenheit der Gründungsgastgeber Margarete und Heinz Reitbauer. Das Steirereck am Pogusch ist nahe daran, vom voralpinen Wirtshausidyll zu einem Gastro-Imperium zu mutieren. Aber vielleicht ist das ja eine Absicherung für die Zukunft? Der Service war bei unserem Besuch im Sommer bemüht, wenn auch noch nicht ganz trittsicher. Das Essen – Lamm, Reh, Saibling – kam in gewohnter Qualität. Der Grammelstrudel in der milden Ochsensuppe wirkte, pardon, ein wenig altbacken. Herrlich frisch indes schmeckte das Dessert mit Marillen, Sanddorn, Minze, Heumilcheis und gebackenen Mohn-Topfen-Würfeln. In Summe zählt die Location aber noch immer zu den Empfehlenswertesten der Steiermark. Bis zu 50 Gäste kann die Familie Reitbauer mittlerweile beherbergen. Der Clou dabei: In den zehn Schlafkabanen im Gewächshaus kann man gratis nächtigen, wenn man im Gegenzug Mithilfe in Küche und Garten vereinbart.

Tel.: 03863 20 00
8625 Turnau
Pogusch 21
www.steirereck.at
pogusch@steirereck.at
Do–Sa 11.30–22,
So 11.30–21 Uhr
♿

TURRACH I4

GASTHAUS ZUM BERGMANN 12,5/20

Koch: Jakob Meier

Wie es sein kann, dass es trotz der gemütlichen kleinen Stube fast nie ein Problem ist, einen Tisch beim Bergmann zu bekommen, wird ein ewiges Rätsel bleiben. Gut, das Gasthaus liegt nicht ums Eck, aber für diese fantastische Wirtshausküche nimmt man gerne auch weitere Umwege auf sich. Wer sich noch nie über Kutteln getraut hat: Hier wäre die ideale Gelegenheit, den Goldstandard zu verkosten. Aber auch Vegetarier werden auf der Speisekarte fündig. Am Ende unbedingt noch Platz für ein Dessert lassen: Die Himbeerdalken genießen Kultstatus. Es lohnt sich aber durchaus, auch die anderen süßen Versuchungen zu probieren.

à la carte: 6–38 €

Tel.: 0353 32 75
0676 553 83 25
8864 Turrach
Turrach 3
www.
gasthauszumbergmann.at
gasthofzumbergmann@
aon.at
Di–So 9–14 und 17–21.30 Uhr
♿

PHILIPP

14/20

im Genießer-Schlosshotel Seewirt

Koch: Philipp Prodinger

Höchst idyllisch ist die Lage des Genießer-Schlosshotels Seewirt auf der Turracher Höhe mit See und beeindruckendem Bergpanorama. Wie schön, dass sich dort nicht nur ein Genuss für das Auge, sondern für Leib und Seele bietet und die Pforten des Gourmetrestaurants philipp auch für Tagesgäste geöffnet sind. Ob à la carte oder doch das Menü – verarbeitet werden Produkte aus der Umgebung in hervorragender Qualität wie Turracher Rotwild oder Natursaibling aus Sigi's Fischzucht. Ein grandioses Zusammenspiel der Aromen: Paradeiser-Fenchelschaum mit steirischen White Panther-Garnelen, butterzart das 48-Stunden-Schulterscherzel von der Kärntner Kälbin mit Kohlrabi und Mangold. Erstaunlich ist auch das umfangreiche Getränkeangebot, das eine große Auswahl österreichischer und internationaler Weine, aber auch zahlreiche Biere, Säfte und Edelbrände bereithält.

à la carte: 15–45 €

Tel.: 04275 82 34

8864 Turrach
Turracher Höhe 33

www.schlosshotel-seewirt.com
info@schlosshotel-seewirt.com

Mi–So 12–20.30 Uhr
April–Mai, Okt.–Nov. 2022

© Schlosshotel Seewirt und Lex Karelly Photography

WEINITZEN L4

GENUSSTREFFPUNKT HÖFER

11/20

Koch: Manuel Höfer-Schwarze

Abseits der Hauptstraße gelegen bietet sich der Genusstreff Höfer an, um die Sorgen des Alltags eine Zeit lang zu vergessen. Die Preise – sowohl bei den Weinen als auch bei den Speisen – sind fair kalkuliert, die Portionen großzügig dimensioniert. Daher sollte man sich nach einer Rindsuppe mit Frittaten aus Sicherheitsgründen vielleicht nur das halbe und nicht das ganze steirische Backhendl bestellen. Aber auch das Zürcher Geschnetzelte mit Butterspätzle ist ebenso wie das Saiblingsfilet auf Risotto eine Versuchung wert. Ein Himbeersorbet mit Prosecco sorgt zum Abschluss für eine wohltuende Erfrischung.

Tel.: 03132 26 29
0664 184 65 61

8044 Weinitzen
Höhenweg 22

www.genusstreffpunkt.at
hoefer@genusstreffpunkt.at

variabel

ZELTWEG K4

RESTAURANT STEIRERSCHLÖSSL 16,5/20

Koch: Martin Steinkellner

Wieso ein Bericht über dieses Restaurant stets mit einer Schilderung des Ambientes beginnt, ist leicht erklärt. Das elegante und vorbildlich renovierte Schlösschen im Herzen von Zeltweg ist in der Tat beeindruckend. Mit der gleichen Akkuratesse, die man der Hardware, Einrichtung und Tischkultur, angedeihen ließ, läuft auch die Software – also der menschliche Faktor, mit dem das Restaurant bespielt wird. So zeigt sich schnell, dass es in einem noblen Rahmen keineswegs steif oder kühl zur Sache gehen muss. Es kann auch herzlich, mitunter sogar humorvoll werden, sodass man sich rasch ungezwungen wohlfühlt. Und auch die Küche verlässt sich keineswegs auf die beeindruckende Wirkung des Ambientes und bewältigt die vielfältigen Aufgaben mit Schwung, Können und offensichtlicher Freude an der Sache. Eine der Aufgaben ist das wöchentlich wechselnde und sehr fair kalkulierte Mittagsmenü. Dann werden hier – offensichtlich auf Wunsch vieler Stammgäste – auch eine Vielzahl an Klassikern á la carte angeboten – von mariniertem Saibling über Beef Tatar bis zu Wiener Schnitzel, Rindsfilet oder Wildragout. Der ganze Stolz eines Küchenchefs ist jedoch das große Gourmetmenü, das hier seit Jahren auf verlässlich hohem Niveau geboten wird. Es startet scheinbar simpel mit Schafkäsemousse mit schwarzen Nüssen. Auch die klare Hirschessenz mit marinierten Vogelbeeren ist pures Understatement – dafür umso mehr Geschmack. Ja, Forelle geht sehr gut mit exotischen Aromen wie Maracuja zusammen und eine perfekt gebratene Taubenbrust ist ohnehin die Krönung für (fast) jeden Genießer. Witzig waren die Mais-Marshmallows zum Holundereis mit Topfenmousse. Das alles wird auf Wunsch glasweise mit passenden Weinen begleitet. Der Weinkeller ist so bestückt, wie man es sich an einem Ort wie diesem erwartet.

à la carte: 5,50–34,90 €

Tel.: 03577 226 01
0664 853 43 98

8740 Zeltweg
Hauptstraße 100

www.hotel-steirerschloessl.at
willkommen@steirerschloessl.at

Mo–Sa 12–22, So 18–22 Uhr

♿

SCHLOSS-TAVERNE

16,5/20

im Schloss Farrach

Koch: Alexander Stöhr

Fast wie ein elegantes privates Esszimmer mutet das schlichte Restaurant in dem liebevoll renovierten obersteirischen Schlösschen an. Nicht minder ambitioniert wird hier am Dining-Erlebnis feinjustiert. Vater Alexander und Mutter Karin Stöhr komponieren ein exzellentes Menü, für das ein perfektes Ei mit sämigem Trüffel-Erdäpfelschaum den adäquaten Auftakt bildet. Großartiges Aromenspiel bietet etwa der Paradeisersalat mit dunkelroten Weingartenpfirsichen, mildem Schafsfrischkäse und Kapuzinerkresse. Auch die zart gebratene Gänseleber mit duftigem Rosen-Apfelmus, gesottenen Apfelscheiben und würzigem Franzosenkraut erwies sich als Kombination auf hohem Niveau. Viel Liebe zum Detail zeigte sich auch bei den Hauptgerichten, etwa bei den Filets von Wolfsbarsch und Goldbrasse – am Punkt, kross und wunderbar zart – auf fruchtigem Paradeis-Rucola-Risotto und intensiver Hummerbutter, aber auch beim intensiven Zweierlei vom Milchkalb mit knackigen Eierschwammerln, Fregola Sarda und tollem Jus. Dazu überraschte Junior Nikolai Stöhr nebst umsichtigem Service auch mit exzellenten glasweisen Weinempfehlungen von der Pfalz bis ins Priorat. Gelungenes Finale: üppige Schokoladevariation mit Beeren und köstliche hausgemachte Sorbets – wie jeder einzelne Gang zuvor bildschön angerichtet.

à la carte: 4,50–39 €

Tel.: 03577 252 57
0660 158 55 03

8740 Zeltweg
Schlossweg 13

www.schlossfarrach.at
restaurant@
schlossfarrach.at

Mi–Sa 12–14 und 18–21,
So 12–16 Uhr

TIROL

DIE BESTEN

18,5/20	**STÜVA** Ischgl	Seite 410
17,5/20	**INTERALPEN – CHEF'S TABLE** Telfs-Buchen/Seefeld	Seite 442
17,5/20	**STIAR** Ischgl	Seite 409
17/20	**DER GANNERHOF** Innervillgraten	Seite 400
17/20	**HUBERTUS STUBE** Neustift im Stubaital	Seite 422
17/20	**ONIRIQ** Innsbruck	Seite 403
17/20	**SCHLOSSHERRNSTUBE** Ischgl	Seite 408
16,5/20	**SIGWART'S TIROLER WEINSTUBEN** Brixlegg	Seite 388

LEGENDE

- ○ Orte allgemein
- Orte mit 1 Haube
- Orte mit 2 Hauben
- Orte mit 3 Hauben
- Orte mit 4 Hauben
- Orte mit 5 Hauben

Erl
Ebbs
Thiersee
Kufstein
Schwoich
Ellmau
Söll
St. Johann
Achenkirch
Going
St. Jakob in Haus
Achensee
Inn
Wörgl
Reith
Kitzbühel
Kundl
Brixlegg
Alpbach
Maurach
Hopfgarten
Kirchberg
Aurach
Jochberg
Fügen
Uderns
Wattens
Stumm
Zellberg
Gerlos
Hippach
Mayrhofen im Zillertal
Tux
Hintertux
Matrei
Kals am Großglockner
St. Jakob in Defereggen
Nußdorf-Debant
Lienz
Innervillgraten
Anras
Amlach
Lavant
Strassen

ACHENKIRCH E3

GASTSTUBE 11,5/20

im Posthotel Achenkirch

Koch: Fabian Leinich

Die Gaststube, wie das renommierte Posthotel dieses Restaurant schlicht nennt, ist gepflegt und hat Charme. Das Speisenangebot war bei unserem sommerlichen Besuch schmal gehalten: drei Vorspeisen, drei Hauptspeisen und eine Nachspeise. Macht aber nichts, wenn die Gerichte durchwegs ordentlich an den Tisch gelangen wie hier. So etwa der Räucherlachs als Tatar mit Tramezzini, Salzzitrone und Meaux-Senf oder der Klassiker der traditionellen Tiroler Küche: das Wiener Schnitzel vom Kalb mit Petersilerdäpfeln und Preiselbeeren. Verlassen kann man sich zudem getrost auf die Weinempfehlungen des Hauses.

à la carte: 5–35 €

Tel.: 05246 65 22
6215 Achenkirch
Achenkirch 382
www.posthotel.at
info@posthotel.at
Mi–So 18–20 Uhr

GRÜNDLER'S GOURMETSTÜBERL 16/20

im Kulinarik- & Genießerhotel Alpin

Koch: Armin Gründler

Im Kulinarik- & Genießerhotel Alpin in Achenkirch am Achensee werden die Gäste von Armin und Alexander Gründler mit ihrer „Karwendelküche" auf höchstem Niveau verwöhnt. Die verwendeten Produkte stammen zumeist von den Bauern aus der nahen Umgebung. Dazu kommen in den Gerichten heimische Berg- und Gartenkräuter zum Einsatz. Der Gast hat die Wahl zwischen zwei Menüs: „Heimat-Genuss" oder „Genuss-Reise". Herausragend sind schon die Vorspeisen: Die Heimat zeigt sich beim gebeizten Seesaibling sowie der Tiroler Alpengarnele mit Kohlrabi, pannonischem Safran und Kerbel. Die „Genuss-Reise" hingegen startet orientalisch mit Lammcarpaccio, Gewürzcouscous, Granatapfel und Curry-Madrocas. So abwechslungsreich geht es weiter. Perfekt auf den Punkt gegart kommen einerseits die Fleischgänge Achenseer Merinoschaf vom Holzkohlegrill und zartes Tiroler Kalb, andererseits die „Mieral"-Taube und die Tournedos Rossini mit Gänseleber und Trüffel

Tel.: 05246 68 00
6215 Achenkirch
Achenkirch Nr. 35
www.kulinarikhotel-alpin.at
hotel@kulinarikhotel-alpin.at
Do–Mo 17.30–21 Uhr
✱ bis 9. Dez. 2021,
19. April–5. Mai 2022

zu Tisch. Grandios sind auch die Desserts. Die Schwarzwälder-Kirsch-Interpretation sowie die süßen Geschichten aus Topfen, Marille und Estragon gefallen. Den Weinempfehlungen der Chefin sollte man unbedingt folgen.

à la carte: 26–48 €

TENZO

im Posthotel Achenkirch

Koch: Fabian Leinich

Heuer mussten externe Gäste leider auf das Tenzo verzichten. Schade, denn gerade 2021, im Jahr des Neubeginns, wäre die Fünf-Elemente-Küche der Traditionellen Chinesischen Medizin ein deutliches Statement für Genuss und Gesundheit gewesen. So blieb – durchaus verständlich – das Genussrestaurant in diesem Jahr den Hausgästen überlassen. Wir sind aber zuversichtlich, dass uns das Tenzo künftig wieder genussvoll begleiten wird.

à la carte: 5–35 €

Tel.: 05246 65 22

6215 Achenkirch
Achenkirch 382

www.posthotel.at
info@posthotel.at

Di–Sa 18–20 Uhr
variabel

GRÜNDLER'S GENIESSERWIRTSHAUS

Tipp

im Kulinarik- & Genießerhotel Alpin

In Gründler's Genießerwirtshaus verwöhnen Armin und Alexander Gründler gemeinsam mit ihrem Team die Gäste mit besonderen Speisen aus regionalen und frischen Zutaten höchster Qualität. Lammfleisch und Milch kommen von nahegelegenen Höfen, das Wild stammt aus unberührten Tälern und der Fisch wird frisch aus dem Achensee gefangen.

à la carte: 14–38 €

Tel.: 05246 68 00
6215 Achenkirch
Achenkirch Nr. 35
www.kulinarikhotel-alpin.at
hotel@kulinarikhotel-alpin.at
Do–Di 11.30–14 und
17.30–21 Uhr

ALPBACH F4

FUGGERSTUBE

14/20

im Hotel Böglerhof

Koch: Hannes Treichl

Die Atmosphäre im Gourmetrestaurant Fuggerstube in Alpbach erinnert an die lange Geschichte des Hauses. Sie stammt aus dem 15. Jahrhundert, hat zwei Brände überstanden und ist heute trotzdem noch original erhalten. Bildschön dekoriert kommen die Teller daher. Zur Auswahl steht ein fixes Menü, optional mit vier oder sieben Gängen. Der Seesaibling mit grünen Erbsen wird am Tisch mit feiner Paradeiseressenz übergossen. Das Mastgeflügel ist in einem Wan Tan verpackt und wird von Marille und Bohnencreme begleitet. Es folgt ein saftig geschmortes Schulterscherzl sowie ein Filet mit ausgezeichneter Sauce, ergänzt von zweierlei Mais, gerösteter Zwiebel und Eierschwammerln. Das Dessert „Kirsche, Holunder, Topfen" in Form von Nocke und Sorbet zergeht zart auf der Zunge und ist ein hervorragender Abschluss. Ausgesprochen fachkundig und freundlich wurden wir vom Ober betreut.

Tel.: 05336 52 27
6236 Alpbach
Nr. 166
www.boeglerhof.at
info@boeglerhof.at
tgl. ab 19 Uhr
April 2022

AMLACH/LIENZ G5

GENIESSER-PARKHOTEL TRISTACHERSEE 12/20

Koch: Christian Hofer

Das Parkhotel wirbt damit, ein kleines Paradies zu sein. Wir sind geneigt, der Familie Kreuzer recht zu geben. Der Ausblick auf den romantischen Tristachersee und die steil aufragenden Felswände sind atemberaubend. Der Service ist charmant, kompetent und unaufdringlich. Küchenchef Christian Hofer pflegt einen klassisch-traditionellen Stil, der irgendwie aus der Zeit gefallen zu sein scheint, doch das ist weder langweilig noch schlecht, denn seine Gerichte schmecken durch die Bank. Unbedingt sollte man eines der zahlreichen Fischgerichte (frisch gefangen in der eigenen Zucht) probieren, aber auch der Tafelspitz ist eine echte Empfehlung. Die Weinkarte ist gut sortiert und durchaus kulant kalkuliert.

à la carte: 15–40 €

Tel.: 04852 676 66

9908 Amlach/Lienz
Tristachersee 1

www.parkhotel-tristachersee.at
parkhotel@tristachersee.at

tgl. 12–13.30 und 18.30–21 Uhr

♿

ANRAS G5

DAS PFLEGER 14,5/20

Koch: Thomas Mascher

Auf 1.260 Meter Seehöhe kocht Thomas Mascher mit Leidenschaft und Experimentierfreudigkeit. Dies ist wahrscheinlich auch der eher klein gehaltenen Karte geschuldet, bei der sich der Küchenchef voll und ganz auf die wenigen Gerichte konzentrieren und sein gelerntes Handwerk gezielt ausspielen kann. Sei es bei einer Kombination aus gebeiztem Wildschwein mit Süßkartoffeln, Parmesan, Apfel und Kren, Lamm mit Portwein, Kohlrabi, Knoblauch und Polenta oder traditionellen Schlipfkrapfen – jeder Teller zeugt von seinem Gespür für Ästhetik und der Liebe zum Detail. Und auch geschmacklich gibt es an den Gerichten nichts auszusetzen. Wer möchte, lässt sich auf ein preislich fair kalkuliertes vier- oder fünf-gängiges Überraschungsmenü ein, am besten mit glasweiser Weinbegleitung. Der professionelle Service trägt zur guten Laune an den Tischen entscheidend bei.

à la carte: 13,90–27 €

Tel.: 04846 62 44
0664 915 91 67

9912 Anras
Dorf 15

www.hotel-pfleger.at
info@hotel-pfleger.at

Do–Mo 12–14 und 18–21 Uhr
❄ variabel

AURACH BEI KITZBÜHEL G4

HALLERWIRT 12/20

Köchin: Beatris Moser

Das Rad muss nicht neu erfunden werden! Diese Weisheit bestätigt sich bei der Einkehr im Familienbetrieb Hallerwirt. Ein altes Holzblockhaus, unterschiedlichste Stuben mit ganz eigenem Charme und eine freundliche Terrasse lassen neben Bergpanorama und Wiesenblick ad hoc Gemütlichkeit aufkommen. Dazu erfreut das regionale Repertoire von Beatris Moser, das sich auf bodenständige Tiroler Hausmannskost konzentriert. Beständigkeit und regionale Herkunft – zum Teil stammen die verwendeten Zutaten sogar aus der eigenen Landwirtschaft – lautet das Motto. Und in der Praxis sieht das so aus: „Daumnidei" (eine Art Erdäpfelpaunzen) mit Sauerkraut, Spinatknödel an brauner Butter oder herrlich flaumiger Kaiserschmarren mit Zwetschkenröster. Ach ja, das Einfache kann so gut sein, wenn man es versteht, damit umzugehen.

Tel.: 05356 645 02

6371 Aurach bei Kitzbühel
Oberaurach 4

www.hallerwirt.at
willkommen@hallerwirt.at

Mi–So 11.30–21.30 Uhr
❄ Juni, Nov. 2022

BRIXLEGG E4

HERRNHAUS 11/20

Koch: Christian Moigg

Das schöne Herrnhaus hält bei Tisch, was es von außen verspricht: Genuss in historischem Ambiente. Die Küche gibt sich traditionell mit internationalem Twist und bietet zusätzlich zur Standardkarte auch ein Degustationsmenü. Letzteres spannt den Bogen von einer weißen Paradeisersuppe mit Lachs über einen Oktopus auf Karfiolcreme und ein Kalbsfilet in der Trüffelkruste bis hin zu einem süßen Himbeertörtchen. Alle Gerichte sind sehr fein zubereitet, wenngleich wir uns ab und an mehr Mut beim Abstimmen der Speisen wünschen würden. Die Weinkarte ist mit viel Know-how zusammengestellt. Der Service agiert schnell und aufmerksam.

à la carte: 13,40–32,50 €

Tel.: 05337 622 23
6230 Brixlegg
Herrnhausplatz 1
www.herrnhaus.at
kontakt@herrnhaus.at
So–Di 11.30–14 und 17–21,
Mi–Fr 17–21 Uhr
♿

SIGWART'S TIROLER WEINSTUBEN 16,5/20

Zur grauen Katze

Köchin: Traudi Sigwart

Am Eingang in das malerische Alpbach findet man die Tiroler Weinstuben der Familie Sigwart. Eine original-alte Zirbenstube mit offenem Kamin, ein wunderschöner Gastgarten sowie das Gartenhäuschen mit beheizten Bänken tragen zur Atmosphäre und Gemütlichkeit bei. Als Köchin verwendet Traudi Sigwart nur die besten Produkte für einheimische, traditionelle Kost zum einen und asiatische, mediterrane Gerichte zum anderen. Zu Beginn kommen hausgemachte, dünne Nudelteigtaschen mit Brennnesseln, Spinat und Topfenfüllung, Parmigiano und brauner Butter. Sehr gut auch das Beuschel vom Kalb: fein geschnitten, perfekt abgeschmeckt, begleitet von flaumigem Serviettenknödel. Der auf der Haut gebratene Zander mit grünem Spargel, Chardonnay-Fischsauce und Risotto vom grünen Spargel ist ebenso am Punkt. Hervorragend das Tiroler Milchkalb, ein mit Rohschinken gefülltes Kalbsschnitzel, dazu Spargel grün/weiß, frische Morcheln, Sauce hollandaise, Petersilöl, Natursaft und Erdäpfelpaunzen. Einzig beim Rumpsteak wurde der genussvolle Pfad kurz verlassen. Kann, sollte aber nicht passieren. Das Dessert, ein flaumiger Brandteig-Marillenknödel mit Brioche-Zuckerbröseln, Mandelcremeeis und Marillensauce,

Tel.: 05337 633 90
6230 Brixlegg
Marktstraße 40
www.tiroler-weinstuben.at
tiroler-weinstuben@aon.at
Do 17.30–21.30,
Fr–So 12–21.30 Uhr

war wieder zum Dahinschmelzen. Die Weinkarte spielt alle Stücke. Sommelier Anton Sigwart – der sich auch als echter Kenner erweist, wenn es um hochwertige Destillate geht – leitet durch den Abend.

à la carte: 26–58 €

EBBS F3

DER UNTERWIRT

14,5/20

Koch: Christian Ranacher

Beim Unterwirt wählt man zwischen drei Menüs. Das eine heißt „Völlern, ohne voll zu sein" (fünf Gänge), wobei der Name Programm ist. Die Abfolge ist klug durchdacht, kreativ und am Ende hat man stets das Gefühl, sich etwas Gutes getan zu haben. Mit dabei sind Wachtel und Zander, ein hervorragendes Bio-Kalbsschulterscherzel und eine Crème brûlée mit Matcha. Wer die Unterwirt-Küche kennt, kann sich aber auch überraschen lassen. Dann heißt das Menü „Carte Blanche", umfasst vier Gänge und die Küche entscheidet. Das Risiko dabei? Null! Eingefleischten Traditionalisten empfiehlt sich „Das Traditionellste": Tafelspitzbouillon mit Kräuterfrittaten, Wiener Schnitzel und Rahmkaiserschmarren. Was allerdings ganz großartig, außergewöhnlich und etwas extravagant ist, das Apfeltatar: ein lauwarmes Tatar vom Apfel mit schwarzen Nüssen und Käse vom Bio-Bergschaf. Oder – am Wochenende –der Tafelspitz. Falsch machen kann man beim Unterwirt eigentlich gar nichts. Die drei Schwestern, die den Betrieb führen, sind herausragende Gastgeberinnen, die stets das Gefühl vermitteln, höchstpersönlich willkommen zu sein.

à la carte: 21–38 €

Tel.: 05373 422 88
6341 Ebbs
Wildbichler Straße 38
www.unterwirt.at
info@unterwirt.at
Mi–So 12–14 und 18–21 Uhr
Nov.–Mitte Dez. 2022

ELLMAU F3

DER BÄR

Genießerhotel

Koch: Markus Feyersinger

Seit vielen Jahren ist der Bär in Ellmau eine allseits bekannte Adresse für kulinarischen Genuss. Erfreulicherweise werden im Restaurant des luxuriösen Genießerhotels auch auswärtige Gäste aufs Herzlichste begrüßt. Küchenchef Markus Feyersinger wirkt zwar noch recht jung, doch er hat schon genug Erfahrung gesammelt, um mit souveräner Handschrift Menüs zu kreieren, die in vielerlei Hinsicht überzeugen. Traditionelle Gerichte aus der Heimat kommen hier in einer Qualität auf den Tisch, wie man sie nur selten findet. Aber auch exotische Zutaten weiß der Koch gekonnt einzusetzen. Das ist keine billige Effekthascherei, sondern das Ergebnis einer sicheren Hand bei der Kombination unterschiedlicher Aromen. Sommelier Robert Lechner ist mit dem gleichen Elan bei der Sache und findet stets den passenden Wein, was sich bei der glasweisen Menübegleitung besonders deutlich zeigt.

à la carte: 15–38 €

Tel.: 05358 23 95
6352 Ellmau
Kirchbichl 9
www.hotelbaer.com
info@hotelbaer.com
Fr–So 19–21 Uhr

KAISERHOF

14,5/20

Koch: Günter Lampert und Verena Fiegl

Der Kaiserhof in Ellmau ist ein luxuriöses Spitzenhotel, das mit echtem Wohlfühlfaktor punkten kann. Mit der Lage samt fulminantem Blick auf den Wilden Kaiser sowiewo. Dass dabei die Kulinarik Schritt halten muss, ist klar – und sie tut das auch. Günter Lampert, Hausherr und Chef in der Küche, wirkt motiviert wie eh und je. Die Hotelgäste haben mit dem Restaurant Novelli einen neuen Ort zur Wahl, das Á-la-carte-Restaurant Kulinarium ist auch für externe Gäste zu besuchen. Es gibt ein Menü mit sechs (oft mehr) Gängen. Man könnte auch nur drei Gänge wählen, würde dabei aber den Genuss doch deutlich verkürzen. Die Gerichte sind allesamt wunderschön arrangiert, wirken leicht und verspielt, die Zutaten von außerordentlicher Qualität. Der Stil orientiert sich an der französischen Klassik mit regionalem Twist. Das bedeutet, dass es Hummer ebenso wie Tiroler Rind gibt. Erwähnenswert ist auch die Weinkarte. Die ist nämlich stattlich, beeindruckend und für die eine oder andere Überraschung gut. Einfach auf den Sommelier hören.

à la carte: 32,50–95,50 €

Tel.: 05358 20 22

6352 Ellmau
Harmstätt 8

www.kaiserhof-ellmau.at
info@kaiserhof-ellmau.at

Mi–Sa 17.30–21 Uhr

Bewertungen:

11 bis 12,5 Punkte von 20 Punkten: 1 Haube

13 bis 14,5 Punkte von 20 Punkten: 2 Hauben

15 bis 16,5 Punkte von 20 Punkten: 3 Hauben

17 bis 18,5 Punkte von 20 Punkten: 4 Hauben

19 bis 19,5 Punkte von 20 Punkten: 5 Hauben

ERL F3

BLAUE QUELLE

14/20

Koch: Alexander Struth

Die traditionsträchtige Blaue Quelle in Erl empfängt ihre Gäste mit diesem unverwechselbaren Ambiente alter Landgasthäuser, in dem man sich sofort wohlfühlt. Noch mehr gefördert wird diese Tatsache durch das Studieren der abwechslungsreichen Speisekarte. Küchenchef Alexander Struth widmet sich Tiroler und Südtiroler Spezialitäten und kombiniert diese mit internationalen Einflüssen. Somit ist für einen kulinarisch abwechslungsreichen Abend gesorgt. Eine besonders gelungene Empfehlung auf der Tageskarte war die butterzart gegrillte Foie gras mit fruchtigem Kirschragout. Ebenfalls fein das saftige Wiener Backhendl mit sämigem Erdäpfelsalat wie aus Großmutters Küche. Zum Dessert wählten wir eine vegane Heidelbeer-Rosmarin-Panna cotta mit Kokosschaum. Beim Trinken haben wir uns an die Weinempfehlungen von Chefin Gaby Struth gehalten, was sich rückblickend als goldrichtig erwiesen hat.

à la carte: 6,50–42 €

Tel.: 05373 81 28
6343 Erl
Mühlgraben 52
www.blauequelle.at
info@blauequelle.at
Mi–Sa 12–13.30 und 18–21.30,
So 12–13.30 und
17.30–20.45 Uhr

DRESCH

11,5/20

Gasthaus-Hotel

Koch: Karl Anker

Das Dresch im Festspielort Erl ist, wie die Inhaber Familie Anker selbst sagt, ein Gasthaus für Genießer. Das Familienoberhaupt Karl Anker steht selbst und mit großer Leidenschaft hinter seinem Herd. Regionale Produkte von heimischen Bauern und Lieferanten sind die Grundzutaten für eine Tiroler Traditionsküche. Kombiniert werden diese mit mediterranen Elementen. So findet sich eine ausgezeichnete Kalbstafelspitzsulz genauso auf der Karte wie ein Fisch-Schlemmersalat mit knackigen Blattsalaten und zarten Fischfilets. Eine kleine, aber feine Pizzaauswahl bringt südliches Flair in den genussvollen Abend.

à la carte: 12–30 €

Tel.: 05373 81 29
6343 Erl
Oberweidau 2
www.dresch.at
anker@dresch.at
Mo, Di, Fr 17.30–21, Sa, So
11.30–14 und 17.30–21 Uhr
variabel

FÜGEN E4

MOUNTAIN LOFT ® 11/20

Bergstation Spieljoch

Koch: Jan Paolo

Das Mountain Loft gehört zur – architektonisch spektakulären – Bergstation der Fügener Spieljochbahn im Zillertal. Die Location bietet im Sommer wie im Winter Spaß und Erholung für die ganze Familie. Sprich Kinderspielplatz und gute Küche. Und Frühstück: Auch das ist am Spielbergjoch möglich und ausgezeichnet. Überhaupt ist die kulinarische Auswahl recht groß. Ebenerdig ein entspanntes Bistro, am Sonnendeck wird klassische Pizza serviert, im ersten Stock befindet sich das Restaurant, in dem – bei hervorragendem Blick auf die umliegenden Berge – solide Küche mit modernem Twist genossen werden kann.

à la carte: 10–45 €

Tel.: 05288 629 91

6263 Fügen
Hochfügenerstraße 77

www.spieljochbahn.at
info@spieljochbahn.at

✱ bis Mitte Dez. 2021, Mitte April–Ende Mai 2022

♿

GERLOS E4

MAÑANA'S 12,5/20

im Hotel Kristall

Köchin: Carina Stöckl

Die Anreise zum Mañana's mag ein bisschen dauern, ein Besuch zahlt sich aber in jedem Fall aus. Sei es als Ausflug oder als kurzer Pausenstopp auf der Durchfahrt. Geboten wird eine gehobene Küche mit leicht mediterranem Twist, die seit vielen Jahren beständig gehalten wird. Großartige Cuts bei den Steaks, die punktgenau wunschgemäß gebraten werden. Wer will (und das sollte man wollen), kann das Steak auch mit einem außergewöhnlichen Whiskyjus bestellen. Dafür, dass der Absacker in der Bar zu einem Erlebnis wird, sorgt eine große und wohlsortierte Auswahl an Destillaten. Auch die Weinkarte ist eindrucksvoll.

à la carte: 6–39 €

Tel.: 05284 52 48
0664 397 22 92

6281 Gerlos
Gerlos 124

www.mananas.at
info@hotel-kristall.com

Mi–So 18–21 Uhr

GOING F3

BIO-HOTEL STANGLWIRT 11/20

Koch: Thomas Ritzer

Eigentlich ist der Stanglwirt mehr eine gastronomische Erlebniswelt und nicht „nur" ein Restaurant. Die Karte spiegelt den Geist des Hauses wider: edle Anmutung, solides Handwerk und ein Hauch internationales Flair. Unter „Stangl-Grün" findet man herzhafte und spannende Salate, Veganes und Vegetarisches sind in einer eigenen Kategorie zusammengefasst. Die Fleischgerichte orientieren sich an den Klassikern der heimischen, österreichischen Wirtshausküche. Einen Kritikpunkt haben wir doch: In einem Bio-Hotel mit eigener Bio-Landwirtschaft darf man bei den Speisen einen höheren Bio-Anteil erwarten.

Tel.: 05358 20 00
0535 820 007 921

6353 Going
Kaiserweg 1

www.stanglwirt.com
daheim@stanglwirt.com

tgl. 11–22 Uhr

GRÄN C3

DAS MÜLLERS® 14/20

im Hotel Sonnenhof

Koch: Patrick Müller

Neben dem Alps & Ocean hat der Gast im Sonnenhof noch Das Müllers zur Wahl – quasi als bodenständige Alternative zum Gourmetrestaurant. Chefkoch Patrick Müller bereitet hier aus hochwertigen Zutaten Klassiker auf bestechendem Niveau. Herrlich erfrischend ist ein Salat von Roter Rübe mit Mango, Ziegenfrischkäse und Pistazien. Unbedingt kosten sollte man eines der Steaks vom Tiroler Grauvieh sowie die Erdbeeren mit weißer Schokolade zum Dessert. Top sind auch der Service und die Weinauswahl. Für eine Extraportion Luxus gibt es stets Austern, Kaviar und Champagner – allesamt von außergewöhnlicher Güte, versteht sich.

Tel.: 05675 63 75

6673 Grän
Füssner-Jöchle-Straße 5

www.sonnenhof-tirol.com
post@sonnenhof-tirol.com

tgl. 11.30–21 Uhr

GOURMETRESTAURANT ALPS & OCEAN 16/20

im Hotel Sonnenhof

Koch: Patrick Müller

Die Alpen und das Meer geben dem Restaurant seinen Namen und die Richtung vor. Kein Wunder, schöpft die Küche ihre Zutaten aus beiden Welten. Das siebengängige Menü startet mit einem saftig-erfrischenden Karottentatar und Apfelmustard. Danach Kartoffelsalat 2.0 – ein cremiges Vergnügen mit confiertem Eigelb und geschmacksintensiven schwarzen Trüffeln. Die erste Meeresbrise weht mit einem zart schmelzenden Carpaccio von der Jakobsmuschel mariniert in Pastis heran. Zurück in die Alpen geht es mit Lauchcreme samt Nussbutter und allerbestem Kaviar vom Grüll aus Salzburg. Der nächste Meeresausflug besteht aus einer Steinbuttbisque mit gebrannten Paradeisern – der Fisch ist dabei wunderbar saftig. Als Hauptspeise kombinieren Patrick Müller und sein Souschef Daniel Walch einen rosa Rehrücken mit einer am Punkt gebratenen Foie gras. Erdbeeren mit Hollerblüten und weißer Schokolade schließen das Menü stimmig ab. Absolutes Highlight ist die Weinbegleitung von Rainer Müller, die entfernt von jeglichem Mainstream wirklich Spannendes auf Lager hat. Er hat zudem eine Weinkarte mit stattlichen 1.150 Positionen aufgebaut, die weit und breit ihresgleichen sucht.

Tel.: 05675 63 75

6673 Grän
Füssner-Jöchle-Straße 5

www.sonnenhof-tirol.com
post@sonnenhof-tirol.com

Do–So 18.30–22.30 Uhr

HOTEL BERGBLICK

Tipp

Der Name lässt bereits atemberaubendes Bergpanorama vermuten und hält sein Versprechen ohne jeden Zweifel. Das 4-Sterne-Superior-Hotel inmitten der Tiroler Alpen überzeugt mit der traumhaften Kulisse – egal ob beim Blick aus dem Fenster oder beim Verweilen im Indoor- oder Outdoor-Panorama-Pool. Kulinarisch hat das Bergblick ebenfalls viel zu bieten. Die Zeit vergisst man hier trotz zahlreicher antiker Uhren, die die Wände zieren.

à la carte: 8,50–25 €

Tel.: 05675 639 60

6673 Grän
Am Lumberg 20

www.hotelbergblick.at
info@hotelbergblick.at

tgl. 12–21 Uhr

Bewertungen:

11 bis 12,5 Punkte von 20 Punkten: 1 Haube

13 bis 14,5 Punkte von 20 Punkten: 2 Hauben

15 bis 16,5 Punkte von 20 Punkten: 3 Hauben

17 bis 18,5 Punkte von 20 Punkten: 4 Hauben

19 bis 19,5 Punkte von 20 Punkten: 5 Hauben

HATTING

NEURAUTER

11/20

Koch: Franz Neurauter

Das Wirtshaus mit Tradition überrascht den Gast mit einem modernen Zubau, in dem durchaus auch einige zeitgemäße, gen Süden gerichtete Gerichte (Pasta alla Norma, Carpaccio) zu finden sind. Ansonsten dominiert hier die gute, regionale Wirtshausküche. Entsprechend schmecken die Suppen, die Ofenleber oder der Schweinsbraten mit perfekter knuspriger Kruste sowie Knödel und Sauerkraut. Beliebt sind auch die BBQ-Abende, die regelmäßig organisiert werden. Wann immer möglich, werden Lieferanten aus der Umgebung gewählt, die Liste dazu findet sich säuberlich aufgelistet in der Speisekarte. Die Weinkarte ist übersichtlich mit starkem Fokus auf Österreich.

à la carte: 4,40–38 €

Tel.: 05238 882 54
6402 Hatting
Innstraße 1
www.gasthof-neurauter.at
info@gasthof-neurauter.at
Mo, Di, Do–Sa 11.30–13.30 und 17.30–20.30, So 11.30–16 Uhr
variabel

Bei der Zusammenstellung dieses Führers ließen wir größtmögliche Sorgfalt walten, trotzdem können Daten falsch oder überholt sein. Eine Haftung können wir auf keinen Fall übernehmen.

HINTERTUX

HOTEL BERGHOF CRYSTAL SPA & SPORTS 12,5/20

Koch: Alexander Hönigsberger

Der Berghof in Hintertux ist ein kleines, verstecktes Juwel. Im Sommer. Im Winter ist, wie überall im Zillertal, der Teufel los. Kulinarisch ist man aber winters wie sommers auf der sicheren Seite. Man muss sich nur für eines der beiden Menüs entscheiden – was gar nicht so einfach ist. Diese zeigen eindrucksvoll, dass hier mit Leidenschaft und Verstand gekocht wird. Und, dass das Küchenteam rund um Chefkoch Alexander Hönigsberger einen guten Blick für ästhetisch anspruchsvolles Anrichten sowie qualitativ hochwertige Produkte hat. Dazu sorgt der Sommelier für eine kompetente und spannende Weinbegleitung.

Tel.: 05287 85 85

6293 Hintertux
Hintertux 754

www.berghof.at
info@berghof.at

tgl. 18.30–20.30 Uhr

HIPPACH/SCHWENDAU E4

SIEGHARD 13/20

Koch: Markus Bichler

Das stilvolle Hotel in einem schlossähnlichen Gebäude mit Türmchen bietet Gemütlichkeit, besonderes Ambiente und eine abwechslungsreiche Küche. Das Sieghard-Team rund um Chefkoch Markus Bichler kreiert mit Feingefühl und viel Kreativität wohlschmeckende Gerichte. Mit liebevoll zubereiteten Küchengrüßen beginnt der Abend sehr vielversprechend. Frisch und mit angenehmer Schärfe die confierte Forelle mit Spargelsalat und Limonenvinaigrette. Hervorragend dann die hausgemachten Champignon-Trüffel-Taschen mit jungem Spinat und Weißweinschaum. Danach folgt ein knuspriges, perfekt gebratenes Zanderfilet mit Zuckerschoten und Röstzwiebelsud, serviert mit Nussbutterpüree. Der rosa gebratene Rücken vom Maibock, Gnocchi und Wurzelgemüse waren butterzart, die Sauce geschmackvoll und leicht. Gut auch die Tonkabohnen-Crème brûlée mit Erdbeersorbet. Aufmerksamer Service.

à la carte: 8,50–38 €

Tel.: 05282 33 09
0676 912 15 75

6283 Hippach/Schwendau
Johann-Sponring-Straße 83

www.sieghard.at
info@sieghard.at

Di–So 18–21.30 Uhr

HÖFEN C4

SENNERLAND 11,5/20

Koch: Martin Soyer

Dass Käse hier die Hauptrolle spielt, wird schon beim ersten Blick in die überschaubare Speisekarte deutlich. Sei es bei der Bergkäsesuppe mit Schwarzbrotwürfeln, einem Wirtshausklassiker wie den Käsespätzle oder den mediterran inspirierten hausgemachten Nudeln, die vor dem Gast im Parmesanlaib geschwenkt werden. Die Gerichte sind sorgfältig zubereitet und die Portionen so kalkuliert, dass man auf jeden Fall satt wird. Als Dessert bieten sich unter anderem ein luftiger Kaiserschmarren oder wunderbare Kirchtagskrapfen mit selbst gemachtem Vanilleeis an. An der gut aufgestellten Käsetheke kommen wir nicht vorbei und gönnen uns noch eine kleine Variation. Die Weinkarte stellt einen Streifzug durch Italien dar.

à la carte: 15–36 €

Tel.: 05672 724 00
0664 882 346 81

6604 Höfen
Hauptstraße 26

www.sennerland.at
info@sennerland.at

Di–So 12–14 und 18–20 Uhr

♿

HOPFGARTEN IM BRIXENTAL F3

RESTAURANT ZEITLOS Ⓝ 12/20

Köchin: Tamara Lerchner

„Alles außer normal" sind sowohl die fantasievollen Bezeichnungen der Gerichte auf der Speisekarte als auch die passende Präsentation auf dem Teller. Küchenchefin Tamara Lerchner versteht es seit vielen Jahren, dem Gast mit ihren selbst kreierten, mediterran-alpenländischen Rezepten etwas Besonderes zu kredenzen. Ungewöhnliche und mutige Kombinationen der Zutaten zeichnen das abwechslungsreiche Angebot aus und erschweren die Qual der Wahl. So stehen Speisen wie ein feines Vitello tonnato, eine wunderbare Pasta mit Trüffel oder knackiger Salat mit argentinischer Wildgarnele zur Auswahl. Um zum Abschluss wieder in die richtige Balance zu kommen, erfrischt das Walnuss-Krokant-Parfait mit Früchten der Saison.

Tel.: 0676 433 60 55

6361 Hopfgarten im Brixental
Marktgasse 4

www.restaurant-zeitlos.at
monika.pirchmoser@restaurant-zeitlos.at

Di–Sa 18–21 Uhr

INNERVILLGRATEN F5

DER GANNERHOF ↗ 17/20

Koch: Josef Mühlmann

Es war nur ein halber Punkt, der auf die vierte Haube gefehlt hat, diesen halben Punkt hat der Gannerhof in der vergangenen Saison aber mehr als verdient. In der Küche werkten Josef Mühlmann und Souschef David Senfter Hand in Hand und legten dabei eine Saison und ein Menü hin, das einen Vergleich mit anderen Top-Restaurants des Landes nicht scheuen muss. Das Menü gibt es in einer kleinen (fünf Gänge) und einer üppigen Ausführung (neun Gänge). Wobei die Empfehlung eindeutig dahin geht, das Mittagessen auszulassen und sich die „Vollversion" zu gönnen. Es lohnt sich. Im Spiel sind Schafkäse und Schafjoghurt vom Kollnighof mit Ochsenschlepp, Kohl und grünem Spargel, der bewährte Villgrater Saibling mit krosser Hühnerhaut, Buttermilch und Beurre blanc, ein ziemlich wilder Gang mit Gams und Herz vom Reh. Und wer den Gannerhof kennt, weiß, dass es nicht ohne schwarzes Alpenschwein geht. Das allerdings kommt im Menü noch vor der Gams. Die Gerichte wirken zwar opulent, sind es aber nicht. Die Teller sind elegant, leicht, fast filigran. Und sowieso immer top: die Auswahl rarer Weine und Destillate.

à la carte: 12–32 €

Tel.: 04843 52 40
0650 203 70 08

9932 Innervillgraten
Gasse 93

www.gannerhof.at
gannerhof@gannerhof.at

Mi–So 18.30–21 Uhr

INNSBRUCK D4

CAFÉ SACHER INNSBRUCK 11,5/20

Dieser Name steht für Österreichs einstige kaiserliche Glanzzeiten wie kaum ein anderer. Damit auch unweigerlich verbunden ist die traditionsreiche „Original Sacher-Torte" samt Wiener Kaffeehauskultur. Darüber hinaus lässt es sich hier, unweit des Goldenen Dachls, auch typisch österreichisch essen: Wiener Schnitzel, wunderbares Backhendl, Erdäpfelsuppe „Franz Sacher" und Saftgulyas mit Semmelknödel. Auch das Frühstück präsentiert sich gemäß Wiener Gepflogenheiten: von traditionell bis hin zum Katerfrühstück mit kleinem Bier und Gulasch samt Gebäck ist alles vertreten.

Tel.: 0512 565 626
6020 Innsbruck
Rennweg 1, kaiserl. Hofburg
www.sacher.com
innsbruck@sacher.com
tgl. 8.30–21.30 Uhr

DAS SCHINDLER 12/20

Café/Bar/Restaurant

Koch: Thomas Knittl

Mitten in Innsbruck ist das Schindler (Restaurant plus Café und Bar) ein Ort, an dem man sich von früh bis abends kulinarisch verwöhnen lassen kann. Mit großem Augenmerk auf den Einsatz regionaler Zutaten hat man hier die Wahl zwischen einem ansprechenden, jahreszeitengerechten Menü sowie einem vielseitigen, internationalen À-la-carte-Angebot. Vom geschmacksintensiven, geflämmten Filet vom Sashimi Tuna über ein zartes Rehragout mit frischen Eierschwammerln hin zu einer gekonnten Crème brûlée ein gelungener Abend. Eine schonende Zubereitung, um die Ursprünglichkeit der Grundzutaten zu erhalten, ist das Credo der Küche. Und das funktioniert.

à la carte: 10–40 €

Tel.: 0512 566 969
6020 Innsbruck
Maria-Theresien-Straße 31
www.dasschindler.at
office@dasschindler.at
Di–Sa 8–21.30 Uhr
Fei

DIE WILDERIN 12/20

Christoph Zingerle und Thomas Michler

Als „Jäger", „Fischer" und „Sammler" bezeichnet sich das Team der Wilderin im Herzen von Innsbruck selbst. Versteckt in der Altstadt, entdecken neben den Einheimischen bestenfalls Reisende mit gutem Blick das kleine Lokal. Wer es jedoch gefunden hat, wird reichlich belohnt: zum einen mit der Originalität des Betriebs, zum anderen mit einer authentisch regionalen Küche. Die Speisekarte ist klein und übersichtlich. Angeboten wird strikt, was regional und saisonal verfügbar ist. Die Herkunft ist bei jedem Gericht konsequent auf der Karte angeführt. Verarbeitet wird – eh nicht anders vorstellbar – von Nose to tail das ganze Tier. Doch auch Vegetarier kommen mit den kreativen und ungewöhnlichen Gerichten voll auf ihre Kosten.

à la carte: 6,50–26 €

Tel.: 0512 562 728
0664 883 875 85
6020 Innsbruck
Seilergasse 5
www.diewilderin.at
info@diewilderin.at
Di–So ab 17 Uhr

FISCHIFF® 12/20

Koch: Reinhard Hamun

Liebhaber von Fisch- und Seafood kommen im modernen Restaurant in Innsbruck voll auf ihre Kosten. Der Fisch wird von Küchenchef Reinhard Hamun im Fruchthof nebenan eingekauft und gleich verarbeitet – frischer geht es wohl kaum. Gerne trifft man sich hier zum Lunch. Doch besonders abends ist das reichhaltige und kreative Angebot ein echtes Highlight der Innsbrucker Gastroszene. Neben den Fischspezialitäten gibt es auch vegetarische Gerichte sowie ausgesuchte Fleischgerichte und tolle Desserts. Die Weinkarte kann sich sehen lassen. So wird trotz der durchaus urbanen Umgebung ein gewisses Urlaubsflair vermittelt.

Tel.: 0512 262 664
6020 Innsbruck
Josef-Wilberger-Straße 19
www.fruchthof.at
office@fruchthof.at
Di–Fr 11–21, Sa 9–14 Uhr

GAIA CUISINE®

12,5/20

Koch: Sanyo Nagpal

Die Gaia Cuisine ist eine tolle Bereicherung für Innsbrucks Gastroszene. Das historische Gewölbe fand mit dem Werk von Küchenchef Sanyo Nagpal und Pâtissière Eva Martvonova eine neue kulinarische Bestimmung. Sie selbst bezeichnen ihren Küchenstil als Fusionsküche und kombinieren dabei unterschiedlichste Kulturen mit jeweils landestypischen Zutaten. Dabei entstehen unerwartet spannende Gerichte, die asiatisch, mediterran, karibisch oder auch einheimisch anmuten. Besonders erwähnenswert sind das Steakangebot, teils mit Dry-Aged Beef, sowie die wunderbare Weinkarte.

à la carte: 10–60 €

Tel.: 0512 275 674
0676 911 20 12

6020 Innsbruck
Höttinger Gasse 6

gaiacuisine.at
sanyonagpal@hotmail.com

Mi–Sa 17–23 Uhr

IL CONVENTO

12/20

Koch: Domenico Lancellotti

Ein „echter" Italiener, der aus der Innsbrucker Altstadt nicht wegzudenken ist. Die Inhaberin des Il Convento, Angelika Conte, versteht es ausgezeichnet, ihre Gäste mit italienischem Lebensgefühl zu verzaubern. Die Karte ist breit gefächert, bietet von Klassikern bis hin zu Gerichten aus allen Teilen Italiens einen exzellenten Querschnitt und verspricht quasi einen kulinarischen Kurzurlaub. Der lauwarme Oktopussalat mit Erdäpfeln, Sellerie und schwarzen Oliven ist eine echte Empfehlung. Sehr fein auch die selbst gemachte Pasta in allen Variationen. Herrlich aromatisch und saftig ist der mediterrane Wolfsbarsch in der Salzkruste, der am Tisch angerichtet wird. Ohne einen süßen Abschluss aus dem verführerisch großen Angebot der Dolci einzunehmen, kann man das Lokal nicht verlassen. Daher: Einmal Tiramisu bitte!

à la carte: 12,90–38 €

Tel.: 0512 5813 54
0664 886 552 66

6020 Innsbruck
Burggraben 29

www.ilconvento.at
benvenuto@ilconvento.at

Mo–Sa 11.30–14 und 18–23 Uhr
✱ Fei

LICHTBLICK

12,5/20

Koch: Gabriel Mauracher

Hoch oben über den Dächern der Altstadt von Innsbruck ist allein der Rundblick vom siebten Stock aus einen Besuch wert. Doch damit nicht genug. Die angebotenen Menüs sind regional orientiert, es gibt aber auch mediterrane Elemente. So überzeugt das Zusammenführen von einem mit Knoblauch und Kräutern sautierten Oktopus mit Spritzpaprika und Chorizo-Schaum. Auch das Zweierlei vom heimischen Kalb, gebratenes Filet und geschmorte Backe, mit Polenta, Karotten und Schmorjus ist wirklich gelungen. Interessant ist auch die Dessertvariante: „New York Moosbeer Cheesecake" mit selbigem Ragout und fruchtigem Brombeersorbet. Einfach nur köstlich. Die Weinkarte kann sich ebenfalls sehen lassen – hier zeigt sich die Leidenschaft des Patrons.

à la carte: 10–30 €

Tel.: 0512 566 550

6020 Innsbruck
Maria-Theresien-Straße 18/7

www.restaurant-lichtblick.at
office@
restaurant-lichtblick.at

tgl. 11.30–14 und 18–22 Uhr

♿

ONIRIQ®

17/20 🍴🍴🍴🍴

Koch: Christoph Bickel

Das Oniriq findet man seit Kurzem an einer neuen Adresse. Mit dem Umzug hat das Restaurant nicht nur den Ort, sondern auch das Konzept verändert. Das neue Oniriq schließt eine Lücke in Innsbruck. Fine Dining in dieser Klasse ist neu in der Stadt. Besonders spannend ist die offene Küche, durch die eine intensive Begegnung mit den Köchen und ihrem kulinarischen Schaffen entsteht. Hin und wieder ergattert man auch einen Tipp vom Chef Christoph Bickel persönlich: beispielsweise das Tiroler Gröstl mit Wachtelei – einer der zahlreichen Grüße aus der Küche – auf einen Biss mit den Fingern zu essen. Das souverän angelegte Menü ist vorwiegend vegetarisch. Auf Wunsch wird es mit Fisch und/oder Fleisch ergänzt. In unserem Fall mit Kwell-Saibling mit Apfel, Knoblauchobers und Knoblauchrauke (ein Gericht, das das Zeug zum Signature Dish hat) und Berglamm – beste Tiroler Herkunft und Qualität versteht sich. Der Saibling wirkt dabei wie der erste Satz einer Symphonie. Eine grandiose Komposition von Texturen und überraschenden Akzenten. Dabei frisch und mit lebendiger Säure. Die Teller kommen fantasievoll, aber dennoch schlicht und geradlinig angerichtet zum Gast, dabei genießt man hochklassige Tafelkultur. Und wenn wir schon bei der Symphonie als Metapher sind: Die Desserts setzen im Oniriq einen markanten Schlussakkord. Überhaupt sind die Nachspeisen (es sind mindestens drei, die serviert werden) erstens köstlich und zweitens emotional ansprechend. Herausragend dabei sind die geeisten Frühlingskräuter mit Baiser, Eierlikör und Schild-Ampfer. Dieser Gang ist nicht nur eine Augenweide, er verblüfft auch mit seinem Spagat zwischen würziger Frische und opulenter Süße. Unbedingt sollte man den Weinempfehlungen des Sommeliers Nikolai Prachensky (zuvor bei Konstantin Filippou in Wien tätig) folgen: unberechenbar und überraschend. So wie der ganze Abend.

Tel.: 0650 451 06 24
6020 Innsbruck
Bürgerstraße 13
www.oniriq.at
restaurant@oniriq.at
Mi–Sa ab 18 Uhr

SENSEI

11,5/20 🍴

Sushibar

Koch: Dil Ghamal

Die Maria-Theresien-Straße in Innsbruck kann man getrost als exklusive Adresse bezeichnen. Daher ist ein Essen im Sensei mit Blick auf die Einkaufsstraße auch kein besonders billiges Vergnügen. Sushi, Sashimi und andere Verlockungen der japanischen Küche gelingen verlässlich gut. Wer ungern rohen Fisch isst, sollte den gebratenen Thunfisch mit Sesam probieren. Eine kleine Weinauswahl rundet das Angebot gekonnt ab. Unter der Woche gibt es mittags günstigere Menüs.

à la carte: 12–35 €

Tel.: 0512 562 730
0676 683 15 56
6020 Innsbruck
Maria-Theresien-Straße 11
www.senseisushibar.at
office@senseisushibar.at
Mo–Sa 12–14 und 18–22 Uhr

SITZWOHL IN DER GILMSCHULE

12,5/20 🍴

Restaurant-Bar

Köchin: Irmgard Sitzwohl

Das Sitzwohl in der Gilmschule hat sich zu so etwas wie einer Institution entwickelt – es ist ein sicherer Hafen in der Innsbrucker Gastronomielandschaft. Die Qualität der Gerichte und Menüs hat Bestand, die Teller sind elegant und bodenständig gleichermaßen. Der Küchenstil pendelt galant zwischen Tiroler und mediterranen Elementen. Fisch ist immer eine Empfehlung. Der Steinbutt zum Beispiel, serviert mit Purple Curry und Kokoscreme – ein koketter Blick nach Asien. Alles in allem ein helles, freundliches Wohlfühllokal mit guter Küche, solider Weinauswahl und professionellem Service.

à la carte: 14–32 €

Tel.: 0512 562 888
6020 Innsbruck
Im Stadtforum (ehemalige Gilmschule)
www.restaurantsitzwohl.at
info@restaurantsitzwohl.at
Mo–Fr 11.30–14 und 18–22 Uhr
♿

KOSTBAR

👍 Tipp

Kostbar – der Name passt in jeder Hinsicht. Besonders für eine Pause inmitten der Innsbrucker Altstadt empfiehlt sich ein Besuch in dem kleinen, aber feinen Lokal. Das täglich wechselnde, frisch gekochte Mittagsmenü sorgt für Abwechslung und einen schnellen, aber qualitativ hochwertigen Lunch. In nachhaltigen Verpackungen gibt es die Speisen auch zum Mitnehmen.

Tel.: 0664 350 35 00
6020 Innsbruck
Sparkassenplatz 3
www.kostbar.co.at
office@kostbar.co.at
Mo–Fr 9–18 Uhr

ISCHGL B4

ALPENHAUS VIP

11,5/20

Koch: Manuel Überlackner

Im Winter ein gepflegter Einkehrschwung, im Sommer kulinarisch hochwertige Labstelle für Wander- oder Klettertourer. In beiden Fällen könnte es aber leicht passieren, dass man das Wandern oder Skifahren bleiben lässt und auf der Terrasse hängen bleibt, um das herrliche Panorama rund um die Idalpe zu genießen. Die Küche ist teils bodenständig, teils sehr modern. Auf der Karte finden sich alpine Hüttenklassiker (Germknödel, Kaiserschmarren, Speckjause) ebenso wie Spezialitäten vom Holzkohlegrill. Auch das Weinangebot kann sich sehen lassen.

à la carte: 15–50 €

Tel.: 05444 606 844
6561 Ischgl
Pardatsch-Idalpe 7
www.ischgl.com/de/Active/Active-Winter/Bergrestaurants/Alpenhaus
restaurant@silvretta.at
Mo–So 10–15.45 Uhr
❀ Anfang Mai–Ende Nov. 2022

FLIANA GOURMET

15,5/20

Koch: Andreas Spitzer

Jetzt ist es so, dass das Fliana in Ischgl nicht nur für Skifahrer geöffnet hat, sondern auch im Sommer für Wanderer und Bergfexe. Aufgrund der aktuellen Situation war das Gourmet-restaurant zwar nicht geöffnet, man konnte aber fragen und wenn Andreas Spitzer und sein Team Zeit und Kapazitäten frei hatten, zeigten sie auch, was sie draufhaben und zauberten ein Menü der Extraklasse. Wer also für die kommende Saison einen Tisch im Fliana ergattert, hier ein kurzer Spoiler, was ihn erwartet: Das Menü startet – nach einigen Grüßen, die die Erwartungen hochschrauben – mit einem fulminanten Auftakt. Gänseleber mit Sommerbeeren und Trüffel. Eine Pâté zum Niederknien. Dann der Fisch. Eigentlich schon der zweite Fischgang, denn bei den Amuses bouches ist auch schon ein richtig guter dabei. Hier jedenfalls Forelle, zart und butterweich, mit Eierschwammerln und Sellerie. Gleich darauf noch einmal Fisch, wieder großartig. Diesmal Wolfsbarsch, à point gegart mit Fregola Sarda, Speck und wildem Brokkoli. Andreas Spitzer hat es also im Lockdown nicht verlernt. Ganz im Gegenteil.

à la carte: 12–38 €

Tel.: 05444 554 30
6561 Ischgl
Fimbabahnweg 8
www.fliana.com
hotel@fliana.com
Do–Di 19–21 Uhr

HEIMATBÜHNE

15,5/20

im Hotel Trofana Royal

Koch: Martin Sieberer

Das Hotel Trofana Royal darf sich seit vielen Jahren einer legendär guten Küche rühmen. Immer noch ein Geheimtipp ist das zweite À-la-carte-Restaurant: die Heimatbühne. Bekocht wird diese Bühne von der gleichen Küchencrew wie das Gourmetstüberl und das schmeckt man. Ein Fest für den Gaumen – und (mittags) wesentlich leichter reservierbar. Das Gedeck und die Grüße aus der Küche, „eine Orgie an pikanten Naschereien", ist allein schon einen Besuch wert: Gingergurke mit Frischkäse und Gebirgswasserforelle, Tartelette mit leicht geräucherter Forellencreme und Forellenkaviar, Mini-Tiroler- Knödel auf Krautsalat und Espuma von brauner Nussbutter sowie eine Essenz vom Hochlandrind apart. Standing Ovations, wenn der Tisch nur nicht im Weg wäre. Auch der Gang mit lauwarmem Aal auf Liebstöckelpüree, gebundenem Aal-Fond und geräucherter Forelle mit Buttermilcharomen schmeckte vorzüglich. So ausgefallen wie souverän und gut. Die Kaspressknödelsuppe könnte in dieser Qualität, ähnlich einer französischen Bouillabaisse, als Hauptspeise serviert werden. Weitere Klassiker sind das Kalbsbeuschel (wahlweise mit Gulaschsaft) und die kleinen, gefüllten Grammelknödel (wahlweise mit Sauerkraut). Der dazu servierte Ferkelbauch war meisterlich zubereitet. Das Signature Dessert, Moosbeerennocken, sollte man dem bis dahin schon mehr als verwöhnten Magen nicht vorenthalten. Das süße Angebot ist grandios, so wie die gesamte Küchenperformance. Sehr aufmerksamer, sympathischer und kompetenter Service.

à la carte: 16–36 €

Tel.: 05444 600

6561 Ischgl
Dorfstraße 95

www.trofana.at
office@trofana.at

tgl. 12–14 und 19–21 Uhr

LUCY WANG

12,5/20

Koch: Raphael Herzog

Im Sommer auf Mallorca – im Winter in den Tiroler Bergen. Das Lucy Wang sorgt abwechselnd an zwei Urlaubsdestinationen für gute Laune. Ein bisschen Glamour darf dabei sein – das gehört hier einfach dazu. Doch was kann man sich unter einer Küchenlinie, die sich als Kombination aus „Modern Japanisch" und „Französischer Brasserie" bezeichnet, vorstellen? Es ist jener kulinarische Mix, der in Lokalen wie Zuma oder Nobu von London über New York bis Dubai so erfolgreich umgesetzt wird: unkomplizierte, geschmacksintensive Gerichte, die immer toll ausschauen und (fast) allen schmecken. Von Tuna Tatar mit Aioli über Sushi und Sashimi bis zu gebratenen Hühnerflügeln mit süß-scharfer Sauce und Dry-Aged-Steak reicht das Angebot. Vor allem im Dessertbereich zeigt sich dann der französische Part des Konzepts – von Crêpe Suzette bis Schokokuchen. Auf der Weinkarte gibt es alles, was gut und teuer ist: Man findet aber auch einige vernünftig kalkulierte Flaschen.

à la carte: 6–90 €

Tel.: 05444 200 07

6561 Ischgl
Dorfstraße 68

www.lucywang.at
info@lucywang.at

tgl. ab 16 Uhr
Mai–Ende Nov. 2022

PAZNAUNERSTUBE

im Hotel Trofana Royal

Koch: Martin Sieberer

MARTIN SIEBERER, KOCH DES JAHRES 2000
SERVICE AWARD 2006

Ein Abend mit Martin Sieberer in seiner Paznaunerstube im Trofana Royal ist immer ein Erlebnis der Extraklasse. Und das seit mittlerweile (und ziemlich exakt) einem Vierteljahrhundert. In dieser Zeit hat Sieberer die Paznaunerstube zu einem Hotspot feiner Kulinarik gemacht, wurde „Koch des Jahres" (2000), bekam einen Stern und bildete eine ganze Riege von Köchen aus, die heute in den besten Häusern stehen. Auch wenn Sieberers Menüs und Gerichte stets durchdachte, ästhetisch anspruchsvolle und meisterhaft komponierte Kunstwerke sind, ist seine Philosophie doch recht klar und einfach: Fokus auf Regionalität, ohne dabei allzu dogmatisch zu sein, Wohlfühl- und Erlebnisfaktor ebenso beachten wie kompromisslose Produktqualität. Der Erfolg gibt ihm Recht, seine Inszenierungen begeistern die Gäste, Gerichte wie das Paznauner Schafl haben längst Kultstatus. Weit über die Grenzen des Landes hinaus. In der vergangenen Saison blieb die Küche kalt und die Stube leer. Der erste Service nach einer längeren, lockdownbedingten Pause wird kurz nach Erscheinen des Gault&Millau sein. Martin Sieberer war in dieser Zeit allerdings alles andere als untätig. Bei zahlreichen Auftritten und Projekten, wie zum Beispiel dem Kulinarischen Jakobsweg, hat Sieberer gezeigt, was er kann. Aber davon, dass ein Mann wie er in einer Saison plötzlich das Kochen verlernt, war ohnehin nicht auszugehen. Wir freuen uns jedenfalls sehr, wenn die Paznaunerstube ihre Tore wieder öffnet und werden mit Sicherheit unter den ersten Gästen sein.

à la carte: 21–54 €

Tel.: 05444 600
6561 Ischgl
Dorfstraße 95
www.trofana.at
office@trofana.at

Mo–Sa 19–21 Uhr
❄ Mai Mitte–Nov. 2022

Bei der Zusammenstellung dieses Führers ließen wir größtmögliche Sorgfalt walten, trotzdem können Daten falsch oder überholt sein. Eine Haftung können wir auf keinen Fall übernehmen.

SCHLOSSHERRNSTUBE

17/20

im Schlosshotel Ischgl

Koch: Patrick Raaß

Im Sommer durfte der neue Küchenchef Patrick Raaß endlich zeigen, was er drauf hat, nachdem er in der vorangegangenen Wintersaison vergeblich auf seinen Premiereneinsatz warten musste. Auf den ersten Blick hat sich wenig verändert, auf den zweiten allerdings schon. Die Menüfolge ist eine Spur kürzer und internationaler geworden, weil man ganz bewusst eine Alternative zum eher österreichisch gehaltenen Angebot in der gleich daneben gelegenen Weinstube schaffen wollte. Jawohl, Langusten schwimmen in unseren Gewässern, doch das hindert Raaß nicht daran, frische Exemplare in Top-Qualität mit Wassermelone und Tomaten geschickt arrangiert als ersten Gang zu schicken. Sehr aufwendig komponiert war das Kalbsbries, das mit geschmorten Calamaretti ebenfalls eine zarte Meeresbrise zeigte. Schön anzuschauen, noch schöner zu verspeisen. Ebenfalls sehr attraktiv arrangiert, aber doch deutlich puristischer inszeniert dann das gebratene Wolfsbarschfilet mit Fenchel und Zucchini. So schmeckt uns die klassische Haute Cuisine am besten. Von den grandiosen Küchengrüßen bis zu den exotischen Desserts (Mango-Passionsfrucht auf Kokosschaum oder Baba au Rhum) ein äußerst abwechslungsreicher Abend auf beeindruckendem Niveau. Zur Auswahl stehen zwei große fünfgängige Menüs, die aufgrund der zahlreichen Amuse gueules deutlich umfangreicher ausfallen, als man nach dem Studium der Speisekarte erwartet. Man kann frei zwischen den Menüs wählen oder – noch besser – zwei Mal kommen und beide in voller Länge genießen. Der Weinkeller ist einer der besten von ganz Ischgl und das will etwas heißen. Sehr erfreulich, dass man für einen erstaunlich fairen Preis bei der glasweisen Weinbegleitung in die Tiefen dieses vinophilen Schatzes hineinschnuppern darf – unsere internationale Reise ging von der Loire übers Burgund und Bordeaux bis in die Pfalz. Gut gereiftes aus der Südsteiermark und der Wachau hielten die Ehre Österreichs hoch.

Tel.: 05444 56 33

6561 Ischgl
Dorfstraße 85

www.schlosshotel-ischgl.com
office@
schlosshotel-ischgl.com

SPACE73

13,5/20

im Hotel YSCLA

Koch: Benjamin Parth

Das trendige Zweitrestaurant im Hotel Yscla – oder soll man besser Drittrestaurant sagen, denn schließlich gibt es das legere Bistro Guxa ja auch noch – hat Zuwachs bekommen. Oberhalb des Space 73 wurde die Terrasse adaptiert und überdacht und somit ein weiterer Ort für kulinarische Verführungen geschaffen. Die Bezeichnung Sushi-Bar zeigt, wohin die Reise geht, wenngleich sich das Angebot nicht auf die japanische Interpretation von Fisch und Meeresfrüchten beschränkt. Austern, Jakobsmuschel sowie Steinbutt & Co. werden auch nicht ausschließlich roh serviert. Außerdem versteht es Benjamin Parth wie nur wenige, den Eigengeschmack von hochwertigem Fisch mit ein paar ausgesuchten Aromaten noch zu unterstreichen, anstatt ihn zu überdecken. Die Sushi-Bar macht – so wie auch das Space 73 – bereits am späten Nachmittag auf und ermöglicht es hungrigen Skifahrern, auf höchstem Niveau edlen Fisch zu „snacken“. Im ansonsten unverändert gebliebenen Space 73 gibt es nach wie vor saftige Steaks und Burger, mit Luxusprodukten veredelte Pasta und die wohl beste Pizza des Ortes. Das Weinangebot ist dasselbe wie im benachbarten Vier-Hauben-Restaurant Stüva – also großartig.

à la carte: 14–70 €

Tel.: 05444 527 564

6561 Ischgl
Dorfstraße 73

www.yscla.at
info@yscla.at

Mo–So 16–23 Uhr,
bei Schlechtwetter ab 13 Uhr
Ende Mai bis Ende November

STIAR

17,5/20

Sport- und Genusshotel Silvretta

Koch: Gunther Döberl

Mit kurzen Unterbrechungen ist Gunther Döberl bereits seit über 15 Jahren in Ischgl als Küchenchef tätig. Er ist also schon fast ein Einheimischer, was in engen Tiroler Bergtälern gar nicht so einfach ist. Dass Döberl wirklich gut kochen kann und dabei gekonnt zwischen regionalen und auswärtigen Produkten wechselt, macht einen Abend im Stiar stets zu einer reizvollen und abwechslungsreichen Angelegenheit. Hervorzuheben ist vor allem das Rindfleisch vom eigenen Bauernhof, der sich nur ein paar Kilometer talaufwärts befindet. Dort hat Patron Peter Zangerl auch einen eigenen Schlacht- und Reiferaum eingerichtet, der nicht nur dem Tierwohl dient, sondern auch eine optimale Fleischqualität garantiert. Milch, Butter und Käse bezieht man ebenfalls von dort. Alpin inspirierte Gerichte überträgt Döberl als verfeinerte Miniaturen (Kaspressknödel, Speckjause) in die Welt der modernen Gourmetküche. Zwei, drei exquisite Fischgänge sind auch stets dabei, wobei hier zumeist Süßwasserfische zum Einsatz kommen. Zum Hauptgang gibt es erstaunlicherweise nicht zwingend Rindfleisch, auch Lamm und Wild (mitunter sogar Seltenes wie Murmeltier oder Steinbock) können als Hauptgang in Erscheinung treten, was stets große Freude bereitet. Besonderes Augenmerk widmet man im Stiar den Süßspeisen, die mit Kreativität und großer Sorgfalt zubereitet werden. Der Weinkeller spielt in der ersten Liga mit. Die glasweise Weinbegleitung ist nicht bloß eine Aneinanderreihung prestigeträchtiger Etiketten, sondern zumeist auch richtig spannend.

Tel.: 05444 52 23

6561 Ischgl
Dorfstraße 74

www.stiar.at
info@sporthotel-silvretta.at

Mo–So 11–16 und 19–21 Uhr
Anfang Mai–Ende Nov. 2022

Die besten Weine & Sekte

STÜVA

im Genießerhotel Yscla

Koch: Benjamin Parth

18,5/20

Tel.: 05444 5275

6561 Ischgl
Dorfstraße 73

www.yscla.at
info@yscla.at

Di–So 19–20.30 Uhr
Ende Mai–Anfang Juli, Ende August–Ende November 2022

Unser „Koch des Jahres 2019" ist und bleibt ein Meister der Fonds und Saucen. Wie er den Eigengeschmack von kurz gegarten Fischen mit geschmacksintensiven Saucen unterstreicht und dadurch für reizvolle Kontraste sorgt, das macht ihm so schnell keiner nach. Genau das funktioniert sogar in der etwas derberen Austro-Variante mit Saibling und Enziansud. Dieses außergewöhnliche Signature-Gericht findet man nicht mehr in gewohnter Form im großen Menü, aber im Kleinformat als Amuse bouche macht es schließlich auch Spaß. Ebenfalls das Zeug zum Klassiker hat Parths Interpretation der Gänseleber, die durch ihre Zitrusnoten überraschend erfrischend wirkt. Saisonal bedingt erhielt sie zusätzlich einen fruchtigen Extrakick durch hauchdünne Pfirsichscheiben. Dass der Haubenkoch ein Händchen für Fisch und Meeresfrüchte hat, haben wir schon mehrfach berichtet und hat sich auch diesmal bei den vier Gerichten mit Carabinero, Languste, Wolfsbarsch und Steinbutt bewiesen. Allesamt auf solidem Vier-Hauben-Niveau. Explizit erwähnen möchten wir diesmal das gebackene Kalbsknöderl aus Kalbskopf und Bries in einem dichten Jus mit Minikapern, das als „Beigericht" zum feinen Kalbsfilet mit Salbeignocchi gereicht wurde. Wer reichlich Appetit mitgebracht hat, wird beim bestückten Käsewagen mit Ware von Antony Bernard noch einen Zwischenstopp einlegen. Ansonsten darf man sich gleich den Desserts zuwenden. „Fruchtig (Marillensoufflé) oder schokoladig (Felchlin aus der Schweiz mit Himbeere und Bergamotte)?", lautet die Frage. Wir durften beides wählen, sodass das süße Finale zum doppelten Genuss geriet. Die Weinbegleitung war – wie stets in diesem weinsinnigen Haus – außergewöhnlich, das Servicepersonal flott, freundlich und aufmerksam.

à la carte: 28–56 €

WEINSTUBE

13/20

im Schlosshotel Ischgl

Koch: Patrick Raaß

Wo bekommt man in Ischgl ein wirklich gutes Wiener Schnitzel? Nein, wir meinen ein wirklich gutes. In der Weinstube des eleganten Schlosshotels widmet sich der neue Küchenchef Patrick Raaß den nur scheinbar simplen Lieblingsgerichten der Gäste. Das Wiener Schnitzel (und seine gefüllte Schwester Cordon bleu) gibt es hier in genauso verlässlicher Qualität wie Filetsteak, Chateaubriand oder eine im Ganzen gebratene Seezunge. Auch Spaghetti, Thai-Curry und Clubsandwich werden geboten. Eigentlich ist es gar nicht so schwer, einen Caesar Salad richtig zuzubereiten, oder? Aber nur selten bekommt man ihn dann in einer Qualität wie in der Weinstube. Vom Amuse bouche (Hirschragout mit Steinpilzen) bis zum Dessert (Eispalatschinke, Crème brûlée, Apfelstrudel) werden hier relativ einfache Gerichte vorbildlich zubereitet. Und weil das Restaurant Weinstube heißt, darf man aus einer Weinkarte wählen, die nicht nur beim Champagnerangebot begeistert.

Tel.: 05444 56 33
6561 Ischgl
Dorfstraße 85
www.schlosshotel-ischgl.com
office@
schlosshotel-ischgl.com
tgl. 11.30–23 Uhr
Mai–Juli, Sept.–Nov. 2022

JOCHBERG F4

JODLBÜHEL

11/20

Koch: Tomas Hejkrl

Warum wir immer wieder gerne ins Jodlbühel kommen? Zuerst einmal wegen des resolut-herzlichen Services von Ursula Reisch, die das Wirtshaus seit Jahren mit ihrem Mann professionell und liebevoll führt. Und dann wegen des Rahmschnitzels mit den buttrigen Nockerln, des soufflierten, knusprigen Wiener Schnitzels und des sündhaft guten Erdäpfel-Mayonnaise-Salats. Dann wäre da noch das Filetsteak vom Grill mit Kräuterbutter und Rösterdäpfeln und danach die Topfen- und Schoko-Nuss-Palatschinke. Ach ja, nicht zu vergessen ist der köstliche Kaiserschmarren. Genug Gründe also, um wiederzukommen. Hoffentlich bald, denn nach dieser Aufzählung haben wir schon wieder Hunger. Eines noch – wir hatten es bereits in den Vorjahren erwähnt, bleiben aber weiterhin dran: Bitte um Aufstockung der Weinauswahl, vor allem auch glasweise.

à la carte: 5,70–32,90 €

Tel.: 05355 52 70
0664 285 08 80
6373 Jochberg
Kitzbüheler Straße 43
info@jodlbuehel.at
variabel

WIRTSHAUS BÄRENBICHL

11,5/20

Nichts Neues im Bärenbichl. Das ist durchaus als positiv zu werten. Tiroler Wirtshausklassiker, liebevoll und mit sorgsam ausgewählten Grundprodukten zubereitet. Frage nicht, was passiert, wenn man die Tiroler Knödel oder die Moosbeernocken von der Karte nähme? Aber dem ist eben nicht der Fall. Die Tiroler Knödel haben exakt die richtige Konsistenz zwischen speckig und flaumig, das Kraut bestellen wir uns gerne nochmals extra dazu, weil es so gut ist. Die Moosbeernocken gehören zu den besten in der Region, auch die Variante mit Himbeeren ist besonders gut. Der Service ist nach wie vor herzlich, die Weinauswahl eher klein, aber in Ordnung. Und so loben wir uns die Stagnation auf hohem Niveau und freuen uns auf unseren nächsten Besuch.

Tel.: 05355 53 47
6373 Jochberg
Bärenbichlweg 35
www.baerenbichl.at
michaela.aufschnaiter@
aon.at
Mi–Mo 12–14 und 18–21 Uhr

ALTE WACHT

Tipp

Manche Betriebe in dieser Gegend setzen gespielte Urigkeit als Verkaufsargument ein. Das funktioniert selten bis nie. Die Alte Wacht ist ein Paradebeispiel für ehrliche und einfache Wirtshauskultur, beides trifft auf das Ambiente ebenso zu wie auf die Qualität der Küche. Fangfrische Forellen mit einem ordentlichen Kännchen geschmolzener Butter, Boeuf Stroganoff mit zarten Filetspitzen und ausbalancierter Sauce, ein deftiges Tiroler Gröstl und sehr gut marinierte Salate. Montag ist Nudeltag, am Mittwoch gibt es frischen Schweinsbraten, am Freitag Fisch und am Samstag Backhendl. Außerdem spielt die Alte Wacht im Kampf um die besten Moosbeernocken ganz vorne mit. Einzig die Weinkarte macht die Wahl oft etwas schwer. Hier könnte man mehr in die Tiefe gehen. Ansonsten, wie gesagt: einfach, ehrlich und richtig gut.

à la carte: 11–31,50 €

Tel.: 05355 52 22
6373 Jochberg
Pass-Thurn-Straße 14
www.alte-wacht.at
gasthof@alte-wacht.at
Mi–Mo 11–21 Uhr
variabel

KALS AM GROSSGLOCKNER G4

GRADONNA

Mountain Resort Châlets & Hotel

Koch: Michael Karl

Viele Restaurants haben große Panoramafenster. Nur wenige können allerdings mit dem Panorama mithalten, das sich den Gästen im Gradonna bietet. Es fängt unmittelbar auf der anderen Seite der Scheibe an – hier befindet sich im Winter die Skipiste – und reicht bis zu den umliegenden Gipfeln. Wow! Aber auch das, was sich auf den Tischen selbst abspielt, erfreut das Auge. Und natürlich auch den Gaumen. Bodenständiges wechselt hier mit Mediterranem, dazu immer wieder ein Blick über unseren Kontinent hinaus in Richtung Asien. So findet wirklich jeder etwas, worauf er Lust hat.

à la carte: 5,90–35 €

Tel.: 04876 820 00
9981 Kals am Großglockner
Gradonna 1
www.gradonna.at
info@gradonna.at
tgl. 11–17 und 18–21 Uhr
bis 8. Dez. 2021

KIRCHBERG IN TIROL F4

BISTRO-RESTAURANT ROSENGARTEN 14,5/20

im Hotel Rosengarten

Köche: Benjamin Spielmann & Simon Taxacher

Nach wie vor ist das Gourmetrestaurant des Tiroler Spitzenkochs Simon Taxacher geschlossen. Aber auch im Bistro lässt es sich gut tafeln. Bereits der erste Gang, ein knuspriges Brixentaler Berghendl mit lauwarmem Erdäpfelsalat, verrät die regional ausgerichtete Küchenphilosophie. Die als Zwischengang servierten Spinattaschen mit Bergkäse und Rucola sind eine Klasse für sich. Herausragend auch das Dessert: Erdbeeren und Joghurt in unterschiedlichen Texturen, ein kulinarischer Sommertraum. Die Weinkarte stammt wohl noch vom Gourmetrestaurant – Auswahl und Preislage passen daher nicht wirklich in das Bistroambiente –, vinophile Genießer werden sich dennoch freuen. Außerdem gibt es ja eine gute Auswahl an offenen Weinen zu fairen Preisen. Der Service agiert hier so umsichtig und freundlich wie immer.

à la carte: 7–43 €

Tel.: 05357 42 01
0664 313 81 33
6365 Kirchberg in Tirol
Aschauerstraße 46
www.rosengarten-taxacher.com
welcome@rosengarten-taxacher.com
Mo–So 12–13.45 und 18–21.30 Uhr
Anfang April–Mitte Mai 2022

MINGLERS SPORTALM 15/20

Gourmet- und Geniesserhotel

Koch: Bernhard Hochkogler

Im schönen Ambiente des Gourmetrestaurants der Sportalm genießt man Kulinarik auf höchstem Niveau. Die Küche von Bernhard Hochkogler und seinem Team ist lebendig, fantasievoll und köstlich in allen Varianten und Saisonen. Schon nach dem Gruß aus der Küche – Garnele, Kressesorbet, Teigtasche, Blutorange – sind wir voller Erwartung. Jeder Gang wird in tollem, dekorativem Steingut serviert, bildschön. So auch das Lachsmosaik mit Kren-Panna cotta, Senfsaat, Minigurken und Radieschen aus dem eigenen Garten. Geschmacklich hervorragend die Erdäpfeltaschen mit Freilandei, Sommertrüffel und Pinienkernen. Aber es gibt immer noch eine Steigerung. Steinbutt mit Zitronenpfeffer, auf einem Bett von braisiertem Bouillabaisse-Gemüse, aromatisiert mit Fenchelpollenöl – einfach köstlich. Perfekt gebraten dann der Hirschrücken mit sautierten Eierschwammerln, wildem Brokkoli, Cashewkernen, Sanddorn und Wildjus. Dazu eine flaumige Erdäpfelroulade und Selleriecreme. Jeder Gang ein Genuss, so auch das Dessert: ein Gedicht aus Ivoire-Schokolade, einem Hauch von Kardamom, Kokosnuss und Toffeecreme. Die glasweise Weinbegleitung ist auf ähnlich hohem Niveau und wird vom Chef des Hauses charmant offeriert.

Tel.: 05357 27 78
6365 Kirchberg in Tirol
Brandseitweg 26
www.hotel-sportalm.at
info@hotel-sportalm.at
Mi–So 18.30–20.30 Uhr

KITZBÜHEL F4

CASINO ROYALE RESTAURANT KITZBÜHEL 12,5/20

Koch: Walter Hiedl

Auf der kleinen, feinen Karte des Casino Royale Restaurants in der Kitzbüheler Altstadt finden sich neben internationalen Speisen, wie dem orientalischen Falafelburger, auch österreichische Klassiker (Wiener Schnitzel vom Milchkalb oder ein hervorragender Zwiebelrostbraten vom einheimischen Jungrind). Die mediterrane Tagesempfehlung ist ein zarter Loup de mer auf Paprikaschaum mit Pasta und Blattspinat. Auch die umfangreiche Steakkarte mit Fleisch von frei lebenden Black Angus-Rindern aus Uruguay oder Australien klingt überzeugend. Der abschließende Käseteller erfreut mit einer gelungenen Variation von heimischen und internationalen Sorten.

Tel.: 05356 643 116 60
6370 Kitzbühel
Hinterstadt 24
www.casino-royale.at
info@casino-royale.at

CHIZZO 12/20

Koch: Nevio Sisio

Touristen zieht es in Kitzbühel eher in die traditionellen Restaurants. Die Einheimischen gehen ins Chizzo und freuen sich über die mediterran inspirierten Gerichte. Das Küchenteam bringt aus frisch gelieferten Produkten aus Norditalien das Dolce Vita nach Kitzbühel. Gegrillte Jakobsmuscheln, Oktopus vom Rost mit Pfefferonicreme oder ein Fiorentina-Steak aus dem Piemont lassen einen glatt vergessen, dass man sich eigentlich nördlich des Brenners befindet. Wer es doch etwas heimatverbundener haben möchte, ist mit dem knusprigen Spanferkel oder einem Wiener Schnitzel gut beraten. Auch Desserts wie Kaiserschmarren oder Semifreddo halten sich an die binationale Küchenlinie. Die Weinkarte ist gut sortiert und erfreut auch mit einer großen glasweisen Auswahl.

à la carte: 20–120 €

Tel.: 05356 645 00
6370 Kitzbühel
Josef-Herold-Straße 2
www.chizzo.at
service@chizzo.at
tgl. 12–23 Uhr

LOIS STERN 14/20

Koch: Lois Stern

Das Lois Stern ist neben der deftigen Tiroler Küche, die im Raum Kitzbühel vorherrscht, eine höchst willkommene kulinarische Abwechslung. Das Ehepaar Stern hat sich mit ihrem Lokal nahe des Zentrums ein stets gut gebuchtes Restaurant mit asiatischer Küche aufgebaut, für das man besser rechtzeitig reserviert (zwei, drei Wochen im Voraus sind sinnvoll, zu touristischen Primetimes wie Weihnachten und Hahnenkammrennen noch mehr). Das Fingerfood mit Thunfisch, Hamachi und Lachs, mariniert auf hausgemachten Erdäpfelchips bewies wieder einmal eindrucksvoll, wie gut einfach sein kann, solange die Idee und Produktqualität stimmen. Das Gemüsetempura mit Garnele war genau so, wie es sein soll: krachknuspriger, dünner Teig, innen saftig und heiß, dazu Yuzu-Mayonnaise – keine Experimente erwünscht. Es folgte ein miso- und sakemarinierter Heilbutt mit Brokkoli, hervorragende Fischqualität, kräftige Aromen. Dem Fisch wurde durch nichts die Show gestohlen, obwohl die Portion fast etwas zu bescheiden war. Das Positive daran: Es war noch Platz für das Mangomus mit Kokossorbet und den Fondant mit Valrhona-Schokolade und Vanilleeis. Gute Weinauswahl abseits des Gewohnten, auch glasweise.

à la carte: 11,50–42,50 €

Tel.: 05356 748 82
0664 525 49 26
6370 Kitzbühel
Josef-Pirchl-Straße 3
www.loisstern.com
office@loisstern.com
Di–Sa 18–24 Uhr

NEUWIRT

14/20

im Hotel Schwarzer Adler

Koch: Jürgen Kleinhappl & Joachim Jaud Knelle

Der Neuwirt ist sicher eines der dynamischsten Restaurants in Kitzbühel. Man bietet weit mehr als Tiroler Klassik, reagiert auf die Wünsche der Gäste mit einer lassigen, zeitgemäßen und leichten Küche. Ein Konzept, das beweist, dass ein Schweinsbraten auf der Karte auch sehr gut neben einem Gelbflossen-Sashimi bestehen kann. Zumindest in Kitzbühel funktioniert das ganz wunderbar, denn bei unserem Besuch brummte das Lokal, jeder Tisch war besetzt und das nicht nur auf der Terrasse, sondern auch in der Gaststube. Die Stimmung passt, da nimmt man natürlich auch in Kauf, dass der Service seine Zeit braucht. Jürgen Kleinhappl übernahm alle gastronomischen Geschicke in der Harisch-Gruppe. Da wird ihm sicher nicht langweilig, geht es hier nicht nur um das Hotel Schwarzer Adler in der Stadt, sondern auch um das Weiße Rössl und das Chizzo ein paar Häuser weiter sowie unter anderem um die Gourmethütte Sonnbühel am Berg. Wenn man seine Augen auf so viele Töpfe lenkt, bleiben manchmal die Details auf der Strecke. Die Suppe aus der „Energy Cuisine" vom Huhn mit Garnelen und Gemüse, mit Curry aromatisiert – gelungen, so soll Wellness schmecken. Es folgte das besagte Sashimi von der Gelbflossenmakrele, fein abgestimmt mit schwarzem Sesam, Soja und Basilikum. Gut, wenn der Fisch so sein darf, wie er ist – frisch, fein, faserarm. Der Rest ist pure Unterstützung, mehr nicht. Das Filetsteak war von guter Qualität und eine medium rare Punktlandung. Leider waren die Eierschwammerl dazu aber nicht gut geputzt. Ähnliche Situation beim Wiener Schnitzel – perfekt souffliert und ein Paradebeispiel eines Schnitzels, der Erdäpfelsalat dazu mehlig und zu wenig gesalzen. Die Personalsituation in der Gastronomie ist momentan schlecht bis fatal, wir hoffen auf mehr Unterstützung für den Chef, damit solche kleinen Stolpersteine nicht mehr passieren. Denn, dass Jürgen Kleinhappl kochen kann, steht außer Frage.

à la carte: 7–69 €

Tel.: 05356 691 158
6370 Kitzbühel
Floriangasse 15
www.neuwirtkitz.com
info@neuwirtkitz.com
tgl. 11.30–22 Uhr
♿

SEEBICHL

11,5/20

Hotel & Restaurant

Das Hotel Restaurant Seebichl liegt etwas außerhalb von Kitzbühel, nur fünf Gehminuten vom Schwarzsee entfernt. Die Einrichtung ist modern und doch mit dem gewissen Alpencharme, den man in Kitz erwartet. Ein Highlight ist die Terrasse, ein Ort zum Wohlfühlen. Wir beginnen mit einem warm geräucherten Forellenfilet auf Salat und einer Sauerrahm-schaumsuppe mit Kräuterpopcorn. Danach Rib-Eye-Tagliata mit jungen Erdäpfeln, Pak Choi und Paradeisersalsa. Das Fleisch war von sehr guter Qualität, bei den Beilagen ließ es die Küche leider an Sorgfalt fehlen. Gut dann die Moosbeeren mit Vanilleeis und Waffeln. Sehr engagierter Service. Gute Weinauswahl, auch glasweise.

Tel.: 05356 625 25

6370 Kitzbühel
Seebichlweg 37

www.restaurant-seebichl.at
info@restaurant-seebichl.at

TENNERHOF

14/20

Gourmet & Spa de Charme Hotel Kitzbühel

SERVICE AWARD 2009

Auch im gemütlichen Ambiente des Hotelrestaurants – das Gourmetrestaurant hatte im Sommer geschlossen – kann man es sich so richtig gut gehen lassen. Gleich zu Beginn ein Beef Tatar, das keine Wünsche offenlässt, gefolgt von einer sehr guten, aromaintensiven Steinpilzessenz. Die Tagliatelle, etwas zu weich, aber geschmacklich ein Genuss, werden sie doch mit Kitzbüheler Steinpilzen und Belper Knolle verfeinert. Spätestens jetzt weiß man, welch hohen Stellenwert die Grundprodukte in der Küche einnehmen. Herausragend auch das Lammragout mit Eierschwammerln – in seiner Komplexität mit der Sauce außergewöhnlich – das Gourmetrestaurant lässt grüßen. Der Service ist charmant, die Weinkarte umfangreich mit vielen Pretiosen.

à la carte: 20–55 €

Tel.: 05356 631 81

6370 Kitzbühel
Griesenauweg 26

www.tennerhof.com
office@tennerhof.com

Mi–So 19–21 Uhr

WIRTSHAUS ZUM REHKITZ

11,5/20

Im Gasthaus zum Rehkitz, ein vormals altes Bauernhaus im schmucken Kitzbüheler Stil, verbinden sich Gastlichkeit und Tradition aufs Vortrefflichste. Ein Glück, wenn man im schönen Gastgarten Platz findet. Die gemütlichen Stuben sind aber eine mehr als passable Alternative, sollte das Wetter nicht mitspielen. Lobenswert ist der freundliche Service und die kleine, feine Weinauswahl. Auf der Speisekarte finden sich Klassiker aus der österreichischen Küche und so manche Tiroler Spezialitäten. Die Qualität der Produkte und die Zubereitung der Speisen sind vorbildlich. Man achtet auf Regionalität und natürlichen Anbau.

Tel.: 05356 661 22
6370 Kitzbühel
Am Rehbühel 30
www.rehkitz.at
office@rehkitz.at

ZUR TENNE

12/20

Hotel & Restaurant

Koch: Jörg Behrend

Die Tenne in der Vorderstadt ist eine richtige Institution. Die Terrasse liegt direkt an der Promenade und ist daher sehr beliebt und stets gut besucht. Die Karte ist eine gelungene Mischung aus Tradition und Moderne. So gibt es beispielsweise Räucherlachs, der mit Pesto Trapanese und Limonensorbet serviert wird. Der geröstete Karfiol wird von Rosinencreme, gehackten Kapern und Büffelricotta begleitet. Besonders kreativ: die geeiste Häuptelsalatsuppe mit Ellmauer Schnecken. Herausragend unter den Hauptgängen ist für uns die sautierte Seezunge mit Mandelbutter und gedämpftem Spinat. Der Service ist professionell und von alter Schule.

Tel.: 05356 644 440
6370 Kitzbühel
Vorderstadt 8–10
www.hotelzurtenne.com
info@hotelzurtenne.com
tgl. 12–22 Uhr

HAGSTEIN

Tipp

Einerseits ist das Hagstein traditionsbewusst, wie es sich für einen urigen Berggasthof gehört. Andererseits aber sprühen die Wirtsleute vor innovativen Ideen. Es gibt Eigenkreationen wie gesalzenes Karamell-Eis oder hausgemachte Limonaden wie Waldmeister-Melisse. Auch Tannenwipfel-Gin-Spritz und Löwsecco-Spritz gehören zu den Besonderheiten. Die Küche bedient sich aus der eigenen Biolandwirtschaft und bietet frische, geschmackvolle Köstlichkeiten.

Tel.: 05356 652 16
6370 Kitzbühel
Hagsteinweg 95
www.gasthof-hagstein.at
info@gasthof-hagstein.at
variabel

KUFSTEIN F3

ALPENROSE 14/20

Koch: Markus Heimann

Im entspannten Gastgarten, gleich gegenüber vom Riedel Glas-Universum, liefert ein junges, motiviertes Team wenige Stunden nach der Wiedereröffnung der Gastronomie auf den Punkt ab. Einflüsse aus seiner Zeit im Tantris bringt Küchenchef Markus Heimann bei Gerichten wie Bouillabaisse (herausragend) oder gebackenem Ei mit Trüffelschaum eindeutig mit. Ein Großteil der Produkte stammt aus der eigenen Bio-Landwirtschaft Lindhof.Hühner, Duroc-Schweine, Hochlandrinder, Schafe, frisches Obst und Gemüse sind die Basis für eine kompakte, lokal und international bestückte Speisekarte. Farm to table ist hier kein PR-Gag, sondern ein zirkulares Konzept. Respekt. Aufmerksamer Service, wohlfeile Weinpreise (einer ausbaufähigen Weinkarte) und niveauvolle Glaskultur fallen zusätzlich positiv auf.

Tel.: 05372 621 22
0664 916 56 60
6330 Kufstein
Weißachstraße 47
www.alpenrose-kufstein.at
hotel@alpenrose-kufstein.at
Di–Fr, So 12–14 und 18–21.30, Sa 18–21.30 Uhr

TIROLER HOF KUFSTEIN 12,5/20

im Viktorias Home

Koch: Viktoria Fahringer

Ein gemütliches Wirtshaus mit schönem Gastgarten. Die Speisekarte verspricht Traditionelles auf hohem Niveau und moderne, feine Gourmetküche der jüngsten Haubenköchin, Viktoria Fahringer. Man sieht und schmeckt es, hier wird mit viel Liebe und Hingabe gekocht. Die köstliche Fenchelschaumsuppe mit Orange und Garnele in Pankomantel und Schnittlauchöl ist ein vielversprechender Einstieg. Ebenso die Lachsforellen-Ceviche, gebeizt mit Melonenbuttermilch, Fenchel und Walnuss-Gazpacho-Crunch. Dann, perfekt gebratene Entenbrust mit rosa Wacholderlack, Sellerie, Rote-Rüben-Püree und Gerstenrisotto. Für einen erfrischenden Abschluss sorgt die Kreation aus nussigem Rucolasorbet mit Pfirsich und Topfen.

à la carte: 12–40 €

Tel.: 05372 623 31
6330 Kufstein
Am Rain 16
www.viktoriashome.at
info@viktoriashome.at
Fr–So 11–13.45 und 17.30–20.45 Uhr
variabel

KUNDL F3

GASTHAUS KUNDLER KLAMM 12/20

Ein Essen im familienfreundlichen Gasthaus Kundler Klamm muss man sich erst verdienen. Es steht ein kurzer, wenngleich ausgesprochen schöner Spaziergang entlang des Baches bevor. Wer noch etwas Abenteuer möchte, kann auch am Gasthaus vorbei, weiter in die wilde Klamm hinein und wieder zurück. Im Wirtshaus wartet dann gute und stärkende Kost. Der Wirt und Chefkoch kann mit Schwammerln und Pilzen genauso gut umgehen wie mit Wild und Rind. Die Eisvariationen sind ebenso ansprechend wie vielfältig. Auch das Angebot an Mehlspeisen kann sich sehen lassen. Solide Weinauswahl hauptsächlich aus Österreich.

Tel.: 05338 206 20
0650 526 29 69
6250 Kundl
Kundler Klamm 49
www.kundlerklamm.at
gasthaus@kundlerklamm.at
Di–So 11.30–18 Uhr
variabel

LANDIS C4

R35 BY PATRICK LANDERER 13,5/20

im Hotel „Das Landerer"

Koch: Patrick Landerer

Das Landerer ist brandneu. Wobei – so stimmt das eigentlich nicht. Erstens ist das Landerer ein traditionsreicher Familienbetrieb in Landis, zweitens wurde der Zu- und Umbau, der alles so neu erscheinen lässt, nicht erst heuer abgeschlossen. Trotzdem. Motivation, Geist und neuer Wind sind zu spüren. Auch im Restaurant R35, in dem Juniorchef Patrick Landerer das Zepter führt. Dessen Gerichte zeigen, dass er sein Handwerk beherrscht. Dazu werden sie mit Leidenschaft angerichtet und atemberaubend gut präsentiert. Ein spannender Reigen, der darauf hindeutet, dass man von dem jungen Chefkoch noch einiges hören wird.

Tel.: 05472 68 30
6532 Landis
Razilweg 35
www.das-landerer.com
r35@daslanderer.com

LANS D4

WILDER MANN 13,5/20

Koch: Michael Streng

Schon seit Jahrzehnten ist der Landgasthof Wilder Mann in Lans Fixpunkt für Liebhaber der gehobenen Tiroler Wirtshauskultur. Die Küche zeichnet sich durch fantasievolle Interpretationen der österreichischen und speziell der Tiroler Küche aus. Viele der dafür verwendeten Zutaten stammen aus der eigenen Landwirtschaft, was sich auch in Qualität und Geschmack widerspiegelt. Die Ceviche vom Bachsaibling mit Passionsfrucht, Stangensellerie und Avocado punktet mit Ideenreichtum und besonderer Frische. Ein wirkliches Erlebnis ist das besonders zart gegrillte Entrecôte mit Vanille-Erdäpfel-Püree und knackigen Zuckerschoten. Wenn saisonal vorhanden, unbedingt die hausgemachten Marillenknödel mit Butterbrösel bestellen.

à la carte: 16–40 €

Tel.: 0512 379 696

6072 Lans
Römerstraße 12

www.wildermann-lans.at
info@wildermann-lans.at

Mo, Di, Do 11.30–14 und 17.30–21.30, Mi 11.30–14.30 und 17.30–21.30,
Fr–So 11.30–21.30 Uhr
✻ variabel

LAVANT G5

VINCENA 14,5/20

im Dolomitengolf Suites

Koch: Lukas Gröfler

Noch edler gestaltet sich das frisch renovierte und ausgeweitete Restaurant Vincena im Fünf-Sterne-Hotel Dolomitengolf Suites. Wie gut, dass der Schein hier nicht trügt. Denn die Küche von Lukas Gröfler ist nach wie vor hervorragend. Er zeigt auf, dass auch in Osttirol kulinarische Juwelen abseits von rustikaler Traditionsküche gefunden werden können. Gröflers zeitgemäß umgesetzte Gerichte spielen gekonnt mit der Mischung aus Alpinem und Mediterranem. Großen Wert legt der Küchenchef auf saisonale und regionale Produkte, die geschickt und kreativ mit erstklassigen, internationalen Zutaten gepaart werden. So hält die Speisekarte für jeden Geschmack das Passende bereit. Diese Linie setzt sich auf der üppig bestückten Weinkarte fort, auf der man neben österreichischen auch zahlreiche internationale Tropfen und einige Raritäten wählen kann. Die Sonnenterrasse bietet einen erstklassigen Blick über den Golfplatz und die atemberaubende Bergkulisse der Lienzer Dolomiten.

à la carte: 22–40 €

Tel.: 04852 611 225 80
0676 784 69 23

9906 Lavant
Am Golfplatz 2

www.vincena.at
info@
dolomitengolf-suites.com

tgl. 18.30–22 Uhr
✻ März–Anfang April, Nov.–Mitte Dez. 2022

♿

LERMOOS C4

180° 11/20

Koch: Theo Hofherr

Das bistroartig eingerichtete Lokal betritt man über die Konditorei des Hauses, der großen Leidenschaft des Küchenchefs, eines gelernten Pâtissiers. Der großartige Ausblick auf die Zugspitze ist die Kulisse, die Speisekarte geprägt von Klassikern und modernen Interpretationen. Diese werden vom freundlichen Personal, welches nicht immer gut gebrieft ist, serviert. Gibt man dem Küchenchef die Möglichkeit, sein Können unter Beweis zu stellen – Stichwort Gourmetmenü –, zeigt sich, dass hier noch viel mehr möglich wäre. Die À-la-carte-Gerichte sind eher braver Standard und auch das Weinangebot ist überschaubar. Vorzüglich natürlich die Desserts. Will hier jemand mehr, kann (oder darf) aber nicht?

à la carte: 15–35 €

Tel.: 05673 209 30
6631 Lermoos
Silbergasse 1
www.restaurant-180grad.at
180grad@
restaurant-180grad.at
Mi–So 12–20 Uhr

GENIESSERHOTEL POST LERMOOS

Alpine Luxury, Gourmet & SPA

Koch: Thomas Strasser

In einem der schönsten Hotels im Außerfern findet man die Post Gourmet Stube – das langjährige Wirkungsfeld von Küchenchef Thomas Strasser. Hier können sich auch Tagesgäste – nach Verfügbarkeit – vom außerordentlichen Können des erfindungsreichen Meisterkochs verwöhnen lassen. Alpine Spitzenküche kombiniert mit immer neuen Inspirationen aus der ganzen Welt machen das abendliche Menü zum einzigartigen Erlebnis. Regionale Zutaten von höchster Qualität sind die Grundlagen für die kreativ zubereiteten Gerichte.

à la carte: 9–49 €

Tel.: 05673 228 10
0664 256 49 98
6631 Lermoos
Kirchplatz 6
www.post-lermoos.at
welcome@post-lermoos.at
Mo–So 12–14 und 18.30–21 Uhr

MATREI IN OSTTIROL G4

RAUTERSTUBE®

im Hotel Rauter

Koch: Max Van Triel

14/20

Man sitzt in der unverändert schönen Rauterstube und wird wie eh und je mit freundlichen Worten empfangen. Die Neuigkeiten kommen aus der Küche. Dort hat ein „Newcomer" mit Zwischenstationen bei Harald Wohlfahrt und dem Interalpen-Hotel Tyrol das Zepter übernommen. Das Frühlingsmenü startet mit einer Forelle aus der Isel, gebeizt und als Tatar zubereitet, optisch und kulinarisch ein Hochgenuss. Die weiteren Gänge können – mit Ausnahme des Lavanttaler Spargels – dieses hohe Niveau leider nicht ganz erreichen. Auf die Weinempfehlung des Hausherrn ist Verlass. Freuen wir uns auf das, was noch kommt!

à la carte: 10–39 €

Tel.: 04875 66 11
9971 Matrei in Osttirol
Rauterplatz 3
www.rauterstube.at
info@hotel-rauter.at

SALUTI

Koch: Ernst Moser

15/20

Das Saluti ist ein kulinarischer Zauberkasten. Nur zwei Hände in der Küche und dann diese Vielfalt und Raffinesse, die hier auf die Teller kommt. Das Amuse gueule markiert bereits eindrucksvoll, dass hier nicht die Norm regiert. Serviert wird eine asiatische Saiblingsleber mit einem pikant abgeschmeckten Gemüsesüppchen. Darauf folgen Kohlrabitaschen mit Frischkäse – ein exzellenter vegetarischer Gang – und eine Radieschensuppe mit Forellennockerl sowie fermentierten Radieschen. Köstlich, man ist geneigt, nach einem Supplement zu verlangen. Als Hauptspeise gibt es einen wunderbar gebratenen Bachsaibling aus dem Defreggental mit Lavanter Spargel und Brennnesselpüree. Und schließlich zum Ausklang ein Quartett aus Topfentiramisu, Topfenknödel mit Nougatfülle, Mousse von der weißen Schokolade und Erdbeereis. Fazit: sehr individuelle Küche, handwerklich präzise und auch optisch ein Genuss. Der Service agiert freundlich und aufmerksam, ist vielleicht etwas ungenau gebrieft. Sehr gute Weinkarte mit etlichen Pretiosen. Einzig zu bemängeln sind die etwas zu langen Wartezeiten zwischen den Gängen, aber das Warten lohnt sich.

à la carte: 8–35 €

Tel.: 04875 67 26
0664 433 161 39
9971 Matrei in Osttirol
Griesstraße 10
www.saluti-matrei.com
pizzeriasaluti@aon.at
Mi–Sa 17.30–22,
So 12–14 und 17.30–22 Uhr
3 Wochen im Juni 2022

MAURACH AM ACHENSEE E4

MICHL STUB'N

im Hotel Vier Jahreszeiten

Koch: Richard Bracklow

12,5/20

Die Michl Stub'n im Hotel Vier Jahreszeiten in Maurach ist ein Juwel am Achensee. Schon länger verzichtet Küchenchef Richard Bracklow auf eine klassische Speisekarte. Dafür gibt es, wie üblich in den besten Bistros, eine große Schiefertafel, die dem Gast bei der Bestellung genau erklärt wird. Man wählt Menüs mit drei, vier oder fünf Gängen. Die Gerichte sind leicht und elegant (zum Beispiel der herrlich frische und milde Saibling), zum Teil überraschend (etwa das Kalbsbries mit Limetten) und manchmal bodenständig (das Reh zum Beispiel). Alles in allem garantiert dieser Mix einen gelungenen Abend. Dazu gibt es sehr gute Weine.

à la carte: 7,90–32,50 €

Tel.: 05243 53 75
6212 Maurach am Achensee
Eggweg 2-3
www.4jahreszeiten.at
hotel@4jahreszeiten.at
Do–Di 18–21 Uhr
20. März–13. April,
13. Nov.–18. Dez. 2022

MAYRHOFEN E4

HUBER'S BOUTIQUEHOTEL 12,5/20

Koch: Klemens Huber

Beim Betreten des stilvollen, modernen Restaurants ahnt man bereits, hier werden nicht Tradition und das Herkömmliche angeboten, sondern neue Wege beschritten. Eine traditionell österreichisch-alpine und leichte Küche, modern interpretiert, ist es, die Küchenchef Klemens Huber anstrebt und auch einlöst. Drei, fünf oder sieben Gänge – man hat die Wahl. Die Weinkarte ist fair kalkuliert mit Schwerpunkt Österreich und zahlreichen, weniger bekannten Winzern, die dazu einladen, entdeckt zu werden. Der Service agiert freundlich, wenngleich nicht immer gut gebrieft.

Tel.: 05285 625 69
6290 Mayrhofen
Dornaustraße 612
www.hbhotel.at
info@hbhotel.at

NEUSTIFT IM STUBAITAL D4

DER HOFERWIRT® 12,5/20

Hotel – Restaurant

Befindet man sich vor dem Hoferwirt in Neustift, stehen alle Zeichen auf Tradition. Eine Sonnenuhr unter der man erfährt, dass das Haus im 17. Jahrhundert gebaut wurde, neben dem Eingangstor das Siegel der Tiroler Wirtshauskultur. Drinnen holzvertäfelte Stuben, ein Stammtisch und herzliche Gastlichkeit. Die ersten Seiten des Menüs zeigen die Partnerschaften mit heimischen Landwirten, Fisch und Schwein kommen vom Seniorchef selbst. Neben Klassikern serviert das Küchenteam auch vergessene Gerichte aus Tirol: etwa Kalbsbries, Nierndln oder – sehr zu empfehlen – die saure Kuttelsuppe.

Tel.: 05226 22 01
6167 Neustift im Stubaital
Dorf 12
www.hoferwirt.at
info@hoferwirt.at

HUBERTUS STUBE

17/20

Koch: Boris Meyer

Das rustikal-elegante Fünf-Sterne-Hotel Jagdhof im Stubaital ist seit Langem eine der ersten Adressen für feine Küche in Tirol. Hier verschmelzen Tradition, Regionalität und moderner Lifestyle zu einer beeindruckenden Einheit. Und das nicht nur im Hotel selbst – auch in der Küche von Boris Meyer. Ein Erfolgskonzept auf der ganzen Linie also. Der Abend in der Hubertus Stube beginnt mit wunderbaren Grüßen aus der Küche – besonders hervorzuheben sind das Erdäpfelnest mit Foie gras-Garnitur und das Beef Tatar, eingewickelt in Kohlrabi. Die Vorspeisen starten mit einer gebeizten Gelbschwanzmakrele, zweierlei Rettich, Kaviar und einem Buttermilch-Dill-Sud. Ein ganz ausgezeichneter Gang folgt mit dem Häuptelsalat, Graupenporridge mit fein gehackten Wiener Schnecken, abgeschmeckt mit Wiesenkräutern und würzigem Comté. Verführerisch geht es weiter mit Flusskrebsen und Streifen vom Schweineschnäuzchen, danach pochierter Kabeljau mit in Butter gebratenem Kalbsbries und einer Rotweinsauce, die ihresgleichen sucht. Der anschließende Hauptgang ist sicher die Krönung des Abends – schlicht „Heimischer Gockl" genannt. Serviert wird dieser einmal als würzig geschmorte Keule im Dim-Sum und einmal als saftige Brust. Der in der Zubereitung sehr aufwendige Hühnerhaut-Chip als Garnitur lässt das Genießerherz höherschlagen. Knackige Eierschwammerl, Gartenerbsen und eine geschmorte Roscoff-Zwiebel runden den Gang gelungen ab. Den süßen Abschluss findet das Menü mit einer köstlichen Komposition aus Zwetschke, Heumilcheis, gerösteten Mandeln und einer gefüllten Zucker-Cannelloni. Unbedingt ist den Weinempfehlungen des Juniorchefs Alban Pfurtscheller zu folgen. Gekonnt, ausgefallen und unterhaltsam wie seine Weine führt er souverän durch den Abend.

Tel.: 05226 26 66

6167 Neustift im Stubaital
Scheibe 44

www.hotel-jagdhof.at
mail@hotel-jagdhof.at

Mi–So 19–22 Uhr

SCHAUFELSPITZ

?

Höher hinauf geht es wirklich nicht mehr – zumindest in unseren Breiten. Im Bergrestaurant Schaufelspitz kann man sich auf über 3.000 Meter Seehöhe ausgiebig verwöhnen und eventuelle Sorgen des täglichen Lebens ruhig im Tale lassen. Mit seinen Tischnachbarn diskutiert man darüber, wie sich die große Höhe auf das Dry Aging des köstlichen Rindfleisches auswirkt. Oder wäre es nicht noch reizvoller, sich dem zarten Geschmack eines gebackenen Zickleins hinzugeben? Davor vielleicht noch ein pochiertes Ei mit Trüffel? Oder die Tiroler Alpengarnele mit saurem Rösti und Rouille? Auch ein Zwischengericht wie Orecchietti mit Zickleinragout und Vogelbeeren bekommt man nicht überall. Bodenständig und doch kreativ die geschmorten Kalbsbackerl mit hausgemachtem Kimchi vom Rotkraut – dazu Vanille und Pastinakencreme. Man sieht also, im Schaufelspitz verlässt man sich nicht auf die Lage alleine. Auch das Küchenteam trägt seinen Teil dazu bei, dass man hier kulinarische Höhenflüge erfährt.

Tel.: 05226 814 13 08

6167 Neustift im Stubaital
Mutterberg 2

www.schaufelspitz.stubaier-gletscher.com
reservierung.eisgrat@stubaier-gletscher.com

tgl. 9–15.30 Uhr

NUSSDORF-DEBANT G5

IM STADL

12,5/20

Koch: Werner Wibmer

Inzwischen pfeifen es schon die Spatzen vom Dach: „Im Stadl" ist gut tafeln. Auf die Teller kommt Saisonales und Regionales mit internationalem Touch. Schmackhaft, liebevoll angerichtet und fair kalkuliert. Man kann zwischen einem Drei- und Vier-Gänge-Menü wählen oder sich durch die À-la-carte-Gerichte probieren. Der Abend führt uns kulinarisch durch den Alpen-Adria-Raum – insgesamt eine solide Leistung in Küche und Service. Die Weinberatung wird vom vermeintlich besten Sommelier Osttirols, Peter Knöbelreiter, fachkundig geleitet – für jedes Budget findet sich eine gute Flasche Wein.

à la carte: 5–35 €

Tel.: 04852 67 727

9990 Nussdorf-Debant
Toni-Egger-Straße 28 a

www.imstadl.at
info@imstadl.at

Mi–So 12–14 und 17.30–21,
Di 17.30–21 Uhr

OBERGURGL D5

EDELWEISS & GURGL 11/20

Koch: Christian Weiß

Im Edelweiss & Gurgl kann man – kulinarisch gesehen – nichts falsch machen. Natürlich ist auch das Hotel ein feiner Ort mit ebensolchen Restaurants. Aber das Á-la-carte-Restaurant ist eine Klasse für sich. Die Stube, in der die Tische stehen, ist holzvertäfelt. Und auch darüber hinaus überzeugen die verwendeten Materialien. Warme Töne, sinnlich erfassbare Qualität, hoher Wohlfühlfaktor. Die Küche pendelt zwischen nobel umgesetzten Tiroler Gerichten und spannenden Anleihen aus der gehobenen internationalen Küche. Fulminanter Schlusspunkt ist aber das, was die Pâtisserie zum Gelingen des Mahls beiträgt.

à la carte: 8–43 €

Tel.: 05256 62 23
6456 Obergurgl
Ramolweg 5
www.edelweiss-gurgl.com
info@edelweiss-gurgl.com
tgl. 18–21 Uhr

GOURMETSTUBE HOCHFIRST

im Alpen-Wellness Resort Hochfirst

Koch: Hans Zusser

Gleich vorweg: Auch im „normalen“ Restaurant werden anspruchsvolle Genießer glücklich. Aber wer den Abend mit einem großen sechsgängigen Menü in voller Länge genießen will, tut gut daran, einen Tisch in der Gourmetstube zu reservieren. In gepflegtem Rahmen – zu dem auch die elegant gekleideten Gäste beitragen – kann man sich durch eine Speisenfolge kosten, die gekonnt alpine Elemente mit mediterranen Einflüssen kombiniert. Schließlich gehören edle Meeresfische zu einem großen Menü einfach dazu. Fleisch- und Wildgerichte ergänzen den genussvollen Mix. Wer es noch exklusiver haben will, kann sich den großen Tisch in der Vinothek Santé reservieren lassen. Bis zu zwölf Gäste finden auf dem aus altem Fassholz gefertigten Tisch Platz. Auch hier empfiehlt sich die glasweise Weinbegleitung, wobei es schon vorkommen kann, dass man die eine oder andere Flasche aus der bestens bestückten Vinothek zusätzlich ordert. Wie heißt es so schön: Man kann fast allem widerstehen, nur der Versuchung nicht.

Tel.: 05256 632 50
6456 Obergurgl
Gurglerstraße 123
www.hochfirst.com
info@hochfirst.com
Mo, Di, Do, Fr, So 18.30–21 Uhr
ab 30. Nov. 2021

PERTISAU E3

WILDERER GOURMETSTUBE 14,5/20

im Hotel Karwendel

Köchin: Stefanie Rieser

Die Wilderer Gourmetstube vom Hotel Das Karwendel ist ein sicherer Hafen an den Gestaden des Achensees. Zuverlässig und konstant seit einer gefühlten Ewigkeit und trotzdem immer wieder für Überraschungen gut, zum Beispiel bei den Grüßen aus der Küche. Im Ei serviertes Kalbstatar mit herrlich aromatischem Trüffelschaum obenauf – das servieren andere als eigenes Gericht. Die Lachsforelle, als einer der ersten Gänge, kam roh mariniert mit Gurke, Mayonnaise, Melissenkaltschale und seinem Kaviar. Ultrafrisch und köstlich arrangiert. Wenn man bei den Amuses ahnt, dass der Abend richtig gut wird – nach der Lachsforelle weiß man es. Der Hauptgang heißt – trendy – Kalb 2.0, hat aber Bodenhaftung. Das Kalb kommt einmal geschmort (der Rücken) und einmal gefüllt (die Brust). Beides herbstlich mit Karotte, Trüffel und Schwammerln angerichtet und ausgesprochen gut. Ein Käsegang, präsentiert vom Käsesommelier, ein süßer „Heidelbär" zum Abschluss. Dazu eine passende und spannende Weinbegleitung.

à la carte: 9,80–40 €

Tel.: 05243 52 84

6213 Pertisau
Karwendelstraße 1

www.karwendel-achensee.com
info@karwendel-achensee.com

Mi–Sa 18.30–22.30 Uhr

Bewertungen:

11 bis 12,5 Punkte von 20 Punkten: 1 Haube

13 bis 14,5 Punkte von 20 Punkten: 2 Hauben

15 bis 16,5 Punkte von 20 Punkten: 3 Hauben

17 bis 18,5 Punkte von 20 Punkten: 4 Hauben

19 bis 19,5 Punkte von 20 Punkten: 5 Hauben

PFAFFENHOFEN D4

BISTRO HÖLL 11/20

Otto und Georg Geyr

Warum es sich lohnt, den doch etwas weiteren Anfahrtsweg des auf 1.000 Meter Seehöhe gelegenen Restaurants auf sich zu nehmen? Weil es dort die wohl besten Fischgerichte der Region und erstklassige Steaks gibt – Panoramablick inklusive. Wer zum ersten Mal im Bistro Höll zu Besuch ist, wird sich wohl eher die Frage stellen, warum es ihn nicht schon viel eher hier herauf verschlagen hat. In der Küche steht ein eingespieltes Vater-Sohn-Gespann, das für verlässliche Qualität und akkurates Handwerk bei den mediterran inspirierten Speisen sorgt. Neben den Klassikern des Hauses, wie Gambas al ajillo, Paella oder Fisch (je nach Marktlage) in Salzkruste, sorgen täglich wechselnde Gerichte für Abwechslung. Auch Fleischtiger kommen auf ihre Kosten – etwa mit einem perfekt gereiften Dry-Aged Beef vom Holzkohlegrill. Eine Reservierung ist aufgrund der beschränkten Sitzplatzanzahl angeraten.

à la carte: 12–46 €

Tel.: 0676 409 84 61

6405 Pfaffenhofen
Höll 65

www.bistrohoell.at
valentin@bistrohoell.at

Do–So 11.30–14 und 18–24 Uhr

♿

RANGGEN

DIE WEIBERLEIT 11,5/20

Köchin: Katrin Krieglsteiner

Vom äußeren Bild soll man sich nicht täuschen lassen. Auch wenn man es beim ersten Eindruck nicht vermutet, hier stehen experimentierfreudige und originelle Gerichte stets auf der Tagesordnung. Das Mutter-Tochter-Duo Irmgard und Katrin Krieglsteiner hat im unscheinbaren Tiroler Dorf Ranggen ein besonders gemütliches Café-Restaurant geschaffen. Hauptaugenmerk liegt auf regionalen Zutaten und gekocht wird, was die Saison eben gerade hergibt. Schnitzel, Cordon bleu oder (vegetarische) Currywurst zählen zu den Klassikern, Mufflon-Braten sieht man allerdings nicht jeden Tag auf der Speisekarte. Wildkräuter aus dem eigenen Garten verfeinern die Teller. Der flotte, unaufdringliche Service ist ebenfalls eine Freude.

à la carte: 5,80–42 €

Tel.: 0664 881 992 27

6179 Ranggen
Unterdorf 6

www.dieweiberleit.at
office@dieweiberleit.at

Do, Fr 17–22, Sa 11–14.30 und 17.30–22, So 11–16 Uhr
✱ Fei

♿

REITH BEI KITZBÜHEL F3

S'PFANDL 11/20

Koch: Thomas Hagleitner

Ein Tiroler Gasthaus wie aus dem Bilderbuch! So kann man das Pfandl wohl am besten beschreiben, auch wenn es keine jahrhundertealte Geschichte hat, sondern „erst" seit 1985 für gelebte Wirtshauskultur und Gastlichkeit steht. Die Speisekarte bietet eine Vielfalt an bodenständiger Tiroler Kost, die mit viel Feingefühl ansprechend auf den Tellern platziert wird. Vorspeisen wie Schlutzkrapfen sind wunderbar, ebenso wie die auf Vorbestellung verfügbare Kalbshaxe für zwei Personen. Doch nicht nur Klassiker gelingen dem Patron Thomas Hagleitner. Auch bei den modern inspirierten Gerichten, wie der Variation vom heimischen Lamm mit Zartweizen, Bohnen und Paprika oder der hausgemachten Pasta mit gerösteten Eierschwammerln, geraten wir ins Schwärmen. Die gut sortierte Weinkarte trägt das ihrige dazu bei, ebenso das urige Ambiente in den Innenräumen und die hübsche überdachte Terrasse.

à la carte: 10–39 €

Tel.: 05356 622 71
0676 326 52 35

6370 Reith bei Kitzbühel
Kitzbüheler Straße 69

www.pfandl.co.at
info@pfandl.co.at

Di–So 17–22 Uhr

♿

REITH BEI SEEFELD D4

ZOMM 14/20

im Meilerhof

Koch: Waal Sterneberg

Fährt man nach Seefeld, ist man gut beraten, bei Reith links abzubiegen und im Zomm einzukehren. Bei Schönwetter ist die Terrasse mit Blick übers Inntal der perfekte Genussort, aber auch in der Stube ist es gemütlich. Da wir Abendgäste sind, stellen wir uns aus einer Vielzahl kleiner Gerichte unser Menü „zomm" zusammen. Jeder Gang, der serviert wird, verstärkt den Eindruck, dass hier auf hohem Niveau kreativ und handwerklich gekonnt gekocht wird. Man legt ein, räuchert, fermentiert und serviert das Ganze dann zum Beispiel als Feigenbaumblätter-essenz in Molke – rar und ungewöhnlich gut. Feine Aromen, hochwertige, lokale Grundprodukte, frische Kräuter und Gemüse aus dem eigenen Garten – all dies zieht sich wie ein roter Faden durch die Menüabfolge. Dazu eine Weinkarte mit guten, gereiften Tropfen im Programm.

à la carte: 8–60 €

Tel.: 05212 32 25
6103 Reith bei Seefeld
Meilerweg 67
www.meilerhof.at
info@meilerhof.at
Fr–Mi 11.30–21.30 Uhr

ST. ANTON AM ARLBERG B4

ALPIN GOURMET STUBE 15,5/20

im Hotel Gletscherblick

Koch: Paul Markovics

Beim Eintreten fällt sofort der moderne, alpenländische Landhausstil auf. Man wird von der außerordentlich freundlichen Chefin des Hauses empfangen und an den reservierten Tisch geführt. Die Speisekarte legt den Schwerpunkt auf regionale Grundprodukte. Die Weinkarte, übrigens sehr fair kalkuliert und sehr umfangreich bei österreichischen Weinen, wird vom Sommelier fachkundig präsentiert. Das Menü selbst beginnt mit einer Forelle in einer Beinschinken-Velouté mit Kreneis – ein herrliches Aromenspiel. Als zweiter Gang wird Tropea-Zwiebel auf roh mariniertem Rinderrücken und Flirscher Bergkäse serviert. Dann wiederum Fisch in Form eines Saiblings mit Lardo umwickelt in einer Paprikasauce, gefolgt von einer traumhaft mürb geschmorten Lammschulter mit Buddhas-Hand-Zitrone und Selleriepüree. Es geht weiter mit Tiroler Reh mit Ras el-Hanout-Hollandaise und einer Rehleber kredenzt als French Toast. Als Predessert erfreuen Haselnussrahmeis und Marillenmousse genauso wie das finale Dessert: Pfirsich Melba vom Weinberg Pfirsich (geschmort und als Mousse) mit Kokoseis. Conclusio des Abends: Ein rundum gelungenes Menü mit ausgezeichneter Preis-Leistung bei sehr freundlichen Gastgebern in schönem Rahmen.

à la carte: 10–35 €

Tel.: 05446 32 85
0664 459 61 95
6580 St. Anton am Arlberg
St. Jakober Dorfstraße 35
www.hotel-gletscherblick.at
info@hotel-gletscherblick.at
tgl. 19–21 Uhr
Mitte April–Mitte Juni 2022

ALTE STUBE

13,5/20

im Hotel Schwarzer Adler

Koch: Stephan Dialer

Der Schwarze Adler ist ein Traditionsbetrieb. Nein, es ist DER Traditionsbetrieb in St. Anton am Arlberg und die Alte Stube heißt nicht umsonst so. Sie ist so etwas wie die 400 Jahre alte Keimzelle des Adlers. Nichts zeigt die Motivation und das Können der Küche besser als eines der legendären Galamenüs. Die Küche ist international geprägt, der Einstieg ins Menü bereits ein kleiner Paukenschlag: gebeizter Lachs mit Wasabi und Avocado, gefolgt von einer hocharomatischen Hummerschaumsuppe. Erwähnenswert sind aber auch die süßen Gänge, die im Anschluss aus der Küche geschickt werden.

à la carte: 16–39 €

Tel.: 05446 22 44

6580 St. Anton am Arlberg
Dorfstraße 35

www.schwarzeradler.com
hotel@schwarzeradler.com

Mo–So 18.30–21 Uhr

RAFFL'S EAT ART

?

im Raffl's St. Antoner Hof

Koch: Patrick & Stefan Sagmeister

Gutes Essen darf auch witzig und unterhaltsam sein. Anstatt vermeintlich authentischer Regionalität zu huldigen, geht man hier unbeschwert von derartigen Einschränkungen zur Sache. Ein Verbrechen? Gar ein großes? Die Küche kokettiert jedenfalls damit und bezeichnet das Gourmetmenü als „Crime of the Century", das man in unterschiedlichen Längen begehen kann. Wir finden es allerdings kein Vergehen, einen marinierten Gebirgssaibling mit Passionsfrucht und Erdnüssen zu kombinieren. Alpine Aromen dominieren beim Wild: Hirschkrautwickler mit Steinpilzen und Rauchöl. Die Tiroler Alpengarnele wird bei manchem weit gereisten Gast für Erstaunen sorgen. Eine Garnele aus den Alpen? Aber klar, die schmeckt auch gut – mit Kerbel und Williamsbirne in Begleitung. Ihre Kreativität unterstreicht die Küche mit dem im angekohlten Sellerie gegarten Kalbsfilet. Zu guter Letzt dann istrischer Trüffel mit Popcorn und Schokolade – schließlich will auch die Pâtisserie zeigen, dass man auf außergewöhnlichen Pfaden trittsicher unterwegs ist.

à la carte: 16–58 €

Tel.: 05446 29 10

6580 St. Anton am Arlberg
Arlbergstraße 69

www.raffls.com
hotel@antonerhof.at

tgl. 11.30–14 und 19–22 Uhr
✻ Mitte April–Mitte Dez. 2022

TANNENHOF ⓝ

Koch: Gustav Jantscher

HOTEL DES JAHRES 2018

Der Tannenhof ist pures Understatement. Mehr Sein als Schein. Von außen betrachtet wirkt er eher wie ein privates Anwesen, doch siehe da – hier darf man auch als Gast herein. Wohlhabende Urlauber nützen den Tannenhof als Urlaubsdomizil für ein paar Tage, neugierige Feinschmecker werden zumindest für ein paar Stunden willkommen geheißen. Fünf Jahre lang hat James Baron das Restaurant im Tannenhof in lichte Höhen gekocht – zuletzt hatten wir seine Küche mit vier Hauben ausgezeichnet. Vergangenen Herbst ist ihm Gustav Jantscher vom Schlosshotel in Ischgl nachgefolgt, der dort ebenfalls für die mit vier Hauben ausgezeichneten Gourmetmenüs verantwortlich war. Wir wissen also, wohin die Reise im Tannenhof gehen wird. Wir vermuten, dass auch von Jantscher selbst gezüchtete Tauben mitunter auf die Teller fliegen werden. Wir kennen den Weinkeller, wir wissen mit welcher Hingabe Patron Axel Bach dieses Haus führt. Und doch können wir auch in diesem Jahr keine Bewertung vergeben, weil das Restaurant bei Redaktionsschluss noch nicht geöffnet hat. Wenn es Sie dennoch interessiert, wie die Premiere von Gustav Jantscher im Tannenhof ausgefallen ist, empfehlen wir Ihnen, einen Blick auf unsere Website zu werfen. Dort werden wir ab Mitte Dezember den aktuellen Testbericht veröffentlichen.

à la carte: 18–56 €

Tel.: 05446 303 11
0664 356 36 01

6580 St. Anton am Arlberg
Nassereinerstraße 98

www.hoteltannenhof.net
info@hoteltannenhof.net

Mi–So 12–14 und
18.30–20.30 Uhr

♿

VERWALLSTUBE

am Galzig

Koch: Matthias Weinhuber

Früher waren hochalpine Gipfel eine Gefahr für Leib und Leben. Man hat sie bezwungen und ist dann schleunigst wieder in die Zivilisation im Tal zurückgekehrt. Heute ist es dank moderner Seilbahntechnik möglich, spektakuläre Gipfelausblicke auch ohne mühsame Aufstiege zu erleben. Und zur Stärkung muss man nicht mehr zwingend zurück ins Tal. Ganz im Gegenteil. Manche fahren genau deswegen auf den Galzig hinauf. Schließlich wird in der Verwallstube ein kulinarisches Programm gefahren, wie man es auch im noblen St. Anton nur selten findet. Die feine Gänseleber wird mit Stainzer Zwetschke und Mandeln kombiniert, das Sashimi stammt vom Yellowfin Tuna und selbst Alpines wie die Schlutzkrapfen kommen in einer Version 2.0 zum Tisch. Die Küche hat auch Frankreich drauf, wie sie bei der perfekt abgeschmeckten Bouillabaisse oder der im Ganzen gebratenen Seezunge beweist. Und was trinkt man dazu? Die Weinkarte bietet zahlreiche Highlights aus dem In- und Ausland – besonders bemerkenswert ist die große Anzahl an älteren Jahrgängen.

à la carte: 7,50–42,40 €

Tel.: 05446 235 25 10
0676 846 542 501

6580 St. Anton am Arlberg
Kandaharweg 9

www.verwallstube.at
verwallstube@abbag.com

tgl. 11.30–15 Uhr

♿

ST. CHRISTOPH AM ARLBERG B4

HOSPIZ-ALM

Koch: David Kurz

Tagsüber herrscht in dieser gastlichen „Alm“ beste Stimmung – egal ob bei Sonnenschein auf der Terrasse oder im gemütlichen Inneren bei offenem Feuer. Wenn die Sonne versunken ist, wird es vielleicht um die Spur ruhiger, dafür aber umso genussvoller. Im schummrigen Licht erschließen sich die wunderbaren Details dieses Restaurants – etwa die kunstvoll gestaltete Holzdecke – Schritt für Schritt. Küchenchef David Kurz hält mit dem zauberhaften Ambiente locker Schritt und verführt die Gäste Gang für Gang – bis zum fulminanten Dessert. Geboten werden Klassiker der alpinen Küche, die stets mit einem gekonnten Twist das gewisse Extra bekommen. Dazu gibt es ein Weinangebot, das die Versuchung nährt, hier die ganze Nacht zu verbringen.

à la carte: 16–155 €

Tel.: 05446 36 25
6580 St. Christoph am Arlberg
St. Christoph 18
www.hospizalm.at
service@hospizalm.at
tgl. ab 10 Uhr
Ende April–Nov. 2022

ST. JAKOB IN DEFEREGGEN F5

JAKOBISTUB'N 12/20

im Hotel Jesacherhof

Koch: Sandro Zanato

Gerne kehrt man im traditionsreichen Hotel Jesacherhof mit seiner Jakobistub'n ein – noch dazu, wo es doch im schönen Defereggental liegt. Gleich zu Beginn erhält man die gut sortierte Weinkarte, die auch die eine oder andere Rarität listet. Die Preise sind fair kalkuliert und angemessen. Dazu offeriert die Speisekarte neben einem Menü für Halbpensionsgäste Klassiker der österreichischen Küche. Das Wiener Schnitzel überzeugt, ebenso der sehr gute Schwarzbeerschmarren. Leider vermisst man weitere regionale Spezialitäten und etwas Mut zu Neuem. Der Service agiert aufmerksam und sehr freundlich.

à la carte: 5,20–31,90 €

Tel.: 04873 53 33

9963 St. Jakob in Defereggen
Außerrotte 37

www.jesacherhof.at
info@jesacherhof.at

tgl. 12–13.30 und 19–20.45 Uhr
Mitte April–Mitte Juni, Anfang Okt.–Mitte Dez. 2022

ST. JAKOB IN HAUS G3

ESSKULTUR

13,5/20

by Unterlechner, im Genießerhotel Unterlechner

Köchin: Yvonne Pobel

Gemütliche Stube, außerordentlich kreative Küche mit Drei-, Fünf- und Sieben-Gänge-Menüs. Regionale Produkte aus biologischer Landwirtschaft, Kräuter aus dem eigenen Garten. Die nette Begrüßung mit stilvoll dekorierten, feinen Kürbisvariationen bewies die individuelle Note des Hauses. Sehr gut war das Duett vom Tiroler Lamm mit Paradeiser und Rosmarin. Auch das Zweierlei vom Goinger Hasen mit Liebstöckel, Nudeln, Karotte und Eierschwammerln schmeckte ausgezeichnet. „Alles von der Marille" – ein köstliches Dessert mit raffiniert präsentiertem Marillenmus und -sorbet. Dazu erfreut eine umfangreiche Weinkarte mit vielen Bio-Angeboten.

à la carte: 15–45 €

Tel.: 05354 882 91
0664 225 52 91

6392 St. Jakob in Haus
Reith 23

www.unterlechner.com/romantik-genuss
anfrage@unterlechner.com

Do–Sa 18–22 Uhr
Ende Okt.–Ende Nov. 2022

♿

ST. JOHANN IN TIROL G3

POST

12/20

Hotel & Wirtshaus Post

Koch: Benjamin Leitner

Es ist immer wieder eine Freude, wenn Hotelrestaurants mit derartiger Speisenqualität überzeugen, wie es im Hotel & Wirtshaus Post der Fall ist. Küchenchef Benjamin Leitner ist für das leibliche Wohl der Gäste (auch als Externer ist man hier gerne gesehen) verantwortlich und spannt dabei gekonnt den Bogen von der Tradition zur Moderne, sodass eine zeitgeistige Wirtshausküche das Resultat ist. Neben Tiroler Klassikern, wie Erdäpfelblattln, Rindsgulasch oder Wildragout, reihen sich

Tel.: 05352 636 430

6380 St. Johann in Tirol
Speckbacherstrasse 1

www.dashotelpost.at
office@dashotelpost.at

tgl. 11.30–14 und 17.30–21 Uhr

♿

Spezialitäten aus aller Welt, wie hausgemachte Tagliolini an Hirsch-Bolognese, Surf & Turf-Currywurst oder das indische Butterchicken. Bewusst wird dabei Internationales mit Regionalem gemischt. Dazu gibt es eine umfangreiche Weinkarte, die auch glasweise Interessantes bereithält. Die unterschiedlichen Stuben bieten für jeden Anlass das passende Ambiente.

à la carte: 4,50–26 €

SCHEFFAU AM WILDEN KAISER G3

LEITENHOF

Tipp

im Chalet Hotel am Leitenhof

Mit dem eindrucksvollen Wilden Kaiser im Rücken erhält das Hotel Leitenhof einen ganz besonderen Charakter. Unter besonderer Rücksichtnahme auf die Rohstoffe erfolgte nicht nur der Bau der Innenräume. Auch die Zusammenstellung der kulinarischen Köstlichkeiten folgt dem Prinzip der Natur. Das Fleisch stammt von heimischen Metzgern, Obst und Gemüse aus der Region und Kräuter holt man aus dem hauseigenen Garten. Umgeben von Tiroler Gemütlichkeit und moderner Einrichtung serviert man international Inspiriertes als auch Bodenständiges.

à la carte: 7,50–36 €

Tel.: 05358 733 70
0664 287 33 77

6351 Scheffau am Wilden Kaiser
Leiten 33

www.hotel-leitenhof.at
info@hotel-leitenhof.at

Do–So 18–21.30 Uhr

SCHWAZ E4

TIPPELER

Gasthaus zur Krippe

Tipp

Das Tippeler im Zentrum von Schwaz ist eines der ältesten Wirtshäuser der Stadt. Auf der Speisekarte findet sich ein großes Angebot an österreichischen Gerichten, aber auch Curry oder eine Bouillabaisse von heimischen Edelfischen und hausgemachtem Aioli stehen zur Auswahl. Zusätzlich gibt es wöchentlich wechselnde Menüs und saisonale Angebote. Die Stube mit dunklem Holzboden und rustikalem Interieur strahlt pure Gemütlichkeit aus. Zu trinken gibt es bayerisches Bier und heimische Weine.

à la carte: 12–42 €

Tel.: 05242 216 30
6130 Schwaz
Burggasse 6
www.tippeler.at
restaurant@tippeler.at
Mo–Sa 11–23.30 Uhr
♿

SCHWOICH F3

BIEROL 12/20

Taproom & Restaurant

Koch: Thomas Moser

Wer sagt, dass zu einem gepflegten Bier-Abend stets Schnitzel, Burger und Pommes dazu gehören? Im Bierol Taproom & Restaurant zeigt man eindrucksvoll, dass es auch anders geht. Geschmacklich positiv überrascht das handgeschnittene, asiatisch marinierte Beef Tatar. Der rosa gebratene Hirschrücken mit Frühkraut und Erdäpfelroulade beweist, wie kreativ auch bodenständige Gerichte interpretiert werden können. Bei der laufend wechselnden Speisekarte wird das Bier fast zur Nebensache. Aber nur fast. Denn die Biere dieser sympathischen Kleinbrauerei sind längst über die Tiroler Grenzen bekannt. Am besten schmeckts aber doch frisch gezapft an der „Quelle".

à la carte: 8,50–75 €

Tel.: 0660 549 00 45

6334 Schwoich
Sonnendorf 27

www.bierol.at
caroline@bierol.at

Do, Fr 17.30–21, Sa, So 11.30–14 und 17.30–21 Uhr

SEEFELD D4

ASTORIA RESORT SEEFELD 12/20

Koch: Benedict Jakob

Unter dem Namen „Tiroler Fine Dining" kann man sich im edlen Hotel Astoria in Seefeld mit drei, fünf oder sieben Gängen als À-la-carte-Gast kulinarisch verwöhnen lassen. Küchenchef Benedict Jakob und sein Team sind seit vielen Jahren eine fixe Größe in der Tiroler Haubengastronomie. Regionalität verbunden mit viel Innovation und Kreativität sind die Grundpfeiler und das Credo der Küche. Namhafte Produzenten aus der Umgebung – unter ihnen Schauspieler, Gault&Millau-"Feinschmecker des Jahres 2021" und Bio-Bauer Tobias Moretti – sorgen mit ihren Produkten für qualitativ hochwertigste Zutaten, die die Küchenbrigade gekonnt in Szene setzt und auf die Teller bringt.

Tel.: 05212 227 20

6100 Seefeld
Geigenbühelstraße 185

www.astoria-seefeld.com
hotel@astoria-seefeld.com

tgl. 8–11 und 18.30–20.30 Uhr

SERFAUS C4

DAS KÖHLE ® 13/20

In Serfaus heißt das ehemalige Montana jetzt DAS KÖHLE. Mit dem Namen wurde auch das kulinarische Konzept verändert. Die Küche ist kreativ und modern, andererseits aber auch entspannt und bodenständig mit klarem regionalen Bezug. Neben einer Pizzeria serviert der junge Küchenchef Lukas Neier auch ein großartiges Überraschungsmenü mit mediterranem Touch. Der größte Clou ist aber der Chef's Table, in dem Neier gekonnt und in sieben Gängen die Alpengarnele ebenso in Szene setzt wie die Fauser Wachtel und die Forellen aus der eigenen Zucht. Oder auch das Fleisch aus der hauseigenen Selche. Spannend.

Tel.: 05476 62 44
6534 Serfaus
Dorfbahnstraße 24
www.das-koehle.at
info@das-koehle.at

SÖLDEN D4

AD VINUM ® 12,5/20

Koch: Ludwig Linser

Der Name ist Programm. Das Lokal ist neu und wird von jemandem geführt, der seine Leidenschaft für Wein kaum verbergen kann. Ob an den Wänden liebevoll sortiert, in den Klimaschränken attraktiv präsentiert oder im Weinkeller gut geordnet: Die Auswahl kann sich sehen lassen. Vor allem die Jahrgangstiefe. Beim stets regionalen Menü hat man die Wahl zwischen einer klassischen und einer vegetarischen Variante. Beide machen enorm Spaß. Meist reduziert auf drei Zutaten, grandios kombiniert und sehr schön angerichtet. Besonders gut gelungen: die Längenfelder Forelle mit Rettich und Holunder.

à la carte: 9–29 €

Tel.: 05254 307 00
6450 Sölden
Schmiedhofstraße 2
www.ad-vinum.at
info@ad-vinum.at
Mo–Fr ab 18.30 Uhr

ICE Q

13/20

Koch: Klaus Holzer

Keine Frage, das ice Q ist ein Erlebnis. Eines, das bereits mit den letzten Metern der Seilbahn beginnt, wenn sich die Kabine der Bergstation am Gaislachkogel nähert. Schönwetter vorausgesetzt wohl bemerkt. Oder zumindest 50 Meter Sicht. Dann kann man die geradlinige Architektur nämlich wahrnehmen – und die ist Teil der Erfahrung. Drinnen dann ein heller Raum mit ungetrübtem Blick auf die Alpen. Und drei oder vier Gänge, die es in sich haben. Wunderschön angerichtet, internationale Küche auf (buchstäblich) höchstem Niveau. Außerdem sollte man beim Wein zum PINO 3000 greifen. Perfekt zur Kalbsschulter.

à la carte: 18–98 €

Tel.: 0664 960 93 68
6450 Sölden
Dorfstraße 115
www.iceq.at
iceq@central-soelden.at
Mo–So 11.30–15 Uhr
✻ Mai, Okt. 2022

ÖTZTALER STUBE

15/20

Das Central – Alpine . Luxury . Life

Koch: Michael Kofler

In der Ötztaler Stube kommt auf den Tisch, was der Name suggeriert: das Ötztal. Dazu passende Szenerie: die rustikale, typische Altholzstube. Gleich zu Beginn wird erfrischendes Quellwasser serviert und ein ausladendes Amuse gueule – witzig der Tiroler Speck aus der Tube. Die Cuisine Alpine mit Fokus auf heimischen Grundprodukten nimmt Fahrt auf mit einem geschmacklich beeindruckenden Schweinebauch in Bierjus, das Bier stammt aus der ersten lokalen Brauerei. Das Bio-Alpenhuhn begleitet ein etwas fader Ötztaler Bauernsalat, die darauffolgende Alpen-Bouillabaisse wiederum ist sehr fein. Bissen für Bissen ein Genuss die Lammwangerl mit Räucherdäpfeltaschen – auch dank der angenehmen Fleischkonsistenz. Nach Wasser und Wiese geht es in den Wald, aufgetischt wird ein zarter Sölder Dammhirsch passend mit Marille. Die Frucht in der Säure ist genau abgestimmt zum Wild. Das (fast) Beste kommt zum Schluss: Maiwipfeleis und Tiroler Edle-Schokolade sowie Käse von der Alm Gampe Thaya mit Steinpilz und Ötztaler Breatl. Das Serviceteam agiert souverän und freundlich. Die Weinkarte, eine Liga für sich, was Vielfalt und Tiefe österreichischer und italienischer Spitzenweine anbelangt.

à la carte: 15–78 €

Tel.: 05254 226 00
6450 Sölden
Auweg 3
www.central-soelden.com
info@central-soelden.at
Do–So 19–21 Uhr
✻ Mai–Juni 2022

SÖLL F3

DIE KRUMMEREI® Tipp

Die Krummerei in Söll ist Bistro, Vinothek und Feinkostladen, Café und Lounge zugleich. Sprich, ein sympathischer, kleiner Ort zum Wohlfühlen, ein kulinarischer Kramladen. Eine Bezeichnung, die allerdings täuscht, denn die Qualität dessen, was in der offenen Küche zubereitet wird, ist ausgesprochen gut. Es gibt deftige Gerichte, die man vielleicht nicht unmittelbar erwartet (Currywurst mit Pommes frites oder Bosna), aber auch außergewöhnliche Teller wie hausgemachte Strozzapreti mit Cherry-Paradeisern und Garnelen. Auch die Weinauswahl ist solide und umfassend.

à la carte: 12–50 €

Tel.: 05333 52 26
6306 Söll
Dorf 7
www.krummerei.at
info@krummerei.at
tgl. 11.30–14 und 18–21 Uhr
variabel

STEEG/LECHTAL B4

ZIRBENSTUBE „POSTAMT“ 15/20

im Hotel Post Steeg

Koch: Florian Obwegeser

Die gemütliche, holzvertäfelte Stube im Tiroler Stil ist ein schöner Rahmen für eine kulinarische Reise durchs Lechtal. Wir beginnen mit Bündnerfleisch vom Hirsch, direkt am Tisch hauchdünn geschnitten und vorgelegt. Dazu gibt es aufgeschlagene Butter aus der örtlichen Sennerei und hausgemachte Rinderwurst mit frischem Erdäpfelbrot. Gleich zu Beginn der Menüfolge begeistern die finessenreichsten Gänge: eine geräucherte Forelle mit Zitronen-Oliven-Vinaigrette sowie ein knusprig gebratener Saibling, ebenfalls aus lokaler Fischzucht, mit Safran-Zwiebel-Sauce – Konsistenz und Textur einfach nur großartig. Weiter geht es mit Geschmortem: Auf die Kalbswangen mit gefüllten Teigtaschen und Erdäpfelpüree – eine eigenwillige, aber schmackhafte Komposition – folgt der Schweinebauch „asiatisch“ mit Frühlingsröllchen in einer hervorragend zubereiteten Dashi. Schließlich der Hauptgang,Rehfilet Wellington, ein Klassiker in der Wildversion und aus eigener Jagd. Den sommerlich erfrischenden Schlusspunkt bildet eine Variation vom Pfirsich. Die Weinkarte ist ansprechend, die Preise fair kalkuliert – mit dem Niveau der Küche kann sie allerdings (noch) nicht ganz Schritt halten.

à la carte: 12–36 €

Tel.: 05633 53 07
0664 111 15 80
6655 Steeg/Lechtal
Nr. 17
www.poststeeg.at
hotel@poststeeg.at
Di–So 12–14 und 18–21 Uhr
bis 20. Dez. 2021

STRASSEN G5

STRASSERWIRT 13/20

Herrenansitz zu Tirol

Koch: Werner Gander

Dass mittlerweile auch beim Strasserwirt nur mehr abends gekocht wird, ist schade. Aber nach über 20 Jahren Einsatz als Küchenchef hat sich Werner Gander ein wenig mehr Ruhe verdient. Schließlich sind er und sein Team nach wie vor mit vollem Einsatz und viel Liebe fürs Detail bei der Sache. Die als Menü angebotene Reise durch Osttirol sei allen ans Herz gelegt, die das Land auch gustatorisch näher kennenlernen wollen. Denn wo ließe sich das besser bewerkstelligen als in diesen gemütlich hergerichteten Gemäuern? Wer sich durch die gut sortierte Weinkarte probiert, wird sich freuen, dass man hier auch übernachten kann.

à la carte: 7–28 €

Tel.: 04846 63 54
0664 968 91 52

9918 Strassen
Dorfstraße 28

www.strasserwirt.com
hotel@strasserwirt.com

tgl.18.30–21 Uhr
bis 9. Dez. 2021

STUMM IM ZILLERTAL E4

GUATZESSEN Ⓝ 15/20

Koch: Peter Fankhauser

Peter Fankhauser ist kein Unbekannter. Seit über einem Vierteljahrhundert ist er als Pâtissier und Koch in den besten Häusern unterwegs und hat von den besten Köchen des Landes gelernt. Was er jetzt in Stumm auf die Beine gestellt hat, ist nichts weniger als atemberaubend. Gleich neben dem Lokal liegt der – nur scheinbar wilde – Permakulturgarten, aus dem der überwiegende Teil seiner Zutaten kommt. Die Gerichte im GuatzEssen sind ausnahmslos vegetarisch, geschmacklich umwerfend und ästhetisch anspruchsvoll. Im ersten Gang spielt er mit Shiso-Blättern und Shiso-Sorbet, wobei das Gericht eigentlich „Tomate“ heißt und mit verschiedenen Texturen vom Büffelmozzarella serviert wird. Weiter hinten im Menü kommt eine kleine Erfrischung. Überraschend süß und zauberhaft. Sie ist als „Marille“ bezeichnet und eine Kaltschale nach Art einer Gazpacho, verfeinert mit Sauerklee und Zitronenverbene. Beim Hauptgang kombiniert der Chefkoch Zucchini mit Cashewnüssen, weißer Polenta und schwarzen Johannisbeeren. Das Dessert – ein Steinpilz aus Milchschokolade, Steinpilzpulver, Erdnuss und Moosbeeren – ist längst ein Klassiker. Fankhausers Projekt ist mutig – aber es kommt genau zum richtigen Zeitpunkt.

Tel.: 0664 167 03 50

6275 Stumm im Zillertal
Obere März 36

www.guatzessen.at
info@guatzessen.at

Di–Sa 17.30–21 Uhr

Bewertungen:

11 bis 12,5 Punkte von 20 Punkten: 1 Haube

13 bis 14,5 Punkte von 20 Punkten: 2 Hauben

15 bis 16,5 Punkte von 20 Punkten: 3 Hauben

17 bis 18,5 Punkte von 20 Punkten: 4 Hauben

19 bis 19,5 Punkte von 20 Punkten: 5 Hauben

LANDGASTHOF LINDE

12/20

Koch: Georg Ebster

WIRTSHAUS DES JAHRES 2020

Georg Ebster und sein Landgasthof Linde sind so etwas wie der kulinarische Fels in der Brandung des Zillertals. Dabei wirft die Linde noch weit übers Tal hinaus ihren Schatten. Die Karte ist traditionell, die Gerichte selbst durchaus modern. Und nachdem die besten Metzger gleich ums Eck sind, ist die Fleischküche in der Linde uneingeschränkt empfehlenswert. Das geht vom Klassiker schlechthin, der Zillertaler Ofenleber, über die Tafelspitzsulz bis zum Cordon bleu vom Linde-Hofschwein. Und genau mit diesem Gericht beweist Küchenchef Geog Ebster, dass man auch mäßig beleumundete Wirtshausgerichte so hinbekommen kann, dass es eine wahre Freude ist.

à la carte: 12,80–36 €

Tel.: 05283 22 77
6275 Stumm im Zillertal
Dorf 2
www.landgasthof-linde.at
info@landgasthof-linde.at
Mi–So 11.30–13.30 und
18–21 Uhr
✻ 20. Juni–3. Juli 2022

NESTER

12/20

Metzgerei und Gasthaus

Koch: Georg Hauser

Mit dem Nester findet sich mitten in Stumm im Zillertal ein ganz besonderes Gasthaus. Neben dem Gastbetrieb wird von der Wirtsfamilie auch eine kleine, feine Metzgerei betrieben. Eine Tatsache, die Lust auf die hochwertigen Fleischgerichte auf der Speisekarte macht. Von Wirtshausklassikern wie dem Zwiebelrostbraten bis zum vielfältigen Steak-Angebot „21 Tage gereift" reicht hier die Auswahl. Auch überraschende Gerichte befinden sich auf dem Menü, so zum Beispiel der Beuschel-Cappuccino mit Kapern, alte Paradeisersorten oder Büffelmozzarella mit gebratenem Bries vom Tiroler Braunvieh-kalb. Wer gerne einen ausführlichen Einblick in die ausgefallene Kulinarik gewinnen möchte, hat beim „Genuss-Menü" oder „Metzger-Menü" die Qual der Wahl.

à la carte: 5–38 €

Tel.: 05283 22 64
0664 412 42 58
6275 Stumm im Zillertal
Dorf 24
www.nester.at
info@nester.at
Do–Mo 11–13.30 und
17.30–21 Uhr

TANNHEIM C3

TANNHEIMER STUBE

Hohenfels – das Genießerhotel

Koch: Markus Pichler

Es ist gar nicht so leicht, einen Platz in dieser gemütlichen Stube zu ergattern. Schließlich wollen auch die meisten Hausgäste zumindest einmal während ihres Aufenthalts hier speisen. Der Grund dafür ist nicht etwa der, dass sie im Rahmen der Halbpension darben müssten. Ganz im Gegenteil. Küchenchef Markus Pichler beweist dort allabendlich, mit welcher Hingabe in diesem Haus die Kulinarik gepflegt wird. In der gemütlichen Stube kann man diesen hohen Genuss in Form eines Gourmetmenüs jedoch über mehrere Gänge in die Länge ziehen. Langweilig wird es dabei nie. Von den elaborierten Grüßen aus der Küche bis zum finalen Dessert wird hier ein sensorisches Feuerwerk gezündet, das von einem Höhepunkt zum nächsten schreitet. Mit spielerischer Leichtigkeit kreiert Pichler eigenständige Gerichte, die so souverän wirken, als könnte man sie gar nicht anders zubereiten. Dass der Weinkeller über viele Jahre gewachsen ist, zeigt sich in der beeindruckenden Jahrgangstiefe. Am besten also, man übernachtet gleich im Haus – dann ist es auch mit der Reservierung in der Stube um vieles einfacher.

à la carte: 20–45 €

Tel.: 05675 62 86
0676 376 42 09

6675 Tannheim
Kreuzgasse 8

www.hohenfels.at
info@hohenfels.at

Mi–So 18–22 Uhr
April, Nov. 2022

TELFS-BUCHEN/SEEFELD D4

INTERALPEN-CHEF'S TABLE 17,5/20

im Interalpen-Hotel Tyrol

Koch: Mario Döring

In der riesigen Küche des Interalpen-Hotels Tyrol in Telfs angekommen, empfängt der langjährige Chefkoch Mario Döring seine Gäste höchstpersönlich. Nach einem Rundgang durch das beeindruckende Küchenreich geht es in die stimmungsvolle Lounge am Rande der Küche, mit Blick auf die Köche, die ihre Köstlichkeiten ausschließlich für die zwei Tische des Chef's Tables zaubern. Gestartet wird mit vorzüglichen „Snacks", wie marinierter Alpengarnele, gebackenen Melanzani, Pilzen und einem Gedeck aus frisch gebackenen Broten, verschiedener Butter, süßen Maiwipfeln und Heusalz. Das vielgängige Menü beginnt mit einem erfrischenden Forellentatar aus heimischem Fang, begleitet von eingelegter Quitte und Haselnussmousse. Es folgt ein unglaublich schmackhaftes Haferrisotto mit Schnittlauch, einer grünen Tomate in Backteig und zartem Bio-Hendl aus der unmittelbaren Region. Der vegetarische Teil des Menüs macht Lust auf mehr: Buttermilch-Espuma auf Rosenwasser, dazu Kürbiseis und krosse Kürbischips. Einer der bemerkenswertesten Gänge ist der perfekt gebratene Loup de Mer auf feinen Linsen und Topinambur, holländischem Kaviar on top und – man möchte fast sagen – mit feiner Pata Negra „gewürzt". Ein ebenfalls großer Gang kommt mit dem Lamm in drei Variationen – jede für sich auf den Punkt zubereitet: Rücken, Keule und Bries. Der Kracher des Abends – im wahrsten Sinne des Wortes – ist jedoch das Signature Dessert von Chefpâtissier Michael Hollaus. Eine bunt gefüllte Zuckerkugel, die sich mit dem leichten Schlag des Dessertlöffels öffnen lässt und eine Geschmackssinfonie offenbart: salzig marinierte Melone, Meloneneis, Frischkäseeis, Liebstöckel-Espuma und Blütenblätter. Und dann der dazu angegossene Sud, der mit Senf, Kräutern und Pfeffer abgestimmt ist. So geht süß!

Tel.: 0 508 09 30
6410 Telfs-Buchen/Seefeld
Dr.-Hans-Liebherr-Alpenstraße 1
www.interalpen.com
reservation@interalpen.com
Mo–Fr ab 19 Uhr

INTERALPEN-HOTEL TYROL

13/20

À-la-carte-Restaurant

Koch: Mario Döring

Das Restaurant im Interalpen-Hotel Tyrol schein resistent gegen Trends und Moden. Für kulinarische Experimente und extravagante Gaumenerlebnisse ist der Chef's Table da. Im Restaurant werden die Gerichte auf großen Tellern und unter der Silberglocke serviert. Und zwar ausnahmslos. Das Speisenangebot hat sich heuer etwas angepasst und umfasst vorwiegend beliebte Klassiker, die allerdings mit großem handwerklichen Geschick gekocht und präsentiert werden: von der traditionellen Gulaschsuppe über eine hocharomatische Consommé vom Tafelspitz hin zu Carpaccio und Wiener Schnitzel. Egal wofür man sich entscheidet, die Qualität der Gerichte ist ohne Tadel. Auch der Service wirkt entspannt und professionell gleichermaßen. Die Weinauswahl ist dem Haus entsprechend umfangreich.

à la carte: 8–40 €

Tel.: 0043 508 09 30

6410 Telfs-Buchen/Seefeld
Dr.-Hans-Liebherr-Alpenstraße 1

www.interalpen.com
reservation@interalpen.com

tgl. 12–14 und 19–22 Uhr
✱ 14. März–4. Mai 2022

♿

THIERSEE F3

GOURMETSTUBE ALT JUFFING®

14,5/20

im Juffing Hotel & Spa

Koch: Manuel Schratl

Im auf Wellness und Literatur spezialisierten Adults Only-Hotel Juffing im beschaulichen Hinterthiersee gibt es schon seit längerem für Hotelgäste eine ordentliche Küche. Nun hat sich die Betreiberfamilie Juffinger-Konzett entschlossen, zusätzlich in der stilsicher eingerichteten Stube Alt Juffing an vereinzelten Tischen Fine Dining anzubieten, das auch auswärtige Gäste willkommen heißt. Highlights der aus regionalen Top-Produkten bestehenden Menüs „Fauna" und „Flora" (vegetarisch): köstlich-intensives, scheinbar direkt aus dem taufrischen Wald zubereitetes Pilztatar sowie das von knusprigem Weizengrieß mit Eierschwammerln ummantelte Kitzfilet. Das Dessert bestehend aus Moosbeeren, Kräuter-Granola und einem Fichtenwipfelsorbet war einfach nur herrlich und gleichzeitig hübsch anzusehen. Um Service und Wein kümmert sich Jennifer Schacht, die mit akkuraten Erklärungen eine stimmige Getränkebegleitung garantiert.

Tel.: 05376 558 50

6335 Thiersee
Hinterthiersee Nr. 79

www.juffing.at
info@juffing.at

TRINS D4

PUMAFALLE 11,5/20

Köchin: Sandra Uhlig

Die Pumafalle ist zunächst einmal eine Jausenstation entlang eines gemütlichen Spazierweges. Das kulinarische Angebot geht aber deutlich darüber hinaus. Die Speckknödelsuppe ist kräftig und mit frischer Petersilie abgeschmeckt. Für das Gulasch vom Tiroler Rind nimmt der Hausherr und Koch die Schulter des Tieres her und schneidet diese in kleine Würfel, von jeglichen Sehnen befreit. Eine intensive Rotweinsauce begleitet leichte Spätzle und dämpfendes Blaukraut. Zudem steht eine sorgfältig zusammengestellte kleine Weinkarte zur Auswahl. Zu erwähnen: Das Restaurant erreicht man vom Parklatz aus startend zu Fuß in rund 15 Minuten, man muss sich den Genuss also erarbeiten. Dafür wird man dann aber mit einer sehr fairen Preisgestaltung belohnt.

à la carte: 3,20–28,70 €

Tel.: 05275 53 23
0677 629 29 20

6152 Trins
Trins 250

www.pumafalle.at
gasthaus@pumafalle.at

Mi–So 11.30–18 Uhr

TUX E4

BERGFRIED CHEF'S TABLE® 14,5/20

Aktiv- & Wellnesshotel Bergfried

Koch: Sebastian Stock

Vorweg: Der Chefs Table im stylishen Wellnesshotel in Tux ist einfach anders. Auf die Karte kommt kompromisslos nur, was grade frisch geliefert wird – sehr relaxed dargeboten vom jungen Küchenchef Sebastian Stock. Zum Auftakt werden frische Austern serviert. Es folgen Tiroler Spezialitäten im Miniformat: Blattln mit Kraut und Spinatknödel mit einem ungeheuer aromatischen Bergkäse-schaum. Die Eismeerforelle mit Kaviar, Koriander, Avocadomousse und eingelegtem Ingwer kommt auf einem riesigen Teller, von dem man zu zweit essen darf. Dann eine Jakobsmuschel, eine geschmorte Kalbshaxe mit zarter Hollandaise und hauchdünnen Erdäpfelchips. Die Taubenbrust mit Cassis-Senf wird von Selleriepüree, Ciabatta und der „goldenen Soße", der Signatur Sauce des Chefs, begleitet. Bemerkenswert ist die Inszenierung des Desserts. Eine leere Steinplatte, auf der nach und nach süße Köstlichkeiten platziert werden: Erdbeer- und Schoko-ganache, kleine Gugelhupfe, ein Pilz aus Bayerisch Creme und Kuchen, Nüsse, Meringue, Karamellsauce und vieles mehr. Ein außergewöhnlicher Abend, mit grandioser Weinbegleitung.

Tel.: 05287 872 39

6293 Tux
Lanersbach 483

www.bergfried.at
info@bergfried.at

GENIESSERSTUBE IM ALPENHOF

15/20

Koch: Maximilian Stock

Hintertux liegt, wie der Name bereits sagt, hinter Tux. Also am Talschluss des Zillertals. Was einem hier kulinarisch erwartet, ist zweifelsohne eine Überraschung. Das Menü in der Genießerstube im Alpenhof ist eine präzise getaktete Performance, die Gerichte sind kleine Kunstwerke von höchster Präzision und Kreativität. Das reicht vom ersten Gruß aus der Küche bis zur letzten servierten Praline. Eines der Amuses bouches, das meisterhaft gewürzte Fischtatar, wird „an der Gräte" angerichtet und zeigt spektakulär, in welche Richtung sich das Menü entwickeln wird. Der erste reguläre Gang, Tiroler Garnele, wird von N25 Kaviar (Oscietra Reserva), Granny Smith und Ziegenfrischkäse begleitet. Der Kren-Speck-Sud, der die gedämpfte Seeforelle ergänzt, bleibt dabei genauso in Erinnerung wie das Gericht selbst. Ein lang gegarter Schweinebauch mit Schwarzkümmel-Hollandaise, Ponzu-Yuzu-Kraut und Bockbierjus wird nicht als Hauptgericht, sondern als Gang davor serviert. Was zur Folge hat, dass das Kalb (der eigentliche Höhepunkt des Menüs) nur schwer aus dem Schatten des Schweins treten kann. Unfassbar gut, dieser Bauch. Bei den Desserts geht – geschmacklich wie ästhetisch – dann noch einmal die Post ab. Der letzte Gang vor den Pralinen und Petits fours heißt einfach „Rhabarber aus dem Waldviertel", ist aber komponiert aus Amalfi-Zitronen, Estragon, Schafjoghurt und Blütenhonig – ein Paukenschlag und ein Fest für alle Sinne. Verschiedene Farben und Texturen, Formen und Oberflächen, Aromen und Geschmäcker. Frische, knackige Säure und verführerische Süße, dabei stets elegant und optisch eine Augenweide.

Tel.: 05287 85 50
6293 Tux
Hintertux 750
www.alpenhof.at
info@alpenhof.at
Mi–Sa 18.30–20 Uhr
✻ 4. Mai–21. Juni 2022

LANERSBACHER HOF

13,5/20

Brugger's Genießerhotel

Koch: Anton Fercher

Der Lanersbacherhof ist eine besonders empfehlenswerte Adresse im Zillertal. Zuverlässig auf hohem Niveau, immer mit spannenden Interpretationen am Start und stets mit Leidenschaft zum Produkt. Das macht sich nicht nur, aber vor allem beim Fleisch bemerkbar. Toni Fercher erkennt die industrielle Landwirtschaft und Massenproduktion als Problem und stemmt sich mit einer Art „Gegenphilosophie" dagegen. Was er aus den Tuxer Steinschafen macht, ist längst legendär. Bei den Rindern, Rasse Black Angus, hat er sich mit Partnern gleich für eine eigene Zucht entschieden. Sehr löblich.

à la carte: 11–38 €

Tel.: 05287 872 56
6293 Tux
Tux-Lanersbach 388
www.lanersbacherhof.at
info@lanersbacherhof.at
Di–Mi, Fr–So 18.30–20.30 Uhr
✻ Mai–Juni, Okt. 2022

UDERNS E4

DIE GENUSSWERKSTATT 11/20

Direkt am Golfplatz gelegen genießt man in der Genusswerkstatt ein entspannt-sportliches Ambiente. Das kulinarische Angebot ist breit gefächert und reicht vom Frühstücksbuffet über japanische Gaumenfreuden bis zu beliebten Snacks für den kleinen Hunger (Wurstsalat, Schinken-Käse-Toast) und schließlich klassischen Gerichten wie etwa dem Wiener Schnitzel vom Kalb mit Erdäpfel-Vogerlsalat oder dem Wiener Zwiebelrostbraten. Man merkt es der Küche deutlich an, über das rein „Ordentliche" hinausgehen zu wollen. Die Genusswerkstatt ist auch für Nicht-Golfer eine durchaus empfehlenswerte Adresse.

à la carte: 15–35 €

Tel.: 05288 630 005 08
6271 Uderns
Golfstraße 1
www.die-genuss-werkstatt.at
office@die-genuss-werkstatt.at
tgl. 11.30–20.30 Uhr
♿

WATTENS E4

DANIELS KRISTALLWELTEN 11/20

Koch: Michael Gruber

Die Internationalität der Swarovski Kristallwelten führt dazu, dass man auch beim kulinarischen Angebot über die Grenzen blickt. Italien, Asien und Tirol sind genauso in der Karte zu finden wie Burger (auch vegetarisch) und Gegrilltes vom Premiumrind aus Uruguay. Die Sparte süß ist französisch angehaucht, in der Pâtisserie gibt es bunte Macarons. Immer gut ist das Wiener Schnitzel vom Kalb mit Erdäpfelsalat und Wildpreiselbeeren. Der Blick jenseits der Glasfronten in die Welt der Kristalle ist verzaubernd. Am Sonntag ist Brunch angesagt.

à la carte: 4,20–32 €

Tel.: 05224 510 80
6112 Wattens
Kristallweltenstraße 1
swarovski.com/kristallwelten
reservations.kristallwelten@swarovski.com
Mo–Sa 11.30–19.30,
So 14–19.30 Uhr
♿

DAS GRANDER 14/20

Koch: Thomas Grander

Das moderne Ambiente geht uniform mit den Kreationen im Grander. Es sind durchwegs leichte, klug durchdachte Gerichte, die Küchenchef Thomas Grander samt Team offeriert. Angeboten werden Business- und kreative Menüs. Natürlich können die Speisen aber auch à la carte geordert werden. Der geräucherte Saibling wurde bei unserem Besuch von einer leichten Creme von Buttermilch und Petersilie flankiert und mit Pilzen verfeinert. Die Tagliolini mit Eierschwammerln waren stimmig, ebenso der Steinbutt mit Duftreiscreme, Spinat und Curryschaum. Der Gast sitzt drinnen in gemütlichem Ambiente oder auf einer regengeschützten Terrasse. Das Weinangebot liest sich spannend.

à la carte: 9–35 €

Tel.: 05224 526 26
0650 354 40 93
6112 Wattens
Dr.-Felix-Bunzl-Straße 6
www.grander-restaurant.at
info@das-grander.at
Mo–Fr 11.30–13.30 und 18–21.30, Sa 18–21.30 Uhr
♿

ZELLBERG E4

SCHULHAUS 12,5/20

Koch: Stefan Geisler

Das Schulhaus hat eine wunderbare Lage über dem Zillertal mit weitem Blick auf die Gletscherwelt. Sitzt man an einem schönen Tag auf der Terrasse des Restaurants, fehlt nicht viel zum Glück. Die Küche hat sich den Grundrechnungsarten des guten Geschmacks verschrieben: frisch, heimisch, schmackhaft und kreativ. Der Seniorchef weiß viele Geschichten rund um die Gerichte und deren Grundprodukte. Der Juniorchef wiederum ist für den auffallend gut bestückten Weinkeller verantwortlich. Leidenschaft, Können und Freude am Tun, um es prägnant auf einen Nenner zu bringen. Setzen, sehr gut!

à la carte: 18–38 €

Tel.: 05282 33 76
0664 341 75 61

6277 Zellberg
Zellberg 162

www.schulhaus.tirol
info@schulhaus.tirol

Do–So 18–23 Uhr

♿

ZÖBLEN IM TANNHEIMERTAL C3

MORENT-TYROL 14,5/20

Köchin: Lisa Morent

Zum Zeitpunkt des Redaktionschlusses hatte Ralf Morent sein Haus nur für Hausgäste geöffnet. Wer also (im Moment) in den Genuss der alpinen Slowfoodküche im Tannheimer Tal kommen will, „muss“ beim Morent schlafen. Das ist aber ohnehin nicht die schlechteste Idee, da das Haus besonderen Charme und Flair hat. In der Küche steht mittlerweile Tochter Lisa am Herd, eine junge und ambitionierte Frau, die schon mit den Größen des Landes gekocht hat. Zum Beispiel am Rote Wand Chef’s Table mit dem „Koch des Jahres 2022“ Max Natmessnig. Ralf Morent ist übrigens auch Jäger. Das bedeutet, dass es spannende Gerichte aus dem Revier gibt. Vor allem von der Gams.

à la carte: 35–80 €

Tel.: 0676 774 70 70

6677 Zöblen im Tannheimertal
Nr. 14

www.morent.at
feinschmecker@morent.at

tgl. 17–21.30 Uhr
variabel

Bewertungen:

11 bis 12,5 Punkte von 20 Punkten: 1 Haube
13 bis 14,5 Punkte von 20 Punkten: 2 Hauben
15 bis 16,5 Punkte von 20 Punkten: 3 Hauben
17 bis 18,5 Punkte von 20 Punkten: 4 Hauben
19 bis 19,5 Punkte von 20 Punkten: 5 Hauben

Gault&Millau

HÜTTENGUIDE TIROL

HERAUSGEBER & CHEFREDAKTION

Martina & Karl Hohenlohe

REDAKTIONELLE LEITUNG HÜTTENGUIDE

Jürgen Schmücking

2022

www.gaultmillau.at

VORWORT

Selten zuvor hat es so viele Menschen in die Berge getrieben. Alleine, mit und in der Natur – auf diese Symbiose haben wir gewartet. Und nun verbringen immer mehr Österreicherinnen und Österreicher ihre wertvolle Freizeit irgendwo oben. Genauer gesagt, in den Tiroler Bergen.

Man kann sich den Reizen der Tiroler Bergwelt ja auch nur schwer entziehen. Wandern in frischer Luft, begleitet vom Gurgeln glasklarer Gewässer: Etwas Schöneres und Entspannenderes kann man sich kaum vorstellen.

Die Bewegung an der Bergluft macht natürlich hungrig, deshalb kommt den Tiroler Hütten eine große Bedeutung zu. Waren es früher noch Gulaschsuppen aus der Dose und Speck und Käse vom Diskonter, setzen die Tiroler Hüttenwirte heute vermehrt auf saisonale und regionale Produkte.

Wir haben uns über 180 Betriebe angesehen. Insbesondere die Hinwendung zu frischen Bio-Produkten fällt immer stärker ins Gewicht. Der Aspekt Gesundheit hat längst Einzug auf den Speisekarten der Tiroler Hüttengastronomie gefunden. Natürlich gibt es die Klassiker wie kräftige Suppen, Knödel oder Kaiserschmarren. Was aber die Zubereitung anbelangt, geht man mit der Zeit – die angebotenen Speisen haben an Schwere verloren und an Geschmack gewonnen.

Sie halten gerade die vierte Ausgabe des Tiroler Hüttenguides in Händen. Wir hoffen, Ihnen mit unseren Beschreibungen eine Entscheidungshilfe für den Aufstieg geben zu können und möchten mit diesem Almführer ein wenig dazu beitragen, dass das Niveau in den Bergen noch weiter steigt.

In diesem Sinne, alles Gute mit unserem kulinarischen Wegweiser auf den schönsten Bergen, Almen und Hochtälern Tirols: Wir wünschen Ihnen Gipfelgenüsse jeglicher Art!

Herzlichst,
Martina und Karl Hohenlohe

Herausgeberin und Herausgeber
Gault&Millau

LEGENDE

○ Orte allgemein

Almhütten

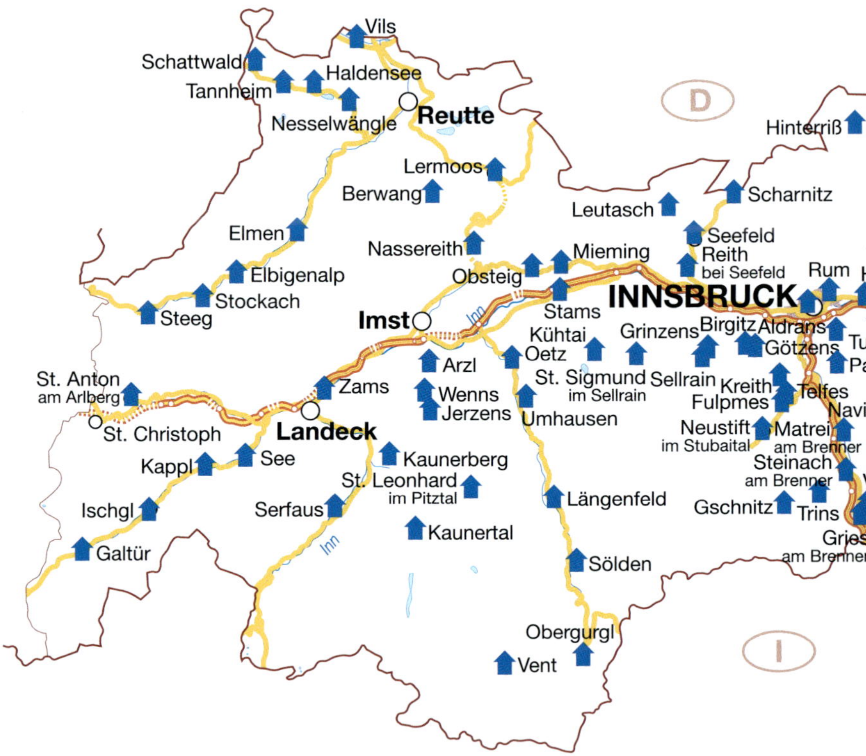

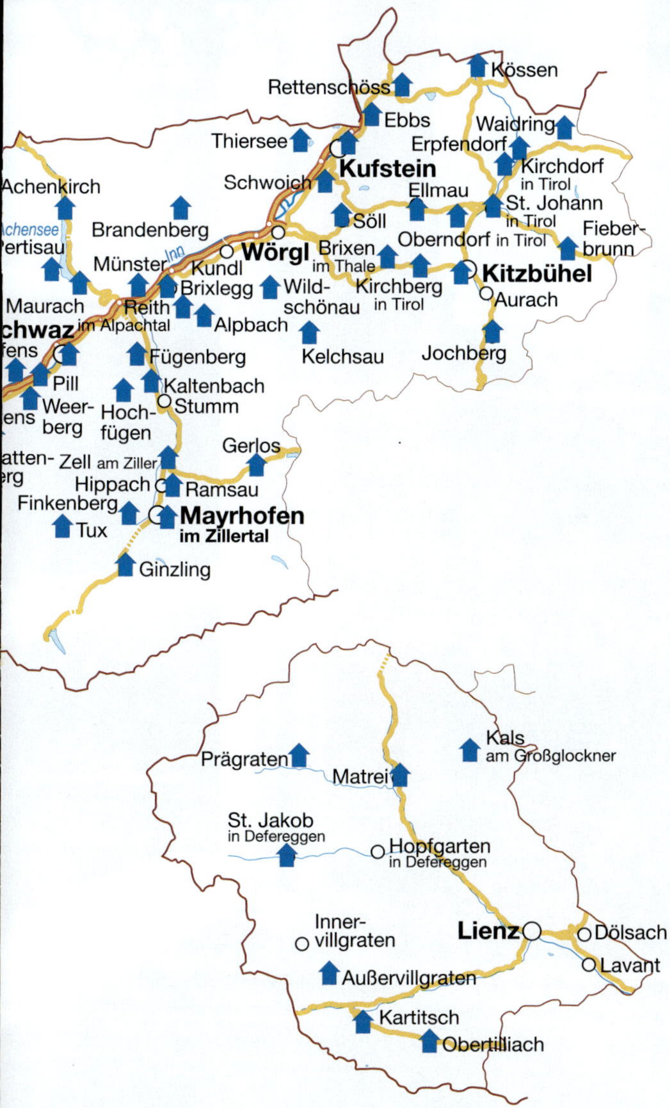
Rettenschöss
Kössen
Ebbs
Waidring
Thiersee
Erpfendorf
Kufstein
Kirchdorf in Tirol
Schwoich
Achenkirch
Ellmau
St. Johann in Tirol
Söll
Brandenberg
Fieberbrunn
Oberndorf in Tirol
Wörgl
Brixen im Thale
Münster
Inn
Kundl
Kitzbühel
Brixlegg
Wildschönau
Kirchberg in Tirol
Aurach
Maurach
Reith im Alpachtal
Alpbach
Kelchsau
Jochberg
Fügenberg
Pill
Kaltenbach
Stumm
Weerberg
Hochfügen
Gerlos
Zell am Ziller
Hippach
Ramsau
Finkenberg
Mayrhofen im Zillertal
Tux
Ginzling
Kals am Großglockner
Prägraten
Matrei
St. Jakob in Defereggen
Hopfgarten in Defereggen
Innervillgraten
Lienz
Dölsach
Lavant
Außervillgraten
Kartitsch
Obertilliach

G&M

DIE BESTEN ALMHÜTTEN FÜR GOURMETS

DIE BESTEN ALMHÜTTEN FÜR
DIE FAMILIE

DIE BESTEN ALMHÜTTEN IM SOMMER

DIE BESTEN ALMHÜTTEN IM WINTER

DIE BESTEN ALMHÜTTEN MIT EIGENEN PRODUKTEN

Respektvolles Miteinander auf unseren Almen

Sowohl am Berg als auch auf der Alm gibt es gewisse Spielregeln, die für ein ungetrübtes Erlebnis und ein gutes Miteinander sorgen. Wer diese beachtet, hilft der Natur, der Landwirtschaft und nicht zuletzt den Erholungssuchenden selbst.

2.100 bewirtschaftete Almen gibt es in Tirol. Die Ruhe, die idyllische Lage gepaart mit hochwertiger Kulinarik und der typischen Tiroler Gastfreundschaft verliehen den Almen schon immer eine besondere Anziehungskraft. Diese Sehnsucht nach Freiheit und Erlebnissen in der alpinen Natur wurde durch die Corona-Pandemie noch einmal verstärkt.

Die Alm ist nicht nur Sehnsuchts- und Entspannungsort für die Menschen, sondern vor allem auch Zuhause für die Weidetiere. Deshalb gilt es, gewisse Regeln zu beachten und vor allem den Tieren und der Natur mit Respekt zu begegnen.

Natur schützen und erhalten

Damit das Wandererlebnis für alle zum Genuss wird, gilt es, gewisse Regeln zu beachten. Ein verantwortungsvolles Verhalten dient nicht nur der eigenen Sicherheit, sondern soll vor allem auch helfen, die Natur in unseren Bergen zu schützen und zu erhalten. Keine Abfälle zurückzulassen, Lärm zu vermeiden, Pflanzen unberührt zu lassen und auf den markierten Wegen zu bleiben, sollte eigentlich selbstverständlich sein. Ganz wichtig ist aber auch, Wild- und Weidetiere nicht zu beunruhigen.

Vorsicht bei der Begegnung mit Weidetieren

Das sollte in erster Linie aus Respekt der Landwirtschaft gegenüber passieren. Unsere Bäuerinnen und Bauern sorgen mit viel Einsatz für den Erhalt der Almwirtschaft. Dazu gehört das Weidevieh und hier ist bei Begegnungen eine gewisse Vorsicht geboten. Deshalb kommunizieren Land, Landwirtschaftskammer und Tirol Werbung zehn Verhaltensregeln für den richtigen Umgang mit Weidevieh. „Begegnen Sie den hier arbeitenden Menschen, der Natur und den Tieren mit Respekt" lautet die letzte

Regel zusammenfassend. Denn gegenseitiger Respekt führt zu Verständnis, Rücksichtnahme und schlussendlich zu einem angenehmen Miteinander auf unseren Almen.

Auf den Tiroler Bergen finden Sie jede Menge Gastlichkeit, Genuss und Kulinarik auf hohem Niveau. *www.tirol.at/wandern*

10 Verhaltensregeln für den Umgang mit Weidevieh

1. *Kontakt zum Weidevieh vermeiden, Tiere nicht füttern, sicheren Abstand halten!*
2. *Ruhig verhalten, Weidevieh nicht erschrecken!*
3. *Mutterkühe beschützen ihre Kälber. Begegnung von Mutterkühen und Hunden vermeiden!*
4. *Hunde immer unter Kontrolle halten und an der kurzen Leine führen. Ist ein Angriff durch ein Weidetier abzusehen: Sofort ableinen!*
5. *Wanderwege auf Almen und Weiden nicht verlassen!*
6. *Wenn Weidevieh den Weg versperrt, mit möglichst großem Abstand umgehen!*
7. *Bei Herannahen von Weidevieh: Ruhig bleiben, nicht den Rücken zukehren, den Tieren ausweichen!*
8. *Schon bei ersten Anzeichen von Unruhe der Tiere Weidefläche zügig verlassen!*
9. *Zäune sind zu beachten! Falls es ein Tor gibt, dieses nutzen, danach wieder gut schließen und Weide zügig queren!*
10. *Begegnen Sie den hier arbeitenden Menschen, der Natur und den Tieren mit Respekt!*

ARZL IM PITZTAL

IMST

KIELEBERGALM

Die Kielebergalm liegt im Pitztal unweit des Naturparks Kaunergrat. Ein Forstweg verläuft beim Matzleswald rechts Richtung Kielebergalm. Nach einer Gehzeit von 15 bis 20 Minuten biegt man bei der Weggabelung links Richtung Stein/Kielebergalm ab. Diese Forststraße endet kurz vor der Kielebergalm und führt als Steig weiter direkt zur Alm. Von dort hält man sich rechts und geht über den Wirtschaftsweg – immer links abbiegend – zurück nach Matzleswald. In der Speisekarte, durchwegs klassisch, befinden sich viele Spezialitäten wie Graukassuppe, diverse Knödel und Schmarren.

Tel: 05412 65 30
0660 346 22 25
6471 Arzl im Pitztal

LEINER ALM

Die Leiner Alm liegt auf einer Seehöhe von 1.836 Metern, im Wandergebiet Hochzeiger am Anfang des Pitztals. Die am Fuße des Leiner Kögele liegende Alm ist ein begehrtes Wanderziel in der Region. Ausgangspunkt ist der Weiler Krabichl zwischen Leins und Wald. Rechts dem Forstweg bis zur nächsten Weggabelung folgen, dann dem Forstweg Richtung Hilterbodenkapelle. Es gibt gute, bodenständige Almküche mit allen Klassikern, die das Herz begehrt. Vor allem der Apfelstrudel, aber auch der selbst gemachte Kaiserschmarren sind eine echte Empfehlung.

Tel: 0664 280 68 28
6471 Arzl im Pitztal
Untergasse 25
www.leineralm.at
info@leineralm.at

KÜHTAI

IMST

DORTMUNDER HÜTTE

Die Dortmunder Hütte kann ganz bequem mit der Bergbahn erreicht werden. Wenn man will. Sie liegt nur ein paar Gehminuten von der Station entfernt. Allerdings bringt man sich dabei um ein unvergessliches Erlebnis – der Aufstieg lohnt nämlich. Genau wie die Touren, die von der Dortmunder Hütte ausgehen. Was aber wirklich überrascht, ist die Küche. Man spürt die Passion, mit der hier gewerkt wird. Tadellos zubereitete und wunderschön angerichtete heimische Alm- und Hausmannskost, sensationelle Knödel, großartige Jausen und herrliche Pfannengerichte. Wir sind begeistert.

Tel: 05239 52 02
6183 Kühtai
www.dortmunderhuette.at
info@dortmunderhuette.at

LÄNGENFELD

IMST

STABELEALM

Ein Hinweis, der immer wieder wichtig ist zu betonen: Die Stabelealm ist nicht die Stabele Schirmbar in Sölden und auch nicht die Stablealm im Lechtal. Sie ist eine kleine Alm nahe Längenfeld. Noch vor einigen Jahren weideten nur eine Handvoll Rinder rund um die Alm, mittlerweile ist die Herde gewachsen. Aber auch wenn die Alm klein ist, das Essen ist umso herzhafter: Geboten wird solide Almkost. Unbedingt probieren sollte man das „Hofenkraut" (Sauerkraut mit Geselchtem und Würsten) oder das Bergpfandl – ebenfalls Sauerkraut, aber mit Schlutzkrapfen und Kasknödel.

Tel: 05253 63 12
0664 500 43 75
6444 Längenfeld
www.gstreinshof.com
info@gstreinshof.com
tgl. 10–18 Uhr

VORDERE SULZTALALM

Die Vordere Sulztalalm ist keine kleine Almwirtschaft. Im Gegenteil. Sie gehört zu den Platzhirschen unter den Almen des Landes. Die Zahl der Tiere, die auf der Vorderen Sulztal den Almsommer verbringen, ist beeindruckend, ein paar Hundert sind es bestimmt – vorwiegend Schafe, es weiden aber auch Kühe und Ziegen. Die Verpflegung entspricht dem, was auf Tiroler Almen üblich ist und hat durchwegs gute Qualität. Ausgezeichnete Käsespätzle (mit Röstzwiebeln) und herzhafte Marenden mit allerlei Produkten aus der Nachbarschaft.

Tel: 05253 56 34
0664 174 60 91

6444 Längenfeld
Astlehn 232

WINNEBACHSEEHÜTTE

Ein kristallklarer, kleiner Gebirgssee, der der Hütte als Namenspate dient, und ein kleiner Wasserfall – idyllischer kann eine Schutzhütte kaum liegen. Der Bau und die Planung der Winnebachseehütte gehen auf das Jahr 1900 zurück, als die Sektion Frankfurt an der Oder des Deutschen Alpenvereins die Entscheidung fasste, den Flecken nördlich über Gries im Sulztal mit einer Schutzhütte auszustatten. Sie liegt auf 2.372 Meter Seehöhe. Trotz der ordentlichen Höhe ist das, was die Wirte auf die Teller zaubern, außergewöhnlich gut. Es gibt immer eine vegetarische Alternative, das Fleisch kommt von Ötztaler Bauern.

Tel: 05253 51 97

6444 Längenfeld
Gries 30

www.winnebachseehuette.com
winnebachseehuette@aon.at

WURZBERGALM

Mit dem ersten Satz auf seiner Homepage bringt es Erich Holzknecht, der Wirt, auf den Punkt: „Unsere Speisekarte ist einfach, aber dennoch raffiniert." Besser lässt es sich nicht ausdrücken. Denn auf der Wurzbergalm hat alpine Kulinarik eine lange Tradition. Bauernspeck, Speck- oder Pressknödelsuppe, Alm-Käsespätzle, der Jausenteller (mit Obstler) und zwei mittlerweile legendäre süße Köstlichkeiten: das Heidelbeeromelette (in Tirol als Moosbeernocken bekannt und beliebt) oder Ramonas Apfelstrudel. Dazu ein Glas frische Almmilch. Sie ist ein kleines Paradies, die Wurzbergalm.

Tel: 0664 985 83 07

6444 Längenfeld
Unterried 69

www.wurzbergalm-oetztal.at
erich.holzknecht@
hotmail.com

Mo–So 10.30–20 Uhr
✱ variabel

MIEMING

IMST

COBURGER HÜTTE

Der Coburger Hütte sollte man unbedingt einen Besuch abstatten. Dafür sprechen eine Reihe von Gründen. Einer davon – das fantastische Bergpanorama: Es reicht von der Sonnenspitze und dem Drachenkopf rüber zur Marienbergspitze, dem Grünstein bis zum Tajakopf. Und das sind lange noch nicht alle Gipfel, die dieses Panorama bilden. Die Verpflegung: erstklassig, einfach, frisch, vielfältig und ausgesprochen gut. Der Schweinsbraten zum Beispiel. Mit Sauerkraut und Knödel. Oder die Hauswurst. Oder das Rindsgulasch. Eigentlich ist es egal, wofür man sich entscheidet: Es ist alles richtig gut.

Tel: 0664 325 47 14

6414 Mieming

www.coburgerhuette.at
office@coburgerhuette.at

STÖTTLALM

Sie liegt am Mieminger Plateau: Auf der Stöttlalm kann man heiraten, einfach so hin spazieren oder einen kleinen Lunch während einer Golfrunde nehmen. Was man dabei immer kann, ist den Ausblick zu genießen. Die Speisekarte liest sich wie eine kleine Reise durch die Welt der Kulinarik: angefangen von tirolerisch-alpinen Klassikern – „St. Johanner-Würstel“, Kasspatzeln, Pressknödel oder Graukas – gibt es auch Bowls, Scampipfannen oder Teller mit Vulcanoschinken und Parmesan. Der Gin für den Gin Tonic ist dafür ein waschechter Tiroler: der „Wacholderbär“ von Clemens Strobl und Schnapszampano David Gölles.

Tel: 05246 52 12
6414 Mieming
Obermieming 141
www.stoettlalm.at
events@schwarz.at

NASSEREITH — IMST

NASSEREITHER ALM

Tausende kommen an Nassereith zumindest vorbei, wenn sie in Richtung Fernpass unterwegs sind. Dabei hätte die Ortschaft etwas mehr Aufmerksamkeit verdient – sie ist zwar klein, aber fein. Und die Nassereither Alm in ihrer Nähe eine feine, kleine Alm: frisch zubereitete Almkost, selbst gemachte Mehlspeisen und hervorragende Buttermilch. Vor allem den Graukas oder eine der deftigen Brotzeiten oder Marenden sollte man probieren. Die Wanderung auf die Alm lohnt allemal. Wegen des Panoramas, der Seen und der Herzlichkeit.

Tel: 0660 656 74 67
6465 Nassereith
www.nassereither-alm.at

OBERGURGL — IMST

RAMOLHAUS

Hotel Edelweiss & Gurgl

Das Ramolhaus steht auf knapp über 3.000 Meter Seehöhe und ist damit eine der höchstgelegenen bewirtschafteten Hütten des Deutschen Alpenvereins. Sie liegt nahe dem Gurgler Ferner in den Ötztaler Alpen. Alleine die Höhe ist schon eine klare Ansage. Das Ramolhaus hat aber auch Geschichte. Es wurde im Jahr 1881 errichtet, inzwischen klarerweise mehrmals erweitert und renoviert. Heute bietet es eine zeitgemäße Ausstattung. Und weil man gutes Essen zu schätzen weiß und Wert auf hohe Qualität legt, haben sich die Gastgeber der kulinarischen Aktion „So schmecken die Berge“ angeschlossen.

Tel: 05256 62 23
6456 Obergurgl
Ramolweg 5
www.edelweiss-gurgl.com
info@edelweiss-gurgl.com

ZIRBENALM

Die Zirbenalm ist eine Skihütte im Ötztal. Sie ist aber auch mit demselben Lift im Sommer über eine kleine Wanderung erreichbar. Sonst hat die Zirbenalm wenig mit einer klassischen Alm gemeinsam. Sie ist vielmehr ein trendiger Berggasthof mit viel Rambazamba. Auf der Speisekarte sind einige von „Omas Rezepten“, da ist von regionalen Zutaten und lokalen Bauern die Rede. Ein paar Beispiele: im Heu gegarter alpiner Burger mit Schmelzzwiebeln, Bergkäse und Wirtshauspommes, Rindertatar mit reschem Wurzelbrot. Bei der süßen Fraktion gibt es mehr als Schmarren und Strudel, nämlich Marillenpalatschinken: nicht die schlechtesten.

Tel: 05256 63 32
6456 Obergurgl
Gaisbergweg 25
www.zirbenalm.at
feiern@zirbenalm.at

©Tirol Werbung/Gassler Holger

OETZ IMST

ARMELEN HÜTTE

Die Armelen Hütte erreicht man übers Ötztal. Genauer gesagt ist sie dort auf der Hauptstraße schon gut beschildert, und das ist auch gut so. Angeboten werden regionale und bodenständige Hüttenklassiker mit Produkten aus eigener Landwirtschaft und verfeinert mit Kräutern aus dem eigenen Garten. Gekocht, also vor allem geschmort und gebacken, wird im alten Holzofen. Auf Vorbestellung gibt es aus diesem Backofen auch entsprechende Holzofenpizzen, die sollte man sich keinesfalls entgehen lassen. Rund um die Hütte können Kinder die Almtiere erkunden – von Kühen bis zu Ziegen.

Tel: 0664 200 25 90

6433 Oetz
Kühtaier Straße 14

armelen-huette@gmx.at

ST. LEONHARD IM PITZTAL IMST

HANAUER HÜTTE

Die Hanauer Hütte präsentiert sich als beliebter Ausflugsort in den Lechtaler Alpen. Die eindrucksvolle Bergkulisse mit der Dremelspitze (2.733 Höhenmeter) und das für seinen Blütenreichtum bekannte Hochkar des Parzinn ziehen immer wieder Besucher in die Gegend. Die bevorzugte Lage, aber auch die außergewöhnlich gute Bewirtung sind einen Besuch wert. Familien und Kindergruppen sind jedenfalls herzlich willkommen. Sie finden in der näheren Umgebung der Hütte alles, was das Herz begehrt. Für die Kleinsten wurden eine Kinderspielecke und ein Spielplatz eingerichtet.

Tel: 0664 266 91 49

6481 St. Leonhard im Pitztal
Piösmes 208

www.hanauer-huette.de
hanauer.huette@aon.at

SÖLDEN IMST

ALMWIRTSCHAFT GAMPE THAYA

Im Jahr 2014 wurde die Almwirtschaft Gampe Thaya mit dem Gütesiegel „Genuss-Hütte" der Genussregion Österreich ausgezeichnet. Sie ist damit die erste Hütte des Ötztals und verarbeitet in den Gerichten fast ausschließlich ausgezeichnete Lebensmittel der entsprechenden Genussregionen. Aus Tirol sind das die Oberländer Äpfel, die Oberinntaler Erdäpfel, das Tiroler Grauvieh und das Nordtiroler Gemüse. Bemerkbar macht sich das auch auf der Karte und auf den Tellern. Das Carpaccio vom Grauvieh ist atemberaubend gut und auch die Gerichte mit dem hauseigenen Gampe-Almkäse können sich sehen lassen.

Tel: 0664 240 02 46

6450 Sölden
Gampe Alm 1/Postfach 12

www.gampethaya.at
info@gampethaya.at

täglich 9.15–17 Uhr
✱ Mai–Mitte Juni,
Okt.–Mitte Nov. 2022

GAISLACHALM

Die Gaislachalm ist der älteste Berggasthof im Ötztal, sie liegt auf knapp über 2.000 Metern. Im Sommer bietet die Alm viel Möglichkeiten: Fliegenfischen im eigenen Teich oder Streichelzoo für die Kinder, mit Ponyritt. Nachdem die Hüttenwirte selbst Jäger sind, umfasst das kulinarische Angebot auch Wildgerichte aus eigener Jagd. Es gibt Fischgerichte vom eigenen Teich und Fleischgerichte vom Fleischer im Ort. Die Jausen und Marenden sind üppig, deftig und mittlerweile weit übers Ötztal hinaus bekannt. Dienstags spielt eine Band und es wird gegrillt. Fondues (Fisch und Fleisch) auf Vorbestellung.

Tel: 05254 29 14
0664 530 59 71

6450 Sölden
Gaislach 18

www.gaislachalm.com
info@gaislachalm.com

SAHNESTÜBERL

Eigentlich heißt es Zwieselsteintaje: Eine Taje ist ein almwirtschaftlicher Begriff und benennt eine Mähwirtschaft, bei der Heu erzeugt wird. Das Sahnestüberl ist eine Hommage an den Tourismus – den Tourismus aus Deutschland wohlgemerkt. Sprachspiel hin oder her, auf die Teller kommt dort immer noch großartiger Kaiserschmarren. Ohne Sahne versteht sich. Der ist mittlerweile so beliebt und begehrt, dass es bei schönem Wetter zu Wartezeiten über die ohnehin schon satten (aber gerechtfertigten) 20 Minuten kommen kann. Das Warten lohnt sich allerdings: Einen besseren wird man im Tal lange suchen.

Tel: 0680 203 69 48
6450 Sölden
Zwieselsteintajen 6

SIEGERLANDHÜTTE

Die Siegerlandhütte ist keine Hütte, auf die man so nebenbei spaziert. Sie liegt im hintersten Windachtal, jenem wildromantischen Ötztaler Hochtal, in dem auch Yaks und die Herde der wilden Zackelschafe von Michael Wilhelm leben. Der Weg zur Siegerlandhütte ist ein langer, weshalb die meisten auch gleich ein paar Tage dort oben verbringen. Das Speiseangebot ist einfach, aber ausgesprochen gut. Serviert werden solide Hüttenkost und vor allem herrliche selbst gemachte Kuchen und Mehlspeisen. Abends kann es passieren, dass Liederhefte ausgeteilt und die Gäste zum Mitsingen eingeladen werden.

Tel: 0664 241 40 40
6450 Sölden
Hütten Sölden 203
www.siegerlandhuette.com
office@siegerlandhuette.com

STALLWIES ALM

Sie liegt auf der anderen Seite von Sölden, der entspannten, ruhigen. Die Liftstationen gegenüber sind zwar in Sichtweite, das Halligalli des Wintertrubels ist auch spürbar. Man ist auf dieser Seite aber „safe" und kann die Ruhe des Windachtals genießen. Die Stallwies Alm ist ein idealer Ausgangspunkt für weitere Hochgebirgstouren, zum Beispiel zu Laubkarsee, Hochstubaihütte, Söldenkogl oder Siegerlandhütte. Auf der Hütte selbst gibt es urige Hüttenkost und sensationelle Speckjausen, üppige Brotzeiten und gute Wurst.

Tel: 05254 23 31
0664 501 13 89
6450 Sölden
Windaustraße 27
www.stallwiesalm.at
info@stallwiesalm.at

STAMS — IMST

STAMSER ALM

Der Anstieg zur Alm ist zwar nicht übermäßig anspruchsvoll, dauert aber eine Weile. Er beginnt im Ortskern von Stams und führt vorbei an einer kleinen Kapelle, zunächst entlang einer Straße zum Weiler Hauland. Nach den letzten Häusern geht es auf einem Forstweg weiter bergauf, Abzweigungen lässt man unberücksichtigt. Bei einem Jagdhäuschen quert man den Stamser Bach und folgt der Fahrstraße durch den Pillwald weiter, bis der Weg schließlich direkt zur Stamser Alm führt. Oben gibt es dann deftige Jausen und gute, herzhafte Tiroler Almkost. Die hat man sich auch verdient.

Tel: 0664 126 17 77
6422 Stams
Stamser Alm 1

UMHAUSEN

IMST

HINTERE FUNDUSALM

Die Hintere Fundusalm ist eine urige und gemütliche Jausenstation im Fundustal nahe des Fundussees. Die Einsamkeit und die Ruhe der Natur lassen sich dort in vollen Zügen genießen. Der See, dem man unbedingt einen Besuch abstatten sollte, sowie die grünen Wiesen laden zu längeren Pausen ein. Neben frischen Almprodukten – Milch, Käse, Butter, Buttermilch und Joghurt – kann man originale Rezepte aus der traditionellen Küche des Ötztals genießen, also sämtliche Alm- und Hüttenklassiker der alpinen Kulinarik. Heißt im konkreten Fall: vor allem herzhafte Brettljausen.

Tel: 05255 58 58
6441 Umhausen
Tumpen 238

JAUSENSTATION BICHL

Die Jausenstation Bichl findet man im Ötztal. Am Ortsende von Umhausen geht eine Straße nach links, dann gleich wieder nach rechts auf die Niederthaier Straße in Richtung Ötzi-Dorf. Gekocht wird landes- und gebietstypisch, sprich Ötztalerisch. Die Präsentation der Speisen besticht durch gediegene Tafelkultur und viel Liebe zum Detail. Gekocht wird frisch und mit Zutaten aus der Region. Auch das Tierwohl haben die Bichler im Visier. Es gibt wunderschöne Torten, herzhafte Jausenbretter und gusseiserne Pfannen mit köstlichem Inhalt. Nach wie vor verfügbar und ausgezeichnet: das selbst gebackene Brot.

Tel: 05255 55 32
0664 210 89 72
6441 Umhausen
Niederthai 3
www.bichl.riml.com
info@bichl.net
Do–Di 11–18 Uhr
❄ bis Mitte Dez. 2021,
Ostern–Pfingsten 2022

VENT

IMST

BERGGASTHAUS ROFENHOF

Das Jahr, in dem die Rofenhöfe im Ötztal erstmals urkundlich erwähnt werden, liegt etwas zurück: Es war 1280, um genau zu sein. Man findet sie auf etwa 2.000 Metern nahe Vent, lange waren sie ein Zufluchtsort, der Steuerfreiheit genoss. Genießen lässt es sich dort immer noch – und zwar Almkost vom Feinsten: pikante Hauswurst, Kasknödel oder geräucherten Fisch. Und weil viele Wanderer mit den unterschiedlichsten Vorlieben des Weges kommen, gibt es auch eine beeindruckende Vielfalt anderer Gerichte. Um auf die andere Seite des Baches zu kommen, steht heute eine moderne (und sichere) Hängebrücke zur Verfügung.

Tel: 05254 81 03
6458 Vent
Rofenstraße 3
www.rofenhof.at
info@rofenhof.at

BRANDENBURGER HAUS

Hoch über der Gletscherwelt der Ötztaler Alpen, oberhalb der Scheidelinie zwischen Gepatsch- und Kesselwandferner, thront das Brandenburger Haus. Wer es bis hierhin – ein Zugang ist nur über Gletscher mit spaltenreichen Stellen, sodass eine Seilschaft mehr als empfehlenswert ist – geschafft hat, wird von einer grandiosen Aussicht belohnt. Die Küche überrascht. Es gibt einerseits alpine Hüttenklassiker – allesamt sehr gut, aber auch Ausflüge in die europäische Küche. Der Koch, ein Tscheche, hat in Prag in den besten Häusern gearbeitet – eines davon ist sogar „besternt“.

Tel: 0720 920 308
6458 Vent
Kaunertal 209
www.dav-berlin.de/huetten-ueberblick-anfahrt/oetztal/brandenburger-haus/
info@brandenburgerhaus.at

WENNS
IMST

MUTTEKOPFHÜTTE

Die Muttekopfhütte liegt in bevorzugter Panoramalage am Lechtaler Höhenweg, am Adlerweg und am E4-Fernwanderweg. Sie ist zu Fuß einfach über die Forststraße zur Obermarkter Alm/Latschenhütte vom Imster Ortsteil Rastbühel aus (an der Hahntennjoch-Passstraße) erreichbar. Der Weg ist allerdings für Privatautos gesperrt. Wer trotzdem eine Aufstiegshilfe braucht, nimmt einfach den Sessellift. Kulinarisch ist die Muttekopfhütte ebenfalls ein sicherer Hafen. Die Salate „Ziegenpeter" (klarerweise mit Ziegenkäse) oder „Panzanella à la Mutte" (vegan) überzeugen restlos. Ebenso das Strudelduett.

Tel: 05414 86456
0664 123 6928

6473 Wenns
Oberdorf 240

www.muttekopf.at
info@muttekopf.at

INNSBRUCK
INNSBRUCK

ARZLER ALM

Die Arzler Alm ist beliebtes Ausflugsziel und gastronomischer Treffpunkt auf über 1.000 Meter Seehöhe. Sie ist als „GenussHütte" ausgezeichnet und bietet daher Köstlichkeiten, die aus der Region kommen. Zurecht ausgesprochen beliebt sind das Knödeltris mit knackigem Salat, die Gerstlsuppe oder etwa der Schweinsbraten, frisch aus dem Rohr, mit Erdäpfeln und Kraut. Im Herbst finden auf der Arzler Alm außergewöhnliche Törggelen-Veranstaltungen statt. Außerdem kommen die meisten Zutaten aus der familieneigenen Landwirtschaft.

Tel: 0664 655 33 95

6020 Innsbruck
Rosnerweg 113

www.arzleralm.at
info@arzleralm.at

UMBRÜGGLER ALM

Die Umbrüggler Alm ist DIE Ausflugsalm der Innsbrucker. Kaum verwunderlich – sie liegt nah und ist unkompliziert zu erreichen. Und oben genießt man einen herrlichen Ausblick. Kulinarisch kann sich die Umbrüggler Alm sehen lassen und vor allem mit den ganz guten Restaurants der Gegend messen. Nicht nur geschmacklich, auch von der Präsentation her sind die Gerichte alles andere als gewöhnlich. Wir waren zum Törggelen oben und begeistert. Spinatschlutzer zum Niederknien, Apfelradler zum gleich noch einmal Niederknien. Dazwischen die Schlachtplatte mit Blut-, Leberwurst und Surfleisch.

Tel: 0664 324 45 43

6020 Innsbruck
Umbrüggleralmweg 36

www.umbrueggleralm.at

ALDRANS
INNSBRUCK LAND

ALDRANSER ALM

Die Aldranser Alm ist eine Alm, auf der man weiß, worum es – kulinarisch – geht. Da kann man gar nicht sagen, wo man mit dem Schwärmen anfangen soll. Graukas, sauer mariniert und mit knusprigem Brot, die Marend ist ein Reigen an alpinen Köstlichkeiten: Bergkäse, großartige Sulz, Boxeln, der Speck aus eigener Produktion. Wem die Marend zu viel ist, nimmt einfach das Tris: Graukas, Sulz und saure Wurst. Alles vom Demlhof. Warm gibt es dann noch Kasspatzeln und Bauerngröstl. Oder Kaiserschmarren. Aber nicht immer. Denn der wird selbst und frisch gemacht und dafür ist nicht immer Zeit.

Tel: 0664 1516675

6071 Aldrans
Aldranser Almweg 1

www.aldranseralm.at
aldranseralm@gmail.com

Mo–Sa 9–20, So, Fei 9–17 Uhr

©Tirol Werbung/Aichner Bernhard

BIRGITZ

INNSBRUCK LAND

BIRGITZER ALM

Die Birgitzer Alm liegt auf über 1.800 Metern und wird sowohl im Sommer wie auch im Winter bewirtschaftet. Die Routen zur Alm sind einfach und erholend, die Ausblicke ins Axamer Lizum, auf die Nockspitze und natürlich ins Inntal lohnend. Die Almkost ist klassisch und sehr gut: üppige und schön angerichtete Speckteller, herzhafter Almkäse. Ein großartiges Ausflugsziel mit einfachem Anstieg. Fährt man mit dem Lift hinauf, ist es von der Bergstation etwa eine Dreiviertelstunde bis zur Birgitzer Alm. Einmal angekommen erlebt man herzliche Tiroler Gastlichkeit und fühlt sich stets willkommen.

Tel: 05234 207 02
6092 Birgitz
www.birgitzer-alm.at

FULPMES

INNSBRUCK LAND

STARKENBURGER HÜTTE

Die Starkenburger ist eine urige und gemütliche Schutzhütte des Alpenvereins. Und sie hält, was sie verspricht. Vor allem die Plätze vor der Hütte sind an schönen Tagen sehr begehrt, mit großartigem Ausblick auf den gegenüberliegenden Serleskamm und den Stubaier Hauptkamm. Ein Vorgeschmack oder das Dessert für Bergwanderer, denn die Hütte empfiehlt sich als Ausgangs- oder Endpunkt für eine Tour am aussichtsreichen, aber anspruchsvollen Stubaier Höhenweg. Versorgt wird man mit klassischer – und sehr guter – Bergsteiger- und Hüttenkost. Die Brotzeiten sind herzhaft und üppig.

Tel: 0664 503 54 20
6166 Fulpmes
www.alpenverein-darmstadt.de/huetten/starkenburger-huette/
office@starkenburgerhuette.at
Anfang Juni bis Anfang Okt.

GÖTZENS

INNSBRUCK LAND

GÖTZNER ALM

Man kann die Götzner Alm mit Fug und Recht als alpinen Hotspot in Sachen Kulinarik bezeichnen. Und nicht nur das. Martina und Roland finden es auch wichtig, dass in der Küche regional und nachhaltig gekocht wird – die Herkunft der Lebensmittel ist zentral für die beiden. Die Milch kommt klarerweise von den Almkühen, die Eier von den Nachbarn im westlichen Mittelgebirge. Die Gerichte sind mit Herz und Liebe zum Detail angerichtet, das Angebot selbst ist vielfältig und hochwertig. Echt empfehlenswert sind die süßen Köstlichkeiten aus Lauras Backstube, sie sind perfekt zu Kaffee und Zirbenlikör.

Tel: 0664 430 38 42
6091 Götzens
Götzner Berg 6
www.goetzneralm.at
goetzner-alm@gmx.at

GRIES AM BRENNER

INNSBRUCK LAND

SATTELBERGALM

Die „Wipptaler Genussspechte“ sind eine Kooperation von Betrieben, Bauern und Händlern, die auf regionale Produkte und hohe Ansprüche an die Qualität setzen. Auf Massenproduktion wird bewusst verzichtet. Die servierten Schmankerl sind traditionell und stets handwerklich gemacht. Die Gerichte auf der Alm sind bodenständig und kreativ gleichermaßen. Im Herbst bietet die Sattelbergalm – wohl auch aufgrund der Nähe zu Südtirol – ein großartiges Törggelen an. Mit allem, was dazugehört: Gerstlsuppe, Geselchtem, Kastanien und mehr.

Tel: 05274 877 17
0664 210 82 73
6156 Gries am Brenner
Neder 311
www.sattelbergalm.at
info@sattelbergalm.at

GRINZENS — INNSBRUCK LAND

KEMATER ALM

Zwei Stunden Marsch von Grinzens aus, dann hat man die Kemater Alm erreicht. Sie liegt wunderschön im pittoresken Senderstal, umgeben von den berühmten Kalkkögel. Seit einiger Zeit wird die Alm von Kathrin und Michael Schaffenrath betrieben, und sie machen ihre Sache außerordentlich gut. Die Knödel, und zwar egal welche, können als mustergültig gelten, besonders die Spinatknödel mit Butter und Parmesan. Aber auch das Alm-Pfandl oder die Hauswurst mit Speckknödel und Sauerkraut sind empfehlenswert. Gutes Essen, ohne viel Umstände. Solide Almkost eben.

Tel: 05234 656 79
6095 Grinzens
Kemater Alm 110
www.kemater-alm.at
info@kemater-alm.at

GSCHNITZ — INNSBRUCK LAND

BREMER HÜTTE

Ausgangspunkt für den Aufstieg zur Bremer Hütte ist der Gasthof Feuerstein im Gschnitztal. Auf der Hütte wird eine gut bürgerliche und bodenständige Küche angeboten. Die Zutaten kommen – soweit möglich – aus der Region. Schnaps und Limonaden sind aus kleinen Tiroler Gewerbebetrieben, der Wein aus Österreich. Am Abend ist das kulinarische Angebot etwas größer, es stehen neben einem Bergsteigeressen drei weitere Gerichte zur Auswahl: Dabei ist auch immer ein vegetarisches im Angebot.

Tel: 0664 272 80 71
6150 Gschnitz
Gschnitz 41

LAPONESALM

Die Alm liegt im Talschluss vom Gschnitztal auf einer Seehöhe von knapp 1.500 Metern und ist umrahmt von zahlreichen Berggipfeln. Die Umgebung ist ein Paradies für leidenschaftliche Wanderer und Biker, aber auch Genießerinnen und Genießer kommen voll auf ihre Kosten. Die Küche ist den ganzen Tag warm, es gibt Tiroler Schmankerl ebenso wie internationale Gerichte. Wer es wild liebt, entscheidet sich für Wildbret – das gibt es ebenfalls auf der Lapones und es ist ausgezeichnet. Zwei Stuben bieten reichlich Platz, auch für Veranstaltungen aller Art. Und natürlich fürs Törggelen im Herbst.

Tel: 0664 163 41 90
6050 Gschnitz
Gschnitz 71
www.laponesalm.at
laponesalm@gmx.at

HALL IN TIROL — INNSBRUCK LAND

AUSSERMELANG ALM

Die Außermelang Alm liegt im Wattener Lizum: Das ist der Talschluss des Wattener Tals. Die richtige Bezeichnung ist eigentlich Wattentaler Lizum, der Volksmund hat einfach Wattener Lizum daraus gemacht. Oben auf der Melang werken Vater und Sohn Klingler in der Käserei und verarbeiten die Milch von ein paar Bauern zu großartigem Almkäse. Wanderern werden die Almköstlichkeiten auf rustikalen Brettern serviert und wer möchte, kann sich im Almladen bedienen – hier werden Butter und Käse verkauft. Die Molke, die beim Käsen entsteht, hat ebenfalls begeisterte Abnehmer: die Almschweine.

6060 Hall in Tirol
Wattener Tal
www.hall-wattens.at

KREITH — INNSBRUCK LAND

KREITHER ALM

Die Kreither Alm ist bekannt für ihre solide Almkost und regionale und saisonale Zutaten. Sie liegt auf einer Höhe von knapp 1.500 Metern, entlang des Innsbrucker Almweges. Die Alm ist über eine leichte Wanderung von der Muttereralm aus erreichbar, die Gehzeit dafür beträgt eine Stunde. Wer in Kreith startet, benötigt zwei Stunden. Wer gerne Kaspress-, Spinat- und Speckknödel isst, wird die Kreither Alm lieben. Zusätzlich gibt es eine Jause mit hausgemachtem Speck und Graukäse. Verschiedene Tiroler Köstlichkeiten wie Kiachl, Blattln, Topfenpaunzen und vieles mehr sorgen für Abwechslung.

Tel: 0677 616 69613
6162 Kreith
Kreith 60
www.kreither-alm.at
www.kreither-alm.at

LEUTASCH — INNSBRUCK LAND

GAISTALALM

Die Gaistalalm ist auch unter dem Namen Leutascher Alm bekannt. Und genau das ist sie – eine authentische, bodenständige Alm mitten im Naturparadies Leutasch. Für Wanderer und Bergsportler bedeutet das unzählige Möglichkeiten während des ganzen Jahres. Außerdem ist sie gut erreichbar und familienfreundlich. Die Verpflegung ist das ebenso, die Karte ist überschaubar, die Gerichte ausgezeichnet. Neben guten Hüttenklassikern wie Schnitzel und Almrösti sollte man auch darauf achten, was gerade die Empfehlung des Tages ist.

Tel: 05214 5190
6105 Leutasch
Gasse 180
www.gaistalalm.at

HÄMMERMOOSALM

Die Hämmermoosalm in der Leutasch ist ein beliebter Ausflugsort. Das hat zwei Gründe: Erstens ist sie bekannt für ausgezeichnete (und große) Schnitzel. Zweitens ist der Weg zur Alm eine schöne, entspannte und familientaugliche Wanderung. Das gilt für den Sommer ebenso wie für den Winter – im Winter kommt eben noch die Rodelbahn dazu. Unbedingt probieren sollte man jedenfalls den Kaiserschmarren. Der könnte sich zum dritten Grund entwickeln, warum die Alm über die Grenzen der Leutasch hinaus bekannt ist. Ebenfalls Potenzial zum Dauerbrenner hat der rustikale „Hämmermoosburger".

Tel: 0664 108 4477
6105 Leutasch
Klamm 3
www.haemmermoosalm.at
sonja@haemmermoosalm.at
Di–So 8–22 Uhr (April und November nur Wochenende geöffnet)

RAUTHHÜTTE

Die Rauthhütte in Leutasch liegt auf 1.600 Metern und bietet Berwanderern und Spaziergängern ein eindrucksvolles Panorama: Zugspitze, Wettersteingebirge, Karwendel, die Zillertaler Alpen und die Kalkkögel. Die Alm selbst befindet sich am Fuße der Hohen Munde, einem Soloberg, dem Felix Mitterer eines seiner Stücke gewidmet hat. Auch kulinarisch wird auf der Rauthhütte einiges geboten. Eine unbedingte Empfehlung sind die Kaspressknödel in kräftiger Rindsuppe oder der Kaiserschmarren. Und falls es Wild geben sollte, etwa das Hirschragout. Dann bitte nicht zögern: einfach bestellen und genießen.

Tel: 0664 281 5611
6105 Leutasch
Nr. 7
www.rauthhuette.at
info@rauthhuette.at
Mo–So 11–18, Di–Sa 11–20 Uhr
Anfang April–Pfingsten, Mitte Okt.–Mitte Dez. 2022

ROTMOOSALM

Im Mittelalter gehörte das Tal zur Grafschaft Werdenfels, also zu Deutschland. Heute verläuft die österreichisch-deutsche Grenze entlang des Wettersteinkamms. 1953 errichteten die Leutascher Bauern diese Alm. 2009 wurde sie durch eine Lawine zerstört, danach wieder aufgebaut. Seither bietet sie Wanderern Schutz und Kost: Brettljause, bewährt und gut, Graukäse und Almbutter – einfach, aber großartig. Es sind gewöhnliche Gerichte, aber mit viel Liebe und Leidenschaft von Hüttenwirtin Gabi zubereitet. Siegmund kümmert sich währenddessen um die Kühe.

Tel: 0664 422 61 49
6105 Leutasch
Rotmoosalm 1

MATREI AM BRENNER — INNSBRUCK LAND

MATREIER OCHSENALM

So ganz grundsätzlich, also almwirtschaftsgeschichtlich ist eine Ochsenalm eine Art Sommerrefugium für Ochsen. Jene Ochsen, die auf der Melkalm oder auch auf anderen Almen keinen Platz hatten, kamen auf die Ochsenalm. Und die gibt es überall. Ein paar davon sind in Tirol, aber auch in Südtirol oder sogar in der Steiermark. Auf der Matreier Ochsenalm werden von Dagmar und Markus während der Sommer- (sprich Wander-)Saison Tiroler Speisen, kalte Marenden und Brotzeiten sowie hausgemachte Süßspeisen serviert.

Tel: 05273 601 39
0650 616 06 49
6143 Matrei am Brenner
Mühlbachl
www.matreierochsenalm.ibk.me
matreier-ochsenalm@gmx.at

NAVIS — INNSBRUCK LAND

NAVISER STÖCKLALM

Die Naviser Stöcklalm liegt auf 1.882 Meter Höhe in den Tuxer Alpen, direkt an der Naviser Almenrunde, einem Wanderparadies. Die aus Holz und Stein gebaute Hütte befindet sich auf einem Plateau oberhalb des Navistals, eines Seitentals des Wipptals. Von der „Naturterrasse" aus grünem Rasen sieht man bis hinüber zu den Stubaier Alpen mit Gipfeln wie der Serles oder dem Habicht. Familie Halder betreibt im Tal eine Landwirtschaft, alles ist selbst gemacht: vom Graukas über die Butter, den Speck, das Brot, den Frischkäse. Und der Käsekuchen – der ist überhaupt ein Hit.

Tel: 0664 890 76 46
6145 Navis
Oberweg 123

NEUSTIFT IM STUBAITAL — INNSBRUCK LAND

AUFFANGALM

Der Anstieg zur Auffangalm ist steil und schweißtreibend. Oben hat man dann die Möglichkeit, gleich weiterzuschwitzen – in der traditionellen Schwitzhütte. Das findet klarerweise nicht täglich statt, probieren sollte man es auf jeden Fall. Wem das gar zu archaisch ist, der startet einfach mit dem herrlichen Almfrühstück. Das ist ziemlich umwerfend und mit selbst gebackenem Brot gesegnet: Eine Anmeldung ist dafür aber notwendig. Großartig sind auch der Kaiserschmarren und die Knödel. Überhaupt wird hier alles mit sehr viel Liebe und Leidenschaft zubereitet.

Tel: 0664 522 98 89
6167 Neustift im Stubaital
Bichl
www.auffangalm.at
auffangalm@gmx.at

AUTENALM

Die Autenalm ist ein beliebtes Ziel im Wandergebiet Elfer. Sie ist eine der ältesten Almen im Stubaital, bei der der alte Kern mit viel Holz erhalten wurde. Über der Tür prangt ein stattlicher Steinbock und was die Almwirte in der kleinen Küche zaubern, kann sich sehen lassen. „Genuss im Stubaital" ist hier kein leeres Versprechen. Wie der Bock über der Tür vermuten lässt, ist damit heimisches Wildbret gemeint. Aber auch klassische Kaspressknödel oder das Rindsgulasch und der Tafelspitz. Wer mit Süßem abschließen will, dem stehen frische Kuchen zur Auswahl. Oder ein Schnaps.

Tel: 0664 260 26 81
6167 Neustift im Stubaital
Auten
www.autenalm.at
info@autenalm.at

BRANDSTATT ALM

Tiroler Hausmannskost wie etwa Kaspress- oder Speckknödelsuppe, Bauerntoast, Kasspatzln oder Kaiserschmarren sorgen für das leibliche Wohlbefinden auf der Brandstatt Alm. Also die ganz traditionelle Schiene. Keine Experimente. Warum auch? Die Gerichte gelingen perfekt und zeigen, dass hier das Handwerk beherrscht wird. Sie liegt übrigens im Stubaital, nahe Neustift und ist sowohl im Sommer wie auch im Winter ein attraktives Ausflugsziel für Freizeitsportler und Genießer. Im Sommer sind es endlose Wanderwege, im Winter eine vier Kilometer lange Naturrodelbahn, die die Besucher begeistern.

Tel: 0664 371 50 44
6167 Neustift im Stubaital
www.brandstatt-alm.at
info@brandstatt-alm.at

FALBESONER OCHSENALM

Maridl Schmid, die Sennerin der Falbesoner Ochsenalm, ist nicht nur Sennerin. Maridl ist auch Jägerin und Sammlerin und Hüterin eines kulinarischen Schatzes. Sie ist eine der Letzten, die noch den originalen Graukas-Striezel nach überliefertem Rezept machen kann. Dafür (und nicht nur dafür) ist sie im Tal bekannt. Gekocht wird auf der Falbesoner Ochsenalm, was Wald und Weide hergeben. Herrliche Pilzgerichte, bodenständige Alm- und Hausmannskost, handwerklich und ehrlich. Die Alm ist ein Ort des Bewahrens und der Tradition – von Neustift aus ist sie in etwa eineinhalb Stunden zu erreichen.

Tel: 0676 741 42 68
6167 Neustift im Stubaital
Falbeson

INNSBRUCKER HÜTTE

Die Innsbrucker Hütte ist Ausgangspunkt für zahlreiche Bergtouren und Wanderungen. Der über 3.000 Meter hohe Habicht zählt als Gipfel am Elferkamm zu den eindrucksvollsten Aussichtsbergen der Stubaier Alpen. Sehen lassen kann sich auch die Hütte selbst. Klassische alpine Hüttenarchitektur, schöne Außenfassade mit Holzschindeln – die Speisekarte ist ebenfalls top. Nicht nur schön gestaltet, auch die Gerichte sind beeindruckend: Speck- oder Kaspressknödelsuppe, der „Hurra, die Gams-Burger" einzigartig. Ausgesprochen gut ist auch das Rindsgulasch.

Tel: 05276 295
6167 Neustift im Stubaital
Schulweg 12
www.innsbrucker-huette.at
office@innsbrucker-huette.at

NÜRNBERGER HÜTTE

Die Nürnberger Hütte im Stubaital ist eine solide Schutzhütte des Alpenvereins. Sie liegt auf knapp 2.300 Metern und dient sowohl als Station für den Stubaier Höhenweg als auch als Basislager für gröbere Touren, wie jene auf den Wilden Freiger oder den Östlichen Feuerstein. Die Pächter, Martina und Leonhard Siller, sind herzliche Gastgeber und versorgen die Gäste mit Produkten aus der eigenen Bio-Landwirtschaft im Tal: Käse, Fleisch, Gemüse, alles in beeindruckender Qualität. Dass auf einer derart exponierten Hütte so außergewöhnlich gut gekocht wird, ist – fast – einzigartig.

Tel: 0664 165 74 61
6167 Neustift im Stubaital
Nürnberger Hütte 252
www.nuernbergerhuette.at
info@nuernbergerhuette.at

PATSCH
INNSBRUCK LAND

PATSCHERALM

Der Patscherkofel ist der Hausberg der Innsbrucker. An seiner Flanke liegt auch die Patscheralm. Auf der Terrasse sitzend, reicht der Blick bis ins Wipptal. Die rustikale Alm geht auf den Beginn des vergangenen Jahrhunderts zurück. An der Außenwand prangen immer noch schöne, vergilbte Holzschindeln, über der Tür hängt ein Schild mit einem herzliches „Griaß di". Es gibt eine Jausenkarte, am besten nimmt man aber gleich die „Große Holzhackerjause" oder den Almsalat, wenn es einmal eine Spur gesünder sein soll. Knödel gibt es ohne Ende, man kriegt sie entweder mit Kraut, Suppe oder Salat.

Tel: 0664 405 30 26
6082 Patsch
Patscherkofel 9

RUM
INNSBRUCK LAND

RUMER ALM

Vom Alpenparkplatz Karwendel oberhalb vom Sanatorium Hochrum aus ist die Alm in Rum bei Innsbruck nach etwa einer guten Stunde Fußmarsch erreicht. Es ist ein entspannter Spaziergang, der zur Alm führt – „Appetit anspazieren" könnte man sagen. An Wochenenden gibt es Hendl und Stelzen, sonst eher einfache, aber ausgezeichnet zubereitete Gerichte aus der traditionellen Tiroler Küche. Also in erster Linie Knödel. Nachdem Knödel in der Tiroler Hausmannskost einen besonderen Stellenwert einnehmen, werden sie auf der Rumer Alm in allen erdenklichen Variationen, Formen und Geschmäckern serviert.

Tel: 0664 116 19 69
6064 Rum
Garneid 7
www.rumer-alm.tirol
rumeralm@gmx.at

ST. SIGMUND IM SELLRAIN
INNSBRUCK LAND

GLEIRSCHALM

Zum Essen gibt es Almprodukte in hervorragender Qualität: Almmilch, Buttermilch, Almbutter, Graukäse. Man sollte aber auch die warmen Gerichte probieren – Kasknödel oder Kasspatzln zum Beispiel, beide sind überdurchschnittlich gut. Grundsolide Almkost eben. Die Gleirschalm ist übrigens ein Bio-Betrieb, das heißt, dass nach den strengen Regeln der Bio-Landwirtschaft gearbeitet wird. Die Jausenstation ist klein, die Sonnenterrasse hat Platz für nur knapp 50 Personen. Im Winter ist es die hochgradig familientaugliche Rodelbahn, die die Alm so attraktiv macht.

Tel: 05236 208
0664 325 46 97
6184 St. Sigmund im Sellrain
St. Sigmund 17

SCHARNITZ
INNSBRUCK LAND

HALLERANGERALM

Die Hallerangeralm liegt in der Mitte Tirols, im Karwendel, nur ein paar Meter von jenem Ort entfernt, an dem die Isar entspringt. Sie ist auch eine der „betagtesten" Almen des Landes: Seit über 430 Jahren gibt es die Hallerangeralm bereits. Sie ist ein idealer Ausgangspunkt für Touren nahe dem Gipfel. Die sind hier einigermaßen anspruchsvoll und für trittsichere Bergsportler. Stärken kann man sich dann bei grandioser Almküche. Die Rindfleischgerichte vom Grauvieh aus eigener Zucht sind empfehlenswert, das Wild stammt aus heimischen Revieren, der Rest von den Nachbarn.

Tel: 0664 105 59 55
6108 Scharnitz
Feldweg 521
www.halleranger-alm.at
schallhart@
halleranger-alm.at

MUSSNER

SCHARNITZER ALM

Die Scharnitzer Alm ist eine authentische, urige Alm mit bodenständigem Charakter. Sie liegt im Karwendel, auf nur knapp 1.000 Höhenmetern, neben der Isar und bietet einen guten Blick in die Isarschlucht. Es ist ein schöner und entspannter Spaziergang, der zu ihr führt. Ganz in der Nähe ist auch die eindrucksvolle Gleirschklamm. Geöffnet ist die Hütte nur am Nachmittag. Den Kaiserschmarren sollte man sich keinesfalls entgehen lassen, die Speckbrettl sind gut, beliebt und legendär, auch die Schmalzbrote sind echte Tiroler. Und: Es gibt hausgemachte Kräuterlimonaden.

Tel: 0664 523 45 67
6108 Scharnitz
Hinterautalstraße 112

SEEFELD INNSBRUCK LAND

PFEISHÜTTE

Eine schöne Wanderung im Karwendel führt zur Pfeishütte. Dazu gibt es einen großartigen Rundumblick ins Inntal, zur Stadt, ins Wipp- und Stubaital. Und dann natürlich noch ins Karwendelgebirge zum höchsten Berg der Innsbrucker Stadtgemeinde, der Praxmarerkarspitze. Die Hütte gehört zur Gruppe „So schmecken die Berge", das bedeutet, dass Kulinarik hier einen hohen Stellenwert hat. Das sieht man den „Bayerischen Schmankerln & Tiroler Spezialitäten" auch an. Als Wanderer hat man die Wahl zwischen Fleisch und einem vegetarischen Gericht. Morgens gibt es ein deftiges und gutes Frühstück.

Tel: 0664 914 84 34
6100 Seefeld
Karwendelweg 845
www.pfeishuette.at
info@pfeishuette.at

SELLRAIN INNSBRUCK LAND

JUIFENALM

Abgesehen davon, dass hier – knapp über der Baumgrenze – die Landschaft und das Panorama überaus schön und imposant sind, ist die Juifenalm ein Paradies für Genießer. „Frisch aus der Sennerei" steht an der Wand der Alm. Verfügbar sind sämtliche Produkte der Almwirtschaft: frische Almmilch, Buttermilch, Sauermilch, dazu Graukäse und Mozzarella. Dass es Mozzarella gibt, ist – für eine Tiroler Alm – ungewöhnlich. Angelehnt an Bella Italia wird er mit frischen Kräutern und Tomaten angerichtet. Wie Italien. Nur besser.

Tel: 0664 542 20 90
6181 Sellrain
Juifen 1
www.juifenalm.at

STEINACH AM BRENNER INNSBRUCK LAND

BERGERALM

Die Bergeralm ist ein Wipptaler Ganzjahreskonzept samt Liften und verschiedenen Gastronomiebetrieben: Man muss also aufpassen. Wenn man im Panoramarestaurant einkehrt, könnte es zu einer Enttäuschung kommen – das ist ein klassisches Selbstbedienungsrestaurant mit wenig Charme und solidem, aber wenig aufregendem Essen. Anders sieht die Welt 200 Meter unterhalb, in der Bergeralm-Hütte aus: urig, sympathisch, klein. Tiroler Hausmannskost, feine Destillate, herrlich flaumiger Kaiserschmarren und zünftige Brettljausen. Zu Recht für Skifahrer oft der letzte Einkehrschwung vor der letzten Abfahrt.

Tel: 05272 63 33
6150 Steinach am Brenner
Hübenweg 25
www.bergeralm.net
mail@bergeralm.net

TELFES IM STUBAI — INNSBRUCK LAND

PADASTERJOCHHAUS

Das Haus ist ein lohnendes Ausflugsziel für Familien und Ausgangspunkt für erlebnisreiche Bergtouren zugleich. Mit Zustiegsmöglichkeiten von Gschnitz und aus dem Stubaital liegt das Padasterjochhaus zentral zwischen den bekannten Berggipfeln von Habicht und Serles. Der Aufstieg mit mehr als 900 Meter Höhenunterschied beginnt am Wanderparkplatz bei Trins und folgt zuerst der Forststraße in Richtung Westen über dem Gschnitztal. Die servierten Gerichte orientieren sich an den Klassikern der heimischen Alm- und Hüttenkost und sind von grundsolider Qualität.

Tel: 0650 717 27 71
6165 Telfes im Stubai
www.padasterjochhaus.at
info@padasterjochhaus.at

WALDERALM

Die Alm liegt im Karwendel auf etwa 1.500 Metern Höhe und ist von Gnadenwald aus gut erreichbar. Nach einem kurzen Anstieg kann man sich auf der Sonnenterrasse niederlassen und genießen, was die Walderalmeler servieren. Es gibt Frankfurter, St. Johanner und – ganz großartig – und offenbar nach einem alten Rezept gemacht: Kaspressknödel. Die Hirtennudeln gibt es je nach Wunsch mild oder scharf, wobei beide Varianten überaus köstlich sind. Sehr gut sind übrigens auch die selbst gemachten Kuchen und Mehlspeisen alleine deretwegen zahlt sich der Besuch aus.

Tel: 05223 783 59
0677 622 601 93
6165 Telfes im Stubai
Serlesweg 12
www.walderalm.at
walderalm@gmail.com
Mi–So 9–17 Uhr

TRINS — INNSBRUCK LAND

BLASERHÜTTE

Die Blaserhütte liegt deutlich jenseits der Baumgrenze. Sie bietet mit ihrem Blick auf den Zillertaler Hauptkamm, die Tuxer Alpen und natürlich auf den Blaser, dem die Hütte zu Füßen liegt, schon ein außergewöhnliches Panorama. In der Küche legen die Wirte Wert auf Qualität, Regionalität und frische Produkte. Verarbeitet wird, was die benachbarten Bauern bringen. Großartig sind sowohl der Kaiserschmarren, der auf Wunsch auch glutenfrei angeboten wird, als auch die Speckknödel. Daneben gibt es noch zahlreiche weitere Mehlspeisen und selbst angesetzten Meisterwurz: Den sollte man probieren.

Tel: 05275 200 69
6152 Trins
Trins 246
www.blaserhuette.at
a.nocker@aon.at

TULFES — INNSBRUCK LAND

GLUNGEZER HÜTTE

Die Glungezer ist eine Hütte des Alpenvereins auf 2.600 Metern. Im vergangenen Jahr wurde die Küche erneuert. Die Gerichte sind aber immer noch die beliebten Klassiker, für die die Hütte bekannt wurde. Die „Spaghetti à la Kathmandu", Nudeln nach einem Rezept von Sherpa Purba, sind seit Jahren der Renner auf der Speisekarte der Glungezer Hütte. Das Brot wird nach wie vor selbst gebacken und ist außerordentlich gut. Beim Dessert kann man sich zwischen allerlei hausgemachten Mehlspeisen und dem Glungezer Heidelbeergeist entscheiden.

Tel: 05223 780 18
6075 Tulfes
www.glungezer.at
glungezerhuette@
glungezer.at

VALS — INNSBRUCK LAND

GERAER HÜTTE

Die Geraer Hütte erreicht man über das Wipptal. Oder über das Schmirn- oder Zillertal. Der Weg übers Wipptal ist wesentlich kürzer, jener vom Zillertal eine richtig lange Tour. Landschaftlich lohnen beide Wege. Kulinarisch ist die Alm sowieso ein Gewinn. „Auf 2.324 Metern ist eine hohe Qualität der Gerichte zwar schwieriger zu gewährleisten, aber diesen Herausforderungen stellen wir uns gerne", sagt Katharina, die Hüttenwirtin und meint ernst, was sie sagt. Herausragend sind die Rohnen- und Spinatknödel. Aber auch die Graukaspressknödel sind eine wahre Freude. Alpin, regional, gut.

Tel: 0676 610 303
6154 Vals
Vals 24b/1
www.geraerhuette.at
info@geraerhuette.at
tgl. 11–15 und 18–20 Uhr

WATTENBERG — INNSBRUCK LAND

LIZUMER HÜTTE

Es ist nur ein Wort im Lateinischen: „lutum" – seine erweiterte Bedeutung „auf den Weiden am Ende des Tals" ist aber namensgebend für Hütte und Umland. Die Hüttenwirte, Lukas Aichhorn und Tobias Spechter, empfangen Wanderer und Bergfreunde auf ihrer Hütte mit grundsolider alpiner Hüttenkost: Die Kaspressknödel sind absolute Benchmarks. Schwierig ist lediglich die Entscheidung, ob man sie in der Suppe, am Salat oder als Snack einfach zum Reinbeißen nimmt. Auch der Kaiserschmarren ist eine Zierde seiner Art. Nicht umsonst ist die Hütte Mitglied der Initiative „So schmecken die Berge".

Tel: 05224 52 111
0664 927 21 17
6113 Wattenberg
www.lizumerhuette.at
info@lizumerhuette.at

BRIXEN IM THALE — KITZBÜHEL

FRANKALM

Die Frankalm in Brixen – über der Eingangstür steht „Jausenstation" – ist eine kleine, authentische Hütte. Viel Holz, viel Flair. Nichts davon überladen. Echt hoher Wohlfühlfaktor. Die Speisekarte ist kompakt, die Gerichte sind außerordentlich gut: Kaiserschmarren, großartige Suppen. Empfehlenswert sind auch die Spiegeleier mit Speck. Der Speck ist von außerordentlicher Qualität, die Eier perfekt gebraten. Bodenständige Hausmannskost auf spektakulärem Niveau. Geöffnet ist im Sommer wie im Winter. Für Stammgäste gibt es zum Abschluss die legendären „Herztropfen".

Tel: 0650 450 55 14
6364 Brixen im Thale
Filz 17
l.hirzinger@hotmail.com

KANDLER ALM

Die Kandler Alm im Brixental, eigentlich ein Berggasthof, ist viel mehr als eine Alm. Sie ist ein attraktiver Ort für Feste aller Art: allen voran natürlich ein Platz zum Heiraten. Nachdem sich das offenbar auch herumgesprochen hat, heiraten doch einige hier heroben. Das bedeutet, dass die Alm für die anderen Gäste ein bisschen weniger oft offen hat. Ein Besuch zahlt sich jedenfalls aus. Entweder für ein herzhaftes Bergfrühstück, später dann für den Braten, frisch aus dem Ofen, oder das Rinderspektakel „Alles vom hofeigenen Pinzgauer Jahrling".

Tel: 0676 905 75 47
6364 Brixen im Thale
Kandleralmweg 2
www.kandleralm.at
info@kandleralm.at

WIEGALM

Die Wiegalm in Brixen ist immer für eine Überraschung gut. Wenn man an ihr vorbeikommt, vermutet man zuerst nicht, was einen dort kulinarisch erwartet. Äußerlich betrachtet ist sie ein traditionelles Schutzhaus mit Sonnenterrasse. Von innen betrachtet hat man bereits am Beginn die Qual der Wahl zwischen fünf verschiedenen Prosecco-Apéros. Es gibt aber auch Weißbier von der regionalen Huber-Brauerei. An Wochenenden wird frischer, saftiger Schweinsbraten aus dem Holzofen serviert. Aber auch sonst ist das Angebot top: Drei verschiedene Gröstl stehen zur Wahl – Tirol, Blunze und vegan.

Tel: 0676 966 23 48
6364 Brixen im Thale
Wiege 1
www.wiegalm.at
info@wiegalm.at
tgl. 10.30–15 Uhr (Pfingsten bis Anfang Okt.)

ERPFENDORF — KITZBÜHEL

HUBERALM

Klaus Foidl ist quasi der Chef der Huberalm. Klaus ist ein Multitalent, das auf der Alm die gesamte Klaviatur beherrscht: Küche, Service, Hausmeister. All das trägt seine Handschrift. Dazu greift er auch seinen Eltern bei der Landwirtschaft unter die Arme. Die Huberalm ist eine authentische, kleine und urige Alm in den Kitzbüheler Alpen, in der auch in der Küche fast alles selbst gemacht ist, so wie die außergewöhnlich guten Mehlspeisen und der ebensolche Schweinsbraten. Das Bier, das hier serviert wird, kommt von der Huber-Brauerei.

Tel: 0664 557 52 89
6383 Erpfendorf
Huberalm 20

FIEBERBRUNN — KITZBÜHEL

WILDALPGATTERL

„Einkehren mit Stil" steht auf der Homepage und man erfährt, dass das Wildalpgatterl Mitglied der Vereinigung KochArt ist – das verspricht einiges. Das Gatterl befindet sich im Skigebiet Fieberbrunn. Man kann sogar die Kinder mit dem Tellerlift noch ein paar Mal rauf- und runterschicken und sich nebenbei verwöhnen lassen. Empfehlenswert dabei, weil man das sonst eher selten findet: Blutwurstgröstl, der „Big Mountain Burger" mit Speck, Käse und Spiegelei im selbst gebackenen Bun serviert. Unbedingt zu probieren, ist auch die Wurst vom Damhirsch oder das Gatterl-Wrap mit Lammfleisch.

Tel: 05354 526 55
6391 Fieberbrunn
Almen 57
www.wildalpgatterl.at
office@wildalpgatterl.at
tgl. 9–17 Uhr
variabel

WILDSEELODERHAUS

Das Wildseeloderhaus über dem Pillerseetal ist eine Schutzhütte des Österreichischen Alpenvereins und über eine leichte Wanderung vom Lärchfilzkogel erreichbar. Sie wirkt ein wenig wie ein breitschultriger Lego-Baustein – eine Eigenheit in der Architektur, die den laufenden Um- und Ausbauten geschuldet ist. Sie liegt in ruhiger Lage an einem kleinen Gebirgssee, auch die Verpflegung überzeugt. Das ist wiederum Bernhard Kaufmann, dem Wirt, zu verdanken. Er hat das kulinarische Konzept (zum Guten) verändert. Dazu gehört auch, dass das Haus kein SB-Restaurant (mehr) ist.

Tel: 0664 340 07 17
6391 Fieberbrunn
Almen 52
www.wildseeloderhaus.at
info@wildseeloderhaus.at
tgl. 6–22 Uhr

JOCHBERG KITZBÜHEL

BÄRENBADALM

Die Bärenbadalm liegt am Tiroler Zillergrund und ist ein Wohlfühlort für die ganze Familie. Den Kindern werden viel Raum und reichlich Spielmöglichkeiten geboten, während sich die Eltern entspannt am Liegestuhl ausruhen können. Über mehrere Wanderwege oder mit dem Rad ist das Ganze auch noch wunderbar zu erreichen. Das kulinarische Angebot ist vielfältig und solide. Sehr empfehlenswert ist der „Bärenbadalm-Burger", aber auch der „Zillertaler Holzknechtkrapfen" ist einen Versuch wert. Die Eiskarte überrascht mit Klassikern wie dem Coup Dänemark und dem beliebten Früchtebecher. Für die Eltern: Eierlikörbecher.

Tel: 0664 310 46 00
6373 Jochberg
Bärenbadkogel-Gipfel/
Skigebiet Kitzbühel
www.baerenbadalm.at
info@baerenbadalm.at

BRUGGER-ALM

Freitags ist – zumindest im Sommer – Tag der Hausmannskost. Das klingt spannend. Denn an diesem Tag bekommt man, was man sonst auf einer Alm nur noch selten serviert: Germkiachl –süß oder mit Sauerkraut –, Erdäpflblattln mit Topfen und Bauernkrapfen. Der leichte Anstieg lohnt sich also. Zu trinken gibt es heimisches Bier, Brennnesselsaft und natürlich allerlei anderes. Wem das zu „hausmännisch" ist: Es gibt auch den Rest der Klassiker – Schnitzel, Spatzeln und Co.

Tel: 05355 50 88
0664 534 90 56
6373 Jochberg
Gauxweg 4
www.bruggeralm.at
bruggeralm@a1.net
tgl. 9–17 Uhr

KELCHSAU KITZBÜHEL

ERLA BRENNHÜTTE

Sie liegt in der Region Hohe Salve, Kelchsau, am Langen Grund. Das ist zwar mit dem Auto zu erreichen, aber nur mit einem geländegängigen. Oder mit einem, bei dem eigentlich schon alles egal ist. In der aktuellen Saison war der Lange Grund immer wieder wegen einer Baustelle gesperrt. Man kann aber ohnehin auch hingehen. Sollte man auch. Der Schweinsbraten ist ein absolutes Gedicht, der Rest ebenso. Es gibt eine schöne und gemütliche Terrasse, die Bedienung ist freundlich und zuvorkommend. Im Prinzip kann man in der Erla nichts falsch machen. Egal, ob alleine oder mit großer Familie.

Tel: 0664 906 81 53
6361 Kelchsau
Langer Grund 64
www.kitzbueheler-alpen.com/de/hosa/infra/a-z/erla-brennhuette
erharter.r@ktvhopfgarten.at

TIEFENTALALM

Die Tiefentalalm liegt in Kelchsau am Langen Grund in den Kitzbüheler Alpen. Damit ist auch geklärt, welche der beiden Tiefentalalmen in Tirol gemeint ist – die in Kitz, nicht jene in Pitz. Der flache Anstieg wartet mit nur wenig steilen Passagen und eignet sich auch für Anfänger, ab der Mautstation geht es etwa 600 Höhenmeter aufwärts. Die Hütte hat eine lange Tradition, in der urigen Stube kann man eine offene Feuerstelle bestaunen, auf der früher gekocht wurde. Heute gibt es Tiroler Alm- und Hüttenkost sowie herzhafte Marenden aus vorwiegend regionalen Produkten.

Tel: 0664 501 05 89
6361 Kelchsau
Langer Grund 82
hannes.roeck@gmx.at

GAISBERGALM

Erreichbar ist die Alm über den Gaisberglift. Sie bietet alpine Erholung, Stärkung und Entertainment auf etwa 1.200 Metern. Sie liegt etwas abseits des Halligalli der Gamsstadt und steht für solide Küche und deftige Jausen. Neben den Klassikern der heimischen Hüttenkost gibt es auch alpine Raritäten, die man sonst in den Bergen eher vergebens sucht. Aus welchen Gründen zum Beispiel die herrliche Graukassuppe sukzessive von den Karten verschwindet, ist uns ein Rätsel. Man könnte ja die Hüttenwirtinnen und -wirte Tirols auf die Gaisbergalm zur Masterclass schicken: Hier ist sie mustergültig.

Tel: 05357 35 55
6365 Kirchberg in Tirol
Kleinseite 60
www.gaisbergalm.com
info@gaisbergalm.com

JAUSENSTATION BÄRSTÄTTALM

Die Bärstättalm liegt in der Region Kitzbüheler Alpen – Brixental und bietet alles, was man von einem Bergerlebnis erwartet, das in Erinnerung bleiben soll. Vom Gaisberglift aus ist man etwa eine halbe Stunde unterwegs, von der Bergstation der Alpenrosenbahn etwa dreimal so lange. Spannend sind beide Wege. Auf der Alm wird man mit solider Kost versorgt. Regional und saisonal, wie die Wirte beteuern. Auf einem Brett vorm Haus hängt eine Tafel: „3-Hauben-Lokal", mit drei bunten Strickhauben, die darauf genagelt wurden. Das hat was, finden wir. Und die Gerichte gehören tatsächlich zur Alm-Oberliga.

Tel: 0664 511 47 76
6365 Kirchberg in Tirol
Gaisberg 5
www.kitzbueheler-alpen.com/de/kirchberg/info/baerstaettalm.html
baerstaettalm@gmail.com

KOBINGERHÜTTE

Mitten im urigen Almdorf der Harlassangeralm auf 1.500 Metern, hoch über dem Spertental liegt die Kobingerhütte. Wenn es draußen stürmt und schneit oder klirrend kalt ist, wärmt ein alter Kachelofen die Stube. Und wenn das Wetter passt, liegen einem draußen auf der Sonnenterrasse die Kitzbüheler Alpen zu Füßen. Von hier aus können zahlreiche Berg- und Radtouren unternommen werden. Der Service ist persönlich, freundlich und zuvorkommend, das Ambiente urig. Die selbst gemachten sowie frisch zubereiteten Spezialitäten kommen allesamt aus der Region. Besonders empfehlenswert ist der Kaiserschmarren.

Tel: 0664 426 53 10
6365 Kirchberg in Tirol
Gaisberg 17
www.kobingerhuette.at
kobingerhuette@aon.at

MAIERL

Chalets für gediegene Auszeiten. Ein Refugium für stilbewusste Genießer. Das ist die eine Seite vom Maierl. Es gibt aber auch noch eine andere: damit ist eine kultige Skihütte mit hohem Genussfaktor gemeint. Auf der Karte stehen Klassiker der alpinen Küche ebenso wie moderne Interpretationen internationaler Gerichte. Tapas (wunderschön arrangiert), Beef Tatar oder Tiroler Burger. Auch die Weinauswahl kann sich sehen lassen: Der eine oder andere reife Jahrgang kann da (wieder-)entdeckt werden.

Tel: 05357 210 90
6365 Kirchberg in Tirol
Krinberg 14
www.maierl.at
info@maierl.at

KIRCHDORF IN TIROL — KITZBÜHEL

BACHERALM

Die Rodelbahn zur Bacheralm ist weit über die Grenzen der Region hinaus bekannt und nicht nur bei Einheimischen aus dem Raum Kirchdorf sehr beliebt. Der entspannte und ausgesprochen familientaugliche Aufstieg von etwa einer halben Stunde, eine gut gesicherte und zwei Kilometer lange Rodelstrecke und natürlich die sympathische Einkehr in die Bacheralm begeistern Rodelfans von nah und fern. Jeden Samstag findet ein zünftiger Hüttenabend statt. Auf der Karte stehen hausgemachte Strudel und Kuchen, die verwendeten Produkte kommen aus der eigenen Landwirtschaft.

Tel: 05352 6901
6382 Kirchdorf in Tirol
Schwendter Straße 73

KITZBÜHEL — KITZBÜHEL

BERGGASTHOF SONNBÜHEL

Der Berggasthof Sonnbühel in der Gamsstadt ist Teil einer Gruppe von Kitzbüheler Gastrobetrieben, zu der – neben anderen – auch das Chizzo oder der Neuwirt gehören. Das bedeutet natürlich, dass man dem Genuss verpflichtet ist, außergewöhnliche kulinarische Erlebnisse sind damit garantiert. Nicht ganz „Alm", dafür aber „Kitz pur": Man hat die Wahl zwischen Südtiroler Speck, Prosciutto di Parma oder Bündner Fleisch – keine einfache Entscheidung. Auch beim Chateaubriand: Das wird zwar nur für vier Personen oder mehr gemacht, zahlt sich aber aus. Vorbestellen und reservieren! Wie fast überall in Kitz.

Tel: 05356 627 76
6370 Kitzbühel
Hahnenkamm 11
www.sonnbuehel.at
info@sonnbuehel.at

BERGHAUS TIROL

Das Berghaus Tirol liegt hoch über Kitzbühel, eingebettet zwischen Hahnenkamm und Ehrenbachhöhe. Auch wenn man es auf den ersten Blick nicht vermuten mag, das Berghaus ist ein historisch bedeutsamer Boden. Es ist Alfons Waldes letztes realisiertes Projekt als Architekt auf dem Hahnenkamm. Jeden Freitagabend findet ein uriger Hüttenabend im Berghaus statt. Das kulinarische Angebot ist jedenfalls spannend: von klassisch („Strammer Max" und „Berghausjaus'n") bis deftig (Blunzengröstl und Kasspatzln) ist alles zu haben. Der Renner schlechthin ist aber der Kaiserschmarren mit Moosbeeren.

Tel: 05356 624 70
6370 Kitzbühel
Hahnenkamm
www.berghaustirol.at
schiheil-berghaus@gmx.at

HOCHKITZBÜHEL BEI TOMSCHY

Mit Alm (im Sinne einer bewirtschafteten Sennalm) oder einer Schutzhütte im alpinen Sinn hat Hochkitzbühel freilich nicht viel zu tun. Egal, es ist so etwas wie ein kulinarisches „Safe House". Christoph Tomschy ist ein Kitzbüheler Gastroprofi, die Adresse Am Hahnenkamm 1 eine Ansage. Es ist ein Haus, das von Alfons Walde entworfen wurde, jenem Künstler, der neben vielen bekannten Bildern auch das Kitzbüheler Logo mit dem berühmten Kitz schuf. Zu trinken gibt es hochwertige Weine und viel Sprudel, meist Champagner. Tipps auf der Speisekarte: „Honolulu-Bowl" und Heidelbeerschmarren.

Tel: 05356 620 940
6370 Kitzbühel
Am Hahnenkamm 1
www.beitomschy.at
hochkitz@beiTomschy.at
So–Do 9–17 Uhr, Fr 9–23 Uhr, Sa 9–18 Uhr

HORNKÖPFLHÜTTE

Die Einheimischen (und die Stammgäste) sagen einfach „Hornköpfl". Sie hat ihren Namen vom Kitzbüheler Horn, an dessen Sonnenseite sie liegt. An der Schindelwand prangt groß das Logo von Kitzbühel. Auf der Hornköpflhütte erlebt man solide Hüttengaudi ebenso wie entspanntes Chillen. Das kulinarische Angebot hier ist jedenfalls konstant: Konstant gut und empfehlenswert. Es gibt Deftiges aus der schweren Pfanne, traditionelle Tiroler Wirtshausküche und dazu ein beachtliches Weinsortiment.

Tel: 05356 636 41
6370 Kitzbühel
Ried am Horn 8
www.hornkoepfl.com
hornkoepfl@kitz.net

MELKALM

Auf einer Melkalm werden nicht einfach nur Kühe gemolken, sie war auch die Alm für den Auftrieb von Milchkühen. Die in Kitzbühel hat damit – außer dem Namen – aber nicht viel gemeinsam: Sie ist eher ein Ort solider alpiner Gastlichkeit. Und heißt auch Alpengasthof Melkalm. Es gibt hervorragende heimische Almkost, sprich außergewöhnlich gute Käsespätzle und ein grandioses Schnitzel. Sogar die Berner Würstel, die sonst eher als kulinarische Zombies durch diverse Hüttenküchen geistern, sind sehr gut. Von den selbst gemachten Mehlspeisen und Desserts reden wir gar nicht erst.

Tel: 05356 621 19
0664 182 19 75
6370 Kitzbühel
Hahnenkamm 32
www.gasthof-melkalm.at
melkalm32@gmail.com
tgl. 8.30–16 Uhr
❄ variabel

PANORAMA-ALM

Natürlich ist die Panorama-Alm mehr ein Bergrestaurant als eine Alm, man sollte ihr trotzdem eine Chance geben. Auch wenn sie groß und auf den ersten Blick unpersönlich wirkt – sie ist es nicht. Und vor allem: Sie heißt nicht umsonst so. Das Panorama ist wirklich beeindruckend. Die Küche ebenso. Es dominieren die „üblichen Verdächtigen", allerdings in blendender Form. Feine Steaks vom heimischen Rind, saftiger Zwiebelrostbraten und für den (jungen) Rest der coolen Gang: Kaiserschmarren „Alf", Schnitzel „Pinocchio" und Grillwürstel „Pokémon".

Tel: 0664 330 64 09
6370 Kitzbühel
Jochberg 1592/3
www.panoramaalm.net
info@panoramaalm.net
tgl. 8–21 Uhr

SEIDLALM

Schnaps, Käse und die Butter fürs Frühstück kommen vom Schörgererhof in Oberndorf, für die frische Milch werden die eigenen Jersey-Rinder gemolken. Edelbrenner Manfred Höck aus Schwoich sorgt mit seinen blitzsauberen Fruchtbränden für den geistvollen Genuss. Auf der Karte sollte man sich am „Traditionellen" halten und etwa nach dem Moosbeerschmarrn oder der gebrannten Topfencreme fragen. Davor oder falls es etwas deftiger sein darf: die gebackene Blutwurst mit Schnittlauchcreme ist ein Heuler. Aber auch das Wildragout kann sich sehen lassen.

Tel: 05356 642 35
0664 530 73 56
6370 Kitzbühel
Ried Ecking 24
www.seidlalm-kitzbuehel.at
info@seidlalm.at
tgl. 9–17 Uhr

KÖSSEN — KITZBÜHEL

NARINGALM

Die Naringalm ist eine sympathische, kleine Alm im Kaiserwinkl, an den Südhängen der Wetterfahne. Zur Weidezeit im Sommer bei schönem Wetter ist sie durchgehend geöffnet, bei schlechtem Wetter kann es sein, dass sie geschlossen ist. Wer auf Nummer sicher gehen möchte, ruft davor einfach an oder erkundigt sich via E-Mail. Angeboten werden kräftige Brotzeiten und Marenden und natürlich alle üblichen Getränke. Aber eigentlich sollte man schon allein des Panoramas wegen auf die Alm marschieren – der Anstieg ist unkompliziert und leicht. Den Schnaps zur Begrüßung aufs Haus gibt es immer noch.

Tel: 0664 360 29 11
6345 Kössen
Moserbergweg 53
www.naring-alm.at
leo@wegererhof.at

SCHWARZENBACHALM

Kristallklare Luft, unberührte Natur und saftige Bergwiesen – mitten im Kaiserwinkl, in der Gemeinde Kössen. Auf 1.000 Meter Seehöhe gelegen bietet die Schwarzenbach-Alm nicht nur Erfrischung und Rast für Wanderer und Mountainbiker, sondern auch einen unbeschreiblichen Ausblick auf den Zahmen Kaiser und den Unterberg. Oben angekommen genießt man eine Reihe Tiroler Köstlichkeiten und vor allem das hausgebackene und großartige Brot, das zu diversen Jausen und Marenden serviert wird. Herausragend sind auch die selbst gemachten Schnäpse und Liköre, allen voran der fruchtige Heidelbeerlikör.

Tel: 0664 587 58 65
6344 Kössen
www.schwarzenbach-alm.at
alois.daxauer@hotmail.com

TAUBENSEEHÜTTE

Der Taubensee ist auch als „Auge Bayerns" bekannt. Der Name erschließt sich, sobald man ihn aus der Vogelperspektive betrachtet. Aber Bayern? Gut, die Grenze ist schließlich nah. Wer an den Taubensee kommt, wird hier keine Tauben sehen: Seinen Namen hat er also garantiert nicht von den Vögeln. Allerdings heißen die kleinen Krebse, die es im Taubensee scheinbar noch gibt, im Volksmund „Daupn". Leider schaffen es diese Daupn nicht in den Suppentopf, was schade ist. Die Suppe mit heimischen Fischen ist allerdings auch ohne Krebse recht gut. Die Desserts auch.

Tel: 0664 124 6925
6345 Kössen
Mühlbergweg 54
www.taubensee.at
info@taubensee.at
Di–So 9–17 Uhr

OBERNDORF IN TIROL — KITZBÜHEL

STANGLALM

Die Stanglalm ist eine Alm am Kitzbüheler Horn – allerdings nur von der Adresse her. Sie ist nämlich vielmehr ein stattliches Alpengasthaus mit gediegener Tiroler Wirtshauskultur, Mitglied bei den „Weinwirten am Kitzbüheler Horn" und überhaupt ein sicherer Hafen für wandernde und skifahrende Genießer. Fairerweise muss man sagen, dass sie eigentlich auch Alpengasthaus Stanglalm heißt. Das Almerer-Schnitzel ist mittlerweile legendär. Es ist eine kraftvolle alpine Variante eines Cordon bleu: zwei Schnitzel, Topfen und Speck dazwischen, paniert, in der Pfanne herausgebacken. Top auch: die Kuchen.

Tel: 05352 647 25
6372 Oberndorf in Tirol
Almen 6
www.stanglalm.at
info@stanglalm.at

ST. JOHANN IN TIROL — KITZBÜHEL

ANGERER ALM

Die Angerer Alm ist ein Fels in der kulinarischen Brandung Tirols. Dabei könnte das mit dem Fels durchaus im wahren Wortsinn gemeint sein, denn neben ihrem kulinarischen Angebot ist die Angerer Alm vor allem für eines bekannt: ihren Felsenkeller, in dem außergewöhnliche und rare Weine lagern. Wenig verwunderlich, ist doch die Seniorchefin (Alm und Küche haben zwischenzeitlich Tochter und Schwiegersohn übernommen) die Präsidentin der Österreichischen Sommelierunion. Es gibt Produkte von ansässigen Lieferanten, Zutaten von Bauern aus der Region, heimisches Wild und Kräuter aus dem Almkräutergarten.

Tel: 05352 627 46
6380 St. Johann in Tirol
Berglehen 53
www.angereralm.at
info@angereralm.at
Mi–Fr 10–16 und 18–23,
Sa, So 8–16 und 18–23 Uhr
❄ variabel

BASSGEIGER ALM

Die Bassgeige findet sich im Namen, aber auch im Logo der Alm. Warum, ist eigentlich unklar. Das kulinarische Angebot der Alm am Kitzbüheler Horn kann sich jedenfalls sehen lassen. Den Hüttenwirten sind Regionalität, Herkunft und Tierwohl wichtig – das ist gut so. Übersetzt auf Teller oder Bretter sind das herrliche Jausen, ein umfangreiches und reichliches Bergfrühstück bis kurz vor Mittag und später die Klassiker der Tiroler Wirtshauskultur. Das Panorama und die Wandermöglichkeiten am Kitzbüheler Horn sind sowieso einzigartig.

Tel: 05352 621 17
6380 St. Johann in Tirol
Almen am Kitzbüheler Horn 1
www.bassgeigeralm-schipflinger.at
mail@bassgeigeralm-schipflinger.at

GRANDER SCHUPF

Der Berggasthof Grander Schupf liegt in fast unberührter Natur. Die Stube ist holzvertäfelt, rustikal und groß genug, um Wander- oder Skifahrergruppen genauso zu bewirten wie Familienfeste oder Hochzeiten. Die Karte variiert von Saison zu Saison, ist modern und geht über die klassische Almkost hinaus. So bekommt man auch Filetsteak mit gegrilltem Rucola oder ein Fiakergulasch – aber auch die Evergreens der heimischen Hüttenverpflegung. Besonders gut: die Spinat- und Kaspressknödel mit lauwarmer Butter und gegrillten Tomaten. Gut ist auch das Wein- und Getränkeangebot.

Tel: 05352 639 25
6380 St. Johann in Tirol
Winkl Schattseite 6 a
www.granderschupf.at
info@granderschupf.at
Mi, Do, So 11–17,
Fr, Sa 11–19 Uhr
❄ variabel

WAIDRING — KITZBÜHEL

KAMMERKÖRALM

Mit Kammerköralm ist das gastronomische Angebot im Skigebiet Waidring-Steinplatte gemeint. Zu diesem Potpourri gehört das Panoramarestaurant Kammerkör, großzügig angelegt an der Bergstation des Achter-Sessellifts: viel Glas, viel Ausblick, Selbstbedienungsrestaurant-typisches Essen. Einen Stock darüber befindet sich das Alpenblick, in dem das Essen auch serviert wird. Neben dem Panoramarestaurant gibt es eine Après-Ski-Bar und irgendwo weiter unten an der Piste die Skihütte Gasthaus Bärneck. Alles da, was man für einen gelungenen Skitag am Berg braucht.

Tel: 05353 63 16
6384 Waidring
Schredergasse 9
www.kammerkoeralm.at
info@kammerkoeralm.at

ALPBACH — KUFSTEIN

BÖGLALM

Im Winter werden auf der Böglalm deftige (und große) Pfannen serviert: alpine Köstlichkeiten wie Spätzle, aber auch Schnitzel und Konsorten. An Freitagen gibt es (ebenfalls aus der Pfanne) mustergültigen Kaiserschmarren mit Apfelmus. Im Sommer ist am Freitag Knödeltag. Gekocht wird frisch und ausschließlich mit Zutaten aus der Region. Die Gerichte erinnern ein wenig an gute alte Zeiten, weshalb es zeitweise auch ein wenig dauern kann. Aber das Warten lohnt sich. Auch der Spaziergang zur Alm lohnt: einfach, abwechslungsreich und stets mit herrlichem Panoramablick.

Tel: 0664 916 17 43
6236 Alpbach
Nr. 589
www.böglalm.at
hatty@alpbach-alm.at
tgl. 9–16 Uhr

FARMKEHRALM

Die Farmkehralm liegt im Alpbachtal, genauer im Greiter Graben. Der Anstieg (zu Fuß oder mit dem Bike) wird belohnt: mit einem großartigen Ausblick auf den Großen Galtenberg, den höchsten Berg des Bezirks. Auf der Alm selbst hat man die Wahl zwischen gemütlicher Stube oder sonniger Terrasse. Die Jausen sind üppig und schmackhaft. Die Produkte dafür kommen sowohl aus der Region als auch aus eigener Produktion. Sogar das Bier ist regional und kommt aus der nahen Zillertaler Brauerei. Unverändert ist die Farmkehralm auch für ihre ausgezeichneten Wiener Schnitzel bekannt.

Tel: 0680 320 90 85
6236 Alpbach
Alpbach 476

ZOTTAHOF

Auch heuer gilt wieder: Viel müssen wir am Text nicht ändern. Aus gutem Grund. Wir haben uns entschieden, den Zottahof wegen seines Kaiserschmarrens in die Auswahl aufzunehmen und die Entscheidung war ganz leicht. Die urige Jausenstation oberhalb von Alpbach ist weit über das Alpbachtal hinaus für ihren einzigartigen Kaiserschmarren bekannt. Er wird jedenfalls nicht wie üblich in Stücken, sondern als flaumig-köstliches Riesenomelette serviert. Eine weitere Besonderheit des Hauses ist die Löffelmilch – auch dieses Rezept ist topsecret. Erwachsene bestellen zu beidem einfach den Eierlikör.

Tel: 0650 272 70 23
6236 Alpbach
Nr. 115
jausenstation.zottahof@hotmail.com

BRANDENBERG
KUFSTEIN

JAUSENSTATION TIEFENBACHKLAMM

Tiefenbachklamm bedeutet Prügeltorte, das ist praktisch ein Muss – egal, ob man Mehlspeistiger ist oder nicht. Mit einem Besuch schließt man eine Wanderung durch die Klamm ab. Dort genießt man dann Sonnenterrasse, Spielplatz und feine Speisen. Es gibt, was der Küche einfällt und für gut befunden wird. Neben den Klassikern, Speckjause und Käseplatte, auch sauer marinierten Graukas, Kasspatzn, stattliche Knödel und gute Strudel. Auch getränkemäßig gibt man sich in der Jausenstation Tiefenbachklamm regional und heimatverbunden. Statt Coca serviert man Bichls Quellwasser. Und Tiroler Cola.

Tel: 05331 200 86
6234 Brandenberg
Brandenberg 42

BRIXLEGG
KUFSTEIN

HECHAHOF

Der Hecha ist DER Speckbauer im Alpbachtal. Auf gemütlichen 765 Metern gelegen und in einer im Original erhaltenen Bauernstube samt Speckselch aus dem 16. Jahrhundert liegt der Hechahof. Und bietet neben dem grandiosen Speck auch einen ebensolchen Ausblick aufs Inntal, das Alpbachtal und das Rofan-Gebirge. Es ist nur eine kleine Wanderung vom Brixlegger Ortsteil Mehrn zum Brixlegger Ortsteil Zimmermoos, aber der Spaziergang zahlt sich aus. Neben dem Speck gibt es auch, ganz traditionell, Tiroler Edelbrände und Liköre: selbst angesetzt und selbst gebrannt.

Tel: 0664 113 71 84
6230 Brixlegg
Zimmermoos 1

HOLZALM

Ein kurzer (und einigermaßen anstrengender) Anstieg auf den Hausberg der Alpbachtaler, den Gratlspitz, danach ein wunderschönes Panorama. Das zieht sich – bei schönem Wetter – bis hin zum Großglockner und den Großvenediger, geht in die Zillertaler Alpen ebenso rein wie in die Stubaier Alpen, ins Karwendel, zum Rofanstock und zum Wilden Kaiser. Außerdem lohnt die Speckjause die Mühen – alles ist von erlesener Qualität. Darüber hinaus bietet die Holzalm aus kulinarischer Sicht ausgezeichnete Alm- und Hausmannskost.

Tel: 0676 420 61 03
6230 Brixlegg
Zimmermoos 43
brixlegg@alpbachtal.at

EBBS
KUFSTEIN

ASCHINGER ALM

Die Alm liegt am Zahmen Kaiser und ist ein beliebter Ausflugsort für Rodler, Wanderer und Genießer. Angeschlossen ist eine eigene Käserei, auf den Wiesen rund um die Alm weiden die Almtiere. Das kulinarische Angebot verblüfft, weil es so umfangreich und vielfältig ist. Das Knödeltris, mittlerweile ein Klassiker, kommt anders, als man denkt. Neben Spinat- und Kaspressknödel ist eine Kärntner Kasnudel die Dritte im Bunde: ungewöhnlich, aber ausgezeichnet. Außerdem wird ein saftiges Rindsgulasch angeboten. Das Wildbret kommt von der Jagdgenossenschaft Buchberg.

Tel: 05373 431 08

6341 Ebbs
Oberbuchberg 34a

www.aschingeralm.at
info@aschingeralm.at

Mo–So 9–17, Mi–Sa 9–21 Uhr

ELLMAU
KUFSTEIN

RÜBEZAHL-ALM

Der Sage nach ist der Rübezahl ein Berggeist im Riesengebirge. Aber jedes Kind kennt ihn und das ist, was zählt. Denn die Rübezahl-Alm ist – auch, wenn sie gern als „Genießeralm" von sich spricht – in erster Linie eine Kinderalm. Zwerge bis zum sechsten Lebensjahr werden aufs Frühstück eingeladen, wer aufrechten Ganges unter der Stalltür durchgehen kann, zahlt weniger. Der Spielplatz ist eine kleine Abenteuerwelt, in der die Kinder gut aufgehoben sind, wenn die Eltern das kulinarische Angebot genießen. Und ja, der Name „Genießeralm" hat durchaus auch seine Berechtigung.

Tel: 05358 26 46

6352 Ellmau
Faistenbichl 42

www.ruebezahlalm.at
info@ruebezahlalm.at

KUFSTEIN
KUFSTEIN

ANTON-KARG-HAUS

Die „Hütte mit Herz", so wird sie wegen der detailverliebten Dekoration aus Naturmaterialien gerne genannt, ist besonders bei Familien und Kletterern beliebt. Das Anton-Karg-Haus ist auch bekannt als Hinterbärenbad und befindet sich in ruhiger Umgebung im Kaisertal, das als eines der letzten durch eine Straße erschlossenen Täler Tirols gilt. Im Moment hat die Ortschaft etwa 40 Einwohner, Ruhe ist also gewährleistet. Kulinarische Erlebnisse allerdings auch. Wer viel und trotzdem gesund essen will, bestellt einfach den „Bärenhungersalat". Wer es gerne deftig hat, die Kaspressknödel.

Tel: 05372 625 78

6330 Kufstein
Kaisertal 2

www.hinterbaerenbad.com
reservierung@
hinterbaerenbad.com

PFANDLHOF

Der Pfandlhof liegt im Naturschutzgebiet Kaisertal. Er ist über einen Wanderweg von Eichelwang aus in einer Dreiviertelstunde zu jeder Jahreszeit erreichbar – und zwar sehr bequem. Die Festung Kufstein dabei stets im Blick, ebenso die Innberge sowie den imposanten Wilden Kaiser. Auf der Speisekarte dominiert die klassisch-traditionelle Tiroler Wirtshauskost. Ganz hervorragend sind die Suppen: Die Rindssuppe mit Speckknödel ist ein absoluter Renner, aber auch das Gulasch. Und: Es gibt Wildgerichte aus der eigenen Jagd. Sollte das auf der Karte stehen, unbedingt zuschlagen.

Tel: 05372 621 18

6330 Kufstein
Kaisertal 7

www.pfandlhof.at
info@pfandlhof.at

MÜNSTER
KUFSTEIN

BAYREUTHER HÜTTE

Die Bayreuther Hütte liegt im Rofangebirge und steht auf einem genialen Aussichtspunkt auf 1.600 Meter Höhe. An einem Ort, an dem sich Ziller-, Alpbach- und Inntal treffen. Dementsprechend eröffnen sich dem Besucher schöne Ausblicke in diese Täler und Panoramen bis hin zum Alpenhauptkamm. Auf einem langgezogenen Almrücken gebaut und vom Sonnwendjoch im Westen flankiert ist die Bayreuther Hütte ein idealer Ausgangspunkt für intensive Bergerlebnisse. Wanderer werden mit den Klassikern der alpinen Hüttenkost versorgt und können sich darauf verlassen, dass auch der Genuss nicht zu kurz kommt.

Tel: 0664 342 5103
6232 Münster
Alpen 157
www.bayreuther-huette.at
info@bayreuther-huette.at

REITH IM ALPBACHTAL
KUFSTEIN

ALMSTÜBERL GSCHWENDT

Das Almstüberl Gschwendt in Reith im Alpbachtal ist ein beliebter Ausflugsort – sowohl für Wintersportler als auch für Wanderer im Sommer. Das Angebot der Küche orientiert sich an den Klassikern der Tiroler Hüttenkost. Was bei den Besucherinnen und Besuchern immer wieder zu den Favoriten zählt, ist der hausgemachte und frische Kaiserschmarren. Darüber hinaus gibt es auch Schnitzel und – eigentlich eine Rarität auf den Hütten und Almen des Landes – die original „St. Johanner-Würstel". In jedem Fall lohnt der Besuch: sei es bei einem Einkehrschwung oder nach einer Wanderung im Alpbachtal.

Tel: 0664 253 49 23
6235 Reith im Alpbachtal
Reither-Kogel 4a
www.almstueberl-gschwendt.at
info@almstueberl-gschwendt.at

ALPENGASTHOF PINZGERHOF

Was man bei der Begrüßung am Pinzgerhof sofort bekommt, ist erst einmal ein Schnaps. Es gibt einige Gründe, warum man den nicht ablehnen sollte. Erstens wegen der Höflichkeit. Zweitens, weil er wirklich gut ist: selbst gebrannt und das nicht schlecht. Der Schnaps vom Pinzgerhof wurde von den strengen Gaumen der Tiroler Edelbrandsommeliers bereits zum Betriebssieger gekürt. Aber auch alle anderen Köstlichkeiten auf der Karte kommen aus der eigenen Landwirtschaft, dem eigenen Kräutergarten oder aus den Revieren von befreundeten Jägerinnen und Jägern. Absolut empfehlenswert.

Tel: 05337 621 740
6235 Reith im Alpbachtal
Brunnerberg 12
www.pinzgerhof.at
urlaub@pinzgerhof.at

RETTENSCHÖSS
KUFSTEIN

BURGERALM

Die Burgeralm ist eine schöne Alm mit herrlicher Sonnenterrasse und entspanntem Anstieg, der für Familien ebenso geeignet ist wie für Biker und Läufer. Täglich, außer Freitag. An dem Tag erholen sich Kühe und Wirte von den Strapazen des Almalltags. An den anderen Tage in der Woche gibt es deftige Brotzeiten mit Tiroler Speck und Wurst aus eigener Produktion, Pressknödel (jeder eine Zierde) und frischer Almmilch und Käse. Unveränderte Empfehlung beim Käse, der „Tiroler Adler Gold": Den sollte man unbedingt probieren. Oder mitnehmen. Oder beides.

Tel: 05373 618 09
0699 131 305 09
6347 Rettenschöss
Nr. 61
www.burgeralm.at
anton.fahringer@utanet.at
Sa–Do 8–18 Uhr

WILDBICHL ALM

Die Wildbichl Alm zwischen Aschau und Kufstein bietet einen einzigartigen Blick aufs Unterland und aufs untere Inntal. Während des Almsommers gibt es frische Rohmilch. Wer möchte, kann auch – im wahren Wortsinn – selbst Hand anlegen und sich sein Glas Milch melken. Die Speisekarte ist ein wenig von Understatement geprägt. Auf den ersten Blick finden sich da viele, einfach wirkende Gerichte, von der Fritattensuppe bis zum Schinken-Käse-Toast. Aber dann ist da, ganz unten, der Hinweis auf die Tageskarte – und da geht die Post ab: Rehbraten, hin und wieder Gams, Speck vom Kaissenhof.

Tel: 0664 736 608 79

6342 Rettenschöss
Ritzgraben

www.wildbichlalm.at

Mi–So 9–18 Uhr

SCHWOICH — KUFSTEIN

STÖFFLHÜTTE AUF DER WALLERALM

Hier ist eine Erklärung erforderlich. Das Weidegebiet heißt Walleralm – das ist so etwas wie das Grätzel am Berg. Die Hütte ist die Stöfflhütte. In Schwoich verbindet man mit „Stöffl“ vor allem Bier. Das Stöfflbräu heißt jetzt zwar Bierol Taproom, braut aber immer noch außergewöhnlich gute Craftbiere. Die Stöfflhütte auf der Walleralm wurde vor mehr als 350 Jahren gebaut. Heute wie damals werden die Stallungen während der Sommermonate bewirtschaftet. Nach alten Rezepten stellen die Wirte ihre Buttermilch her. Womit auch klar ist, was man unbedingt probieren sollte.

Tel: 0664 524 94 41

6334 Schwoich
Hinterstein 84

www.walleralm.at
info@walleralm.at

SÖLL — KUFSTEIN

ALPENGASTHOF HOCHSÖLL

Der Alpengasthof Hochsöll ist ein beliebtes Ausflugsziel im Unterland. Jeder Tiroler kennt das Hexenwasser als Ziel eines Schulwandertags – und damit auch den Alpengasthof. Kulinarisch kann man sich nämlich dort verwöhnen lassen, wenn die Kinder auf Entdeckungsreise gehen. Ob große (und gute) Pfannen, knusprige Braten oder kleine Jausenteller. Das Angebot ist abwechslungsreich und reicht vom ofenfrischen Schweinsbraten bis zum Tiroler Gröstl und zum gebackenen Bergkäse. Klarerweise gibt es auch Kinderportionen. Erfreulich hoch ist übrigens der Bio-Anteil. Und: Die Salate sind auch grandios.

Tel: 05333 526 045 00
0664 831 7334

6306 Söll
Salvenberg 26

www.alpengasthof-hochsoell.at
alpengasthofhochsoell@skiwelt.at

tgl. 11–16.30 Uhr

AUALM

Im Winter ist die Aualm eine einkehrschwungtaugliche Hütte in der Skiwelt Scheffau. Mit allem, was dazugehört: großartige Schnäpse, Tiroler Köstlichkeiten und saftiger Schweinsbraten. Das Interieur ist rustikal, hat aber Charme. Im Sommer wird es dann wirklich alpin. Da wandert das gastronomische Angebot auf den Hochleger, die Au-Hochalm. Frische Almmilch und daraus gewonnene Produkte werden ebenso angeboten wie Wurst und Speck von den eigenen Almschweinen. Auf die kleinen Gäste wartet ein großzügiger Spielplatz. Ein wunderbarer Ganzjahresbetrieb und kulinarisch gesehen sicherer Hafen.

Tel: 0664 410 33 00

6306 Söll
Bromberg 29

www.aualm.at
johanna@horngacher.at

Do–Di 8–17 Uhr

THIERSEE

KUFSTEIN

BERGGASTHOF ACKERNALM

Die Ackernalm, eigentlich der Berggasthof Ackernalm, liegt im Osten Tirols. Die Auffahrt zur Alm ist kurz vor dem Ursprungpass in Richtung Deutschland. Im Sommer werden auf der Alm ungefähr 300 Kühe gesömmert, ihre Milch zu Emmentaler, Butter und Almkäse verarbeitet. Man kann davon ausgehen, dass immer auch herausragende Almmilch im Angebot ist. Dazu gibt es selbst gemachte Mehlspeisen und deftige Speck-, Käse- und Brettljausen. Und klarerweise Hausmanns- und Hüttenkost – vom Wiener Schnitzel bis zum Rindsgulasch. Von Kufstein aus ist man in etwa zwei Stunden auf der Alm.

Tel: 0664 415 05 80

6335 Thiersee
Almen 48

www.ackernalm.at

KALA ALM

Sie hat den Hirsch im Logo – das weckt erst einmal Erwartungen. Wildbret! Diese Erwartungen werden kurz enttäuscht, weil keines auf der Karte steht. Die Enttäuschung währt aber nur kurz, denn das, was auf der Karte steht, hat große Klasse. Es gibt – ganz klassisch – Schweinsbraten, Geselchtes und Bauernschmaus. Ein Gericht besser als das andere. Auch das Gulasch vom Almochsen kann sich sehen (und schmecken) lassen. Für eine Portion Kaiserschmarren braucht man allerdings auch eine Portion Glück. Dass der nämlich gut ist, hat sich scheinbar herumgesprochen – den gibts nicht immer.

Tel: 05376 50 55
0664 394 42 84

6335 Thiersee
Schneeberg 50a

www.kala-alm.at
info@kala-alm.at

Mi–Sa 9–20, So 9–18 Uhr
variabel

WILDSCHÖNAU/AUFFACH

KUFSTEIN

ALPENGASTHOF SCHÖNANGERALM

Das Zentrum der Schönangeralm ist die Schaukäserei. Die stattlichen Käselaibe mit ihrer kräftigen Rinde sind schon in einigen Prämierungen mit Medaillen bedacht worden. Bei der Käse-Olympiade in Galtür, DEM Käsewettbewerb im alpinen Raum, findet man sie immer wieder auf dem Siegerstockerl. Das Alpengasthaus selbst ist ein Ausflugsziel am Talschluss der Wildschönau und Ausgangspunkt für viele schöne Wanderungen. Das kulinarische Angebot bietet solide Almkost in ausgezeichneter Qualität.

Tel: 05339 89 44
0664 326 76 16

6313 Wildschönau/Auffach
Schönanger 205

www.schoenangeralm.at
info@schoenangeralm.at

GIPFÖ HIT

Gipfö Hit am Schatzberg in der Wildschönau ist keine Alm, eher ein Bergrestaurant, allerdings ein sehr empfehlenswertes. Es liegt auf etwa 1.900 Meter Seehöhe und wurde 2007 von drei Freunden errichtet. Als „GenussWirte" verarbeiten die Gipfö-Hitter ausschließlich Tiroler Grauvieh, Nordtiroler Gemüse, Oberinntaler Erdäpfel und – einigermaßen einzigartig – die Wildschönauer Krautingerrübe. Das ist eine weiße Stoppelrübe, aus der in der Wilschönau der berühmt-berüchtigte Krautinger destilliert wird, ein Grenzgänger der Schnapsbrennkunst. Jedenfalls wird im Gipfö Hit offenbar mit viel Leidenschaft gekocht.

Tel: 0664 130 08 71
6311 Wildschönau/Oberau
Schatzberg 315
www.gipfoehit.at
stefan@gipfoehit.at

NORDERBERGALM

Kulinarik ist wichtig auf der Norderbergalm. Auch die Tafelkultur. Und zwar in einem Maß, das man auf einer Alm nur selten findet. Das ist aber auch notwendig – auf der Hütte kann nämlich auch geheiratet werden und das ist bekanntlich einer der wichtigsten Tage im Leben. Da sollte schon auch das Geschirr passend sein. Die Küche ist sowieso ausgezeichnet. Dafür sorgen das AMA- Gastrosiegel und eine leidenschaftliche Küchencrew. Immer noch empfehlenswerte Gerichte auf der Karte: die Stelze, die Ofenkartoffeln, die Kaspressknödel und vor allem der Kaiser- oder Fürstenschmarren.

Tel: 0699 111 188 76
6311 Wildschönau/Oberau
Zauberwinkel, Oberau 452
www.norderbergalm.at
norderbergalm@aon.at
Di–So 9–17 Uhr

GALTÜR

LANDECK

FAULBRUNNALM

Die Faulbrunnalm liegt mitten im Galtürer Skigebiet, also absolut zentral für Einkehrschwünge zu jeder Skitageszeit. Das Panorama ist – Paznaun eben – wunderschön, der Service freundlich, schnell und bemüht. Die Karte ist, wie man sie auf einer Skihütte erwartet, die Qualität der Speisen aber besser als gedacht. Deutlich besser. Vom Kaiserschmarren möchte man eine zweite Portion, auch wenn die erste schon recht üppig war, das Tiroler Gröstl ist ein echter Hit. Die Getränke sind skihüttentypisch, die Auswahl ist gut. Ein Stimmungsmacher in Galtür und eine schwere Empfehlung!

Tel: 05443 82 31
6563 Galtür
www.huber-hotels.at
roessle@huber-hotels.at

JAMTALHÜTTE

Jahr für Jahr betreten Spitzenköche die Ischgler Bühne und entwickeln für eine der Paznauner Almen ein spezielles Gericht, das dann während der Sommer- und Wandersaison auf der Alm oder der Hütte angeboten wird. Aber nicht nur die Stars der Ischgler Szene, auch die jungen Wilden bekommen heuer erstmals eine Bühne. Die Young Chefs Paznaun rocken im Sommer die Jamtalhütte: Die Zukunft darf also als gesichert gelten, auch ein Aspekt von Nachhaltigkeit. Ihr Gericht: Pasta mit Steinpilzen und Bergkäse. Jenseits dieses Gerichts kann man auf der Jamtalhütte ebenfalls köstlich speisen.

Tel: 05443 84 08
0664 399 84 00
6563 Galtür
Haus Winkl 27b
www.jamtalhuette.at
info@jamtalhuette.at
tgl. 11.30–19.30 Uhr
(Mitte Februar bis Anfang Mai)

ISCHGL

LANDECK

FRIEDRICHSHAFENER HÜTTE

Heuer hat Benny Parth ein Gericht für die Friedrichshafener Hütte kreiert. Ein veganes Gericht wohlbemerkt. Was sowohl für Parth, wie auch für eine Hüttenkarte eher außergewöhnlich ist. Das Gericht ist es sowieso: Heimischer Pilz im Röstimantel auf Paprikakraut und Schnittlauchsauce. Sauce. Ohne die geht bei Benny Parth gar nichts. Er gilt weit über die Grenzen des Alpenraums hinaus als Saucenkünstler. Und die Hütte? Die ist auch so ein sicherer Hafen für soliden Genuss. Seit über 100 Jahren thront die massive Friedrichshafener Hütte über der Muttenalpe oberhalb von Ischgl und Galtür.

Tel: 0676 790 80 56
6562 Ischgl
Wirl 2a
hotel.birkhahn@aon.at
Mo–So 11.30–16

KAPPL

LANDECK

ALMSTÜBERL KAPPL DIAS

Das Almstüberl Kappl Dias ist jedes Jahr Teil des kulinarischen Jakobswegs, eines Projekts der Ischgler Haubenköche, bei dem einer von fünf Köchen für eine Alm oder Hütte ein Gericht zubereitet. Heuer hat fürs Almstüberl niemand Geringerer als Martin Sieberer gekocht: einen Kräuterrostbraten mit Erdäpfelriebler und gebratenem Gmüas – deftig. Aber auch sonst hat das Almstüberl einiges zu bieten. Schnelle Teller, zünftige Jausen. In etwa einer Stunde ist man von der Bergstation beim Almstüberl. Entweder über die Serpentinen der Bergstraße oder diretissima den steilen Hang hinauf.

Tel: 0650 262 15 18
6555 Kappl
Dorf 452

ALPE GAMPERTHUN

Die Gamperthunalpe gehört zu einer der schönsten und höchsten Kuhalmen im Paznaun. Auf einer ebenen Fläche knapp über der Baumgrenze auf 2.057 Meter Seehöhe gelegen bietet sie einen herrlichen Ausblick zu den höchsten Berggipfeln des Paznaun sowie talauswärts bis nach Grins. Sehr schön zu sehen, sind der Hohe Riffler, das darunterliegende ewige Gletschereis, die Pezinerspitze, der Kappler Kopf und vieles mehr. Für ein außergewöhnliches kulinarisches Erlebnis sorgen der selbst hergestellte Paznauner Almkäse und eine Reihe von Jausen – jede einzelne davon großes Almgaumenkino.

Tel: 0664 202 47 40
6555 Kappl
Sinsnerau, 20 C
haus-michael@kappl.at
tgl. 11–18 Uhr (Mitte Juni–Mitte Sept.)

NIEDERELBEHÜTTE

Die Niederelbehütte ist ein bekanntes und beliebtes Ausflugsziel für Wanderer in der Verwallgruppe und steht auf stattlichen 2.300 Metern westlich von Landeck. Sie befindet sich auf einem Bergrücken, umgeben von zwei Gebirgsseen im hinteren Sessladtal. Für den kulinarischen Genuss sorgt eine attraktive Auswahl ausgezeichneter Gerichte. „Regional–typische Spezialitäten bedeuten nicht nur Genuss, sondern auch Identität und Zugehörigkeit", steht auf der Homepage zu lesen. Die Brotzeiten und Marenden können sich sehen lassen, das Tiroler Gröstl ebenso – auch die Mehl- und Süßspeisen.

Tel: 0676 415 23 55
6555 Kappl
Nederle 27
www.niederelbehuette.at
info@niederelbehuette.at
Mo–So 11–14 und 18–19 Uhr

KAUNERBERG — LANDECK

GOGLES ALM

Die Gogles ist eine Jausenstation, die sich mittlerweile einen exzellenten Ruf erarbeitet hat. Und zwar weit über die Landesgrenzen hinaus. Sie ist aber auch eine ganz klassische Alm – und als Alm gehört sie zum Spitzenfeld der heimischen Almen. Die Jausenstation bietet traditionelle Tiroler Alm- und Hausmannskost auf einem Niveau, das sich sehen lassen kann. Der Kaiserschmarren ist unglaublich gut, die Käsespätzle (Kunststück, bei dem großartigen Rohstoff) einzigartig und die Mehlspeisen der Renner. Darüber hinaus verfügt die Gogles Alm auch noch über ein unvergleichliches Panorama.

Tel: 0660 549 90 84
6527 Kaunerberg
Falpaus 138
www.gogles-alm.at
info@gogles-alm.at

KAUNERTAL — LANDECK

GEPATSCHHAUS

Die Hütte von Hüttenwirtin Luzia Ragg ist ein perfekter Ausgangspunkt für zahlreiche Wanderungen, Gipfel- und Eistouren: Weißseespitze, Glockturm, Vordere und Hintere Ölgrubenspitze – alles beliebte 3.000er, die von der Hütte aus bestiegen werden können. Eine Attraktion sind auch der Klettergarten und der Holderli Seppl Klettersteig, beide befinden sich circa 15 Gehminuten vom Haus entfernt. Die Verpflegung ist einfach und zweckmäßig.

Tel: 0664 431 96 34
6524 Kaunertal
Gletscherstraße
www.gepatschhaus.at
info@gepatschhaus.at

ST. ANTON AM ARLBERG — LANDECK

ALPE ROSSFALL

Die Wanderung zur Alpe Rossfall in St. Anton dauert circa anderthalb Stunden. Zuerst geht es einen Forstweg entlang, gegen Schluss hin wird der Weg leicht ansteigend. Die Alpe liegt im Gemeindegebiet von St. Anton, gehört aber einer Reihe Bauern aus der Gemeinde Tobadill. Robert Seethaler, der Wirt, ist auch verantwortlich für die Kühe, die Alpschweine und die Ziegen. Er ist außerdem der Käser, der mit dem Rossbacher Almkäse bei der Käse-Olympiade schon eine Silbermedaille holte. Die deftige Jause kann sich sehen lassen. Neben frischer Almmilch gibt es immer noch den Moostaler Zirbenlikör.

Tel: 0664 131 25 28
6580 St. Anton am Arlberg
www.alpe-rossfall.at
robert.seethaler@aon.at

DARMSTÄDTER HÜTTE

Rund um die Darmstädter Hütte ist es recht felsig, schließlich liegt sie auf 2.384 Metern. Das ist zwar noch nicht ganz die Vegetationsgrenze, üppig grünt es hier aber nicht mehr. Und damit darf auch das Gemäuer eine Spur massiver sein. Die Darmstädter Hütte ist eine Alpenvereinshütte und liegt etwas südlich von St. Anton am Arlberg. Kulinarisch hat sie einiges zu bieten, legendär sind zum Beispiel die verschiedenen Knödel. Es soll Bergsportler geben, die nur der Knödelvariation wegen den Weg zur Hütte antreten. Eventuell aber auch wegen der frisch gebackenen Mehlspeisen.

Tel: 05442 675 25
0699 154 463 14
6580 St. Anton am Arlberg
www.darmstaedterhuette.at
darmstaedter.huette@gmx.net
tgl. 11.30–19 Uhr

SENNHÜTTE

Die Sennhütte ist eigentlich ein Erlebnispark. Am Westende von St. Anton am Arlberg gelegen ist sie – familienfreundlich ohne Ende – mit einem kurzen Spaziergang erreichbar. Oder mit dem Bus. Am Ende des Spaziergangs schlängelt sich ein Lehrpfad mit vielen alpinen Kräutern, Pflanzen und Stationen zur Sennhütte hinauf. Dort hat man dann zweierlei: Spiel- und Klettermöglichkeiten für die Kinder, um sich auszutoben, und eine große und sonnige Terrasse für die Eltern, um sich für den Rückweg zu stärken. Das Angebot ist almtypisch und kindergerecht.

Tel: 05446 20 48
6580 St. Anton am Arlberg
Dengertstraße 503
www.sennsationell.at
sennhuette@sennsationell.at
tgl. 11–17 Uhr

ULMER HÜTTE

Als Schutzhütte des Deutschen Alpenvereins wurde die Ulmer Hütte im Jahr 1903 gebaut. Sie steht auf 2.288 Meter Höhe und ist umgeben von den berühmten Wintersportorten am Arlberg. Seither wurde sie laufend erweitert und bietet heute den Komfort eines soliden Berggasthofes. Sie liegt im Zentrum des Skigebietes am Arlberg, direkt an der Piste und ist somit auch im Winter bestens erreichbar. Im Sommer ist sie Stützpunkt des Lechtaler Höhenweges. Die langjährigen Hüttenwirte, Karin und Heimo Turin, und ihr Team sind bekannt für ihre herzliche Gastfreundschaft und die gute Bewirtung der Gäste.

Tel: 05446 302 00
0664 108 20 88
6580 St. Anton am Arlberg
Postfach 105
www.ulmerhuette.at
info@ulmerhuette.at

SEE/PAZNAUN

LANDECK

ASCHER HÜTTE

Die Ascher Hütte liegt auf 2.256 Meter Höhe in der Samnaungruppe und ist umgeben vom Blankakopf und Rotpleiskopf – welch herrlicher Blick auf die Verwallgruppe. Die Wanderung führt vom See im Paznauntal zuerst durch den Ort und über Wiesen aufwärts, danach auf gutem Forstweg zur Mittelstation mit der Medringalm. Weiter zur Bergstation und über das Gratli hinein in das weitläufige Tal mit der Ascher Hütte. Sie ist jedes Jahr Teil des kulinarischen Jakobswegs. Heuer war es Andreas Spitzer vom Fliana, der für die Ascher Hütte Grammelknödel mit Sauerkraut und Paznauner Bergkäse zubereitete.

Tel: 0650 723 05 06

6553 See/Paznaun
Gries 113

www.ascherhuette.com
info@ascherhuette.com

SERFAUS

LANDECK

KÖLNER HAUS

Das Kölner Haus mag man, wenn man einen starken Bezug zum Essen hat. „Slow high“ könnte man sagen, denn was dort auf immerhin knapp 2.000 Meter Seehöhe an enkeltauglicher und zukunftsweisender Kulinarik geboten wird, ist mehr als beeindruckend. Das bestätigen nicht nur die Gäste, die immer wieder zurückkehren, sondern auch diverse Gütezeichen und -siegel: Umweltgütesiegel der Alpenvereine, Klimabündnis- und Bio Austria-Betrieb, Mitglied der Initiative „So schmecken die Berge“ – Slowfood vom Allerfeinsten. Manche Gerichte könnte man ohne Weiteres auch „drüben“ im Restaurantguide finden.

Tel: 05476 62 14
0676 842 927 486

6534 Serfaus
Plojenweg 5

www.koelner-haus.at
info@koelner-haus.at

tgl. 8–19 Uhr
Mitte April–Mitte Juni und Mitte Okt.–Anfang Dez. 2022

SEEALM HÖG

Der Blick von der Seealm Hög auf See und Berge ist umwerfend. Sie ist eine klassische Mittelstation, das Speiseangebot für ein derartiges Restaurant aber untypisch. Die Seealm überrascht mit alten Rezepten und anspruchsvoller Präsentation, der Apfelstrudel erinnert an Großmutters Küche. Ganz offensichtlich hat hier auch jemand ein Händchen fürs Anrichten, die Teller sehen zauberhaft aus – eine Augenweide. Vor allem hat man auf der Seealm scheinbar den Knall gehört und bietet unvergleichlich gute vegane und vegetarische Gerichte.

Tel: 05476 620 36 50

6534 Serfaus
Dorfbahnstraße 75

www.serfaus-fiss-ladis.at
seealm@skiserfaus.at

ZAMS

LANDECK

ZAMMER ALM

Die Zammer Alm gehört zu den Venet-Bergbahnen. Der Einkehrschwung im Winter hat daher Tradition, die urige Tiroler Almhütte lädt aber auch im Sommer Wanderer zu willkommener Erholung und kulinarischem Genuss. Sonnenterrasse und Stuben sind gemütlich und meist gut besucht. Für Kinder steht ein großer Abenteuerspielplatz zur Verfügung. Die hausgemachten Mehlspeisen sind ausgezeichnet und der Kaiserschmarren sowieso ein Hit. Darüber hinaus gibt es jede Menge regionale Gerichte und die klassischen Bretteln und Jausenteller mit Speck, Käse und Schinken.

Tel: 05442 611 11
0676 846 909 502

6511 Zams
Hauptstrasse 38

www.venet.at
info@venet.at

AUSSERVILLGRATEN — LIENZ

VOLKZEINER HÜTTE

Man findet sie im Winkeltal bei Außervillgraten in Osttirol. Das heißt einerseits, dass sie schon recht ruhig und abgelegen liegt, andererseits inmitten großer Schafweiden. Das sind nicht einfach nur große Schafweiden – es sind die größten des Landes. Nirgendwo sonst wird ein alpines Gebiet so dicht von Schafen beweidet wie im Villgratener Tal. Schaf und Lamm sind daher auch sehr präsent in der Küche der Volkzeiner Hütte. Es gibt Lammhaxen und Lammbraten, darüber hinaus auch diverse andere Teile vom Tier zu verkosten. Zu den Highlights gehört die Polenta mit Rehragout. Wild ist nämlich auch ein Thema.

Tel: 04843 200 31
0664 988 88 00

9931 Ausservillgraten
im Winkeltal

www.volkzeinerhütte.at
tonianton@a1.net

KALS AM GROSSGLOCKNER — LIENZ

ADLER LOUNGE

Die Adler Lounge hat ihren Namen nicht von ungefähr. Sechzig Dreitausender sind von dort oben zu bewundern – ein wahrlich imposantes Panorama. Auch das Ambiente in der Lounge mit seiner ambitionierten Architektur kann sich sehen lassen. Im Erdgeschoß befindet sich eine Zirbenstube für den gemütlichen und bodenständigen Genuss. Im Restaurant dagegen dominieren Licht, hohe Glasfronten und moderne Materialien. Aus der Küche kommt eine spannende Kombination aus Tradition und Moderne, stets aufwendig und mit Liebe angerichtet. In der Lounge sind auch (auf Vorbestellung) Fondues erhältlich.

Tel: 04876 823 32 50
0650 522 51 80

9981 Kals am Großglockner
Haus Nr. 81

www.adlerlounge.at
info@adlerlounge.at

KARLSBADER HÜTTE

Die Karlsbader Hütte ist eine traditionelle, klassische Alpenvereins-Schutzhütte und liegt in den Lienzer Dolomiten. Ein Paradies für Bergsportler und Kletterer. Der kleine Laserzsee, der unterhalb der stattlichen Hütte liegt, ist ein lohnendes Motiv für Fotografen. Auch der Genuss kommt nicht zu kurz. Man kann entweder ein dreigängiges Menü ordern oder sich im Á-la-carte-Menü umsehen. Die Küchenlinie orientiert sich an den Klassikern der alpinen Hüttenkost.

Tel: 0664 975 99 98

9981 Kals am Großglockner
Großdorf 61

www.karlsbaderhuette.at
karlsbaderhuette@aon.at

tgl. 11–20 Uhr

KARTITSCH — LIENZ

OBSTANSERSEE HÜTTE

Die Hütte liegt am Karnischen Höhenweg, ziemlich hoch auf 2.300 Meter Seehöhe. Der Blick alleine rechtfertigt den ambitionierten Aufstieg: Er reicht von den Sextener Dolomiten bis zum Großglockner. Hüttenwirt Patricia und Heinz Bodner sind die Pächter, Heinz steht selbst am Herd. Es gibt traditionelle Tiroler Alm- und Hüttenkost in ausgezeichneter Qualität: Tiroler Gröstl, Rösterdäpfel mit Spiegelei, Speck- und Käseomelettes und zum Trinken allerhand. Auch frische Rohmilch kann man auf der Obstansersee Hütte haben. Meistens. Wenn der Senn die Kühe findet.

Tel: 04848 54 22
0664 161 87 23

9941 Kartitsch

www.fam-bodner.at
bhp@tirolspeed.com

MATREI IN OSTTIROL — LIENZ

WODENALM

Um zur Wodenalm zu gelangen, startet man am Eingang ins Virgental. Oben auf der Alm angekommen erwartet einen ein traditionelles und ausgezeichnetes kulinarisches Angebot. Es gibt die ganze Palette der Tiroler Almkost: verschiedene Käsesorten, Speck, Joghurt und Graukäse. Herausragend ist aber der hofeigene Ziegenkäse mit frischem Brot aus dem alten Holzofen. Ebenfalls sehr zu empfehlen, ist der frisch gemachte Kaiserschmarren, der – falls verfügbar – auch mal mit Blüten von Blumen der umliegenden Almwiesen dekoriert wird.

Tel: 04874 53 13
0699 121 658 58

9971 Matrei in Osttirol
Zedlach 12

www.zedlach.at
mortnerhof@zedlach.at

tgl. 10–18 Uhr

ZUNIGALM

Die Zunigalm liegt auf 1.855 Metern. Von oben genießt man ein atemberaubendes Panorama über den Großglockner und die Venedigergruppe. Der Aufstieg ist einigermaßen anstrengend und dauert über zwei Stunden. Wer will, kann weiter auf den Großen Zunig (knapp 2.800 Meter) wandern oder sich in der Hütte verwöhnen lassen. Die Milchprodukte sind frisch und kommen aus der eigenen Landwirtschaft: Buttermilch, Joghurt, Milch. Selbst gemacht sind aber auch Hauswurst und Moosbeernocken, die traumhaft und absolut mustergültig sind. Eigentlich sind die „Nocken" keine Nocken, sondern ein riesiges Omelette.

Tel: 04875 62 40
0664 905 90 63

9971 Matrei in Osttirol
Waier 2

www.virgental.at/zunigalm
zunigalm@tele2.at

OBERTILLIACH — LIENZ

PORZEHÜTTE

Die Porzehütte ist eine im Tiroler Teil der Karnischen Alpen gelegene Alpenvereinshütte der Sektion Austria des ÖAV. Sie ist mit der AV-Hütten-Kategorie I klassifiziert und bildet einen wichtigen Etappenstützpunkt auf dem Karnischen Höhenweg. Als Stärkung für die alpinen Abenteuer: Traditionelle Tiroler Hüttenkost, großartige Suppen mit ebensolchen Knödeln, Würste, Speck und Käse werden zu üppigen Brotzeiten und Marenden angerichtet. Auch das Getränkeangebot ist vielfältig.

Tel: 0664 325 64 52

9942 Obertilliach

www.alpenverein.at/porzehuette/
porzehuette@gmx.at

PRÄGRATEN — LIENZ

ISLITZER ALM

Die Islitzer Alm bei Prägraten liegt mitten im Nationalpark Hohe Tauern. Das bedeutet, dass Nationalparkattraktionen wie der Wasserschaupfad oder die wilden Umbalfälle in Spazierweite sind. Diese Wanderungen zur Alm und zu den Wasserfällen sind wenig anspruchsvoll, aber dafür sehr spannend. Die Alm selbst bietet dann solide Hüttenkost. Darunter Sachen, die nicht auf jeder Alm zu haben sind: Gamsbraten, Steinbock, Osttiroler Schlipfkrapfen, Tiroler Gröstl. Plus natürlich auch alle Klassiker, Mehlspeisen und stattlichen Eisbecher. Das Fleisch kommt aus der eigenen Landwirtschaft.

Tel: 04877 52 85
0664 975 97 90

9974 Prägraten
Hinterbichl 14

www.islitzeralm.at
office@islitzeralm.at

Mo–So 11–19 Uhr

Die besten Weine & Sekte

ST. JAKOB IN DEFEREGGEN — LIENZ

ALPE STALLE

Seit einer Ewigkeit ist die Alpe Stalle DIE Rodelhütte im Osttiroler Defereggental. Die Rodelbahn selbst ist schnell, schneesicher und legendär. Genauso wie die beiden Wirtsleute, ihr Schmäh und der Kaiserschmarren, den sie in der Alpe servieren. Sie haben grandiose Schlipfkrapfen, eine deftige Brettljause mit herrlichem Speck und natürlich die eine oder andere Tiroler Köstlichkeit. Im Sommer ist die Alpe Stalle übrigens auch eine Empfehlung und ein Ausflugsziel erster Güte für Wanderer und Spaziergänger. Erreichbar ist sie nämlich in einer Gehzeit von einer knappen Stunde. Auch für Ungeübte.

Tel: 0664 263 72 21
9963 St. Jakob in Defereggen

BERWANG — REUTTE

EHENBICHLER ALM

Die Ehenbichler Alm ist eine uneingeschränkte Empfehlung für alle, die authentische Tiroler Küche suchen. Sie ist ein beliebtes Ausflugsziel, vor allem, weil man von ihr einen sehr guten Blick auf die Zugspitze hat. Dann ist sie noch eine der wenigen Almen, die einen sagenhaft guten und flaumigen, köstlichen Kaiserschmarren macht. Selbst. Was keinesfalls selbstverständlich ist, greifen doch viele Hütten und Almen auf plastikverpackte Convenience-Produkte zurück. Wir gehen sogar so weit zu sagen, dass der Ehenbichler Alm-Schmarren einer der besten des Landes ist: mit Rum-Rosinen, selbst gemachtem Apfelkompott und Zwetschkenröster. Sündhaft gut. Aber auch die „Vesperbrettln“ können sich sehen lassen. Im Herbst ist Wildzeit.

Tel: 0676 351 16 81
6622 Berwang
www.ehenbichler-alm.com
ehenbichleralm@gmail.com

ELBIGENALP — REUTTE

GIBLER ALM

Auf der Gibler Alm werden ausgesprochen gute Gerichte auf der großen Sonnenterrasse oder in den gemütlichen Stuben serviert, je nach Wetter. Das Angebot reicht dabei von typischer Tiroler Almkost bis zu selbst gemachten Waffeln – ein echter Hit für Kinder – oder süßen Mehlspeisen. Die Gibler Alm ist in einer halben Stunde auf dem Adlerweg oder entlang des gemütlich hinaufziehenden Almenweges sehr leicht zu erreichen. Da der Weg stets flach dahingeht, ist sie auch kinderwagentauglich – ein familienfreundliches Gesamtpaket sozusagen.

Tel: 05634 6124
0664 750 296 82
6652 Elbigenalp
Untergiblen 28 B

ELMEN — REUTTE

STABLALM

Almwirtschaft

Die Stablalm heißt auch „Balkon des Lechtals“. Auf einer Lichtung über Elmen und eben diesem Tal gelegen bietet die Stablalm ein herrliches Panorama, das vom wilden Lech und über seine umgebenden Berge reicht. Der Name ist also durchaus gerechtfertigt. Die Wanderung auf den Stabl ist ein Erlebnis, das in Erinnerung bleibt. Nächtigen kann man auf der Stablalm nicht, wer sich aber früh auf den Weg macht, kommt in den Genuss eines großartigen Almfrühstücks mit viel Selbstgemachtem und Eiern vom Bio-Hof. Die Küche bietet regional inspirierte Gerichte vom Speckknödel bis zum Kaiserschmarren.

Tel: 0676 907 75 25
6644 Elmen
Elmen 153
www.stablalm.at
info@stablalm.at
Mi–Mo 11–18 Uhr
❄ siehe Homepage

HALDENSEE IM TANNHEIMERTAL — REUTTE

EDENBACHALM

Grän und der Haldensee sowie das Thannheimer Tal überhaupt sind kulinarisch gesehen eine lohnende Destination. Auch landschaftlich. Die Edenbachalm, mitten im Wandergebiet Edenalpe gelegen, ist eine urige Tiroler Alm, die von der Familie Schmid bewirtschaftet wird. Auf der Weide steht Grauvieh, das für außerordentlich gute Almprodukte sorgt – aus eigener Produktion versteht sich. In der Stube thront ein gemütlicher Ofen und mittwochs – man sollte seine Tour unbedingt danach auslegen – ist Kasspatzltag. Achtung: Auf der Alm selbst gibt es keine Nächtigungsmöglichkeit. Rückweg einplanen!

Tel: 05675 64 60
0664 914 35 77

6673 Haldensee im Tannheimertal
Haldensee/Obersdorf 3

www.schmid-tirol.com
info@schmid-tirol.com

LERMOOS — REUTTE

LERMOOSER ALM/TUFTLALM

Für die Einheimischen ist sie die Tuftlalm – das war sie schon immer und wird sie auch immer bleiben. Man findet sie aber ebenso unter ihrem anderen Namen, Lermooser Alm. Der Anstieg hinauf ist ambitioniert, dafür erwartet einen oben dann ein großartiges Panorama. Und ein paar Gerichte, die die Anstrengung der Wanderung vergessen lassen. Die Erbsensuppe ist immer noch ein Geheimtipp und das Joghurt mit Früchten beliebt wie eh und je. In Summe ist die Tuftlalm ein Erlebnis. Unbedingt sollte man die Alm- und Buttermilch probieren.

Tel: 0676 556 82 02

6631 Lermoos
Tuftlalpe 439

s.mairoser@gmail.com

tgl. 11–18 Uhr
❄ bis Ende April 2022

NESSELWÄNGLE — REUTTE

KRINNENALPE

Die Krinnenalpe ist eine urige und authentische Schutzhütte in einem schönen Hochtal – mit vielen Wandermöglichkeiten in unterschiedlichen Schwierigkeitsgraden. Im Winter ist die Alpe der ideale Treffpunkt für Skifahrer, Snowboarder, Tourengeher oder Rodler. Auch kulinarisch ist die Krinnenalpe beliebt – und zwar zu Recht. Das hat zum einen mit dem freundlichen Service zu tun, aber auch mit den großartigen Brotzeiten und den anderen Gerichten. Den Speck beziehen die Wirte zum Beispiel vom Pfluger, der liefert Karree-, Bauch-, Wurzel- oder Knoblauchspeck. Den Käse bekommen sie vom Tannheimer Tal.

Tel: 05675 8189
0676 555 90 00

6672 Nesselwängle
Nr. 91

www.krinnenalpe.tirol
info@krinnenalpe.tirol

SCHNEETALALM

Die Schneetalalm ist ein Refugium, eine Arche für die Rettung bedrohter Rassen. Gemeint sind: Walliser Schwarzhalsziegen, Pfauenziegen, gemsfarbige Gebirgsziegen, Tauernschecken, die zotteligen und langhörnigen Schottischen Hochlandrinder und viele andere. Die Gaumenfreuden auf der Schneetalalm haben klingende Namen: GOURMETabend, KIKERIKIfrühstück oder – ganz neu seit letztem Sommer – der HolzBACKofen. Hier ist ein Wirt am Werk, der eine Leidenschaft für gutes Essen hat. Die Schneetalalm ist ein Ort, der Slowfood-Herzen höherschlagen lässt.

Tel: 0676 960 44 15

6672 Nesselwängle

www.schneetalalm.at
info@schneetalalm.at

tgl. 10–17 Uhr
❄ Mitte Okt.–Ende Mai

SCHATTWALD — REUTTE

MITTLERE STUIBENALM

Die Mittlere Stuibenalm (manchmal auch Stuibenalpe) ist eine Sennalpe, die im Sommer bewirtschaftet wird. Sie liegt im Talkessel, durch den der Stuibenbach fließt. Im Süden wird das Tal durch den Ponten begrenzt, im Westen durch den Iseler und das Wannenjoch. Auf der anderen Talseite befindet sich der Wannenjoch-Sessellift. Verwöhnt wird man auf der Mittleren Stuibenalpe mit traditioneller Tiroler Almkost: Naturjoghurt, einer guten Auswahl selbst gemachter Mehlspeisen, Speck und diversen Almprodukten. Auf den Weiden rund um die Stuibenalpe grasen Kühe, Schafe und ein paar Ziegen.

Tel: 05675 51 27
0676 382 51 97

6677 Schattwald
Steig 8

STEEG/LECHTAL — REUTTE

BOCKBACHER ALMWIRTSCHAFT

Die Bockbacher Almwirtschaft ist eine authentische Jausenstation im Lechtal mit eindrucksvoller Speisekarte. Selbst gebackenes und ausgezeichnetes Brot, die Speckknödel (ebenfalls von eigener Hand gedreht) großartig. Ebenso Käse, Speck und Wurst. Sollte das Wetter einmal nicht mitspielen und die Terrasse unbenutzbar sein, wird drinnen in der Stube zünftig aufgespielt. Unterwegs zur Alm ist man eine gute Stunde ab Steeg in Richtung Warth. Ein lohnender Weg. Nicht nur des Panoramas wegen.

Tel: 0676 349 42 35

6655 Steeg/Lechtal

hauser.melitta@gmx.at

STOCKACH/LECHTAL — REUTTE

SULZLALM

Die Sulzlalm ist ein beliebtes Ausflugsziel und liegt bei Stockach auf 1.466 Metern. Der Weg auf die Alm mit seinen 4,5 Kilometern und einer geschätzten Gehzeit von etwa 1,5 Stunden ist bequem und familienfreundlich. Bewirtschaftet wird sie von Familie Hägele, Neueinsteigern, die mit der Almwirtschaft vor zwei Jahren begonnen und einen ziemlich guten Start hingelegt haben. Ihr Kaiserschmarren ist sehr empfehlenswert. Vor allem, weil die Hühner mit auf die Alm kommen und somit täglich frische Eier zur Verfügung stehen. Die Milch stammt von den Kühen der Familie Moosbrugger von der Post in Lech.

Tel: 0676 424 79 50

6653 Stockach/Lechtal
Hauptstraße

www.sulzlalm.at
info@sulzlalm.at

TANNHEIM — REUTTE

ÄLPELE

Das Schöne an Perlen und Juwelen ist, dass sie recht resistent gegen Veränderungen sind. Wie wir im letzten (und auch im vorletzten) Jahr schon geschrieben haben, halten wir das Älpele für ein Juwel. Die Almwirtschaft liegt in einem kleinen Bergkessel, in dem man ungestört die Ruhe genießen kann. Außerdem kommt man auch sportlich auf seine Kosten. Ist man bei der Alm angelangt, hört der Weg auf. Von hier aus geht es nicht mehr weiter und am selben Weg zurück. Davor aber winkt eine deftige Stärkung mit kraftvollen Suppen und einer guten Almbrotzeit.

Tel: 05675 63 66
0676 780 48 88

6675 Tannheim
Innergschwend 4

www.gaestehaus-zoller.at
info@gaestehaus-zoller.at

VILS REUTTE

VILSER ALM

Der Weg zur Vilser Alm ist eine leichte Wanderung in der Naturparkregion Reutte: ein entspanntes Wandererlebnis mit einer sensationellen Aussicht ist dabei garantiert. Und ein Spaziergang, der auch Kindern gut gefällt. Zumal sie dann auf der Vilser Alm mit einem großen Spielplatz und dem vielfältigen Angebot belohnt werden. Kulinarisch kann sich die Alm ebenfalls sehen lassen. Die selbst gemachten Speckknödel sind top, ebenso der Kaiserschmarren. Marenden gibt es in großer Vielfalt, das Lechweg-Bier kommt von der Privatbrauerei Vils. Noch regionaler geht es kaum.

Tel: 0720 205 181
6682 Vils
Vilser Alpe 68
www.vilseralm.at
info@vilseralm.at
Mi–So 11–19 Uhr
✻ April, Nov. 2022

ACHENKIRCH SCHWAZ

ZÖHRERALM

Die Zöhreralm liegt auf 1335 Metern, ist eine leichte Wanderung vom Posthotel entfernt. Der Ausblick von der Alm reicht weit ins Karwendelgebirge hinein. Wer noch weiter aufsteigen will, kann von der Alm aus den Hochunnütz und ein paar andere spannende Ziele rund um Achenkirch erwandern. Die Alm bietet zwar ausschließlich kalte Platten und zünftige Marenden, die allerdings von ausgezeichneter Qualität. Die Produkte dafür kommen fast ausnahmslos aus der eigenen Landwirtschaft. Betrieben wird die Alm vom Posthotel in Achenkirch.

Tel: 0664 540 18 67
6215 Achenkirch
Nr. 382
www.posthotel.at
joh_gruber@aon.at
tgl. von 10–16 Uhr (Anfang Mai bis Ende Okt. 2022)

FINKENBERG SCHWAZ

GAMSHÜTTE

Die Gamshütte ist eine Schutzhütte auf knapp 2.000 Metern in den Zillertaler Alpen. Einfach, urig, charmant ausgestattet und wunderschön gelegen. Von der Sonnenterrasse hat man eine eindrucksvolle Aussicht ins Zillertal Richtung Rastkogel, Tuxer Alpen und nach Mayrhofen. Sie ist die erste – oder letzte, je nachdem – Station des Berliner Höhenwegs. Geöffnet ist sie von Mitte Juni bis Ende September. In der heurigen Saison wurde die Hütte renoviert, jetzt strahlt sie in neuem Glanz. Während der Bauarbeiten gab es zwar einfache, aber ausgezeichnete gute und kleine Gerichte.

Tel: 0664 428 29 69
6292 Finkenberg
Brunnhaus 417
www.gamshuette.at
info@gamshuette.at

FÜGENBERG SCHWAZ

GARTALM-HOCHLEGER

2006 wurde die Gartalm von Bruno besucht. Der Braunbär tauchte kurz auf, naschte vom Honig und verschwand wieder in den Bergen. Seither gibt es den Bärenweg und die Alm hat es weit über die Grenzen des Zillertals hinaus zu einiger Bekanntschaft gebracht. Aufsteigen kann man aus zwei Richtungen: von der Zillertaler Seite über Hochfügen (über die Schellenbergalm) oder über den Pillberg – dieser Weg, deutlich attraktiver als der Weg übers Zillertal, führt übers Kellerjoch. Etwa 70 Kühe verbringen ihren Sommer auf der Gartalm. Die frische Almmilch ist ein absolutes Highlight.

Tel: 05288 62494
0676 322 55 99
6264 Fügenberg
Geolstraße 50
www.hubertus-zillertal.com
info@hubertus-zillertal.com
Mo–So 10–17 Uhr

GERLOS — SCHWAZ

LACKENALM

Man muss aufpassen: Die Lackenalm, also die eigentliche Alm, das sind die weiter südlich gelegenen Stallungen. Die Jausenstation ist vielmehr ein modernes Gebäude und ein Gasthof. Auf der Karte stehen klassische Tiroler Alm- und Hüttenkost – Gröstl, Knödel, Schmarren –, Marenden und Brotzeiten und Almprodukte samt Speck. Das „Lackenalmbrettl" ist immer noch eine Empfehlung, ebenso wie der saure Graukas oder der Zillertaler Krapfen. Immerhin ist man in Gerlos beziehungsweise im mittleren Schönachtal mitten in Tirol. Zirbenschnaps und Nussener sind selbst angesetzt – und wärmen.

Tel: 0664 405 02 04
6281 Gerlos
Nr. 244

WIMMERTALALM

Die Wimmertalalm liegt im mittleren Wimmertal, einem kleinen Seitental des Gerlostals, im Zillertal. Noch präziser ausgedrückt befindet sie sich an der Kirchspitze. Der Aufstieg ist einfach und familientauglich, vom Kleinkind bis zu Oma und Opa. Oben angekommen wird man mit köstlicher Almkost belohnt. Vor allem die Klassiker, das Wiener Schnitzel und der Kaiserschmarren, sind großartig und entsprechend beliebt. Für Freunde der Destillatkultur gibt es einiges zu entdecken, das über den traditionellen „Willi" weit hinausgeht. Auch die Liköre des Hauses sind überdurchschnittlich.

Tel: 05244 618 08
0664 915 42 74
6281 Gerlos
Gerlos 19

GINZLING — SCHWAZ

KLAUSENALM

Die Zemmtaler Klausenalm ist bereits in dritter Generation im Besitz der Familie Geisler. Auf der Karte der Alm befinden sich Zillertaler Spezialitäten wie Graukassuppe, diverse Knödel und Almschmarren, Holzknechtkrapfen und „Zerggl", wie die Zillertaler zu den Pressknödeln sagen. Auch die Getränke kommen in erster Linie aus der Region, also aus dem Zillertal. Einmal in der Woche gibt es einen Hüttenabend, an dem klassische Alm- und Hüttenkost serviert wird. Plus die üblichen heimischen Biere und Schnäpse.

Tel: 05286 52 52
0664 541 47 17
6295 Ginzling
Ginzling 276
www.klausenalm.at
info@klausenalm.at

OLPERER HÜTTE

Die Olperer Hütte liegt im Zillertal und bietet ein paar richtig spektakuläre Ausblicke. Oberhalb der Hütte führt eine Brücke über ein schmales Rinnsal – die Brücke ist klein, aber ein beliebtes Fotomotiv. Kulinarisch ist alles echt und authentisch. Katharina und Manuel Daum sorgen für die exzellente Küche, Qualität und Herkunft stehen dabei eindeutig im Vordergrund. Die Zillertaler Pressknödelsuppe ist immer noch ein Gedicht, wobei der Knödel auch am Salat eine gute Figur macht. Tiroler Gröstl, Kaiserschmarren und Graukasnockerl runden das Bild ab.

Tel: 0664 417 65 66
6295 Ginzling
Dornauberg 110
www.olpererhuette.de
info@olpererhuette.de
tgl. 10–19 Uhr
bis Ende Mai 2022

HINTERRISS — SCHWAZ

ALMDORF ENG

Das Almdorf Eng ist ein alpintouristischer Fixstern im Karwendel. Die „Eng“, wie die Einheimischen sie nennen, ist ein Ausflugsziel für die ganze Familie. Herrlich erwanderbar, ein großartiger Ausgangspunkt für Erkundungen und Spaziergänge und kulinarisch hochinteressant. Weil zum Almdorf auch eine Schaukäserei gehört, in der man den Käserinnen und Käsern über die Schulter schauen kann, wenn der prämierte Eng Alm Bergkäse entsteht. Für Kinder steht ein Spielplatz zur Verfügung. Der Ahornboden ist aber so groß und weitläufig, dass man dort auch genug Ruhe findet.

Tel: 0524 52 26
0676 841 185 20
6215 Hinterriss
Eng Alm 11
www.engalm.at
info@engalm.at

FALKENHÜTTE

Die Falkenhütte ist eine allgemein zugängliche, bewirtschaftete Alpenvereinshütte. Spektakulär gelegen vor den Lalidererwänden, traditionell holzvertäfelt und ausgestattet mit einer gemütlichen Stube – diese Hütte hat alles, was eine Berghütte braucht. Ob mit dem Mountainbike oder zu Fuß, als Tagesziel oder Übernachtungsplatz – der Besuch der Hütte inmitten des Naturparks Karwendel lohnt immer. Die Wirtsfamilie Rackwitz-Hartmann verwöhnt die Gäste mit Tiroler Küche auf der Sonnenterrasse, ihre Gerichte können sich sehen lassen: herzhafter Speck und großartiger Kaiserschmarren.

Tel: 05245 245
6215 Hinterriss
www.alpenverein-muenchen-oberland.de/huetten/alpenvereinshuetten/falkenhuette

HOCHFÜGEN IM ZILLERTAL — SCHWAZ

HOLZALM

Die Holzalm im Skigebiet Hochfügen-Kaltenbach im Zillertal ist ein Ort gelebter Gastlichkeit. Man erreicht sie mit dem Holzalmlift oder dem Zillertal-Shuttle. Sie ist mitten im Skigebiet und prädestiniert für die Einkehrschwünge genussaffiner Skifahrer. Ihre Architektur ist stilvoll, wozu auch der durchdachte Mix an verwendeten Materialien beiträgt. In der Küche wird auf Qualität und Herkunft gesetzt. Beim Fleisch verzichtet man auf Kalbfleisch, der Fokus liegt auf dem AMA-Gütesiegel und der heimischen Herkunft. Die Steaks sind grandios, aber auch der Rest der Karte kann sich sehen lassen.

Tel: 0664 887 867 30
6263 Hochfügen im Zillertal
Holzalm 10
www.holzalm.com
rita@holzalm.com
tgl. 9–17 Uhr

KALTENBACH/ZILLERTAL — SCHWAZ

WEDELHÜTTE
im Ski- Wandergebiet Hochzillertal

Der Name ist leicht irritierend. „Wedeln“ kommt offenbar vom Skifahren, einkehren – nur eben ohne „Schwung“ – kann man in der Wedelhütte aber auch im Sommer. Eigentlich ist das egal, der Name hat sich unter Genießern längst etabliert. Im Winter ist sie eine angesagte Skihütte mit luxuriösem Ambiente und spannendem Speisekonzept. Wobei man die Qual der Wahl hat: Gourmet Lounge oder doch Fine Dining? Aber nicht nur das Feststoffliche ist eine uneingeschränkte Empfehlung, auch die Weinkarte, das Angebot an Destillaten und der Service können sich sehen lassen.

Tel: 0676 886 325 70
6272 Kaltenbach/Zillertal
www.wedelhuette.at
reservierung@wedelhuette.at
tgl. 8–24 Uhr

MAURACH AM ACHENSEE — SCHWAZ

DALFAZ ALM

Die Dalfaz Alm liegt hoch über dem Achensee. Das ist auch eines der einprägsamsten Bilder runter von dieser herrlichen Alm: der Blick auf den langgezogenen See. Unvergesslich. Aber auch von der anderen Seite betrachtet, überzeugt die Dalfaz Alm: wunderbares Panorama und ein entspannter und gleichermaßen spannender Anstieg. Sobald man oben angekommen ist, wird man mit allerlei Selbstgemachtem verwöhnt. Überhaupt kommt so ziemlich alles, was in der Alm auf den Tellern landet, aus eigener Produktion: Lamm, Schwein und Rind. Oder Wildbret: Auch das ist von der eigenen Jagd.

Tel: 0664 915 9807

6212 Maurach am Achensee
Steinbergergasse 8

www.dalfazalm.at
renate@dalfazalm.at

ERFURTER HÜTTE

Die Erfurter Hütte ist eine traditionelle Alpenvereinshütte und die haben es so an sich, dass sie ideale Ausgangspunkte für viele Wanderungen und kleinere Expeditionen sind. Aber die Erfurter kann noch mehr. Bei ihr finden auch immer wieder Seminare statt. Das Speiseangebot ist stattlich und umfassend und vor allem beeindruckend. Es reicht vom Spinatknödel bis zu Erdäpfelblattln mit Sauerkraut. Auch die Kalbsleber „Tiroler Art", eines der wenigen Innereiengerichte, das mittlerweile im Mainstream angekommen ist, darf nicht fehlen.

Tel: 05243 5517
0664 514 68 33

6212 Maurach am Achensee
Rofan 3

www.erfurterhuette.at
info@erfurterhuette.at

tgl. 10.30–19.30 Uhr
Angepasst an die Rofan Seilbahn

MAYRHOFEN — SCHWAZ

BERLINER HÜTTE

1879 wurde die Berliner Hütte als erste Schutzhütte in den Zillertaler Alpen eingeweiht. 1885 erfolgte der erste Erweiterungsbau, in den darauffolgenden Jahren entstand das dreigeschoßige Logierhaus. Und zusätzlich ein weiterer Speisesaal, der Damensalon und ein Matratzenlager. Ende des 19. Jahrhunderts bekam die Hütte einen Telefonanschluss sowie ein Postamt und eine Schuhmacherwerkstatt. Kulinarisch ist sie ebenfalls top: großartige Knödelvielfalt und ein dreigängiges Menü am Abend, das über die klassische Hüttenverpflegung weit hinausgeht. Auch das Frühstück ist sehr gut.

Tel: 0664 887 870 25

6295 Mayrhofen
Zemmgrund 282

www.berlinerhuette.at
info@berlinerhuette.at

GREIZER HÜTTE

Die Greizer Hütte ist eine Schutzhütte des Deutschen Alpenvereins und liegt auf 2.227 Metern, oberhalb des Floitengrunds in den Zillertaler Alpen. Die Hütte wurde 1893 von der Sektion Greiz erbaut, bis 1912 wurde sie von Trägern versorgt. Das konnte durch den Bau eines Saumpfades verbessert werden. Der Ausgangspunkt der Säumerei lag lange Jahre in Ginzling und führte durch die Floite, bis ein zur Bocknachalm geschaffener Fahrweg die zu säumende Strecke verkürzte. Die Hüttenküche ist mit dem Gütesiegel „So schmecken die Berge" ausgezeichnet: Kulinarischer Genuss ist also garantiert.

Tel: 0664 140 50 03

6295 Mayrhofen
Dornaustraße 616

www.alpenverein-greiz.de/huetten-einrichtungen/huetten/greizer-huette/
greizerhuette@aon.at

GRÜNE WAND HÜTTE

Die Grüne Wand Hütte befindet sich im Stillupgrund bei Mayrhofen im Zillertal. Sie ist über eine Forststraße erreichbar, auf der man auch mit dem Mountainbike fahren kann. Kein Wunder also, dass die Hütte im Sommer gut besucht ist. Auch der Weitwanderweg 02, der Österreichische Zentralalpenweg, führt an der Grünen Wand Hütte vorbei. Benannt ist sie nach der Grünen Wand Spitze, die am Talschluss mit 2.946 Metern die Grenze zum Südtiroler Ahrntal markiert. Das Speiseangebot orientiert sich an den Klassikern der alpinen Hüttenkost: Die Qualität ist durchaus eindrucksvoll, die Marenden deftig.

Tel: 0664 105 14 04
6290 Mayrhofen
Stillup 966
gruenewandhuette@a1.net

ZIMMEREBEN

Zimmereben im Zillertal ist ein Treffpunkt für Kletterer und Bergfexe. Aber auch kulinarisch hat die Location einiges zu bieten. Das Cordon bleu kann man mit Graukas bestellen. Das ist eine durchaus spannende Interpretation des alten Gerichts. Man kann aber auch dem breiten Angebot der alpinen Alm- und Hüttenkost wählen: Suppen, Kaspressknödel, Hüttentoast und Bauernomelette. Die Eiskarte wirkt charmant retro: Bananensplit und Coupe Denmark. Zu mieten ist Zimmereben aber auch für Events und Feiern, von der Hochzeit bis zum Seminar.

Tel: 0664 380 62 03
6290 Mayrhofen
Zimmereben 646
www.zimmereben.at
info@zimmereben.at

PERTISAU
SCHWAZ

ALPENGASTHOF GERN ALM

Eingebettet in eine traumhafte Kulisse liegt die Gern Alm etwa fünf Kilometer von Pertisau am Achensee entfernt. Familiäre Atmosphäre prägt die Alm und sorgt für erholsame Urlaubstage in einem eindrucksvollen Bergpanorama. Gerichte wie die Achentaler Kaspressknödel, deftige Marenden und Jausen, Käsespätzle, Wiener Schnitzel laden zum Verweilen ein. Die Gebirgsforellen kommen aus dem eigenen Teich, das Wild aus der eigenen Jagd und die Pilze werden im Wald gesammelt. Alles in allem ein spannendes kulinarisches Konzept und eine Küche, in der mit Freude und Leidenschaft gekocht wird.

Tel: 05243 55 79
6213 Pertisau
Nr. 24 A
www.gernalm.at
info@gernalm.at

FALZTURNALM

Die Falzturnalm, eigentlich Alpengasthaus Falzturn, ist kulinarisch gesehen ein Gewinn für die Achenseeregion. Die Speisekarte ist umfangreich und vielfältig, es gibt allerlei klassische Almkost: von Almtoast und Bauernomelette bis zu Holzfällersteak und Wiener Schnitzel. Oder hausgemachte Sulz und das Trio mit Kasnocken, Schlutzkrapfen und Spinatknödel. Ebenfalls empfehlenswert sind die süßen Gerichte des Hauses. Neben Apfel- und Topfenstrudel gibt es eine ausnehmend gute Linzer Torte. Bei Schönwetter kann man die Köstlichkeiten mit herrlichem Ausblick aufs Sonnjoch genießen.

Tel: 0664 342 02 36
6213 Pertisau
Falzturnstaße 16
www.falzturn.at
info@falzturn.at

FEILALM

Das Außergewöhnliche an der Feilalm ist ihre Lage. Ein Achenseeblick hoch über Pertisau, der sich sehen lassen kann: Das Panorama ist einzigartig. Ein Teil der Alm ist in ihrer ursprünglichen Fassung aus dem Jahr 1713 erhalten. Die Feilalm hat also schon ordentlich Geschichte am Buckel. Was sie heute von vielen anderen unterscheidet, ist der flaumige Kaiserschmarren – ebenfalls ein historisches Rezept, genauer gesagt aus dem Jahr 1948. Maria Knapp erzählt gern, dass es seither unverändert ist. Man nimmt einen Bissen und glaubt ihr: frisch, einfach, grandios.

Tel: 0676 601 58 41
6213 Pertisau
Feilkopf 1
www.feilalm.at
info@feilalm.at
tgl. 8–18.30 Uhr

PILL — SCHWAZ

ALPENGASTHOF LOAS

Um den atemberaubenden Ausblick Richtung Westen ins Inntal zu genießen, fahren sie mit Rädern, Autos oder Bussen den Pillberg hinauf und wandern von einem der oberen Parkplätze zur Loas. Die ganz Sportlichen (und das sind gar nicht so wenige) starten unten in Schwaz. Oder sie nutzen die Loas als Basislager für Wanderungen zum Gamssteinhaus oder auf den Gilfert. Was Wanderer und Rodler auf den Berg lockt, sind die Wiener Schnitzel: weit über die Grenzen des Karwendels hinaus bekannt, auf offener Flamme zubereitet und von stattlicher Größe. Wer anderes probieren will, wird ebenfalls fündig.

Tel: 05242 625 68
6136 Pill
Loasweg 9
www.loas.at
loas@gmx.net
Di–Sa 11–20, So 11–18 Uhr
✱ variabel

RODEL TONI

Der Rodel Toni war eine Idee von Peter Unterlechner, dem Hotelier des Hotels Grafenast gleich nebenan. Als es um die Frage ging, ob und wie das Lokal bei der Mittelstation der Kellerjochbahn bespielt werden soll, war er sofort dabei. Heute ist der Rodel Toni ein trendiges Panoramacafé, nur 15 Minuten vom Ortskern in Schwaz entfernt und auch mit dem Bus gut zu erreichen. Und er besticht mit kreativen Einfällen, wie der Fleischkas-Bar, dem Speckbrot-Toast oder dem warmen Honig-Thymian-Schinken. Für die Kulinarik verantwortlich ist jedenfalls das Grafenast-Team: Und da kann kaum etwas schiefgehen.

Tel: 05242 210 12
6136 Pill
Kellerjochbahn Station
Grafenast, Pillbergstraße 211
www.rodeltoni.at
rodeltoni@grafenast.at

RAMSAU — SCHWAZ

KRISTALLHÜTTE

Die Kristallhütte in der Ramsau ist wahrlich ein Unikum. Ein wenig Schutzhütte, ein wenig Alm, ein wenig Fine Dining. In jedem Fall Spitzenkulinarik mit alpinem Flair und fixer Bestandteil der Tiroler Gastrolandschaft. Die Location lockt Wintersportler mit Genussambitionen ebenso auf den Berg wie Genießer mit sportlichem Ehrgeiz. Kaum verwunderlich, denn das Essen ist großartig da droben. Wer die Kombination aus spektakulärem alpinen Ambiente und grooviger Loungemusik schätzt und dabei auf gutes Essen nicht verzichten mag, ist in der Kristallhütte genau richtig.

Tel: 0676 886 324 00
6284 Ramsau
Ramsau 425
www.kristallhuette.at
info@kristallhuette.at
tgl. 8–17 Uhr
✱ Mitte April–Ende Juni 2022

SCHWAZ

SCHWAZ

HECHERHAUS

Für die Einheimischen ist es einfach nur „der Hecher“. Das Hecherhaus hat seinen Namen von einer Schwazer Skirennläuferin, der Traudl Hecher. Deshalb befindet sich auch ihr Porträt im Logo vom Hecherhaus, ebenso wie der Schriftzug „Alpine Lodge“, eine Verbindung von Tradition und Moderne. Oben am Hecher eröffnet sich bei Schönwetter ein gewaltiges Panorama. Inntal, Karwendel, der Alpenhauptkamm, wie er sich in östliche Richtung zieht. Eine Zeit lang war es still ums Hecherhaus, bis der neue Wirt, kurz „Wuf“ genannt, das Ruder herumgerissen und ordentlich Gas gegeben hat – droben am Hecher.

Tel: 05242 660 70

6130 Schwaz
Schlingelberg 11

www.hecherhaus.at
info@hecherhaus.at

So–Fr 11–18 und Sa 11–20 Uhr

KELLERJOCHHÜTTE

Es war die zweite Saison für Claudia Schranz und Christian Lorenz: Die beiden haben der Kellerjochhütte jedenfalls neues Leben eingehaucht. Landschaftlich und vom Ausblick her ist das Kellerjoch ohnehin kaum zu toppen, aber auch was kulinarisch geboten wird, kann sich sehen lassen. Nach wie vor außergewöhnlich gut: die Speck- oder Kaspressknödel mit Schlamperkraut, der „Nepalesisch-Tiroler Linsen- und Gemüsetopf“, Kasmuas oder – für ambitionierte Frühaufsteiger – das „Silberzehner Aufweckerl“. Gut, dass manche Dinge sich nicht oder kaum ändern.

Tel: 0650 611 2171

6130 Schwaz
Zintberg 67

www.kellerjoch.at
info@kellerjoch.at

tgl. 08.30–20.30 Uhr (Juni–Mitte Okt. 2022)
❄ Wintersaison 2021/2022

TERFENS

SCHWAZ

GANALM

Es ist, wie es ist: Die Ganalm ist ein echter Geheimtipp, das Essen auf der Alm außergewöhnlich. Sie ist vermutlich die urigste Alm im Karwendel und befindet sich am Umlberg oberhalb des Vomper Lochs. Strom gibt es keinen, in der Stube mischen sich die Düfte Küche und Kuhstall. Gekocht wird mit einfachen Mitteln, dafür aber atemberaubend gut. Der Kaiserschmarren wird am und im Holzofen gemacht, es gibt auch von Hermann, dem Wirt, verschiedene selbst gemachte Würste. Die Jausenbretter sind so rustikal und bodenständig, dass sie schon mustergültig sind. Die Getränke werden vom Bergwasser gekühlt.

Tel: 0650 843 79 94

6123 Terfens
Umlberg

TUX
SCHWAZ

BICHLALM

Die Bichlalm gehört zu den attraktivsten Ausflugszielen in Tux und bietet einen Blick auf den Hintertuxer Gletscher. Sie liegt an den Hängen des Hinteren Tuxertals und wird ganzjährig bewirtschaftet. In einer Dreiviertelstunde ist der Aufstieg von Hintertux zur Alm geschafft. Wer es lieber gemütlicher angehen und nicht bergauf wandern möchte, fährt mit der Gletscherbahn zur Mittelstation und spaziert von dort aus stetig, aber nicht steil bergab zur urigen Alm. Genuss ist jedenfalls garantiert: vom Almfrühstück über herzhafte Jausen bis zum Dinner mit gehobener Tafelkultur.

Tel: 05287 85 24

6293 Tux
Vorderlanersbach 148

www.jagdhof-tux.at/de/bichlalm-hintertux
info@jagdhof-tux.at

WEERBERG
SCHWAZ

WEIDENER HÜTTE

Die Weidener Hütte ist Bergfreunden, die schon ein paar Gipfel am Buckel haben, noch als Nafingalm bekannt. Mittlerweile hat sich der Name geändert, die alte Adresse (Nafingalm 10) ist immer noch die gleiche. Die Speisen mit „nepalesischem Anteil" sind ebenso köstlich wie die Tiroler Gerichte und die mit Anleihen aus Südtirol. Weiter so, eindeutige Besuchsempfehlung. Von Innerst ist man in eineinhalb Stunden am Ziel, von Kolsassberg aus in knapp vier. Angeboten werden auch Kräuterworkshops und Kräuterwanderungen: Dafür lohnt sich der Anstieg ebenfalls.

Tel: 05224 225 25
0664 881 099 40

6133 Weerberg
Nafingalm 10

www.weidener-huette.at
info@weidener-huette.at

ZELL AM ZILLER
SCHWAZ

KREUZWIESENALM
Schmankerlhütte

Sie liegt auf knapp 1.900 Metern in der Zillertal Arena und bezeichnet die eigene Küche gerne als „Schmankerlküche". Konkret bedeutet das: für Gerichte und Getränke, bei denen Milch verwendet wird, greifen die Kreuzwiesenalmler auf Heumilch zurück. Das ist gut so. Die Versorgung wird allerdings „über die Bande" gespielt. Die Rohmilch der eigenen Landwirtschaft wird an die Sennerei Zillertal abgeliefert, die verarbeiteten Produkte von dieser bezogen: Das ist ein Kreislauf und positiv anzumerken. Das viel zu selten zu bekommende Melchermuas mit Granten ist auf der Karte – unbedingt probieren.

Tel: 0664 390 03 44

6280 Zell am Ziller
Gerlosberg 17c

www.kreuzwiesenalm.at
info@kreuzwiesenalm.at

tgl. 9–18 Uhr

VOR-
ARLBERG

DIE BESTEN

18,5/20	4 Hauben	**ROTE WAND CHEF'S TABLE** Lech am Arlberg	Seite 555
18/20	4 Hauben	**AURELIO'S** Lech am Arlberg	Seite 546
18/20	4 Hauben	**GRIGGELER STUBA** Lech am Arlberg	Seite 548
17,5/20	4 Hauben	**KILIAN STUBA** Hirschegg/Kleinwalsertal	Seite 543
16/20	3 Hauben	**JAKOB & ETHEL IM KLÖSTERLE** Lech am Arlberg	Seite 550
16/20	3 Hauben	**MANGOLD** Lochau	Seite 560
15,5/20	3 Hauben	**FUXBAU** Stuben/Arlberg	Seite 568
15,5/20	3 Hauben	**GUTH** Lauterach	Seite 545
15,5/20	3 Hauben	**HUMBACHSTUBE** Riezlern/Kleinwalsertal	Seite 564
15,5/20	3 Hauben	**WEISS** Bregenz	Seite 538

LEGENDE

- ○ Orte allgemein
- ● (grün) Orte mit 1 Haube
- ● (gelb) Orte mit 2 Hauben
- ● (orange) Orte mit 3 Hauben
- ● (blau) Orte mit 4 Hauben
- ● (rot) Orte mit 5 Hauben

AU IM BREGENZERWALD B4

GASTHAUS LÖWEN® Tipp

Das Gasthaus hat eine neue Küchenleitung erhalten, was bei den Gästen sehr gut ankommt. Ein Gourmet-Angebot ist im Aufbau. Schon jetzt verfügt das Gasthaus über ein fulminantes Edelbrände-Angebot. Besonders stolz ist man hier auf den ausgezeichneten Löwen-Gin.

Tel.: 05515 259 64
6883 Au im Bregenzerwald
Rehmen 87
bergbrennerei-loewen.at
office@loewen-au.at
Mi, Sa und So 11.30–17.30,
Do–Fr 11.30–20.30

BIZAU A4

BIOHOTEL SCHWANEN 15/20

Koch: Michael Webendorfer

Eine (Tal-)Sackgasse fährt man nur mit einem klaren Ziel vor Augen. Im Bregenzerwald heißt dieser kulinarische Umweg Schwanen in Bizau. Dieses Bio-Hotel im Nachbarort von Bezau avancierte zu einer der populärsten Genussadressen im „Wold", wie die Bregenzerwälder ihr Tal auch gerne nennen. Und die Adresse hält, was man sich von ihr verspricht. Neben Roastbeef vom Vorarlberger Rinderbauern, hausgemachtem Focaccia und Rucolapesto werden das Beste vom hauseigenen Gartenbeet sowie hausgebeizter Saibling mit Kohlrabi- und Minze-Aromen als Vorspeisen angeboten. Zusammen mit den hervorragenden Suppen, wie Sellerie-Tee mit Basilikum, war der Einstieg in den Genussabend sehr gelungen. Verwöhnte Vegetarier delektieren sich an Blätterteigtaschen mit Quinoa, Mangold, Pfefferkraut und Weißweinsauce oder hausgemachten Schlutzkrapfen mit Salbeibutter. Fleischfreunde widmen sich der Brust und geschmorten Keule des beliebten Wälder Huhns mit Brennnesselpüree. Küchenhandwerk, wie es sein soll. Zum Dessert empfehlen sich die innovativen Kreationen Zitronentarte mit Sauerklee-eis, Lindenblattmousse mit weißer Schokolade und Lindenblütensorbet oder der Hausklassiker „Kaiser_Innenschmarrn" (sic!) mit Apfelmus. Nebeninfo: Dieser Schmarren schaffte es schon vor Jahren – mit einem Augenzwinkern – in die ZIB-Hauptnachrichten. Die Weinkarte ist überdurchschnittlich interessant gestaltet, wobei man die Empfehlungen von Patron Emanuel Moosbrugger mit in die Auswahl einfließen lassen sollte. Es lohnt sich. Der Service ist umsichtig und freundlich.

à la carte: 6–33 €

Tel.: 05514 21 33
6874 Bizau
Kirchdorf 77
www.biohotel-schwanen.com
emanuel@biohotel-schwanen.com
Do–Mo 11.30–13.30 und 17.30–20.30 Uhr

BRAND A4

ALPENSTEAKHAUS

12/20

Köche: Martin & Janine Wieland

Das Alpensteakhaus in Brand ist nicht nur für Fleischtiger ein gefundenes Fressen. Zwar wird dort auch schon mal ein Steak mit 700 Gramm oder mehr aufgetischt, doch auch weniger hungrige Gäste werden in dem Restaurant, das Rustikales in seiner Architektur nur noch zitiert, glücklich. Diese wählen sowohl den Cut als auch die Gewichtsklasse ihres Steaks, ebenso wie die Beilagen. Zu empfehlen: Butternudeln und Rösti. Und wer richtig Glück hat, ergattert sogar ein Stück vom „Brandner Almochsen" – eine Marke, die die Wirtsleute gemeinsam mit einem örtlichen Bauern ins Leben gerufen haben.

à la carte: 28–65 €

Tel.: 0664 915 48 77
6708 Brand
Mühledörfle 75
info@alpensteakhaus.at
Di–So 16–23 Uhr

GUFER 55 Ⓝ

13/20

Köchin: Andrea Beck

Gute Küche, kleine, feine Weinauswahl, ein freundlicher Service und das alles in einem besonderen, modernen Ambiente mit viel Holz. Ein Mille-feuille vom grünen Apfel mit Räuchersaibling und Roter Rübe sowie eine Spargel-Panna cotta mit Lachstatar waren leichte, feine Vorspeisen. Die Tagesempfehlung – hausgemachte Bärlauchnudeln mit gebratenen Garnelen – war ideal, am Punkt gebraten das Tagliata vom Rind. Geschmacklich gut und solide auch das süße Ende: Topfenknödel mit Krokantblättern, Vanillecreme und marinierten Erdbeeren. Schön, wenn nicht nur die Aromen stimmen, sondern das Handwerk auch an den hübsch angerichteten Tellern zum Ausdruck gebracht wird.

Tel.: 05559 225 50
6708 Brand
Gufer 55
www.gufer55.at
gufer55@aon.at
Do–Mo 11.30–20.30 Uhr
✻ bis Mitte Dez. 2021, Mitte April–Mitte Mai 2022

RESTAURANT HOCHSITZ

Tipp

im Hotel Walliserhof

Tel.: 05559 241
6708 Brand
Gufer 43
www.walliserhof.at
office@walliserhof.at
Mo, Mi–Fr 18.30–23, Sa, So 12–14.30 und 18.30–23 Uhr

Im modernen Designhotel Walliserhof werden nicht nur Hotelgäste verwöhnt. Auch Gäste von außerhalb können im Restaurant Hochsitz in den Genuss der Küche kommen. Auf rustikal gedeckten Holztischen wird ein Fünf-Gang-Abendmenü geboten, eine kleine zusätzliche Karte stellt Klassiker und österreichische Spezialitäten zur Auswahl. Die Lebensmittel stammen aus der Region und der eigenen Landwirtschaft, das Wild aus eigener Jagd. Auf der Weinkarte wird man auch glasweise fündig.

à la carte: 12,50–49 €

BREGENZ A3

FALSTAFF

15/20

Cuisino Restaurant Bregenz

Koch: Stefan Lenz

Tel.: 05574 45127125 00
6900 Bregenz
Platz der Wiener Symphoniker 3
www.falstaffbregenz.at
restaurant.bregenz@casinos.at
Mo–Do, So 18–23, Fr, Sa 18–24 Uhr
✱ 24. Dez. 2021

Ein Restaurant mit stilvollem Ambiente und die Handschrift von Stefan Lenz am Teller sind ideale Voraussetzungen für genussvolle Zeiten am Bodensee. Dazu wird man bestens vom sehr freundlichen Service betreut. Selten so gut wie hier ist bereits der Gruß aus der Küche, raffiniert und gut abgestimmt die marinierte Lachsforelle mit Frühlingskräutern, grünem Spargel und hausgemachtem Knäckebrot. Mit dem gleichen Esprit kommt dann die Schaumsuppe vom Bärlauch mit Ziegenfrischkäse und gebackenem Wachtelei daher. Vorzügliche Artischocken und cremige Polenta begleiteten die geschmorte Lammhaxe. Große Freude bereitete das Felchenfilet mit Noilly Prat-Sternanis-Fond, Tortellini und Garnelen. Dazu trinkt man eine wunderbare Weißweincuvée aus der beachtlichen Weinkarte. Ein flaumiges Dessert als Duett von Manjari-Schokolade und Kokos mit Gewürzbanane und Kaffir-Limette beendete einen sehr erfreulichen Restaurantbesuch.

à la carte: 5,50–45 €

PETRUS

12,5/20

Koch: Martin Wehle

Typische Bistro-Atmosphäre erwartet die Gäste im Petrus, das heißt, die Tische sind eng zusammengestellt, die Lautstärke ist auch nicht ohne. Und die Gerichte? Die Speisekarte bietet Miesmuscheln mit Pommes, geflämmten Ziegenkäse mit eingelegten Vogelbeeren oder Artischocken, die man im Ganzen serviert bekommt. Gerichte wie schwarze Bandnudeln mit Garnelen, Chateaubriand vom Black Angus-Rind für zwei Personen und Crème brûlée ergänzen das kulinarische Angebot. Kleine, interessante Weinkarte, die auch Tropfen aus weniger bekannten Weinregionen Frankreichs bereithält.

à la carte: 10–55 €

Tel.: 05577 444661
0664 436 9457

6900 Bregenz
Anton-Schneider-Straße 11

www.petrus-bregenz.at
reservierung@petrus-bregenz.at

Di–So ab 9 Uhr

PIER 69

12/20

Koch: Thomas Neubert

Ein erfrischender Cocktail oder ein Glas Wein mit Freunden sind Gründe genug, im Pier 69 einzukehren. Dazu gesellt sich eine Küche, die ohne Fehl und Tadel agiert. Burger, Filetsteak mit hausgemachten Pommes oder – wenn verfügbar – ein T-Bone-Steak für zwei Personen machen satt. Beim Fisch setzt man etwa auf Wolfsbarsch. Schön wäre es, wenn schon so nah am Bodensee platziert auch Hecht oder Felchen angeboten werden würde. Kaiserschmarren oder Schokoladekuchen mit flüssigem Kern verführen zum süßen Ende. Aufmerksames Serviceteam.

à la carte: 5–40 €

Tel.: 05574 43202

6900 Bregenz
Seestraße 4

www.pier69.at
office@pier69.at

Mo–Sa 9–14 und 18–22, So 9–14 und 18–21 Uhr

♿

WEISS

15,5/20

Köchin: Milena Broger

Das Weiss in der Festspielstadt Bregenz ist sowohl Restaurant als auch kulinarisches (Edel-)Bistro, skandinavisch wie auch alpin inspiriert, österreichisch und international, einfach und höchst interessant zugleich. Es gehört zu den aktuell am meisten diskutierten Genussadressen im Ländle. Dem einen gefällt die innenarchitektonische Schlichtheit, dem anderen fehlt das klassische „Restaurant-Barock". Und ob die Portionen „zu klein" oder „passend" portioniert sind, ist Ansichts- und Geschmacksache. Aber vor allem ist die Adresse eines: unterschätzt. Hier wird Bistro-Avantgarde auf Highend-Format gekocht. Vielleicht hat das auch damit zu tun, dass die beiden Hauptverantwortlichen in der Küche, Milena Broger und Erik Pedersen, jahrelang in einem der besten Restaurants in Dänemark arbeiteten. Das Gedeck war schlicht und souverän zugleich. Nach einem handwerklich meisterhaft zubereiteten Croustade mit Schinkensalat, Kohlrabi und Senfmayonnaise folgte ein hausgebeizter Saibling mit Tannenvinaigrette – besser geht es nicht, Weltklasse. Das Frühlingsgemüse in Sauerteig-Tempura mit Bienenpollen-Emulsion und eingelegten grünen Paradeisern wusste zu überzeugen. Das Beef Tatar mit Weißbrot, eingelegten Zwiebeln, Heu-Emulsion und Bergkäse(-cracker) glich einem Liebesbeweis an den Bregenzerwald. Mit gegrilltem Frühkraut, Hefe-Emulsion, Gremolata und Salzzitrone wird man „gastronomische Senioren" mehrheitlich wahrscheinlich nicht überzeugen können, wenngleich dieses Gericht für kulinarisch Fortgeschrittene den Himmel am Abend darzustellen vermag. Ebenso in kleinen Portionen wie der gegrillte Duroc-Schweinebauch mit fermentierten Feigen wurde auch die gebratene Fischempfehlung mit Zucchini, karamellisiertem Obers, Koriander und Verbene aufgetragen. Statt des klassischen Alpkäse-Sauerteigbrot-Zwischenganges vor dem Dessert bestellten wir die mit karamellisierten Zwiebeln gefüllte Mini-buchteln an warmer Bergkäsesauce und Schnittlauchöl. Der Mohnkuchen mit Marillenkompott, Feigenblattöl und Salzkaramell bildete den krönenden Abschluss eines ausgezeichneten Bistro-Portionen-Menüs. Eine der besten und interessantesten Kulinarikadressen in Vorarlberg – mit einem sympathischen Service als Zugabe. Vorhang und Applaus.

à la carte: 6–15 €

Tel.: 05574 908 59

6900 Bregenz
Anton-Schneider-Straße 5

www.weiss-bregenz.at
hi@weiss-bregenz.at

Fr–Mo 15–24 Uhr

CHEN'S DINING BAR

Tipp

In diesem außergewöhnlichen, fernöstlichen Restaurant erwarten die Gäste fantasievolle Kreationen aus allen Teilen Asiens. Asiatische Spitzenköche bereiten diese mit großer Leidenschaft und viel Engagement aus erlesenen, frischen Produkten zu. In dazu passendem Ambiente haben 80 Personen in den Innenräumen und 50 Personen auf der Terrasse Platz und können einen erlebnisreichen Aufenthalt genießen.

à la carte: 10–60 €

Tel.: 05574 528 08 11
0664 840 81 18

6900 Bregenz
Seestraße 6

www.chens-bregenz.at
office@asiagourmet.at

Mo, Mi, Do, Fr und So
11.30–14.30 und 17.30–23.30;
Di und Sa 17.30–23.30 Uhr

FERDINAND

Tipp

im Wirtshaus „Goldener Hirschen", 1. Stock

Das feine Ferdinand im ersten Stock des Goldenen Hirschen ist nach der turbulenten Zeit des Jahres noch nicht wieder geöffnet. So sitzt man in den klassisch-gemütlichen Stuben des bodenständigen Gasthauses und erfreut sich an geschmackvoller, gut bürgerlicher Küche. Geboten werden Speisen wie Steinpilz-Terrine, klare Paradeiser-Essenz, Wiener Suppentopf, geröstete Kalbsleber, Tafelspitz, frischer Fisch aus dem Bodensee und Gebackenes wie Cordon bleu und Schnitzel. Auch Vorarlberger Käsknöpfle dürfen nicht fehlen.

Tel.: 05574 428 15

6900 Bregenz
Kirchstraße 8

www.hotelweisseskreuz.at
hirschen@kinz.at

Mo–Sa 11.30–14 und ab 18 Uhr

DORNBIRN

A3

DER VERWALTER

13/20

Koch: Gerald Leininger

Neben den gemütlichen Stuben ist in der warmen Jahreszeit auch die erholsame, einladende Terrasse ein willkommener Ort des Genusses. Der aufmerksame, freundliche Service umsorgt einen herzlich, die Weinkarte ist umfangreich und sehr gut bestückt. Aus der saisonalen Karte wird der marinierte rosa Kalbstafelspitz mit Kräutervinaigrette zur gelungenen Frühlingsvorspeise. Stimmig abgestimmt in Geschmack und Aussehen ist die hausgemachte Pasta mit gerösteter Salsiccia, Pecorino und Rosmarin. Mit einem grandiosen Basilikumsorbet zeigt Küchenchef Gerald Leininger einmal mehr sein Können. Ebenso mit seinem butterweichen Kalbsfilet, das mit perfekt gratiniertem Spargel, delikaten Bärlauch-Serviettenknödeln und Selleriepüree gereicht wird. Gut gelungen ist auch das Wolfsbarschfilet mit Spinat, Gnocchi und Zitronenschaum. Ein erfrischend-leichtes Schokomousse mit Passionsfrucht, Sorbet und Knusperschokolade erfreut zum Abschluss.

à la carte: 20–40 €

Tel.: 05572 233 79
0664 131 29 80

6850 Dornbirn
Schlossgasse 1

www.zumverwalter.at
hotel@zumverwalter.at

Di–Fr 12–13.30,
Di–Sa, Fei 18–21.30 Uhr
✻ 1.–16. Jän.,
18. August–6. Sept. 2022

HOTEL HIRSCHEN ®

11/20

Koch: Florian Grabher

Im Dornbirner Stadtteil Haselstauden macht das Boutiquehotel Hirschen mit Speisen im „Zeitstil" von sich reden. Auf der mediterranen Sonnenterrasse von der Natur und Kunst umgeben, werden tadelloses Lachstatar mit Linsen sowie Brot mit Olivenöl und Kräutersalz zur appetitlichen Begrüßung gereicht. Ein gaumenfreundlicher Weißburgunder aus dem Bodenseeraum begleitet hausgemachte Nudeln mit Eierschwammerln oder das Trio vom Karfiol, dem etwas mehr Würze nicht geschadet hätte. Das Tomahawk-Steak vom Strohschwein ist zart, die dazu gereichte Sauce stimmte uns dahingegen nicht ganz so glücklich. Der bemühte Service empfiehlt Crêpes Suzette und Salzburger Nockerl. Die gute Weinauswahl wird leider ohne Jahrgangstiefe angeboten.

Tel.: 05572 263 63

6850 Dornbirn
Haselstauderstraße 31

www.hotel-hirschen-dornbirn.at/
info@hotel-hirschen.at

Mo–Mi, Fr, Sa ab 17 Uhr

EICHENBERG A3

MEHDAFU

Tipp

im Hotel Schönblick

Das Hotel und Restaurant Schönblick macht seinem Namen alle Ehre. Es verfügt in Vorarlberg über die Restaurant-Terrasse mit dem besten Blick über den Bodensee. Das Service ließ aber wissen, dass das Gourmet-Menü nur auf Vorbestellung erhältlich wäre, weshalb eine Beurteilung ausbleibt. Ein Tipp ist es aber weiterhin, schon allein wegen des Dreiländer-Bodensee-Rundblicks. Erwähnenwert sind auch die Weine aus der Region.

à la carte: 17–38 €

Tel.: 05574 459 65
0676 939 49 99

6911 Eichenberg
Dorf 6

www.schoenblick.at
hotel.schoenblick@
schoenblick.at

Mi–So 18–22 Uhr
bis 12. Dez. 2021,
7. Jän.–1. März 2022

FELDKIRCH A4

GUTWINSKI

12,5/20

Elegant mit ein wenig Bling-Bling, das ist das Gutwinski im Herzen von Feldkirch. Und so gestaltet sich auch die Speisekarte: Zwar hat hier das Wiener Schnitzel einen Stammplatz, doch muss es diesen mit internationalen Gerichten, wie Garnelen an schwarzer Pasta, gebackener Auster auf Glasnudelsalat oder Roter Rübe mit Eierschwammerln und Schalotten-Crumble, teilen. Während Klassiker wie das Schnitzel und der Tafelspitz durch gute Zutaten und eine ebensolche Verarbeitung eine sichere Bank sind, wirken die etwas exotischeren Gerichte ein wenig zahm. Beim Duett der Marille stimmt wieder alles: eine Versuchung, der man durchaus nachgeben sollte.

à la carte: 18–36 €

Tel.: 05522 721 75

6800 Feldkirch
Rosengasse 4-6

www.gutwinski.cc
hotel@gutwinski.cc

Di–Sa 12–14 und 18–22 Uhr

ZANONA

11,5/20

Köchin: Martina Häusle

Wiener Kaffeehauskultur vom Feinsten, das erlebt man im traditionellen Zanona in Feldkirch – nicht mehr und nicht weniger. In der warmen Jahreszeit kann man sich auch im Außenbereich auf fein gedeckten Tischen verwöhnen lassen. Eine sommerliche Erfrischung zu Beginn war der Gruß aus der Küche. Die kleine Karte am Abend bietet vom Vitello tonnato in neuer, anderer Version, über gebackenes Felchen und Kabeljau, einem etwas eigenwilligen Saltimbocca mit fettem Bauchspeck, Filetsteak und Zitronentartelette mit Erdbeeren eine feine Auswahl. Die Weinkarte passt sich diesem Kriterium an. Sehr zuvorkommend und freundlich verwöhnt der Service.

à la carte: 15–50 €

Tel.: 05522 736 35
0664 385 43 96

6800 Feldkirch
Montfortgasse 3

www.zanona.at
info@zanona.at

Mo, Sa 12–13.15, Di–Fr 12–13.15 und 18–21 Uhr

FRASTANZ — A4

MIZZIGREEN

13/20

Köchin: Denise Amann

Mitten im Grünen liegt das Mizzigreen. Gestresste Gäste können auf der großzügigen Terrasse oder im schlicht und elegant eingerichteten kleinen Speisesaal entspannen. Dort werden abends sechs Überraschungsgänge kredenzt: regional, saisonal und biologisch. Bei der Reservierung werden Allergien und Vorlieben der Gäste abgefragt und vor Ort merkt man schnell: Chefköchin Denise Amann braucht keine Luxuszutaten, um Exquisites auf die Teller zu bringen. Ihr Spiel mit Konsistenzen und Texturen beeindruckt, ebenso wie ihre Geschmackskombinationen, die immer wieder aufs Neue angenehm überraschen.

à la carte: 55–65 €

Tel.: 0699 177 903 12

6820 Frastanz
Mariagrünerstraße 30

www.mizzitant.at
office@mizzitant.at

Mi, Do 11.30–14 und 17.30–23, Fr, Sa 17.30–23 Uhr

Bewertungen:

11 bis 12,5 Punkte von 20 Punkten: 1 Haube

13 bis 14,5 Punkte von 20 Punkten: 2 Hauben

15 bis 16,5 Punkte von 20 Punkten: 3 Hauben

17 bis 18,5 Punkte von 20 Punkten: 4 Hauben

19 bis 19,5 Punkte von 20 Punkten: 5 Hauben

GARGELLEN A4

MONTAFONER STUBE 13/20

Im Hotel Madrisa

Koch: Zdenek Cepera

Es gibt doch einige Montafonerstuben in der Talschaft – jene im Hotel Madrisa strahlt einen rustikal-eleganten Reiz aus. Der freundliche Oberkellner überzeugt genauso wie die Küche von Meister Zdenek Cepera. Köstlich und geschmackvoll zubereitet sind das Lamm-Agnolotti, die hausgemachten, zarten Gnocchi mit Gargellener Pilzen, der Saibling von Ramschwag und das rosa Steak vom Platina-Hirsch mit Nuss-Kräuter-Kruste. Dazu gibt es feine, selbst gekelterte Weine vom Küchenchef aus dessen Heimat. Zum Abschluss locken süße Verführungen wie gebackenes Eis vom Montafoner „Sura Kees" und die berühmten, zarten Powidltascherl mit Vanillecreme.

Tel.: 05557 63 31
6787 Gargellen
Madrisaweg 39
www.madrisahotel.com
gast@madrisahotel.com

HIRSCHEGG/KLEINWALSERTAL B4

CARNOZET 12,5/20

im Travel Charme Ifen Hotel

Koch: Sascha Kemmerer

Bodenständige Wirtshausküche, die trotzdem den Ansprüchen jedes Feinschmeckers gerecht wird, haben wir im Carnozet gesucht und gefunden. Hauptakteure sind dabei stets regionale Produkte, deren Herkunft auch in der Karte ausgewiesen wird. So gibt es klassisches Gulasch von Martin Willams Grauvieh, gebratene Brust vom „Wälder Hennele" der Familie Karu oder cremiges Risotto aus Vorarlberger Gerste und Reichenauer Paradeisern. Im urban-alpinen Ambiente blickt man hinaus in das Kleinwalsertal und genießt am besten gleich ein vier- oder fünfgängiges Menü. Wenn auch noch das Kaminfeuer knistert, kann man sich voll und ganz der Gemütlichkeit hingeben.

à la carte: 9–32 €

Tel.: 05517 608 540
6992 Hirschegg/
Kleinwalsertal
Oberseitestraße 6
www.travelcharme.com
ifen@travelcharme.com
tgl. 18.30–21 Uhr
♿

KILIAN STUBA

17,5/20

Köche: Sascha Kemmerer & Hans-Jörg Fink

Zweifellos zählt die Kilian Stuba zu den absolut besten Restaurants in Vorarlberg. Das elegante Restaurant mit gediegener Atmosphäre ist ein wahres Idyll, in dem ausgezeichnet gekocht wird. Wer kreative Genüsse erwarten, wird nicht enttäuscht. Kleine Happen wie Waldpilzpralinen, Eierschwammerl-Cappuccino, Pulled Pork-Würfel und Mozzarellakörbchen sowie knuspriges Sauerteigbrot frisch aus dem Ofen, Kürbiskernaufstrich, luftgetrockneter Rinderschinken sorgen gleich zu Beginn für kulinarische Hochstimmung. Schon mit den ersten Grüßen aus der Küche – einer Ceviche von der Makrele in Paradeisersud, mit Avocado und Imperial-Kaviar – zeigt Sascha Kemmerer seine beeindruckende Handschrift. Aus seiner umfangreichen Auswahl an gepflegten Weinen empfiehlt der charmante Sommelier und Maître Roland Gunst die flüssigen Begleiter, bevor der freundlich-souveräne Service mit dem Ländle-Saibling in Nori-Alge mit Wasabi-Gurke, confiert in Five Spice-Aromasud,verwöhnt. Von Harmonie geprägt kommen die feinen Ravioli gefüllt mit Ländle-Rahm und Verveine in gebundener Perlzwiebelbouillon, Gartenerbsen, Rohwurst und Bio-Dottercreme daher. Der auf den Punkt gegarte Bretonische Saint-Pierre mit jungem Fenchel, marinierten Herzmuscheln und Kaisergranat-Nage ist eine köstliche, exzellente Kombination. Die Tagesempfehlung, Steinbutt mit Steinpilzen, begeistert genauso wie das Walser Reh, das mit Eierschwammerln, Brokkoli und Herzkirschen begleitet wird. Aus Fenkarts weißer Schokolade, Bodensee-Himbeeren, Rosé-Champagner und Zitronenmelisse setzt sich die Vorarlberger Bramata mit Madagaskar-Vanille zusammen und entzückt als wunderbare Interpretation mit ausgezeichnetem Geschmack. Großes Lob auch für das vorzüglich gereifte Käse-Angebot am Wagen.

à la carte: 16–65 €

Tel.: 05517 608 541

6992 Hirschegg/
Kleinwalsertal
Oberseitestraße 6

www.travelcharme.com/
ifenhotel
ifen@travelcharme.com

Mi–Sa 18.30–21 Uhr

♿

HITTISAU B3

KRONE 15/20

Koch: Michael Garcia-Lopez

AMBIENTE AWARD 2012

Man sitzt gediegen-elegant in der der heutigen Zeit angepassten hellen Holzstube der Krone und lässt sich von der charmanten Gastgeberin wunderbar betreuen. Diese bringt köstlich-delikate Gerichte sowie trinkfreudigen Wein aus der Weiß- und Rotweinkarte: Vom hausgemachten Brot mit Krenaufstrich und Paprikamandeln, dazu gabs Rosé-Sekt, bis zum vorzüglichen „Pflanzerl" vom Bodenseewels und bildhaften, herrlich zarten rosa Kalbfleischscheiben mit Räucherforellen-Mousse und Kapern machten schon die Vorspeisen große Freude. Die langjährigen Klassiker überzeugten einmal mehr. Die saftige Brust vom „Wälder Hennele" mit Morcheln, Blattspinat und Erdäpfelpüree bereitete unvergleichlichen Genuss. Ebenso verlockend und leicht war die „Sibratsgfäller Forelle" mit gerösteten Mandeln. Die hausgemachten Sorbets und Eissorten wie Himbeere, Quitte, Mangojoghurt und – ganz besonders – die Wälder Spezialität Sig sorgten für einen gelungenen Abschluss.

à la carte: 12,50–35 €

Tel.: 05513 62 01
6952 Hittisau
Am Platz 185
www.krone-hittisau.at
gasthof@krone-hittisau.at
Sa–Mo 11.45–13.45 und 18–20.45, Fr 18–20.45 Uhr
✱ 27. März–14. April, 8.–18. Juli, 6. Nov.–8. Dez. 2022

KRUMBACH A3

ADLER 14,5/20

Gasthof

Koch: Jürgen Hirschbühl

Schon seit Jahren zählt der Adler in Krumbach zu den besten Restaurants im Lande, diesmal überzeugt Jürgen Hirschbühl aber in absoluter Hochform. Der am Spieß servierte Caesar-Salat liefert bereits zur Begrüßung Köstliches mit Wow-Effekt. Alles, was auf den Tisch kommt, ist selbst gemacht und in der eigenen Landwirtschaft erzeugt – vom Brot bis zum Dessert. Bunt, leicht und kreativ befindet sich der Sulzberger Saibling als Vorspeise am Teller, einmal ganz anders, aber vorzüglich das Kräutercarpaccio vom Rindsfilet mit Kernöl und altem Bergkäse. Rosa gebraten, geschmackvoll und bestens abgestimmt verwöhnt der Moorschweinrücken mit Kräuterkruste, Bodensee-Spargel und Tagliatelle. Aus dem regionalen Naturpark Nagelfluhkette kommt als Tagesempfehlung ein exzellenter, zarter Maibock mit Brennnesselravioli, wie er köstlicher nicht sein kann – vom charmanten Mutter-Tochter-Team im Service bestens empfohlen. Die Zitronentarte mit Sauerklee-Eis ist geprägt von beispielloser Harmonie, der schaumig-cremige Genuss zum Dahinschmelzen. Und ebenso wie die Pavlova mit Erdbeeren und Zitronenverbene ein krönender Abschluss mit hohem Genussfaktor.

à la carte: 17–34 €

Tel.: 05513 81 56
0664 534 63 06
6942 Krumbach
Dorf 5
www.adler-krumbach.at
mail@adler-krumbach.at
Mo, Di, Fr, Sa 17.30–21, So 11.30–14 und 17.30–21 Uhr
✱ Mitte Jän.–Mitte März 2022
♿

SCHULHUS 15/20

Köchin: Gabi Strahammer

Wer das Glück hat, im Bregenzerwald einige Sommertage verbringen zu dürfen, der sollte unbedingt einen Tisch auf der Schulhus-Terrasse reservieren. In saftiggrüne Wiesen gebettet liegt das Restaurant abseits jeden Trubels – beste Voraussetzungen also für volle Konzentration auf die Kulinarik. Und diese Konzentration zahlt sich aus. Eine angenehm überschaubare Speisekarte bietet Heimisches mit exotischen Ausreißern. So wird etwa eine Kaltschale vom australischen Zitronenblatt als Gruß aus der Küche serviert. Danach beginnt das Festessen: Eine Rindfleischsulz, die auf der Zunge zerfließt und mit der dazu gereichten Kübiskernölcreme eine überaus stimmige Verbindung eingeht. Und die Ravioli mit Frischkäsespinat, die man schon auf so vielen Menüs gelesen hat, offenbaren sich hier als Hochgenuss.

Tel.: 05513 83 89
6942 Krumbach
Glatzegg 58
www.schulhus.at
schulhus@aon.at
Do–So 12–13.30 und 18–20.30 Uhr
✱ variabel

Einfach hinreißend, wie bissfester Teig, cremige Füllung, zitronige Sauce und Parmesanspäne hier zusammenkommen. Nicht weniger gelungen sind das Hähnchen mit Eierschwammerln und Erdäpfelpüree oder die Felchenfilets an Weißweinsauce. Die Schulbank zu drücken, war noch nie so erhebend – schließlich bekommt man hier auch etwas wirklich Anständiges zu trinken.

à la carte: 18–36 €

LANGENEGG A3

KRONE 14/20

Koch: Manfred Nußbaumer

Die einladend mit hellem Holz getäfelten Stuben und die stimmig gedeckten Tische bieten einen wunderbaren Rahmen für optische und geschmackvolle Genüsse. Brennnessel- und Olivenbutter, Bärlauchaufstrich zu ofenfrischem Brot sowie ein feines Forellenfilet mit Tannenwipfelgelee sorgen für erste Aha-Erlebnisse. Die Bärlauchsuppe mit knusprigem Ei hätten wir gerne etwas leichter gehabt. Besonders köstlich war das Gemüsecurry mit Basmatireis. Großes Vergnügen bereitete uns das Dreierlei vom Kalb mit Spargel, Lauch und Risotto. Ebenso die zarte Kalbsleber, die von knusprigen Rösti begleitet wurde. Da an den außergewöhnlich guten Sorbets kein Weg vorbeiführt, verwöhnte der freundliche Service uns zum Abschluss mit Rum-Kokos-, Passionsfrucht- und Cassissorbet.

à la carte: 15–45 €

Tel.: 05513 61 78
0664 541 04 81

6941 Langenegg
Gfäll 107

www.krone-langenegg.at
info@krone-langenegg.at

Mi–Sa 17–20.30 Uhr
variabel

LAUTERACH A3

GUTH 15,5/20

Koch: Thomas Scheucher

Das Guth im Vorarlberger Unterland ist eine der sichersten „Banken" im Rheintal. Es hat sich als fester Ankerplatz für die vielen Wirtschaftskapitäne, die mittags gerne auf einen Businesslunch einkehren, etabliert. Der weitläufige Gastgarten gehört zu den schönsten im Land und so ist diese Örtlichkeit ein Kraftplatz für Seele und Magen. Aus dem Weinkeller wird die hervorragend sortierte Begleitung serviert. Die Auswahl lässt so gut wie keine Wünsche offen. Sowohl mittags wie auch abends sorgen drei Patrons-Familienmitglieder gemeinsam mit ihrem ausgezeichneten (Küchen-)Team für das Wohl der überdurchschnittlich vielen Stammgäste, die hier oft und nicht unbegründet immer wieder dieselben Hausspezialitäten ordern. Das spricht für sich. Die sauren, mit Parmesan überbackenen Kümmel-Kutteln sind ein Signature Dish des Hauses, wie auch die gebratene Kuttel-Version und die Kalbsleber mit vortrefflichem Jus und Rösti. Sommerlich frisch präsentiert sich die eisgekühlte Gartengurkensuppe mit Gin und geräucherter Lachsforelle. Für Thai-Fans befinden sich ein Gemüsesalat mit Mango, gerösteten Erdnüssen und Riesengarnelen sowie rotes Thai-Curryhuhn auf der Karte. Die confierten Eglifilets von jungen Barschen aus dem Bodensee sind ein kulinarischer Ritterschlag für jene, die eine Portion aus der Tagesempfehlung abbekommen. Treffsicher und am Punkt gegart ist auch das Entrecôte mit Erdäpfelgratin oder, je nach Jagdsaison, das Rehnüsschen mit Eierschwammerln, Kohlrabi und Erdäpfelravioli. Aber auch Vegetarier kommen hier auf ihre Kosten. Das Serviceteam agiert in Top-Form und reaktionsschnell auf Zusatzbestellungen zwischendurch. Hier sind durchwegs Gastroprofis am Werk, der Wirtsfamilie Scheucher sei Dank. So ist das Restaurant Guth seit vielen Jahren ein Leuchtturm der Vorarlberger Qualitätsküche – passend, so relativ nah am Bodensee gelegen.

à la carte: 8–42 €

Tel.: 05574 724 70

6923 Lauterach
Wälderstraße 10

www.restaurantguth.at
tisch@restaurantguth.at

Mo–Fr 12–14 und 18–21 Uhr

LECH AM ARLBERG B4

AURELIO'S

18/20

Gourmetrestaurant

Köche: Christian Rescher & Markus Niederwanger

Tel.: 05583 22 14
6764 Lech am Arlberg
Tannberg 130
www.aureliolech.com
office@aureliolech.com

Das aus zwei Gebäudeteilen bestehende Chalet Hotel Aurelio gehört zu den feinsten Adressen in Österreich. Mitten in Lech am Dorfhang gelegen findet der anspruchsvolle Gast hier alles, was das kulinarische Herz höherschlagen lässt. Und die zuletzt gezeigte Küchenperformance hat den Pulsschlag nochmals erhöht. Denn die langjährigen Chefköche Christian Rescher und Markus Niederwanger agieren in Höchstform. Die Karte hat sich der Hälfte der Signature-Gerichte entledigt, ebenso wie der Sous-vide-Garmethode für den Reh-Klassiker. Das garantiert nun noch mehr Vielseitigkeit und Hochgenuss. Chapeau! Die „Natural Art Cuisine“ des Chefduos strotzt vor Esprit und Raffinesse. Als Einstieg gibt es Lachsforelle vom Hochgebirgsteich mit Buttermilch- und Gurkenaromen. Fabelhaft. Die gebackenen und alternativ auch natur gebratenen Stücke vom Kalbsbries waren ein erster Hinweis, dass in diesem Haus Innereien nicht ausgespart bleiben – sofern nicht anders gewünscht. Der Wels wird mit grandios eingesetzten Kren- und Lardo-Noten veredelt und von einer intensiven Weißweinsauce mit Olivenöl geadelt. Dabei kommt die Wichtigkeit eines guten Eigengeschmacks vortrefflich zur Geltung. Die Kreation aus Pfirsich und Gänseleber präsentiert sich als Aurelio-Klassiker. Das Bio-Ei wird mit Erdäpfeln und Blutwurst einfach und souverän zugleich serviert. Das lauwarme Flötzerhof-Perlhuhn mit geschmortem Perlhuhnherz und Bohnen war dank Züchter und Küchencrew in die Kategorie „Weltklasse“ einzuordnen, ebenso wie das saftig und zart gegarte heimische Edelstück vom Reh. Der Blauschimmelkäse-Zwischengang mit Roter Rübe und Kirschgelée war eine gelungene Ouvertüre zum süßen Menüfinale: Der Variation vom Sellerie und Apfel – ein kreatives und geschmacklich sehr harmonisch inszeniertes Desserthighlight – folgte ein ausgezeichnetes Heu- und Steinpilz-Eis mit Fichtenwipfel- und Waldmeisteraromen. Der kompetente und aufmerksame Service findet die passenden Tropfen aus einem bestens bestückten Weinkeller. Hier wurde die kulinarische Latte nochmals deutlich höher gelegt. Eine der besten alpinen Genuss-Adressen in Österreich.

DER BERGHOF

13/20

Tel.: 05583 26 35
6764 Lech am Arlberg
Dorf 161
www.derberghof.at
info@derberghof.at

Etwas oberhalb der Straße, in wunderschöner, ruhiger Lage und doch im Zentrum von Lech, da liegt der Berghof. Kreativ, leicht und ambitioniert kocht man dort, gemütlich sitzend genießt man im Berghof-Stüble die lokalen, regionalen und saisonalen Gerichte. Der freundliche Service bringt gleich zu Beginn ofenfrisches, knuspriges Lecher Brot mit Olivenöl, Butter und Grammelschmalz sowie den delikaten Gruß aus der Küche. Köstlich, wie man es gerne hat, erfreut die gratinierte Französische Zwiebelsuppe, vorzüglich und besonders fein ist der geflämmte Saibling mit Karfiol, Parmesan und Kräuteröl. Viel Freude bereitet auch der klassische Tafelspitz mit seinen bekannten Beilagen. Nicht weniger gelungen das Saltimbocca vom Seeteufel mit Polenta und Zucchinigemüse. Die süße Verführung aus der Pâtisserie kommt als Noisette mit Haselnusspraline, Milchschokolade, Karamell und dunkler Valrhona als großartiger Abschluss an den Tisch. Die ausgesuchte Weinauswahl von Diplomsommelier Günther Meindl begleitet den Abend harmonisch.

GRIGGELER STUBA

18/20

im Burg Vital Resort, Oberlech

Koch: Matthias Schütz

SERVICE AWARD 2010

Nach der verordneten Zwangspause im vergangenen Winter haben die zahlreichen Fans der Griggeler Stuba sehnsüchtig auf den Sommer gewartet, denn erfreulicherweise ist das Burg Vital Resort ein Haus, das sich schon seit Jahren nicht nur auf skifahrende Gäste verlässt. An warmen Sommerabenden hat die Griggeler Stuba mit dem vorzüglichen Picea die größte Konkurrenz im eigenen Haus, denn mit einer Panoramaterrasse kann die elegante holzvertäfelte Stube nicht aufwarten. Doch bei den elaborierten Gerichten, die zu einem Gutteil auf ausgesuchten Vorarlberger Produkten beruhen, bleibt der Blick zumeist ohnehin auf den Teller gerichtet: Wieso in die Ferne schweifen, liegt das Gute doch so nah. Schon beim Einstieg mit vollreifen Paradeisern, auf Lecher Sauerrahm gebettet und mit Wacholder und Physalis aromatisch originell ergänzt, wird einem hier schnell klar, dass es nicht immer Luxusprodukte braucht, um einen kulinarischen Abend auf höchstem Niveau einzuläuten. In dieser Form wird es das Paradeisergericht im Winter zwar nicht geben, in einer Abwandlung höchstwahrscheinlich schon, denn im weniger betriebsamen Sommer wird die Zeit dazu genutzt, um saisonale Produkte aus der Umgebung einzulegen, zu fermentieren, zu dörren oder sonst wie für den späteren Genuss zu konservieren. Das gilt natürlich auch für die alpinen Kräuter, die nach wie vor die Besonderheiten dieses Ortes unterstreichen und weit gereisten Gästen vermitteln, dass man sich in den Alpen und nicht in einer europäischen Großstadt befindet. Sehr fein auch die geräucherte Lachsforelle mit Hühnerleber und Gurke – ein Gericht, das zwischen verführerischer Zartheit, Frische und wohligen Raucharomen changiert. Eine Besonderheit dieses Hauses ist auch stets der Fleischgang. Wir haben uns hier schon einmal über das seltene Vergnügen einer hocharomatischen Ziege gefreut, diesmal war es das dunkelrote Fleisch vom Yak, zubereitet mit Melanzani, Pilzen und schwarzem Knoblauch, das eine wunderbare Begleitung zum perfekt gereiften Blaufränker vom Leithaberg war. Das Essen als Begleitung zum Wein und nicht umgekehrt? Wir wollen damit nicht das Handwerk von Küchenchef Matthias Schütz kleinreden, aber es sind gar nicht so wenige Genießer, die wegen des grandios bestückten Kellers kommen und sich darüber freuen, dass sie die eine oder andere Rarität im Rahmen eines ebenbürtigen Menüs trinken können. Sommelier Michael Bauer kann diesbezüglich wirklich aus dem Vollen schöpfen. Wie außergewöhnlich das Trinkvergnügen wird, bestimmt einzig und allein die Brieftasche, wobei angemerkt sein soll, dass man hier auch für vergleichsweise wenig Geld absolut glücklich wird.

Tel.: 05583 31 40

6764 Lech am Arlberg
Oberlech 568

www.burgvitalresort.com
restaurant@
burgvitalresort.com

Mo–Fr, So 19–21.30,
während der Sommersaison:
Mi–Sa 19–21.30 Uhr
✱ Mai–Juni und Okt.–Nov. 2022

JÄGERSTUBE

im Hotel Post Lech

Koch: David Wagger

Tel.: 05583 22 06

6764 Lech am Arlberg
Dorf 11

www.postlech.com
info@postlech.com

Mo, Mi–So 19–21 Uhr

So traditionell wie das Ambiente wirkt, ist die Jägerstube gar nicht. In den holzvertäfelten Stuben befindet sich das Gourmetrestaurant des noblen Gasthofs, wo der Gast ein breit gefächertes kulinarisches Angebot vorfindet. Von Wiener Schnitzel über Tafelspitz bis zu Club Sandwich und Fondue (auf Vorbestellung) kann man sich ganz konventionell verwöhnen lassen – doch das wäre auch im verglasten Panoramarestaurant der Post möglich. In der Wintersaison bietet Küchenchef David Wagger in der Jägerstube zwei kreative Gourmetmenüs, bei denen Meeresfische und Krustentiere zum Einsatz kommen. In der Vergangenheit konnte man hier auf solidem Drei-Hauben-Niveau (15,5 Punkte) dinieren. Wir haben keinen Zweifel daran, dass dies auch in Zukunft wieder der Fall sein wird.

JAKOB & ETHEL IM KLÖSTERLE

16/20

Köche: Jakob Zeller & Ethel Hoon

Ein Abend im Klösterle ist ohne Zweifel ein Erlebnis. Das fängt schon mit den Grüßen aus der Küche an: Churros vom Saibling, bizarr geformte Würstel von unglaublicher Finesse und feiner Konsistenz. Dann Crudités mit Pastinakenhummus und – fast schon ein Signature Dish im Klösterle – Speck vom Mangalitza-Schwein. Immer noch im Menü ist (vermutlich nicht ohne Grund) das Mangold- und Buchweizengratin. Neu im Spiel sind dagegen der frittierte Lupinen-Tofu mit Paradeiser, das Jungschaf mit schwarzem Curry und – Nose to tail lässt grüßen – die „Igittereien", wohinter sich immer wieder wechselnde Innereien-Gerichte verbergen. In unserem Fall ein sensationell gutes Lammbeuschel, in dem auch die Nieren verarbeitet waren und das mit reichlich Koriander erfrischend anders war. Bei den Desserts setzen Ethel Hoon und Jakob Zeller auf die Milchprodukte von Vorarlbergs einzigem Demeter-Hof. Das Milchsorbet „Fior di latte", das Schafjoghurt mit Wipfelhonig oder das „Colostrum Pavlova" mit Marillen – ebenso mittlerweile ein Klassiker im Repertoire – allesamt ein Traum. Die Weinbegleitung, hauptsächlich natural, ebenso.

à la carte: 14–36 €

Tel.: 05583 31 90
6764 Lech am Arlberg
Zug 27
restaurant-kloesterle.at
kloesterle@almhof.at
Do–Mo 18–24 Uhr

© Christian Kain

JOHANNESSTÜBLI

(?)

im Hotel „Goldener Berg"

Koch: Oliver Fleisch

Das Johannesstübli im Goldenen Berg in Oberlech ist ein kleiner Gourmettempel, zu dem nur Skifahrer, Rodler, Tourengeher und Konsorten Zutritt haben. Sprich alle Wintersportler. Spannend ist jedenfalls, mit welcher Philosophie Chefkoch Oliver Fleisch ans Thema Fleisch herangeht. Nose to tail, wo es möglich ist und sein muss, hochwertige Produkte und Nähe zum landwirtschaftlichen Prozess und den Herstellen und – noch eine Stufe weiter – ein attraktives Angebot an vegetarischen und veganen Gerichten auf höchstem Niveau. Die Früchte dieser Philosophie kann man natürlich auch im Sommer unter dem Namen „Mountain Food" im Zweitrestaurant Dirndlstüberl oder auf der Sonnenterrasse genießen. Pflanzenbasiertes Fine Dining mit entsprechendem Erlebnisfaktor und grandioser Weinbegleitung gibt es ab kommender Wintersaison wieder.

à la carte: 18–38 €

Tel.: 05583 220 50
6764 Lech am Arlberg
Oberlech 117
www.goldenerberg.at
happy@goldenerberg.at
tgl. 19–22 Uhr
✻ Mai–Ende Nov. 2022

KRISTIANIA RESTAURANT

?

im Hotel Kristiania Lech

Kunst und Kultur, Komfort und Kulinarik – das sind die vier großen Ks, um die es sich im Kristiania dreht. Es ist eine etwas andere Interpretation, wie man hier alpinen Luxus in einer zeitgemäßen Form umsetzt. Im Sommer hat man mit anspruchsvollen Pop-ups kulinarische Highlights gesetzt, die auch für nicht im Haus wohnende Gäste zugänglich waren. Mit entsprechendem Esprit und Drive wird es hier wohl auch im Winter weitergehen. Über die genaue Ausprägung der Küchenlinie war zu Redaktionsschluss allerdings noch nichts bekannt. Man kann jedoch davon ausgehen, dass es sich um ein anspruchsvolles und außergewöhnliches Küchenkonzept handeln wird.

Tel.: 05583 256 10

6764 Lech am Arlberg
Omesberg 331

www.kristiania.at
info@kristiania.at

variabel

KRONE-STUBEN

15/20

im Romantik Hotel „Die Krone von Lech"

Koch: Thorsten Kissau

Hier erscheint alles wie aus einem Guss. Die Atmosphäre in den Krone-Stuben ist genau das, was viele Urlaubsgäste mit einem Urlaub in Österreichs Bergwelt verbinden. Und Küchenchef Thorsten Kissau weiß genau, wie man derartige Erwartungshaltungen auf höchstem Niveau umsetzt – Kochkunst hat bei ihm nichts Gekünsteltes oder Verspieltes, sie bleibt im besten Sinn des Wortes bodenständig. Die Hochzeitssuppe mit allerlei Einlagen ist hocharomatisch und dicht, elegant und voller Eigengeschmack folgt dann ein gebeizter Fisch aus dem Zuger Teich, zumeist Saibling oder Forelle. Beim Hauptgang hat man die Qual der Wahl, wobei sich der gebratene Kalbsrücken als Favorit bei den Stammgästen durchgesetzt zu haben scheint. Dann noch eine leichte Mehlspeise, wie zum Beispiel Apfeltasche mit Bauerntopfen, und auch der letzte Hunger ist gestillt. Und wie schaut es mit dem Durst aus? Der interne Wettkampf der Lecher Hoteliers um die beste Weinkarte des Ortes ist hochkompetitiv. Wir wollen uns da nicht die Rolle eines Schiedsrichters anmaßen. Nur so viel: Die Familie Pfefferkorn spielt mit ihrer Krone um die vordersten Plätze ganz eindeutig mit.

à la carte: 10–52 €

Tel.: 05583 2551

6764 Lech am Arlberg
Dorf 13

www.kronelech.at
email@kronelech.at

tgl. 11.30–21.30 Uhr

LA FENICE VOLANTE

12,5/20

im Hotel Arlberg

Koch: Patrick Tober

Wie der Name des berühmten venezianischen Opernhauses vermuten lässt, wird hier der italienischen Küche gehuldigt. Um eine rein venezianische Küche handelt es sich bei dem, was Küchenchef Patrick Tober hier im Rahmen eines siebengängigen Menüs bietet, allerdings nicht. Vielmehr stellt es eine kulinarische Rundreise durch unser südliches Nachbarland dar, die sich immer wieder auch international inspirieren lässt. Der Start erfolgt ganz im Süden Italiens, wo sich die besten Langostinos im Meer tummeln. Mit Passionsfrucht und Stangensellerie werden sie als Tatar „crudo" serviert. Zuppa al Parmigiano und Tortellini haben ihre Heimat in der Emilia-Romagna. Das Filet von der Lachsforelle mit Steinpilztee lässt sich genauso wenig regional verorten wie die Taube Royal, doch das tut dem Genuss keinen Abbruch. Die „Picanha alla Fiorentina" ist schließlich eine kulinarische Verneigung vor dem berühmten Bistecca aus Florenz, das im Rahmen eines vielgängigen Menüs auch den hungrigsten Genießer überfordern würde. Schließlich folgt ja noch das Dessert in Form einer Zuppa Inglese mit Kirschen. Dazu kann man sich glasweise mit Tropfen aus Italien, Frankreich und Österreich begleiten lassen.

Tel.: 05583 213 40

6764 Lech am Arlberg
Tannberg 187

www.arlberghotel.at
info@arlberghotel.at

LECHTALER STUBE

15/20

im Burg-Hotel Oberlech

Koch: Sebastian Daeche

Das Burg-Hotel in Oberlech ist ein Leuchtturm der Arlberger Gastronomie. Egal ob legendäre Schneebar, fulminant bespielte Panorama-Restaurantterrasse, die ausgezeichnete Lechtaler Gourmetstube oder der außerordentlich gut bestückte, legendäre (Großflaschen-)Weinkeller: Die Burg ist ein Mekka für Aficionados des guten Geschmacks. Die Herzlichkeit der Gastgeberfamilie Lucian ist allgegenwärtig und dank Sohn Christian generationenübergreifend. Das À-la-carte-Restaurant ist räumlich offen zum restlichen Geschehen im Hotel situiert, was für optimale Aufmerksamkeit beim bestens eingestellten Serviceteam sorgt. Wir starteten mit einer „kleinen Jause" aus Duroc-Speck und anderen Köstlichkeiten. Zudem empfiehlt sich das am Tisch zubereitete Tatar vom Rind – ein Klassiker des Hauses: Oft kopiert, nur sehr selten erreicht. Das Carpaccio vom Saibling aus dem Fischteich von Lech-Zug bildet einen schönen Dinner-Auftakt. Als Zwischengang boten sich beispielsweise Flusskrebse in Pil-Pil (spanisch-mexikanische Gewürzmischung) und Chili-Petersilbutter oder knusprige Lasagnette vom Lecher Rotwild an. Auch Vegetarier kommen auf ihre Rechnung, Liebhaber der österreichischen Küche sowieso. Als Hauptgang wurde ein Duett vom Hirsch – „Patrons (Gerhard Lucians) Jagd" – serviert: angenehm saftiger Hirschrücken unter einer nicht aufdringlichen Pumpernickelkruste, dazu geschmorte Weichseln und Walnuss-Schupfnudeln. Auf Salzstein gegarte Filets vom Bachsaibling fördern Stammgast-Motivationen. Der finale karamellisierte Kaiserschmarren als Dessert wurde zum Bestseller. Wer hier zu Gast war, nimmt das „Auf Wiedersehen" wörtlich. In diesem Sinne: Bis bald.

à la carte: 14,80–36 €

Tel.: 05583 22 91

6764 Lech am Arlberg
Oberlech 266

www.burghotel-lech.com
info@burghotel-lech.com

Mo–So 18.30–21 Uhr

MURMELI

14,5/20

Koch: Wolfgang Strauss

Das Esszimmer im Hotel Murmeli gleicht mehr einem Gasthaus als einem Gourmetrestaurant. Am ehesten ist noch die Winterterrasse mit den noblen Nachbarn in Oberlech vergleichbar. Vielleicht ist es gerade deshalb ein besonders beliebter Treffpunkt, auch unter den Hoteliers von Lech. Das Aufgetischte überzeugt sowieso, wie auch unser letzter Besuch bei Gastgeberpaar Wolfgang (Küche) und Anne-Marie Strauss (souveräne Maître) gezeigt hat. Nach einem rustikalen, alpinen Gedeck erfreute eine Tafelspitz-Consommé mit Milzschnitte ebenso wie das Arrangement von Zupfsalaten mit Gemüse-Ziegenfrischkäse-Röllchen, wachsweichem Wachtelei und Pesto. Die Auswahl an kalten und warmen Vorspeisen ist ebenso vielseitig wie vielversprechend. Die Weinbergschnecken gibt es gratiniert. Bei der Tagesempfehlung gebackener Kabeljau stahl der hervorragende Erdäpfel-Kresse-Salat dem Fisch die Show. Das Kalbsrahmbeuschel gehört zu den Klassikern des Hauses und wurde schon oft bestellt, weshalb dieses Mal die Wahl auf die nicht minder begabt gebratene Kalbsniere mit exzellent abgeschmeckter Cognacsauce und Rösti fiel. Hut ab! Die Speisekarte liest sich wie ein Best-of der französischen und österreichischen Küche: Kleine Fleischlaibchen vom Vorarlberger Milchkalb, geschmortes Hüferschwanzel, Tafelspitz oder gebackene Lammkoteletts. Zum Finale wird die angenehme Qual der (Aus-)Wahl nicht kleiner. Wir entschieden uns für Großmutters Kuchen vom Feinsten sowie ein formidabel zubereitetes Mohn-Nuss-Soufflé der Sorte „Auf ein baldiges Wiedersehen".

à la carte: 12–64 €

Tel.: 05583 24 67
6764 Lech am Arlberg
Oberlech 297

www.murmeli.at
hotel@murmeli.at

tgl. 12–14, 19.30–21 Uhr
variabel

PFEFFERMÜHLE

(?)

Pfefferkorn's Hotel

Koch: Christian Wild

Das Restaurant Pfeffermühle der Familie Pfefferkorn ist eines der traditionsreichsten Betriebe der Region. Dieser Tradition ist man sich auch sehr bewusst. Extravagante Spielereien wird man weder auf der Speise- noch auf der Weinkarte finden. Für das Menü ist Christian Wild verantwortlich, ein weit gereister Chef, der seine Karriere in Klagenfurt begann und zu dessen Stationen die Queen Mary 2 und China ebenso gehören, wie der Salzburgerhof und die Vila Joya in Portugal. In Lech sorgt er für Menüs und Gerichte, die einerseits der Klassik verpflichtet, andererseits von Frische und Esprit geprägt sind. Dabei fühlt sich Wild nicht nur der gehobenen klassischen Küche verpflichtet, sondern auch der Heimat. „Regionalität ohne Dogma" ist die erfrischende Philosophie, bei der Lecher Alpensaibling und heimischer Huchen ebenso auf den Teller kommen wie Carabiniero und Kaisergranat. Beim Wein kann der Service aus dem Vollen schöpfen – Wein- und Glaskultur haben einen sehr hohen Stellenwert.

à la carte: 12–48 €

Tel.: 05583 252 50
6764 Lech am Arlberg
Nr. 138

www.pfefferkorns.net
info@pfefferkorns.net

Di–So 12–14 und
18.30–22.30 Uhr

PICEA

14,5/20

im Burg Vital Resort

Koch: Manuel Hofmarcher

Um sich in den unendlichen Weiten des Weinuniversums dieses Hotels zu verlieren, muss man nicht in den seit Jahren höchst dekorierten Griggeler Stuba einkehren. Auch im vergleichsweise einfachen Restaurant Picea kann man exklusive Raritäten mitunter sogar glasweise genießen. Fine Dining mit höchster Tischkultur gibt es natürlich auch hier, nur sind die Speisen nicht ganz so feinteilig komponiert und etwas weniger aufwendig angerichtet – die Produkte sind jedoch grundsätzlich die gleichen wie im daneben liegenden Gourmetstüberl. Hier lassen sich die meisten Hotelgäste allabendlich vier- bis sechsgängig verwöhnen, wobei ihnen stets mehrere Wahlmöglichkeiten zur Verfügung stehen. Das Picea ist auch für auswärtige Gäste zugänglich, sofern sie rechtzeitig reservieren. Wir begannen mit einen marinierten Filet vom Zuger Saibling mit Rotweinschalotten, gefolgt von einer sämigen, perfekt abgeschmeckten Karfiolcremesuppe. Ein scheinbar einfaches Gericht, aber derart perfekt zubereitet, dass man sich fragt, wieso man es nicht öfter bekommt. Es folgte eine farb- und geschmacksintensive Kürbisvariation – ein verführerisches Spiel der Texturen ganz ohne technische Verfremdungen. Klassisch mit dunkler Sauce und jungen Karotten der geschmorte Hirsch als Hauptgang. Dass zu jedem Gang gleich mehrere ausgezeichnete Weine glasweise angeboten werden, ist bemerkenswert und macht einen Besuch im Picea stets zu einem außergewöhnlichen Genusserlebnis.

à la carte: 10–55 €

Tel.: 05583 3140
0664 342 73 44

6764 Lech am Arlberg
Oberlech 568

www.burgvitalresort.com
office@burgvitalresort.com

tgl. 12–14.15 und 19–21.30 Uhr
❄ Mai–Juni und Okt. 2022

ROTE WAND CHEF'S TABLE

18,5/20

im Schualhus, Genießer & Gourmet Hotel

Koch: Max Natmessnig

Tel.: 05583 343 50

6764 Lech am Arlberg
Zug 5

www.rotewand.com
gasthof@rotewand.com

Di–Sa ab 17 Uhr

MAX NATMESSNIG, KOCH DES JAHRES 2022

Man könnte sagen, es läuft wie am Schnürchen an und in der Roten Wand. Küchenchef Max Natmessnig hat intensiv (und mit Erfolg) am neuen Menü gebastelt, das Konzept für die Weinbegleitung wurde leicht verändert. Und es gibt das Chef's Table-Menü immer noch in einer Early Bird-Variante um 17.00 Uhr und später, ganz klassisch, um 20.00 Uhr. Bei den neuen Gerichten (und das sind fast alle) hat sich Natmessnig ordentlich ins Zeug gelegt. Die ersten sechs Gänge, „Häppchen" wie sie keck genannt werden, werden immer noch ebenerdig serviert und zeigen kristallklar, in welche Richtung der Abend gehen wird. Besonders herausragend unter diesen Gängen: der gegrillte und glacierte Aal, als Taco angerichtet und mit Sellerie und Weizenkeimlingen veredelt. Oder die Pâte à choux, Brandteig, üppig gefüllt mit Geflügelleber und Heidelbeere. Abartig gut. Bei den Gängen später am eigentlichen Chef's Table stechen der Steinbutt und die King Crab heraus. Der Steinbutt kommt für fünf Tage in den Dry Ager, begleitet wird er von drei geräucherten Muscheln, einer hauchdünnen Scheibe warmen Lardos und – ganz großes Kino – Escabeche, einer spanischen Sauce und Chorizo-Öl. Die King Crab ist quasi „pulled crab", dazu Sanddorn (statt Zitrone), N25-Kaviar, Safran und ein Gel aus dem Collagen des Krabbenkopfs. Sensationell gut. Das ganze Menü wirkt harmonisch und wohl überlegt. Worauf der Koch des Jahres 2022 übrigens verzichtet, sind Brot und Butter. Zum Glück, denn es fehlt in keinem Augenblick. Ganz zum Schluss, nach der Käsebombe mit Feige und Trüffel und einem wilden Kirschdessert, serviert er dann doch noch Brot – „Fujisan Bread": Eine Mischung aus Brioche und Croissant und ein süßer Paukenschlag als Finale furioso.

ROTE WAND STUBEN

15/20

im Rote Wand Genießer & Gourmet Hotel

Koch: Florian Armbruster

Tel.: 05583 343 50
6764 Lech am Arlberg
Zug 5
www.rotewand.com
gasthof@rotewand.com
Mo–Sa 12–15 und 18–21 Uhr

Der Gasthof Rote Wand, Mitglied bei den Genießer- und Design-Hotels, befindet sich im Lecher Ortsteil Zug, der einer Heimatfilmkulisse entsprungen sein könnte. Im besten Sinn. Das kulinarische Hideaway verfügt über zwei À-la-carte-Restaurants: Den Rote Wand Chef's Table – mit einer der besten Küchen im Alpenraum – und die Rote Wand Stuben, in denen mehr die klassische österreichische und alpine Karte geboten wird. Der Gast wählt zwischen zwei bis fünf Gängen (oder mehr) und bekommt gleich zu Beginn ein wirklich gefälliges Gedeck mit Bauernsalami, edlem Saftschinken, „Rote Wand Rolls", Kürbiskern-Grammelschmalz und Alpbutter serviert. Der selbst gebeizte Fisch vom Zuger Fischteich mit Senfgurken und eingelegten Senfsamen war ebenso ein Genuss wie die Pâté vom Lecher Wild mit hausgemachten Preiselbeeren. An dieser Adresse wird das französische Küchenhandwerk beherrscht. Chapeau. Die Brunnenkresse-Schaumsuppe mit wachsweichem Eigelb wurde glücklicherweise nicht von der Karte genommen und überzeugte zum wiederholten Mal. Statt gebackener Kalbsbackenpraline, Hirschrücken oder gebratener Forelle fiel die Wahl auf eine perfekt und saftig gegarte Blutwurstschnitte mit Erdäpfelpüree, kräftiger Zwiebelsauce und gebratenen Salatherzen. Wahrlich ein Gedicht aus Kalorien, statt aus Buchstaben. Dennoch möchte man sich den Küchenvorrat an dieser Delikatesse am liebsten zum Mitnehmen einpacken lassen. Als süßen Abschluss empfahl sich daher ein luftiger Buttermilchschmarren mit Zwetschkenröster. Das Serviceteam agierte umsichtig und freundlich. Bei der Weinauswahl darf man auf den gesamten, sehr gut bestückten Weinkeller zurückgreifen.

SEVERIN*S – THE ALPINE RETREAT ⓘ

In Lech geht es dann immer noch eine Spur exklusiver. Zimmer gibt es hier nämlich keine, man vermietet ausschließlich neun Suiten und eine Residenz. Wer will auch abends nach einem sportlichen Tag hinunter ins Dorf fahren, um auswärts zu essen, wenn man doch unter seinesgleichen bleiben kann! Entsprechend viel Mühe gibt man sich in der Küche, mit einem breiten und doch exklusiven kulinarischen Angebot jeden Gusto zu treffen. Weit gereiste Gäste suchen das Beste der österreichischen Küche, manche wollen jedoch auf international gewohnte Standards wie Steak und Meeresfrüchte nicht verzichten. Hier bekommen sie beides in vorzüglicher Qualität. Erfreulicherweise steht das Restaurant zumindest prinzipiell auch auswärtigen Gästen offen. Weil die gemütliche, modern in hellem Holz gehaltene Stube mit einem strahlend blauen Kachelofen jedoch nur wenige Tische umfasst, ist es gar nicht so einfach, hier einen der begehrten Plätze zu ergattern.

à la carte: 6–51 €

Tel.: 05583 339 070
6764 Lech am Arlberg
Stubenbach 273

www.severins-lech.at
info@severins-lech.at

Mo–Sa 12–14.30 und
19–21.30 Uhr

TANNBERGERHOF® — 13,5/20

Hotel & Restaurant

Koch: Stefan Mönch

Der traditionelle Tannbergerhof wurde von der bekannten Lecher Hoteliersfamilie Pfefferkorn übernommen. Das tat dem Niveau des Hauses merklich gut. Die Geschäftsführung und das Serviceteam sorgen für Schwung und gute Stimmung an dieser Adresse im Epizentrum von Lech. Die Küchencrew, neu aufgestellt, ist mit gleichem Ehrgeiz bei der Sache. So kann man aus drei Menüs und einer Klassikerkarte wählen – mehr Qual der Wahl geht fast nicht. Das Menü „Wald und Wiese" orientiert sich an der Vegetariergemeinde während „Aus dem Wasser" seinem Namen sowohl bei Süß- als auch Meerwasserdelikatessen gerecht wird. „Traditionell und Regional" und „Klassiker des Hauses" runden das breite Angebot ab. Einem rustikalen Gedeck zur Einstimmung folgte das Highlight des Tages: eine Blätterteigtarte mit Paradeisern, Bregenzerwälder Käse und ausgesuchten Kräutern. Diesem Gericht wünscht man ein Bestseller-Schicksal auf der Karte. Die Consommé mit Wildschweinstrudel war geschmacklich ordentlich. Die im Ganzen gebratene Forelle vom Zuger Gebirgswasser-Fischteich wurde mit Artischocken und allzu bissfestem Zitronenrisotto gereicht. Dafür bildete der grandios zubereitete Heidelbeerschmarren mit Heidelbeerröster und Joghurteis ein schmackhaftes Finale.

à la carte: 8–38 €

Tel.: 05583 22 02
6764 Lech am Arlberg
Dorf 111

www.tannbergerhof.com
info@tannbergerhof.com

Mo–So 12–21.30 Uhr

Bewertungen:

11 bis 12,5 Punkte von 20 Punkten: 1 Haube
13 bis 14,5 Punkte von 20 Punkten: 2 Hauben
15 bis 16,5 Punkte von 20 Punkten: 3 Hauben
17 bis 18,5 Punkte von 20 Punkten: 4 Hauben
19 bis 19,5 Punkte von 20 Punkten: 5 Hauben

WALSERSTUBE-JÄGERSTUBE 14,5/20

im Hotel Jagdhaus Monzabon

Koch: Michael Broger

Tel.: 05583 21 04
6764 Lech am Arlberg
Tannberg 228
www.monzabon.at
info@monzabon.at
Mo–Mi, Fr, Sa 18.30–20.30 Uhr

Würde das Hotel Monzabon nicht so zentral in der Dorfmitte von Lech liegen, könnte man es von vielen anderen Häusern im mondänen Urlaubsort kaum unterscheiden. Umso bemerkenswerter ist dann das Gebotene im Restaurant des Hauses – es muss bei der erlebten Qualität zu den interessantesten kulinarischen Adressen von Lech am Arlberg gezählt werden. Da kann man nur hoffen und wünschen, dass der langjährige Küchenchef Michael Broger das hohe Level beibehält. Der letzte Besuch hat jedenfalls begeistert. Die wunderbare Steinpilzbutter hätte sich ein spezielleres Brot verdient, aber das kann sich ja noch ändern. Den Auftakt bildeten weiters ein hervorragendes Tatar-Con, ein Tatar (Rind) mit gepoppten Amaranth und ein Reis-Chip mit Lachstatar. Der Saibling war exzellent am Punkt gegart und mit Krenmousse und Buttermilch verfeinert. Wie beiläufig kommen bei einigen Gerichten Techniken der Experimentalküche zum Vorschein, die bestens beherrscht die Speisen auf eine zusätzliche Weise positiv akzentuieren. Die Füllung des Blutwurstraviolo gelang meisterhaft saftig und wurde von einer hervorragenden Sauce aus schwarzen Johannisbeeren begleitet. Separat wurde erfrischendes Schafjoghurt mit Tannenwipfelpulver serviert. Großartige Komposition. Ebenso großartig gelangen sämtliche Fleischzubereitungen, wie beispielsweise der erstklassige Rehrücken mit gehaltvollem Jus, meisterlich zubereiteten Bauernkrapfen, Brombeergelée, einem Püree von weißen Zwiebeln, Preiselbeeren mit Whisky-Aroma – das funktioniert – und Sauerkirschen. Zum Niederknien. Die Dessertqualitäten können glücklicherweise locker mit den übrigen Gerichten mithalten, was sich unter anderem im herrlichen, süßen Riebel- bzw. Maisgrießknödel manifestierte, der mit Eis auf lauwarmem Heidelbeerragout serviert wurde. Die Weinauswahl wird durch ein relativ umfangreiches Sake-Angebot ergänzt. Das Serviceteam erweist sich als guter Gastgeber.

WUNDERKAMMER

(?)

im Hotel Almhof Schneider

Koch: Marco Rabensteiner

Dass der Almhof Schneider im Sommer seine Tore geschlossen hält, ist schon seit einer gefühlten Ewigkeit so. Durch den langen Lockdown bis Mai 2021 verlängerte sich das – wie bei vielen Betrieben – auf über ein Jahr. Im Moment denken Katia und Gerold Schneider darüber nach, die Profile ihrer Restaurants zu schärfen und die Wunderkammer noch eine Spur deutlicher in Richtung Fine Dining zu entwickeln. Damit würde man sich dem Restaurant im Almhof Schneider annähern, das im Moment – kulinarisch gesehen – als Flaggschiff des Hauses positioniert ist. Die Übung ist schwierig, aber nicht unlösbar. Man darf jedenfalls gespannt sein. Die Vorzeichen dafür, dass hier gerade etwas außerordentlich Spannendes entsteht, sind gut. Das Potenzial dazu ist bei den Küchenchefs zweifelsohne vorhanden, das erforderliche Können sowieso. Die Fine Dining-Szene würde jedenfalls sehr profitieren, ist doch die Wunderkammer eines der ästhetisch anspruchsvollsten (und subjektiv schönsten) Restaurants weit und breit. Wenn man die faszinierende Kunst von Paul Renner, dem Vorarlberger Exzentriker, mag.

à la carte: 16–42 €

Tel.: 05583 35 00

6764 Lech am Arlberg
Tannberg 59

www.almhof.at
info@almhof.at

tgl. 12–15 und 18–21.30 Uhr

ZUR KANNE

12,5/20

im Hotel Montana Oberlech

Koch: Ioannis Doitsis

Die Kanne in Lech, genauer gesagt in Oberlech, gehört zum Hotel von Patrick und Guy Ortlieb und ist eigentlich ein Geheimtipp für Freunde der guten alten französischen Küche. Dass mit derart eisener Konsequenz die Klassiker hochgehalten werden – und zwar sowohl in der Küche als auch im Service –, ist höchst selten. Allerdings steht Küchenchef Ioannis Doitsis nicht nur für Hummerbisque und Strassburger Gänseleber. Auch die heimischen Gerichte überzeugen. Aus der Küche kommen die vermutlich besten Salzburger Nockerl westlich von Salzburg. Der Service ist professionell, die Arbeit am Gast ein Erlebnis.

à la carte: 18–55 €

Tel.: 05583 24 60

6764 Lech am Arlberg
Oberlech 279

www.montanaoberlech.at
hotel@montanaoberlech.at

tgl. 11.30–23 Uhr

DIE STUBE

Tipp

im Hotel Arlberg

Die Walserstube im Hotel Arlberg öffnet ihre Türen nicht nur für Hotelgäste, sondern für jeden, der gerne ein Mittagessen in entspanntem Ambiente oder ein Dinner mit kreativen Menüs genießt. An die rustikalen Holztische werden originelle Speisen sowie österreichische Klassiker serviert. Außerdem hat man sich raffinierten Fondue- und Raclette-Kreationen verschrieben. Zur Auswahl stehen neun verschiedene Kompositionen, klassisches Schokofondue und Fondue Wiener Art mit Mini-Schnitzeln.

à la carte: 43–115 €

Tel.: 05583 213 40

6764 Lech am Arlberg
Tannberg 187

www.arlberghotel.at
info@arlberghotel.at

tgl. 12–14 und 19–22 Uhr
variabel

RUD-ALPE

Tipp

Die Rud-Alpe mit ihren gemütlichen Stuben und heimeliger Atmosphäre ist im Sommer und Winter ein Anziehungspunkt für besondere Gastlichkeit. Am so genannten „Balkon von Lech" genießt man eine herrliche Aussicht, während man sich an gut zubereiten Gerichten sommers aus. Hütten- und Brotsalat mit Garnelen schmecken genauso wie das feine Carpaccio oder Beef Tatar. Natürlich dürfen Käsespätzle und Tiroler Gröstl nicht fehlen, doch werden auch Backhendl, Dry-Aged Kalbskotelette, Zuger Bachsaibling oder Kalbsgeschnetzeltes angeboten. Nicht zu vergessen ist die ansprechende Weinauswahl und der freundlich-aufmerksame Service.

à la carte: 8–36 €

Tel.: 05583 418 25
0664 922 53 50

6764 Lech am Arlberg
Tannberg 185

www.rud-alpe.at
office@rud-alpe.at

tgl. 11.30–19 Uhr
✲ Mai–Juni, Okt.–Nov. 2022

LOCHAU A3

MANGOLD

16/20

Koch: Michael Schwarzenbacher

Vegetarisch oder Soulfood? So lautete im vergangenen Sommer die Menü-Alternative von Michael Schwarzenbacher. Zusätzlich bietet die Karte auch eine Rubrik „Typisch Mangold", auf der sich Klassiker wie geröstete Kalbsleber, Tafelspitz oder das unverzichtbare Wiener Schnitzel tummeln. All das wird schnörkellos und in bester Qualität zubereitet. Beim heimischen „Vitello 2021" kombiniert Schwarzenbacher gekonnt roh marinierten Saibling mit einer pochierten Kalbshuft und Räucherfischcreme. Ein feiner Start. Geschmacklich etwas deftiger wurde es beim Kalbsbutterschnitzel mit geschmortem Oktopus. Auch diese Kombination passte. Einen kleinen Kritikpunkt müssen wir dennoch anbringen: Sowohl der Reis beim Spargelrisotto als auch die Pasta bei der mediterranen Fregola Sarda waren deutlich jenseits von bissfest gegart. Die vorzüglichen Erdbeeren, die von Salzkaramell begleitet wurden, kamen aus der Bodensee-Region. Das Weinangebot ist umfangreich und fair kalkuliert, vor allem die gut sortierte Auswahl an Champagner und Schaumwein gefällt.

à la carte: 7,50–42 €

Tel.: 05574 424 31

6911 Lochau
Pfänderstraße 3

www.restaurant-mangold.at
office@
restaurant-mangold.at

Mi–Sa 10–14 und 18–22,
So 10–14 und 17–20 Uhr
✲ variabel

LUSTENAU A4

FREIGEIST 11,5/20

Koch: Bernd Moosmann

Es ist immer wieder erfrischend, wenn ein Restaurant durch sein Konzept und Ambiente etwas aus der Reihe des Ortsüblichen tanzt. So ist das auch im Freigeist – der Name kommt eben nicht von irgendwoher – der Fall, wo sich das Interieur genauso bunt und vielfältig gestaltet wie das Publikum. Das ist wiederum ein gutes Zeichen, denn sowohl jüngere Gäste als auch jene mit vorangeschrittenem Alter werden auf der zeitgemäßen Speisekarte von Bernd Moosmann fündig. Bei den zwei gebotenen Mehrgängemenüs hat man die Option, auch einzelne Gerichte à la carte zu ordern. Zudem besteht eine kleine Auswahl an regionalen Klassikern, die modern am Teller umgesetzt werden. So gibt es zum Saiblingsfilet Safrangurken und frisches Basilikum-Wassermelonen-Risotto, das Huhn wird mit Eierschwammerln, Speck und Marillen gereicht. Der Eiskaffee gelangt gerührt mit Eierlikör und Obers an den Tisch. Ansprechend angerichtet, tadellos zubereitet. Dazu erfreut ein ordentliches Getränkeangebot.

Tel.: 05577 830 56
6890 Lustenau
Raiffeisenstraße 4
www.zum-freigeist.at
meintisch@zum-freigeist.at
Di–Sa 10–14 und ab 18 Uhr

MITTELBERG/KLEINWALSERTAL B4

HALLER'S GENIESSERHOTEL 15/20

Koch: Andreas Ziep

Als Á-la-carte-Gast in den Genuss der Haller'schen Küche kommen zu dürfen, ist eine der schönen Facetten des so rustikalen wie stilvollen Hauses. Noch spannender ist es, nicht in einem Extrazimmer platziert zu werden, sondern mitten unter der fröhlichen Schar der Hotelgäste zu sitzen. Denn dabei lässt es sich am besten beobachten, wie entspannt und aller Sorgen enthoben der Rundumservice des Hauses unter der Leitung der charmanten Chefin wirkt. Die Weinkarte ist die Passion des Hausherrn: Sie ist gut durchdacht, wenngleich doch sehr konservativ gehalten. In bester Atmosphäre schmeckten das erfrischende Carpaccio vom jungen Kohlrabi mit Weinkäse sowie die mit Sherry abgeschmeckte Französische Zwiebelsuppe vorzüglich. Die stimmige Maishendlbrust mit Kräutergraupen, Kohlrabi und Kirschparadeisern wie auch der gebackene Black Cod mit Fregola Sarda, Mangold und Miso konnten das geschmacklich noch übertreffen. Den Abschied versüßte uns ein Grießflammeri mit Marillen und weißer Schokolade. Wir kommen gerne wieder.

à la carte: 8–85 €

Tel.: 05517 55 51
0664 109 75 30
6993 Mittelberg/
Kleinwalsertal
Von-Klenze-Weg 5
www.hallers.at
info@hallers.at
Do–Sa 18.30–20.30 Uhr
✱ April–Mai 2022

HOHENECK 12,5/20

Koch: Jürgen Denk

Dort wo die Natur dem Kleinwalsertal langsam ein Ende setzt, steht das Hoheneck zu Mittelberg, das sich nicht nur mit seiner Fassade und der Einrichtung traditionell gibt, sondern sich auch auf der Speisekarte dem Althergebrachten verschreibt. Erwähnen wollen wir stellvertretend die vorbildhaften Käsknöpfle – Käsespätzle auf vorarlbergisch – mit dreierlei Käse sowie das Kalbsschnitzel mit gehobelter Belper Knolle und unfassbar schmackhaften Karotten. Die gekonnt zusammengestellte Weinkarte befindet sich am Puls der Zeit. Das fröhliche und zuvorkommende Serviceteam tut sein Übriges, um uns beim Gehen schon ans Wiederkommen denken zu lassen.

Tel.: 05517 55 225
6993 Mittelberg/
Kleinwalsertal
Walserstraße 365
www.hoheneck.at
reservieren@hoheneck.at
Mi–Mo 12–22 Uhr

NENZING

DAS GARFRENGA 12/20

im Wellnessresort Alpencamping Nenzing

Köche: Heinz Farmer & Georg Löser

Das Garfrenga ist der Mittelpunkt des nobel-idyllischen Alpen-Camping-Resorts in beeindruckender Bergwelt gelegen und von einer einladenden Sonnenterrasse, Poollandschaft und einem Gastgarten umgeben. In den urig-ansprechenden Stuben und im Restaurant Himmelwärts – wo man vorwiegend Steaks und Fisch serviert – werden geschmackvolle, überzeugende Gerichte der saisonalen und regionalen Küche geboten. Auch das Auge kommt dabei nicht zu kurz, wie bei bestens gewürztem Beef Tatar oder grandiosem weißen Spargel bewiesen wird. Das zarte Duett vom Wild aus dem Nenzinger Himmel war ebenso vorzüglich wie der mürbe Zwiebelrostbraten mit seinen Beilagen. Der Dessertklassiker Apfelküchle mit Vanilleeis wurde zum originellen und lobenswerten Abschluss. Für beste Weinbegleitungen ist Sommelière Michelle Morik, die junge Chefin, zuständig.

Tel.: 05525 624 91
6710 Nenzing
Garfrenga 1
www.alpencamping.at
office@alpencamping.at
Mo–So 11.30–21.30 Uhr
♿

RANKWEIL A4

GASTHOF MOHREN 11,5/20

Herburgers Mohren

Koch: Pascal Lang

Bekannt ist der Mohren für seinen Gastgarten und die bodenständige Küche. Da überrascht es, dass hinter so unspektakulär klingenden Speisen wie „Paradeiservariation" oder „Vitello tonnato mit Saibling" moderne und verführerische Kreationen stecken, bei denen alles stimmt. So gehen die angetrockneten und zu Sorbet verarbeiteten Paradeiser eine intensive Bindung mit dem lauwarmen Schafkäse ein, dazu gesellt sich ordentlich Crunch: Top. Gleiches gilt für das Vitello. Hier versteckt sich echte Meisterschaft. Vielleicht werden auch einmal die Hauptgänge – allesamt solide zubereitet – von diesem Geist beseelt?

à la carte: 10–38 €

Tel.: 05522 442 75
6830 Rankweil
Stiegstraße 17
www.mohren.at
office@mohren.at
Di–Fr 11.30–13.45 und 17.30–21.15,
Sa 17.30–21.15 Uhr

TAFELSPITZ 12/20

Koch: Christoph Marte

Wer sich mittags mit knurrendem Magen in der Region rund um Rankweil wiederfindet, der ist im Tafelspitz im Vinomna Center richtig: Ein schnelles Mittagessen ohne Komplikationen – darauf ist das Restaurant spezialisiert. Und dieses Konzept geht auf. Mittags ist das gemütliche Lokal meistens richtig voll. Kulinarisch setzt man auf Bodenständiges – allerdings mit Blick über den Tellerrand. So findet sich zwischen Schnitzel, Backhendl und Vorarlberger Kässpätzle auch einmal eine Lammtajine oder eine Kokos-Mango-Suppe. Donnerstags und freitags wird im Tafelspitz auch abends aufgetischt.

à la carte: 15–40 €

Tel.: 05522 367 80
6830 Rankweil
Bahnhofstraße 13
www.tafelspitz-lokal.at
info@tafelspitz-lokal.at
Mo–Mi 8–18, Do, Fr 8–23 Uhr

RIEZLERN/KLEINWALSERTAl B4

HUMBACHSTUBE 15,5/20

Im Alpenhof Jäger

Koch: Martin und Florian Jäger

Die niedrige Decke mit noch niedrigerer Türschwelle, die auch den Kopf eines Nicht-Hünen durchaus in Gefahr bringt, rustikale Einrichtung, ein Kachelofen und der Herrgottswinkel im anderen Eck – das ist die gemütliche Humbachstube, in der man sich ab der ersten Sekunde an bestens von der charmant-kundigen und mit Augenzwinkern agierenden Juniorchefin des Hauses betreut fühlt. Senior- und Juniorchef Martin und Florian Jäger bekochen ihre Gäste nach allen Regeln der Kleinwalsertaler Kochkunst und sorgen für Genussmomente. Beim diesjährigen Besuch wählten wir einerseits das Menü, das mit einer erfrischend säuerlichen Essenz von reifen Strauchparadeisern und hausgemachten Frischkäseravioli begann. Darauf folgte ein vorbildliches Züricher Kalbsrahmgeschnetzeltes mit handgeschabten Spätzle. Für den süßen Abschluss sorgte eine Vanille-Panna cotta mit marinierten Beeren. Auch die À-la-carte-Gerichte wussten zu überzeugen: Das Zweierlei vom Seezander (gebraten und als Nockerl) und das Cordon bleu vom Allgäuer Vollmilchkalb kamen ordentlich zubereitet auf unsere Teller. Danach wissen wir: Glück kann man bestellen. Die Weinkarte ist wohl durchdacht und bietet für jeden Geschmack das Richtige, ohne dabei nur auf große Namen zu setzen. Auch die ein oder andere Überraschung ist inkludiert.

à la carte: 22–49 €

Tel.: 05517 52 34

6991 Riezlern/Kleinwalsertal
Unterwestegg 17

www.alpenhof-jaeger.at
info@alpenhof-jaeger.at

Do–Mo 18–21 Uhr

WALSERSTUBA 14,5/20

Koch: Jeremias Riezler

Hier betritt man ein rustikal-bezauberndes Restaurant, wo man sich sofort wohlfühlt. Jede der verschiedenen Stuben strahlt ihr eigenes Flair aus und vermittelt dabei eine angenehme Atmosphäre. Bereits das zweite Jahr kocht Chefkoch Jeremias Riezler vier- und siebengängige Überraschungsmenüs, bei welchen er sich mit den frischen regionalen und saisonalen Produkten so richtig austoben kann. Selbst gebackenes Roggen- und Waldstaudenkornbrot, Blutwurst, Speck, Sulz vom schwarzen Alpschwein, Steinbockwurst und Griebenaufstrich aus eigener Erzeugung wurden vom überaus freundlichen Service serviert, bevor der Küchenchef persönlich zu den kommenden Gängen informierte. Aus der bestens zusammengestellten Weinkarte finden sich unzählige passende Begleiter zur Abrundung der Gerichte. In spannender Erwartung kam zur Vorspeise eine mit Enzian parfümierte Bachforelle mit Safransauce und ein in Apfel-Birnen-Balsam marinierter Salat – ein Gedicht. Besser kann man sie nicht machen, die großartigen Dinkelnudeln mit Eierschwammerln und Steinpilzen. Auch die Käsespätzle mit Spinat und „Räßkäs" aus der „Gebse" muss man probiert haben. Ob Steinbock oder Kalbsfilet, alles kommt butterweich und perfekt rosa gebraten mit Pastinaken- und Erbsenpüree sowie Speckrohrnudeln an den Tisch und überzeugte uns ein weiteres Mal. Ein großer Fehler wäre es, die ausgefallenen Kräuter-Frucht-Sorbets nicht zu probieren – sie sind einzigartig. Das finale Highlight ist das Dessert in der Holzschüssel mit selbst geschnitztem Löffel für das besondere Mundgefühl: Riebel (Vorarlberger Maisgrieß-Spezialität) auf Heidelbeeren mit Riebeleis, Popcorn und Preiselbeerstaub.

Tel.: 05517 534 60

6991 Riezlern/Kleinwalsertal
Eggstraße 2

www.walserstuba.at
info@walserstuba.at

Do–So 18.30–20.30 Uhr
bis 20. Dez. 2021

Die besten Hotels Österreichs:

SCHRUNS A4

LÖWEN STUBE 15/20

im Löwen Hotel Montafon

Koch: Thomas Carvalho de Sousa

Tel.: 05556 71 41
0664 889 778 02

6780 Schruns
Silvrettastraße 8

www.loewen-hotel.com
info@loewen-hotel.com

Mi–So 18.30–20.30 Uhr
28. März–24. Mai 2022

Nach mehrmaligen Versuchen, in der Löwen Stube einen der begehrten Tische zu bekommen, darf man sich aus drei gebotenen Menüs – „Erde", „Wasser" und „Wind" – seine Speisenfolge aussuchen. Der kompetent-höfliche Service bringt Blutwurstbrot und Röstzwiebelbutter, die Küche grüßt mit vorzüglichen Steinpilztaschen. Weiter geht es mit großartigen Bachkrebsen an Kohlrabi, Gurke und Kren und einem geschmackvollen Kaninchen-Confit-Raviolo an Brennnessel-Velouté und Pinienkernen. Dazwischen erfrischt ein Sorbet vom weißen Pfirsich. Geschmacklich überzeugend, wenngleich etwas zu kühl serviert, war das Eierschwammerltascherl an Thymian-Velouté. Der lobenswerte Donaulachs mit knusprigem „Mostbröckle" war köstlich. Auch hier fanden wir das Gericht etwas zu kühl. Restlos glücklich machte uns der geräucherte Sellerie mit Sommertrüffel und Bergkäseknödel. Zum Abschluss erfreuten uns eine Namelaka von der Bitterschokolade mit Kirschen und marinierte Erdbeeren mit grünen Paradeisern an Mandeleis und Vogelmiere.

à la carte: 4,50–31,50 €

VITALQUELLE MONTAFON

12,5/20

Koch: Damir Srsa

„Genießen mit allen Sinnen" lautet die Begrüßung auf der Speisekarte, dazu befindet sich Küchenchef Damir Srsa in Hochform: Einem außergewöhnlichen Gourmeterlebnis steht also nichts mehr im Wege. Eine überaus freundliche Dame serviert eine Köstlichkeit nach der anderen – Steinpilzkräuterbutter mit hausgemachtem Brötle, gefolgt von einer perfekt geräucherten Forelle und deren Mousse, zur Begleitung erfrischendes Sanddorneis. Bildhaft schön, butterweich und bestens abgestimmt ist der Alpenlachs mit Kohlrabi, Waldhonig-Brombeer-Senf und Bronze-Fenchel-Kraut. Natur pur vermittelt die unvergleichliche Schaumsuppe von Wiesenkräutern mit Bergkäsetortellini, Blüten und Spitzwegerich. Etwas wärmer würde die sous-vide-gegarte, zarte Brust vom Bio-Weidehuhn mit Trüffelsauce noch besser zur Geltung kommen. Großen Eindruck hinterlässt der perfekt zubereitete Zander im Nudelblatt mit Bärlauchkapern. Der finale Auftritt der Desserts mit Schokoladezapfen, Fichteneis, Variationen von dunkler Schokolade und einem sehr empfehlenswerten Erdbeer-Basilikum-Eis komplettiert den großen Erfolg der neugestalteten Küchenlinie.

à la carte: 6–60 €

Tel.: 05556 770 49

6780 Schruns
Außerlitzstraße 80

www.vitalquelle.at
hotel@vitalquelle.at

SCHWARZENBERG

A4

ADLER

14/20

Koch: Felix Messner

Der Adler ist eines der Häuser im Bregenzerwald, die man ohne Wenn und Aber und leichten Herzens empfehlen kann, trotz kleiner Schwankungen bei unseren heurigen Besuchen. Draußen ein wundervoller, schattiger Garten, innen gediegene Architektur und viel Holz. Ein Ort fürs Auge mit herzlicher Gastlichkeit und viel Gespür. Umgesetzt wird, was als wichtig erachtet wird. Regionalität, ein Hauch Nose to tail. Dabei hohe Qualität zu fairen Preisen. Unglaublich gut: die glacierte Kalbszunge mit Saubohnen, Erdäpfelpüree und Butterbrösel oder die geschmorten Kalbsbacken. Auch der Weinkeller kann sich sehen lassen.

à la carte: 2,50–35 €

Tel.: 05512 29 66

6867 Schwarzenberg
Hof 15

www.adler-schwarzenberg.at
office@adler-schwarzenberg.at

Di–Fr 11.30–14 und 18–21,
Sa 11.30–21, So 11.30–20 Uhr

ALTE MÜHLE

12,5/20

Köchin: Marietta Wild

Etwas unterhalb von Schwarzenberg findet man die idyllische, schmucke Alte Mühle, wo man in heimelig-gemütlicher Atmosphäre genießen kann. Vom freundlichen Sommelier Jakob Handler im Service bestens betreut, wird man mit den Spezialitäten von Marietta Wild verwöhnt. Ob es eine feine Spargelsuppe oder das vorzügliche Vitello tonnato als Vorspeise ist, der klassische Tafelspitz mit seinen Beilagen oder ein ausgezeichnet zubereiteter Schwarzenberger Saibling – alles köstlich und lobenswert. Das Erdbeer-Joghurt-Törtchen mit Rhabarberkompott kommt als cremiges Mousse zum Abschluss auf den Tisch.

Tel.: 05512 37 80
6867 Schwarzenberg
Dorn 138
www.alte-muehle.cc
reservierung@alte-muehle.cc
Do–So 12–14 und 18–22 Uhr

HIRSCHEN

14/20

Koch: Jonathan Burger

Der Hirschen in Schwarzenberg ist ein wahrer Wirtshausdiamant mit zauberhaftem Ambiente und jahrhundertealter Geschichte. Mit Chefkoch Jonathan Burger wurde eine neue, moderne Küchenlinie eingeschlagen, die die Gäste beeindruckt. Im ansprechend gestalteten Garten erfreuen luftgetrockneter Duroc-Schinken und Aufstriche, bevor aus der täglich neuen Speisekarte mehrere kleine Gerichte gewählt werden. Großartig ist der gebackene Karfiol mit Kimchi und Chili-Mayo, perfekt und exzellent der weiße Spargel mit Trüffel und Eigelb, gefolgt vom köstlichen, herrlich abgestimmten Morchelrisotto mit frischen Kräutern und vorzüglichen Crispy Chicken mit Miso. Freude pur auch bei der gebratenen Lachsforelle mit Zirbenpaprika und Mousse von Süßkartoffeln – eine raffinierte Kombination. Etwas zu viel erwartet hatten wir uns von der geschnetzelten Leber vom Duroc-Schwein. In süße Begeisterung versetzt einen der Schokokuchen mit Mousse, Kirschen, Sorbet und Miso.

Tel.: 05512 29 440
6867 Schwarzenberg
Hof 14
www.hirschenschwarzenberg.at
info@hirschenschwarzenberg.at
Mo–So 12–17 und 18–20.30 Uhr

SILBERTAL IM MONTAFON B4

PANORAMAGASTHOF KRISTBERG

Tipp

Küchenchef Eric Gonglach und sein Team bereiten am wunderschönen Kristberg im Vorarlberger Montafon schmackhafte und gesunde Speisen aus der regionalen und österreichischen Küche zu. Gekocht wird ausschließlich mit natürlichen Grundprodukten, wobei die Verwendung von HUNZA Kristallsalz und dem energetisierten Gebirgsquellwasser besonders erwähnenswert ist. Genussmenschen sollten sich ein kulinarisches Erlebnis im Panoramagasthof Kristberg nicht entgehen lassen.

à la carte: 9,90–31,90 €

Tel.: 05556 722 90
0664 207 96 70
6782 Silbertal im Montafon
Kristbergstraße 47
www.kristberg.at
info@kristberg.at
tgl. 8–18.15 Uhr
4. April–12. Mai 2022

STUBEN/ARLBERG B4

FUXBAU

15,5/20

Restaurant & Bar

Koch: Tobias Schöpf

Man sollte im Fuxbau immer auf die Schiefertafel schauen. Im Menü findet man zwar stets die Klassiker des Hauses: „Der Wunsch der Kaiserin", besser bekannt als Kaiserschmarren, „Feldmarschall Radetzky" oder besser das Wiener Schnitzel. Kann man bestellen, enttäuscht wird man dabei nie. Wer aber erleben will, was Chefkoch Tobias Schöpf und sein Souschef Markus Gitterle wirklich draufhaben, sollte sich entweder ans laufend wechselnde Menü oder an die Tafel neben der Bar halten. Dort findet man die Empfehlungen des Tages, die eben nicht in der Karte stehen. Zum Beispiel die „Bodenseefelchen": Auf den Punkt gebratene Filets auf herrlich aromatischem Karfiolpüree, einer Sauce mit Rosinen und Kapernbeeren und etwas Beurre blanc. Großartig. Hin und wieder befindet sich auch Steinbock im Angebot. Dazu erfreuen immer wieder Köstlichkeiten aus dem Zuger Fischteich oder von befreundeten Metzgern in Egg. Egal, wofür man sich entscheidet, die Teller im Fuxbau sind stets eine Augenweide, die Tafelkultur mustergültig und die Weinauswahl beispielhaft. Zum Felchen gab es beispielsweise gereiften Morillon aus der Südsteiermark.

Tel.: 05582 301 884 00

6762 Stuben/Arlberg
Dorfstraße 22

www.restaurant-fuxbau.at
servus@restaurant-fuxbau.at

tgl. 11.30–14 und 18.30–21 Uhr
im Sommer: Mo, Di

SULZ A4

ALTES GERICHT 14,5/20

Romantik-Restaurant

Koch: Helmut Benner

Das Alte Gericht zählt zweifellos zu den originellsten, schönsten und aufregendsten Restaurants in Vorarlberg. Im zauberhaften Ambiente der verschiedenen Stüblis bietet Helmut Benner eine raffinierte, feine Küche, die der charmante Service an den Tisch bringt. Nach dem Warten auf die schon legendären „Blumentopf-Brötle“, die wir tatsächlich bekommen, beginnt unsere Genussreise durch die einfallsreiche Karte mit köstlichem Aufstrich und Bärlaucholivenöl. Der „Frühling am Teller“ bringt knusprige Garnelen auf buntem Salat und eine leichte, zart-geschäumte Spargelsuppe. Raffiniert und köstlich ist der Zander in der Erdäpfelkruste mit Chorizo-Schaum, grandios das Kalbsrückensteak plus Bärlauchrührei sowie die geschmorte Ochsenschulter mit gegrilltem Rinderfilet und Kräuterseitlingen. Ausgezeichnete Topfennockerl mit Rhabarber-Erdbeer-Ragout und Sauerrahmeis überzeugen zum Abschluss genauso wie das fluffige Schokomousse auf Röstkaffeesauce.

à la carte: 23–38 €

Tel.: 05522 431 11
6832 Sulz
Taverneweg 1
www.altesgericht.at
info@altesgericht.at
Mo, Do–Sa 11.30–13.30 und 17.30–22, So 11.30–14.30 und 17.30–20 Uhr
1.–13. März, Mitte Juli–Anfang August 2022

TSCHAGGUNS A4

MONTAFONER HOF 15/20

Geniesserhotel

Koch: Holger Stösser

Der Montafoner Hof in Tschagguns ist seit Jahren eine sichere Bank für Genießer. Die Wirtsfamilie Tschohl kann zusätzlich auf Wildbret aus eigener Jagd zurückgreifen, was sich auf der Karte des Hauses regelmäßig manifestiert. Die rustikale Restaurantstube präsentiert sich wie eine Visitenkarte des Montafons und garantiert gemütliche Atmosphäre. Nicht weniger einladend zeigt sich auch das Speisenangebot. Nach einem ansprechenden Gedeck mit Frischkäse-Feta-Creme, getrüffelter Butter und Trockenfleisch vom Wild befanden sich im Amuse gueule zwei Eierschwammerl-Köstlichkeiten und geräucherter Paprika. Die Entenleber mit Kirscharomen zum Menüauftakt war direkt ein lukullisches Ausrufezeichen. Auch die Fischsuppe mit Zanderstreifen und Fischraviolo konnte überzeugen. „Waidmanns Dank“ durfte man für das formidable Steinbockfilet aussprechen, das auf den Punkt gegart auf den Teller kam, ergänzt durch Pilze und einer superben Wildsauce. Übrigens: Auch der Küchenchef ist Jäger, das schmeckt man – im positiven Sinn. Ebenso meisterlich werden an dieser Adresse die Fleischragouts zubereitet, sei es mit Estragon als Kopfnote oder im Blätterteigsackerl und zu Tisch gebracht. Dazu serviert man eine Variation von der Karotte sowie gebratene Polentaschnitte. Die Saucen wären auch für sich alleine genommen flüssige Delikatessen. Die Küchenbrigade, inklusive der Pâtisserie, agiert in Hochform. Kompliment.

à la carte: 6,50–37 €

Tel.: 05556 710 00
6774 Tschagguns
Kreuzgasse 9
www.montafonerhof.com
info@montafonerhof.com
Fr–Di 18.30–20.30 Uhr

VIKTORSBERG

SCHÖNE AUSSICHT

12,5/20

Koch: Robert Ritter

Wenn Patron und Chef Robert Ritter und seine sympathische Frau und Maître Monika in ihrem Panoramagastgarten stehen, sehen sie hinab ins grüne Alpenrheintal und über die Grenze hinüber zur Liechtensteiner und Schweizer Bergwelt. Von den Vorarlberger Nachbarn kommen auch immer mehr Gäste zum nicht mehr so geheimen Gasthaus-Geheimtipp am Sonnenplatz in Viktorsberg, der seinem Namen mehr als gerecht wird. Der Ruf der guten Küche und des außerordentlich gut bestückten Weinkellers hat sich über die Region hinaus herumgesprochen. Die Hausklassiker vom Wildtatar bis zu den pochierten Fischnockerln auf Viktorsberger Safransause und frisch gebackenem Brot sollte man jedenfalls probieren. Auch die gefüllten Nudeltaschen, beispielsweise mit flüssigem Eigelb oder alpinen (Speck-)Aromen gefüllt, sind ein mehr als angenehmer Menüauftakt. Des Chefs Passion gilt den Schmorgerichten: von Rinds- bis Herzgulasch über gefüllte Kalbsbrust und Rinderschmorbraten mit Schupfnudeln reichen die Tagesempfehlungen. Der Klassiker „Königinpastete" wird hier als Kalbsgeschnetzeltes mit Erbsen und Blätterteigschnitten serviert. Ebenso empfehlenswert sind die Desserts: Eiskaffee, diverse Kuchen oder gefüllte Erdäpfelknödel mit süßen Bröseln und brauner Butter. Feinschmeckergemeinde, was willst du mehr? Vielleicht noch eine weitere Flasche aus dem sehr fair kalkulierten Weinangebot, alte Jahrgänge von Château Figeac bis Echezeaux Grand Cru inklusive. Ein „Gasthaus von nebenan" mit dem vielleicht interessantesten Weinangebot im Vorarlberger Rheintal.

à la carte: 15–35 €

Tel.: 05523 64715
6836 Viktorsberg
Klosterweg 7
www.gh-schoeneaussicht.at
info@gh-schoeneaussicht.at
variabel

WARTH

B4

BIBERS Ⓝ

13/20

Restaurant & Bar im Berghotel Biberkopf

In der Arlberg-Region spielte die kleine Walser-Gemeinde Warth meist nur eine stolze Nebenrolle, was sich vor Jahren mit der Skilift-Anbindung an Lech am Arlberg geändert hat. Eine weitere Änderung, ebenfalls positiver Art, kann auf gastronomischem Gebiet vermeldet werden. Das Repertoire wird zunehmend durch anspruchsvollere Kulinarikangebote im Ort ergänzt. Das beste Beispiel hierfür ist das neu eröffnete Biberkopf-Hotel im Zentrum von Warth. Das Haus präsentiert sich so selbstbewusst, als ob es immer schon zum Dorfbild gehört hätte. Diesen Eindruck rechtfertigt auch das Restaurant, das personell und mit Know-how aus einer der besten Gourmetadressen am Arlberg, dem Aurelio's Lech, unterstützt wird. Diese Starthilfe für die Küche kann man schmecken. Gedeck und Amuse gueule aus selbst gebackenem Brot und Lardo in bester Qualität waren vortrefflich. Bei der Wahl zwischen geräucherter Ente mit Pak Choi, Buchenpilzen und Kohlrabi oder gebeiztem „Blaubeer-Lachs" mit Roter Rübe, Couscous und Joghurt fiel die Entscheidung auf die Fischempfehlung. Das zurückhaltend wahrnehmbare Blaubeeraroma verlieh dem Wildfanglachs eine angenehme, zusätzliche Geschmacksnote. Die darauffolgende Paradeiser-Zitronengras-Schaumsuppe mit „Bio-Eden-Shrimps" war ein echtes Highlight. Das lang geschmorte Rindsbackerl in Portweinjus wurde mit Wurzelgemüse und Pastinakencreme serviert. Das Dessertangebot liest sich gut. Die beiden Kostproben daraus waren von ordentlicher Qualität, wenngleich hier noch Luft nach oben erkennbar ist.

Tel.: 05583 418 00
6767 Warth
Warth 28
www.biberkopf.at
office@biberkopf.at
Mai, Okt.–Nov. 2022

Hochzeit am Hohenlohe-Hof

Der historische Hof und die zugehörige Kapelle wurden liebevoll und authentisch restauriert und mit geschichtsträchtigen Kunstgegenständen ausgestattet. Sie bieten eine unvergleichliche Kulisse für die Zeremonie und für wunderschöne Hochzeitsfotos.

Der inmitten des sanft hügeligen Weinviertels gelegene Hohenlohe-Hof bietet alle Möglichkeiten, Ihre Hochzeit zu einem einzigartigen Erlebnis in einer besonderen Atmosphäre zu machen.

Mit seinen uralten, von Efeu umrankten Mauern, dem Teich und dem Taubenkobel hat der Hochzeitshof einen ganz eigenen Zauber.

Hohenlohe-Hochzeitshof
Guntersdorf 283, 2042 Guntersdorf
+43 1/712 43 84 37
www.hohenlohehof.at

hochzeitamhof

BARS

DIE BESTEN BARS IN ÖSTERREICH

57 RESTAURANT & LOUNGE

pop

In der 57 Lounge genießt man außergewöhnliche Cocktailkreationen auf hohem Niveau im doppelten Sinne: Man befindet sich in der höchsten Bar Österreichs im DC Tower. Die Barkeeper kreieren Drinks mit geschmacklichen Einflüssen aus aller Welt und stehen bei der Auswahl gerne beratend zur Seite. Das Ambiente ist sehr gehoben und dennoch gemütlich.

Tel.: 01 901 042 080
1220 Wien
Donau-City-Straße 7
www.57melia.com
restaurant57@melia.com
Mo–Fr 12–14.30 und 18–24,
Sa 17–24, So 12–15 Uhr
♿

AGENT OSCAR

pop

American Bar

Die American Bar Agent Oscar ist klein, aber schmuck, die Getränkeauswahl umfassend nur die besten Zutaten kommen den Profis hinter der Theke in den Shaker. Mit Hintergrundmusik aus Swing, Jazz und Blues wird das Ambiente abgerundet: fühlt man sich durch das stimmige Zusammenspiel dieser verschiedenen Komponenten wie in einer klassischen Bar der 191920er Jahre.

Tel.: 01 956 59 75
1070 Wien
Zollergasse 5
www.agentoscar.at
agentoscar.wien@gmail.com
Mo–Do 18.30–1,
Fr, Sa 18.30–2 Uhr

ATMOSPHERE ROOFTOP BAR

pop

im Hotel Ritz-Carlton

Auf der Dachterrasse des Luxushotels Ritz-Carlton verbringt man laue Sommerabende bei bestem Blick auf die Dächer der umliegenden historischen Gebäude. Das gemütliche Ambiente erzeugt das Gefühl eines Kurzurlaubes. Dazu trägt vor allem das äußerst serviceorientierte Personal bei, aber auch die loungige Musik und die erfrischenden Sommerdrinks leisten ihren Teil. Im Winter schließt die Bar zwar, an ihre Stelle tritt aber ein exklusiver Weihnachtsmarkt, den man sich nicht entgehen lassen sollte.

Tel.: 01 31188
1010 Wien
Schubertring 5–7
www.ritzcarlton.com

AURORA ROOFTOP BAR

im Hotel Andaz Vienna am Belvedere

Am Dach des Hotel Andaz am Belvedere befindet sich die Aurora Rooftop Bar, von der die Gäste einen traumhaften Blick über die Wiener Altstadt genießen können. Die nordische Inspiration zieht sich vom Interieur in hellem Scandi-Chic bis hin zum Getränkemenü – hier finden sich unter anderem spannende Cocktails wie der „Old Viking" oder „Nordic Moon". Eine weitere Besonderheit ist der Kamin, der eine wohlige Atmosphäre garantiert.

Tel.: 01 205 774 444 66
1100 Wien
Arsenalstraße 10
www.hyatt.com

BAR CAMPARI

AMBIENTE AWARD 2021

Mit der Bar Campari findet man ein kleines Stück Italien mitten im Herzen von Wien. Ohne Probleme könnte man in dieser Bar einen ganzen Tag verbringen und das Flair der Vitalità genießen: morgens mit einem starken Espresso, nachmittags bei einem spritzigen Aperitivo und abends mit einem Negroni. Musik gehört zu diesem entspannten Lebensgefühl dazu – so gibt es mittwochs einen Aperitivo bei Livemusik, freitags legt ein DJ auf und bringt die ganze Bar Campari zum Tanzen.

Tel.: 01 532 35 53
1010 Wien
Seitzergasse 6
www.barcampari.at
info@barcampari.at
Mo–Sa 11–24 Uhr
♿

BAR TABACCHI

Dass eine Bar nicht immer pompös sein muss, um zu überzeugen, zeigt die Bar Tabacchi. Die Einrichtung ist schlicht und dennoch elegant – so genießt man hier in unaufgeregter Atmosphäre ausgezeichneten Kaffee, italienischen Rotwein und klassische Longdrinks. Dazu empfehlen sich kleine Snacks wie hausgemachte Tramezzini.

Tel.: 0680 307 16 75
1050 Wien
Ramperstorffergasse 61
www.bartabacchi.at
info@bartabacchi.at

BARFLY'S CLUB

im Hotel Josefine

Im Barfly's Club nahe der Mariahilfer Straße wird wirklich jeder fündig – die Karte ist so dick wie ein Buch und umfasst mehr als 500 verschiedene Cocktails. Besonders Whiskey-Liebhaber kommen auf ihre Kosten: Man kann aus fast 1.000 Sorten (darunter echte Raritäten) auswählen. Auch die Rumauswahl ist beachtlich. Über allem steht das gemütliche und dennoch schicke Ambiente.

Tel.: 01 586 08 25
1060 Wien
Esterházygasse 33
www.barflys.at
info@barflys.at
Mo–Fr ab 18, So ab 19 Uhr

BEIMIR

Abseits des Trubels der Wiener Innenstadt findet man das Beimir im 16. Bezirk – und damit einen Wohlfühlort, an den man immer wieder zurückkehren möchte. Bei mir, das ist bei Matthias Habringer. Er verwirklichte den Traum einer hochwertigen Cocktailbar ums Eck und bietet seinen Gästen – darunter sind viele Stammkunden – sowohl klassische als auch kreative Drinks.

Tel.: 0650 366 6700
1160 Wien
Speckbachergasse 47, Ecke Seeböckgasse
www.beimir.at
office@beimir.at

BLAUE BAR

pop

im Hotel Sacher

Ein Besuch in der Blauen Bar im weltbekannten Luxushotel Sacher ist ein Erlebnis für sich. Die namensgebende Farbe zieht sich durch das Interieur und hat eine angenehme, beruhigende Wirkung auf den Gast. Und das obwohl man aus dem Staunen über die reich verzierten Brokatwände und Kristallluster kaum herauskommt. Durch ihre Lage empfiehlt sich die noble Bar insbesondere für einen Aperitif vor dem Opernbesuch oder für einen gemütlichen Ausklang des Abends bei einem exzellenten Drink.

Tel.: 01 514 561 555

1010 Wien
Philharmonikerstraße 4

www.sacher.com
culinary.wien@sacher.com

Mo–So 17–24 Uhr

♿

BONBONNIERE BAR

pop

Wenn man auf der Suche nach etwas Ausgefallenerem ist, kommt diese kleine, hauptsächlich in Rottönen gehaltene Bar genau richtig. Hier unternimmt man eine kleine Zeitreise: Das nostalgische Ambiente entsteht durch historisches Mobiliar, die Live-Pianomusik am Abend. Die Bar versprüht ihren ganz eigenen Charme und fällt eindeutig in die Kategorie Geheimtipp.

Tel.: 01 512 68 86

1010 Wien
Spiegelgasse 15

BRISTOL BAR

pop

In der Bristol Bar im gleichnamigen Luxushotel an der Ringstraße unternimmt man eine kleine Zeitreise. Durch den eleganten Artdéco-Stil des Interieurs fühlt man sich in die Ära der American Cocktail Bars zurückversetzt – selbstverständlich tragen bei die exquisiten Cocktailklassiker auch ihren Teil dazu. Das fachkundige Personal versorgt die Gäste zudem mit ausgefallenen Eigenkreationen und sorgt für eine entspannte Stimmung.

Tel.: 01 515 165 35

1010 Wien
Kärntner Ring 1

www.bristol-lounge.at
restaurant.bristol@
luxurycollection.com

tgl. ab 16 Uhr

♿

BRUDER

Bar & Küche

Im Bruder fühlt man sich mehr wie ein Teil der Familie als ein Gast – dafür sorgen die herzlichen Mitarbeiter mit viel Schmäh. Dieser zieht sich auch durch die Karte: Die wirklich grandiosen Cocktails tragen witzige Namen wie „Rüttel am Watschenbaum" oder „Herb, Herber, Herbert". Der Einrichtungsstil ist durch klare Linien geprägt, besonders auffällig sind die Einmachgläser hinter der Bar, in denen selbst fermentiert wird. Im Bruder Markt gibt es die Ergebnisse davon und viele weitere Dinge auch für den Genuss daheim zu kaufen.

Tel.: 0664 135 13 20
1060 Wien
Windmühlgasse 20
www.bruder.xyz
hallo@bruder.xyz
Mi–Sa 17–1 Uhr

COMIDA Y RON

Einen Hauch Karibik, mediterrane Stimmung und südliches Lebensgefühl verspricht die Bar Comida y Ron. Der Name ist Programm: Es gibt köstliche kreolisch-karibische Gerichte und der Fokus der Getränkeauswahl liegt vor allem auf Rum – über 300 Sorten werden hier angeboten. Zudem finden sich mit der Küche perfekt harmonierende südamerikanische und europäische Weine.

Tel.: 01 512 40 24
1010 Wien
Stubenring 20
www.comida.at
office@comida.at
Mo–Sa 11.30–14.30 und ab 17.30 Uhr

D-BAR

im Hotel Ritz-Carlton

Die D-Bar empfängt einen in bester Lage direkt an der Ringstraße – dunkles, elegantes Interieur mit rotem Leder sorgt für das klassische Barfeeling. Spannend ist das Motto „Discovery" – mit verschiedenen Themenschwerpunkten begibt man sich auf eine kleine Entdeckungsreise. Zuletzt wurde in Kooperation mit dem Weltmuseum der sagenumwobenen Kultur der Azteken eine Cocktailkarte gewidmet. Man kann sich sicher sein, dass es durch die innovative Barmanagerin Katharina Schwaller hier nie langweilig und selbstverständlich der hohe Qualitätsanspruch gehalten wird.

Tel.: 01 311 886 14
1010 Wien
Schubertring 5–7
www.ritzcarlton.com
vienna.restaurant@ritzcarlton.com
Mo–So 17–1 Uhr
♿

DAS KRAUS Ⓝ

In besonderer Atmosphäre verbringt man den Vormittag hier mit einem ausgiebigen Frühstück. Nachmittags laden Kaffee und Kuchen in das Kraus ein, abends verwandelt sich die Neuinterpretation eines klassischen Wiener Kaffeehauses in eine Bar. Benannt nach Karl Kraus, einem österreichischen Schriftsteller, der als Querdenker seiner Zeit bekannt war, gilt das Café als gesellschaftlicher Ort für kritische Geister und Vordenker, die ihre Wissbegierigkeit mit experimentierfreudiger regionaler Küche stillen.

Tel.: 01 890 34 11
1020 Wien
Große Pfarrgasse 7
www.daskraus.at
info@daskraus.at
Mi–Sa 10–22 Uhr

DAS LOFT

im SO/ Hotel Vienna

Im Loft im S/O Vienna ist nicht nur die Aussicht auf die Wiener Innenstadt durch die verglaste Fassade fantastisch, auch der Blick nach oben auf die kunstvoll gestaltete Decke lohnt sich. Der Look der Bar ist modern, dazu passend gibt es auch abends einen Smart Casualdresscode. Im Getränkeangebot finden sich klassische Drinks, ausgewählte Weine und Snacks.

Tel.: 01 906 168 110
1020 Wien
Praterstraße 1
www.dasloftwien.at
dasloft@sofitel.com
Mo–Fr 6.30–10.30 und 18–22.30, Sa, So 7–11 und 18–22.30 Uhr
♿

DAS TORBERG

pop

Gin & Tonic hat in den letzten Jahren als erfrischender Longdrink immer mehr an Popularität gewonnen – wie unterschiedlich dieses Getränk aber schmecken kann, merkt man bei einem Besuch im Das Torberg. In dieser besonderen Bar bekommt man Kombinationen aufgezeigt wie sonst nirgendwo: Über 600 verschiedene Gins und 23 Sorten Tonic finden sich im sich stetig erweiternden Angebot. Am besten nimmt man eine Beratung in Anspruch, dann ist die passende Kombination schnell gefunden. Hat man Gefallen an einem Gin gefunden, kann man ihn im angeschlossenen Laden direkt kaufen.

Tel.: 01 956 34 79
1080 Wien
Strozzigasse 47
www.dastorberg.at
grinz-ing@gmx.at
Di–Sa 17–2 Uhr

DER DACHBODEN

pop

im 25hours Hotel beim MuseumsQuartier

Im Trendhotel 25hours kann man von der Dachterrasse einen wunderbaren Blick auf Wien genießen, insbesondere auf das Kunsthistorische und das Naturhistorische Museum in unmittelbarer Nähe. Die Einrichtung ist hip und schafft durch den zusammengewürfelten Look eine gemütliche Atmosphäre. Besonders cool ist die Beleuchtung über der Bar in Form eines dekonstruierten Schlagzeuges. In der Barkarte finden sich verschiedenste Cocktails, Bier und Wein.

Tel.: 01 521 510
1070 Wien
Lerchenfelder Straße 1–3
www.dachbodenwien.at
wien@25hours-hotels.com

DIE PARFÜMERIE

pop

In einer klassischen Parfümerie werden individuelle Düfte zusammengestellt, in dieser sind es Cocktails. Durch intensive Beratung seitens der charmanten Barmitarbeiter findet hier jeder einen passenden Drink und verbringt einen wunderbaren Abend in entspanntem Rahmen. Diese Bar hat echtes Geheimtipp-Potenzial!

1070 Wien
Neustiftgasse 84
www.dieparfuemerie.net
office@dieparfumerie.net

DINO'S APOTHECARY BAR

pop

Eine Apotheke, wie sie Genussmenschen gefällt. Der Besitzer Heinz Kaiser ist eigentlich Pharmazeut, hat sich aber auf Medizin für die Seele spezialisiert und verwöhnt seine Gäste mit außergewöhnlichen, auch gerne individuell abgestimmten Drinks. Das Interieur der Apothecary ist klassisch und stilvoll – die beleuchteten Flaschenregale und gemütliche Ledersitzecken sorgen für eine Wohlfühlatmosphäre.

Tel.: 01 535 72 30
1010 Wien
Salzgries 19
www.dinos.at
office@dinos.at

DOSAGE

pop

Bar à Champagne

Der beste Champagner wird oftmals von ganz kleinen Winzern produziert und stammt aus unbekannten Domänen. In der Dosage Bar findet man genau solche Besonderheiten – viele der Eigenimporte sind exklusiv dort erhältlich. Sollte man aus einem bestimmten Grund keinen Schaumwein trinken wollen, stehen alternativ auch andere Getränke zur Auswahl. Dazu empfehlen sich kleine Häppchen wie Kaviar oder Beef Tatar, auf Vorbestellung auch Austern.

Tel.: 0664 132 72 63
1010 Wien
Fleischmarkt 16
www.dosage.at
allo@dosage.at
Di–Do 18–23,
Fr, Sa 18–24 Uhr
♿

EDEN BAR

pop

Seit mehr als 100 Jahren genießt man in der Eden Bar das exquisite Ambiente – nicht ohne Grund waren hier regelmäßig Stars wie etwa Romy Schneider zu Gast. Neben dem stilvollen Retro-Chic ist die zum Tanzen anregende Livemusik eine weitere Besonderheit, die ein Garant für einen außergewöhnlichen Abend darstellt. Die in Abendgarderobe gekleideten Gäste fügen sich perfekt in das noble Bild, edle Cocktails und Champagner runden es ab.

Tel.: 01 512 74 50
1010 Wien
Liliengasse 2
www.edenbar.at
office@edenbar.at

FABIOS

pop

Dass das Fabios wohl eines der besten italienischen Restaurants der Stadt ist, ist kein Geheimnis. In der dazugehörigen Bar wird das hohe Niveau in der Getränkeauswahl weitergeführt. Hier bekommt man beste Spirituosen, Longdrinks und exquisite Cocktails sowie köstliche Barsnacks. Im modernen Ambiente genießt man diese in erstklassiker Lage mitten in der Wiener Innenstadt.

Tel.: 01 532 22 22
1010 Wien
Tuchlauben 4–6
www.fabios.at
fabios@fabios.at
Mo–Sa 9–1 Uhr

FIRST AMERICAN BAR

pop

Zoran Djurovic und Ababcar „Baba“ Sy sind nicht nur geborene Gastgeber, die mit ihrem Wiener Charme ihren Gästen ein Lächeln auf die Lippen zaubern – sie kreieren mit ihrer 25-jährigen Erfahrung auch meisterliche Cocktails. Internationale Trends werden genauestens beobachtet und in die Karte integriert. Dies schafft eine umfassende Auswahl an innovativen wie klassischen Drinks. Das Erlebnis wird durch guten Jazz, Blues und Soul komplettiert.

Tel.: 01 513 22 07
1010 Wien
Schulerstraße 16
www.firstamericanbar.at
office@firstamericanbar.at

HAMMOND BAR

pop

Betritt man die Hammond Bar, fällt einem zunächst das besondere Lichtkonzept über der Theke auf: die illuminierten, gläsernen „Seifenblasen“ schaffen eine gemütliche Stimmung. Danach ist man aber vor allem von den kreativen Cocktails mit Namen wie „Colourful Rain“ oder „Girl with Balloon“ beeindruckt. Jeder Barkeeper aus dem mehrfach ausgezeichneten Team bringt in den Signature Drinks etwas seiner eigenen Persönlichkeit – die Liebe zum Detail ist bei allen dabei.

Tel.: 01 968 92 15
1020 Wien
Taborstraße 33
www.hammondbar.at
bar@hammondbar.at
Mo–Do 18–2, Fr, Sa 18–4 Uhr

HEUER AM KARLSPLATZ

pop

Das Heuer am Karlsplatz hat sich in den letzten Jahren zu einem echten Szene-Hotspot entwickelt. Der Fokus liegt auf der Neuinterpretation von Klassikern mit regionalem Bezug. Saisonale Kräuter aus dem benachbarten Karlsgarten, Geiste und Brände sowie Selbstangesetztes und Fermentiertes finden in außergewöhnlichen Drinks zusammen. Außerdem bietet man auf der offenen Bühne oft ein Programm aus verschiedensten Sparten und Genres (Musik, Literatur, Film, Mode, etc).

Tel.: 01 890 05 90
1040 Wien
Treitlstraße 2
www.heuer-amkarlsplatz.com
info@heuer-amkarlsplatz.com
Mo–So 17–2 Uhr
♿

IF DOGS RUN FREE

pop

Der futuristische Look dieser stylishen Bar entsteht vor allem durch den Kontrast zwischen dem beleuchteten, geometrisch gemusterten Plafond und dem restlichen, dunkel gehaltenen puristischen Design des Mobiliars. Die innovativen Drinks passen perfekt ins Bild und locken insbesondere am Wochenende ein breit gefächertes Publikum und vor allem junge Leute an.

Tel.: 01 913 21 32
1060 Wien
Gumpendorfer Straße 10
www.ifdogsrunfree.com
info@ifdogsrunfree.com

INTERMEZZO BAR

im Hotel InterContinental

pop

Schon wegen des Interieurs und um den prächtigen Kristallluster über der zentral im Raum gelegenen Bar zu bestaunen, lohnt sich ein Besuch in der Intermezzo Bar des Hotel InterContinental. Neben dem stilvollen Ambiente sind vor allem die mehrfach ausgezeichneten Barkeeper hervorzuheben, die eine große Variation an Gin Tonic, klassischen Cocktails und Whiskey servieren. Dazu empfiehlt sich das Late Night Bar Food.

Tel.: 01 71 12 20
1030 Wien
Johannesgasse 28
www.vienna.
intercontinental.com
vienna@ihg.com
tgl. ab 18 Uhr
✻ variabel

JOSEF COCKTAIL BAR

pop

Mit der Josef Cocktail Bar findet man in der Ausgehmeile Bermudadreieck in Wiens Altstadt eine stilvolle Wohlfühloase. Die Präsentation der Drinks ist genauso elegant wie das Ambiente der Bar, welches sich durch eine moderne Einrichtung mit eleganten Barockelementen auszeichnet. Neben zeitgenössischen und innovativen Cocktails mit Twist stehen ausgewählte Spirituosen und Champagner auf der Karte. Ein Besuch empfiehlt sich auch in der dazugehörigen Josef Highball Bar nebenan.

Tel.: 01 532 20 44
1010 Wien
Sterngasse 1
www.josef-bar.at
office@josef-bar.at
Mo–So 17–3 Uhr

KLEINOD

pop

Kleinod ist ein altes deutsches Wort für Schmuckstück. Und genau dem entspricht diese kleine Bar im Herzen von Wien auch. Die edle Einrichtung besticht durch ein harmonisches Zusammenspiel aus Klassik und Moderne – auch in der Auswahl an Drinks spiegelt sich diese Mischung wider. Das äußerst zuvorkommende Barpersonal sorgt für eine stimmige Atmosphäre, in der man sich automatisch wohlfühlt.

Tel.: 01 512 03 25
1010 Wien
Singerstraße 7/48–50
www.kleinod.wien
office@kleinod.wien

KLEINOD PRUNKSTÜCK

pop

Das Kleinod Prunkstück überzeugt auf ganzer Linie. Optisch besticht die Bar mit der harmonischen Kombination von edlen Materialien wie Messing, dunklem Holz, Leder und Onyx-Marmor. In diesem eleganten Ambiente kann man nicht nur raffinierte Cocktails verkosten, sondern zu späterer Stunde auch zu Funk, Soul, Disco und Housemusik tanzen.

Tel.: 0664 122 1992
1010 Wien
Bäckerstraße 4
www.kleinod-
prunkstueck.wien
prunkstueck@kleinod.wien

KRUGER'S AMERICAN BAR

pop

Die Kruger's Bar ist eine der ältesten gehobenen Cocktailbars in Wien – und wohl auch eine der besten. Hier spürt man das Flair der 1920er Jahre, sobald man sich in die originalen Ledergarnituren aus dieser Ära fallen lässt und an einem klassischen Drink aus hochwertigen Zutaten nippt. Das erlesene Angebot von Zigarren, Whiskey und Brandy rundet das Konzept ab. Wer auf der Suche nach etwas Besonderem ist, der wird auch abseits der Karte beraten.

Tel.: 01 512 24 55
1010 Wien
Krugerstraße 5
www.krugers.at
office@krugers.at
Mo–Sa ab 18 Uhr,
So, Fei ab 19 Uhr

KRYPT.

pop

Am krypt. einfach vorbeizuspazieren, das kann aufgrund des unscheinbaren Eingangs schon mal passieren – aber nur denjenigen, die nicht ob des Juwels wissen, was sich dahinter verbirgt. Das großzügige, historische Kellergewölbe bietet eine Kulisse für unvergessliche Abende. Die extravagante Innengestaltung wurde sogar mit dem „American Architecture Prize" ausgezeichnet. Auch in den köstlichen Cocktails zeigt sich die Originalität und Kreativität. DJs sorgen für die passende musikalische Untermalung, die das Erlebnis abrundet.

1090 Wien
Wasagasse 17
www.krypt.bar
drink@krypt.bar

LAMÉE ROOFTOP

pop

Der Ausblick über die Wiener Innenstadt von der Lamée Rooftop Bar raubt einem den Atem – hier stößt man auf Augenhöhe mit dem beeindruckenden Stephansdom an. Die farbenfrohe Dekoration erinnert an einen Beachclub, so kommen mit den erfrischenden Cocktails wahrlich Urlaubsgefühle auf. Auch im Winter hat die Freiluftbar geöffnet – dann wärmt man sich an Punsch, Glühwein und heißen Cocktails.

Tel.: 01 532 22 40
1010 Wien
Lichtensteg 2
www.lameerooftop.com
reception@hotellamee.com

LAMPERIE

pop

Mit den hohen Wänden und der Einrichtung im Industrialchic herrscht in der Lamperie eine absolut hippe Atmosphäre. Im Sommer sitzt man auch im Schanigarten äußerst angenehm. Sehr zu empfehlen ist hier Gin in allen möglichen Variationen, insbesondere die hauseigene Sorte, die exklusiv für die Lamperie hergestellt wird. Dazu sollte man die Spezialität des Hauses – Langos – probieren.

Tel.: 0650 462 92 75
1020 Wien
Obermüllnerstraße 17
hallo@lamperie.at

LOOS-BAR

pop

„Klare Linien und edle Materialien schenken der Bar ihr Gesicht. Die Seele ist der Raum, der weit über den der Bar hinausreicht.", sagte Adolf Loos über die von ihm im Jahre 1908 gestaltete American Bar. Heute steht sie unter Denkmalschutz. Noch immer strahlt sie eine unglaubliche Behaglichkeit aus – jeder ist hier willkommen. Im Belle Époque-Ambiente schmecken Cocktailklassiker oder schlichte, aber edle Kreationen wie „Adolf Loos' Fein'Gspritzer" umso besser.

Tel.: 01 512 32 83
1010 Wien
Kärntner Durchgang 10
www.loosbar.at
office@loosbar.at

LUSTER

pop

Luster sind im imperialen Wien eine allgegenwärtige Beleuchtungsform – einen solchen wie in dieser Bar gibt es sonst aber nirgends: Hier hängt eine mit Spirituosenflaschen bestückte Regalkonstruktion von der Decke. Der Stil der Bar entspricht der eines Lofts mit einer Backsteinwand als weiterem Hingucker. Unter den angebotenen Getränken finden sich hervorragende Cocktails, besonders die Eigenkreationen sollte man probieren.

Tel.: 01 264 23 64
1060 Wien
Windmühlgasse 32
www.luster.bar

MIRANDA

pop

Die hippe Bar Miranda befindet sich inmitten des Trendbezirks Mariahilf. Die farbenfrohe Gestaltung in pastelligen Tönen lässt Urlaubsgefühle hochkommen. An lauen Sommerabenden sitzt man aber besonders im Schanigarten gemütlich beisammen. Die Cocktailkarte wechselt saisonal und ist von kreativen Drinks geprägt, die man sonst nirgendwo bekommt. Die freundlichen Mitarbeiter runden das Gesamtbild ab.

Tel.: 01 952 87 94
1060 Wien
Esterházygasse 12
www.mirandabar.com
info@mirandabar.com

MOBY DICK

pop

Mit einem herzlichen „Ahoi" wird man in der wunderschön gestalteten Moby Dick Bar & Eatery begrüßt. Nachhaltigkeit wird hier großgeschrieben und mit einem Low Waste-Konzept gegen Lebensmittelverschwendung gekämpft. Das Team rund um Betreiber Sammy Walfisch legt bei den Drinks besonderen Wert auf außergewöhnliches Aroma, Textur und Geschmack – verwendet werden Zutaten wie hausgemachte Liköre, Bitters und Infusions.

Tel.: 01 9974279
0676 442 25 53
1070 Wien
Neustiftgasse 26
www.mobydickvienna.at
hello@mobydickvienna.at
Mo–Do 18–2, Fr, Sa 18–3 Uhr
Fei

NEEDLE VINYL BAR

pop

Eine Bar für alle Vintagefans und Musikliebhaber – hier werden echte Schallplatten aufgelegt und sorgen mit Blues, Jazz und Rock 'n' Roll für eine entspannte Stimmung. Für das gemütliche Wohnzimmerambiente ist die Einrichtung mitverantwortlich, vor allem aber die freundlichen Mitarbeiter. Das Publikum ist jung, es ist immer etwas los und man kommt bei einem der herrlichen Drinks schnell mit anderen Gästen ins Gespräch.

Tel.: 0660 535 23 25
1010 Wien
Färbergasse 8
www.needlevinylbar.com
contact@needlevinylbar.com

NIGHTFLY'S AMERICAN BAR

pop

Mit dem Nightfly's Club findet man eine stilechte American Bar wie aus dem Bilderbuch. Das liegt einerseits am Ambiente, welches durch viel Holz und die angenehme, gedämpfte Beleuchtung entsteht, andererseits an der umfassenden Getränkeauswahl. Auf der Karte stehen mehr als 250 Drinks, also lässt man sich am besten vom professionellen Barteam beraten. Der Fokus liegt hier vor allem auf Whiskey und Rum.

Tel.: 01 512 99 79
0699 171 287 67
1010 Wien
Dorotheergasse 14
www.nightflys.at
americanbar@nightflys.at
Di–Sa 18–2 Uhr

ÖL

pop

Das Design der Öl-Bar ist einfach cool – die Stimmung und die Drinks ebenso. Der Blick wird von kreativen Wandbemalungen, dem herausstechenden Tresen und stylishen Beleuchtungselementen eingefangen. In diesem gelungenen Ambiente oder im Sommer im Schanigarten genießt man eine hervorragende Auswahl an Bieren, (Natur)-Weinen und anderen Getränken. Für Unterhaltung sorgt außerdem der Wuzler im hinteren Bereich.

Tel.: 0660 163 56 38
1020 Wien
Leopoldsgasse 26
www.oel.bar
hallo@oel.bar
Mo–Sa 18–2 Uhr

PLANTER'S CLUB

pop

Mit seiner dunklen Holzvertäfelung und den gemütlichen Ledergarnituren erinnert der Planter's Club an einen englischen Gentlemen Club aus der Kolonialzeit. In diesem eleganten Ambiente wird authentische Barkultur gelebt – das hohe Niveau zieht sich durch die exquisite Auswahl an Spirituosen, Cocktails und Zigarren.

Tel.: 01 533 339 315
1010 Wien
Zelinkagasse 4
www.plantersclub.com
office@plantersclub.com
Mo–Do 17–2, Fr, Sa 17–3 Uhr

PUFF-BAR

pop

Ja, die Puff-Bar war einst ein dem Namen entsprechendes Etablissement – und genau das macht einen gewissen Reiz aus. Natürlich wurde vieles verändert, einiges aber so belassen wie früher. Interessierten werden die Zimmer, die sich hinter den Spiegeltüren verbergen, gerne gezeigt. Insgesamt ist die Bar in einem stylishen Design gehalten, durchgehend schwarzer Anstrich und außergewöhnliche Lampen prägen das Bild. Die klassischen Cocktails überzeugen auf ganzer Linie.

Tel.: 0677 619 883 99
1060 Wien
Girardigasse 10
www.puff-bar.at
office@puff-bar.at
Di–Sa ab 19 Uhr
♿

ROBERTO AMERICAN BAR

pop

Exakt 42 ausgewählte Cocktails stehen auf der Karte der Roberto Bar – ein Zeichen für die allgemein herrschende Detailverliebtheit und Selektivität der Zutaten. Im Mittelpunkt stehen aber vor allem die Werte: gelebte Gastfreundschaft und Menschlichkeit. So schaffen Roberto und sein Team ein familiäres Wohlfühlambiente in der edel gestalteten Bar. Findet man am Standort am Bauernmarkt keinen Platz mehr, kann man ins nahe gelegene Schwesternlokal in der Jasomirgottstraße weiterziehen.

Tel.: 01 535 06 47
0676 942 90 01
1010 Wien
Bauernmarkt 11–13
www.robertosbar.com
mail@robertosbar.com

ROCHUS

pop

Dieses Trendlokal ist um jede Uhrzeit ein Hotspot. Direkt am Rochusmarkt wird man in schicker Wohlfühlatmosphäre empfangen, abends empfehlen sich aus der Vielfalt an angebotenen Getränken insbesondere die internationalen Cocktails. Dazu kann man aus der umfangreichen Speisekarte wählen, sogar die Frühstücksgerichte können bis Küchenschluss bestellt werden.

Tel.: 01 710 10 60
1030 Wien
Landstraßer Hauptstraße 55–57
www.rochus.at
info@rochus.at

SECHSER

pop

Mit der außergewöhnlichen Gestaltung dieser Clubbar wollten die Gastgeber etwas Einzigartiges schaffen. Die Inspiration dafür stammt vor allem von Londoner Clubbars. Die runde Bar aus einer Tonne Golden Viper-Marmor bildet den Mittelpunkt und einen Kontrast zum floralen Muster auf den Wänden – einfach beeindruckend. In diesem gehobenen Ambiente stößt man mit perfekt abgestimmten Cocktails an und genießt die Partystimmung, die durch DJs verstärkt wird.

Tel.: 0676 732 47 37
1010 Wien
Josefsplatz 6
sechser.at
info@sechser.at

SKYBAR

pop

Die Skybar bietet neben einer umfassenden Auswahl an Drinks, darunter etwa Gin-Variationen und nobler Whiskey, einen herrlichen Blick auf die Wiener Innenstadt. Sie befindet sich im 7. Stock des bekannten Department Stores Steffl und eignet sich ideal für eine Shoppingpause oder einen After-Work-Drink. Man sitzt gemütlich in edlen Ledersesseln direkt an der Fensterfront oder bei Schönwetter im Roofgarden Tête-à-Tête mit dem Stephansdom.

Tel.: 01 513 171 27 20
1010 Wien
Kärntner Straße 19
www.skybox.at
office@skybox.at
Mo–Sa ab 10 Uhr
♿

SPELUNKE

pop

Die Bezeichnung Spelunke wird von niemandem, der hier zu Gast war, je wieder mit der ursprünglichen Bedeutung des Wortes in Verbindung gebracht. Die Spelunke ist der Inbegriff eines Trendlokals – Hingucker in der belebten Bar oberhalb des Donaukanals sind eindeutig die bunten Wände, die einen fast von den fantastischen Drinks ablenken könnten. Oft finden hier auch gut besuchte Events mit musikalischer Untermalung wie zum Beispiel der „Brunchclub“ statt.

Tel.: 01 212 415 199
1020 Wien
Taborstraße 1
www.spelunke.at
ahoi@spelunke.at

THE CHAPEL BAR

pop

In The Chapel Bar wird das Thema Cocktails als Religion verstanden – natürlich mit einem Augenzwinkern. So werden die Gäste humorvoll als Glaubensgemeinde bezeichnet und die Getränkekarte präsentiert sich im Bibel-Look. Darin finden sich innovative Cocktails, die mit kreativer Dekoration serviert werden – am ausgefallensten ist wohl der „Jezebel", der in einem High Heel an den Tisch gebracht wird. Auch geschmacklich überzeugen die hochqualitativen Drinks.

Tel.: 01 892 08 78
1150 Wien
Haidmannsgasse 8

THE SIGN

pop

Im Mittelpunkt der Bar The Sign steht die Experimentierfreudigkeit. Hier werden ausgefallene Cocktails kreiert und der Gast wird jedes Mal aufs Neue überrascht. Besonders die Präsentation der Drinks ist außergewöhnlich und so steht mit jedem Cocktail ein kleines Kunstwerk vor einem am Tisch. Der Besuch dieser Bar ist ein echtes Erlebnis – am liebsten möchte man gleich mit allen Freunden zurückkehren, um ihnen die Entdeckung zu zeigen.

Tel.: 0664 964 32 76
1090 Wien
Liechtensteinstraße 104–106
www.thesignlounge.at
office@thesignlounge.at

TRUTH & DARE

pop

Hat man einmal einen Lieblingsdrink gefunden, bestellt man ihn verständlicherweise gerne öfter. Zwar kann man das in der Truth & Dare auch tun, man wird aber aktiv dazu aufgefordert, über seinen Schatten zu springen und neuen Kreationen eine Chance zu geben. Und es lohnt sich – besonders den wöchentlich wechselnden Spezialdrink „Mini of the week" sollte man kosten.

1010 Wien
Schönlaterngasse 4
www.truthanddare.bar
drink@truthanddare.bar

TÜR 7

pop

Schon das Eintrittsritual in die Tür 7-Bar verleiht ihr ein mysteriöses Etwas. Ein anpreisendes Schild sucht man vergebens, um eingelassen zu werden, muss man erst die Klingel betätigen. Danach wird man herzlich wie bei Freunden zu Hause in Wohnzimmeratmosphäre empfangen. Eine Reservierung ist hierfür allerdings erforderlich. Individualität wird in dieser besonderen Boutique Bar großgeschrieben, so erhält der Gast nach ausführlicher Beratung durch die erfahrenen Barkeeper exquisite, maßgeschneiderte Cocktails.

Tel.: 0664 546 37 17
1080 Wien
Buchfeldgasse 7
www.tuer7.at
bar@tuer7.at

REIFNITZ

KÄRNTEN J5

LAKESIDE STRANDBAR

pop

Die Location der Lakeside Strandbar ist einfach traumhaft. Auf der schicken Terrasse sitzt man direkt am Wörthersee und genießt das mediterrane Flair. Eine Möglichkeit der Anreise zur Bar ist die mit dem Boot – man legt direkt am dazugehörigen Steg an. Besonders bei Sonnenuntergang ist der Ausblick malerisch und die Cocktails schmecken sogar noch ein Stückchen besser.

Tel.: 0664 430 09 90
9081 Reifnitz
Süduferstraße 104c
www.lakesidelounge.at
strandbar@lakesidelounge.at

BRUCK AN DER LEITHA
NIEDERÖSTERREICH P2

TARO
pop

In der Bar Taro genießt man die köstlichen Cocktails oftmals bei angenehmer Livemusik von verschiedensten Künstlern. Gerald Straus trifft mit seinem breit gefächerten Angebot an Drinks jeden Geschmack und überzeugt besonders mit erfrischenden Daiquiris. Die Bar befindet sich in einem schönen Gewölbe, in welchem die elegante Einrichtung besonders gut zur Geltung kommt.

Tel.: 0650 551 10 74
2460 Bruck an der Leitha
Wiener Gasse 9
www.bar-taro.at
g.straus@telecable.at

PERCHTOLDSDORF
NIEDERÖSTERREICH O2

BURGBAR
pop

Marco Cavars langjährige Erfahrung in der Barszene macht ihn zum idealen Gastgeber. Gemeinsam mit seinem Team kreiert er in der Burgbar am Fuße der Burg Perchtoldsdorf hochwertige Drinks, in denen jede der ausgesuchten Zutaten bestens zur Geltung kommt. Die historische Location ist äußerst ansprechend eingerichtet, so möchte man gerne länger als nur für ein Getränk verweilen.

Tel.: 0699 194 767 34
2380 Perchtoldsdorf
Hochstraße 5
www.burgbar.at
office@burgbar.at
Di–Sa 20–4 Uhr

LINZ AN DER DONAU
OBERÖSTERREICH J2

BOILER ROOM
pop

Barchefin Claudia Schiemer verwöhnt die Gäste im Boiler Room gemeinsam mit ihrem kompetenten Team mit herausragenden Drinks. Diese bestehen aus außergewöhnlichen Elixieren, Infusionen, Sirupen sowie Kräuteressenzen – hierbei wird der Fokus auf Nachhaltigkeit, regionale Herkunft der Zutaten und höchste Qualität gelegt. Im langgezogenen Gewölbe der Bar sorgen außerdem oft angesagte DJs für eine ausgelassene Stimmung.

Tel.: 0676 944 20 19
4020 Linz an der Donau
Domgasse 5
www.boiler-room.at
office@boiler-room.at
Mi, Do 18–23, Fr, Sa 18–3 Uhr

EASY BAR
pop

Take it easy! In der Easy Bar in Linz entflieht man für einen Abend der Hektik des Alltags und genießt gemeinsam mit Freunden das entspannte Ambiente bei herrlichen Cocktails. Wer schon immer selbst das Handwerk eines Barkeepers erlernen wollte, der kann mit den dort angebotenen Cocktailkursen einen kleinen Einblick bekommen.

Tel.: 0732 77 00 90
0676 508 15 57
4020 Linz an der Donau
Baumbachstraße 14
www.cocktailbareasy.at
info@cocktailbareasy.at

SALZBURG
SALZBURG H3

MAYDAY BAR
pop

Red Bull Hangar-7

Historische Flugzeuge und Helikopter aus der Vogelperspektive zu bestaunen, das ist eher selten möglich. In der MayDay Bar und der dazugehörigen Threesixty Bar im Hangar-7 geht dies sogar bei einem gepflegten Drink. Die Auswahl ist groß, doch die Entscheidung fällt durch die professionelle Beratung des Personals leicht. Das Barfood aus der Küche des Ikarus hat seinen Ursprung in verschiedensten Ländern – so ist auch die Karte nach der Herkunft unterteilt.

Tel.: 0662 21 970

5020 Salzburg
Wilhelm-Spazier-Straße 7a

www.hangar-7.com
office@hangar-7.com

So–Do 12–24,
Fr, Sa 12–1 Uhr

© Helge Kirchberger Photography / Red Bull Hangar-7

THE JIGGER BAR
pop

Michael Steinbacher machte es sich zum Ziel, einer der besten seines Fachs zu werden. Das hat der ehemalige Barchef der Hangar-7 Mayday Bar geschafft und verwöhnt nun in The Jigger Bar seine Gäste mit herausragenden Geschmackserlebnissen. Damit es spannend bleibt, wechselt die Cocktailkarte alle paar Monate – die Drinks sind jeweils von einem bestimmten Motto inspiriert.

Tel.: 0660 444 54 94

5020 Salzburg
Schallmooser Hauptstraße 44

thejigger.bar
info@thejigger.bar

GRAZ
STEIERMARK L4

KATZE KATZE
pop

Die Tierchen aus dem Namen der Bar finden sich vor allem in Stilelementen in Form von Glückskatzen wieder – die Einrichtung ist auch sonst sehr stylish und man fühlt sich auf Anhieb wohl. Die talentierten Bartender sind besonders aufmerksam und versorgen den Gast mit dem passenden Drink. Im Sommer lädt vor allem der schöne Gastgarten im Hof zu langen Sommer Nächten ein, die musikalische Untermalung durch die DJs leistet ihr Übriges.

Tel.: 0316 830 276

8010 Graz
Schmiedgasse 9,
Eingang Landhauskeller

www.katzekatze.at
katzekatze@aiola.at

Mo, Di 12–1.30, Mi, Do 12–2,
Fr, Sa 12–5 Uhr

THE CHURCHILL BAR

pop

Das Motto der Besitzer und Barkeeper der Churchill Bar, Mehmetaj Oltion und Bajgora Flamur, lautet: „Staying true to the original art of cocktail making, but also feeling a strong responsibility to deliver unique, unexpected beverages." Dementsprechend wird großer Wert auf hohe Qualität gelegt, sowohl in der Zubereitung von Klassikern als auch in der Kreation von neuen Drinks, mit denen die Geschmacksknospen des Gastes verzaubert werden.

Tel.: 0650 878 87 86
8010 Graz
Heinrichstraße 21
www.thechurchill.at
office@thechurchill.at
Mo–Do 18–2, Fr, Sa 18–4 Uhr

INNSBRUCK — TIROL D4

LIQUID DIARY

pop

Diese elegante Bar besticht durch zwanglosen, aber perfekten Service. Die Mitarbeiter der Liquid Diary lesen ihren Gästen jeden Wunsch von den Lippen ab und kreieren beste Cocktails nach individuellem Geschmack. Die Einrichtung besteht aus gemütlichen, roten Polstermöbeln und vornehmem dunklen Holz, ein besonderer Hingucker ist die Tapete mit tropischem Muster.

Tel.: 0676 528 14 70
6020 Innsbruck
Adolf-Pichler-Platz 2
www.liquiddiary.com
info@liquiddiary.com
Mo–Sa 17–1 Uhr

STAGE 12

pop

„Homemade und mit viel Liebe" – dieses Motto wird vom Team der Bar des Hotels Stage12 gelebt. Neben Cocktailklassikern gibt es saisonal wechselnde Signature Drinks, welche zum Beispiel mit hausgemachten Sirupen, Shrubs und Ginger Beer zubereitet werden. Man genießt seinen Drink mit frischem Popcorn in einer lockeren Atmosphäre, zu der das coole Design der Bar beiträgt.

Tel.: 0512 312 312
6020 Innsbruck
Maria-Theresien-Straße 12
www.stage12.at/bar
office@stage12.at

Bei der Zusammenstellung dieses Führers ließen wir größtmögliche Sorgfalt walten, trotzdem können Daten falsch oder überholt sein. Eine Haftung können wir auf keinen Fall übernehmen.

ISCHGL — TIROL B4

BAR 67
im Hotel Post Ischgl

Die Bar 67 des Hotel Post Ischgl empfängt Cocktailliebhaber in harmonischer Atmosphäre. Das Team rund um Barchef Dominik Brunner versorgt die Gäste mit innovativen Drinks mit Wow-Effekt, welche den urbanen Zeitgeist perfekt treffen. Eine Spezialität ist der einzigartige „Ischgl-Gin“ aus Bergheu. Am Kaminfeuer kann man sich entspannen oder an vier Tagen der Woche zu Livemusik tanzen.

Tel.: 05444 52 32
6561 Ischgl
Dorfstraße 67
www.post-ischgl.com
hotel@post-ischgl.at

ZELLBERG — TIROL E4

ENGLHOF BAR

Nach einer Wanderung oder einem anstrengenden Skitag gibt es nichts Schöneres, als sich bei einem erfrischenden Drink zu entspannen. Die Bar des Hotel Englhof ist dafür bestens geeignet. Die Einrichtung ist mit ihren warmen Holztönen und der angenehmen Beleuchtung genauso urig wie bequem. Im Mittelpunkt stehen die köstlichen Cocktailklassiker aus besten Zutaten. Ausgewählte Spirituosen kann man auch als Andenken aus dem Shop mitnehmen.

Tel.: 05282 31 34
0664 132 65 22
6277 Zellberg
Zellbergeben 28
www.englhof.at
info@englhof.at
Mo–So 16–1 Uhr

LECH AM ARLBERG — VORARLBERG B4

BERGHOF BAR
im Hotel Der Berghof

Die charmante Berghof Bar war schon in den 1950er-Jahren der Place-to-be in Lech am Arlberg – die Bilder an den Wänden erzählen Geschichten von damals. Die Stimmung ist heute genauso ausgelassen – insbesondere am Mittwoch, wenn man zu Live-Swingmusik das Tanzbein schwingen kann. An jedem anderen Tag sind die köstlichen Cocktails alleine aber genug Grund für einen Besuch.

Tel.: 05583 26 35
6764 Lech am Arlberg
Dorf 161
www.derberghof.at
office@derberghof.at

Bewertungen:

11 bis 12,5 Punkte von 20 Punkten: 1 Haube
13 bis 14,5 Punkte von 20 Punkten: 2 Hauben
15 bis 16,5 Punkte von 20 Punkten: 3 Hauben
17 bis 18,5 Punkte von 20 Punkten: 4 Hauben
19 bis 19,5 Punkte von 20 Punkten: 5 Hauben

Gault&Millau
Österreich
Aufwachen und
genießen
staunen
entdecken
In Österreichs
besten Hotels 2022
Gault&Millau Hotelguide erhältlich für € 9,90
www.gm-hotels.at
Gault.Millau.Oesterreich
gaultmillau_austria

CAFÉS

DIE BESTEN CAFÉS IN ÖSTERREICH

WIEN

WIEN N2

15 SÜSSE MINUTEN

pop

Frühstücksliebhaber aufgepasst: Das kleine Café-Bistro macht Lust auf mehr. Schon beim Vorbeigehen steigt einem der herrlich frische Duft von Gebäck und frischen Waffeln in die Nase. Auch Pancakes und Croissants stehen auf der Karte. Wer lieber herzhaft in den Tag startet, findet auch das Richtige für sich – als besonders beliebt gelten die Eier Benedict. Wer noch nie Kaiserschmarren gegessen hat, sollte diesen hier probieren! Herrlich fluffig, flaumig und verfeinert mit einem Beerenragout gibt es kaum etwas Besseres.

Tel.: 0664 472 90 60
1040 Wien
Favoritenstraße 45
www.15suesseminuten.at
email@15suesseminuten.at

BALTHASAR KAFFEE BAR

pop

Die Kunst des Milchaufschäumens wird in diesem Café mit Bravour beherrscht. So entstehen hier nicht nur köstliche Kaffees in allen Varianten, sondern auch kleine Kunstwerke. Dabei achtet man in der Kaffee Bar besonders auf die Qualität der verwendeten Produkte. Eine gute Beziehung zu den lokalen Produzenten ist den Betreibern außerdem wichtig, um den Kunden das bestmögliche Angebot an Kaffee, Sandwiches und Mehlspeisen zu bieten.

Tel.: 0664 381 68 55
1020 Wien
Praterstraße 38
www.balthasar.at
kaffee@balthasar.at
Mo–Fr 7.30–19, Sa 9–17 Uhr

CAFÉ AM HEUMARKT

pop

Ein Café, das einerseits den Erwartungen entspricht, andererseits aber auch die Regeln des Alt-Wiener-Kaffeehauses bricht, ist am Heumarkt beheimatet. Einfach zu finden, ist es nicht, denn es gibt kein Türschild. Der Innenraum ist mit vertäfelten Wänden und hohen Decken gestaltet, klassischen Stuck sucht man hier allerdings vergebens. Stattdessen gibt es eine Vielzahl an köstlichen Torten und Mehlspeisen.

Tel.: 01 712 6581
1030 Wien
Am Heumarkt 15

CAFÉ FRANÇAIS

pop

Zentral gelegen ist das Café Français eine beliebte Anlaufstelle für frankophile Frühstücker. Mit Blick auf die Votivkirche und den täglichen Trubel an Geschäftsleuten und Schulkindern, die in der Straßenbahn vorbeifahren, genehmigt man sich an diesem sonnigen Plätzchen das Frühstück seiner Wahl. Von Eggs Benedict über French Toast und dem klassischen Croissant findet man ein reichhaltiges Angebot auf der Karte vor, das keine Wünsche offenlässt.

Tel.: 01 319 0903
1090 Wien
Währinger Straße 6–8
www.cafefrancais.at
salut@cafefrancais.at

CAFÉ IM KUNSTHISTORISCHEN MUSEUM WIEN

pop

In atemberaubender Kulisse, umgeben von Marmor, sollte man auf dem eleganten Interieur innehalten, um den Blick schweifen zu lassen und das einzigartige Ambiente einzufangen. Das Café im Kunsthistorischen Museum ist fast ein Ausstellungsstück für sich. Bei Kaffee und Kuchen lässt man die Umgebung auf sich wirken und genießt das genussvolle Kunsterlebnis.

Tel.: 01 508 761 001
1010 Wien
Maria-Theresien-Platz 1
www.genussimmuseum.at
Di, Mi, Fr–So 10–17.30, Do 10–21 Uhr
♿

CAFÉ SACHER

im Hotel Sacher Wien

pop

Bekannt für seine weltberühmte „Original Sacher-Torte“ gilt das Café inmitten der Wiener Innenstadt wohl als das Sinnbild für die österreichische Kaffeehauskultur. Ein Besuch verzaubert mit einer Vielzahl an traditionellen Wiener Gerichten und Kaffeespezialitäten und versetzt seine Besucher in eine andere Zeit. Nicht nur Touristen werden vom Café Sacher angezogen – auch die heimische Bevölkerung ist von dem kulinarischen Angebot begeistert.

Tel.: 01 514 561 555
1010 Wien
Philharmonikerstraße 4
www.sacher.com
culinary.wien@sacher.com
Mo–So 8–18 Uhr

CAFEMIMA

pop

Wer gerne brunchen geht, ist im Cafemima an der richtigen Adresse. Von herzhaft bis süß ist das Angebot breit gefächert und trifft jeden Geschmack. Besonders empfehlenswert sind die luftigen Blaubeer-Bananen-Pancakes, auch auf der Karte: täglich wechselnde Menüs. Die mögen besonders die hungrigen Geschäftsleute in ihrer Mittagspause.

Tel.: 0664 456 12 17

1020 Wien
Karmelitermarkt 21–24

www.cafemima.at
info@cafemima.at

DOMMAYER

pop

Das Dommayer in Hietzing überzeugt mit köstlichen Mehlspeisen, saisonalen Spezialitäten und exzellenter Patisserie. Die Tradition, die sich in der handwerklichen Kunst widerspiegelt, ist auch in der Einrichtung erkennbar. Der barocke Stil nimmt Bezug auf vergangene Zeiten und lässt die Gäste des Cafés in Erinnerungen schwelgen, während sie Kaffee und Kuchen genießen.

Tel.: 01 877 546 50

1130 Wien
Dommayergasse 1

www.oberlaa-wien.at
dommayer@oberlaa-wien.at

EILES

pop

Egal zu welcher Tageszeit man das Café Eiles betritt, man ist immer willkommen und wird freundlich empfangen. Während man bis zum späten Vormittag ein ausgiebiges Frühstück genießt, kann man sowohl zu Mittag als auch am Abend verschiedenste Suppen und Salate sowie klassische Gerichte wie Butterschnitzel und Specknockerl bestellen. Ebenfalls täglich frisch zubereitet werden die verschiedenen Mehlspeisen.

Tel.: 01 405 34 10
0664 106 95 66

1080 Wien
Josefstädter Straße 2

www.cafe-eiles.at
office@cafe-eiles.at

Mo–Fr 7–24, Sa, So 8–24 Uhr

♿

GERSTNER K. U. K. HOFZUCKERBÄCKER

pop

AMBIENTE AWARD 2018

Feinste Torten, verführerische Strudel und architektonische Zuckerbäckerkunstwerke erwarten die Gäste beim Gerstner auf drei Etagen. Als K.-u.-k.-Hofzuckerbäcker ist den Mitarbeitern der Backstube das Konditorenhandwerk praktisch in die Wiege gelegt worden. Und so entstehen hier täglich meisterliche Kreationen, die darauf warten, vernascht zu werden.

Tel.: 01 526 13 61

1010 Wien
Kärntner Straße 51

www.gerstner-konditorei.at
konditorei@gerstner.at

HAWELKA

pop

Einst galt es als Treffpunkt für Literaten und Künstler. Heute zählt das Hawelka mit seiner authentischen Atmosphäre zu den bekanntesten Wiener Kaffeehäusern. Was vor einigen Jahren mit Leopold und Josefine Hawelka begann, wird inzwischen in der dritten Generation fortgeführt. Auch das Geheimnis für die hauseigene Kaffeeröstung wurde weitergetragen. Den puren Kaffeegenuss aus hochwertigen Bohnen und verschiedensten Anbaugebieten, veredelt nach Wiener Art genießt man bei jedem Schluck.

Tel.: 01 512 82 30

1010 Wien
Dorotheergasse 6

www.hawelka.at
office@hawelka.at

KAFFEEFABRIK

pop

In kleinem, familiärem Rahmen verzaubert die Kaffeefabrik im 4. Wiener Gemeindebezirk die Kaffeeliebhaber. Hier genießt man das Heißgetränk in seiner ursprünglichsten Form – und zwar im Stehen an der Kaffeebar. Hochwertige Kaffeebohnen aus der hauseigenen Rösterei und Bio-Milch aus Österreich kreieren in Verbindung mit der Siebträgermaschine ein erstklassiges Kaffeeerlebnis.

Tel.: 0660 178 90 92

1040 Wien
Favoritenstraße 4–6

www.kaffeefabrik.at
info@kaffeefabrik.at

Mo–Fr 8–18, Sa 11–17 Uhr
Fei, 24. Dez. 2021–2. Jän. 2022

KAFFEIN

pop

Die Kunst des Kaffeezubereitens steht an dieser Adresse klar im Vordergrund. Hier bestellt man nicht einfach nur einen Kaffee, sondern Blends oder Single Origins. In entspannter und familiärer Atmosphäre genießt man das Getränk seiner Wahl und bestaunt dabei die Werke lokaler Jungkünstler. Dazu gibt es sowohl süße als auch salzige Snacks.

Tel.: 0676 722 1809
1010 Wien
Stoß im Himmel 3
www.kaffein.at
homebase@kaffein.at

KORB

pop

Im Korb entkommt man dem regen Treiben und genehmigt sich Kaffee und Kuchen aller Art sowie diverse warme Gerichte für den größeren Hunger. Bewirtet wird man stets freundlich von Susanne Widl, die bereits als Kind gerne im Familienbetrieb mitgeholfen hat. Auch die Kunst hat im Café im 1960er-Jahre-Stil einen Platz gefunden: Wände und Decke wurden von Günter Brus, Peter Weibel und Peter Kogler verziert.

Tel.: 01 533 72 15
1010 Wien
Brandstätte 9
www.cafekorb.at
cafe@cafekorb.at
Mo–Sa 8–24, So 10–23 Uhr

NABER

pop

23 Minuten dauert die Röstung, bis die feine Mischung des Café Naber seinen vollen Geschmack entfaltet. Die jahrelange Tradition und das Wissen um die Qualität der Bohnen machen den Kaffee einzigartig. Feinschmecker kommen hier auf ihre Kosten und haben die Möglichkeit, sich durch verschiedenste Röstungen und Zubereitungen zu kosten. Begleitet wird der Genuss von hausgemachten Mehlspeisen.

Tel.: 01 533 03 43
1010 Wien
Wipplingerstraße 25
www.naberkaffee.com
office@naberkaffee.com

RITTER

pop

Dieser Name steht für Tradition und österreichische Geschichte. Bekannte Künstler und Literaten wie Friedrich Adler, Peter Rosegger und Rudolf von Alt zählten damals zu den Stammgästen des alteingesessenen Kaffeehauses an der Wiener Mariahilfer Straße. Auch heute fühlt es sich schon beim Betreten so an, als wäre man in einer anderen Zeit. Hohe Decken, mit Holz vertäfelte Wände und prunkvolle Luster schaffen ein gediegenes Ambiente.

Tel.: 01 5878238
1060 Wien
Mariahilfer Straße 73
www.caferitter.at

SCHWARZENBERG

pop

Entlang des Wiener Ringes findet man zahlreiche Kaffeehäuser. Das Schwarzenberg gilt als Fixpunkt in der österreichischen Kaffeehausszene und begeistert mit seinem Wiener Charme zahlreiche Besucher. In Wiens ältestem Ringstraßencafé liest man Zeitung und beobachtet das rege Treiben, während man genüsslich an seiner Melange nippt. Dazu genießt man feinste Mehlspeisen. Vor einem Besuch in der Wiener Staatsoper genehmigt sich hier so mancher Sacherwürstel oder eine Gulaschsuppe.

Tel.: 01 512 89 98
1010 Wien
Kärntner Ring 17
www.cafe-schwarzenberg.at
office@cafe-schwarzenberg.at
Mo–Fr 7.30–23,
Sa, So 8.30–23 Uhr

STADTKIND

pop

Das Stadtkind bietet zu jeder Tageszeit ein umfangreiches Angebot. So genießt man hier Frühstück, Mittag- und Abendessen. Die Lage am Universitätsring und die neu interpretierten Speisen sind vor allem für das junge Publikum interessant. Auch Veganer und Vegetarier finden auf dieser Speisekarte immer mehrere Alternativen, die einem schon beim Lesen das Wasser im Mund zusammenlaufen lassen.

Tel.: 01 9619522
1010 Wien
Universitätsstraße 11
www.stadtkind.at
contact@stadtkind.at

VIOLA

pop

Mit dem kleinen Café im achten Wiener Gemeindebezirk hat sich Viola Bachmayr-Heyda einen Traum erfüllt. Hier lässt sie mit viel Liebe zum Detail, qualitativ hochwertigen Produkten und ihren handwerklichen Fähigkeiten ihrer Intuition freien Lauf. So entstehen verschiedenste Kreationen, die nicht nur optisch, sondern vor allem geschmacklich überzeugen. Begleitet werden die Meisterwerke von Wildkaffee und hausgemachten Limonaden.

Tel.: 0664 754 428 81
1080 Wien
Strozzigasse 42
www.viola.wien
viola@viola.wien
♿

VOLLPENSION

pop

POP DES JAHRES 2021

Die besten Mehlspeisen gibt es bekanntlich bei der Oma – das weiß doch jedes Kind. Und so haben die Gründer der Vollpension beschlossen, die Backstube der älteren Generation zu überlassen. Während man im gemütlichen Fauteuil seinen Kaffee schlürft, lässt man den Blick schweifen und bleibt irgendwann bei den Backomas hängen, die gerade frischen Kuchen zubereiten. Die Vollpension ist ein gemeinschaftliches Wohnzimmer, in dem alle Generationen aufeinandertreffen, sich austauschen und gemeinsam die besten Mehlspeisen genießen.

Tel.: 0676 637 81 06
1040 Wien
Schleifmühlgasse 16
www.vollpension.wien
info@vollpension.wien
Mi–Fr 11–17,
Sa, So 10.30–18.30 Uhr

WORTNER

pop

Die Geschichte des Café Wortner reicht bereits mehr als 140 Jahre zurück. Schon damals galt es als zentraler Treffpunkt für Jung und Alt. Auch heute lädt das Traditionscafé im Biedermeierstil mit seiner gemütlichen Atmosphäre zum Genießen ein. An warmen Tagen genehmigt man sich Kaffee plus Kuchen im wunderschönen, großzügigen Gastgarten.

Tel.: 01 945 86 83
0664 534 28 36
1040 Wien
Wiedner Hauptstraße 55
www.wortner.at
office@wortner.at
Mo–Sa 8–23 Uhr

ZARTL

pop

Mit seinem außergewöhnlichen Flair rangiert das Café Zartl zwischen einem Geheimtipp und einem klassischen Wiener Kaffeehaus. Das Kultcafé ist vielen Österreichern nicht bekannt, einen Besuch ist es aber in jedem Fall wert. Hier bleibt man gerne ein paar Stunden, beobachtet, liest Zeitung oder ein gutes Buch und genießt dabei seine Melange und den frisch gebackenen Kuchen. An den Wochenenden gibt es ein reichhaltiges Frühstücksbuffet.

Tel.: 01 943 89 72
1030 Wien
Rasumofskygasse 7

BAD TATZMANNSDORF

BURGENLAND N4

KAPLAN AM KURPARK

pop

Konditorei

Christian Kaplan hat sein Hobby zum Beruf gemacht. Aus besten Zutaten, mit viel Leidenschaft und großer Kreativität stellt er die verschiedensten Süßspeisen her. Die Qualität der Produkte und die Liebe zum Detail werden in jedem Bissen vereint – für die passende Begleitung sorgt der hauseigene Kaffeesommelier. So genießt man entspannte Nachmittage in angenehmer Atmosphäre.

Tel.: 03353 25476
7431 Bad Tatzmannsdorf
Kirchenstraße 8
www.kaplanamkurpark.at
info@kaplanamkurpark.at
Mo–So 8–18.30 Uhr
✻ 24. Dez. 2021–1. Jän. 2022
♿

BADERSDORF

BURGENLAND P4

ALOISIA'S MEHLSPEISKUCHL & KAFFEESTUB'N

pop

Die wunderschönen Hochzeitstorten und die Freude in den Gesichtern der Brautpaare waren ausschlaggebend für die Berufswahl von Aloisia Bischof. Sie beschloss schon früh, das Konditorenhandwerk zu erlernen. Seither verwöhnt sie in ihrer Kaffeestub'n Radfahrer, Wanderer, Touristen und Kurgäste aus der nahen Thermenregion. Ihr ruhiger Gastgarten ist genau das richtige Plätzchen zum Genießen der süßen Köstlichkeiten.

Tel.: 03366 773 69
7512 Badersdorf
Untere Dorfstraße 29
www.aloisia.at
office@aloisia.at

GMÜND — KÄRNTEN J5

NUSSBAUMER

pop

Genauso künstlerisch angehaucht wie die Stadt Gmünd sind auch die Torten und Pralinen der Konditorei Nußbaumer. Hier ist jede Süßspeise ein Meisterwerk, sowohl optisch als auch im Geschmack – die Schokoladekreationen laden zum Staunen ein. Abgerundet werden der Besuch und das kulinarische Erlebnis durch die gastronomische Leidenschaft und die Gastfreundlichkeit.

Tel.: 04732 2145
9853 Gmünd
Hauptplatz 23
cafe-nussbaumer.at
rudi.nussbaumer@aon.at

HERMAGOR — KÄRNTEN H5

SEMMELROCK

pop

Confiserie

Hochwertige Rohstoffe aus der unmittelbaren Umgebung bilden das Grundgerüst für feinste Torten und Gebäcke. In Kombination mit alten Familienrezepten und der Liebe zum Handwerk entstehen Tag für Tag meisterliche Kreationen. Vorfreude macht sich bei den Gästen nach Ostern breit, wenn die Eismaschine angeworfen wird und aus bester Bio-Milch herrlich cremiges Eis entsteht.

Tel.: 04282 22 43
9620 Hermagor
Gasserplatz 6
www.konditorei-semmelrock.at
office@konditorei-semmelrock.at
Mo–Sa 7–19.30, So 8–19.30 Uhr
✱ variabel im Nov. 2022

PÖRTSCHACH — KÄRNTEN J5

WIENERROITHER

pop

Der Wienerroither setzt auf Tradition und passt gleichzeitig sein Sortiment der modernen Zeit an. Die Betreiber des Familienbetriebes haben die Nachfrage nach gesunden Alternativen erkannt und bieten vegane Süßspeisen sowie Backwaren ohne Weizen an. Auch Dinkelprodukte in allen Formen und Geschmacksrichtungen sind im Sortiment. Für einen gelungenen Start in den Tag sorgt das einzigartige Frühstück.

Tel.: 04272 2261
9210 Pörtschach
Hauptstraße 145
www.wienerroither.com
office@wienerroither.com

SPITTAL AN DER DRAU — KÄRNTEN H5

KONDITOREI – CONFISERIE LIENBACHER

pop

Kuchen, Torten, Konfekte, Schokolade und Kekse – davon träumen Naschkatzen. Diese Träume kann man sich in der Konditorei-Confiserie Lienbacher selbst erfüllen. Tag für Tag entdeckt man hier frische Mehlspeisen, die nach traditioneller Handwerkskunst hergestellt werden. Auch handgeschöpfte Schokoladen und Pralinen in 16 verschiedenen Geschmacksrichtungen sprechen die naschfreudige Kundschaft an.

Tel.: 04762 2525
9800 Spittal an der Drau
Schillerstraße 10
www.konditorei-lienbacher.at
office@konditorei-lienbacher.at
Mo–Sa 9–18, So 9.30–18 Uhr
✱ 1.–6. Jän. 2022
♿

VILLACH KÄRNTEN I5

BERNOLD

pop

Café/Konditorei

Einen zauberhaften Nachmittag verbringt man im Café Bernold im Herzen von Villach. Mit dem Blick auf die Drau und die Villacher Innenstadt bleiben kaum Wünsche offen. Da fehlt nur noch eine herrlich duftende Süßspeise und eine vollmundige Tasse Kaffee. Die Tortenvitrine ist für Naschkatzen eine absolute Augenweide und bietet für jeden Geschmack das Richtige.

Tel.: 04242 254 42
9500 Villach
Nikolaiplatz 2
www.bernold.co.at
cafe@bernold.co.at

BADEN BEI WIEN NIEDERÖSTERREICH N2

CLEMENTINE CAFÉ-PATISSERIE

pop

Himbeertörtchen, Maroni-Mohn-Torte, die „Original Badener Rosen-Trüffel-Torte" und vieles mehr an kleinen hausgemachten Köstlichkeiten erwartet die Gäste der Clementine in Baden bei Wien. Aus Zutaten höchster Qualität zaubern der Chefpatissier Gerhard Gleirscher und sein Team jeden Tag frische Süßspeisen. Seine lange Berufserfahrung und Leidenschaft machen jede der Kreationen zu etwas Besonderem.

Tel.: 02252 80720
2500 Baden bei Wien
Kaiser-Franz-Ring 12
www.cafe-clementine.at
office@cafe-clementine.at
Mo, Mi–Sa 8–19.30,
So 9–19.30 Uhr

KREMS AN DER DONAU NIEDERÖSTERREICH M2

WORACZICZKY Ⓝ

pop

In bester Lage am Pfarrplatz empfängt einen das charmante Woracziczky. Den Betreibern Nikolaus und Andrea ist nicht nur die Auswahl der besten Zutaten für ihre wöchentlich wechselnden Gerichte wichtig, sondern vor allem der persönliche Umgang. Man kann gar nicht anders, als sich in dem gemütlichen Café wohlzufühlen! Nach dem Genuss eines guten Kaffees und einer schwedischen Zimtschnecke aus Sauerteig lohnt sich außerdem ein Besuch im angeschlossenen Lifestyleshop.

Tel.: 0664 304 85 98
3550 Krems an der Donau
Pfarrplatz 3
www.woracziczkykrems.at
n.ottenbacher@gmx.at

MELK NIEDERÖSTERREICH L2

MISTLBACHER

pop

Am Fuße des weltberühmten Barockstiftes Melk offenbart sich ein unverwechselbares Ambiente. Im Spiegelzimmer und im grünen Teesalon oder im Gastgarten mitten in der pulsierenden Melker Innenstadt genießt man eine Variation an Mehlspeisen und anderen Köstlichkeiten. Begleitet werden diese – von herrlich duftendem Kaffee.

Tel.: 02752 52350
3390 Melk
Hauptstraße 1
www.mistlbacher.com
office@mistlbacher.com

NEULENGBACH NIEDERÖSTERREICH N2

HEISS & SÜSS

pop

Café/Konditorei

Feine Tartelettes und Makronen, Torten und Schnitten sowie mürbes Teegebäck füllen die Vitrine und lassen die Herzen von Naschkatzen höherschlagen. Das breit gefächerte Repertoire aus handgefertigten Süßspeisen und Desserts widerspiegelt nicht nur die Qualität der Produkte, sondern trifft auch verschiedenste Geschmäcker. Der Service lässt ebenfalls keine Wünsche offen und verwöhnt seine Gäste mit köstlichem Kaffee, vollmundiger heißer Schokolade und einem freundlichen Lächeln.

Tel.: 02772 52346
3040 Neulengbach
Rathausplatz 6
www.heissundsuess.at
konditorei@heissundsuess.at
Mo, So 7.30–19,
Di–Sa 7.30–20.30 Uhr
♿

GASPOLTSHOFEN — OBERÖSTERREICH I2

MAYER

pop

Die Kunst des Backens und des Dekorierens von Torten wird in dieser Backstube meisterlich beherrscht. Von der klassischen Cremeschnitte bis zur Kokoskuppel verstecken sich hinter der Vitrine zahlreiche Köstlichkeiten, die vernascht werden wollen. Auch für Hochzeits- und Motivtorten ist die Konditorei die passende Anlaufstelle.

Tel.: 07735 68 40
4673 Gaspoltshofen
Hauptstraße 41
www.conditoreimayer.at
office@conditoreimayer.at
Mi–So 8–18 Uhr
2 Wochen Ende Juli 2022

GMUNDEN — OBERÖSTERREICH I3

BAUMGARTNER

pop

Mit Blick direkt auf den Traunsee verbringt man hier einen genüsslichen Nachmittag. Während man an kalten Tagen einen warmen und unglaublich flaumigen Topfenstrudel mit Vanillesauce genießt, freut man sich im Sommer über fruchtige Rouladekreationen. Als Spezialität des Hauses gilt die „Rum-Schoko-Torte mit Schuss“ – die kleinen Gäste bevorzugen die herrlich nussige „Gmundner Torte“.

Tel.: 0761 263 057
4810 Gmunden
Esplanade 1
www.konditorei-baumgartner.at
cafe@konditorei-baumgartner.at

GREIN — OBERÖSTERREICH L2

SCHÖRGI

pop

Café/Konditorei

Topfen, Nuss und Powidl werden in der Spezialität des Hauses vereint: Der „Batzlguglhupf“ basiert auf einem Rezept aus dem Jahr 1892. Feinster Hefeteig umhüllt das Dreierlei an Füllungen und sorgt für einen unverwechselbaren Geschmack. Am besten genießt man diese Besonderheit mit einem Heißgetränk. Abgesehen von der Spezialität sind noch diverse andere Mehl- und Süßspeisen und Eis im Angebot.

Tel.: 0664 400 98 62
4360 Grein
Rathausgasse 2
www.schoergi.at
geniessen@schoergi.at
Mo–So 7.30–22 Uhr

GRIESKIRCHEN — OBERÖSTERREICH I2

HASLBERGER

pop

Am Grieskirchner Roßmarkt duftet es bereits am Morgen nach Gebackenem aus dem Café Haslberger. Verantwortlich dafür ist der Konditormeister – Stefan Haslberger: Er übt sein Handwerk mit Leidenschaft und viel Liebe zum Detail aus. So entstehen täglich frisches Gebäck für ein ausgewogenes Frühstück, zahlreiche Mehlspeisen, die die Vitrine füllen, und cremiges Speiseeis. Auch die Kunst des Pralinenmachens kommt in diesem Café nicht zu kurz.

Tel.: 07248 62563
0664 220 90 07
4710 Grieskirchen
Roßmarkt 24
www.haslberger.at
office@haslberger.at
Di–So 8–17 Uhr

KIRCHDORF AN DER KREMS — OBERÖSTERREICH K3

BACHHALM

pop

Café/Confiserie/Konditorei

Das von außen eher unscheinbare Gebäude verbirgt kleine Köstlichkeiten – Pralinen. In den Adern seiner Backstubenmitarbeiter fließt Schokolade, sie beherrschen den Umgang mit diesem Produkt im Schlaf. Das Resultat sind die wohl feinsten Trüffel in den unterschiedlichsten Geschmäckern. Verantwortlich für diese schokoladigen Kreationen ist Maître Chocolatier Johannes F. Bachhalm.

Tel.: 07582 512 46 12
0676 772 12 76

4560 Kirchdorf an der Krems
Hauptplatz 1

www.bachhalm.at
office@bachhalm.at

Mo, Di, Do–Sa 8.30–18 Uhr
Anfang August 2022

MONDSEE — OBERÖSTERREICH H3

BRAUN

pop

Café/Konditorei

Alles, was das süße Herz begehrt, findet man in der Café-Konditorei Braun in Mondsee. Mehlspeisen, Torten, hausgemachte Pralinen und Eis genießt man an warmen Tagen im sonnigen Gastgarten mit Blick auf den Marktplatz. Aber auch die Innenräume überzeugen – mit ihrem Altwiener Flair. Abgesehen von der Süßspeisenvielfalt sollte man außerdem einen Blick auf das ebenfalls umfangreiche Angebot an Kaffeespezialitäten werfen!

Tel.: 06232 240 80

5310 Mondsee
Marktplatz 7

www.konditorei-braun.at
info@konditorei-braun.at

Di–So 8–18 Uhr

♿

WELS — OBERÖSTERREICH J2

URBANN CAFÉ – CONFISERIE

pop

Das Urbann gilt als Treffpunkt der Generationen. In einem gemütlichen Ambiente aus verschiedensten Stilelementen verbringt man hier gemeinsam mit feinstem Gebäck, fruchtigen Schnitten und saftigen Kuchen gerne den ganzen Nachmittag. Die hohe Kunst der Patisserie ist bei jedem Tortenstück erkennbar. Besonders bei den Hochzeitstorten: Mit viel Liebe zum Detail werden Spezialanfertigungen für den schönsten aller Tage hergestellt.

Tel.: 07242 460 51

4600 Wels
Schmidtgasse 20

www.urbann.cc
office@urbann.cc

Mo–Fr 8.30–18.30, Sa 8–17,
So 9–17 Uhr

MITTERSILL — SALZBURG G4

PLETZER

pop

Café/Konditorei

Ein umfangreiches Mehlspeisensortiment, das täglich frisch zubereitet wird, stellt nur einen Teil des vielseitigen Angebotes des Café Pletzer dar. Außerdem auf der Karte: Eisspezialitäten, Pralinen und Milchshakes. Die Besonderheit des Hauses ist jedoch die handgefertigte „Tauerngipfel Schokolade". Aus feinster Schweizer Rohschokolade hergestellt, steht sie für Qualität und die Liebe zur Heimat.

Tel.: 0656 262 28

5730 Mittersill
Lebzeltergasse 6

www.konditoreipletzer.at
konditorei.pletzer@sbg.at

Di–So 8–18 Uhr

SALZBURG
SALZBURG H3

AFRO CAFÉ

pop

Das Afro Café fügt sich stilvoll in das Stadtbild der Salzburger Innenstadt ein. Die traditionellen Stoffe und Muster sowie ostafrikanische Werke prägen sein Ambiente und verwandeln das Kaffeehaus der besonderen Art in einen gemütlichen Ort, der Urlaubsstimmung verbreitet. Serviert werden einzigartige Kaffeespezialitäten aus der Wiege der ostafrikanischen Kaffeekultur und handverlesene Tees.

Tel.: 0662 844888
5020 Salzburg
Bürgerspitalplatz 5
www.afrocafe.at
cafe.salzburg@afrocoffee.com

CAFÉ SACHER

pop

In der historisch geprägten Salzburger Innenstadt findet man nicht nur das Geburtshaus von Mozart, sondern auch das feine Café Sacher. Gäste genießen hier einen hervorragenden Service und eine Vielfalt an Mehlspeisen und Kaffeevariationen. Besonders gerne vernascht werden neben der allseits beliebten „Original Sacher-Torte" auch die fluffigen Salzburger Nockerl.

Tel.: 0662 889 772 384
5020 Salzburg
Schwarzstraße 5–7
www.sacher.com
salzburg@sacher.com
Mo–So 8–19 Uhr

KONDITOREI RAINBERG

pop

Alte Familienrezepte und gekonntes Handwerk sind das Geheimnis für den unvergleichlichen Geschmack der Süßspeisen in der Konditorei Rainberg in Salzburg. Dazu kommt noch eine Prise Liebe – und so entstehen neben dem klassischen Sortiment sommerliche Köstlichkeiten, herrliche Kekse zur Weihnachtszeit und essbare Glücksbringer zu Silvester.

Tel.: 0662 848846
5020 Salzburg
Neutorstraße 32 c
www.konditorei-rainberg.at
info@konditorei-rainberg.at
Mi–Sa 8–17, So 9–17 Uhr

SCHWEIGER DELI

pop

Auf der Suche nach hervorragendem Kaffee, hausgemachten Kuchen und Desserts? Oder nach einer Abkühlung? Dann ab ins Schweiger Deli nach Salzburg! Dort findet man auch Herzhaftes auf der Speisekarte. Vor allem die knusprigen Flammkuchen aus dem Steinofen mit unterschiedlichen Belegen machen Lust auf mehr. Dazu gibt es hausgemachte Limonaden und frische Eistees.

Tel.: 0662 457 918
5020 Salzburg
Itzlinger Hauptstraße 93
www.delidelicious.shop
juliana@vorderegger.org
Mi–Fr 9–19, Sa, So 9–18 Uhr

TOMASELLI

pop

Seine lebendige Historie und die einzigartige Lage prägen das Café Tomaselli in der Salzburger Altstadt. Es ist seit über 150 Jahren in Familienbesitz und bietet ein verführerisches Angebot an süßen Speisen und exquisiten Kaffeespezialitäten. Man munkelt, dass die Idee zu den Salzburger Festspielen an einem dieser Kaffeehaustische entstanden ist, während Hermann Bahr, Hugo von Hofmannsthal und Max Reinhardt genüsslich ihren Kaffee schlürften.

Tel.: 0662 844488
5020 Salzburg
Alter Markt 9
www.tomaselli.at
office@tomaselli.at

TAMSWEG
SALZBURG J4

HOCHLEITNER

pop

Café/Confiserie/Konditorei/Bäckerei

Die Tradition der österreichischen Kaffeehauskultur spiegelt sich in diesem liebevoll geführten Café wider. Bekannt ist das Hochleitner für das breit gefächerte Angebot seiner Konditorei. Frische, Leichtigkeit und vollmundige Aromen verbinden sich in zahlreichen Küchlein und Torten. Für den kleinen Genuss sorgen die eigens hergestellten Pralinen. An warmen Tagen sollte man das Hochleitner-Eis aus Lungauer Bio-Milch probieren! Abgerundet wird der Besuch im Kaffeehaus durch das stets freundliche Personal.

Tel.: 06474 2240
5580 Tamsweg
Kirchengasse 4–6
www.hochleitner.at
hochleitner@sbg.at
Mo–Fr 6.30–18, Sa 6.30–13 Uhr

FRAUENTAL AN DER LASSNITZ — STEIERMARK M5

LEITNER

Die blaue Fassade des Café Leitner ist keinesfalls unauffällig, das muss sie aber auch nicht sein. Es gibt keinen Grund, sich zu verstecken – die Torten in außergewöhnlichen Kreationen und großer Vielfalt bieten für jeden Gast das Richtige. Neben hauseigenen Spezialitäten findet man auf der Speisekarte auch Klassiker. Hungrig verlässt man das Café in keinem Fall, denn die Kuchenstücke sind tellerfüllend und lassen die Herzen von Naschkatzen höherschlagen.

Tel.: 03462 2733
8523 Frauental an der Lassnitz
Freidorf-Auweg 1
www.konditorei-leitner.at

GRAZ — STEIERMARK L4

MESZAROS MACARON & DESSERT BOUTIQUE

Mit jedem Bissen ein Stückchen näher an der Côte d'Azur. Die Macarons im Meszaros können mit den französischen Originalen wunderbar mithalten. Außen knackig und innen weich, mit einer herrlich frischen Creme verzaubern sie in unterschiedlichsten Geschmacksrichtungen. Auch die edlen Törtchen und Tartelettes wirken wie gemalt: Makellos und fingerfertig gearbeitet, sind sie geschmacklich mehr als fein.

Tel.: 0316 308453
8010 Graz
Jungferngasse 2
meszarosgraz@gmail.com
Mo–Sa 10–19, So 11–18 Uhr

LEIBNITZ — STEIERMARK M5

CAFÉ ELEFANT

Frisch gebackene Croissants, herzhaft belegte Baguettes und üppige Platten mit Wurst- und Käsevariationen. Wer gerne gut frühstücken möchte, der ist im Café Elefant in Leibnitz an der richtigen Adresse. In entspannter Atmosphäre erhält man hier zu jeder Tageszeit die verschiedensten Köstlichkeiten – besonders hervorzuheben ist die große Auswahl an Torten.

Tel.: 03452 825 97
8430 Leibnitz
Hauptplatz 32
www.cafe-elefant.at
info@cafe-elefant.at

LEUTSCHACH — STEIERMARK M5

DAS KNIELY
by Liepert

pop

Gemütlich, urig und mit einem Hauch Moderne überzeugt das Ambiente des Kniely und lädt zum Bleiben ein. Auch das kulinarische Angebot macht Lust auf mehr. Die Frühstücksvariationen und das regionale Getränkeangebot lassen keine Wünsche offen, die Smoothies und Snacks für den kleinen Hunger werden stets frisch zubereitet. Tipp: Hausgemachte Kuchen und Desserts am besten im sonnigen Gastgarten genießen!

Tel.: 03454 706 06 00
8463 Leutschach
Arnfelser Straße 10
www.lieperts.at/
office@lieperts.at
Di–Sa 8–21.30, So 8–17 Uhr

SECKAU — STEIERMARK L4

REGNER
Café/Konditorei

pop

Bereits seit vier Generationen steht das familiengeführte Unternehmen für Qualität. Neben köstlichen Torten und Pralinen ist die Café-Konditorei auch für seinen Seckauer Lebkuchen bekannt. Das Café lädt zum Genießen ein und versüßt den Tag. Ganz nach dem eigenen Geschmack und für verschiedenste Anlässe kann man hier auch individuell Torten und Eisspezialitäten herstellen lassen.

Tel.: 03514 5207
8732 Seckau
Seckau 39
www.regner.at
konditorei@regner.at

STRASS IN STEIERMARK — STEIERMARK N5

KOPPITZ
Café/Konditorei

pop

Hier werden Tortenträume wahr. Von der Füllung bis zur Dekoration wird jedem Wunsch nachgegangen, um feine Torten für Hochzeiten, Geburtstage oder Babypartys herzustellen. Neben den individuell gestalteten Köstlichkeiten gibt es auch eine Vielzahl an klassischen Mehlspeisen. Und ein hauseigenes Eis: Das ist nicht außer Acht zu lassen, denn es überzeugt durch seinen cremigen Geschmack.

Tel.: 03453 26 23
8472 Straß in Steiermark
Hauptstraße 52
www.konditorei-koppitz.at
office@konditorei-koppitz.at

INNSBRUCK
TIROL D4

CAFÉ CENTRAL

pop

Als geschichtsträchtig und weltoffen kennt man das Café Central inmitten der Innsbrucker Innenstadt. In diesem Betrieb wird die einzigartige Wiener Kaffeehauskultur gelebt, hier trifft ein buntes Soziotop aus Einheimischen, Weltenbummlern, Studenten und Touristen aufeinander. Sie alle verbindet die Leidenschaft für eine herrliche Melange und eine feine Auswahl an unterschiedlichen Mehlspeisen. Als Spezialität des Hauses gilt: der Apfelstrudel mit Vanillesauce.

Tel.: 0512 59 20 65
6020 Innsbruck
Gilmstraße 5
www.hotel-cafe-central.at
office@central.co.at
Mo–Sa 7–20 Uhr
♿

KATZUNG

pop

Das Frühstück ist bekanntlich die wichtigste Mahlzeit des Tages. Das sieht man auch im Café Katzung in Innsbruck so, denn hier kann man den ganzen Tag das umfangreiche Frühstücksangebot genießen. Am Nachmittag laden Kaffee und Kuchen zu einem gemütlichen Plausch – bei dem wohnzimmerähnlichen Ambiente vergisst man glatt die Zeit.

Tel.: 0512 586183
6020 Innsbruck
Herzog-Friedrich-Straße 16
www.cafe-katzung.at
office@cafe-katzung.at

RATTENBERG/INN
TIROL F4

HACKER
Café/Konditorei

pop

Nicht nur das freundliche Personal zieht die Kundschaft des Café Hacker an, sondern auch der Duft von feinstem Gebäck. Folgt man seiner Nase und betritt den Ort der Versuchung, entdeckt man gemütliches Interieur und eine Theke, die mit Süßspeisen aller Art gefüllt ist. Verschiedenste Torten, handgemachte Pralinen, luftige Macarons und vieles mehr warten darauf, vernascht zu werden.

Tel.: 05337 62322
0650 623 22 20
6240 Rattenberg/Inn
Südtiroler Straße 46
www.cafehacker.at
cafehacker@rattenberg.at
Di–So 8–18 Uhr
✱ Jän. 2022

ZELL AM ZILLER — TIROL E4

GREDLER

pop

Café/Konditorei

Vollmundig und rund im Geruch, knackender Bruch und butterweich schmelzend. Das Wissen um die Qualitätsmerkmale von Schokolade verleiht den Pralinen erst ihren zarten und feinen Geschmack. Auch das Ziehen von Zucker benötigt jahrelange Erfahrung. Tobias Gredler, der Konditormeister des Cafés, beherrscht sein Handwerk im Schlaf und verzaubert die Kundschaft mit einer Vielzahl von süßen Verführungen.

Tel.: 05282 2489

6280 Zell am Ziller
Unterdorf 10

www.cafe-gredler.at
info@cafe-gredler.at

Mo–So 9–18 Uhr
✱ bis 15. Dez. 2021

♿

KERZENSTÜBERL®

pop

Unterwegs in Zell am Ziller wird man von herrlich duftendem Kaffee aus dem Kerzenstüberl angelockt. Das Aufgussgetränk wird hier regelrecht zelebriert und ist in verschiedensten Variationen zu genießen. Außerdem gibt es hausgemachte Kuchen. In atemberaubender Kulisse muss man beinahe aufpassen, dass das hausgemachte Eis nicht schmilzt, während man sich von dem Bergpanorama verzaubern lässt.

Tel.: 0660 553 0138

6280 Zell am Ziller
Unterdorf 8a

www.kerzenstueberl.com
schiestla@gmail.com

Mo–So 10–18 Uhr

BREGENZ — VORARLBERG A3

GÖTZE

pop

Café/Konditorei

Die Auswahl an Torten, Pralinen, Petits Fours und Plundergebäck ist beim Götze riesig. Besucht man das Café zum ersten Mal, fällt die Entscheidung schwer. Aber – es gibt eine einfache Lösung. Um sich durch das große Angebot zu kosten, stattet man dem Kaffeehaus am besten öfter einen Besuch ab. Als Besonderheit gelten seine „Pfänderspitzen“: Die kleinen Buttertrüffel, gefüllt mit einer Amarenakirsche und überzogen mit knackiger Zartbitterkuvertüre, repräsentieren den Hausberg.

Tel.: 05574 445 23
0664 122 0720

6900 Bregenz
Kaiserstraße 9

www.conditorei-goetze.com
office@conditorei-goetze.com

Mo–Fr 9–18 Uhr

DORNBIRN — VORARLBERG A3

DANNER

pop

Café/Konditorei

Verführerische Torten, edle Pralinen und wohlduftende Kaffeespezialitäten ziehen die Gäste in das familiengeführte Café Danner. Heimelig und wohl fühlt man sich im Traditionskaffeehaus zum einen durch die gemütliche Einrichtung, zum anderen durch den freundlichen Service. In den Sommermonaten sorgen die hauseigenen Eisspezialitäten für eine geschmackvolle Abkühlung.

Tel.: 05572 22 827

6850 Dornbirn
Hatlerstraße 24

www.cafedanner.at
gerd.danner@cafedanner.at

STEINHAUSER

pop

Im wohl markantesten Gebäude des Dornbirner Marktplatzes befindet sich das Café Steinhauser. Genauso überzeugend und ansprechend wie die denkmalgeschützte Fassade ist auch das Angebot. Während das Kaffeehaus untertags seine Gäste zu gutbürgerlichem Mittagessen und Kuchen einlädt, verwandelt es sich zu späterer Stunde in ein Nachtcafé. Und ist mit seiner ausgewählten Musik Treffpunkt für Alt und Jung.

Tel.: 05572 313 33

6850 Dornbirn
Marktplatz 9

www.cafe-steinhauser.at

HÖCHST
VORARLBERG A3

SCHALLERT
Café/Konditorei

Hier kommen Tortenliebhaber auf ihre Kosten: fruchtig, frisch und leicht oder doch lieber vollmundig und schokoladig? Das umfangreiche Angebot an Kuchen lässt keine Wünsche offen. Gemeinsam mit einer Tasse Kaffee oder einer heißen Schokolade wird der Besuch im Café abgerundet. Wer den Heimweg nicht ohne Proviant antreten möchte, sollte sich ein paar von den feinen Schokotrüffeln einpacken lassen!

Tel.: 05578 757 52
6973 Höchst
Hauptstraße 1
www.cafeschallert.at
hallo@cafeschallert.at
Di–So 9–19 Uhr

SCHRUNS
VORARLBERG A4

FREDERICK

Donnerstag ist Strudeltag: Das Café Frederick zelebriert an diesem Tag die feine Mehlspeise. Sein handgezogener Strudelteig umhüllt verschiedenste Füllungen und zieht hungrige Gäste an. Aber auch das restliche Angebot an Torten und Pralinen lässt keine Wünsche offen. Als besonderer Geheimtipp gelten die Buchteln mit Karamellfüllung. Naschkatzen kommen in diesem Kaffeehaus garantiert auf ihre Kosten.

Tel.: 05556 735 577
6780 Schruns
Kirchplatz 6
martin_senn@hotmail.com
Mo, Do–Fr 9–18, So 10–18 Uhr

Restaurants und Tipps

H

I

J

K

L

Almhütten Tirol

V

W

Z

Bars & Cafés

Gault&Millau

präsentiert

Jahr	Niederösterr.	Burgenland	Steiermark	Wien	Südtirol	Piemont	Toskana	Bordeaux	Burgund	Rioja	Kalifornien
2000	6	7	6	7	5+	6+	6	6	6	5	6
2001	6	6	6	5	5	6	5	5	6	6	7
2002	6	7	6	6	4	4	4	4	6	5	5
2003	5+	7	6	7	5+	6	6	5+	6	5	5
2004	5+	5+	4+	4	5	6	6	5	5	6	5
2005	5	4	5	5	4+	5	4+	6	5+	5+	5+
2006	6	7	5+	6	5	5	6	5	5	4+	4+
2007	5	5	5+	5	5	5	6	4	5	4+	5
2008	4	5	5+	5	4+	5	5	4–6	5	5	4+
2009	7	7	6	6	7	7	7	7	6	6	5
2010	3–5	4–5	5	4–5	5	5	5	7	4	6	4
2011	6	6–7	6	6	5	5	5	4–5	4–5	4–5	4–5
2012	6	6	6	6	5	6	6	4	6+	5	6
2013	6	6	6	6	6	5	5	3	5	4	5
2014	4	4–5	3–4	4	4+	5+	5	5	5	4	6
2015	7	7	7	6	7	6	6	7	7	6	6
2016	5	5	4	7	5	6	6	6	4	6	5
2017	6	7	6	6	5	4	5	4	6	5	6
2018	6	7	6–7	6	6	7	6–7	6	6+	5+	7
2019	7	7	7	7	6	6–7	6–7	6	6	6–7	6–7
2020	6	6–7	5–6	6	5+	6	7	5+	5–6	6	5–6

0 = abzulehnen; 1 = schlecht; 2 = klein; 3 = mäßig; 4 = gut; 5 = sehr gut; 6 = erstklassig; 7 = hervorragend

Notizen

Notizen

Notizen